NOUVELLE BIBLIOTHÈQUE DU MOYEN AGE
*Sous la direction de Jean DUFOURNET, professeur à la Sorbonne*

34

# PENSÉE MYTHIQUE
# ET
# NARRATIONS MÉDIÉVALES

# NOUVELLE BIBLIOTHÈQUE DU MOYEN ÂGE

1. LOUIS, René – *Le Roman de la Rose.* Essai d'interprétation de l'allégorisme érotique.
2. ROSSI, Marguerite – Huon de Bordeaux et l'évolution du genre épique au XIIIe siècle.
3. FRAPPIER, Jean – Du Moyen Âge à la Renaissance: Etudes d'histoire et de critique littéraire.
4. ZINK, Michel – La prédication en langue romane avant 1300.
5. CHALON, Louis – L'histoire et l'épopée castillane du Moyen Âge. Le cycle du Cid, le cycle des contes de Castilles.
6. MARTINEAU-GENIEYS, Christine – Le thème de la mort dans la poésie française de 1450 à 1550.
7. MEDEIROS, Marie-Thérèse de – Jacques et les chroniqueurs. Une étude comparée des récits contemporains relatant le jacquerie de 1583.
8. HARF-LANCNER, Laurence – Les fées dans la littérature française au Moyen Âge. Morgane et Mélusine.
9. SCHULZE-BUSACKER, Elisabeth – Proverbes et expressions proverbiales dans la littérature narrative du Moyen Âge français. Recueil et analyse.
10. LACHET, Claude – La *Prise d'Orange* ou la parodie courtoise d'une épopée.
11. STRUBEL, Armand – La Rose, Renart et le Graal. La littérature allégorique en France au XIIIe siècle.
12. Le Nombre du Temps, hommage à Paul ZUMTHOR.
13. WALTER, Philippe – La mémoire du temps. Fêtes et calendriers de Chrétien de Troyes à *La Mort Artu.*
14. KELLER, Hans-Erich – Autour de Roland. Recherches sur la chanson de geste.
15. DUBOST, Francis – L'Autre, l'Ailleurs, l'Autrefois. Aspects fantastiques de la littérature narrative médiévale (XIIe et XIIIe siècles, tome 1 et tome 2).
16. HICKS, Eric – *La Vie et les Epistres,* Pierre Abaelart et Heloys sa fame, tome 1.

*(suite en fin de volume)*

Jean-Jacques VINCENSINI

# PENSÉE MYTHIQUE
# ET
# NARRATIONS MÉDIÉVALES

PARIS
HONORÉ CHAMPION ÉDITEUR
7, QUAI MALAQUAIS (VI^e)
1996

Diffusion hors France: Editions Slatkine, Genève

ISBN 2-85203-543-X ISBN 0769-0940

# *Avant-Propos*

Ce livre reprend en l'abrégeant le texte d'une thèse pour l'obtention du doctorat d'Etat, soutenue le 7 janvier 1995 à l'Université de Paris IV (Sorbonne). Sa publication m'offre l'occasion de redire ma gratitude à ceux à qui il doit le plus. En premier lieu, je tiens à rendre hommage à M. Daniel Poirion. Sa bienveillance, son aide et ses encouragements n'ont jamais fait défaut à ma recherche, quel que soit le tour inattendu qu'elle a pu prendre. Je souhaite également remercier M. Michel Zink pour sa disponibilité et les solides conseils qu'il sait prodiguer en toutes circonstances, ils ont été déterminants pour mener cette tâche à son terme. Que M. Jean Petitot sache que je lui suis redevable de son enseignement passionné, de ses idées foisonnantes et de ses suggestions fructueuses.

Je ne saurais omettre le rôle joué par Mlle Paule Demats, exemple de finesse et d'érudition, pour guider ma découverte des mystères du Graal.

C'est un plaisir, enfin, d'adresser mes remerciements aux collègues et aux amis qui sont intervenus, à des degrés divers, dans l'élaboration de la réflexion et le travail de l'écriture. Ma reconnaissance va tout particulièrement à Gabriella Parussa et Richard Trachsler qui savent tout ce que je dois à leur présence parisienne.

# INTRODUCTION

Certaines des oeuvres littéraires léguées par le Moyen Age font preuve d'un pouvoir de fascination relatif à l'énigme de leur signification. Le mystère est source d'ardeur herméneutique, il invite à la connaissance. Selon l'hypothèse qui oriente ce travail, la séduction et l'agrément énigmatique de quelques-unes des narrations les plus attachantes de ce temps tiennent à ce qu'elles révèlent, avec une allure qui leur est propre, les jeux de la pensée mythique. De nombreuses études érudites ont abordé la question de la mythologie romanesque médiévale. Il nous semble cependant que le débat n'est pas clos et qu'il est opportun de le relancer, d'en découvrir de nouvelles facettes et d'en explorer des horizons singuliers. Or vouloir comprendre les oeuvres du Moyen Age animées par les rouages des mythes soulève des problèmes d'autant plus délicats qu'ils sont au coeur des réflexions que suscitent la formation, l'esthétique et le sens de l'art littéraire qui fleurit à cette époque. Deux points de vue, distincts mais non contradictoires, aideront à dresser la carte des territoires à traverser et préviendront contre les impasses où l'on pourrait se fourvoyer.

Une grande partie de l'oeuvre de Daniel Poirion étudie la naissance des récits en langue d'oïl sur lesquels portent différentes ombres mythiques, notamment celles de Tristan, d'Enéas et de Perceval. Elle fait admirer le tissage majestueux qui trame l'entrée de cette littérature dans la communauté artistique occidentale. Tisserand des Belles-Lettres, le copiste ou l'*auctor* tresse les traditions et les mémoires dans une toile chatoyante. Son travail exprime la luxuriance et la vigueur des «vestiges mythiques» et des «motifs constituant (...) les formes littéraires»[1]. «Le sentiment de la beauté» accompagnera désormais sur la ligne des siècles, les oeuvres que le XIIème siècle voit éclore et se répandre à l'ouest de l'Europe. Ce plaisir esthétique arrache l'écriture «aux théories de la linguistique»[2]. La séduction et l'évidence du beau, hommage au sauvetage précieux du passé mythologique, sont manifestes «sauf à ceux dont le coeur s'est appesanti, dont les oreilles se sont fermées, qui ont des yeux et ne voient pas.»[3]

A l'instant de mettre un terme au déchiffrement des mythes disséminés entre les montagnes Rocheuses et l'océan Pacifique, Claude

---

1. D. Poirion, "Qu'est-ce que la littérature ? France 1100-1600", *What is Literature ? France 1100-1600*; ed. F. Cornilliat, U. Langer and D. Kelly. Lexington: French Forum, *The E. C. Armstrong Monogr. on Medieval Literature*, 7, 1993, p. 11-29; ici, p. 24 et 25.

2. *Résurgences, Mythe et Littérature à l'âge du symbole (XIIe siècle)*. Paris: PUF, *Ecriture*, 1986, p. 5. L'idée guide A. Michel dans *La parole et la beauté*. Paris: Albin Michel, *Bibl. de l'Evolution de l'Humanité*, 7, 1994.

3. D. Poirion, 1985, *op. cit.*, p. 9.

Lévi-Strauss tient à répondre aux critiques de certains philosophes: ses *Mythologiques* auraient «réduit la substance vivante des mythes à une forme morte.» La réponse procède en trois temps. Non seulement ces reproches masquent un «mysticisme larvé» mais ils attestent une ignorance de la signification des mythes qui, contrairement à un préjugé tenace, «ne disent rien qui nous instruise sur l'ordre du monde (...) l'origine de l'homme ou sa destinée»; surtout, ils exhibent la déception des détracteurs. La compréhension des agencements mythiques, à laquelle accède la démonstration lévi-straussienne, la parole sans sujet qu'elle permet enfin d'entendre, placent les critiques devant l'inutilité de leurs spéculations. Le sens dégagé «n'est pas celui qu'ils auraient souhaité y trouver», aussi restent-ils sourds à «cette grande voix anonyme qui profère un discours venu des fonds des âges, issu du tréfonds de l'esprit.»[4]

Bien entendu, ces deux conceptions ne sont pas contradictoires, chacune à sa manière découvre harmonieusement des provinces familières au médiéviste. Il est en revanche légitime de s'interroger sur les particularités des significations mythiques que chacune d'elles assigne aux oeuvres littéraires du Moyen Age. La première vibre d'admiration et d'émotion devant ces créations, fruits d'un labeur patient et minutieux. Le sens des narrations médiévales est vu sous un jour très particulier. L'idée très générale selon laquelle l'écriture est chargée de maintenir la continuité d'une culture face aux aléas de l'histoire reçoit avec elles une illustration frappante. Elle s'élève, en l'occurrence, sur l'apparente permanence d'une tradition venue de l'antiquité classique et chrétienne. La seconde conception s'intéresse au monde de l'intelligible et de la conceptualité. Ici, l'intelligence des oeuvres postule la compréhension de règles fondatrices, celles d'un discours sans assignation de créateur, expression de l'esprit qui force l'univers à signifier grâce au bricolage de relations découpées dans la livrée du monde. Un jeu de mots sans prétention mais commode résume ces deux points de vue sur la «mythicité»[5] de la littérature médiévale: aux textes reconnus comme "mythologiques" - comptables de la continuité des Belles-Lettres -, répondent les structures "mythiques", grâce auxquelles pensent les mythes[6]. L'enseignement de ce parallèle est clair: il serait dangereux de

4. *L'homme nu*. Paris: Plon, 1971, p. 571 et 572, pour ces mentions.

5. L'expression revient à J.-P. Albert. Cette «"preuve de mythicité"» lui évite d'«appeler mythe n'importe quel récit traitant du surnaturel» ("Destins du mythe dans le christianisme médiéval", *L'Homme*, 113, 1990, p. 53-72; ici, p. 68).

6. Comprendre "mythologie" comme collection de récits dits "mythologiques" n'a rien de surprenant: on a parlé dans cette perspective d'une mythologie chrétienne médiévale. Lire, à ce propos, de P. Walter, *Mythologie chrétienne. Rites et mythes du Moyen Age*. Paris: Editions Entente, 1992; parmi les travaux de J.-C. Schmitt éclairant cette question, voir l'article "Problèmes du mythe dans l'Occident médiéval", dans le numéro "Mythe et Culture folklorique au Moyen Age" de *Razo, Cahiers du Centre d'Etudes Médiévales de Nice* (8, 1988, p. 3-17), et, de J. Le Goff, "Culture cléricale et traditions folkloriques dans la

vouloir saisir le sens des oeuvres médiévales en esquivant les questions posées par la "résurgence" des vestiges mythologiques, en méconnaissant leurs effets sur l'esthétique qui les met en récit, en négligeant la "mythicité" qui les contraint.

Ces observations ont déjà avisé des deux "phénomènes" soumis à examen. Le premier assemble des récits agencés par la spéculation des mythes; l'étude d'une large gamme de contes, *lais*, romans dits "mélusiniens" précèdera dans ce cadre celle du roman antique *Eneas* puis du *Conte du Graal* de Chrétien de Troyes. Le second réunira plusieurs motifs et stéréotypes repérés dans diverses fictions médiévales. Le recours à ces deux corps de textes le laisse supposer, la "mythicité" des récits considérés s'exprime aussi bien dans les armatures mythiques que dans certaines séquences stéréotypées. Pour valider ces conjectures, l'exploration s'inscrira globalement dans la perspective d'une anthropologie culturelle. Comme Howard Bloch[7] nous soutiendrons que «le texte littéraire constitue (...) une clé pour l'anthropologie de ce temps», comme lui nous affirmerons la nécessité d'en faire usage afin de comprendre

> les différentes façons dont une culture ritualise, c'est-à-dire ignore, s'approprie, supprime, dissémine, banalise, fétichise, l'ensemble des possibilités symboliques dont elle dispose à un moment donné.[8]

Mais, loin de tout souci sociologique, nous ne concevrons pas les récits médiévaux comme des fenêtres vers «la compréhension unique des mécanismes d'une société qu'en même temps ils conditionnent»[9]. Notre effort sera différent, il tentera d'éclairer les rouages symboliques et imaginaires sur lesquels repose la dimension anthropologique de la littérature médiévale.

Il convient d'affiner ces options et de présenter l'ordre général de notre dispositif. Ce livre obéit à un double mouvement. Le premier souhaite se déployer dans le domaine des principes, son souci est de nature épistémologique. Il a paru en effet nécessaire, afin de ne pas succomber à la fascination de certains mirages, de clarifier en préalable les lieux, les limites et les enjeux de la problématique dans laquelle nous nous situons. L'application des règles mythiques est délicate, elle sera favorisée par la connaissance des présupposés qui garantissent leur validité. C'est à la médiévistique que l'on demandera les premières réponses. La notion de

---

civilisation mérovingienne", *Pour un autre Moyen Age. Temps, travail et culture en Occident: 18 essais*. Paris: Gallimard, *Bibl. des Histoires*, 1977, p. 223-235.

7. *Etymologie et généalogie, une anthropologie littéraire du Moyen Age français*. Paris: Seuil, *Des Travaux*, trad. B. et J.-C. Bonne, 1989.

8. *Ibid.*, p. 18-19.

9. *Ibid.*, p. 16. Une sévère critique de la notion de "mentalités" a paru sous la plume de G. E. Lloyd: *Pour en finir avec les mentalités*; trad. par F. Regnot. Paris: éd. La Découverte, 1993.

*translatio studii* servira de fil rouge. On considèrera la réception par le Moyen Age des textes mythologiques antiques ainsi que de leurs modes d'interprétation avant de regarder leurs effets sur la conception contemporaine de l'esthétique "mythologisante". Insatisfaits des résultats de ce premier itinéraire, on esquissera les contours de la théorie qui procurera le cadre approprié pour mener à bien l'entreprise, sans céder aux mirages positivistes et formalistes qui la menacent. Le corps de concepts établi par le structuralisme offre les moyens de "constituer", à partir de relations précisément définies, l'objectivité du domaine que l'on cherche à explorer. On pourra ainsi observer structures mythiques et stéréotypes selon des caractères propres au «fait scientifique», c'est-à-dire en libérant l'analyse de «l'appréciation subjective de l'observateur» et en dégageant le «schème qui engendre»[10] ces différentes entités et détermine leurs significations. Pourtant, dit-on, la "mode" structuraliste serait passée ... De nombreuses recherches dans des domaines fort variés de sciences humaines prouvent le contraire. D'ailleurs tous les commentateurs ne s'y trompent pas, et les médiévistes ne sont pas les derniers à faire preuve de lucidité:

> Le premier travail pour comprendre et définir cette littérature qui nous intéresse ici, serait de revenir au structuralisme que l'on a enterré un peu vite.[11]

écrivait Daniel Poirion récemment. Rassurons le lecteur. Il s'agira surtout de mettre au jour les racines de débats que connaît aujourd'hui la médiévistique et desquels dépend étroitement notre argumentation. Les questions disputées sont notoires: *a priori* objectifs ou arguments subjectifs, structures ou affects, herméneutique ou structuralisme, structures ou histoire ? Ainsi affermie, l'exploration se resserrera autour de notre seconde préoccupation, offrir une bonne description et, si possible, une explication des récits "mélusiniens", de l'*Eneas* et du *Conte du Graal* puis de certains stéréotypes "anthropologiques" que connaissent bien les médiévistes, comme le «don contraignant», le «coeur mangé», les «gouttes de sang». Tout en suivant ce cours on s'efforcera d'esquiver les écueils bien connus que sont les points de vue formels et classificatoires: nous ne découperons donc pas les récits en épisodes dans le dessein d'épingler les "motifs de contes".

Comme il se doit, nous venons d'ébaucher les grandes lignes de la démonstration. D'autres précautions devraient être prises, voici celles qui

---

10. C. Lévi-Strauss utilise ces expressions pour mettre en cause l'absence d'une telle exigence dans les disciplines positivistes et historiques (*L'origine des manières de table*. Paris: Plon, 1968, p. 186).

11. D. Poirion, 1993, art. cit., p. 24. «On assiste», observait également M. Zink, «aujourd'hui à un reflux de la critique immanente (...) chacun répète, parfois légèrement, que le structuralisme est en recul.» (*La subjectivité littéraire. Autour du siècle de saint Louis*. Paris: PUF, *Ecriture*, 1985, p. 7).

nous tiennent à coeur. Pour devancer toute objection infondée, prévenons du refus de recourir à une illusoire mythologie générale. L'instruction tend seulement vers la portion de mythique que les oeuvres étudiées construisent et s'attribuent en propre, à partir du nombre illimité des répertoires sémantiques dans lesquels elles peuvent puiser. La seconde observation marquera notre souci d'aborder concrètement les textes étudiés. Noircir les méthodes structuralistes, leur reprocher une certaine complaisance pour l'abstraction et les confondre avec un pur et asséchant formalisme relève sans doute du malentendu. L'anthropologie structurale, notamment, ne cesse de clamer sa «fidélité pointilleuse à la réalité concrète»[12]. Nous n'ignorons pas, par ailleurs, les réticences de l'un de nos guides éminents, Claude Lévi-Strauss, vis-à-vis d'un usage incontrôlé de la méthode structurale à propos des témoignages romanesques des sociétés à écriture, où les créations symboliques, modelés par l'art d'un auteur, semblent bien loin de leur expression collective, spontanée et créatrice[13]. Pour répondre à ce doute qui l'a embarrassé, Jean-Pierre Albert indique qu'il «faudrait interroger les présupposés mêmes» de cette méthode et «définir ses conditions d'application.»[14] C'est bien dans cette direction que l'on compte se diriger. Les scrupules de l'auteur des *Mythologiques* sont-ils d'ailleurs si profonds ? N'oublions pas ses autorisations. On pense à cette phrase très ferme de la *Finale* de *L'homme nu*:

> la différence entre créations individuelles et mythes reconnus pour tels par une communauté n'est pas de nature mais de degré. A cet égard, l'analyse structurale peut légitimement s'appliquer à des mythes issus de la tradition collective et à des ouvrages d'un seul auteur, car le programme ici et là sera le même: expliquer structuralement ce qui peut l'être et qui n'est jamais tout.[15]

Ces derniers mots introduisent à l'état d'esprit dans lequel ont été rédigées ces pages. Il ne s'agira ni de suivre par le menu la constitution de mythologies ni de décrire la valeur morale de la refonte de thèmes mythiques. La tâche ne manque pas d'intérêt mais elle n'est pas la nôtre. Le niveau de pertinence qu'occupe notre recherche n'exclut absolument pas ces deux plans, il ne les contredit pas; simplement, il détermine une approche différente, fondée sur des options distinctives qui visent des "phénomènes" singuliers. La modestie et la prudence sont donc de mise. En même temps que s'éclairaient nos projets, s'ouvrait un large éventail de questions

---

12. C. Lévi-Strauss, *Anthropologie structurale II*. Paris: Plon, 1973, p. 35.

13. *Cf.* "Réponses à quelques questions", *Esprit*, 322, 1963, p. 628-653 (notamment p. 630-634) et les premières lignes de la *Finale* de *L'homme nu*.

14. *Odeurs de sainteté. La mythologie chrétienne des aromates*. Paris: Ed. de l'EHESS, 1990, p. 15.

15. 1971, *op. cit.*, p. 560.

méthodologiques. N'excèdent-elles pas les soucis et la curiosité du médiéviste ? Nous serons moins retenus à ce propos. Disons-le sans ambiguïté, nous revendiquons, pour notre domaine particulier, l'utilité des réflexions générales en matière d'objectivité des lois narratives et des structures mythiques. Il serait illusoire, en effet, de croire en l'autonomie radicale de notre discipline et de notre étude, de refuser de voir l'environnement philosophique et épistémologique où des sujets identiques sont abordés et longuement mis à la question. S'ouvrir au débat scientifique, accepter de remplacer les données de l'expérience (littéraire) par des modèles sur lesquels on se livre à des opérations abstraites, entrer dans les controverses que ces choix éveillent n'a d'ailleurs jamais effrayé le spécialiste de l'art littéraire médiéval. Que l'on songe, par exemple, aux "Réflexions de méthode" à l'aide desquelles Joseph Bédier se défend d'avoir fait preuve «d'agnosticisme et de scepticisme» dans sa polémique avec la théorie indianiste de l'origine des contes[16]. Loin, par conséquent, de craindre la dispersion ou le diluement des outils et des observations, on n'hésitera pas à forger les outils nécessaires à la réflexion en s'aidant des apports de disciplines diverses qui peuvent éclairer l'étude. Aucune raison ne justifie que le médiéviste abdique toute ambition "théorique" et abandonne à d'autres le soin de rendre méthodiquement intelligible le matériel attachant qui donne sa vie propre à la littérature qu'il étudie.

Résumons en d'autres mots ces préliminaires. Notre recherche aspire à relever deux défis. Celui que lançait Paul Ricoeur, tout d'abord, lorsqu'il mettait en cause la capacité de la pensée structurale à servir de modèle de compréhension. Le philosophe appelait de ses voeux des travaux qui en prouveraient la richesse: «Le structuralisme est sans doute encore valable (et presque tout reste à faire pour en éprouver la fécondité dans nos aires culturelles).»[17] C'est donc la méthode - le structuralisme - qui est concernée. Le second appel est inscrit dans la question que pose Daniel Poirion au moment d'éviter «un usage abusif du mot *forme* pris comme *structure*». Il s'agirait de savoir

> comment les formes littéraires, celles qui permettront de donner une définition concrète de la littérature, mettent en rapport des formes du langage avec d'autres structures.[18]

---

16. *Les Fabliaux. Etudes de littérature populaire et d'histoire littéraire du Moyen Age*. Paris: Bouillon éd., *Bibl. de l'Ecole des Hautes-Etudes*, 98, 1893 (repr. Paris: Champion, 1982; p. 285).

17. "Structure et Herméneutique", *Esprit*, 1963, 322, p. 596-627; ici, p. 617. Rédaction différente mais défi finalement identique dans cette observation de P. Zumthor: «le structuralisme orthodoxe, dans les études médiévales, à peine en selle fut désarçonné.» (*Parler du Moyen Age*. Paris: Ed. de Minuit, *Collection "Critique"*, 1980, p. 63). N'est-ce pas une exhortation à le remettre d'aplomb ?

18. 1993, art. cit., p. 24.

Ici, c'est l'objet d'étude - les «autres structures» - que l'on est invité à définir, ainsi que leur sens.

Il y a bien des années, une affirmation du même auteur avait frappé notre attention: «il est permis de penser que l'on n'a pas tout dit sur la création mythique dans la littérature du moyen âge.»[19] Cette phrase est toujours d'actualité. Nous la considérons comme un assentiment à l'examen qui s'ouvre. Mais, quelle que soit la pertinence de ce que nous pourrons écrire à notre tour sur cette création, nous tenons à cheminer en gardant les yeux ouverts sur la beauté des Lettres médiévales tout en ne restant pas tragiquement sourds à l'appel des mythes qui y résonne avec insistance.

---

19. D. Poirion, "L'ombre mythique de Perceval dans le *Conte du Graal*", *Cahiers de civilisation médiévale*, III, 1973, p. 191-198; ici, p. 197.

Il est entendu qu'un livre actuel s'honore de dériver d'un livre ancien; personne, Johnson l'observait, n'aime devoir quoi que ce soit à ses contemporains. Certains contacts réitérés mais insignifiants, de l'*Ulysse* de Joyce avec l'*Odyssée* homérique continuent à écouter - je ne saurai jamais pourquoi - l'admiration étourdie de la critique.[1]

## *PREMIERE PARTIE*

# *HERITAGES CULTURELS ET INTERPRETATIONS DES RECITS MYTHIQUES.*

1. J. L. Borges, "L'approche d'Almotassim", *Fictions*. Paris: Gallimard, 1983, *Folio*, p. 63.

## *CHAPITRE I.*
## TRANSLATIO *ET LEGS MYTHOLOGIQUES.*

Les notions qui guideront l'exploration, celles de vestiges de mythes, de formes ou de "structures" mythiques notamment, ont fait l'objet bien avant nous de réflexions approfondies. Une question centrale consiste à savoir si l'on peut mettre au jour des thèmes déterminables, composés d'éléments reconnus comme "mythologiques" et dont on peut suivre le développement historique jusqu'au moment où ils fécondent l'art littéraire qui les accueille. Ce développement présentera les arguments qui plaident généralement en faveur d'une réponse affirmative, il montrera que son évidence n'est pas convaincante. Cette thèse s'appuie sur des explications diverses. L'une d'elles, souvent retenue, tient à l'influence sur les études actuelles, les principes qu'elles se donnent et les outils dont elles disposent, du regard que les lettrés du Moyen Age portaient sur les fables mythologiques. Vouloir comprendre les positions du commentateur du XXe siècle demande par conséquent que l'on se penche sur celles du clerc médiéval. Même artisanal, un travail sur les conditions de cette filiation culturelle est nécessaire. Un terme nomme cette conception de la transmission historique des connaissances, celui de *translatio studii*. Ce fil d'Ariane orientera dans les questions d'esthétique soulevées par les narrations médiévales et par leur examen contemporain. En soulignant dès maintenant l'idée que la *translatio* est une source de malentendus et mérite d'être discutée, on veut dire que si son existence est indéniable, sa valeur heuristique est, en revanche, incertaine ou litigieuse. A l'horizon du transfert des héritages et de l'esthétique de la mémoire, peuvent se dresser bien des mirages.

### I. La *translatio* : une figure esthétique, un contenu culturel, des expressions variables.

Depuis qu'il a dénoncé les fadaises d'autrefois et rejeté les figures emblématiques qui les incarnaient, le monde occidental contemporain croit pouvoir oublier la mémoire de son passé. La célébration de l'actuel épouse celle de l'instant et du fugace, s'allie au culte de l'immédiateté dans un détachement apparent des acquis du passé. En cela, notre temps inverse la foi des siècles précédents envers la renommée de ses ancêtres. Sacré ou profane, l'art est, selon la formule célèbre d'André Malraux, «un anti-destin». Mais il ne l'est pas seulement parce qu'il sauve son créateur (individuel ou collectif) de l'oubli. Il joue ce rôle également parce que les oeuvres qui le montrent maintiennent vivace la création des générations précédentes, en dépit des brisures de l'Histoire. L'écriture du Moyen Age (les écritures devrait-on dire, hagiographique, historique et littéraire) qui a recueilli, sauvé et transmis des pans entiers de diverses traditions, vérifie cette idée avec une vigueur particulière. La trace scripturale qu'elle a laissée illustre en effet la coordination des trois temps (lecture-mémoire-écriture) d'un processus que Daniel Poirion aperçoit chez Michel Foucault, mais dont il a soin de déplacer au Moyen Age le point d'application[2]. Le terme de *translatio* désigne cet enchaînement qui permit à la "légende des siècles" de féconder l'art narratif médiéval. Il nomme un concept général qui rend compte du développement historique de la culture occidentale "classique": née en Grèce, la connaissance a passé à Rome pour trouver son site (disent les médiévaux) à Paris[3]. Il convient de rappeler en premier lieu que cette configuration s'enchâsse dans un contexte historique bien particulier, l'essor et l'affermissement du pouvoir carolingien. La *translatio* a vocation politique[4]. L'empreinte universaliste que Rome a donné à ses victoires militaires s'exprime dans la volonté de transmettre sa conception de l'état, du droit, de la civilisation et même, finalement, de sa religion (d'Etat, le christianisme) aux peuples soumis. Le Moyen Age occidental a conscience de ce legs politique. Les références bibliques ne manquent pas pour étayer cette vision historique. Ernst R. Curtius cite ce passage de Daniel (II, 21): *Ipse (Dominus) mutat tempora et aetates, transfert regna atque constituit*, et commente: «du mot *transfertur*, on a tiré la notion de *translatio*.»[5] Cette vue de la succession des empires, autorisant celui de Charlemagne à se considérer comme l'effet du "transfert" de l'empire romain à la nation franque, porte un nom, «*translatio imperii*, à laquelle on adjoignit plus tard celle de *translatio studii*.» (*ibid.*) Le même auteur soutient que l'idée de la *translatio studii* paraît pour la première fois dans une lettre de dédicace d'Heiric d'Auxerre (né en 841), adressée à Charles le Chauve. Le début de cette *Commendatio sequentis operis ad gloriosum regem Karolum per*

2. 1986, *op. cit.*, p. 8. *Cf. Les mots et les choses, Une archéologie des sciences humaines*. Paris: Gallimard, *Bibl. des Sciences humaines*, 1966, p. 32-59.

3. *Cf.* A. G. Jongkees, "*Translatio studii*: les avatars d'un thème médiéval", *Miscellanea Mediaevalia in memoriam Jan Frederick Niermeyer*. Groningue : Wolters, 1967, p. 41-51.

4. Lire, de S. Lusignan, "La Topique de la *translatio studii* et les traductions françaises de textes savants au XIVe siècle", *Traduction et Traducteurs au Moyen Age. Actes du Colloque international du CNRS, IRHT*; 26-28 mai 1986. Paris: Ed. du CNRS, 1989, p. 303-315. Du même auteur, "Nicole Oresme: la *translatio studii* et l'idée de la langue française comme perfectible" dans *Parler vulgairement. Les intellectuels et la langue française aux XIIIe et XIVe siècles*. Montréal: Les Presses de l'Univ. de Montréal, 1986, p. 154-166.

5. *La Littérature européenne et le Moyen-Latin*. Paris: PUF, *Agora*, I, 1956, p. 71.

*epistolam facta*, et son évocation du "troupeau des philosophes" débarquant d'Irlande, ne manque pas de piquant:

> *Graecia (...) dolet certe sua illa privilegia (quod numquam hactenus verita est) ad climata nostra transferri. Quid Hiberniam memorem contempto pelagi discrimine paene totam cum grege philosophorum ad littora nostra migrantem. Quorum quisquis peritior est, ultro sibi indicit exilium, ut Salomoni sapientissimo famuletur ad votum.*[6]

Etienne Gilson ne partage pas l'avis d'Ernst R. Curtius[7]. Il trouve le plus ancien témoignage de ce «thème littéraire trop négligé» (p. 183) dans la *Chronique* du moine de Saint-Gall, rédigée aux environs de 884-887. Cette datation prouverait que la notion était déjà fort répandue hors de France à cette époque. Dans sa *Chronique*, *Monachi Sangallensis de gestis Karoli Imperatoris*[8], le moine exalte les vastes connaissances et les qualités d'Alcuin, l'illustre collaborateur de Charlemagne. Son savoir enrichit si bien Saint-Martin de Tours que les Gaulois contemporains ou encore ceux que l'on appelle les Francs, sont devenus les égaux des Grecs et des Romains d'autrefois:

> *Dedit* [Charlemagne] *autem illi abbateiam sancti Martini iuxta Turonicam civitatem, ut quando ipse absens esset, illic requiescere et ad se confluentes docere deberet. Cuius in tantum doctrina fructificavit, ut moderni Galli sive Franci antiquis Romanis et Atheniensibus aequarentur.*[9]

Essayons de mieux comprendre le sens de la *translatio studii*. C'est au XIIe siècle, dans le *Didascalicon* de Hugues de Saint-Victor, que, semble-t-il, le *topos* se présente sous sa forme homogène et complète:

> *hic* [Platon] *primum logicam rationalem Graecis instituit, quam postea Aristoteles, discipulus eius, ampliavit, perfecit et in artem redegit. Marcus Terentius Varro primus dialecticam de Graeco in Latinum transtulit. postea Cicero Topica invenit. Demosthenes, fabri filius, apud Graecos rhetoricae repertor creditur, Tisias apud*

---

6. *Vitae s. Germani*, *Monumenta Germaniae Historica*, *Poetae latini aevi carolini*, III, 429, 23; éd. L. Traube pour la *Societas Aperiendis Fontibus Rerum Germanicarum Medii Aevi*. Berlin: Weidmann, 1886. Nous lisons: «La Grèce (...) souffre assurément que ses fameux privilèges (ce que jamais jusqu'à ce jour elle n'avait craint) soient transférés vers nos climats. A quoi bon rappeler l'Irlande migrant avec son troupeau de philosophes vers notre rivage, au mépris de la mer ? Les plus habiles s'imposent d'eux-mêmes l'exil pour venir se placer de leur propre gré au service du très sage Salomon.»

7. "Humanisme médiéval et Renaissance", conférence prononcée en 1929, publiée dans la *Revue trimestrielle canadienne* (en mars 1930) et reprise, en 1955, dans *Les Idées et les Lettres*. Paris: Vrin, *Essais d'art et de philosophie*, p. 171-196.

8. *Monumenta Germaniae Historica. Scriptores rerum Sangallensium*, t. II, *Historiae, LVII*; éd. G. H. Pertz pour la *Societas Aperiendis Fontibus Rerum Germanicarum Medii Aevi*. Hannovre: Hahn, 1829.

9. *Ibid.*, I, 2, p. 731. «Charlemagne lui a donné l'abbaye de Saint-Martin, près de Tours, afin qu'en son absence, Alcuin s'y repose et puisse y enseigner à ceux qui viendraient à lui. Sa

> *Latinos, Corax apud Syracusos. haec ab Aristotele et Gorgia et Hermagoria in Graeco scripta est, translata in Latinum a Tullio, Quintiliano et Titiano.*[10]

Ainsi est exposée la dualité sémantique que la notion signifiera, à des degrés divers selon les auteurs, jusqu'aux *Livres des fais et bonnes meurs du sage roy Charles V* de Christine de Pizan[11]: la *translatio* est traduction (*in Latinum transtulit, translata in Latinum*); la *translatio* est appropriation culturelle inscrite dans l'écrit[12]: Cicéron reçoit et ajoute de sa main les *Topiques*; Aristote, Gorgias et Hermagoras ont écrit en grec la rhétorique (*in Graeco scripta est*). Comparée aux témoignages du IXe siècle, la conception de Hugues de Saint-Victor présente la particularité de borner l'extension historique du transfert des savoirs. Il s'est arrêté à Rome et n'a pas migré vers la France. Chrétien de Troyes, un autre clerc, ne partage pas ce point de vue de Hugues de Saint-Victor, à qui la latinité suffit comme cadre culturel. L'ouverture de *Cligès*, si souvent mentionnée, affirme la filiation glorieuse des cultures sous une forme particulièrement élaborée:

> Ce nos ont nostre livre apris
> Qu'an la Grece ot de chevalerie
> Le premier los et de clergie.
> Puis vint chevalerie a Rome
> Et de la clergie la some,
> Qui or est en France venue.
> Dex doint qu'ele i soit maintenue
> Et que li leus li abelisse
> Tant que ja mes de France n'isse
> L'enors qui s'i est arestee.[13]

---

doctrine fructifia au point que les Gaulois contemporains ou les Francs égalèrent les antiques romains et grecs.»

10. *Didascalicon. De Studio Legendi*, III, 2, 18-25; ed. C. H. Buttimer. Washington: The Catholic Univ. of America Press, *Studies in Medieval and Renaissance Latin*, vol. X, 1939. S. Lusignan transcrit ce passage, avec quelques rectifications, et le traduit (1987, *op. cit.*, p. 159). Traduction de M. Lemoine, dans: Hugues de Saint-Victor, *L'Art de lire. Didascalicon*. Paris: Cerf, *Sagesses chrétiennes*, 1991 (p. 132).

11. Dans le chapitre *Cy dit comment le roy Charles amoit l'Université des clers, et comment elle vint à Paris*; ed. S. Solente. Paris, *Société de l'Histoire de France*, 437, 1936, III, 13 (repr. Slatkine: Genève, 1977, p. 47-48).

12. Dans *Genèse culturelle de l'Europe Ve-VIIIe siècles*, M. Banniard décrit comment les structures du *tardoantico* se qualifient par la prépondérance de l'écrit. L'indice de ce phénomène est «la diffusion d'une religion fondée sur une Révélation qui passe entièrement par le truchement d'une langue écrite.» (Paris: Seuil, *Points Histoire*, 1989, p. 27). L'oeuvre de P. Riché éclaircit cette question. Voir, également, de M. Mostert: "La magie de l'écrit dans le Haut Moyen Age", *Haut Moyen Age, culture éducation et société, études offertes à Pierre Riché*; coord. M. Sot. La Garenne-Colombes: éd. Erasme, 1990, p. 273-281.

13. Texte établi par P. Walter dans: *Chrétien de Troyes*, *Oeuvres complètes*, éd. sous la dir. de D. Poirion. Paris : Gallimard, *Bibliothèque de La Pléiade*, 1994, v. 30-39. *Cf.*, de M. Freeman, "The Poetics of *translatio Studii* and *Conjointure*. Chrétien de Troyes's *Cligès*", *French Forum Monographs*, 12. Lexington, French Forum, 1979.

Ces vers chantent la gloire de la clergie et de ses représentants: ils mettent en écrit les valeurs de la civilisation grecque et latine en France, au moyen de la langue qui y est en usage. Le romancier enchaîne donc historiquement les trois temps du transfert (Grèce, Rome, France) et, sémantiquement, donne le sentiment de joindre harmonieusement les deux sens virtuels du *topos*: l'usage de la traduction, la fière appropriation de la culture des ancêtres. Cependant l'auteur champenois effectue une avancée remarquable, la *translatio* et la traduction qu'elle implique, supposent désormais l'exercice de la langue vernaculaire. On le sait, cette exigence linguistique et scripturale marque l'aurore de la littérature romanesque médiévale. Elle fut à l'origine de vives controverses qui concernaient non seulement l'emploi de l'idiome de l'innovation mais les contenus qu'elle portait. Le prologue de *Partonopeu de Blois*, par exemple, illustre la volonté de l'auteur de puiser son sujet aussi bien à Rome que dans le trésor de l'«antif tens» (celtique, antique, oriental). Si son projet risque de ne pas recevoir l'approbation des clercs, c'est qu'il n'écrit pas en latin:

Cil clerc dïent que n'est pas sens
D'escrire estoire d'antif tens
Qant jo nes escris en latin,
Et que jo pert mon tans enfin.
Cil le perdent qui ne font rien,
Molt plus que je ne fas le mien. (v. 77-82)[14]

Bref, le transfert des cultures célèbre moins, chez Chrétien et ses confrères, les valeurs héritées d'Athènes et de Rome que l'hommage à la fonction de l'écrit et au travail esthétique en langue romane. Au XIIe siècle, cet idéal culturel est celui des hommes de lettres et de savoir, les clercs.

A la suite du prologue de *Cligès*, on reconnaît la notion de *translatio studii* fréquemment et dans des contextes variés. Les trois moments du progrès historique continuent à y être énoncés, comme chez Chrétien, mais le triptyque ignore souvent l'aspect linguistique de la traduction en langue vernaculaire. Le thème est présent notamment dans le *Speculum historiale* de Vincent de Beauvais, vers 1260[15]. Son chapitre, intitulé *De Alcuino*, s'achève par une sorte de citation puisqu'il reprend expressément les mots de la *Chronique* de Saint-Gall: *in tantum doctrina fructificavit, ut Franci*

---

14. *Partonopeu de Blois, a french Romance of the twelfth Century*; ed. J. Gildea. Villanova : Villanova Univ. Press, Pennsylvania, volume I, 1967; volume II, part. 1, 1968; part. 2, 1970.

15. *Bibliotheca Mundi Vincenti Burgundi*, t. IV. Graz, Akademische Druck- und Verlagsanstalt, 1965 (repr. de l'éd. dite de "Douai"). Le dominicain tire *ex chronicis* - celle, majoritairement perdue, d'Hélinand de Froidmont et celle des moines de Saint-Gall - ces affirmations concernant Alcuin et Saint-Martin de Tours: *Hoc itaque monasterium post hoc, (...), suscepit regendum Alcuinus, scientia vitaque praeclarus, quia sapientae studium de Roma Parisios transtulit, quod illuc quondam a Graecia translatum fuerat a Romanis*. (L. XXIII, chap. 173, col.a).

*antiquis Romanis & Atheniensibus aequarentur* (*ibid.* b). On repère le *topos* à l'identique dans *Les Grandes Chroniques de France*, à propos du règne de Charlemagne:

> L'abbaïe de Saint Martin delez Tors li [à Alcuin] dona pour ce que il se reposast là et apreist ceux qui de li vorroient aprendre, jusques a tant que li emperes [Charlemagne] fust retornez. Tant multiplia et fructifia sa doctrine [celle d'Alcuin] a Paris et par tout le roiaume de France que, Dieu merci! la fontaine de doctrine et de sapience est a Paris ausi come elle fu jadis a Athenes et a Rome.[16]

Le processus désigné par la *translatio studii* s'énonce à travers diverses expressions qui, chacune à leur manière, exposent une facette de la réception du patrimoine antique par les clercs. La disposition plus ou moins bienveillante qu'illustre le *topos* des "nains juchés sur les épaules de géants" mérite qu'on s'y arrête, elle suscite encore bien des discussions. Il semble bien que la plus grande prudence soit de mise pour interpréter cette comparaison qui, selon Jean de Salisbury[17], aurait été familière à Bernard de Chartres. Il ne serait pas légitime d'en faire un hymne au progrès de l'humanité. Le sens premier est plus modeste, il s'agirait, selon Edouard Jeauneau, d'une parole de *grammatici* qui «surgit à propos d'une phrase de Priscien: *quanto juniores, tanto perspicaciores*.»[18] On sait que le début de son *Institutionum Grammaticarum*, affirme que la grammaire est une discipline où les auteurs sont d'autant plus clairvoyants qu'ils sont récents (ou contemporains). En fait foi, l'exemple des réactions des Latins aux «*errores*» de la science grecque, *in quibus maxime vetustissima grammatica ars arguitur peccasse, cuius auctores,* ***quanto sunt iuniores, tanto perspicaciores***.»[19] Souvenons-nous du prologue des *lais* de Marie de

---

16. Publ. par J. Viard. Paris, *Société de l'Histoire de France*, t. 3, 1923, p. 157-158. Elles «s'inspirent à la fois du moine de Saint-Gall et de son imitateur Vincent de Beauvais.» (E. Gilson, 1955, *op. cit.*, p. 185).

17. *Dicebat Bernardus Carnotensis nos esse quasi nanos gigantium humeris insidentes, ut possimus plura eis et remotiora uidere, non utique proprii uisus acumine aut eminentia corporis, sed quia in altum subuehimur et extollimur magnitudine gigantea. Metalogicon*, Livre III, ed. C. C. Webb. Oxford: Clarendon Press, 1929. E. Jeauneau précise que «Jean de Salisbury n'a jamais suivi les leçons de Bernard de Chartres» ("Nains et Géants", *Entretiens sur la Renaissance du 12e siècle, Décades du Centre culturel de Cerisy-la-Salle, n^lle^ série* 9; dir. M. de Gandillac et E. Jeauneau. Paris/La Haye : Mouton, 1968, p. 21-52; ici, p. 23), ce serait de Guillaume de Conches, son maître, et de ses *Glosae super Priscianum* (antérieures à 1123), qu'il tiendrait la formule. Ce dernier texte, inédit, est transcrit par E. Jeauneau dans "Deux rédactions des gloses de Guillaume de Conches sur Priscien" (*Recherches de théologie ancienne et médiévale*, 27, 1960, p. 212-247; p. 235) et partiellement traduit dans "Nains et Géants", art. cit., 1968, p. 25. Voir également, du même: "*Nani gigantum humeris insidentes.*" Essai d'interprétation de Bernard de Chartres", *Vivarium*, V, 1967, p. 79-99 (repr. dans *Lectio philosophorum. Recherches sur l'Ecole de Chartres*. Amsterdam: A. M. Hakke, 1973, p. 53-73).

18. *Discussion*, "Nains et Géants", art. cit., 1968, p. 31.

19. *Institutionum Grammaticarum, libri XVIII. Grammatici Latini*, vol. II; ed. M. Hertz. Leipzig: Teubner, 1855, 6-8. Nous soulignons et lisons: [erreurs] «que la plus ancienne

France, qui recourt au thème exposé par Priscien[20]. Ses vers conduisent à penser que, pour Marie de France - une "moderne" -, les philosophes anciens, lèguent aux *iuniores* des textes obscurs dont ils doivent mettre à jour et gloser les richesses secrètes. C'est bien la question du poids culturel de l'apport des anciens aux médiévaux, tout "nains" soient-ils, que divulgue cette figure de la *translatio*. La figure suivante, celle de "la belle captive" est de nature guerrière. Le *Deutéronome*[21] précise qu'un Israélite qui s'éprend d'une belle prisonnière étrangère et veut l'épouser doit au préalable lui raser la tête, lui couper les ongles et changer ses vêtements. Pour saint Jérôme, qui la met à l'honneur, cette épouse débarrassée de son idolâtrie, de sa volupté, de ses erreurs et de son désir est l'image de la science profane avec laquelle l'"adultère" est profitable, il sert la famille du Christ[22]. Deux configurations valent d'être relevées chez saint Basile, contemporain de saint Jérôme. Ni trop accueillantes ni trop défiantes, ces deux charmantes comparaisons, celle des "abeilles" et celle de la "cueillette des roses" témoignent d'une attitude plutôt sélective. Elle sont insérées dans un même développement:

> Et c'est entièrement à l'image des abeilles que nous devons tirer parti de ces ouvrages. Elles ne vont pas également sur toutes les fleurs; de plus, celles sur lesquelles elles volent, elles ne tâchent pas de les emporter tout entières; elles y prennent ce qui est utile à leur travail, et quant au reste adieu ! (...) C'est comme pour la fleur du rosier[23]; en la cueillant, nous en évitons les épines; ainsi également de ce genre d'ouvrages: nous en récolterons tout ce qui est utile, mais en nous gardant de ce qui est nuisible.[24]

science grammaticale est convaincue d'avoir commises, elle dont les auteurs les plus récents sont les plus clairvoyants» (ou «sont d'autant plus clairvoyants qu'ils sont récents.»)

20. *Lais de Marie de France*, présentés, traduits et annotés par Alexandre Micha. Paris : GF-Flammarion, 1994, v. 9-15. Des considérations sur le sens religieux de cette entrée en matière sont avancées par E. J. Mickel dans "The Unity and Signifiance of Marie's *Prologue*", *Romania*, 96, 1975, p. 83-90. *Cf.* également, de H. Braet, "Marie de France et l'Obscurité des Anciens", *Neuphilologische Mitteilungen*, LXXIX, 1978 (p. 180-184) et de, J.-C. Delclos, "Encore le Prologue des *Lais* de Marie de France", *Le Moyen Age*, 90, 1984 (p. 223-232).

21. *Si egressus fuerit ad pugnam contra inimicos tuos / et tradiderit eos dominus deus tuus in manu tua captivos que duxerit / et videris in numero captivorum mulierem pulchram / et adamaveris eam volveris que habere uxorem / introduces in domum tuam / quae radet caesariem et circumcidet ungues*. (21, 10-12).

22. "Ad Magnum, oratorem urbis Romae"; *Epistulae*, texte et trad. par J. Labourt. Paris: Les Belles Lettres, t. III, 1953.

23. On trouve ce second *topos*, note le traducteur, chez «Lucien, *Sur l'art d'écrire l'histoire*, c. 28. (fin).» (*ibid.*, p. 46, n.45).

24. *Aux jeunes gens sur la manière de tirer profit des lettres helléniques*, texte et trad. par F. Boulenger. Paris: Les Belles Lettres, 1965, IV, 40-50.

Il conviendrait de considérer également "le vol des vases précieux des Egyptiens", énoncé par saint Augustin dans la *De Doctrina Christiana*[25], ou encore le "lait transformé en nourriture solide", dont se sert Conrad de Hirsau dans son *Dialogus super Auctores*[26]. Mais inutile d'accumuler les images de la *translatio*. Remarquons cependant que ces références laissent envisager l'intérêt d'une typologie des formulations qui expriment, avec des nuances de respect variables, l'accueil des connaissances antiques par le Moyen Age.

Le terme fixé à cette première étape approche. Elle conduit à reconnaître l'existence d'un "fait" indéniable: la *translatio studii* est une catégorie historique et culturelle propre à la connaissance médiévale et à l'esthétique du genre romanesque qui s'épanouit au XIIe siècle. Elle témoigne de la conscience élevée que les clercs de ce temps avaient de leur place dans l'histoire. En les rendant comptables d'un dépôt menacé par l'oubli ou la corruption, elle leur permettait de s'estimer les ultimes rameaux d'un héritage intellectuel illustre. Ce "fait" établi, on ne peut en rester là. Ses conséquences descriptives sont-elles tout aussi incontestables ou peuvent-elles faire l'objet d'interprétations variables ? Le champ propre à l'étude des legs "mythologiques" offre un terrain propice pour juger de la pertinence de la question et tenter d'y répondre.

## II. Double legs des mythographes antiques à la postérité médiévale.

L'idée suivante guidera la marche: la survivance médiévale de la mythologie antique était pensée dans le cadre de systèmes d'idées déjà constitués à la fin du monde païen. La *translatio*, en conséquence, charrie des interprétations controversées, celles dont les anciens se servaient pour concevoir l'origine et la signification de leur mythologie. C'est donc cet aspect méthodologique du transfert qui retiendra l'attention (plutôt que la richesse des thèmes mythologiques).

### A. Comprendre les mythes, les origines antiques du débat.

Le chapitre introductif de l'ouvrage, en tous points remarquables, de la regrettée Paule Demats, *Fabula*[27] rappelle la fameuse étude où Jean

25. *Corpus Christianorum*, "Series Latina", XXXII, *Aurelii Augustini Opera*, IV, 1; ed. J. Martin. Turnhout: Brepols Editores Pontificii, 1962, II, XL, 60, 4-16.

26. *Inportunitati tuae morem geram pro posse, qualiter ipsius lactis nutrimentum quod sugis ex poetis occasio tibi sit solidi cibi. Dialogus super Auctores sive Didascalon*, pub. par G. Schepps. Würzburg: Klg. Univ-Druckerei. *Programm des klg. alten Gymnasiums zu Würzburg*, 1889, p. 64, 1-2.

27. *Trois études de mythographie antique et médiévale*. Genève: Droz, *Publ. rom. et fr.*, CXXII, 1973.

Seznec échafaude les trois systèmes grâce auxquels les hommes de l'antiquité commentaient leurs mythes. Ou bien

> ils sont la relation plus ou moins dénaturée de faits historiques dont les acteurs furent de simples hommes élevés au rang des immortels; ou bien ils expriment la combinaison ou la lutte des puissances élémentaires dont est constitué l'univers: et les dieux sont alors des symboles cosmiques; ou bien ils ne sont que le revêtement fabuleux d'idées morales et philosophiques - et les dieux, dans ce cas sont des allégories.[28]

Mais Paule Demats juge indispensable de compléter ce triptyque par une quatrième attitude, la réaction sceptique qui refuse toute faveur aux mythes. Jean Seznec ne l'a pas vue[29], dit-elle, parce qu'il n'a pas séparé la conception des historiens de celle des allégoristes. Les premiers, contrairement aux seconds, ne distinguent pas sens littéral et sens vrai, ils n'interprètent pas les mythes. Par le biais de quatre brèves notices, on considèrera ces points de vue en commençant par le moins favorable aux trésors mythologiques, l'attitude sceptique.

Nous savons que la théologie d'Homère et d'Hésiode a très tôt suscité d'âpres critiques. Dès le milieu du VIe siècle avant notre ère, Pythagore et Xénophane faisaient également grief aux deux poètes des crimes qu'ils prêtaient aux puissances célestes. L'argument est repris par Diogène Laërce, un peu plus tard, il écrit au IIIe siècle av. J.C., dans ses *Vies, doctrines et sentences des philosophes illustres*:

> Hiéronyme ajoute que Pythagore descendit aux enfers, qu'il y vit l'âme d'Hésiode attachée à une colonne de bronze et hurlant, et celle d'Homère suspendue à un arbre et entourée de serpents, qu'il apprit que tous ces supplices venaient de tous les contes qu'ils avaient racontés sur les dieux.[30]

Mais la condamnation majeure des poèmes mythologiques reste le Xe Livre de *La République* de Platon. Homère et Hésiode raconteraient des fables et des mensonges qui ternissent l'image des dieux, ils enseigneraient donc l'injustice et le vice; la raison demande leur bannissement: «Que cela donc soit dit pour nous justifier (...) d'avoir banni de notre Etat un art de cette nature: la raison nous le prescrivait.»[31]

---

28. J. Seznec, *La survivance des dieux antiques. Essai sur le rôle de la tradition mythologique dans l'humanisme et dans l'art de la Renaissance*. Londres: The Warburg Institute, 1939, p. 11 (dernière éd. Paris: Flammarion, *Champs*, 606, 1993).

29. Pas plus que J. Pépin dans *Mythe et Allégorie. Les origines grecques et les contestations judéo-chrétiennes*. Paris: Etudes Augustiniennes, nlle éd., 1976.

30. Trad. R. Genaille, t. II. Paris: Garnier frères, 1965, VIII, 1, 21, p. 132. Le texte grec est publié dans *Lives of eminent philosophers. Diogenes Laertius*, établi et trad. en anglais par R. D. Hicks. Cambridge (Mass.), Harvard Univ. Press, 1979.

31. *La République*; intro., trad. et notes par R. Bacou. Paris: Garnier frères, 1966, 606c-607d.

Pour le deuxième point de vue, de nature historique, les dieux ne sont que l'idéalisation de héros humains dont les exploits leur valurent temples et cultes commémoratifs. Cette conception est également appelée "évhémériste", depuis la parution, au IIIe siècle av. J.C., d'un ouvrage, aujourd'hui disparu, d'Evhémère[32]. Selon les témoignages qu'il en reste, le personnel du Panthéon était conçu comme le fruit de la divinisation de certains hommes en récompense de leurs actions mémorables. Ce point de vue sera plus tard celui de Cicéron, dans les *Tusculanes*. Evoquant les croyances en l'immortalité, le philosophe a dans l'esprit l'idée que les hommes et les femmes illustres seront conduits au ciel[33]. Peu respectueuse de la transcendance des dieux, cette vue historique n'est guère éloignée de la position sceptique. Certains d'ailleurs la condamnent comme impie et Sextus Empiricus ne parle d'Evhémère qu'en disant «Evhémère surnommé "l'Athée"»[34].

Un mot de l'interprétation cosmologique et physique. Dès l'époque homérique la tendance à interpréter les constellations et les éléments comme des êtres divins s'affirme avec force. L'influence des religions venues d'Orient (culte perse du soleil, babylonien des planètes) fut décisive. L'ampleur de cette interprétation dépasse celle que l'on peut attribuer à une perspective strictement astrologique. Car, pendant la période classique païenne, l'astrologie se présente comme une science intégratrice de laquelle dépendent la physiologie, la médecine, la physique et les sciences de la nature. Tous les êtres physiques et les corps chimiques sont rattachés au Zodiaque et aux planètes, par l'intermédiaire de leurs qualités fondamentales, selon les correspondances: Feu = Mars; Air = Jupiter; Eau = Mercure; et la Lune. La mythologie raconterait les équilibres ou l'instabilité des éléments ou des mouvements des planètes, c'est-à-dire des dieux. Les commentaires de ces processus établissent que les «fables impies», comme le dit Cicéron dans le *De Natura Deorum*, cachent un sens physique subtil et «non dépourvu de charme»[35].

---

32. *Cf.* de P. Decharme, *La critique des traditions religieuses chez les Grecs*. Paris: Picard, 1904 (notamment le chapitre XII: "L'Evhémérisme et l'interprétation historique") et, de P. Alphandéry "L'Evhémérisme et les débuts de l'Histoire des religions au Moyen-Age", *Revue de l'Histoire des religions*, CIX, 1934, p. 1-27.

33. *Nostrorum opinione "Romulus in caelo cum diis agit aeuum", ut famae adsentiens dixit Ennius, apud Graecos indeque perlapsus ad nos et usque ad Oceanum Hercule tantus et tam praesens habetur deus*. Texte ét. par G. Cohen et trad. par J. Humbert. Paris: Les Belles Lettres, 1931, I, XII, 28.

34. *Aduersus Mathematicos, Sexti Empirici Opera*; ed. H. Mutschmann. Leipzig: Teubner, 1914, I, 17.

35. *Nam cum vetus haec opinio Graeciam opplevisset exsectum Caelum a filio Saturno, vinctum autem Saturnum ipsum a filio Iove, physica ratio non inelegans inclusa est in impias fabulas. De Natura Deorum*; éd. et trad. M. van den Bruwaene. Bruxelles, *Collection Latomus*, vol. 154, 1978, II, 24.

Contrairement à l'hypothèse historique, la conception physique ne prend pas la fable au pied de la lettre, jugée frivole et superficielle. Elle l'interprète pour révéler un sens authentique et sérieux: les apparences équivoques des péripéties littérales couvrent un contenu dont l'herméneute peut faire émerger la vérité (physique, en l'occurrence). Ainsi est tracé le programme de toute conception allégorique. Elle s'inscrit dans une longue tradition ésotérique: lecture des oracles, des songes et des mystères (éleusiniens, notamment). Emportés dans cette vague interprétative, les dieux vivent des drames figurés qui cachent une architecture et un sens que le philosophe décrypte. Le premier qui s'employa à lire ainsi les oeuvres d'Homère aurait été Théagène de Rhégium. On sait en tout cas, grâce au *Discours aux Grecs* de Tatien[36], qu'il fut l'un des premiers historiens de la littérature consacrée à Homère. Vus à travers le prisme de l'allégorie morale, les dieux sont signes de vertus et le texte mythologique supporte un message édifiant. Ce mode d'interprétation fait, par exemple, d'Athéna la raison ou la sagesse, de Vénus, on s'en doute, le désir, etc. Une telle entreprise édifiante ne manque pas de mérite. Car les dieux sont dans la poésie d'Homère et d'Hésiode des personnages de petite vertu qui accumulent allègrement viols, incestes, meurtres et castrations. Précisément, ces turpitudes rendent nécessaire la traduction allégorique. Le raisonnement est le suivant: si Homère n'a pas employé d'allégories, alors il a commis toutes les impiétés: donc Homère se sert d'allégories. Cet exercice tend à faire de la mythologie fabuleuse une théologie philosophique et - chez les stoïciens, défenseurs les plus ardents de l'allégorie - une philosophie stoïcienne rédigée par des philosophes stoïciens. L'extrait suivant du *De Natura Deorum* est instructif. Cicéron critique le stoïcien Chrysippe - «que l'on regarde comme le plus habile interprète des songes des stoïciens»[37] -. En effet, ce philosophe (auteur d'un autre *De natura deorum*) *volt Orphei, Musaei Hesiodi Homerique fabellas accomodare ad ea quae ipse primo libro de deis immortalibus dixerit, ut etiam veterrimi poetae qui haec ne suspicati quidem sint stoici fuisse videantur.*[38] Cette réaction montre que l'interprétation allégorique soulevait de vives polémiques au temps de Cicéron. Mais ces conflits avaient vu le jour en Grèce, dès le VIe siècle.

---

36. A. Puech, *Recherches sur les* Discours aux Grecs *de Tatien, suivies d'une traduction française du Discours*. Paris: Alcan, *Bibl. de la Fac. des Lettres, Univ. de Paris*, XVII, 1903.
37. *qui stoicorum somniorum vaferrumus habetur interpres* (*ibid.*, I, 39).
38. I, 41; éd. et trad. M. van den Bruwaene. Bruxelles, *Collection Latomus*, vol. 107, 1970. [Chrysippe qui] «veut faire concorder les contes d'Orphée, de Musée, d'Hésiode et d'Homère avec ce que lui-même a dit des dieux immortels dans le livre I; avec le résultat que de très anciens des poètes, qui n'ont même pas envisagé ces aspects, paraissent être stoïciens.» (trad. M. van den Bruwaene, p. 98).

B. Postérité des commentaires.

L'enquête évoquera maintenant le rôle des moralistes et des grammairiens latins qui ont servi d'actifs relais entre la période classique et l'époque médiévale. Au lieu de suivre une à une les quatre interprétations mises en évidence, on sera attentif à quelques réactions d'apologistes chrétiens, typiques de leur disposition à l'égard de ces modes de compréhension. Macrobe, l'auteur des *Saturnales* est considéré comme l'un des maîtres allégoristes de la pensée médiévale. Winthrop Wetherbee, par exemple, voit en lui l'un des pères des thèses "analogisantes" de l'Ecole de Chartres[39]. Ceux qui recourent aux fables, affirme Macrobe dans une véritable profession de foi de l'allégoriste (qui mérite quelques lignes),

> *sciunt inimicam esse naturae apertam nudam que expositionem sui, quae sicut vulgaribus hominum sensibus intellectum sui vario rerum* ***tegmine*** *operimentoque subtraxit, ita a prudentibus arcana sua voluit per fabulosa tractari. sic ipsa mysteria figurarum cuniculis operiuntur ne vel haec adeptis nudam rerum talium natura se praebeat, sed summatibus tantum viris sapientia interprete veri arcani consciis, contenti sint reliqui ad venerationem figuris defenditibus a vilitate secretum.*[40]

On reviendra dans un instant sur l'idée exprimée par le terme *tegmen*, l'image de l'écorce sous laquelle se cache le fruit ou du vêtement qui dissimule un corps[41]. Mais ce sont principalement les *Commentaires* de Servius qui ont façonné les études mythographiques du haut-Moyen Age. Or, pour Servius, la fable a le pouvoir poétique d'inventer merveilles et figures mensongères, il faut l'accepter et comprendre les détournements de la vérité historique à l'aide de l'exégèse, évhémériste de préférence[42]. Avec

---

39. *In all of this the Chartrians acknowledged the authority of Macrobius who, in a much-quoted passage of his commentary on the* Somnium Scipionis, *had dwelt on the analogy between nature and literature. Platonism and Poetry in the twelfth Century; The Literary influence of the School of Chartres*. Princeton Univ. Press, 1972, p. 37. Sur ce *Commentaire* voir, de A. Hüttig, *Macrobius im Mittelalter. Ein Beitrag zur Rezeptionsgeschichte der* Commentarii in Somnium Scipionis. Francfort: P. Lang, 1990.

40. *Commentarii in Somnium Scipionis*, 1.2. 17-18; ed. J. Willis. Leipzig: Teubner, 1970. Nous soulignons et renvoyons à la traduction des *Commentaires de Macrobe sur le Songe de Scipion* (*Oeuvres* de Macrobe, trad. nouvelle par H. Deschamps, N. A. Dubois, L. D'Aguen et A. Martelli; t. troisième. Paris: C.L.F Pancoucke, 1847, p. 181).

41. Voir, de T. E. Hart: "Chrestien, Macrobius and Chartrean Science: The allegorical Robe as Symbol of textual Design in the old french *Erec*", *Mediaeval Studies*, 43, 1981, p. 250-296.

42. A titre d'exemple, Servius comprend que Virgile ait défiguré la vérité historique en contant les origines fabuleuses de Rome: *ab hac autem historia* - il s'agit des *Origines* de Caton; I, 9. - *ita discedit Vergilius ut aliquibus locis ostendat non se per ignorantiam, sed per artem poeticam hoc fecisse (...). sic autem omnia contra hanc historiam ficta sunt. Servianorum in Vergilii Carmina Commentariorum*. Ed. Harvardiana de A. F. Stocker et A. H. Travis, *Special Publ. of the American Philological Assoc.*, vol. II (*The Commentaries on Aeneid* I-II); 1956; I, 267, 25-30.

leur conception polymorphe de la mythologie, creuset où se mêlent mensonges poétiques inséparables et vérités scientifiques ou morales, Macrobe et Servius livrent au Moyen Age non seulement un mode d'explication des auteurs, mais surtout une foule de connaissances sur les antiquités grecques et romaines. Soulignons ce diptyque, il servira à synthétiser l'ensemble de ce développement. La profusion des documents fournis par les *auctores* sera recensée sous forme de "mélanges" éclectiques par les premiers mythographes vaticans (VIIIe-XIIe s.), puis par les grammairiens et les mythographes du Moyen Age occidental. Le recours à ces connaissances mythologiques et à leurs diverses "lectures" ne peut cependant se comprendre si l'on néglige le combat qu'avaient mené, dès l'antiquité latine, les apologétistes chrétiens à l'endroit de la mythologie fabuleuse et de ses modes d'interprétation. Cette lutte s'engagea en riposte aux accusations des païens contre les partisans du christianisme. La défense - celle d'Origène, de Tertullien - justifiait le plagiat des mythes du paganisme par les chrétiens et le caractère figuré du récit biblique[43]. On peut lire, conservés par Origène dans son *Contre Celse*, les arguments de l'accusation, ils forment les commentaires de la *Parole de Vérité* de Celse. Celse dit que «les plus raisonnables des Juifs et des Chrétiens, pour la honte qu'ils en ont, tentent d'en donner [de leurs mystères] une interprétation allégorique.»[44] Origène plaide l'innocence:

> est-ce aux seuls Grecs qu'il est permis de trouver des vérités philosophiques sous des significations cachées, ainsi qu'aux Egyptiens ? (*ibid.*)

Cette attitude défensive ne justifie pas à elle seule le rejet des allégories classiques par les Pères de l'Eglise. Un esprit beaucoup plus offensif les animait. Ils s'en prenaient à la théologie physique (explications astrologiques) ou philosophique (exclusion des notions de création[45] et de salut; affirmation panthéiste ou naturaliste) que les allégoristes païens découvraient dans les poèmes mythologiques. Mais l'Eglise n'offrait pas un front uni à la mythologie antique ni à ses interprétations. De très sensibles divergences séparent les premiers penseurs chrétiens; le Moyen Age héritera de ces tensions. Les deux premières dispositions sont accueillantes, elles n'hésitent pas à tirer parti de l'interprétation allégorisante. La première se

---

43. Voir, de P. de Labriolle, *La réaction païenne. Etude sur la polémique antichrétienne du Ier au VIe siècle*. Paris: L'Artisan du Livre, 1934. La réfutation d'Origène date de 248 de notre ère, environ soixante-dix ans après les attaques de Celse.

44. *Contre Celse*, t. II, IV, 38; texte critique, trad. et notes par M. Borret, Paris: Les Editions du Cerf, *Sources chrétiennes*, 136, 1968.

45. «Le concept de "création" en son sens biblique est demeuré manifestement étranger au *mythos*, caractéristique de l'antiquité grecque.» (E. Panofsky, *Idea. Contribution à l'histoire du concept de l'ancienne théorie de l'art*; trad. H. Joly. Paris: Gallimard, *tel* 146, 1989, p. 53).

sert des procédés païens dans l'explication de la Bible, l'utilisation de l'allégorie païenne se fait paisible. Aux côtés de Servius et Macrobe, on se gardera d'oublier Fulgence, qui, avec ses *Mythologiae*[46], fournit le Moyen Age de fables mythiques, tout en employant les anciennes explications de la mythologie sans faire un véritable choix parmi elles. La confusion qu'on lui a souvent reproché n'empêche pas l'évêque de Ruspe d'être un bon témoin de l'attitude tolérante à l'endroit de la mythologie païenne pour laquelle il serait incongru de vouloir opposer fable (antique) et vérité (chrétienne). Le groupe suivant est composé de lettrés, Origène et Porphyre en sont de célèbres représentants, qui, tout en disqualifiant l'exégèse païenne, en font eux-mêmes un usage abondant dans leur lecture de la Bible. Les sceptiques qui ne masquent pas leur hostilité (comme Tertullien, Lactance, Firmicus Maternus et Arnobe) forment le troisième ensemble. Leur position est radicale: néfastes, la mythologie païenne et son sauvetage par l'allégorie n'ont aucune valeur. On peut sans doute voir dans la "*disputatio*" d'Arnobe, l'*Adversus Nationes*, la critique de l'allégorie païenne la plus méthodique de toute l'antiquité païenne. Pour étayer leurs virulentes dénonciations, les détracteurs chrétiens ne se sont pas privés d'exploiter les arguments que leur fournissait l'histoire. Puisant dans le passé, ils en extrayaient les critiques païennes de la théologie mythologique. Ils réutilisaient abondamment les raisonnements platoniciens et les démonstrations évhéméristes. Ces démonstrations venaient compléter à point nommé la thèse chrétienne qui voit, dans les dieux d'Homère et d'Hésiode, des démons ou des hommes asservis au Prince des Ténèbres. Tel est le propos de saint Augustin dans cette déclaration incisive de la *Cité de Dieu*:

> *Per hanc ergo religionem unam et ueram potuit aperiri deos gentium esse inmundissimos daemones, sub defunctarum occasionibus animarum* uel creaturam specie mundanarum deos se putari cupientes *et quasi diuinis honoribus eisdemque scelestis ac turpibus rebus superba inpuritate laetantes atque ad uerum Deum conuersionem humanis animis inuidentes*.[47]

Mais, on le sait, de telles dénonciations n'eurent finalement que peu d'écho sur la vigueur des interprétations allégoriques médiévales.

---

46. *Opera, Mitologiarum Libri Tres*; ed. R. Helm. Leipzig: Teubner, 1898.

47. *De Civitate Dei*, VII, 33; eds. B. Dombart, A. Kalb, *Corpus Christianorum*, "Series Latina", XLVII, *Aurelii Augustini Opera*, XIV, 1. Turnhout: Brepols Editores Pontificii, 1955. «Cette religion [chrétienne] unique et véritable a donc pu expliquer que les dieux des nations ne sont que d'immondes démons. Tirant parti des âmes de certains morts et sous l'apparence de créatures de ce monde, désirant passer pour des dieux, ils se sont complus avec une orgueilleuse impudicité dans des honneurs prétendus divins qui n'étaient qu'abomination et turpitude, et ils ont envié aux âmes humaines leur conversion au vrai Dieu.» (*La Cité de Dieu*, trad. G. Combès, revue et corrigée par G. Madec. Paris: Inst. d'Etudes augustiniennes, *Nlle. Bibl. Augustinienne*, t. I, 1993, p. 442).

C. Conflits et convergences des interprétations au Moyen Age.

L'*Ovide moralisé* l'indique, les commentaires des figures mythologiques (ils portent ici sur les différentes évocations de la mort d'Achille) divisaient les clercs médiévaux:

> Trop porroie aler delaiant
> Pour reciter les controverses
> Des sentences, qui sont diverses:
> Ensi distrent aucun auctor;
> Mes Beneois en autre tour
> Vault la mort d'Achilles descrire
> Qui traita de ceste matire,
> Et dist qu'ains i dona mains cops
> Et detrencha testes et cos
> Qu'il fu mors ne affolez.
> Prenez lequel que vos volez.
> Encor dient aucunes fables (v. 4580-4591)[48]

Désinvolte («Prenez lequel que vos volez»), le romancier renonce à harmoniser des interprétations trop contradictoires et refuse d'attacher une importance excessive aux controverses mythographiques. Son ouvrage est pourtant une illustration particulièrement éclairante de l'attitude inverse. Quoi qu'il en soit, c'est sans étonnement que l'on retrouve, au sein de la culture médiévale, les modèles de compréhension de la mythologie antique.

La tradition évhémériste reste vivante tout au long du Moyen Age. Nombre de fables de l'antiquité, jugées mensongères par l'Eglise, ne durent leur salut qu'à la faveur d'une interprétation historique. Lisons les premières lignes du "De Diversis Nominis Deorum" du second mythographe vatican, elles résument heureusement la thèse de la divinisation de certains humains:

> *Hii quos pagani deos asserendo venerantur, homines olim fuisse produntur et pro uniuscujusque vita vel meritis colere eos sui post mortem ceperunt ut apud Egyptum Ysis, apud Cretam Iuppiter*, (...) *apud Paphios Venus* (...), *apud Delios Apollo*. (...) *Fuerunt etiam et quidam viri fortes aut urbium conditores quibus mortuis homines, qui eos dilexerunt, simulacra finxerunt ut haberent aliquid ex imaginum contemplatione solatium.*[49]

---

48. Ed. C. de Boer, t. IV. Amsterdam; Uitgave van de N. V. Noord-Holl. Uitgevers-Maatt-Schappij, 1936. Nous reprenons la ponctuation et les signes diacritiques proposés par P. Demats, 1973, *op. cit.*, p. 100.

49. *Mythographi Vaticani I et II;* éd. P. Kulcsar. Turnhout: Brepols, *Corpus Christianorum*, Series Latina XCI c, 1987, II, 2, p. 96. Nous traduisons: «Ceux que les païens vénèrent en affirmant qu'ils sont des dieux se révèlent avoir été autrefois des humains: en raison de la vie ou des mérites de chacun, les gens de leur contrée commencèrent à leur vouer un culte après leur mort; il en est ainsi d'Isis en Egypte, de Jupiter en Crète, (...) de Vénus à Paphos, (...)

La vivacité de cette "lecture" s'explique notamment par l'aide qu'elle a appportée à la recherche historique (sous l'influence des *Etymologies* d'Isidore de Séville). Pour de nombreux auteurs d'histoires universelles, l'énumération des rois et des héros antiques inclut les dieux humanisés. Parmi ces historiens évhémérisants[50], le plus populaire est sans aucun doute Pierre le Mangeur. Son *Historia Scolastica* (vers 1160) pénètre toute l'Europe et avec un tel succès qu'elle est considérée comme un véritable memento d'histoire des religions. Adaptée en français à la fin du XIIIe siècle, elle a «formé des générations de clercs dans l'orthodoxie évhémériste»[51].

La permanence médiévale des conceptions mythographiques physiques s'inscrit dans l'ouverture de la communauté chrétienne à la culture profane, plus précisément à l'astrologie. Deux motifs particuliers incitaient les clercs à faire passer les études de cette connaissance dans l'éducation chrétienne: leur souci de ne pas être inférieurs aux laïcs; la conviction que la compréhension de la hiérarchie universelle, dont Dieu occupe le sommet, passe par la connaissance rationnelle de Ses oeuvres. Cette double volonté concernait également les laïcs. Bernard Ribémont situe expressément l'effort scientifique de l'encyclopédiste Gossuin de Metz (milieu XIIIe siècle) dans le cadre qui nous intéresse ici, celui de la «reprise du thème de la *translatio studii*». En effet, pour Gossuin "chevalerie suit touz jours clergie la ou ele va adès". Il est donc «important de mettre à la disposition d'un public de princes et de seigneurs les connaissances scientifiques disponibles.»[52] L'astrologie occupe une place de choix dans ces connaissances. Bien entendu, avec elle survit la nomenclature mythologique. *Exégèse Médiévale* a méthodiquement sillonné ce champ: après avoir affirmé, à propos des clercs du Moyen Age latin, que «la doctrine qu'on a depuis lors désignée du nom d'évhémérisme ne leur était point inconnue»[53], Henri de Lubac rappelle que, pour Guillaume de Conches, par exemple:

---

d'Apollon à Délos. (...) Il y eut aussi des hommes vaillants ou des fondateurs de cités après la mort desquels les gens qui les ont chéris ont fait édifier des statues à leur ressemblance pour trouver quelque consolation au spectacle de leurs images.»

50. *Cf.* la liste dressée par P. Alphandéry dans "L'Evhémérisme et les débuts de l'Histoire des religions au Moyen-Age", 1934, art. cit.

51. J. Seznec poursuit en affirmant qu'«elle a fourni à Vincent de Beauvais l'essentiel de ce qu'il écrit des dieux dans son *Speculum Historiale*.» (1939, *op. cit.*, p. 20). Un second facteur de la vigueur de cette conception mériterait d'être développé: dans leur effort pour transmettre l'héritage antique, les médiévaux sont allés chercher dans le passé fabuleux de l'antiquité, des témoins, des ancêtres, des géniteurs. Telle est l'origine des fables à vocation généalogique.

52. "Statut de l'astronomie et évolution des connaissances sur le cosmos chez les vulgarisateurs médiévaux: le cas de quelques encyclopédies en langue vernaculaire", *Observer, lire, écrire le ciel au Moyen Age. Actes du Colloque d'Orléans, 22-23 avril 1989*. Paris: Klincksieck, *Sapience*, 1991, p. 283-300; ici, p. 287.

53. *Les quatre sens de l'Ecriture*, seconde partie, II. Paris : Aubier, *Théologie*, 59, 1964, p. 182.

> lorsqu'un Nemrod, un Hygin, un Aratus racontent comment le Taureau sur lequel Jupiter avait enlevé Europe fut changé en signe du zodiaque, ils nous donnent en réalité une leçon d'astronomie. (p. 188)

Voyons avec un peu plus de soin l'attitude adoptée face à la moralisation allégorique. L'idée a été maintes fois soulignée, le génie symbolique de l'époque médiévale, sous sa forme accueillante, renouvelle la tradition des Pères. Les personnages et les épisodes de l'Ancien Testament préfigurent la Nouvelle alliance et la Fable annonce la vérité chrétienne. Ce génie du symbole va de pair avec l'interprétation allégorisante. Il rend la pensée de ce temps extrêmement réceptive à tout exercice qui en use, qu'il soit tourné vers des oeuvres profanes ou sacrées, qu'il s'exerce vers le monde des arts et du langage ou vers l'univers naturel. Cette orientation s'appuie sur la conception du monde comme miroir, le fameux *speculum Dei*, qui fait de l'Ecriture Sainte un texte de *signa translata*, lisibles à quatre niveaux (littéral, allégorique, tropologique et anagogique). On connaît les célébrissimes vers du *Rhythmus de Incarnatione Christi*, d'Alain de Lille:

> Omnis mundi creatura,
> Quasi liber et pictura
> Nobis est, et speculum.
> Nostrae vitae, nostrae mortis,
> Nostri status, nostrae sortis
> Fidele signalucum.[54]

A partir du XIIe siècle, époque où l'allégorie devient le véhicule universel de l'expression pieuse, l'exégèse mythologique est portée à un haut degré de perfection. Trois guides aideront à préciser les outils dont dispose l'herméneute médiéval. Edouard Jeauneau s'est employé à établir l'identité de diverses notions utilisées par de nombreux "grammairiens" du XIIe siècle[55]. Echouant à découvrir chez Guillaume de Conches une définition

---

54. *Patres Latini* (*PL*), CCX, 419, p. 579. Pour une introduction minimale au motif du *speculum Dei*, voir: *Etymologie et Généalogie* de H. Bloch (1989, *op. cit.*, p. 25 sv); *The Mirror of Language. A Study in the medieval Theory of Knowledge*, de M. L. Colish (Lincoln: Univ. of Nebraska Press, 1968) et, de G. H. Allard, "La pensée symbolique au Moyen Age", *Cahiers Internationaux de Symbolisme*, XXI, 1972, p. 3-17.

55. "L'usage de la notion d'*integumentum* à travers les gloses de Guillaume de Conches", *Archives d'Histoire Doctrinale et Littéraire du Moyen Age*, 24, 1958, p. 35-100 (repr. dans *Lectio philosophorum. Recherches sur l'Ecole de Chartres*. Amsterdam: A. M. Hakke, 1973). Voir également les deux études de P. Dronke, "Integumenta Virgilii", dans *Lectures médiévales de Virgile*, Actes du colloque organisé par l'Ecole française de Rome (25-28 octobre 1982), Collection de l'Ecole française de Rome, 80. Rome, 1985, p. 313-329 et *Fabula. Explorations into the use of myth in medieval platonism*. Leiden: E. J. Brill, 1974.

systématique de l'*integumentum*, il la trouve chez Bernard Silvestre, commentateur des six premiers livres de l'*Enéide*[56]:

> ***Integumentum** vero est genus demonstrationis sub fabulosa narratione veritatis involvens intellectum, unde et **involucrum** dicitur.*[57]

On a souligné les deux termes que Bernard Silvestre pose en synonyme[58] pour désigner des vêtements qui enveloppent la vérité. Il reviendra à l'herméneute d'enlever le manteau de la fable qui cache l'enseignement philosophique au vulgaire. La méthode la plus usuelle est celle de l'étymologie, Isidore de Séville et Rémi d'Auxerre notamment avaient ouvert la voie. Quelques années après la parution de l'article d'Edouard Jeauneau, le père Marie-Dominique Chenu attestait, dans "Involucrum, le mythe selon les théologiens médiévaux"[59], le succès au XIIe siècle, et notamment parmi les philosophes de l'Ecole de Chartres, de l'explication allégorisante et morale. Les termes d'*«involucrum* (ou *integumentum*)» exprimaient le procédé littéraire qui accorde, «par une *moralisatio* allégorique, un contenu de vérité aux fables païennes.» (p. 77). Grâce à ces deux notions, les clercs médiévaux rapprochaient deux faces de l'interprétation allégorique, l'explication morale, le commentaire évhémérisant. D'où son usage totalisant: «Toute la mythologie y passa.» (p. 78). La conclusion de l'article de Jean Jolivet, "Poésie et Philosophie au XIIe siècle"[60] conduit vers l'attitude sceptique face au sauvetage allégorique des mythes. L'oeuvre d'Alain de Lille marque un terme, celui de l'inspiration platonicienne. Le retour d'Aristote verra se développer une philosophie différente[61]. Ce point de vue est partagé par Edouard Jeauneau qui met en évidence l'évolution péjorative du mot *integumentum* et la volonté de Jean de Cornouailles, d'Alain de Lille et de divers autres doctes,

---

56. Ed. J. W. et E. F. Jones, *The Commentary of the First Six Books of the* Aeneid *of Virgil commonly attributed to Bernardus Silvestris*. Lincoln: Univ. of Nebraska Press, 1977, 18-20.

57. «L'*integumentum* est un type de démonstration qui enveloppe, sous la narration fabuleuse, le sens de la vérité, d'où également son nom d'*involucrum*.» Pour les considérations éditoriales, les précisions bibliographiques, une présentation des "poèmes allégoriques latins du XIIe siècle" et, plus précisément, de "l'allégorisme de Bernard Silvestris", voir, de M.-R. Jung, *Etudes sur le poème allégorique en France au moyen âge*. Berne: Francke, *Romanica Helvetica*, 82, 1971, p. 60-64.

58. Comme le fait, précise l'article de E. Jeauneau, Jean de Salisbury dans le *Polycraticus* (VIII, 24). *Cf.* le travail récent de S. Bordier consacré aux termes *figura*, *involucrum* et *enigma* dans le *Polycraticus* ("Somniorum Aenigma", *Bull. de l'Ass. Guillaume Budé*, 50, 1991, p. 306-314).

59. *Archives d'Histoire doctrinale et littéraire du Moyen Age*, XXII, 1955, p. 75-79.

60. "Poésie et Philosophie au XIIe siècle", *Perspectives Médiévales*, XVII, 1991, p. 51-70.

61. *Cf.* dans *Platonism and Poetry in the Twelfth Century* (W. Wetherbee, 1972, *op. cit.*), "*Integumentum*: the figural Signifiance of the *Auctores*" (p. 36-48), ainsi que *The Continuity of the Platonic Tradition during the Middle Ages* de R. Klibansky (Londres: The Warburg Institute, 1939).

d'éviter les «*involucra verborum*.»[62] Il éclaire ainsi à son tour le rôle joué par l'expansion de la doctrine aristotélicienne dans la dépréciation de l'usage platonicien de l'allégorie.

Sans doute la distinction tranchée entre les trois méthodes d'interprétation positive des mythes a-t-elle quelque chose d'artificiel pour ce qui concerne le Moyen Age. Les dieux antiques doivent leur survie médiévale à l'association des trois traditions interprétatives, et non à la préférence accordée à une seule. Cette confluence est à la racine de ce que l'on a appelé «la tradition encyclopédique»[63]. Les compilations, sommes, "trésors", "miroirs", savants ou populaires, illustrent à l'envie ces confusions de méthode, et témoignent des rêves d'une *scientia universalis*. Ce développement concernait la *translatio* du legs mythologique antique aux clercs médiévaux. Nous savons maintenant qu'il est double: il se compose d'une part, des thèmes de la "matière" antique; de l'autre, des quatre modes de leur interprétation, dont on vient de tracer les grandes lignes.

62. Alain de Lille, *Theologicae regulae*, reg. 34, *P. L.*, 210, 637.

63. J. Seznec, 1939, *op. cit.*, p. 109. L'auteur cite le cas d'un disciple d'Isidore de Séville, Pierre d'Ailly, qui, dans sa *Cosmographie*, «considère les dieux tantôt comme des astres, tantôt comme des souverains qui donnèrent leurs noms aux diverses parties du monde - juxtaposant ainsi, sans scrupule, des explications contradictoires.» Pour ce personnage extraordinaire, évêque de Cambrai puis légat du Pape, en Allemagne et en Avignon (mort en 1420) lire, de B. Guénée, *Entre l'Église et l'Etat: quatre vies de Prélats français à la fin du Moyen Age*. Paris: Gallimard, *Bibl. des Histoires*, 1987.

## *CHAPITRE II.*
## *CLERC ET MEDIEVISTE CONTEMPORAIN. ESTHETIQUE DE LA* TRANSLATIO.

Cette double tradition influence profondément les médiévistes contemporains. Quelles sont les raisons et les conséquences de cet accueil ? La fidélité à l'héritage des clercs est explicitement revendiquée par de nombreux modernes. La foi dans la *translatio* est le principe d'une attitude volontairement "analogique" qui, bien entendu, ne prend pas la même signification chez les auteurs qui la partagent. Regardons trois témoignages, choisis intentionnellement pour la diversité de leur horizon descriptif[64]. Le premier se lit sous la plume de Jacques Ribard. Une sourcilleuse fidélité signe ses travaux, notamment son étude du *Tristan* de Béroul et du *Conte du Graal*. Son loyal respect à «l'esprit du temps» le conduit à «interpréter, dans une optique religieuse et chrétienne, les deux oeuvres en cause», à situer sa réflexion «sur un plan délibérément métaphysique et théologique»[65]. Soutenant un point de vue interprétatif différent, Philippe Walter s'appuie toutefois sur une exigence identique: comprendre un texte médiéval requiert «la restitution autour de ce texte d'un système de pensée *médiéval* qui lui est contemporain.»[66] Rappelons les principes d'un "père fondateur", Edmond Faral. Ses *Arts poétiques du XII et XIIIe* se fondent sur quelques principes. Le premier affirme que le style est un objet de science. Mais l'examen «scientifique» des arts d'écrire avant le XIIIe siècle serait vain s'il n'était pas précédé de travaux bâtis sur une méthode «véritablement historique». Elle ne partirait pas

> de notre système esthétique actuel, mais de celui qui dominait les contemporains de l'oeuvre; et qui veut comprendre les caractères véritables de la *Chanson de Roland* ou du roman de *Cligès*, et en rendre compte conformément à la réalité, doit emprunter ses principes directeurs, non pas, comme on l'a trop fait, à des

---

64. Egalement, dans "The Poetics of *translatio studii* and *conjointure*, Chrétien de Troyes's *Cligès*" de M. Freeman: *A certain analogy may be said to link medieval literary process and the present-day study of medieval texts.* (...) *Each activity expresses a different facet of a shared belief. That belief constitutes an active faith in translation.* Lexington, Kentucky: *French Forum Monographs*, 12, 1979, p. 11.

65. *Du Philtre au Graal. Pour une interprétation théologique de Tristan et du Conte du Graal.* Paris: Champion, *Essais*, 12, 1989, p. 13.

66. *Canicule. Essai de mythologie sur* Yvain *de Chrétien de Troyes.* Paris: SEDES, 1988, p. 6.

théoriciens modernes (...) mais, si l'on peut, aux théories qui prévalaient pendant le XIe et le XIIe siècles.[67]

Ces affirmations invitent à retrouver, dans les études de notre temps, les méthodes de compréhension des mythes qui organisaient la réflexion médiévale et les débats qu'elles soulevaient. Ce rapide tour d'horizon profilera l'idée que chacune d'elles se fait du travail de l'écriture sur le "matériel" considéré comme mythologique.

## I. Comprendre les mythes au XXe siècle.

### A. L'interprétation alchimique et astrologique contemporaine.

«Plus que jamais Jean de Meun passe pour avoir quelque accointance avec les alchimistes, et le *Roman de la Rose* avec le Grand Oeuvre», cette citation de Pierre-Yves Badel[68] annonce l'orientation de multiples études de littérature médiévale. Pour vérifier l'influence de la "lecture" astrologique, il était intéressant d'explorer les publications répertoriées dans la bibliographie de référence, *The Relations of Literature and Science, an Annoted Bibliography of Scholarship, 1880-1980*[69]. La "Modern Language Association" y fait l'inventaire de tous les ouvrages qui, entre 1880 et 1980, ont mis en rapport les oeuvres littéraires et les sciences ("exactes" ou occultes)[70]. 174 titres sont proposés pour le Moyen Age. La plupart bien entendu sont relatifs à des problématiques strictement scientifiques (science optique, influence des lapidaires, ornithologie ou médecine). Mais on ne recense pas moins de 82 publications (soit exactement la moitié) concernant clairement les rapports entre l'astrologie et les romans ou les encyclopédies du Moyen Age. Parmi eux, on observe de nombreuses analyses inspirées par l'interprétation alchimique de Wolfram d'Eschenbach et quelques titres annonçant des considérations astronomiques sur le roi Arthur. Dans son ouvrage magistral, *A History of magic and Experimental Science*[71], Lynn Thorndike ne s'intéresse guère aux romanciers. Son histoire se penche essentiellement sur les oeuvres des intellectuels qui, comme Bède le

---

67. *Recherches et documents sur la technique littéraire du Moyen Age*. Paris: Champion, *Bibl. de l'Ecole des Htes Etudes*, fasc. 238, 1924; p. XII.

68. *Le Roman de la Rose, Etude de la Réception de l'oeuvre*. Genève: Droz, *Publ. rom. et fr.*, CLIII, 1980, p. 2.

69. Eds. W. Schatzberg, R. A. Waite, J. K. Johnson. New York, 1987.

70. Autres sources bibliographiques consultées: de C. Kren, *Medieval Science and Technology. A selected and annotated Bibliography*. New-York & Londres: Garland Publishing, Inc. 1985 (dix sept pages, p. 23-40, inventorie les travaux consacrés aux traductions des oeuvres scientiques antiques et arabes ainsi qu'à leurs interprétations). Egalement, de B. Stock, *Myth and Science in the 12th Century. A study of Bernard Silvester*. Princeton: Princeton Univ. Press, 1972.

71. New York: Univ. of Columbia Press, 8 vol., 1923-1958.

Vénérable, Roger Bacon et Paracelse, conjoignaient pratiques astrologiques, pensée scientifique et foi chrétienne. Toutefois, souhaitant illustrer l'ardeur des croyances en la magie, au Moyen Age et à l'aube des temps modernes, Lynn Thorndike fait quelques allusions à certains personnages romanesques, comme celle-ci:

> *Moreover, a grander and more imposing witchcraft displayed itself in the stories of the wizard Merlin and in the persons of the wicked magicians with whom knights contended in the mediaeval romance.*[72]

Une dernière référence, choisie parmi bien d'autres, montre que l'usage de la méthode astrologique peut donner lieu à d'éclairantes analyses. On pense au livre de Philippe Walter, *Canicule. Essai de mythologie sur* Yvain *de Chrétien de Troyes*. Au début du chapitre qui étudie le lion et son symbolisme, l'auteur justifie à la fois le recours romanesque à cet animal, rare, selon lui, dans le bestiaire arthurien et, plus généralement, la méthode qui inspire son travail. Il considère la table ronde comme «l'image du cosmos dont elle semble reproduire les mouvements astraux» et le roi Arthur, qui «porte le nom d'une constellation, la Grande Ourse (...) reproduit exactement la place de la Grande Ourse dans le firmament.»[73]

Bref, les fictions médiévales relèvent du mythe parce qu'elles se servent du substrat astrologique élémentaire, propre - selon ce point de vue - aux forces divines telles que les connaissent les civilisations de référence, classique et celtique pour l'essentiel.

B. L'interprétation évhémériste ou la quête des sources.

Pain blanc de nombreuses revues savantes, les préoccupations évhémérisantes ou "historicistes" sont encore très vivaces. Certaines recherches suscitées par Mélusine donnent une expression concrète à cette affirmation. Dans son ouvrage *princeps*, *Le Mythe de la Mère Lusine* (*Meurlusine, Merlusine, Mellusigne, Mellusine, Méleusine*), Léo Desaivre affirme que son analyse fait découvrir derrière le génie tutélaire des seigneurs de Lusignan, la «gardiennne de leurs forteresses, la *banshee* des rois de France et d'Angleterre.»[74] Le chapitre au titre évocateur, "Origines de la légende" emprunte les deux directions que suit la critique en la matière: la première est historique et géographique, la seconde de nature linguistique. Leur visée commune, conforme à l'interprétation évhémérisante, consiste à déterminer la source historique et géographique

72. *Ibid.*, p. 12.
73. *Canicule*, 1988, *op. cit.*, p. 194.
74. Saint-Maixent: Imp. Ch. Reversé, 1883, p. 5.

de la fée et de son nom. Fait indiscutable pour Léo Desaivre, le point de départ de la légende, l'*alma mater Lusianorum*, serait une humble fée gauloise. La preuve est toponymique: les premiers occupants romains étaient des compagnons d'un certain Lucinius ou Licinius. Ils purent prendre «pour génie tutélaire de la nouvelle ville une divinité autochtone que le peuple honorait déjà (...) La nouvelle Egérie devint mater Lucinia, la mère Lusine.»[75] Avec bonheur, l'étymologie vient renforcer ses premiers constats: «ce nom se trouvait en rapport avec le rôle capricieux d'une fée toujours à se jouer (*ludere*) dans les ondes ou dans les plaines de l'air.» (*ibid.*). Ensuite vinrent les barbares. Ils n'eurent aucune peine à accueillir une divinité proche des leurs et c'est ainsi que «la mère Lusine se changea peu à peu en mère des Lusignan.»[76] Un projet analogue anime Pierre Martin-Civat. Deux questions signant la méthodologie ouvrent *Le très simple secret de Mélusine mythique aïeule des Lusignan*[77]: «D'où nous vient Mélusine, d'où nous vient son nom?» (p. 11). Les anciennes populations célébraient un culte des arbres, dans le Cognaçais en particulier, «le chêne vert ou plus exactement l'yeuse - en latin *ilex* -.» (p. 44) bénéficiait d'une faveur spéciale. Or, dès l'antiquité le chêne fut consacré à Jupiter et nombreuses étaient les divinités champêtres que les Grecs et les Romains avaient placées auprès de cet arbre. L'auteur assimile alors (p. 113) les nymphes des chênes, bien connues dans la mythologie classique sous le nom de dryades, et les «bacchantes de l'embouchure de la Loire» que connaissait la mythologie celtique:

> Les vocables "mère ésine", ou "Mère l'eusine" ont clairement dû désigner, au Moyen Age, la vieille dryade devenue en se transformant plus ou moins la fée du chêne vert et plus particulièrement, aux abords immédiats de Cognac, l'yeuse déjà vénérable.

Cet avis clôt l'évocation du regard "historiciste" porté sur Mélusine et ses origines "réelles". Le travail de l'écriture consiste ici à refléter plus ou moins directement le cadre historique et linguistique de l'identité et de la signification des personnages "mythologiques" ou féerique qu'elle met en scène.

---

75. *Ibid.*, p. 23.

76. *Ibid.*, p. 24. Le programme de L. Desaivre inspire l'abbé Jarlit qui suit deux pistes identiques: déceler «les origines mêmes de la légende de Mélusine. (...) donner l'explication étymologique du nom de la célèbre fée.» "Origines de la légende de Mélusine", *Mémoires de la Société des Antiquaires de l'Ouest*, Poitiers, t. VII, 1884, p. 2. *Cf.* l'étude de R. Chanaud sur une ancêtre valentinoise de Mélusine, la dame du château de l'épervier: "Le chevalier, la fée et l'hérétique", *Le Monde Alpin et Rhodanien*, 1985, 13, 2e et 3e trimestres, p. 31-55.

77. Poitiers: Imp. P. Oudin, 1969. Cette publication reprend le Mémoire de l'Institut d'Histoire et d'Archéologie de Cognac et du Cognaçais: *La Mélusine. Ses origines et son nom. Comment elle est devenue la mythique aïeule des Lusignan* (Poitiers: P. Oudin, 1969).

C. Allégories classiques. Mélusine dans tous ses états.

Compte tenu de l'extrême fécondité de cette orientation au XXe siècle et de la diversité de ses facettes, il est nécessaire de distinguer au moins deux sous-ensembles en son sein. Dans le premier, l'herméneute soulève le voile de l'allégorie en respectant le code de lecture fourni par la tradition qu'il vénère.

Les travaux de Jacques Ribard, chercheur que l'on reconnaît généralement comme l'un de ses plus pugnaces représentants, illustreront le premier. L'auteur affirme que le symbolisme, au sens du «*speculum*, de l'image, du reflet - un mode de correspondances, au sens baudelairien du terme»[78], est, depuis son origine, constamment à l'oeuvre dans la littérature médiévale. L'étude citée à l'instant précise cette affirmation de principe[79]. Décryptant la signification du *Tristan* (de Béroul) et du *Conte du Graal*, elle interprète les personnages principaux, Tristan et Yseult, Perceval et Gauvain, comme des représentations de l'Homme, distinctes des figures de Dieu, fondamentalement des images du Père et du Souverain. Ainsi le roi Arthur. Le caractère «un peu falot qu'on lui prête volontiers» lui fait perdre sa dimension symbolique: il représente en réalité «le Dieu immanent, au contact constant de ses chevaliers, de ses créatures, qu'il appelle d'abord à un dépassement tout humain en matière de courage et de bonté.»[80] A l'encontre des figures de Dieu, celles du diable qu'incarnent le nain Frocin ou l'Orgueilleuse de Nogres. Les deux oeuvres prennent sens quand culmine la confrontation de deux symboles complémentaires et inverses: le Philtre et le Graal, le Péché et la Grâce.

Prolongeant d'une manière particulière cette première orientation, un nouvel horizon de recherches s'est ouvert à notre époque, il tire l'allégorie vers l'image inconsciente et l'archétype. Dans les pas de Schelling, Jean Pépin évoque la vogue allégorisante que connut le XIXe siècle, surtout en Allemagne. Il remarque que l'auteur de l'*Introduction à la Philosophie de la Mythologie* ne s'est guère intéressé au symbolisme psychologique et tient à corriger cette lacune pour ce qui concerne le XXe siècle. Les théories freudienne et jungienne fondent son argumentation. Il n'hésite pas à assimiler les anciens partisans de l'allégorie, qui ont discerné «dans les mythes des documents révélateurs de leur propre paysage mental», aux «premiers psychanalystes.»[81] Edouard Jeauneau et Henri de Lubac

---

78. *Le Moyen Age, Littérature et Symbolisme*, *op. cit.*, 1984, p. 11.

79. *Du Philtre au Graal*, 1989, *op. cit. Cf.*, plus récent, le recueil d'articles au titre éclairant: *Du mythique au mystique. La littérature médiévale et ses symboles*. Paris: Champion, *Nlle Bibl. du Moyen Age*, 31, 1995.

80. *Ibid.*, p. 44.

81. 1976, *op. cit.*, p. 52. Ou: «la psychologie analytique de Jung apparaît elle aussi comme une rénovation, à l'époque contemporaine, de la vieille allégorie psychologique.» (p. 53).

soutiennent partiellement de leur autorité cette identification. L'exégète rapproche interprétation allégorique et psychanalyse quand il évoque l'éclairage qu'Edouard Jeauneau a porté sur l'interprétation *per integumenta*, lorsqu'elle s'exerce sur les grands mythes:

> "Achille, Chronos, Oedipe, Orphée, Phaéton revivent de nos jours sous forme de *complexes*, et rien ne ressemble tant à un recueil d'*integumenta* que certaines colonnes d'un moderne dictionnaire de psychanalyse."[82]

Le rapprochement est-il fécond ? L'étude de certains traits "mélusiniens" proposée par Otto Rank[83] répond positivement. Intéressé aux «légendes dont le thème nucléaire consiste en un interdit» (p. 202), le célèbre psychanalyste a mis au jour l'enseignement caché derrière le voile du sens littéral: «l'interdit de s'enquérir» met tout à coup en présence de la première question dictée «au désir de connaître chez tout nouveau citoyen du monde: *D'où viennent les enfants* et d'où suis-je venu moi-même ?»[84] On ne s'étonnera pas de découvrir alors, commun aux multiples clauses envisagées, un enseigement de nature sexuelle, comme si les leçons de l'allégorie psychanalytique ne pouvaient échapper à ce "code": «l'*interdit de voir nue la femme* mystérieuse (le type Mélusine),» (...) s'oppose «à la curiosité sexuelle de l'enfant.»[85]

Tournons cette courte page freudienne. En feuilletant la suivante, écrite par Carl G. Jung et Gilbert Durand, on découvre l'*involucrum* sous les traits des figures primitives, universelles et "archétypales". Ce point de vue anime de vastes recherches ethno-folkloriques. C'est ici que l'on retrouve Mélusine et les protagonistes qui gravitent autour d'elle. Que représentent-ils ? Suivant les principes "archétypologiques", on identifie la fée serpente, et les êtres "faés" qui la côtoient, à un être ou une corporation, recensés parmi divers panthéons (divinités indiennes, mésopotamiennes, grecques, romaines, celtiques, etc.). La question "Qui est Mélusine" équivaut, une nouvelle fois, à "d'où vient Mélusine ?". Cette interrogation conduit à dérouler l'histoire de la transmission des plus anciennes évocations du personnage jusqu'au terme médiéval. C'est ce parcours que suit dans le détail Françoise Clier-Colombani «dans un puissant retour en arrière, aux sources», comme l'observe Jacques Le Goff[86]:

---

82. 1964, *op. cit.*, p. 196. La citation vient des pages 85-86 de l'article "L'usage de la notion d'*integumemtum* ..." (1958, art. cit.).

83. *Le Mythe de la naissance du héros, suivi de la légende de Lohengrin*; éd. et trad. E. Klein. Paris: Payot, 1983.

84. *Ibid.*, p. 198.

85. *Ibid.*, p. 207.

86. Qui préface l'ouvrage, *La Fée Mélusine au Moyen Age. Images, Mythes et Symboles*. Paris: *Le Léopard d'Or*, 1991, p. 6.

> Divinités de la mort, ou bien maîtresses des eaux et de la fécondité, invoquées contre les maladies, les déesses ichthyomorphes de l'Antiquité babylonienne, relayées par les divinités de la Grèce antique, ne sont donc pas sans annoncer certains aspects des figures mélusiniennes médiévales.[87]

Ce cheminement est ponctué de rencontres qui superposent les rôles et assimilent les êtres. Conséquence, l'élaboration de tableaux d'équivalence assignant des identités sur le modèle, "Mélusine, c'est...". C'est ainsi que si Claude Lecouteux identifie Mélusine à «la dernière fée d'une longue lignée, dont la fondatrice est une déesse celtique de la troisième fonction»[88], Jean Markale, de son côté, la considère comme «une figure incontestable de la déesse-mère»[89]; «une vierge Marie d'avant la récupération» (p. 15); «l'image de l'ancienne divinité solaire honorée à Lusignan» (p. 114); «un parallèle féminin du grec Kékrops, fondateur d'Athènes» (p. 118)[90]. Dans *La déesse Mélusine*[91], Guy-Edouard Pillard adopte le même point de vue. L'examen de la tradition littéraire et populaire à travers laquelle se manifestent les sympathies que suscite Mélusine, fait découvrir la provenance mythologique: Mélusine, c'est la femme de Gargantua, la déesse primaire, la déesse primordiale, la vierge éternelle. Cette dernière figure est douée d'une remarquable polyvalence. On s'en convaincra en découvrant que, pour Gilbert Durand, la Mère Louise-Mélusine est la réincarnation «de l'éternel féminin.»[92] En ce qui concerne la valeur mythique de la fiction, les partisans de ce premier type d'allégories ("classique" ou "figurale", selon Paul Zumthor[93]) l'identifie au sens allégorique, dissimulé puis entrevu par l'herméneute et sa grille de lecture, mystique ou méta-psychologique.

### D. De l'allégorie à la "remodélisation" mythique.

La seconde forme d'*involucrum* qui marque de son rayonnement la médiévistique contemporaine reste fidèle à la conception allégorisante léguée par la précédente. Cependant, les *iuniores* qu'elle inspire en font un exercice original: ils s'appliquent surtout à évaluer l'écart qui, distinguant

87. *Ibid*., p. 93.

88. *Mélusine et le Chevalier au Cygne*. Paris: Payot, 1982, p. 171.

89. *Mélusine*. Paris: Retz, 1983, p. 10.

90. «la Lune personnifiée», p. 120; «l'image parfaite et ambivalente de la déesse des origines», p. 130; «la divine Echnida, archétype de tous les dragons», p. 134; «Lamia, symbole utérin et vaginal», p. 141.

91. *Mythologie d'une fée*. Hérault éditions, 1989. Du même auteur, *Histoire merveilleuse de la fée Mélusine*. Poitiers: D. Brissaud, 1978.

92. *Les structures anthropologiques de l'imaginaire. Introduction à l'archétypologie générale*. Paris: Bordas, 1969, p. 260.

93. *Parler du Moyen Age*, Paris: Ed. de Minuit, 1980, p. 51.

les textes-sources des oeuvres-réceptacles, indique l'effort de création de celles-ci par rapport à celles-la. Distance d'où émerge le sens de la création mythique - et non plus allégorique - des narrations médiévales. La vigueur de cette thèse, et ses effets sur la conception littéraire des mythes, méritent quelques éclaircisssements.

Encore une fois, l'idée n'est pas propre à notre présent. Pendant la période médiévale, déjà, diverses *translationes* apparaissaient non seulement comme un mécanisme de sauvetage mais comme un procédé inventif. Les figures de la "belle captive" chère à saint Jérôme, des "abeilles" et de la "cueillette des roses" de saint Basile avaient illustré ce double mouvement. Fidèles à ces modèles, les nouveaux allégoristes examinent la façon dont leurs précurseurs médiévaux butinèrent les richesses des oeuvres antiques pour en faire leur miel médiéval. Le lexique des critiques du XXe siècle est riche en énoncés qui expriment ce procès: re-modélisation, rectifications, appropriation, réactivation de la mémoire, et, terme que nous emploierons à plusieurs reprises tant il est instructif, remythisation. Autant de mots qui soulignent l'existence de ce que l'on appelerait volontiers la "fabrique médiévale" de littérature mythologisante. Elle s'inscrit dans le fil d'une pensée mûrement élaborée et mise à l'épreuve avec succès par de nombreuses analyses concrètes. Ce fil se dévide principalement à partir des travaux de Hans R. Jauss et de Daniel Poirion. Aussi ouvrirons-nous ces considérations par les travaux du premier, ceux du second serviront à les clore; l'examen sera ainsi pourvu de cadres solides.

"Allégorie, *remythisation* et nouveau mythe. Réflexion sur la captivité chrétienne de la mythologie au moyen âge"[94] est un guide exemplaire. L'article se penche sur l'histoire de l'appropriation médiévale des mythes antiques. Deux temps la scandent. Le premier conduit des anciens mythes aux nouveaux par l'intermédiaire d'un relais, l'allégorie chrétienne. Grâce à elle, la mythologie antique peut se conserver et se transmettre à travers les «Dark ages» (p. 471). L'auteur met ainsi en évidence une phase originale, sorte d'attitude "évhémérisante" inversée, moment où l'allégorisation des mythes et des fables antiques a «ravalé de plus en plus [les dieux antiques] au rang de personnifications» (p. 471). Cette progression fait subir un véritable «rétrécissement» à la mythologie antique et l'explique «de manière univoque suivant la perspective de la morale chrétienne» (p. 472). C'est là le stade statique de l'appropriation des fables antiques. La conception "classique" des premiers herméneutes évoqués dans le paragraphe précédent est sans doute en cause. La phase dynamique, le processus créatif de "remythisation", redonne sa richesse aux

---

94. H. R. Jauss, *Mélanges d'histoire littéraire, de linguistique et de philologie romanes offerts à Charles Rostaing*, Ass. des Romanistes de l'Univ. de Liège (*Marche Romane*), 1974, p. 469-499.

significations mythologiques appauvries[95]. D'où une distinction déterminante entre sens allégorique et sens mythique, ou, plus précisément, entre le couple passivité/statisme définissant la "fonction allégorique", et la catégorie activité/dynamisme, propre à la "fonction mythique". Inscrites dans la théorie de la Réception ces idées, n'ont pas manqué d'éclairer les recherches des médiévistes actuels. La solidarité de leurs efforts est nette. En témoigne le recours, par les plus éminents d'entre eux, à des notions et des termes communs, comme "résurgences". Titre donné à l'ouvrage publié par Daniel Poirion en 1986, le mot nomme (p. 469) chez Jauss, le socle de l'activité remythisante:

> Lorsque, dans la littérature et l'art médiévaux, on peut noter la "réapparition" des dieux et des légendes, on peut toujours supposer à la base de cette "résurgence", un acte de réception.

Le recueil *Pour une Mythologie du Moyen Age*[96] fournit quelques exemples récents de la forte influence de cette conception[97]. Dans l'*Introduction* au premier chapitre ("Transpositions"), Laurence Harf-Lancner insiste sur l'idée qui dirige ce développement: «Les clercs du Moyen Age ont transposé la mythologie gréco-latine, l'ont remodelée pour la faire entrer dans leur propre système mental.»[98] Les contributions de Francine Mora-Lebrun et de Jean-Marie Fritz en donnent de convaincants témoignages. La première (p. 11-26) déplie les «trois tentatives d'appropriation de la mythologie antique au XIIe siècle» par trois textes romans (l'*Alexandreis*, poème épique latin de Gautier de Châtillon, le *Commentum super Eneidem* de Bernard Silvestre et le *Roman d'Eneas*) qui exploitent une source commune, *l'Enéide*. Chacun d'eux occupe un palier sur une sorte d'échelle de fidélité par rapport à la leçon virgilienne. Les divers échelons sont donc autant d'illustrations de la différence qui existe entre respect allégorique "classique" et effort remythisant (créateur). L'article de Jean-Marie Fritz, "Du dieu émasculateur au roi émasculé: métamorphoses de Saturne au Moyen Age" peint l'originalité du *Roman de la Rose* de Jean de Meun quand il adapte quelques mythes antiques. L'auteur médiéval, en effet, utilise de deux manières les mythes venus de l'Antiquité: «alliance nouvelle

---

95. «La remythisation aboutit à défaire la réduction allégorique de l'être mythique à une qualité morale.» *Ibid.*, p. 479.

96. Etudes rassemblées par L. Harf-Lancner et D. Boutet. Paris: Collection de l'E.N.S. de Jeunes Filles, 41, 1988.

97. Voir également, les *Actes du Colloque d'Amiens (26-28 mars 1981)* "La Représentation de l'Antiquité au Moyen Age". Univ. de Picardie, Centre d'Etudes Médiévales, publ. D. Buschinger et A. Crépin. Vienne: K. M. Halosar, *Wiener Arbeiten zur germanischen Altertumskunde und Philologie*, 1982. Dans la perspective qui est la nôtre, deux contributions méritent une attention particulière, l'article de P.-M. Filippi, "Réception du mythe de Médée au Moyen Age.", p. 91-99; celui de G. Fossi, "La représentation de l'Antiquité dans la sculpture médiévale et une figuration classique: le tireur d'épine", p. 299-311.

98. 1988, *op. cit.*, p. 3.

d'éléments jusque-là épars (âge d'or et mythe de castration-naissance) et déplacement du geste mythique (ici de la génération du père à celle du fils).»[99] A la question de découvrir quel sens le Moyen Age donnait à l'émasculation de Saturne et pour quelles raisons il a «oublié si massivement l'originalité de la *Théogonie*» (p. 45), Jean-Marie Fritz répond que cette époque a cherché à innover en moralisant les mythes de l'antiquité.

L'idée de la remodélisation de l'héritage mythique est attestée également par *Fabula* qui distingue deux modes de "rectification" médiévale. La première est quantitative. En regard de sa source latine, le texte médiéval s'enrichit d'une foule d'additions[100] ou n'hésite pas à supprimer. La richesse mythographique de l'*Ovide Moralisé*, conclut l'auteur (p. 61), «est plus grande encore que celle de son modèle latin.» Le second mode de rectification s'effectue sur la qualité du geste remodélisateur. Il consiste en un emploi bien particulier des techniques d'interprétations transmises par les mythographes. L'auteur médiéval refuse, en premier lieu, une lecture évhémériste du texte d'Ovide[101]. Par ailleurs, le contenu de la fable ovidienne - hérétique et folle - a été allégorisé dans une perspective morale. La citation suivante, particulièrement limpide, autorise ces affirmations en même temps qu'elle prouve la volonté "allégorisante" de l'auteur:

> Mes sous la fable gist couverte
> la sentence plus profitable.
> Dont qui la tient a pure fable,
> ne li chaille quel qu'ele soit;
> et qui pense qu'en fables oit
> autre sens, autre entendement,
> ne doit trop embreveusement
> blasmer la fable ne reprendre
> por ce qu'il ne la puet entendre
> ou bon sens qu'ele puet avoir.
> (v. 2536-2545)[102]

Le livre de Daniel Poirion, *Résurgences*, s'emploie à clarifier ces questions. En cours de route il affine le second terme de la distinction envisagée par H. R. Jauss. L'attitude "remythisante" poursuivrait deux visées, un objectif

---

99. *Ibid.*, p. 43. On gardera en mémoire les affirmations selon lesquelles de nombreux écrivains du Moyen Age n'ont pas respecté leurs sources antiques. Non seulement Jean de Meun fera émasculer Saturne par Jupiter mais «la grande majorité des auteurs du Moyen Age (Jean de Meun ici ne fait pas figure de novateur) ignoreront le mythe hésiodique de l'émasculation d'Ouranos par Cronos (*Théogonie*, v.176 sq.) pour faire de Saturne un roi émasculé par Jupiter.» (*ibid.*).

100. Parmi elles, le véritable «petit roman d'*Héro et Léandre*» qui, selon P. Demats, «n'accuse aucun rapport avec le texte d'Ovide.» (*Ibid.*, p. 63).

101. Sa méthode «libère la fable de la tutelle exténuante de l'histoire.» (*Ibid.*, p. 103).

102. *Ovide moralisé*; éd. C. de Boer; ponctuation «remaniée» par P. Demats, 1973, *op. cit.*, p. 175.

moral et politique, lié aux soucis culturels; un dessein refondateur, non historique, qui tendrait à retrouver les traditions légendaires et leur "efficacité" mythique. Les pages consacrées à la moralisation médiévale de la matière mythique antique dans un article au titre explicite, "De l'Enéide à l'Enéas: mythologie et moralisation"[103], annonçaient cette différence. Le texte élucide le sort que le roman d'*Eneas* réserve à l'*Enéide* en soulignant la mission idéologique de sa reprise médiévale. Ces prémisses autorisent un mode d'analyse original, fondé sur la compétition des deux plans de signification. Des chocs, des incompatibilités surviennent entre la moralisation littéraire, son inscription historique et les traditions mythiques qui échappent aux variations contextuelles. A propos d'*Eneas*, par exemple, *Résurgences* écarte l'*involucrum* moralisant et retient plutôt l'activation "remodélisante" de la mythologie classique :

> Le préhumanisme de la fin du XIIe siècle, écartant la moralisation, rejoindra d'une autre manière, les structures mythiques rapportées par la tradition littéraire.[104]

## II. Remythisation et intertextualité. Le mythe comme création littéraire.

La thèse remythisante dirige vers des points de vue originaux sur la nature mythique des oeuvres médiévales. Aidée de quelques principes complémentaires (comme celui d'"intertextualité"), elle fait du mythe l'effet de la recréation romanesque du sens donné par la tradition. Pour comprendre l'originalité de cette position, il convient de distinguer deux situations d'héritage (les effets de la distinction ne sont qu'apparents, on le verra). Le médiéviste dispose parfois des sources littéraires des oeuvres qu'il examine. Cette situation semble commode. La difficulté surgit quand l'exposition des rouages diachroniques est improbable ou impossible. Le cas est fréquent. Car, si l'on ne tient pas compte des romans antiques - et, eux-mêmes, ne sont pas sans faire défaut - les exemples sont rares où les beautés des manuscrits médiévaux indiquent des prédécesseurs bien définis. Les remarques de Jean-Marie Fritz concernant l'ignorance médiévale du mythe hésiodique de l'émasculation d'Ouranos par Cronos comme celles de Paule Demats à propos de l'enrichissement de l'*Ovide moralisé*, en regard de sa source latine, ont avisé de cette idée[105]. Par ailleurs, la littérature du

103. *Cahiers de civilisation médiévale*, 3, 1976, p. 213-229. On lira dans *Résurgences* une étude plus développée, consacrée à un sujet proche, "Le mythe antique comme préhistoire".

104. 1986, *op. cit.*, p. 71.

105. L'observation des rapports entre les dieux et les hommes dans l'*Eneas* constatera d'autres inventions de l'oeuvre médiévale. Une seule illustration ici. L'amour unissant Enéas et Lavinie doit à Ovide. M. Zink a montré combien «l'exploitation de motifs ovidiens (...) fait ressortir davantage l'irréductible nouveauté de sa manière, d'autant plus frappante qu'elle devrait être écrasée sous le poids de l'imitation.» ("Héritage rhétorique et nouveauté littéraire

Moyen Age ne puise pas qu'aux sources virgiliennes ou ovidiennes, la matière arthurienne ne peut être ignorée. L'analyse des nouvelles allégories soulève alors des difficultés particulières. La méthode consiste à suivre les relations qui nouent et distinguent les textes de la même culture. L'explication du sens caché sous le voile n'est donc pas cherchée dans les oeuvres des époques révolues ou la "réalité" du moment mais dans les récits du temps et leurs liaisons intertextuelles. Ainsi se remplit «le désert référentiel», selon le mot de Daniel Poirion, prononcé à propos du mystère des origines de certains épisodes du *Roman de la Rose*[106]. On comprend que la méthode remodélisante soit particulièrement attachée aux phénomènes conçus sous le terme d'intertextualité[107]. Trois remarques préciseront cette observation.

La notion d'intertextualité est familière aux médiévistes. Définie comme «la trace d'une culture dans l'écriture»[108], l'intertextualité exprime avec aisance ce profond mouvement où les liens culturels finissent par se tresser dans les oeuvres médiévales. Elle est au centre du «processus de formation des mythes. Au Moyen Age elle est également au coeur de l'écriture épique comme de l'écriture romanesque.»[109] Le recours à cette notion complète les principes de la "remodélisation" des ouvrages du passé. Ensemble, ils soutiennent une position déterminante: considérée à travers les déformations infligées à des textes antérieurs ou prise dans le mécanisme intertextuel liant à des oeuvres contemporaines, la nature mythique de l'oeuvre médiévale est l'effet de la recréation narrative. Bref, l'avènement du mythe est de nature littéraire. Daniel Poirion ne laisse planer aucun doute à ce sujet. "L'ombre mythique de Perceval" s'achève sur une affirmation en forme de manifeste: «La littérature n'obéit pas au mythe: c'est elle qui le crée.»[110]

---

dans le "Roman antique" en France au Moyen Age. Remarques sur l'expression de l'amour dans le roman d'Enéas", *Romania*, 105, 1984, repr. dans *Les Voix de la conscience*... Caen: Paradigme, 1992, p. 225-246; ici, p. 231).

106. "Ecriture et Ré-écriture au Moyen Age", *Littérature*, 41, 1981, p. 109-118; ici, p. 114.

107. Elle a fait l'objet d'études attentives, succédant aux travaux de G. Genette. La difficulté en la matière est d'abord de nature lexicale: "intertexte", "hypertexte" ou "palimpseste" ? Voici l'épreuve des définitions: «Il me semble aujourd'hui (13 octobre 1981) percevoir cinq types de relations transtextuelles (...) Le premier a été, voici quelques années, exploré par Julia Kristeva (*Sèmiôtikê*, Seuil, 1969) sous le nom d'*intertextualité*. Je le définis (...) par la présence effective d'un texte dans un autre (*Palimpsestes, La littérature au second degré*, Paris: Seuil, 1982, p. 8). «*Hypertextualité* (...) toute relation unissant un texte B (que j'appellerai hypertexte) à un **texte antérieur** A (que j'appellerai, bien sûr, hypotexte) sur lequel il se greffe d'une manière qui n'est pas celle du commentaire.» (p. 11). «Un palimpseste est littéralement un parchemin dont on a gratté la première inscription pour lui en substituer une autre, mais où cette opération n'a pu irrémédiablement effacer le texte primitif.» (*ibid.*) L'ouvrage avait été précédé d'une étude qui en annonçait les grandes lignes: *Introduction à l'Architexte*. Paris: Seuil, 1979.

108. D. Poirion, 1981, art. cit., p. 110.

109. D. Boutet, *Pour une mythologie du Moyen Age*, 1988, *op. cit.*, p. 94.

110. 1973, art. cit., p. 195.

Cette déclaration à la gloire de la force créatrice de la littérature est confirmée par sept théorèmes qui aident l'auteur à dessiner «l'ébauche d'une définition de l'écriture médiévale»[111]. Le troisième et le sixième clarifient les rapports intertextuels qui fondent une conception résolument esthétique des mythes. Citons le troisième[112]. Opposé à l'idée que des structures non littéraires seraient à l'origine des oeuvres romanesques, il affirme avec force:

> Ce sont déjà des oeuvres littéraires, et non des modèles abstraits, des archétypes qui servent de matrice à l'engendrement de l'espace textuel.[113]

D'où, synthétisant ces remarques, le dernier enseignement. La définition littéraire de la mythologie médiévale conduit à concevoir le "mythe" comme suit: ensemble d'éléments textuels (images ou thèmes) transmis par la tradition et mis en littérature à des fins culturelles. Une sorte de dialogue avec le texte de *Résurgences* éclairera les termes de cette définition. Les premiers mots se justifient puisque le mythe, oeuvre littéraire, est composé d'«éléments mythologiques repérables» (p. 83) dans telle ou telle culture et connus en tant que tels. On pense notamment au mythe oedipien «mythe ancestral, au moins commun à tout l'Occident, mais sur lequel le monde médiéval va construire sa propre culpabilité.» (p. 64). Ces éléments venus du passé, vestiges de trames sémantiques, forment une matière narrative, un «texte»[114], ou encore la substance du message (mythologique). La deuxième partie de la définition s'éclaire: objectives puisque composées d'éléments connus et historiquement repérables, ces "structures", ces histoires fécondent la culture dans laquelle elles s'inscrivent. On peut alors en suivre le dépli, au sein d'une même culture, ou au gré des époques qu'elle traverse.

Cette exploration a mis en évidence l'indiscutable vigueur moderne du double legs qui oriente la compréhension de la "mythicité" des fictions médiévales. Compte tenu de la place qu'il occupe dans la médiévistique contemporaine, l'*involucrum* inventif a justifié une attention particulière. Malgré leur apparente évidence, l'usage des "modes d'emploi" charriés par la tradition comme celui des résurgences d'éléments mythiques n'a rien de naturel. Il n'est pas question, bien entendu, de nier la légitimité de ces deux héritages ni celle des jeux intertextuels. Seuls fondés et seuls concevables

---

111. "Ecriture et ré-écriture au Moyen Age", art. cit., p. 110.

112. Le sixième dit: «Dans la texture narrative la symbolisation littéraire brode des motifs empruntés à des oeuvres supposées connues.» (*ibid.*, p. 115).

113. *Ibid.*, p. 117. Ou «La littérature médiévale ne découle pas d'un modèle abstrait, d'un archétype (...) Elle s'est formée peu à peu par l'imitation de modèles concrets.» (*ibid.*).

114. «Le mythe donné en avant-texte, sert d'abord de symbole au texte qu'il introduit.» (*ibid.*, p. 65).

tant qu'on observe les processus de construction et d'évolution des narrations, ces instruments ne peuvent rendre compte du sens des oeuvres travaillées par la pensée mythique.

## *CHAPITRE III.*
## *LA* TRANSLATIO *IDEALISEE, UN MIRAGE HUMANISTE.*

Les points de vue historique, cosmologique et allégorique conduisent à examiner les oeuvres "mythologisantes" conformément aux idées que leurs précurseurs médiévaux se faisaient des thèmes mythiques qu'ils héritaient de l'antiquité. Cet idéal analogique, fortement revendiqué rappelons-le, fonctionne donc à double détente: le critique contemporain déclare sa fidélité à son passé médiéval, comme celui-ci affirmait s'inscrire dans la *translatio* culturelle antique. En d'autres mots, la démarche des sujets, les critiques du XXe siècle, se détermine analogiquement sur la constitution de l'objet qu'ils étudient, l'art littéraire du Moyen Age, par hypothèse fidèle à ses origines. Cette attitude paraît relever du bon sens et du truisme, elle soulève en fait des questions de fond.

Certains auteurs se gardent d'ailleurs de cette fascination, craignant qu'elle dévoie leurs réflexions de modernes. Après avoir introduit le thème du microcosme, Howard Bloch, par exemple, prend soin de préciser qu'il s'agit là d'un «geste dangereux pour le chercheur qui risque d'être pris dans le mouvement analogique qu'il décrit.»[115] Même prudence dans l'introduction au recueil *Réception et Identification du Conte depuis le Moyen Age*. La quête intertextuelle et celle des «survivances» ou des «vestiges» de mythes reposent sur des présupposés que Michel Zink juge peu sûrs, notamment l'espoir de trouver l'explication dans le passé. Car cette «projection» (analogique) ressemble «trop à la démarche même du mythe et à la séduction du conte pour n'être pas suspecte de quelque identification avec elles.»[116] Cette mise en garde rappelle les avertissements de Paul Zumthor:

> Puisque force est bien de projeter sur lui (le texte médiéval) notre histoire et notre culture, afin de nous l'approprier en quelque manière, que du moins cette projection évite l'écueil des analogies simplifiantes et des justifications mythiques.[117]

La citation le souligne, la nécessité de s'approprier le texte médiéval éveille le désir de la projection. Or, si ce geste légitime tout acte de lecture, il suscite divers malentendus particulièrement en ce qui concerne la

---

115. 1989, *op. cit.*, p. 25.

116. Textes réunis par M. Zink et X. Ravier. *Actes du Colloque de Toulouse, Janvier 1986.* Toulouse: Université de Toulouse-Le-Mirail, 1987, p. 3.

117. *Essai de Poétique médiévale*. Paris: Seuil, 1972, p. 20.

littérature du XIIe au XVe siècle. Les difficultés tiennent à ce qu'il est convenu d'appeler l'altérité du Moyen Age[118]. L'évidence temporelle est là, les textes de cette époque appartiennent à un univers étranger; le Moyen Age est autre. Evidence qu'il faut accentuer avec force tant on aimerait parfois en oublier la vigueur, en gommer les effets désespérants. Quelques traits incontestables creusent pourtant l'étrangeté qui écarte de l'époque où naît l'art romanesque: le statut de la langue vernaculaire; celui des romanciers, anonymes le plus souvent et qui «à la différence des troubadours n'ont pas fait la théorie de leur pratique»[119] laissant ignorés les buts de leurs oeuvres et les soucis esthétiques qui les animent; la "mentalité" qui éclairerait certaines questions centrales comme la conception du merveilleux, des mythes, des genres, etc. est désormais hors d'accès; également, les limites de la connaissance historique qui, quels que soient ses acquis, ne peut pénétrer le fonctionnement d'un système esthétique en tant que tel. Inutile d'allonger cette liste, la plupart des points de repère sociologiques, philosophiques et esthétiques nous échappent. Reconnaissons que nous sommes séparés de l'ensemble des signes de cette culture «si distante de nous que peu de choses peuvent en être tenues pour acquises.»[120] A bien des égards cependant, ce temps de rois conquérants ou justiciers, de prédicateurs martiaux ou mystiques nous semble familier. D'où une tendance à l'embellir «mieux enracinée dans une sensibilité collective diffuse, que celle qui porterait l'égyptologue à idéaliser l'empire d'Aménophis.»[121] On est alors en droit de se demander si le rêve analogique animant les similitudes de méthodes et la quête des alliances textuelles ne permettrait pas de combler le vide qui nous sépare d'un passé affectivement proche mais réellement étranger. Une nostalgie culturelle, un besoin pressant de familiarité alimenterait la fascination analogique. Comme si pouvaient être effacés le défilement des époques et l'impitoyable bannissement qui éloigne de nos racines idéalisées.

Or il est probable que la compréhension des beautés littéraires médiévales invite, au contraire, à considérer leur étrangeté avec des yeux non familiers, à consentir à leur altérité[122]. Deux arguments poussent en ce

---

118. Rappelons le sens que H. R. Jauss donne de l'altérité: «c'est l'expérience réfléchie de la distance et de la qualité historique de cette époque si singulièrement et si exemplairement isolée au point de vue politique et social aussi bien que culturel.» ("Littérature médiévale et expérience esthétique. Actualité des *Questions de littérature* de Robert Guiette", *Poétique*, 31, 1977, p. 322-336; ici, p. 323). Voir, du même auteur, "The Alterity and Modernity of Medieval Literature", *New Literary History*, 10, 2, 1979, p. 181-227.

119. P.-Y. Badel, "Pourquoi une poétique médiévale (Sur l'*Essai de poétique médiévale* de Paul Zumthor)", *Poétique*, 18, 1974, p. 246-264; ici, p. 247.

120. H. R. Bloch, 1989, *op. cit.*, p. 16.

121. P. Zumthor, "Médiéviste ou pas ?", *Poétique*, 31, 1977, p. 306-321; ici, p. 307.

122. Dans *L'invention de la littérature, de l'ivresse grecque au livre latin* (Paris: Ed. la Découverte, *textes à l'appui*, 1994), l'antiquisante F. Dupont affronte les mêmes questions pour le domaine qui lui est propre. L'introduction de l'ouvrage est placée sous un titre

sens. Les interprétations venues du passé n'offrent pas les clefs les plus pertinentes pour pénétrer les récits mythiques; croire en leur efficacité, comme si elles allaient de soi, relève plus de l'illusion que de la certitude. La nature du second est plus expressément de type épistémologique car il met en cause les présupposés sur lesquels s'échafaudent les modes d'interprétation qui se conforment aux héritages "translatés". Il s'agit donc de regarder d'un oeil critique la foi dans l'analogie et dans la fécondité de la *translatio* dont rien ne garantit *a priori* la pertinence.

## I. Allégorie et "épinglage historiciste", deux clefs positivistes.

L'acceptation de l'altérité conduit, en premier lieu, à se garder de toute fascination pour les outils d'interprétation portés par la *translatio* des méthodes. Le doute vise la fiabilité de certains d'entre eux; il touche plus généralement aux présupposés positivistes des "lectures" alchimique, allégorique ("classique") et évhémériste. De nombreux travaux ont mis en cause l'utilisation sans pondération de l'allégorie et des méthodes herméneutiques qui en usent. Citons, entre autres, l'ouvrage que Pierre-Yves Badel a consacré à la réception du *Roman de la Rose*. Il rappelle la circonspection qui devrait être de rigueur quand on décide de recourir à l'allégorie. Car cet «outil de travail (...) n'est pas donné immédiatement et univoquement par le Moyen Age.» Ces préalables sont peu souvent respectés aussi la conclusion est-elle nette: «L'allégorie est loin d'être une clé commode pour le commentaire.»[123] Les travaux d'Armand Strubel se situent dans le prolongement de cette réflexion. L'ouverture de *La Rose, Renart et le Graal, la littérature allégorique en France au XIIIe siècle* partage les réserves exprimées par Pierre-Yves Badel: l'«arrière-plan conceptuel» de la notion est obscur. On en vient, écrit A. Strubel, «à la situation paradoxale que résume P-Y. Badel: "l'allégorie est loin d'être une clef commode pour le commentaire."»[124] L'article "Littérature et pensée symbolique au Moyen Age" dont le sous-titre est démonstratif: "Peut-on échapper au symbolisme médiéval ?"[125] creuse le sillon. La suspicion de

éclairant : "*Pour un autre usage de l'Antiquité : l'altérité fondatrice*" (il est emprunté à l'*Eloge de la variante* de B. Cerquigliny; Paris : Le Seuil, 1989). L'auteur tient ces propos qui ne peuvent laisser indifférent le médiéviste : «Aujourd'hui la Grèce, et surtout Rome, redeviennent à la mode chez les éditeurs, mais cette mode est douteuse quand elle exalte à tout prix la prétendue modernité des Anciens. (...) Sophocle et Socrate, Sénèque et Cicéron seraient ainsi nos contemporains et leur éternité serait la nôtre.» (p. 7).

123. *Le Roman de la Rose au XIVe siècle, Etude de la réception de l'oeuvre*. Genève : Droz, *Publications romanes et françaises*, CLIII, 1980, p. 13.

124. Paris: Champion, *Nouv. Bibl. du Moyen Age*, 11, 1989, p. 7. Du même, "L'Allégorie et la critique littéraire: histoire d'un malentendu", dans *Précis de Littérature française du Moyen Age* (dir. D. Poirion. Paris : PUF, 1983; p. 236-238).

125. *Ecriture et modes de pensée au moyen âge, VIIIe-XVe siècles*; éds. D. Boutet et L. Harf-Lancer. Paris: Presses de l'ENS, 1993, p. 27-45. Redisons ici l'intérêt du livre de M.-R.

l'auteur porte en premier lieu sur un maniement incontrôlé ou ritualisé des notions de symbole et d'allégorie avant de tracer les limites du recours à quelques auteurs "allégorisants", ceux que l'on a pris l'habitude de solliciter (Alain de Lille, Honorius d'Autun, Hugues de Saint-Victor) parce qu'ils incarnent exemplairement la postérité médiévale de l'interprétation allégorique "classique". Or cet emploi, quasi machinal, pratiqué sans distance, ne va pas de soi. Il n'est pas justifié d'extraire l'allégorie du domaine où elle trouve ses racines théoriques - celui de la «théologie du signe et [du] modèle de l'exégèse»[126] - puis de la projeter dans un champ étranger, en l'occurrence celui de la littérature. L'auteur montre alors méthodiquement comment les pratiques de lecture des textes inspirées par «la fascination des analogies» (p. 34), aboutissent à des résultats décevants ou qui «ne doivent pas grand'chose au symbolisme» (p. 38). De telles mises en cause ne datent pas d'aujourd'hui. On rappellera celles de Jean Misrahi[127], l'un des critiques les plus lucides en la matière. L'interprétation symbolique, alarmante quand elle est absolue, n'est, dit-il, qu'une mode. Plusieurs raisons engagent à ne pas se laisser séduire. La première vient de ce que nous ne disposons plus de toutes les clefs du symbolisme médiéval sauf, croit-on, dans certains domaines spécialisés, comme la pratique de l'*involucrum* par les Chartrains[128]. En second lieu, parce que les désaccords entre les clercs médiévaux devraient être pris au sérieux et respectés par les modernes afin de ne pas chercher à "injecter" - comme l'écrit Jean Misrahi - un sens allégorique injustifié dans les textes profanes:

> *We are explicitly and especially warned by any number of medieval theologians against injecting hidden allegories into secular texts. Two of the mostly telling warnings, those by Johnn of Salisbury ("In liberalibus disciplinis (...) quisquis primo sensu litterae contentus non est, aberrare videtur mihi") and by Thomas Aquinas ("in nulla scientia humana industria inventa, proprie loquendo, potest inueniri nisi litteralis sensus; sed solum in ista Scriptura, cuius spiritus sanctus est auctor") have been frequently quoted.*[129]

Ces observations mettent clairement en garde contre un usage imprudent de l'allégorie. Recourir à cette notion, phare du patrimoine classique, relève d'une prise de position peu sûre.

---

Jung, *Etudes sur le poème allégorique en France au moyen âge* pour comprendre les termes du débat (1971, *op. cit.*).

126. 1993, art. cit., p. 32 pour les deux mentions.

127. "Symbolism and Allegory in arthurian Romances", *Romance Philology*, XVII, 3, 1964, p. 555-569.

128. *We modern readers have lost the key to the symbolic intellectual background of the medieval mind.* (*Ibid.*, p. 557).

129. 1964, art. cit., p. 562.

Venons-en aux embarras suscités par l'interprétation évhémériste. Son application au personnel "mélusinien" servira d'appui. Emmanuel Le Roy Ladurie et Jacques Le Goff emploient la savoureuse expression «épinglage historiciste des mythes»[130] pour définir ce point de vue et mettre en cause la confiance que ses utilisateurs lui portent. Jacques Le Goff s'en sert à propos des interprétations évhémérisantes de Mélusine présentées ci-dessus. Tempérant l'optimisme de certains érudits, l'historien affirme que la détermination des sources ne peut guère aider. Il faut bien admettre la fragilité des résultats fournis par la recherche de personnages "réels", origines des protagonistes des fables[131] comme l'inutilité des poursuites étymologiques:

> Il est difficile de déceler si le nom de Mélusine a conduit aux Lusignan ou si ce sont les Lusignan qui, s'étant approprié la fée, lui ont donné leur nom pour mieux se la lier. De toute façon, la poursuite de l'étymologie nous semble décevante. Elle n'expliquera pas l'essentiel.[132]

L'exploration historiciste peut donc conduire à des résultats peu probants qui ne favorisent pas l'intelligence des oeuvres. Pour pallier ce relatif insuccès, certains historiens (y compris des historiens de la littérature) se tournent vers la conception dite "socio-historique". Elle vise à mettre en lumière les rapports idéologiques entre la littérature et la société. Après avoir dénoncé l'impasse des recherches évhémérisantes à propos des acteurs "mélusiniens", Jacques Le Goff et Emmanuel Le Roy Ladurie justifient l'intérêt de certains milieux (chevaliers, clercs, "peuple") pour les "Mélusines", à partir de la fin du XIIe siècle en s'inspirant des recherches d'Erich Köhler[133]. La réponse range la doyenne des Lusignan dans l'arsenal culturel de la classe chevaleresque. Elle représenterait symboliquement «l'ambition sociale de (...) ces chevaliers qui entendaient leurs paysans raconter les trésors du folklore.» (p. 328).

---

130. "Mélusine maternelle et défricheuse"; *Annales E.S.C.*, 1971, p. 595; repr. dans *Pour un autre Moyen Age*, 1977, *op. cit.*, p. 307-331; ici, p. 319. La métaphore a connu un certain succès. R. Chanaud ne manque pas d'humour quand il avoue, dans les premières lignes de son analyse: «Je m'apprête à commettre dans ces pages le péché capital d'historicisme, à rejouer après tant d'autres au "petit jeu décevant de l'épinglage historiciste des mythes".» (1985, art. cit., p. 32).

131. Incrédulité identique chez L. Stouff, aussi bien au sujet des nombreux fils romanesques de la fée qu'en ce qui concerne les Mélusines "réelles". *Essai sur Mélusine, Roman du XIVe siècle, publié pour la première fois d'après le manuscrit de la Bibl. de l'Arsenal avec les variantes de la Bibl. nationale*. Dijon: Publ. de l'Univ. de Dijon, fasc. V, 1932 (repr. Genève: Slatkine, 1974; *Cf.* "Rapports du roman de Mélusine et de l'histoire", chap. V).

132. 1977, *op. cit.*, p. 320.

133. «Je retrouve ici les idées d'E. Köhler sur la petite et moyenne aristocratie, suscitant au XIIe siècle une culture à elle et pour elle, dont bientôt la langue vulgaire sera le véhicule.» (1977, *op. cit.*, p. 328).

Mais il convient d'aller plus loin dans les raisons qui font douter des "modes d'emploi" transmis par la tradition. L'allégorisme non fondé et la conception "historiciste" ne sont que des cas démonstratifs de difficultés plus fondamentales. La connaissance des thèses allégoriques, évhéméristes et même astrologiques aide à les mettre au jour. Elle impose, en effet, une conclusion qui est en rapport direct avec les embarras opératoires rencontrés: ces modes d'interprétation sont de nature positiviste. Ce qualificatif désigne un corps de doctrines édifié sur le critère décisif du référent historique ou culturel. En bonne méthode rationnelle, une discipline à visée scientifique constitue sa validité sur son propre référent interne. Le discours positiviste, au contraire, s'appuie sur la détermination de faits externes, identifiés à un signifié objectif. Dans cette perspective, l'expression littéraire n'est que le reflet d'une imagerie assemblée en dehors d'elle-même, elle en est la "re-présentation". Selon les points de vue, ces images extérieures s'appellent les astres, les éléments, les valeurs morales, les êtres humains connus pour leurs exploits ou leur naissance. En conséquence, la valeur des acteurs de la fiction coïncide avec leur homologation à un terme antérieur et externe. Les listes des personnages "réels" ou "archétypaux" auxquels est identifiée Mélusine ont informé de cette procédure. La suspicion à l'égard de cette idéologie n'est pas laissée aux seuls épistémologues. Elle est partagée par de nombreux spécialistes de la littérature médiévale, bien que les avis divergent encore. Paul Zumthor, par exemple, affirmait en 1977:

> La réaction qui depuis longtemps s'est marquée contre de telles monumentarisations demeure freinée par les décombres de cette mythologie, l'idée d'une source originelle, de la valeur d'un passé sans distance.[134]

D'autres, *perspicaciores* ?, sont optimistes. Selon Howard Bloch, nous connaîtrions maintenant une convalescence salvatrice:

> La littérature médiévale se remet de l'épuisement de la critique idéaliste et positiviste, qui a résolu depuis un certain temps, et d'une façon adéquate, les questions philologiques du XIXè siècle touchant, par exemple, les origines chronologiques et géographiques.[135]

Le débat reste ouvert... Résumons ces observations. Sources, images et "allégories" recueillies et léguées en l'état par des systèmes traditionnels sont autant de notions qui relèvent de l'idéologie positiviste. Elles permettent peut-être de résoudre à peu de frais les interrogations relatives à

134. "Médiéviste ou pas ?", art. cit., p. 312.
135. 1989, *op. cit.*, p. 21.

la transmission et à la réception des textes mais il est légitime de douter qu'elles aident à accéder au sens des narrations chargées de mythes.

## II. Le mirage humaniste, un héritage romantique.

Ces difficultés ne sont pas ignorées et des solutions ont été apportées. Parmi elles, on reconnaît les stratégies "analogisantes" et remythisantes qui refusent les explications externes aux textes et privilégient l'esthétique de la *translatio* ou de l'intertextualité. Elle se dresse sur quelques principes fondateurs qui ont en commun d'affirmer la nécessité de penser la littérature du Moyen Age dans le cadre d'une continuité culturelle. C'est bien cette volonté que nous avons vu légitimer, tout d'abord l'idéalisation des méthodes et de l'objet sur lequel elles s'appliquent, «la substance impérissable de l'héritage antique»[136], ensuite l'établissement des réseaux intertextuels, enfin le travail "analogisant". Mais pas plus que les vues positivistes, cet idéal n'est innocent ni naturel; il s'inscrit précisément dans un courant de pensée toujours dynamique, dont il n'est que l'une des expressions privilégiées: le courant dit "humaniste". En clair, l'idéalisation de la *translatio*, pensée comme un passage obligé vers les oeuvres du Moyen Age, et ses conséquences esthétiques, renvoie directement au discours "humaniste". On pense à la foi dans la continuité du matériel mythologique et des "modes d'emploi"[137], à la conception littéraire du mythe, aux convictions analogiques. Or de tels principes posent des problèmes considérables. Ils tiennent surtout à ce que ces présupposés sont antagonistes à une attitude rationnelle.

A cet égard, l'*Introduction* de *L'Archéologie du Savoir*[138] ne peut laisser indifférent. Mesurant les effets de la «mutation épistémologique de l'histoire», elle se penche sur les obstacles que cette évolution rencontrait encore dans les années 70. La difficulté centrale, écrit Michel Foucault, était l'inaptitude à «formuler une théorie générale de la discontinuité». Le poids des conceptions héritées du passé apparaît comme une cause majeure de cette incapacité. La citation qui vient semble avoir été écrite (p. 21) pour évoquer la *translatio studii* et ses effets méthodologiques, tels que nous les avons fait défiler:

> Comme si, là où on avait été habitué à chercher des origines, à remonter indéfiniment la ligne des antécédences, à reconstituer des traditions, (...), on éprouvait une répugnance singulière à penser la différence.

---

136. H. R. Jauss, 1977, art. cit., p. 322.

137. Rigoureusement fidèles à certaines interprétations léguées par l'antiquité, les descriptions positivistes témoignent également du respect de la continuité.

138. Paris: Seuil, *Bibl. des sciences humaines*, 1969.

Ces réflexions, on le sait, introduisent à la critique foucaldienne de l'esthétique humaniste. Quelques critères, à peine une dizaine, en présenteront une synthèse sommaire. Nous les reprendrons à notre compte. Leur intérêt ne fait pas de doute pour comprendre la création littéraire médiévale et certaines tendances de la médiévistique contemporaine. Cette discussion permet d'aborder avec plus d'assurance, et à notre niveau, certains des problèmes particuliers que nous avons croisés. Le discours "humaniste" pose le sujet comme point d'origine de tout «devenir et de toute pratique», il est à lui seul l'axe des continuités. Autour de lui, abrité derrière l'empire de la conscience, l'exigence de continuité s'affirme, en premier lieu, comme résolument subjective. Le "sujet" garantit la permanence et cimente les velléités de dispersions:

> L'histoire continue, c'est le corrélat indispensable à la fonction fondatrice du sujet: la garantie que tout ce qui lui a échappé pourra lui être rendu; la certitude que le temps ne dispersera rien sans le restituer dans une unité recomposée. (p. 22)

Conséquence, et seconde détermination, ce discours s'appuie sur la thématique dite des «totalités culturelles». Les figures de la *translatio* (des thèmes et des méthodes) comme celle des noeuds intertextuels ont habitué à l'idée d'une étroite solidarité entre termes de la création esthétique: que l'évolution de l'histoire distingue leur période d'émergence, c'est alors la *translatio*, ou qu'elle les situe au même moment de son déroulement, et c'est le phénomène d'intertextualité. Cette thématique donne lieu à

> la recherche d'une histoire globale, où toutes les différences d'une société pourraient être ramenées à une forme unique, à l'organisation d'une vision du monde, à l'établissement d'un système de valeurs, à un type cohérent de civilisation.[139]

Ainsi doublement et solidement fondé, l'humanisme joue d'un ensemble de notions particulières qui, à la fin de ce parcours, ne nous étonneront pas. Notions illustrant, chacune à leur manière, l'exigence de la continuité et desquelles, selon Michel Foucault de qui nous suivons les traces, il est impérieux de s'affranchir.

La tradition, tout d'abord. Les phénomènes peuvent bien être «successifs ou identiques (ou du moins analogues)», elle soude «la dispersion de l'histoire dans la forme du même» et remonte sans discontinuité, «dans l'assignation indéfinie de l'origine»[140]. Grâce à la solidité de la tradition, toute nouveauté est versée au profit de «l'originalité,

139. *Ibid.*, p. 22.
140. L'inventaire qui vient est composé de citations extraites des pages 31 à 33 de *L'Archéologie du Savoir*.

au génie, à la décision propre aux individus.»[141] La continuité s'appuie également sur «la notion d'influence» qui supporte les «faits de transmission», conçus comme «des phénomènes de ressemblance et de répétition», des «processus d'allure causale». Vient le thème du développement et de l'évolution: il groupe «une succession d'événements dispersés», qu'il rapporte à «un seul et même principe organisateur.» Autre notion, non la moindre, celle de «"mentalité" ou d'"esprit" qui permet d'établir entre les phénomènes simultanés ou successifs (...) des liens symboliques, un jeu de ressemblance et de miroir.»[142] On liera ces diverses idées au sein d'une catégorie englobante, plus générale, celle de causalité. Expression de l'autorité, le principe de causalité laisse à penser que l'explication se trouve dans l'antériorité, qu'un patrimoine d'instruments méthodologiques ou une succession d'événements - littéraires, romanesques, par exemple - aussi hétérogènes ou dispersés soient-ils, peuvent s'assembler au sein d'une cohérence, présente ou à venir.

Le quatrième critère de cette liste - le «principe organisateur» unique - mérite un commentaire spécifique. N'est-ce pas la *translatio studii* - et sa variante intertextuelle - qui joue dans la médiévistique contemporaine ce rôle axial, groupant les éléments dispersés par l'histoire et les mêlant dans la confluence de la création romanesque ? Elles fondent finalement l'illusion de «maîtriser le temps par un rapport perpétuellement réversible entre une origine et un terme jamais donnés, toujours à l'oeuvre.» (p. 32). Ces considérations touchent le coeur de nos préoccupations. On se souvient que Paul Zumthor plaçait déjà les thèses humanistes à la base de «l'héritage romantique»[143] revendiqué par de nombreux médiévistes. On rappellera «la notion d'origine»; la conception évolutionniste de l'histoire qui rêve d'un temps "mythique" faisant «référence à quelque pureté archétype»[144]; également, la croyance en l'existence d'une unité universelle («un *Ordo* conçu en termes néo-thomistes» p. 51), «fournissant à bon compte» à notre temps les clefs interprétatives du passé[145]. Bref, les critères foucaldiens du

---

141. Lire, en guise de confirmation, les observations d'un spécialiste de la question, G. Canguilhem, faites à propos du «virus du précurseur»: «La complaisance à rechercher, à trouver et à célébrer des précurseurs est le symptôme le plus net d'inaptitude à la critique épistémologique.» *Etudes d'histoire et de philosophie des sciences concernant les vivants et la vie*. Paris: Vrin, 7e éd. augmentée, 1994, p. 21.

142. Il conviendrait d'évoquer ici le livre stimulant de G. Lloyd, et les critiques convaincantes qu'il adresse à la notion de "mentalité": *Pour en finir avec les mentalités*. Paris: Ed. la Découverte, *textes à l'appui*, 1993.

143. Dans *Parler du Moyen Age*, 1980, *op. cit.*, p. 49-72.

144. *Ibid.*, p. 49-50, pour ces mentions. Le mirage analogique pointe: c'est à la façon des hommes du Moyen Age qui avaient «mythifié» l'héritage classique dont ils revendiquaient les legs glorieux que le Moyen Age est promu «en figure mythique (...) par les pères du médiévisme.» (1977, art. cit., p. 314).

145. C'est-à-dire «quelque principe universel d'interprétation tel que symbole, allégorie figurale ou l'édifice du dogmatisme catholique» (1980, *op. cit.*, p. 51).

"discours humaniste" sont sans conteste ceux que réactivent l'esthétique de la *translatio* et la synthèse remythisante et intertextuelle. Un tel constat est lourd de conséquences pour notre argumentation. Car ces principes conduisent à concevoir la nature mythique de l'écrit médiéval dans une perspective esthétique très particulière, idéalisant la transmission de vestiges **mythologiques** par la tradition et leurs agencements narratifs à des fins culturelles.

Au terme de ces pages consacrées à la *translatio studii*, à son double legs et à leurs conséquences méthodologiques, on peut dresser le bilan suivant: si elle est un fait historique incontestable, elle est, en revanche, une catégorie descriptive litigieuse. Il faut s'en garder comme d'un trait propre à l'idéologie positiviste et à une utopie culturelle, le romantisme humaniste. Les périls analogiques et fascinatoires sont dangereux pour comprendre la particularité des fictions mythiques médiévales.

Toute pensée véritablement rigoureuse et exacte ne trouve de soutien que dans la symbolique et la sémiotique sur lesquelles elle s'appuie.[1]

# *DEUXIEME PARTIE*

# *L'IDEE STRUCTURALE ET LA MEDIEVISTIQUE*

1. E. Cassirer, *La philosophie des formes symboliques*. 1. *Le langage*; trad. O. Hansen-Love et J. Lacoste. Paris: Ed. de Minuit, 1972a, p. 27.

## *CHAPITRE I.*
## *INTERTEXTUALITE MYTHIQUE ET IDEAL STRUCTURALISTE.*

Comment ne pas céder aux mirages positivistes et humanistes ? On tracera maintenant les contours d'une médiévistique qui puisse répondre à cette question. Ses traits s'inspiront de l'intelligibilité structurale. Ce recours a paru le seul pertinent pour défendre l'idée suivante: la compréhension d'un "phénomène", comme le mythe ou le motif par exemple, impose tout d'abord la connaissance des lois et des propriétés internes qui règlent l'infinie diversité de ses attestations. C'est à cette condition que ce "phénomène" peut devenir un authentique objet de connaissance. Or, selon le point de vue soutenu, ces propriétés sont des structures réglées par des opérations profondes. Avant de mettre en oeuvre ces principes dans les parties suivantes, on dressera d'abord un rapide historique de la méthode structurale. Ces préalables seront clairement de nature épistémologique, ils discuteront de principes et de concepts. Les procédures et les instruments méthodologiques ne seront introduits qu'au moment de leur usage. L'anthropologie structurale prêtera ses éclaircissements au déroulement de ce parcours théorique, ouvert par la "révolution" linguistique. La sémiotique ou la psychanalyse structurales, dont nous profiterons abondamment plus tard, auraient pu aussi bien baliser la présentation des lieux et des enjeux de la problématique structurale. Mais l'évidence de la transposition des gains de la linguistique aux études mythiques offrait à la fois des illustrations théoriques lumineuses et une préparation directe à notre examen du "mythe "mélusinien". Les controverses entre historiens et herméneutes, d'une part, linguistes et anthropologues structuralistes, de l'autre, témoigneront de l'actualité des débats soulevés au sein des études médiévales.

Il est légitime de s'interroger sur les liens qui nouent ces intentions bien générales à la médiévistique. L'idée consiste à faire bénéficier notre recherche de celles qui regardent l'objectivité des structures de sens en général afin d'édifier sur une base ferme notre domaine de savoir particulier. Il serait peu efficace de croire en l'indépendance de ce dernier et de repousser les enquêtes historiques et philosophique où des difficultés, identiques à celles que l'on vient de rencontrer, ont été débattues et partiellement résolues. Un second argument plaide en faveur de l'itinéraire exposé. C'est pour décrire et expliquer le mythe "mélusinien" et les *topoi* lourds de significations "anthropologiques" que nous aurons besoin d'outils sûrs et rationnels. Cet intérêt concret, essentiel à nos yeux, pourra mieux faire accepter le détour annoncé par les modèles structuraux.

## I. Le mythe, "objet intertextuel".

L'intertextualité est apparue comme l'une des clefs indispensables du trousseau "humaniste". Les disciplines structurales ne l'ignorent pas, elles se sont expressément préoccupées de son statut. Cette notion a d'ailleurs été la cible privilégiée de la critique sémiotique des méthodes subjectives. Deux textes parus en 1979 concentrent leurs jugements, l'*Avant-Propos* d'A. J. Greimas au travail de Joseph Courtés, "La Lettre dans le conte merveilleux français"[2] et l'entrée "Intertextualité" du *Dictionnaire raisonné de la théorie du langage*[3]. Comme on peut s'y attendre, les arguments visent particulièrement le recours aux origines, historiques ou géographiques. Prenant comme exemple les motifs, Greimas observe que leur étude se borne à poursuivre leur migration d'un lieu culturel à l'autre:

> La remontée dans l'histoire ne peut que prendre la forme de la quête d'une patrie originelle (...). En partant d'une Inde merveilleuse, les caravanes traversent les déserts, dispersant de par le vaste monde les trésors des motifs, forme d'une intertextualité universelle.[4]

Pour les sémioticiens, trois "péchés" grèvent les recherches guidées par l'intertextualité. En premier lieu cette notion est si imprécise que son usage serait l'occasion d'extrapolations vagues et incertaines «allant jusqu'à la découverte d'une intertextualité à l'intérieur d'un même texte (du fait des transformations de contenu qui s'y produisent).»[5] Couvrant d'un vocabulaire nouveau la vieille conception des "influences", l'intertextualité serait, par ailleurs, le cheval de Troie d'hypothèses qui n'osent plus dire leur nom mais restent toujours vivaces grâce à elle (comme la prééminence du sujet). Troisième point incertain, l'idée que deux textes-occurrences appartenant au même genre seraient liés entre eux par le mode de l'intertextualité, alors qu'il s'agit seulement, comme l'affirme le *Dictionnaire raisonné*, «de structures sémantiques et/ou syntaxiques communes à un type (ou à un "genre") de discours.» (p. 194). Cette assertion ouvre cependant une piste "positive", elle annonce les propositions susceptibles d'éviter les mirages humanistes. La sémiotique discursive conçoit l'intertextualité simplement comme «la recherche portant sur les

---

2. *Documents du GRSL*, EHESS-CNRS, 9 et 10, 1979; 14, 1980.

3. A. J. Greimas, J. Courtés, *Sémiotique*, *Dictionnaire raisonné de la théorie du langage*. Paris: Hachette, 1979 (cité désormais *Dictionnaire raisonné*, 1979).

4. *Avant-propos*, 1979, *op. cit.*, p. 3.

5. *Dictionnaire raisonné*, 1979, p. 194; entrée "intertextualité".

similitudes intertextuelles»[6]. Dans cette perspective, on concevra le mythe comme l'un des effets particuliers de la "similitude intertextuelle". Mais, contre les points de vue historicistes ou "littéraires", le point de vue structuraliste soutient que ce sont des "lois", qui expliquent pourquoi on peut nouer des textes les uns aux autres formant une série justifiée de variantes. On affirmera donc l'intérêt méthodologique d'un bon usage de l'intertextualité, comme celui «pratiqué avec rigueur en linguistique et en mythologie» (*ibid.*). En d'autres termes, l'analyse de la "mythicité" des narrations médiévales justifie que nous reprenions la notion d'intertextualité à notre compte, son usage approprié présente pour la réflexion un intérêt opératoire. Si, suivant ces observations, on conçoit «le mythe comme un objet intertextuel»[7], il faut admettre que des traits invariants et des règles certifient l'unité de l'objet-mythe malgré l'ampleur de son expansion intertextuelle. On en a avisé, on les cherchera dans l'objectivité structurale.

## II. Emergence des disciplines structurales.

Pour avancer dans la connaissance des mythes, on peut bénéficier des leçons fournies par l'histoire des idées. Informés du passé, on comprendra mieux l'état présent des enjeux à partir desquels notre édifice s'élève. A cet égard la construction des disciplines structuralistes est riche d'enseignements. Face à des difficultés équivalentes à celles qui nous préoccupent, ces méthodes ont dû en effet affirmer leur indépendance et leur unité. Aussi est-il indispensable de suivre cette voie, «si l'on veut retrouver la "mémoire" de l'idée structurale et redonner à sa réflexion tout son tranchant et toute son ampleur.»[8] Ni la linguistique ni l'anthropologie structurales ne sont les premières régions du savoir où s'est trouvé posé et résolu le problème de l'objectivité de la connaissance. L'ouvrage d'Ernst Cassirer, *La philosophie des formes symboliques* (*I*), s'ouvre sur ce constat, citant «la logique, l'éthique et l'esthétique.»[9] Quand, de son côté, Jean Petitot présente les "Aspects problématiques du structuralisme"[10] il dresse l'inventaire des sciences humaines dont «l'objectivité des structures doit être constituée.» Il évoque alors

> Le passage de la psychologie atomiste à la *Gestalttheorie* de la linguistique historique, comparative et philologique à la linguistique

---

6. A. J. Greimas, *Avant-propos...*, 1979, p. 5.

7. *Dictionnaire raisonné*, 1979, p. 194; entrée "intertextualité".

8. J. Petitot, *Morphogenèse du sens* I. *Pour un schématisme de la structure*. Paris: PUF, *Formes sémiotiques*, 1985, p. 20.

9. 1972a, *op. cit.*, p. 8.

10. 1985, *op. cit.*, p. 23-91.

structurale de Saussure (...), de la critique littéraire biographique et socio-psychologique à la critique structurale, etc.[11]

Ces évolutions sont parallèles à celle que nous longeons. On trouve en effet à la naissance de ces nouvelles disciplines, les conflits signalés dans les paragraphes précédents. Les désaccords avec le psychologisme et l'historicisme semblent avoir trouvé aujourd'hui une décision définitive en ce qui concerne la logique et l'éthique. Ce qui a valu pour ces deux domaines ne compte pas moins pour toutes les provinces de la connaissance. Ernst Cassirer a abondamment développé cet argument. Il guidera donc ces premiers pas. Selon lui, une forme structurelle et unifiante de l'esprit rend possible la connaissance de l'expérience. Elle n'a nul besoin d'arguments externes, aussi bien dans les régions que nous venons de rappeler que dans celles des mythes. Le deuxième tome de *La philosophie des formes symboliques*[12] appréhende la «teneur» et l'«essence» propres de la pensée mythique, il nous intéresse donc au premier chef. Ce travail vise à comprendre le «rapport de la connaissance et la conscience mythique.» (p. 11). Le philosophe s'impose de définir avant tout le "fait" et les conditions de possibilités de l'expérience mythique. La réponse soulève bien des difficultés car, contrairement à la logique, à l'éthique et à l'esthétique, il est à première vue difficile de dégager un principe autonome de validité "objective" pour «le monde du mythe», sur quelles bases certifier qu'il «constitue un fait de ce genre, comparable aux mondes de la connaissance théorique, de l'art ou de la conscience morale ?» (p. 7). Si Cassirer pense que le *subjectum agens* de la mythologie se trouve dans la conscience humaine, il réfute toutefois toute interprétation psychologique ou métaphysique. Prenant le contre-pied des présupposés "continuistes" chers aux conceptions de la "totalité culturelle", son programme voit dans le mythe, "un monde autonome et fermé sur lui-même qu'on ne peut mesurer à des critères de valeurs ou de réalité allogènes. (p. 18). L'objectivité de la conscience mythique vient de ce que, pensée médiane entre le "sujet" et l'"objet", entre l'intérieur et l'extérieur, elle ne distingue pas le monde de la «vérité» de celui des «apparences», l'«objectif» du «subjectif» (p. 99). Nettement séparée de la pensée cognitive pure ou encore de «la pensée logique» (p. 95), la connaissance mythique évolue dans l'indifférenciation et la non-discrimination des contenus sur lesquels elle s'exerce, ne connaissant que l'écrasement dans l'instant et un plan unique de réalité. Elle ignorerait donc le processus dialectique de la pensée logique, son aptitude à lier des séries d'événements et de faits. De sorte qu'elle donne le sentiment de travailler, si l'on peut dire, n'importe comment: elle peut toujours

11. *Ibid.*, p. 24.

12. 2. La pensée mythique. Paris: Ed. de Minuit, 1972b.

«agglomérer de quelque manière ce qu'il y a de plus hétérogène.» (p. 89). Pour clore ce rapide coup d'oeil, il est intéressant de considérer l'ultime exposé, "Structuralism in modern Linguistics" de Ernst Cassirer, consacré à l'émergence de la linguistique structurale de l'"idéalisme morphologique". La question initiale: *Can we show the way that could lead from Goethe's and Cuvier's morphological idealism to our modern linguistic structuralism*?[13] conduit le philosophe à reconnaître le rôle exceptionnel joué par la méthodologie structurale dans le dépassement et la révision des préoccupations historiques[14]. Quelle que soit la pertinence des legs de Cassirer aux anthropologues contemporains, ils conduisent vers la problématique où s'inscrit cette étude. Elle répond à l'impératif des sciences humaines de notre temps: pour savoir ce qu'est l'homme, il faut en faire un objet de connaissance et non plus un objet de spéculation[15]. Ce clivage a fondé la recherche en sciences humaines, lui a permis d'acquérir son autonomie, de forger ses procédures et ses outils, sans avoir à se justifier aux yeux des philosophes ("non-techniciens"). C'est ainsi, dans un élan excessif peut-être, que s'est déployée l'inclination "positiviste" des sciences humaines qui rejette avec orgueil tout ce qu'elle dédaigne comme spéculation désuète et inopérante. En linguistique (hjemslevienne essentiellement) et en sémiotique (greimassienne), ce courant a nettement imposé son allergie à la philosophie et à la métaphysique. Mais, malgré cette défiance, les philosophes et les moralistes n'ont pas baissé les bras. De la discussion entre ces deux forces naît le débat toujours vivace entre logiques positivistes et approche herméneutique. Dans ce camp, aux côtés de Hans R. Jauss, on trouverait parmi bien d'autres Paul Ricoeur et Thomas Pavel. En suivant une troisième voie, celle du structuralisme rationnel, nous tenons à ne pas nous immiscer dans ce différend.

On présentera tout d'abord les caractères essentiels qui distinguent les disciplines qui se réclament du structuralisme des méthodes positivistes et idéalistes. Dans un second mouvement seront examinés avec plus de détails les démarches et les outils forgés par la linguistique puis transposés à l'anthropologie et à la sémiotique structurales[16].

---

13. *Word, Journal of the Linguistic Circle of New-York*, 1, 1945, p. 97-120; ici; p. 115.

14. *Modern structuralism has done very much to revise and correct our historical judgement*. (*Ibid*., p. 104).

15. Certes, E. Cassirer ne partage pas ce programme jusqu'au terme atteint par l'objectivité structurale, mais il l'initie. Son souhait était de subordonner la science à la spéculation spirituelle (c'est-à-dire à celle de l'esprit). Aussi, inquiet du mouvement inverse, dénonçait-il «les conclusions de la critique linguistique moderne, pour qui philosophie du langage en vint bientôt à signifier mise en cause et *dissolution de sa valeur spirituelle*.» (1972a, *op. cit*., p. 8).

16. Pour suivre le parcours de la "sémiologie" saussurienne à la sémiotique greimassienne, lire l'*Histoire de la Sémiotique* de A. Hénault (Paris: PUF, "Que sais-je?", n°2691, 1992).

Un avis généralement répandu prétend qu'il est impossible de caractériser par des traits communs les diverses provinces du structuralisme. A la question piège "qu'est-ce que le structuralisme?", on substitue alors l'interrogation en apparence plus simple "qui est structuraliste?". C'est le procédé que choisissent Gilles Deleuze pour introduire sa méditation "A quoi reconnaît-on le structuralisme?"[17] et Jean Petitot, observateur des multiples courants mêlés dans le delta de ces disciplines[18]. Au-delà de l'ampleur et de la diversité des domaines explorés, c'est la vivacité actuelle de cette méthodologie et la communauté des principes et des objectifs visés qui méritent d'être soulignés. Certes, ces multiples courants apprécient variablement leur objet, la structure. Cependant ils s'accordent pour la considérer comme un système de transformation dont les lois d'organisation ne s'identifient pas aux propriétés des éléments "structurés"[19]. Le deuxième trait partagé par tous les structuralistes est le but de leur pratique, l'intelligibilité:

> il existe bien un idéal commun d'intelligibilité qu'atteignent ou que recherchent tous les "structuralistes", tandis que leurs intentions critiques sont infiniment variables.[20]

C'est dans cette optique que René Thom juge de l'intérêt d'une recherche, elle dépend de «sa capacité à révéler une structure sous-jacente qui rende les phénomènes intelligibles.»[21] Mais que veut dire «rendre les phénomènes intelligibles» ? Les premiers éléments de réponse sont négatifs. Comprendre un phénomène impose de refuser les présupposés analogisants, génétiques et psychologiques. L'analyse acérée de Michel Foucault n'est pas sortie de la mémoire. Changeons d'auxiliaire. Au moment d'opposer sciences humaines

---

17. *La philosophie au XXe siècle*, t. IV; dir. F. Châtelet. Bruxelles: Marabout *Histoire*, p. 293-329.

18. Il établit l'inventaire suivant: i) Le structuralisme dynamique, d'origine biologique (...) centré sur la *morphogenèse*. ii) le structuralisme phénoménologique et gestaltiste. iii) le structuralisme linguistique qui, issu de la coupure épistémologique saussurienne est devenu un des paradigmes fondamentaux des sciences humaines que ce soit en phonologie avec Jakobson, en anthropologie avec Lévi-Strauss, en linguistique avec Tesnières et Benveniste ou en sémiotique avec Hjemslev et Greimas. Ce structuralisme s'est lui-même scindé en deux courants: iii a) celui du structuralisme phénoménologique "réaliste" de Jakobson (...) iiii b) celui du structuralisme formaliste, "méthodologique" et "épistémologique", de Hjemslev, Lévi-Strauss, Chomsky et Greimas. iv) Le structuralisme épigénétique et cognitif de Piaget. v) Le structuralisme "catastrophiste" développé par René Thom (...) le premier à avoir mathématisé, autrement que de façon formaliste naïve, les structures en tant qu'objets théoriques. (1985, *op. cit.*, p. 27).

19. Le *Dictionnaire raisonné de la théorie du langage* développe cette notion-vedette, sous l'angle du structuralisme linguistique: «on considérera la structure comme une entité autonome de relations internes constituées en hiérarchies.» (1979; entrée "structure", p. 361).

20. J. Piaget, *Le structuralisme*. Paris: PUF, "*Que sais-je?*", n° 1311, 1968, p. 5.

21. *Paraboles et Castastrophes. Entretiens sur les mathématiques, la science et la philosophie*. Paris: Flammarion, 1983, p. 90.

et sciences sociales, Lévi-Strauss affirme que, pour exister, les premières ont dû s'interdire toute complaisance analogique:

> avec cet objet (qui ne leur appartient pas en propre) elles répudient toute connivence; disons vulgairement qu'à la différence des sciences sociales, elles ne sont jamais "de mèche" avec lui.[22]

L'*Avant-Propos* de la *Philosophie des Formes symboliques* épaule ces répudiations. Ernst Cassirer s'y interroge sur le regain d'intérêt porté au mythe depuis la période romantique. Cet engouement s'appuierait sur certains critères humanistes que l'auteur déplore:

> On croit avoir "compris" le mythe lorsqu'on est parvenu à rendre intelligible son origine à partir de certaines dispositions fondamentales de la "nature humaine".[23]

"Structuralism in Modern Linguistics" confirme cette idée à propos, cette fois, de l'avènement de la linguistique, née du refus du physicalisme et de l'historicisme des néo-grammairiens[24]. Dans l'introduction des *Prolégomènes à une théorie du langage*, Louis Hjemslev examine la possibilité de faire du langage un objet de science. Il critique alors la quête d'une réalité extra-linguistique, «objet essentiel» des linguistes traditionnels qui «ne se donnaient pas pour but ni pour résultat la connaissance de la nature du langage»[25]. Autant de mises en cause qui rendent solidaires les disciplines structurales dans le refus des sources historiques et empiriques de la connaissance. Mais la question «que veut dire rendre une situation intelligible ?» reçoit également des réponses positives.

## III. Caractères majeurs de la "révolution linguistique".

Il faut le reconnaître, pour s'en féliciter ou le déplorer, l'avènement de la linguistique a provoqué une rupture radicale dans le panorama des sciences de l'homme. Nicolas Ruwet met en évidence cette filiation en avançant une hypothèse qui affermit notre cheminement:

> les linguistes ayant été les premiers à étudier l'homme selon des principes rigoureux, ils ont été aussi les premiers à réfléchir sur un

---

22. *Anthropologie structurale II*. Paris: Plon, 1973, p. 360.

23. 1972a, *op. cit.*, p. 8.

24. R. Jakobson critique l'intérêt quasi-exclusif de ces derniers dans la «conception génétique» qui n'admettait que l'étude «des conditions de l'apparition» des phénomènes (*Six leçons sur le son et le sens*. Paris: Ed. de Minuit, *Arguments*, 1976, p. 25).

25. Paris: Ed. de Minuit, 1968-71, p. 11. Il poursuit par cette remarque qui rappelle la visée finalement sociologique de certaines études anthropologiques de la littérature médiévale; cette démarche «n'était qu'un moyen de parvenir à l'étude des sociétés et à celle des contacts entre les peuples aux époques historiques et préhistoriques.»

> certain nombre de grands problèmes épistémologiques dont la portée dépasse le cadre d'une discipline particulière.[26]

Détail éclairant, pour illustrer cette idée Ernst Cassirer et Claude Lévi-Strauss utilisaient dans le même numéro de la revue *Word* une comparaison similaire - mais référée à deux moments différents de la recherche. Voici le propos du philosophe:

> *In the whole history of science there is perhaps no more fascinating chapter than the rise of the "new science" of linguistics. In its importance it may very well be compared to the new science of Galileo which, in the seventeenth century, changed our whole concept of the physical world.*[27]

celui de l'anthropologue:

> La naissance de la phonologie (...) n'a pas seulement renouvelé les perspectives linguistiques. [Elle] ne peut manquer de jouer, vis-à-vis des sciences sociales, le même rôle rénovateur que la physique nucléaire, par exemple, a joué pour l'ensemble des sciences exactes.[28]

A la suite de cette comparaison, Lévi-Strauss s'interroge: «En quoi consiste cette révolution ?» Quatre démarches constitutives particularisent, selon nous, ce geste "révolutionnaire".

Le souci définitionnel de Ferdinand de Saussure ouvrira la voie. La description linguistique suppose de déterminer les premiers éléments qu'elle manie. La science de la langue ne remplira sa tâche qu'après avoir «ramené tous les phénomènes de son ordre à leur premier principe.»[29] Pour définir ces entités, il faut s'attacher à ce que Jean Piaget nomme la «construction déductive de modèles abstraits»[30]. Cette volonté de dégager les unités élémentaires et les échafaudages qui les assemblent compose la première démarche de la linguistique. Les modèles d'intelligibilité sont nécessaires parce que les phénomènes de langue ne s'offrent pas directement à l'observation. Cette exigence satisfait à l'effort que Michel Foucault appelait de ses voeux car il substitue à la continuité des phénomènes, la discontinuité des éléments isolés, définis et mis en relation. Ces remarques générales impliquent les effets particuliers suivants. Le premier tient à la distinction entre les différents niveaux d'élaboration du phénomène, de la strate de l'observation au palier de l'abstraction. Elle introduit une

26. "Linguistique et sciences de l'homme", *Esprit*, 322, 1963, p. 564-578; ici, p. 566. On pourra lire à ce propos le chapitre "Le structuralisme en linguistique", contribution de O. Ducrot à l'ouvrage collectif, *Qu'est-ce que le structuralisme* ? Paris: Seuil, 1968, p. 13-96.

27. *Journal of the Linguistic Circle of New York*, vol. 1, 2, 1945, p. 97-120; ici, p. 97.

28. *Op. cit.*, "L'analyse structurale en linguistique et en anthropologie", p. 1-21; ici, p. 3.

29. *Cours de linguistique générale*; publiés par C. Bally et A. Sechehaye. Paris: Payot, *études et documents*, 1968, p. 154.

30. 1968, *op. cit.*, p. 90.

conception feuilletée de la signification. En linguistique, elle impose la distinction du signifiant - le plan de l'expression - et celui du signifié - le plan du contenu. Autre observation, ces principes luttent efficacement contre la luxuriance des listes de figures; bâtie avec des règles, élaborée à partir de la distinction de niveaux de sens, la langue n'est pas, Saussure l'affirme, une simple «liste de termes, une nomenclature» (p. 97), ou comme l'écrit Hjemslev un «conglomérat» des signes ou des faits.

Quelle est l'unité élémentaire définie et structurée ? Pour le *Cours de linguistique générale*, il s'agit de la valeur. La valeur d'un "signe" ou d'un terme (d'une pièce du jeu d'échecs, d'un mot) diffère de sa signification, c'est-à-dire de l'idée qu'il représente. Son sens naît de la présence simultanée des autres signes[31] à l'intérieur du système. Nous sommes ici au coeur de la problématique structurale[32]. Au sein du système des relations qui les font jouer les uns relativement aux autres, les signes de la langue ou les "figures" du discours n'existent que par "rapport à...". Ce sont des éléments qui n'ont pas de significations (positives) en tant que telles, elles sont oppositives, relatives et négatives. Ferdinand de Saussure le souligne lui-même: «*dans la langue il n'y a que des différences.*» (p. 166). Cette affirmation caractérise la deuxième démarche propre à la linguistique structurale. Généralisant l'analyse à tout ensemble d'éléments substituables - un "paradigme" - et notamment à celui des signifiés, des générations de structuralistes répèteront l'axiome bien connu, synonyme de l'affirmation précédente: la différence précède l'identité.

On est ainsi conduit vers la troisième démarche, l'élaboration de "systèmes". Saussure et ses héritiers font de cette notion[33] le ciment, le garant d'unité entre les traits (négatifs) qu'il organise et rend sensés, le préalable à tout processus. Le linguiste évoque une conséquence qui profile les termes du débat classique entre devenir historique et immobilisme

31. Le mot "soleil" illustre souvent le propos des auteurs qui nous intéressent dans ces pages. Voici celui de Saussure: «La valeur de n'importe quel terme est déterminée par ce qui l'entoure; il n'est pas jusqu'au mot signifiant "soleil" dont on puisse immédiatement fixer la valeur si l'on ne considère pas ce qu'il y a autour de lui; il y a des langues où il est impossible de dire "s'asseoir au soleil".» (1968, *op. cit.*, p. 161).

32. Aussi la référence à la conceptualité kantienne que J. Petitot propose à ce sujet mérite-t-elle d'être soulignée: «Quant à leur valeur les termes d'un paradigme (qui peuvent évidemment posséder par ailleurs une identité substantielle) n'ont pas d'existence autonome. Ils ne sont définissables que par leur détermination réciproque. Interprétation spécifique de la troisième catégorie kantienne de la relation, la catégorie de détermination réciproque est la catégorie fondamentale du structuralisme. » (1985, *op. cit.*, p. 42-43).

33. Dans son article "le structuralisme" de l'encyclopédie *Le Langage* (dir. B. Pottier. Paris: CEPL, 1973) L. Picabia observe que «Saussure n'a introduit ni le mot ni la notion de système en linguistique. Cette notion remonte au moins avec certitude, au XVIIe siècle, si ce n'est avant. J. Harris écrit dans *Hermes or a philosophical Inquiry concerning universal Grammar* (1751) qu'«on peut donc, en dernière analyse, définir le langage comme un système de sons articulés, signes ou symboles de nos idées, mais principalement de celles qui sont générales et universelles. » L. Picabia ajoute «l'originalité de Saussure est d'avoir transformé le terme descriptif de système en un terme opératoire.» (p. 492).

structural. Dans un chapitre de son *Cours* - au titre révélateur, "la linguistique statique et la linguistique évolutive" - il insiste pour que toute description considère d'abord l'état du «système des valeurs considérées en soi» (p. 116) et non en fonction des stades antérieurs. Cette priorité renverse les rapports établis par les descriptions de la linguistique pré-saussurienne, elle ouvre la critique structurale de l'historicisme telle que nous la connaissons un peu mieux maintenant.

Antérieurement à leur articulation, les idées et les sons sont privés d'autonomie substantielle, ce sera le quatrième caractère annoncé. La langue ne peut ordonner qu'une matière plastique, inaccessible à la connaissance. Celle-ci ne saisit que les valeurs différentielles signifiantes. La force de cette observation sera considérable pour l'anthropologie et l'analyse structurale des fictions. Le sens tel que le déchiffre la conscience du sujet n'est que le fruit, l'effet secondaire, de systèmes de déterminations réciproques. En d'autres termes, la signification des éléments de la langue (ou des récits) s'édifie en amont de notre dessein réfléchi. Ainsi se profile le contour d'un "inconscient linguistique" et structural. Nous voici en quelque sorte revenu à notre point de départ. Car ce principe, partagé par tous les structuralistes, contribue à garantir l'objectivité de leur méthode et à les confronter aux positions idéalistes et humanistes. Pour Paul Ricoeur, le structuralisme doit reconnaître cette dette à l'égard de la linguistique synchronique:

> les lois linguistiques désignent un niveau inconscient et en ce sens non-réflexif, non-historique de l'esprit (...). Il s'agit bien plutôt d'un système catégoriel sans référence à un sujet pensant; c'est pourquoi le structuralisme, comme philosophie développera un genre d'intellectualisme foncièrement anti-réflexif, anti-idéaliste, anti-phénoménologique.[34]

C'est en effet le rejet du «sujet pensant» qui autorise Saussure, Hjemslev et Jakobson à nier la valeur de toute interprétation référentielle, subjective et psychologique. A propos de la phonologie, par exemple, Roman Jakobson affirme l'inutilité de la recherche de corrélations entre l'esprit des sujets et les phonèmes. Il rejette toute interrogation ontologique sur le mode d'existence de la linguistique. Les réponses ne pourraient être fournies que par des disciplines extérieures à la linguistique structurale elle-même, qui, du coup, perdrait toute validité[35]. Notre progression croisera plus loin de nouveaux adeptes de ce vigoureux banissement. Il ne sera cependant pas si facile de camper sur des positions strictement formalistes quand on voudra

---

34. "Structure et herméneutique", *Esprit*, 322, 1963, p. 596-625; ici, p. 600.

35. «Le problème ontologique de savoir quelle forme de réalité se cache derrière la notion de phonème ne contient véritablement rien de spécifique pour l'idée de phonème.» (1976, *op. cit.*, p. 65).

comprendre le sens des mythes ou de ces séquences que nous appellerons les "stéréotypes anthropologiques".

## IV. Constitution structurale du phénomène mythique (contribution de Claude Lévi-Strauss).

Compte tenu de la situation des sciences humaines à la fin de la deuxième guerre mondiale, de l'empirisme et de l'historicisme qui régnaient sur la recherche, les ouvertures des linguistes structuralistes eurent des résonnances considérables. Désormais spécialistes de la littérature, sémioticiens, anthropologues, ethno-folkloristes, etc. allaient étudier les aspects de la vie culturelle comme des phénomènes dont la nature rejoint, sous certaines conditions, celle du langage. Pour beaucoup, c'est l'oeuvre de Claude Lévi-Strauss qui atteste avec le plus de pertinence cette transposition à de nouveaux domaines du savoir. Jean Piaget n'est pas le seul à affirmer sa richesse et son originalité:

> son structuralisme anthropologique présente un caractère exemplaire et constitue le modèle, ni fonctionnel, ni génétique, ni historique mais déductif, le plus frappant qu'on ait utilisé en une science humaine empirique.[36]

Paul Ricoeur également a dégagé la force des analyses lévi-straussiennes[37]. En 1963, il ne pouvait pas avoir lu les *Mythologiques* (leur premier volet, *Le Cru et le Cuit* date de 1964). C'est donc seulement en référence à *La Pensée sauvage* qu'il observait:

> Lévi-Strauss procède à une généralisation hardie du structuralisme. C'est bien tout un niveau de pensée considéré globalement, qui devient l'objet d'investigation.

La partie précédente a prémuni contre toute naïveté analogique, transposer en l'état dans un champ empirique second, une méthode élaborée pour en décrire un premier soulève des problèmes préjudiciels. L'application (analogique) ne peut être envisagée que si l'on établit rigoureusement la communauté des modèles sollicités et la similitude des types d'objets étudiés. Claude Lévi-Strauss fait preuve d'une extrême rigueur en la matière. L'extrait des "Leçons de la linguistique" qui suit, éclaire aussi bien les unités élémentaires du discours mythique que la prudence méthodologique nécessaire:

---

36. 1968, *op. cit.*, p. 90.
37. Dans *Claude Lévi-Strauss et la Philosophie*, Edouard Delruelle examine le «débordement du modèle linguistique» effectué par Lévi-Strauss (Bruxelles: De Boeck Université, *Essai*, 1989, p. 23).

> Nous sommes conscients des risques qu'on court à vouloir esquisser des correspondances d'ordre formel entre les entités linguistiques et celles que l'analyse des mythes croit mettre à jour. Ces dernières relèvent sans doute de la langue mais, au sein de la langue, elles constituent un ordre à part en raison des principes qui les régissent.[38]

Deux considérations justifient malgré tout le transfert. La première relève de l'histoire commune aux disciplines sociologique et mythographique. La volonté d'objectivité et l'élaboration de modèles déductifs doivent également éviter les *a priori* humanistes et la quête des vestiges historiques. C'est le constat que Claude Lévi-Strauss dresse pour le domaine qui est le sien. L'étude des problèmes de parenté lui semble confrontée aux difficultés que connaissait la linguistique avant la révolution saussurienne. Entre l'ancienne linguistique, qui, écrit-il

> cherchait avant tout dans l'histoire son principe d'explication, et certaines tentatives de Rivers[39], il existe une analogie frappante; dans les deux cas, l'étude diachronique doit seule - ou à peu près - rendre compte des phénomènes synchroniques (...). Chaque détail de terminologie, chaque règle spéciale du mariage, est rattaché à une coutume différente, comme une conséquence ou comme un vestige.[40]

Seconde considération, si la linguistique fournit certains modèles à une théorie anthropologique générale, c'est que l'analogie des objets d'étude autorise celle des méthodes: les deux disciplines étudient en commun le symbolique et la signification. Qualité humaine in-comparable, la fonction symbolique se reconnaît sans peine dans le langage, mais, selon Nicolas Ruwet, on peut l'identifier également au coeur d'«un ensemble de systèmes symboliques - parenté, mythe, art, économie, etc. - établissant la communication entre les hommes à différents niveaux.»[41]

Quels principes la science des mythes a-t-elle empruntés à la linguistique structurale ? Seulement ébauchées ici, les réponses seront précisées en cours de route, quand le besoin s'en fera sentir. Nous pensons surtout à la finalité intellectuelle (et non imaginaire ou psychologique) des mythes, au rôle "com-préhensif" de la communication sur lequel s'adossera la quatrième partie; nous songeons également à certaines procédures descriptives (comme le recours à la fameuse "formule canonique" des

---

38. *Le regard éloigné*. Paris: Plon, 1983, p. 199. Quelques commentateurs n'ont pas manqué de dénoncer le péril qui menace l'extension des gains de la phonologie à la sociologie et à la mythographie. On retiendra tout particulièrement l'ouvrage de T. Pavel, *Le Mirage linguistique* (*Essai sur la modernité intellectuelle*. Paris: Ed. de Minuit, 1988).

39. C. Lévi-Strauss évoque ici, *The History of Melanesian Society*. Londres, 1914.

40. "Les leçons de la linguistique", 1983, *op. cit.*, p. 42.

41. 1963, art. cit., p. 564. Le corpus lévi-straussien le confirme à diverses occasions. Par exemple: «Le champ des études structurales inclut quatre familles d'occupants majeurs qui sont les êtres mathématiques, les langues naturelles, les oeuvres musicales et les mythes.» (1971, *op. cit.*, p. 578).

mythes). Les éléments dont les relations organisent l'«en deçà du concret» textuel, selon l'expression de Piaget, sont les fameux mythèmes. "La Structure et la Forme"[42] oppose Claude Lévi-Strauss à Vladimir Propp. La composante sémantique des mythes et des contes, dit l'anthropologue en substance, ne peut être laissée en marge d'une étude structurale (comme le pensait le formaliste russe). Les figures d'un conte ou d'un mythe n'élaborent de significations que parce que leur "valeur" est déterminée au sein d'un système où elles s'opposent entre elles. La notion de "mythème" fait son apparition dans ce contexte. Définir les valeurs signifiantes recherchées suppose de dissocier les termes du vocabulaire en plusieurs traits différentiels. Les mythèmes sont les mots d'un répertoire lexical (d'un code, d'un "paradigme") habillant les combinaisons de ces écarts. Un exemple conduit expressément aux contes et aux oeuvres romanesques, là

> un "roi" n'est pas seulement un roi, et une "bergère" une bergère, mais ces mots et les signifiés qu'ils recouvrent deviennent des moyens sensibles pour construire un système intelligible formé des oppositions: *mâle/femelle* (sous le rapport de la *nature*), et: *haut/bas* (sous le rapport de la *culture*), et de toutes les permutations possibles entre les six termes.[43]

Puisque la combinatoire s'élabore en partant de quelques règles organisatrices, peu nombreuses comparées aux phénomènes examinés, le principe de simplification du divers empirique se trouve respecté. En s'affranchissant de l'attention portée aux termes, on échappe «à la tâche sans issue de chercher des choses derrière les choses»[44]; on reconnaît là l'une des "leçons de la linguistique":

> au lieu de se laisser égarer par la multiplicité des termes, il importe de considérer les relations plus simples et mieux intelligibles qui les unissent.

Cette affirmation concerne notre examen. Il souhaite effectivement éviter l'écueil de la «multiplicité figurale» pointant dangereusement dans nos travaux, notamment dans les études mélusiniennes qui poursuivent la quête des "choses" (noms de lieux, personnages historiques) derrière les "choses" de l'art romanesque ? C'est une façon de rappeler un second trait "non-humaniste": la répudiation des explications allogènes. L'anthropologue affirme que les propriétés de certains types d'ordres que «le structuralisme authentique» s'évertue à discerner «n'expriment rien qui leur soit extérieur.»[45]

---

42. *Anthropologie structurale deux*. Paris: Plon, 1973, p. 139-173.
43. 1973, *op. cit.*, p. 170.
44. 1983, *op. cit.*, p. 193 pour les deux mentions.
45. 1971, *op. cit.*, p. 561.

On a vu poindre les notions de "système" ou de "paradigme". L'opposition de Claude Lévi-Strauss, défenseur du structuralisme, à Vladimir Propp, représentant du formalisme morphologique mériterait d'être plus souvent prise en considération, cela éviterait certains malentendus. Le chercheur russe souhaitait séparer la forme, considérée comme seule intelligible, et le contenu, simple «résidu dépourvu de valeur signifiante.» Pour la tradition structuraliste cette opposition est vide de sens: «il n'y pas d'un côté de l'abstrait, de l'autre du concret. Forme et contenu sont de même nature, justiciables de la même analyse.»[46] Le code structuré est l'outil de cette analyse. Un code doit être considéré comme une sorte de répertoire paradigmatique (temporel, spatial, sexuel, économique, visuel, parental, culinaire, etc.), d'où sont extraits les fameux traits différentiels qui se combinent entre eux. Les figures du procès mythique (qu'on les appelle "mythèmes" ou non) ne sont que la projection des contenus codés dans le canevas des actions. Ces codes sont inconscients. L'existence des unités dont ils sont la somme est relationnelle et distinctive (ou "négative", et donc non substantielle et positive). L'ordre des différences duquel émerge l'"in-signifiance" des unités échappe à la maîtrise du sujet pensant. On reconnaît ici la quatrième dette envers les "leçons" de la linguistique contemporaine. C'est bien parce que le sens des expériences ou des récits ne saurait être assimilé à un signifié positif qu'il reste inaccessible au sujet:

> La résolution des phonèmes en traits différentiels devait définitivement permettre (...) d'écarter tout recours à la conscience des sujets parlants. La valeur distinctive constitue le fait premier, et notre attitude plus ou moins consciente vis-à-vis de ces éléments ne représente jamais qu'un phénomène secondaire.[47]

Bref, sa capacité à synthétiser les requêtes structuralistes fait de la notion de "code", l'une des clefs de voûte de l'édifice formel et sémantique de l'anthropologie des mythes. Il conviendrait de considérer à cet instant l'un des effets les plus complexes du modèle lévi-straussien, la formule canonique des mythes[48] mais sa présentation, qui requiert quelques développements techniques, attendra le moment de son utilisation, pour expliquer le "mythe" "mélusinien" (partie IV).

---

46. 1973, *op. cit.*, p. 158. Autre argument anti-formaliste : «Les catégories morphologiques n'épuisent pas la réalité.» (*Ibid.*, p. 161).

47. C. Lévi-Strauss, 1983, *op. cit.*, p. 197.

48. J. Petitot la considère comme l'«un des plus hauts lieux du structuralisme théorique» ("Approche morphodynamique de la formule canonique du mythe", *L'Homme*, 106-107, 1988, p. 24-50). N. F. Rubin et H. M. Deal offrent un intéressant volet bibliographique américain dans "Many meanings, one formula and the myths of the Aloades" (*Semiotica*, vol. 29-1/2, 1980, p. 39-52).

Même hâtive, cette exposition achemine vers une conclusion majeure pour ce travail. Aidée de la méthodologie sémiotique, la mise en oeuvre des principes inférés des "leçons de la linguistique" permettra de construire, selon quelques procédures formelles, la structure propre au "**mythique**". Cette conception n'a rien à voir, faut-il le souligner, avec l'interprétation esthétique des thèmes mythiques fondée sur la reconnaissance de vestiges "mythologiques" textuels, connus et légués en tant que tels par la tradition.

## CHAPITRE II.
## SUBJECTIVISME, STRUCTURALISME. ACTUALITE DU DEBAT DANS LA MEDIEVISTIQUE.

L'un des caractères majeurs de la conceptualité structurale consiste à se dispenser de la conscience du sujet inscrite dans l'histoire. A première vue, l'opposition semble claire avec les requêtes positivistes et les présupposés humanistes de l'*involucrum* contemporain. Les réactions et les contestations ont en effet été nombreuses de la part des historiens des cultures, des mentalités, de l'art et de la littérature. La médiévistique connaît ces discussions entre herméneutes et historiens, d'une part, linguistes et anthropologues structuralistes, de l'autre, on va le voir maintenant.

### I. Structures, histoire, affects.

La généralisation de la méthode structurale a animé la réflexion en sciences humaines ces dernières années. Tantôt le plateau penche pour l'achronisme et les structures cohérentes et stables tantôt ce sont les conceptions diachroniques qui, obtenant les faveurs des recherches, relèguent au second plan ce qui paraît se présenter dans l'immobilité de son achèvement. Notre discipline a hérité des arguments; regardons quelques exemples.

Ce jeu de bascule anime les premières pages de l'ouvrage de Aaron Gourevitch, *Les Catégories de la culture médiévale*[49]. A la voix de l'auteur répond celle du préfacier, Georges Duby. Le travail de l'historien russe se présente comme une étude de l'unité et de la cohérence structurale de la culture médiévale. Plus précisément, c'est la «combinaison des oppositions» à travers lesquelles «la culture médiévale apparaît perpétuellement» (p. 12) qui le conduit[50]. A l'inverse, les lignes préliminaires de Georges Duby pèsent de toute leur autorité pour orienter le fléau de la balance vers l'interprétation historique. Le préfacier pose un préalable crucial: «Tout dépend du sens que l'on attribue au mot structure.» (p. VIII), c'est-à-dire, poursuit-il dans une voie bien particulière «du degré d'attention que l'on

---

49. Paris: Gallimard, *Bibl. des Histoires*, 1983.

50. «Ces contrastes - entre l'éternel et le temporaire, le sacré et le faillible, l'âme et le corps, le céleste et le terrestre - sur lesquels est basée toute cette conception du monde, étaient enracinés dans la vie sociale de l'époque, dans les irréconciliables oppositions entre la richesse et la pauvreté, la domination et la sujétion, la liberté et l'absence de liberté, la vie des privilégiés et l'humiliation des humbles.» (*ibid*. p. 15).

décide de prêter à ce jeu que les frémissements de la vie introduisent forcément dans les articulations d'un tel organisme, qui n'est point, comme le rappelait Marc Bloch, "figure de géométrie".» Le penchant structural de la méthode de Gourevitch étoufferait dans le sec exercice de la constitution des systèmes, l'affectivité des hommes. Ce n'est pas tout. Admettons que les catégories de la culture soient obligatoires, elles ne sauraient prétendre à l'immutabilité. Elles ont été troublées durant les siècles qui virent l'Occident médiéval s'ouvrir démographiquement, scientifiquement, commercialement, etc. Un autre historien célèbre met en mesure de retrouver à la fois Mélusine et le sens de l'argument de Georges Duby. Dans sa part de l'article "Mélusine maternelle et défricheuse", Jacques Le Goff propose une «analyse structurale» de la légende de Mélusine «selon les schémas de Propp.»[51] Après avoir mis en évidence les quatre séquences qui composeraient le texte, il discerne dans un même mouvement les bornes de cette "analyse" et ce qui serait le contenu de la légende. On ne s'étonnera pas alors de lire dans les lignes suivantes l'opposition entre les structures, considérées comme de simples mécaniques, et le contenu, assimilé au sens des transformations historiques:

> Il reste que, pendant sa longue durée structurale, les transformations, non plus de la structure mais du contenu, que tolère le conte, présentent pour l'historien une importance capitale. Et ces transformations ne sont pas le simple déroulement d'un mécanisme interne. (p. 322-323)

La leçon est limpide, la signification ne s'identifie pas à quelques formes. A propos de la légende de Mélusine, par exemple, Jacques Le Goff pense qu'elle s'identifie aux «réponses du conte aux sollicitations de l'histoire.» (p. 323). Peut-on alors concilier évolution transformatrice et permanence des structures ? Il convient de délier ce qui apparaît comme le noeud des tensions, l'opposition procès-*diachronie* / système-*synchronie*, léguée par Saussure à ses héritiers. Georges Duby concède qu'il s'agit de la question la plus difficile qu'ait à affronter l'étude des cultures:

> Synchronie? Diachronie?: un problème en efffet, et même le problème le plus ardu que doit résoudre l'historien des sociétés.[52]

La méthode qui guide ces pages n'ignore pas de telles interrogations. Elle y répond en installant un rapport de subordination entre les événements et leur évolution, les matrices et leur achèvement[53]. Une remarque, extraite

---

51. 1977, *op. cit.*, p. 322.
52. 1983, *op. cit.*, p. VIII.
53. Lucide, P. Ricoeur synthétise clairement ce principe: «je ne prête pas au structuralisme comme certains de ses critiques, une opposition pure et simple entre diachronie et synchronie (...) Ce qui importe, c'est la subordination, non l'opposition, de la diachronie à la

d'une discussion entre Jean Piaget et Claude Lévi-Strauss, précisera ce point de vue. Comme Georges Duby, le savant suisse met en cause ce qui lui semble être le "statisme" des structures dégagées par le célèbre anthropologue. Pour lui, l'esprit est le «produit encore ouvert d'une continuelle autoconstruction.»[54] Claude Lévi-Strauss a expressément répondu dans la "Finale" de *L'Homme nu*. Rien ne l'oppose aux objections de Jean Piaget, toute structure est le fruit d'un engendrement, c'est une évidence. On concèdera sans peine que le réel - empirique, discursif - est le fruit d'une construction permanente. Mais il faut aller plus loin ou, plus profondément:

> ce sont déjà des structures qui, par transformation, engendrent d'autres structures, et le *fait de la structure* est premier.[55]

Si on l'apprécie au "niveau de pertinence" qui est le sien, la connaissance historique doit bien entendu être tenue pour nécessaire. Elle fournit le matériau initial à l'élaboration secondaire et légitime les descriptions structurales menacées par les écueils subjectifs que l'on sait[56]. Mais, ces avantages connaissent des limites. Celles que fait peser la volonté "continuiste" de l'historicisme. En conséquence, aucun privilège particulier n'est accordé aux codes sémantiques élaborés par les historiens (pas plus qu'à ceux des philosophes ou des psychanalystes). Claude Lévi-Strauss revendique cette limitation:

> Je me suis donc borné à affirmer que l'histoire était une connaissance comme les autres, qu'il ne saurait exister de connaissance du continu, mais seulement du discontinu (...). Je ne prétends donc pas que le code de l'histoire soit plus pauvre qu'un autre (...); simplement, c'est un code.[57]

Se laisser aller aux «inclinations structurales» comme y est entraîné Aaron Gourevitch, conduirait, selon Georges Duby, à étouffer l'affectivité dans l'aride exercice de la constitution des structures. Les historiens ne sont pas isolés dans cette dénonciation. De la façon la plus attendue, on voit certains spécialistes de littérature et quelques philosophes partager la crainte des arides entreprises inspirées du structuralisme. Les reproches sont bien

---

synchronie; c'est cette subordination qui fera question dans l'intelligence herméneutique.» (1963, art. cit., p. 599).

54. 1968, *op. cit.*, p. 100.

55. 1971, *op. cit.*, p. 561; c'est C. Lévi-Strauss qui souligne.

56. «elle multiplie (...) la quantité des niveaux synchroniques disponibles, et d'autre part, du fait même qu'ils sont révolus, les niveaux du passé sont mis hors d'atteinte des illusions de la subjectivité.» (C. Lévi-Strauss, 1973, *op. cit.*, p. 325).

57. 1963, art. cit., p. 648. J. Piaget l'affirme avec virulence: «Loin donc que la recherche de l'intelligibilité aboutisse à l'histoire comme à son point d'arrivée, c'est l'histoire qui sert de point de départ pour toute quête de l'intelligibilité. L'histoire mène à tout mais à condition d'en sortir.» (1968, *op. cit.*, p. 91).

connus, la méthode structuraliste aboutirait à «abolir la personne humaine et ses valeurs consacrées.»[58] Pour la tradition humaniste, on le sait, la vie spirituelle de l'homme, son expression linguistique et mythologique, ne sauraient constituer l'objet d'une description scientifique, inévitablement mutilante et méprisant le concret. Emergeant de sa période formaliste, Paul Zumthor, par exemple, partage cette appréhension:

> Les modèles structuralistes ainsi que les modèles sémiotiques qui en sont partiellement issus, organisent pour un temps notre intelligence du monde naturel (...) mais cela ne va pas sans un durcissement théorique, un recul de la pratique, un certain mépris du concret.[59]

Pour comprendre les enjeux et les implications de cette controverse qui traverse notre discipline, arrêtons-nous un instant sur la discussion exemplaire entre Paul Ricoeur et Claude Lévi-Strauss (reproduite par la revue *Esprit*, de novembre 1963). Paul Ricoeur s'appuie sur «l'interprétation philosophique des contenus mythiques, saisis à l'intérieur d'une tradition vivante et repris dans une réflexion et une spéculation actuelles.» (p. 596). Le philosophe se situe donc dans le fil de la pensée "translative" que nous avons reconnue chez de nombreux médiévistes-herméneutes contemporains. Quand il évoque les réinterprétations des fonds pré-helléniques et indo-européens, il souligne les soucis que l'étude de la *translatio* a croisés, mais il est conduit également à définir sa conception du "sens": d'un côté, la signification, le sémantique; de l'autre, les agencements formels, la syntaxe: «Est-ce que cela ne tient pas justement à une richesse de contenu qui appelle une réflexion sur la sémantique même et non plus sur la syntaxe ?»[60] Cette opposition à succès ne va pas de soi. Elle résume le désaccord entre les deux penseurs sur la question du sens. Paul Ricoeur (comme Vladimir Propp) distingue le "fond" et la "forme". Il abandonne à la mythographie structurale la seconde pour s'intéresser exclusivement à la richesse du premier. Le "fond" - donné par la grâce de l'interprétation de l'herméneute - ne peut être doté d'un "sens" que s'il est «sens pour soi», un «segment de la compréhension de soi» (*ibid.*), un «sens du sens» fait remarquer Claude Lévi-Strauss. Sens astrologique, historique, moral ou mystique, pour invoquer les "modes d'emploi" venus de

---

58. C. Lévi-Strauss, 1971, *op. cit.*, p. 563. R. Barthes résume l'argument d'un mot: «l'intelligible est réputé antipathique au vécu.» "Rhétorique de l'image", *Communications*, 4, 1964, p. 40-51; ici, p. 40.

59. 1980, *op. cit.*, p. 63. Cette mise au point laisse perplexe. En quoi *La Potière Jalouse*, *Histoire de Lynx* de Lévi-Strauss, *Du Mythe au Roman* de Dumézil et *Maupassant* de Greimas - et ce ne sont que quelques livres parmi tant d'autres - méprisent-ils le concret ?

60. *Ibid.*, p. 636. Proche des idées de P. Ricoeur, P.-Y. Badel termine ainsi son compte rendu de l'*Essai de poétique médiévale* de P. Zumthor «la connaissance des textes et un travail patient sur eux rendront la parole aux mythes; c'est admettre que ces textes ne sont pas pour nous que syntaxe, mais aussi sémantique.» ("Pourquoi une poétique médiévale", 1974, art. cit., p. 264).

l'antiquité. Selon l'axe de ce chapitre, le sens n'est ni commentaire philosophique des contenus, ni récapitulation du signifié, il résulte de la détermination des réseaux différentiels structurant l'expérience sensible. Voilà pourquoi il est inconsistant d'opposer le "contenu" et la "forme", la sémantique et la syntaxe, le concret à l'abstrait[61]. Défavorable à la prééminence du sujet, le modèle structuraliste lui accorde une place minimale et choisit une autre voie: réintégrer «l'homme dans la nature» en ne tenant pas compte du sujet «insupportable enfant gâté qui a trop longtemps occupé la scène philosophique et empêché tout travail sérieux en réclamant une attention exclusive.»[62] Claude Lévi-Strauss a exprimé sa stupéfaction devant les arguments que la critique subjectiviste adresse à la soi-disant abstraction structuraliste, menaçant l'Homme et ses valeurs[63]. On pardonnera la longueur de l'extrait, l'idée et son expression sont trop pertinentes et savoureuses pour le raccourcir:

> je me sens aussi abasourdi que si l'on s'insurgeait contre la théorie cinétique des gaz sous le prétexte qu'en expliquant pourquoi l'air chaud se dilate et s'élève, elle mettrait en péril la vie de famille et la morale du foyer dont la chaleur démystifiée perdrait ainsi ses résonances symboliques et affectives. A la suite des sciences physiques, les sciences humaines doivent se convaincre que la réalité de leur objet d'étude n'est pas tout entière cantonnée au niveau où le sujet l'aperçoit.[64]

## II. Descriptions structuralistes et destins du mythe médiéval.

Il va de soi que les arguments qui distinguent notre démarche des inclinations herméneutiques, comme la méthode structurale, ont été exploités avant nous par nombre de chercheurs oeuvrant à une meilleure compréhension de l'art littéraire médiéval. Aussi est-il utile de présenter certains travaux, particulièrement pertinents. Notre propre cheminement en bénéficiera, directement ou en contrepoint.

---

61. «Vous dites», fait observer C. Lévi-Strauss à P. Ricoeur, que «*La Pensée Sauvage* fait un choix pour la syntaxe contre la sémantique; pour moi, il n'y a pas à choisir.» (1963, *op. cit.*, p. 637).

62. 1971, art. cit., p. 614-615. Intervenant dans le débat aux côtés de C. Lévi-Strauss, J. Lacan s'élève contre les prétentions des herméneutes: «On fait grand état de nos jours [en 1964] de ce qu'on appelle l'herméneutique. L'herméneutique n'objecte pas seulement à ce que j'ai appelé notre aventure analytique, elle objecte au structuralisme, tel qu'il s'énonce dans les travaux de Lévi-Strauss.» *Séminaire. Livre XI. Les quatre concepts fondamentaux de la psychanalyse*. Paris: Seuil, 1973, p. 141.

63. En discutant l'ouvrage *L'Absolu littéraire* (J.-L. Nancy et P. Lacoue-Labarthe. Paris: Seuil, *Poétique*, 1978), J. Petitot éclaire le point de vue lévi-straussien. Il démonte le subjectivisme humaniste et esthétique, qui fait du sujet un être sensible, une conscience personnelle, maîtresse de son destin, bref, un sujet "romantique". Il cite alors cette phrase des deux auteurs: «Et cette vérité massive qui nous est assénée: nous ne sommes pas sortis de l'époque du Sujet (...). "Le romantisme est notre naïveté." (p. 27).» (1985, *op. cit.*, p. 76).

64. 1971, *op. cit.*, p. 570.

La fameuse idéologie tripartite des Indo-européens a favorisé des analyses fécondes de textes du Moyen Age. Elles ont soulevé deux ordres de réticences significatives des débats que l'on vient de soulever. Le premier est avancé par des commentateurs qui, partageant les réserves de Georges Duby, jugent trop figées, trop synchroniques, les descriptions de certaines oeuvres médiévales à travers le prisme de l'idéologie des trois fonctions. A cet égard, la fine note critique[65] que Jean Batany consacre à l'ouvrage de Joël H. Grisward, *Archéologie de l'Epopée médiévale*[66], est exemplaire. L'intervention, inspirée du modèle «historiciste»[67], vise une meilleure connaissance de l'«idéologie sociale des XIIe et XIIIe siècle.» (p. 418). Le critique laisse supposer son peu d'intérêt pour le structuralisme:

> Déconsidérer les lignages au profit des structures: subvertir les notions de patrimoine génétique, de fonds culturel (...) ce n'est pas seulement, en notre temps, un des pôles de l'idéologie sociale dans le traitement des individus, mais aussi un des pôles vers lesquels tendent les recherches sémio-historiques dans le traitement des cultures. (p. 415)

On observera le lien que Jean Batany établit alors entre les structures sociales et la conscience subjective, lien dont les textes littéraires devraient porter témoignage:

> le récitant ou l'auteur qui racontait, oralement ou par écrit, vers 1200, l'histoire des Narbonnais, était-il conscient d'utiliser une structure tri-fonctionnelle? (p. 417)

Conclusion ? On ne peut guère déceler de relations claires «entre la structure dégagée par *Archéologie de l'Epopée médiévale* dans les *Narbonnais* et la théorie des trois ordres (p. 417)[68]. Arrivons au texte mis sur la sellette. L'*Archéologie de l'Epopée médiévale* souhaite montrer que la structure du *Cycle des Narbonnais* s'enfonce dans l'idéologie des "trois fonctions" propre aux peuples indo-européens. Il n'est donc pas question de recourir aux interprétations fondées sur l'«histoire immédiate» (p. 19), elles n'enseignent rien sur les sept Aymerides et leur père qu'«une préhistoire artificielle et illusoire» (*ibid.*). Méthodologiquement, la faiblesse de la thèse évolutionniste consiste à aborder «sous l'angle de la temporalité quelque

---

65. "Mythes indo-européens ou Mythes des indo-européens: le témoignage médiéval", *Annales E.S.C*, 2, 1985, p. 415-422.

66. *Structures trifonctionnelles et mythes indo-européens dans le cycle des Narbonnais*. Paris: Payot, 1981.

67. «René Louis de concert avec H. Grégoire a été un des premiers à rapprocher un motif de roman arthurien d'un thème mythique: l'"historiciste" n'a pas peur des mythes.» (1985, art. cit., p. 419).

68. En conséquence, «le préhistorien plus que le médiéviste» sera intéressé (*Ibid.*, p. 418).

chose qui relève de la structure.»[69] Refusant de considérer les faits venus de l'extérieur, Joël H. Grisward ne s'intéresse qu'à ceux que livrent les textes. Or ces faits sont des structures. L'équipe des frères et des soeurs dans les *Narbonnais* compose «un *ensemble* tissé d'*oppositions*, d'*équilibres*, de *structures*.»[70] Dans ce programme, on reconnaît deux traits essentiels de la méthode structurale: le principe de détermination réciproque, la réduction de la richesse du divers - l'auteur parle de «fatras»[71] .

Nous partageons la plupart des principes sur lesquels s'édifie la structuration trifonctionnelle. Reconnaissons en passant un ordre de considérations qui mériterait plus ample discussion. Deux courants nourrissent harmonieusemnt le flot des études duméziliennes. Elles tendent d'une part à identifier une "structure mythique" à un contenu sémantique. Relevant nécessairement de la thématique trifonctionnelle, sa provenance géographique et historique est précisément définie et bornée. Le travail de compréhension consiste alors à suivre la migration de cette "matière", à partir de ce point focal, dans les diverses cultures accueillantes et dans les formes littéraires où elle s'exprime[72]. Mais on pourra objecter que Georges Dumézil est autant intéressé par la thématique des fonctions que par les rapports différentiels qui en forment le sens spécifique chez les divers peuples indo-européens. Sa "Conclusion" de *L'oubli de l'homme et l'honneur des dieux* précise l'allure de ce second mouvement: le travail sur la tripartition a consisté à «préciser les formes ou les représentations *spéciales* que la tripartition connaît.» (p. 324). C'est ce second fil que déroule Daniel Dubuisson[73]. Il préfère examiner les complexifications de la structuration d'où peuvent naître de véritables «excroissances anormales» (p. 121), difficiles à justifier chronologiquement. Le débat avec l'historicisme et le subjectivisme apparaît en toute clarté quand il indique l'orientation de son travail. Il s'inscrit dans un effort d'objectivation des formes et des contenus signifiés qui «ne s'adresse donc pas à notre subjectivité, puisque, aux trois fonctions, doit correspondre une

---

69. *Ibid.*, p. 19.

70. *Ibid.*; c'est l'auteur qui souligne.

71. «Un des desseins du présent travail a été de tâcher de mettre dans ledit *fatras* un peu d'ordre.» (*Ibid.*, p. 17).

72. Pour définir l'oeuvre de Dumézil, on pourrait étendre à l'intégralité de son entreprise ce que le grand savant disait de son étude de la quatrième branche des *Mabinogi* gallois: son but consiste à étudier la «survivance romancée d'une mythologie» ("La quatrième branche du *Mabinogi* et la théologie des trois fonctions", *L'oubli de l'homme et l'honneur des dieux*, 1985, *op. cit.*, p. 93-111; ici, p. 93).

73. "Matériaux pour une typologie des structures trifonctionnelles", *L'Homme*, 93, 1985, p. 105-121. Conformément au programme fixé par l'auteur d'*Apollon sonore* lui-même, D. Dubuisson met en cause la notion simpliste de "trifonctionnalité". Il se charge d'en expliquer les cas d'extension, «sans dislocation, de trois termes à quatre, ou davantage» afin d'élaborer finalement «une analyse des caractéristiques structurales et morphologiques du schéma triparti.» (p. 105). Cet «aspect morphologique est particulièrement important du point de vue spéculatif.» (p. 110).

organisation (thématique, actantielle ou narrative) du récit, elle-même tripartie.» (p. 108). De telles observations procurent le sentiment réconfortant d'avancer en bonne compagnie. On remarquera également, parmi bien d'autres travaux mettant en pratique les principes structuralistes, ceux d'Anita Guérreau-Jalabert et de Jean-Pierre Albert. La première a consacré une étude méthodique au roman arthurien et aux entités qui le composent[74]. Mais c'est moins l'éclairage des "thèmes" ou "motifs" qui nous intéresse pour l'instant que les *a priori* méthodologiques. Les figures romanesques, écrit l'auteur,

> s'organisent en réseaux étroitement liés aux réseaux d'organisation des éléments narratifs et jouent également sur des axes syntagmatiques et paradigmatiques.[75]

Sémantiquement, le système est articulé par des codes divers dont on suit les déploiements dans le récit et les «modes d'articulation dans chaque épisode» (p. 21). Inutile par conséquent de chercher dans la littérature romane «une mythologie au sens dans lequel ce terme est utilisé pour les sociétés antiques.» (p. 27). Faut-il préciser que nous souscrivons entièrement à l'ensemble de ces requêtes méthodologiques ?[76]

L'article de Jean-Pierre Albert, "Destins du mythe dans le christianisme médiéval"[77] s'articule autour d'un doute: «le corpus chrétien» est-il bien «*de droit* le lieu de la mythologie médiévale» ? (p. 69). La réponse est négative, pour la justifier quelques postulats de départ font l'objet de soins attentifs. L'auteur s'adosse à une définition du mythe précise et restrictive dégagée, on l'a dit, grâce à des "preuves de mythicité". Elles émanent des «schèmes mythiques sous-jacents», ceux que manie «le jeu plus essentiel d'une pensée sauvage»[78]. Sur ce modèle, la signification est conçue comme le produit de la structuration du *continuum* sensible par le jeu d'images agencées selon la logique symbolique des mythes. Une fine étude de la figure énigmatique du "Christ-perle" découverte dans un chapitre du *Physiologus* valide cette conception. L'affinité de l'agate (utilisée par les pêcheurs) et de la perle est inconnue de l'histoire naturelle antique comme de la tradition exégétique, le mystère ne peut donc être

74. "Romans de Chrétien de Troyes et Contes folkloriques. Rapprochements thématiques et Observations de méthode", *Romania*, 104, 1983, p. 1-48. L'étude s'élargit dans l'*Index des motifs narratifs dans les romans arthuriens français en vers (XIIe-XIIIe siècles)*. Genève : Droz, *Publ. rom. et fr.*, CCII, 1992.

75. 1983, art. cit., p. 26.

76. Nous partageons moins le but visé. L'analyse structurale devrait-elle servir ce qui serait, au-delà d'elle-même, l'essentiel: la recherche d'un "sens du sens", opaque avant l'utilisation du code historique. Quel gain procure son recours ? On pouvait s'y attendre, «le roman arthurien est l'expression de l'aristocratie» (p. 29) et les contes (d'où viennent les motifs) sont «l'expression de la paysannerie européenne» (p. 34).

77. 1990, art. cit., p. 53-72.

78. *Ibid.*, p. 68 et p. 60 pour ces mentions.

percé ni par l'interprétation "historiciste" ni par l'interprétation allégorique ni par les présupposés remythisants. La signification assignable au texte ne vient pas de certains «thèmes "mythiques" hérités des sociétés pré-chrétiennes» (p. 55), c'est-à-dire de contenus mythologiques répertoriés «dans le cadre d'une "mythologie médiévale"». La solution requiert la mise en relation des traits codés qui nourrissent les structures du texte (codes naturels et cosmologiques mais aussi codes des éléments, de la topographie - haut/bas -, de l'aromatique, etc.). L'interprétation conduit, notamment, à cet enseignement:

> La genèse de la perle marque (...) la rencontre du monde céleste et du monde des profondeurs, la conciliation de ces contraires que sont l'eau et le feu.[79]

La démonstration emporte pleinement la conviction. Précisons cependant que, à la différence de Jean-Pierre Albert, ce n'est pas dans les «eaux troubles»[80] de l'expression religieuse que nous comptons jeter notre ligne et faire les plus belles prises mais dans les ondes chatoyantes de l'art narratif médiéval.

Du point que nous venons d'atteindre, regardons le chemin parcouru. Nous souhaitons étudier le mythe "mélusinien". Persuadés que sa connaissance n'est possible que si le mythe, considéré globalement comme un objet intertextuel, «est un *phaenomenon bene fundatum*»[81], nous avons rappelé les lois qui le consituent et les principes qui en garantissent la validité. Il importait en effet de se doter d'hypothèses fondatrices qui permettent d'esquiver les "modes d'emplois" transmis par la tradition et de ne pas céder aux mirages de l'empirisme subjectif et historique. Ces lignes ont tenté de le montrer, l'intelligibilité structurale constitue les postulats recherchés. Sur ces bases peut s'élever maintenant l'édifice descriptif. Après avoir avancé dans quelques couches généalogiques de la méthode, il est temps de sortir à l'air libre pour regarder ouvertement les récits "mélusiniens".

---

79. *Ibid.*, p. 61.

80. «C'est des eaux troubles de l'hagiographie et des bestiaires que nos filets lévi-straussiens remonteront les plus belles pièces.» (*Ibid.*, p. 69).

81. E. Cassirer, 1972b, *op. cit.*, p. 55.

Faulx trichierres et faulx parjures,
Plain de tous vices et de murmures,
Faulx amoureux, faulx mençongier,
Faulx traïstre, faulx chevalier.[1]

# *TROISIEME PARTIE*

# *LE RECIT "MELUSINIEN", UNE NARRATION MYTHIQUE ?*

1. Coudrette, *Le roman de Mélusine ou Histoire de Lusignan*; éd. E. Roach. Paris: Klincksieck, *Bibl. française et romane, série B: Editions critiques de textes*, 18, 1982, v. 3935-3938.

## *CHAPITRE I.*
## *UN CORPUS REPRESENTATIF ET CLOS*

Passant de bouche à oreille, de la tradition orale à l'écriture littéraire, des grands seigneurs à d'humbles auditoires, du conteur anonyme à Jean d'Arras ou Coudrette, une fable s'expose à de multiples mutations. Si elle est à la merci de l'imagination, des errances de la mémoire, de la volonté déformatrice de l'art littéraire ou des cultures particulières qui l'accueillent, il s'en faut que ces facteurs d'altération la rendent méconnaissable. Il existe donc des traits qui lui sont inhérents et la définissent. Le présent développement s'appliquera à les dégager en franchissant deux étapes propres à toute pratique analytique: la première "désignera" le matériau à observer, la seconde "décrira" les acquis de la précédente[2]. Deux chapitres préliminaires seront cependant nécessaires pour ouvrir la voie. Bien entendu, le corpus examiné - récits, contes, poèmes "mélusiniens" - ne s'offre pas tel quel au regard. Il faudra donc d'abord le présenter, justifier les raisons qui ont présidé à son élaboration et borner son expansion. Quelques-uns des "schémas" qui visent comme ce travail à définir l'organisation figurative de nos textes mériteront une observation préalable attentive; leur connaissance ne pourra que faciliter notre propre cheminement.

Précisons les procédures générales qui conduiront le double examen annoncé. La première, directement venue de la linguistique structurale, affirme que les discours sont stratifiés en "niveaux de sens". Roland Barthes le formule en ces termes:

> Comprendre un récit, ce n'est pas seulement suivre le dévidement de l'histoire, c'est aussi y reconnaître des "étages" (...) lire (écouter) un récit, ce n'est pas seulement passer d'un mot à l'autre, c'est aussi passer d'un niveau à l'autre.[3]

---

2. Ces préliminaires sont bien connus. Ils guident, par exemple, le travail de P. A. Brandt, "Fragments d'une analyse modale de l'éthique aristotélicienne": «deux activités cognitives échappent ainsi au contrôle théorique, d'une part celle qui précède la description proprement dite, et qui consiste à désigner un matériau comme étant à analyser; et d'autre part celle qui, après la description, intègre la structure produite dans une problématique, c'est-à-dire l'explication.» (*Actes sémiotiques*, EHESS-CNRS, VII, 31, 1984, p. 13-21; ici, p. 13).

3. Citation d'un texte devenu un classique en la matière, "Les niveaux de sens" dans "L'Analyse structurale des récits" (*Communications*, 8, 1981; repr. dans *L'Aventure sémiologique*. Paris: Seuil, *Essais*, 1985, p. 172-175 pour ce paragraphe; ici, p. 174). Voir également les entrées "Génératif (parcours)", "Génération" et "Niveau" dans le *Dictionnaire raisonné de la théorie du langage*, 1979, *op. cit.*

Les travaux qui depuis quelques décennies enrichissent l'analyse rationnelle des fictions[4] dissocient en effet, au sein de la masse des propositions et des événements, des paliers de description. Ils vont des dispositifs les plus abstraits à leurs expansions les plus concrètes. «Mener une analyse structurale» réclame donc de distinguer tout d'abord «plusieurs instances de description et [de ] placer ces instances dans une perspective hiérarchique (intégratoire).»[5] Fidèles à cet *a priori*, nous commencerons l'étude en tant que telle par le palier de sens le plus accessible du récit, la strate figurative du récit. Pour la mettre au jour, on explorera, le plus méthodiquement possible, les unités qui composent la surface du discours, ou, plus précisément, leur enchaînement, ce que l'on appelle des "parcours" de figures. Cette dernière notion demande un commentaire. Une figure se conçoit comme une *gestalt* si ce n'est qu'elle est «décomposable en ces unités simples que sont les termes des catégories figuratives»[6]. Aussi le terme de "figuratif" peut-il être entendu comme

> un contenu donné (d'une langue naturelle par exemple) quand celui-ci a un correspondant au niveau de l'expression de la sémiotique naturelle (ou du monde naturel).[7]

Il ne s'agira donc pas de répertorier l'ensemble des personnes, des choses et des agissements, extraits de la livrée du monde et dont chacun des récits tire parti, mais de découvrir plutôt le "contenu" des éléments mis au jour, les traits qu'ils présentent. La description des "parcours" figuratifs arrimera les développements ultérieurs (examen des réseaux narratifs et de la "structure du mythique"). L'ensemble s'aidera de la méthode sémiotique, c'est le second postulat annoncé. Comparée à certaines disciplines auxquelles on pouvait recourir, elle présente plusieurs atouts décisifs. Son échafaudage s'élève volontairement sur les principes structuraux qui nous conduisent, elle a d'ailleurs amplement contribué à les enrichir et à en vérifier la validité. Elle a également l'avantage d'avoir directement consacré au "mythique" diverses études, desquelles ont émergé des modes d'analyses

---

4. Les notes des cours que Saussure a consacrés au *Nibelungenlied* et à la légende de Tristan et Iseut datent du début du siècle. Elles montrent, selon S. Avalle, «un Saussure inédit, intéressé aux problèmes de la sémiologie ethno-culturelle, une vingtaine d'années au moins avant l'ouvrage fondamental de Vladimir Propp sur la morphologie des fables de magie russes (1928).» "La sémiologie de la narrativité chez Saussure", *Essais de la théorie du texte*. Paris: Ed. Galilée, 1973, p. 17-49; ici, p. 27.

5. R. Barthes, 1985, *op. cit.*, p. 173.

6. Comme les unités sémantiques minimales appelées "sèmes" (*Dictionnaire raisonné*, 1979, p. 148; entrée "figure").

7. *Ibid.*, p. 146; entrée "figuratif". Choisissons un exemple proche: la «figure» du «roi des animaux» (l'ours, le léopard, le lion ou l'aigle ?) et, notamment, celle du «léopard emblématique (...) n'ayant aucun rapport avec le léopard véritable» a fait l'objet du travail de M. Pastoureau: "Quel est le roi des animaux", *Figures et Couleurs*. Paris: Le Léopard d'Or, 1986, p. 158-177.

clairement définis. Enfin, prolongeant cette observation, la situation privilégiée que cette discipline occupe, au confluent de l'anthropologie et de la linguistique, est particulièrement riche de promesses. Cette double filiation, en effet,

> a ouvert un nouvel horizon rationnel de compréhension. Elle a permis d'envisager la narrativité comme une "fenêtre" sur la structure pyscho-anthropologique de l'imaginaire.[8]

Cette méthodologie tient-elle ou non ses engagements ? La question devra être posée. Il n'en demeure pas moins que la vocation "anthropologique" qu'elle affirme était un argument de poids en sa faveur. Le raisonnement suivant justifie mieux encore le recours à la théorie greimassienne. Si la particularité du mythe consiste à soumettre «la structure à un sens dont elle devient l'expression immédiate»[9], il est indispensable de mettre à jour les "structures" en question. Ces pages s'emploieront à les bâtir en parcourant les nappes de signification élaborées par l'analyse sémio-narrative: partant de l'organisation des figures du récit dit "mélusinien", on ira vers les dispositifs sous-jacents qui les structurent. Ce trajet tend vers le but de cette description, la mise en évidence des «organisations sémiotiques profondes»[10] qui, pour la sémiotique, caractérisent "le mythique". Mais commençons par constituer le corpus qui supportera l'examen.

## I. Sélection, déduction et pertinence.

Il n'échappera à personne ayant quelques connaissances de ce domaine que les récits recensés ne présenteront qu'une infime fraction des fables dont on pouvait tirer profit. Mais il n'était pas envisageable de bâtir les descriptions en puisant, selon les besoins, dans une réserve quasi intarissable de textes, les références utiles à la démonstration. La première exigence consistait par conséquent à composer un corpus traduisant l'universalité des récits étudiés mais qui, resserré et précisément délimité, pouvait servir d'appui effectif, sûr, constant[11] et d'utilisation aisée tout au long de l'exploration.

La narration "mélusinienne" ne peut être confinée dans aucune limite culturelle, temporelle ou géographique. Les créatures qui viennent de l'autre monde et séduisent sous certaines conditions les représentants de l'humanité ignorent les divisions continentales. La critique s'accorde sur ce

---

8. J. Petitot, 1985, *op. cit.*, p. 212.
9. C. Lévi-Strauss, 1971, *op. cit.*, p. 581.
10. *Dictionnaire raisonné*, 1979, p. 240; entrée "mythique".
11. Ce qui, évidemment, ne veut pas dire que tous les textes seront cités pour illustrer chacune des figures repérées.

point[12] Georges Dumézil et Pierre Gallais seront ses porte-paroles. L'auteur du *Problème des Centaures* regarde avec prédilection la belle Urvaçi dans un récit attesté par toute la poésie brahmanique. Cette nymphe apparaît à Georges Dumézil comme la doyenne de la corporation, fort répandue dans le folklore des indo-européens, celle des êtres qu'il nomme lui-même "mélusiniens". Quelques références internationales aident sa démonstration. Le récit est bien connu en Europe, dans le monde slave notamment[13] où

> les romans de *Mélusine* lui ont donné, en même temps que la consécration littéraire, une vitalité nouvelle: il fleurit des *lemuziny* jusqu'aux bords de la Vistule.

L'activité comparative trouve à s'exercer bien au-delà de ces premiers cantonnements:

> Mais les Nègres, mais les Peau-Rouge racontent des histoires semblables, et sir J. G. Frazer a proposé l'hypothèse que ces contes sont des restes de mythologie totémique.[14]

Pierre Gallais[15] certifie cette diffusion. Avec lui, le nombre des pièces s'accroît spectaculairement. On raconte les amours d'êtres de l'autre monde et de celui-ci sous le sceau d'une condition, en Afrique, en Extrême-Orient, à Hawaï comme chez les Ossètes du Caucase; les légendes amazoniennes côtoient les canadiennes, les contes venus d'Ecosse et des Orcades ceux que la Lorraine et le Nigéria ont vu naître, les russes complètent les armoricains, les versions des Indiens Warrau croisent celles des Arawak et des Penobscot. Et la liste n'est pas close...

Inutile d'accumuler les exemples empruntés pêle-mêle aux quatre coins du monde. Non seulement la prodigalité de ces références déconcerte, mais elle gêne par l'utopie positiviste qui la fonde. L'exhaustivité semble combler tous les espaces par lesquels certains textes pourraient s'échapper. Elle porte l'espoir de borner *in extenso* les cadres de l'"objet", étape apparemment indispensable pour induire ensuite ses caractères:

> Cette tentative souffre de ses présupposés positivistes que l'on reconnaît dans sa façon de déterminer la relation entre le sujet

12. *It is found in the early literatures of India, Greece, Italy, and Western Europe, as well as in a large number of modern folk-tales in various languages, and is probably most familiar in the Melusine story*, écrivait T. P. Cross en 1915 ("Celtic Elements in *Lanval* and *Graelent*", *Modern Philology*, vol. XII, p. 1-60; ici, p. 4).

13. Une note indique trois titres qui attestent cette extension. Voir le développement "La mythologie slave" dans: *Mélusine. Recueil de Mythologie, littérature populaire, traditions et usages*; publié par H. Gaidoz & E. Rolland. Paris: Viaut, 1878, p. 10-12.

14. *Le problème des Centaures*. Paris: Geuthner, 1929, p. 143 pour ces deux mentions.

15. *La Fée à la fontaine et à l'arbre. Un archétype du conte merveilleux et du récit courtois*. Amsterdam-Atlanta: Rodopi, CERMEIL, 1992, p. 48-49. Chaque proposition est illustrée d'une référence.

> connaissant et l'objet à connaître: le corpus y est envisagé comme "objectif", comme une chose en soi.[16]

L'écueil est bien connu, notamment des recherches linguistiques et narratologiques qui doivent étreindre des centaines d'énoncés. Dans "L'analyse structurale des récits", Roland Barthes dévoile l'origine de ces impasses: l'impossibilité, pour «beaucoup de commentateurs», de

> dégager l'analyse littéraire du modèle des sciences expérimentales: ils demandent que l'on applique à la narration une méthode purement inductive et que l'on commence par étudier tous les récits d'un genre (...) pour ensuite passer à l'esquisse d'un modèle général. Cette vue de bon sens est utopique.[17]

Un autre danger de l'extension sans borne des références tient à ce qu'elle gomme, selon Claude Lévi-Strauss, les spécificités structurales de la narration ainsi détendue. L'élargissement favorise la découverte de ressemblances «mais qui signifient de moins en moins.»[18] Au contraire, poursuit l'auteur, quand le domaine mythique décrit est «resserré, de quelque façon qu'on s'y prenne pour le définir», sa signification offre prise à une analyse précise et homogène. Ces considérations retentissent directement sur notre travail. Elles rendent légitime, sinon nécessaire, de disposer d'un corpus fini.

Comment cet inventaire restreint a-t-il été édifié ? Il a fallu extraire, comparer, éliminer et tisser des réseaux tout en retenant certaines fictions. Sans doute la tâche a-t-elle été allégée par la conviction que

> sauf preuves criantes à l'appui, il n'existe pas de "bonnes versions" d'un mythe et de "mauvaises"; en tout cas, qu'il n'appartient pas à l'analyste d'en décider en fonction de critères étrangers à la matière de son étude.[19]

La procédure suivie a été déductive[20]. Elle a été conçue en deux temps. Quelques hypothèses provisoires ont été envisagées à partir de faits significatifs, extraits d'ouvrages dignes de confiance consacrés à "Mélusine" et à ses cousines de toutes nations. C'est l'occasion de citer (en commençant par la plus récente) ces sources majeures. *La Fée à la Fontaine*

---

16. *Dictionnaire raisonné*, 1979, p. 74; entrée "corpus". Ce préjugé consiste à laisser croire que «le quantitatif est un critère de scientificité.» (J. Petitot, 1985, *op. cit.*, p. 207).

17. "L'Analyse structurale des récits", 1981; repr. dans *L'Aventure sémiologique*, 1985, *op. cit.*, p. 169.

18. *Histoire de Lynx*. Paris: Plon, 1991, p. 252.

19. C. Lévi-Strauss, 1971, *op. cit.*, p. 565.

20. «La méthode déductive se caractérise par sa démarche "descendante", marquée par le passage du général au particulier, de la classe à ses constituants (...). La démarche hypothético-déductive se contente seulement de les [les propositions posées au départ] supposer comme vraies: c'est celle qui est généralement adoptée, à l'heure actuelle, en sémiotique et en linguistique.» *Dictionnaire raisonné*, 1979, p. 85; entrée "déduction".

*et à l'arbre. Un archétype du conte merveilleux et du récit courtois*, de Pierre Gallais (Amsterdam-Atlanta: Rodopi, CERMEIL, 1992). *Les Fées au Moyen Age. Morgane et Mélusine, la naissance des fées* de Laurence Harf-Lancner: (Paris: Champion, *Nlle. Bibliothèque du Moyen Age*, 8, 1984). De Claude Lecouteux: *Mélusine et le Chevalier au Cygne* (Paris: Payot, 1982). L'article de Jacques Le Goff et Emmanuel Le Roy Ladurie déjà évoqué dans ces pages, "Mélusine maternelle et défricheuse" (*Annales E.S.C.*, mai-août 1971, p. 587-603). L'*Essai sur Mélusine, roman du XIVe siècle par Jean d'Arras* de Louis Stouff (Dijon, Paris: Picard, 1930). Dans un deuxième temps, on a projeté ces conjectures sur un vaste ensemble de fictions pour s'assurer de leur conformité, ou non, au récit "mélusinien" en ne prenant en considération parmi ses déterminations possibles que celles qui étaient «nécessaires et suffisantes pour épuiser sa définition.»[21] Le but était la saturation du modèle. Au fur et à mesure où la quantité des leçons s'accroissait, la crainte de l'intrusion d'une version insolite s'éloignait. Le nombre des textes mentionnés n'a pas besoin d'être considérable pour que soit atteint le seuil où les informations nouvelles n'apportent rien de supplémentaire. La vérification reste à faire: il reviendra à la "désignation" et aux "descriptions" futures de contrôler la pertinence de ces options. Quelques exigences complémentaires doivent être énoncées. Le choix des narrations n'attribue aucun avantage à tel ou tel "genre": les différences entre conte, *exemplum*, légende, roman ne sauraient entrer en ligne de compte dans l'enregistrement ou l'exclusion d'une version. Non plus que les différences venues des recueils de légendes ou de récits-types folkloriques sur lesquels la fable "mélusinienne" se greffe ("la Belle et la Bête", "le chevalier au cygne", "Eros et Psyché", etc., "types" dont l'évidence ne va pas de soi). Car on s'attachera à ne pas confondre notre fiction qui, seule, préoccupe, des contextes où elle s'insère parfois. L'éventuelle antériorité d'une version par rapport à une autre n'a pas joué non plus[22]. Quoiqu'il en soit, cette étape confronte, à une moindre échelle, bien entendu, aux mêmes difficultés que celles qu'a dû surmonter l'élaboration du corpus des *Mythologiques* et à propos desquelles Claude Lévi-Strauss s'est longuement expliqué. C'est pourquoi nous reprendrons à notre compte cette affirmation, frappante de sincérité:

> Croit-on que j'ai choisi mes documents au hasard ou par convenance personnelle ? (...) Mais je n'ai pas seulement, pour mon édification personnelle, constamment fait la critique de mes sources sans

---

21. *Dictionnaire raisonné*, 1979, p. 276; entrée "pertinence".

22. Nous adhérons à cette observation de G. Dumézil, faite à propos de son propre recueil "mélusinien": «dans cette galerie variée, le plus ancien, bien sûr a sa place, mais cette place n'est pas forcément la place d'honneur.» *Le problème des Centaures*, 1929, *op. cit.*, p. 99.

éprouver le besoin de tenir le lecteur informé de ces phases préliminaires de l'enquête et qui ne le concernent pas;[23]

Pour ne pas laisser le lecteur s'égarer dans une forêt de versions dont l'ordonnancement semblerait obscur, il est utile de dire un mot de la présentation qui vient. Il était chimérique de citer toutes les attestations découvertes au fil des lectures. Il était tout aussi insatisfaisant de n'exposer que les deux dizaines de narrations retenues. Le choix s'est arrêté sur une cote mal taillée: présenter une sorte de florilège de documents, sélectionnés parmi tous ceux qui ont été initialement soumis à l'examen. Une comparaison minimale sera ainsi permise. Mais pourquoi avoir réservé dans notre corpus telle histoire et exclu telle autre ? Loin des illusions positivistes, les réponses sont fluctuantes. Quelques mentions légitimeront le rejet d'une narration (l'*Hymne à Aphrodite*, par exemple), d'autres souligneront le caractère jusqu'ici inédit de l'une d'entre elles qui invite à la divulguer. Mais cette clarté ne sera pas toujours de mise. Si, comme on l'a dit, il n'existe pas de «bonnes versions», le paradoxe est que, parfois, on a le sentiment qu'il en existe trop. Pour ne collectionner que celles qui seront nécessaires et suffisantes à l'analyse, il a fallu trancher et renoncer à conserver des récits conformes aux canons "mélusiniens", des récits-*bis* en quelque sorte, parfois sur la base de critères ténus: le moment - trop tardif - de la découverte d'une leçon, la difficulté d'accès de certaines éditions - ou leur manque de garantie scientifique - ou encore, tout simplement, le sentiment que le corpus étant saturé, tout apport supplémentaire risquait de faire double, triple emploi (on pense, notamment, au chapelet de textes latins médiévaux qui se dévide à partir de Geoffroy d'Auxerre).

Le corpus limité et représentatif du modèle "mélusinien" assemble finalement vingt textes. Pour en faciliter l'accès, nous allons anticiper l'exploration et offrir dès maintenant la liste de ces récits. Précisons que, pour ne pas brûler nos vaisseaux, nous n'entrerons pas dans le détail des épisodes qui seront étudiés en cours d'analyse. En conséquence, ce sont les fictions que nous travaillerons le plus ultérieurement qui seront exposées ici le moins. Voici l'inventaire des vingt textes enregistrés:

1. Les amours de Pururavas et de la nymphe Urvaçi. Copiées par Georges Dumézil dans *Le problème des Centaures* (Paris: Geuthner, 1929, pages 144-146).
2. Les relations du roi Santanu et de la déesse Ganga; transcrites et traduites par Georges Dumézil dans *Mythe et Epopée* (Paris: Gallimard, *Bibliothèque des Sciences humaines*, 1968, p. 179).

23. 1971, *op. cit.*, p. 565.

3. L'union de Macha et du fermier Crundchu, consignée dans un texte daté du neuvième siècle, "Le mal d'enfants des Ulates". Le récit se lit aux pages 608-610 de *Mythe et Epopée*.

4. Les aventures de Pélée et Thétis dans *La Bibliothèque* d'Apollodore III, 13, 5-6. Edition Jean-Claude Carrière et Bertrand Massonie. *Annales littéraires de l'Université de Besançon*, 443, diff. Les Belles Lettres, Centre de Recherches d'Histoire Ancienne, vol. 104, 1991.

5. Le conte de Cupidon et Psyché inséré dans le roman d'Apulée, *Les Métamorphoses*, t. II, livres IV-VI. Texte établi par D. S. Robertson et traduit par Paul Valette. Paris: Les Belles Lettres, 1941.

6. Les amours de la fée Mélior et de Partonopeu dans le roman *Partonopeu de Blois*. Edition J. Gildea. Villanova, Pennsylvanie: Villanova University Press, 1967, 1968, 1970.

7. Les aventures amoureuses de Graelent

et

8. Celles de Guingamor; dans les *lais* fééeriques anonymes correspondants. Edition: *Lais féeriques des XIIe et XIII*e *siècles*, présentés, traduits et annotés par Alexandre Micha. Paris: GF-Flammarion, 1992.

9. L'histoire de Lanval et sa féerique amie dans le *lai* de Marie de France, *Lanval*. Edition: *Lais de Marie de France*, présentés, traduits et annotés par A. Micha. Paris: GF-Flammarion, 1994.

10. Histoires de Wastinius Wastinioc (II, 11)

et

11. de Hennon "aux grandes dents" (IV, 9), extraites du *De Nugis Curialium* de Gautier Map. Edition de Montague R. James, revue par Christopher Nugent L. Brooke and Roger Aubrey B. Mynors. Oxford: Clarendon Press, 1983.

12. L'union de la femme-serpent et de Raymond de Château Rousset (*De oculis apertis post peccatum*, I, XV) notée par Gervais de Tilbury dans ses *Otia Imperialia*; Edition F. Liebrecht, 1856, p. 4-6.

13. L'histoire du chevalier Pierre de Staufenberg (*Der Ritter von Staufenberg*) de Egenolf von Staufenberg. Citée dans la traduction française de A. Moret: *Poèmes et fableaux du Moyen Age allemand*. Paris: Aubier, 1939, p. 167-189.

14. L'épisode "mélusinien" du *Parzival* de Wolfram von Eschenbach (Livre XVI, 824-826). Texte en français: *Parzival*, traduit et présenté par D. Buschinger, W. Spiewok et J.-M. Pastré. Paris: UGE, 10/18, *Bibliothèque médiévale*, 1989.

15. Les épisodes des amours de Elinas et Présine

et

16. de Raymondin et Mélusine, dans le roman en prose de Jean d'Arras (édition de Louis Stouff: Jean d'Arras, *Mélusine*. *Roman du XIVe siècle*,

*publié pour la première fois d'après le manuscrit de la Bibliothèque de l'Arsenal avec les variantes de la Bibliothèque nationale*. Dijon: Publ. de l'Université de Dijon, fasc. V, 1932; réimpression Genève: Slatkine reprints, 1974) et celui en vers de Coudrette (édition de Eleanor Roach, 1982, *op. cit.*)

17. Le conte populaire «Le Chevalier Bayard». Recueilli par François Cadic dans *Contes de Basse-Bretagne*. Paris: Ed. Erasme, *Coll. Contes Merveilleux des Provinces de France*, 6, 1955, p. 26-36. Il sera simplement référencé "Cadic".

18. Le conte africain qui marie un pêcheur et un(e) rat(te) Ntori. Noté par sir James G. Frazer dans *Totemism and Exogamy. A Treatise on certain early Forms of Superstition and Society*. Londres: MacMillan and Co., 1910; (reprint de l'édition d'Edinburgh, 1887).

19. "La Déesse de la mer amoureuse d'un marchand". Dans le recueil de Ling Mong-tc'hou, *L'Amour de la renarde, Marchands et lettrés de la vieille Chine. Douze Contes du XVIIe siècle*. Traduit du chinois, préfacé et annoté par A. Lévy. Paris: Gallimard/Unesco, *Connaissance de l'Orient*, 1970, p. 46-68. Les références seront faites à "Ling".

20. La légende de la tribu des Pieds-Noirs, "L'homme dont la colère était grande". Publiée par William Camus dans *Les Oiseaux de Feu et autres contes peaux-rouges* (Paris: Gallimard, 1978, p. 88-96). Cité "Camus".

## II. La culture savante.

L'échelle que l'on va gravir plonge dans la culture indo-européenne. *Grosso modo* par paliers historiques, elle permettra de rejoindre le roman de Jean d'Arras, *Mélusine*. Cette place de choix lui est due: le premier, ce récit a campé et nommé la grande fée poitevine, patronne de notre travail en quelque sorte.

### A. Textes indo-européens.

L'un des *Hymnes Homériques*[24] passe, à tort, pour être l'expression indo-européenne la plus antique de cette légende (il date du VIIe ou du VIe siècle av. JC). Regardons rapidement cet "Hymne à Aphrodite", attribué à Homère par la tradition manuscrite mais qui n'a d'"homérique" que la forme. Aphrodite doit tomber amoureuse d'un mortel, le bouvier troyen Anchise est l'heureux élu. Comme de nombreux héros de qui nous suivrons les aventures, il s'interroge sur l'identité de la merveilleuse créature qui s'offre à ses regards:

---

24. Homère, *Hymnes*; texte établi et traduit par J. Humbert. Paris: Les Belles Lettres, 1941.

> Artémis, ou Létô, ou Aphrodite d'or, ou la noble Thémis, ou Athéna aux yeux pers ! (90-95)

avant d'implorer «une postérité florissante.» (104) L'union avec une immortelle menace le géniteur humain d'impuissance, Anchise ne l'ignore pas. Aphrodite le rassure et prédit la naissance d'Enée. Le tabou est fixé à l'instant où, satisfaite de cette union et de la race à laquelle elle donne naissance «elle s'élance vers les airs battus des vents»: si on lui demande le nom de la mère d'Enée, Anchise devra répondre «une Nymphe fraîche et rose» (284-285) et s'interdire tout autre précision:

> Mais si tu révèles tout, et te vantes follement de t'être uni d'amour à Cythérée Couronnée, Zeus, dans sa colère, te frappera de sa foudre fumante. Tu as tout entendu: songe bien à garder le secret en toi-même, sans me nommer. (285-290)

Cette clause ne s'ajuste pas à celle de nos fables. Elle ne détermine pas en effet la solidité des noeuds des amants, son respect n'hypothèque pas leur alliance mais, seulement, le sort de l'homme, son destin de mortel. Cet hymne n'est donc pas un texte "mélusinien". Il invite à lancer le regard au-delà de la Grèce. Jean Humbert, qui établit et traduit le texte, brosse ainsi son origine culturelle:

> Non seulement la tradition antique et les caractères très particuliers de la Déesse et de son culte, mais la forme même de son nom inclinent à penser qu'Aphrodite appartient au fonds préhellénique du panthéon grec.[25]

Acceptons l'invitation. Aucun guide ne sera mieux avisé pour faire découvrir ce fonds indo-européen que Georges Dumézil. On l'a dit, le célèbre mythologue a observé avec bienveillance les créatures "mélusiniennes". L'histoire de Pururavas, placée dans *Le Problème des Centaures*, est le premier maillon d'une chaîne de travaux déterminants pour suivre les traces que ces créatures ont laissées dans la tradition de divers peuples indo-européens. En respectant ce groupement culturel, on va déroger à la progression historique annoncée.

**Récit 1**. Voici le premier texte que le le corpus adoptera. Avec l'histoire des amours contrariées de Pururavas et de la nymphe Urvaçi, on tient sans aucun doute le témoin le plus ancien de cette tradition indo-européenne. Le texte recueilli dans le *Problème des Centaures* copie la traduction de Max Müller[26]. Il vient du «*Catapatha Brahmana*, appuyé par deux versions

---

25. *Ibid.*, p. 143.

26. *Essai de Mythologie comparée*, Trad. de l'anglais [sans nom de traducteur]. Préface d'E. Renan. Paris: Gros et Donnaud, 1859, p. 79-81. M. Müller pense qu'Urvaçi «était primitivement la déesse de l'aurore.» (p. 75). La meilleure preuve est «la légende de son

puraniques» (p. 144). On lit dans *Mythe et Epopée*[27], trois histoires qui intéressent notre recension:

**Récit 2**. Les relations du roi Santanu et de la déesse Ganga (le fleuve Gange personnifié) sont au coeur de la première. Elle est narrée dans le *Mahabharata* (I, 75). Résumé d'un mot, ce récit explique l'incarnation du dieu-ciel védique Dyau, les naissances extraordinaires qui suivent, la terrible clause qui les autorise. Le corpus enregistrera cette brève narration, dans la présentation qu'en donne *Mythe et Epopée* (p. 109).

**Récit 3**. L'une des trois Macha, personnage féminin récurrent des légendes irlandaises, mène à la troisième histoire incluse dans cet inventaire d'inspiration dumézilienne. A la différence de ses deux consoeurs - la première est une Voyante, la seconde une Guerrière - la troisième Macha est «tout entière engagée dans la troisième fonction, dont elle illustre plusieurs aspects»[28]. C'est elle qui fonde, avec le fermier Crundchu, un couple conforme aux canons "mélusiniens". Les événements sont consignés dans un texte daté du neuvième siècle, "Le mal d'enfants des Ulates" que nous mettons précieusement de côté[29]. La «substance du texte vieil irlandais» a été récemment traduite en français par le celtisant Proinsias Mac Cana[30]. Le résultat est très proche, à quelques détails près, de la traduction offerte par Georges Dumézil que, sauf exception, nous suivrons. Malgré son intérêt, nous n'avons pas conservé une histoire, très peu développée, incluse dans *Mythe et Epopée* qui rapporte la naissance d'un héros Narte, Batraz, fils de Xaemic. Georges Dumézil suggère sa proximité avec la narration précédente[31].

---

amour pour Pourouravas, histoire qui n'est vraie que du soleil et de l'Aurore. Il n'est guère besoin de prouver que Pourouravas est un nom de héros solaire.» (*ibid.*). Suit le texte transcrit par G. Dumézil, p. 144-146.

27. *L'idéologie des trois fonctions dans les épopées des peuples indo-européennes*. Paris: Gallimard, *Bibl. des sciences humaines*, 1968. L'épisode suivant se trouve à la page 179.

28. *Ibid*. p. 610.

29. Conservé dans le manuscrit de Londres (British Library, *Harley*, 5280). Le récit auquel nous recourrons se trouve aux pages 608-610 de *Mythe et Epopée*. G. Dumézil traduit en français le texte édité par E. Windisch dans "Ueber die irische Sage Noinden Ulad" *Berichte über die Verhandlungen der Königlichen Sächsischen Gesellschaft der Wissenschaften zu Leipzig* (*Philol.-historische Classe)*, 36, 1884, p. 336-347. Pour les précisions duméziliennes sur ce document, la bibliographie et les interprétations qu'il a suscitées, voir p. 607 sv.

30. "Notes sur les analogues insulaires de la légende de Mélusine" (*Mélanges Francois Kerlouégan*, Inst. Félix Gaffiot, *Annales littéraires de l'Université de Besançon*, vol. 11, 1994, p. 419-437). Il cite de nombreuses récits irlandais "mélusiniens" non encore traduits (notamment à la note 18). T. P. Cross (1915, art. cit., p. 39-40) et J. R. Reinhard (*The Survival of Geis in mediaeval Romances*. Halle: M. Niemeyer Verlag, 1933, p. 224-236) commentent cet épisode et le traduisent en anglais.

31. «La légende de la troisième Macha contient plusieurs points qui rappellent de près l'histoire du Narte Xaemic et de sa femme "mélusinienne"» (*Ibid.*, p. 607, n. 5). Le même couple refait surface dans *Romans de Scythie et d'alentour*, qui analyse le mariage de Xaemic et de la fille-tortue du maître des eaux, suivi de la naissance du formidable Batraz. (Paris: Payot, 1978, p. 214 sv).

Le dossier dumézilien ne serait pas clos si l'on n'évoquait *Du Mythe au Roman*, ouvrage qui considère en passant, dans «un récit des *Danske sagn* (...) déformation d'une des vieilles *Folkeviser* danoises», la relation d'un pêcheur danois avec "une" génie de la mer:

> Il la suit dans son magnifique palais sous-marin, où il reste quelque temps. Un jour, il demande la permission de retourner en visite à terre. Elle accepte, à condition qu'il n'entrera pas à l'église et ne chantera pas les psaumes.

L'auteur note que ce type, avec interdictions "mélusiniennes", est «rare dans les légendes scandinaves de mariage entre humains et génies (marins ou autres), alors qu'il domine dans les légendes celtiques parallèles.»[32]

**Récit 4**. Le retour vers le monde grec sera facilité par *Le problème des Centaures*, qui établit le voisinage des aventures de Pururavas et de Pélée:

> La Grèce raconte un roman, très ancien puisque Homère le connaît, dont la trame est une histoire mélusinienne, et où les *Centaures* apparaissent aux jointures importantes avec une régularité qui ne peut être l'effet du hasard; c'est le roman de *Pélée*.[33]

On s'entend pour fixer au début du IIIe siècle de notre ère la composition de *La Bibliothèque*, somme mythologique archaïsante d'Apollodore d'Athènes d'où viendra la version du "roman" de Pélée que nous observerons[34]. Comme le fera plus tard le Raymondin de Jean d'Arras, Pélée tue par mégarde son protecteur (ici, Eurytion), en place du sanglier qu'il visait. Exilé chez Acastos et sa femme Astydaméia, il traverse l'épreuve de séduction, dite de "la femme de Putiphar", celle que, quelques siècles plus tard, endureront Lanval et Graelent. Au terme d'une chasse qui s'achève pour lui dans les griffes des Centaures, Pélée est sauvé par le plus sage d'entre eux, Chiron, avant d'épouser Polydora puis Thétis, nymphe maritime, fille de Nérée. Achille naîtra de leur union.

Certains fragments de la mythologie grecque présentent de telles ressemblances avec cet épisode qu'ils ont pu être considérés comme

---

32. Paris: PUF, *Hier*, 1970, p. 192, pour ces mentions. Autres pièces indo-européennes de la version "animale" du dossier, une brève comparaison proposée par J. Grisward de deux récits "mélusiniens", l'un ossète, l'autre irlandais. Dans les deux fictions, un inconnu «possède dans sa maison une jeune fille douée d'une condition "mélusinienne" (épouse / soeur // oiseau / cerf / lièvre / tortue / grenouille).» ("Le motif de l'épée jetée au lac: la mort d'Artur et la mort de Batradz", *Romania*, t. 90, 1969, p. 313). Voir également, pour le Caucase, les témoignages d'«amours mélusiniennes» recueillis par G. Charachidzé (p. 101-102), dans "L'Aigle en clé d'eau", *La Fonction symbolique*. Paris: Gallimard, *Bibl. des Sciences humaines*, 1979, p. 83-105.

33. 1929, *op. cit.*, p. 183.

34. L'ouvrage a été récemment traduit, annoté et commenté par J.-C. Carrière et B. Massonie. *Annales littéraires de l'Univ. de Besançon*, 443, diff. Les Belles Lettres, Centre de Recherches d'Histoire Ancienne, vol. 104, 1991. La précision de l'introduction, la richesse des notes comme celle de la bibliographie ont été d'un grand secours, dans un domaine qui en réclamait. Le texte étudié occupe les sections III, 13, 5-6 de cette édition.

"mélusiniens". C'est le cas de récits peignant un rituel igné qui, d'un simple mortel, ferait un dieu[35]. Ce n'est pourtant pas une union matrimoniale que la condition hypothèque dans les légendes de Déméter et d'Isis où sir James G. Frazer[36] observe les proscriptions des plaintes humaines durant ce rite cruel. Dans la première, les protestations de la mère de Démophon, Métanire[37] sont suivies de ces réprimandes de la déesse:

> Le coeur plein d'un terrible courroux, elle dit en même temps à Métanire à la belle ceinture:
> "Hommes ignorants, insensés, qui ne savez pas voir venir votre destin d'heur ni de malheur! Voilà que ta folie t'a entraînée à la faute la plus grave (...) j'aurais fait de ton fils un être exempt à tout jamais de vieillesse et de mort, je lui aurais donné un privilège impérissable. (256-263)

Le texte de Plutarque, *Isis et Osiris*[38], est plus sec. Isis, devenue la nourrice du fils d'Astarté, reine de Byblos

> durant la nuit, (...) brûlait ce qu'il y avait de mortel en son corps (...). Cela dura jusqu'à ce que la reine, s'étant prise un jour à épier la Déesse et à pousser de grands cris en la voyant brûler son tout petit enfant, ravit à ce dernier le privilège de l'immortalité.

Il serait donc inexact de considérer ces pièces comme des formes du tabou "mélusinien". Mais revenons plus près du texte d'Apollodore. Sir James G. Frazer le complète de deux fables dignes d'intérêt pour notre répertoire. La première, *a modern Cretan Tale*, est parallèle à la victoire de Pélée sur Thétis. Regardons-la avec attention car, trop proche du récit d'Apollodore, elle ne sera pas conservée dans notre inventaire:

> un jeune et talentueux joueur de lyre fut entraîné par les nymphes de la mer (Néréïdes), où sa musique faisait leurs délices. Il tomba amoureux de l'une d'elles. Ne sachant comment la convaincre, il s'enquit auprès d'une vieille de son village. Elle lui conseille de se saisir de sa bien aimée par les cheveux à l'approche de l'heure du coq, et quelque forme qu'elle prenne, de ne pas s'émouvoir, de ne

---

35. A juste titre, M. Halm-Tisserant aborde de ce point de vue le récit d'Apollodore; le passage liminaire est ainsi traduit: «[Thétis] détruit les chairs mortelles du nouveau-né en l'exposant chaque minuit à la flamme du feu, tandis que le jour elle oint d'ambroisie le corps délicat, pour le rendre immortel et écarter de ses chairs l'odieuse vieillesse.» *Cannibalisme et Immortalité. L'enfant dans le chaudron en Grèce ancienne*. Paris: Les Belles Lettres, *Vérité des Mythes*, 1993, p. 53.

36. *The Library*. Londres : W. Heinemann, 1921 (2; *Appendix* "Putting children on the fire", p. 311-317).

37. «Mon enfant, l'étrangère te cache dans ce grand feu, et moi, me fait pleurer.» "Hymne à Déméter", *Hymnes Homériques*, éd. J. Humbert, *op. cit.*, 1941, p. 25-58 (248-250).

38. Trad. avec avant-propos et notes par Mario Meunier. Paris: L'Artisan du Livre, 1924, 16 (p. 65).

> pas la laisser filer mais, au contraire, de la tenir fort dans ses mains jusqu'au chant du coq.[39]

La seconde narration évoquée, cousine de l'histoire des amours tumultueuses de Pélée et Thétis, est incluse dans cette citation:

> *The story of Peleus and Thetis seems to belong to a familar type of popular tale known as the Swan Maiden type* (...). *The stories of "Beauty and Beast" and "Cupid and Psyche" belong to the same type of tale though in them it is the husband and not the wife who is the fairy spouse.*[40]

**Récit 5**. Ces amours de Cupidon et de Psyché, racontées par Apulée, seront l'une des pierres de notre édifice[41]. Ce récit est un morceau de choix parmi les nombreux éléments de conte populaire repérables dans les *Métamorphoses*. Paul Vallette, le traducteur, note d'ailleurs (p. 44) au moment où Psyché découvre le palais de son futur époux:

> L'histoire de Psyché est avant tout un conte: dès le début, par le ton, les formules, elle s'annonce comme telle. Apulée (VI, XXV, 1) l'appellera une *fabella*. Ici même nous sommes en plein folklore.

Comme sir James G. Frazer, l'éditeur rattache cette *fabella* au conte de la Belle et la Bête où, dans certaines versions, le monstre «désenchanté une fois la nuit venue, peut retrouver sa belle, à condition de rester invisible et de n'être l'objet d'aucune curiosité indiscrète.»[42] Traversons les siècles, pour rejoindre la fin du douzième.

## B. Versions médiévales en langue vernaculaire (XIIe et XIIIe siècles).

Le récit universel des relations matrimoniales interdites entre créatures terrestres et surnaturelles s'introduit dans l'art romanesque médiéval dès ses premiers témoignages, c'est-à-dire entre 1150 et 1190. L'attestent les romans de *Partonopeu de Blois*, *Le Bel Inconnu* et *Florimont* ainsi que plusieurs *lais*.

---

39. Nous avons moins de scrupules à traduire de l'anglais cette citation un peu longue que Sir Frazer lui-même (*op. cit.*, p. 384) traduit l'épisode noté par B. Schmidt dans *Das Volksleben der Neugriechen und das hellenische Alterthum*. Leipzig: Teubner, 1871, p. 115-117.

40. 1921, *op. cit.*, p. 387.

41. *Les Métamorphoses*, t. II, (livres IV-VI) dans le texte établi par D. S. Robertson et traduit par P. Valette. Paris: Les Belles Lettres, 1941. Le «conte de Psyché» occupe les sections XXVIII à XXXV du livre IV, l'intégralité du livre V et les sections I-XXIV du livre VI. Ce roman latin, parfois intitulé *L'Ane d'Or*, date des environs de 150 de notre ère.

42. 1941, *op. cit.*, note 2, p. 43-44 pour ces deux citations. A propos de l'isolement de la belle Psyché, lire l'interprétation de C. Moreschini, "Le Metamorfosi di Apuleio, la *fabula Milesia* e il romanzo", *Materiali e discussioni per l'analisi dei testi classici*, 1990, 25, p. 115-127. P. Esposito analyse les *topoi* de l'élégie érotique dans "Riuso e stravolgimento in Apuleio", *Vichiana*, XVIII, 1989, p. 306-322.

**Récit 6**. Commençons par l'oeuvre citée en premier[43], elle entrera dans notre répertoire. L'analogie des amours de Partonopeu et de la fée Mélior avec ceux de Cupidon et Psyché permet une transition aisée. Cette similitude est dûment attestée, le roman serait la version "féminine" - c'est une fée qui séduit un homme - de la relation entre un dieu et une mortelle[44]. Dans son étude de stricte obédience thompsonienne *The Tale of Cupid and Psyche (Aarne-Thompson 425 & 428)*, Jan-Ojvind Swahn offre d'ailleurs une imposante liste des motifs composant les sept séquences communes aux oeuvres qui, comme *Partonopeu de Blois* et *Les Métamorphoses*, exploitent ce conte[45]. *Partonopeu de Blois*, écrit vers 1182-1185, connut un vif succès qu'attestent tout autant le nombre des manuscrits qui le notent, que les multiples traductions qui le transcrivent. Ce roman-fleuve doit peut-être cet engouement au brassage de thèmes de tous horizons qu'il mêle dans ses eaux. Il s'élance sur un motif classique des récits arthuriens: la chasse au blanc porc[46]. Elle entraîne inexorablement Partonopeu, le jeune héros de treize ans, vers l'autre monde et son féerique personnel porté sur une nef magique. Un trait original qui distingue ce récit des *Métamorphoses* vaut d'être souligné: Partonopeu viole celle qui va devenir son amie, non sans lui fixer une condition conforme à celle qu'entend Psyché. Restons-en là, nous aurons l'occasion de revenir sur cette brutale entrée en matière.

*Le Bel Inconnu* et *Florimont* auront droit à un peu plus de détails, ces deux romans ne seront pas considérés plus tard. Dans le premier[47], Guinglain, fils de Gauvain, ne vivra son amour dans la paix et la félicité

---

43. *Partonopeu de Blois*, ed. J. Gildea. Villanova (Pennsylvanie): Villanova Univ. Press, 1967, 1968, 1970 (3 vol.).

44. Voir, de G. Huet, "Le roman d'Apulée était-il connu au Moyen Age?", *Le Moyen Age*, 22, 1909, p. 22-28 et 29, 1917, p. 44-52. *Cf.* L. Harf-Lancner, 1984, *op. cit.*, p. 318-321; P. Gallais, 1992, *op. cit.*, p. 76; C. Lecouteux, 1982, *op. cit.*, p. 85. Signalons également, de T. H. Brown, "The Relationship between *Partonopeus de Blois* and the *Cupid and Psyche* Tradition", dans *Birgham Young University Studies*, 5, 1964, p. 193-202. Au nom des origines celtiques du roman, H. Newstead ne partage pas cette opinion (*Cf.* "The traditional background of *Partonopeu de Blois*", *Publications of the Modern Language Association of America*, vol. LXI, 1946, p. 916-940).

45. I. Introductory motifs. II. The *supernatural Husband*. III. *The Marriage*. IV. *The breaking of the Taboo*. V. *The search for the Husband*. VI. *The Reunion*. VII. *Final Motifs*. (Lund: CWK Gleerup, 1955, p. 7).

46. Lire à ce propos, de C. Luttrell, "Folk Legend as a Source for Arthurian Romance: The wild Hunt", *An Arthurian Tapestry*; *essays in honor of Lewis Thorpe*, ed. K. Varty. Glasgow, publ. British Branch of the IAS, 1981, p. 83-100.

47. Bibliographie récente dans l'édition de K. Fresco, *Renaut de Bâgé* Le Bel Inconnu (*Li Biaus Descouneüs; the fair Unknown*), transl. by C. P. Donagher. New-York & Londres: Garland Publishing, Inc., *Garland Library of Medieval Literature*, vol. 77, series A, 1992. Le livre de R. W. Hanning, *The Individual in Twelfth-Century Romance* (New-Haven and London: Yale Univ. Press, 1977) fait se côtoyer *Partonopeu de Blois*, *Le Bel Inconnu* et les romans de Chrétien de Troyes pour établir le parallèle entre l'essor du roman et le développement du concept européen d'individu. Le poème anglais *Lybeaus Desconnus*, l'italien *Carduino* et l'allemand *Wigalois* entretiennent des relations qui restent encore embrouillées avec le roman français.

avec la pucelle aux blanches mains à la condition de ne jamais heurter sa volonté:

> "Et saciés bien, tot entresait,
> que tant que croire me vaurois
> ne vaurés rien que vos n'aiois.
> Et quant [mon] consel ne croirés,
> ce saciés bien, lors me perdrés."
> "Taisiés vos, dame," cil respont.
> "Por tot l'avoir qui est el mont
> ne por del cors perdre la vie
> ne feroie si grant felonie (v. 5012-5020)

La violation de ce premier tabou (v. 5347-5356) signalera l'existence d'un second: ne pas épouser une mortelle.

Le roman d'Aimon de Varennes, *Florimont*, campe un jeune héros valeureux qui tue le monstre, assassin du père, du frère et d'un soeur de la belle demoiselle de «l'Ile Selee». Elle a passé la mer pour rencontrer le héros et en faire son royal époux. Florimont, trop attaché à sa famille, hésite. La Belle lui propose alors un marché "mélusinien": elle se pliera à son désir[48], mais qu'il soit seul - première condition - quand il souhaitera lui parler, et, seconde clause

> Ne conter riens de nostre amor
> Ne a amin ne a signor.
> Se nostre amour estoit seüe,
> A toz jors mais m'avrais perdue; (v. 2537-2540)

Craignant un enlèvement, les protecteurs de Florimont - sa mère et Foquart, maître en nigromance - interviennent. Faussement discrète, sa mère impose sa vue aux yeux de la fée, croyant à la trahison de son compagnon, la dame de l'Ile Selee le quitte (v. 3763-3766).

On mettra ici un terme à ce rapide survol des romans qui adoptent des épisodes "mélusiniens". De ces narrations aux *lais* qui intéresseront l'étude, la transition n'a rien d'une gageure, la critique a reconnu de tous temps leurs liens étroits. Quêtant le modèle de *Partonopeu de Blois*, Helaine Newstead le repère dans le fonds où s'enracinent les *lais* bretons:

> *Four lais* - Lanval, Graelent, Désiré, *and the English* Sir Launfal - *relate the story of a fay who takes a mortal lover* (...). *Another lai*, Guingamor, *though following a somewhat different pattern, also reveals signifiant parallels with* Partonopeus. *These lais, as*

48. *Florimont*, ed. A. Hilka. Göttingen: M. Niemeyer Verlag, *Gesells. für romanische Literatur*, 48, 1932 (v. 2531-2533).

*Professor T. P. Cross and Professor R. S. Loomis have shown, rest upon Celtic traditions preserved in Irish and Welsh sources.*[49]

Sous la plume de Marie de France ou anonymes, ces "lais narratifs" font de l'amour leur thème majeur, amour vécu le plus souvent dans une atmosphère merveilleuse[50]. Trois *lais* bretons sans nom d'auteur importaient à notre recueil[51].

**Récits 7 et 8**. La description rendra compte de *Graelent* et *Guingamor*, on ne s'arrêtera donc pas ici sur ces deux contes féeriques. Le troisième, *Désiré*, met en scène une prohibition complexe. Le chevalier ne devra pas mal agir («or vus gardez de meserrer» v. 231) et il s'efforcera d'être un bon amant («si vus penez de ben amer» v. 232). Mais Désiré divulgue son étrange relation en confession: ce coupable aveu consomme sa trahison. Car confesser son amour[52], comme s'il s'agissait d'un péché, c'est s'engager à y renoncer:

Ke valt li pecchez a geïr
deci ke hom le voille guerpir ? (v. 381-382)

Et la fée n'a d'autre choix que l'abandon. Deux lais de Marie de France[53] insèrent des épisodes intéressant notre recherche, *Lanval* et *Yonec*.

**Récit 9**. Le premier, *Lanval*, sera l'un de nos supports[54], mettons-le temporairement de côté; regardons plutôt le second qui ne nous occupera

---

49. 1946, art. cit., p. 919. Dans *Alle origini del Bel Gherardino*, M. Predelli Bendinelli pense que les rapprochements entre *Partonopeu de Blois*, *Lanval*, *Graelent*, le *Bel Inconnu* et les romans de Chrétien de Troyes tiendraient à une source anglo-normande commune. (Florence: Olschki, 1990).

50. *Cf.* "Amour, courtoisie et merveilleux dans quelques lais bretons du XIIe siècle" (O. Berdal, *Mélanges d'études médiévales offerts à Helge Norhal*. Oslo: Solum, 1988, p. 17-30) et, de J. Flori, "Amour et société aristocratique au XIIe sicèle, L'exemple des lais de Marie de France", *Le Moyen Age*, XCVIII, 1992, p. 17-34.

51. *Tydorel* est proche, mais ce *lai* ne connaît pas la condition fixée par l'être de l'autre monde (un chevalier, en l'occurrence): les amants ne doivent pas être vus, ils le sont, leur union s'interrompt.

52. Lire à ce propos, de J. Subrenat, "L'aveu du secret d'amour dans le lai de *Désiré*", *Mélanges de langue et littérature françaises du Moyen Age et de la Renaissance offerts à Charles Foulon*, t. I. Rennes, Inst. de Français de Hte-Bretagne, 1980, p. 371-379.

53. A. Micha édite et traduit dans *Lais de Marie de France*. (1994, *op. cit.*) le seul manuscrit qui offre l'intégralité des douze lais de l'auteur (Harley 978). En 1990, L. Harf-Lancner a présenté et traduit (*Lais de Marie de France*. Paris: Libr. Générale française, Le Livre de Poche, *Lettres Gothiques*, dir. M. Zink) le texte édité par K. Warnke en 1925 (3e édit. *Bibliotheca Normannica*. Halle: M. Niemeyer).

54. Nous disposons à ce jour de quatre amples sources bibliographiques des *Lais* de Marie de France: celle de P. Ménard (dans *Les Lais de Marie de France*. Paris: PUF, 1979), celle de Jean-Claude Aubailly dans *La Fée et le Chevalier. Essai de mythanalyse de quelques lais fériques des XIIe et XIIIe siècles* (Paris: Champion, *Essais*, 1986); de Glyn S. Burgess, *Marie de France: An analytic Bibliography*. Londres: Grant & Cutler, *Research bibl. and Checklists*, 21, 1977; *Supplement 1*, 1986; les indications fournies par les articles du recueil *In quest of Marie de France, a twelfth-century poet*; ed. C. A. Maréchal. Lewiston; Queenston; Lampeter : Mellen, 1992, *Medieval and Renaissance series*, 10. Au sujet de *Liombruno* et la *Pulzella Gaia*, "adaptations" italiennes de *Lanval* (au XIVe siècle), voir C. Lecouteux, 1982, *op. cit.*, p. 66-69.

plus par la suite. *Yonec* raconte les malheurs d'une belle et gracieuse jeune fille, enfermée dans une tour par son vieil époux ombrageux. Elle reçoit la visite d'un oiseau ressemblant à un autour qui se métamorphose en un chevalier aussi beau que gracieux (v. 116-118). Les ébats amoureux sont suivis d'une demande de la dame: qu'il revienne souvent la voir. Le compagnon féerique pose alors une condition énigmatique:

> Mes tel mesure en esgardez
> Que nus ne seium encumbrez. (v. 201-202)

Qu'elle observe la mesure sinon ils seront surpris. C'est ce qui arrivera, sans que, semble-t-il, aucune «mesure» n'ait été outrepassée. L'oiseau-amant aura finalement le corps transpercé par les broches dont le mari jaloux a barré la fenêtre qui ouvrait la chambre de son épouse à l'aventure.

Nombre de travaux ont noué ces *lais* divers autour de leur origine celtique commune[55]. Aussi n'est-il pas superflu de retourner vers elle, quitte à revenir sur nos pas vers la véloce Macha; on s'arrêtera ainsi une attestation que le corpus aurait pu enregistrer. La défense des sources celtiques des *lais* anime l'article de Tom Peete Cross, "Celtic Elements in *Lanval* and *Graelent*"[56]. Bien que sa discussion déclare se limiter à *Lanval* et *Graelent*, elle s'étend d'emblée à *Guingamor, another Breton Lay which resembles in some respect the stories outlined above*[57]. Sa comparaison conduit T. P. Cross à signaler un épisode du poème irlandais primitif *Aidcad Muirchertaig maic Erca*[58] (la mort de Muirchertach mac Erca), rarement considéré bien qu'il s'ajuste parfaitement aux récits "mélusiniens". Soulignons-en quelques passages marquants, car nous n'approfondirons pas son étude au-delà. Solitaire, le roi d'Irlande, Muirchertach, rencontre à la chasse une demoiselle d'une beauté hors du commun (*beautifully formed, fair-headed, bright-skinned*; p. 397). La réaction du héros est vive: *he would give the whole of Ireland for one night's loan of her*. Le projet ne soulève pas de difficultés, elle-même cherchait à le rencontrer (en fait, pour se venger de Muirchertach lui-même, assassin de son père, de sa mère et de

55. *Les Fées au Moyen Age* (1984, *op. cit.*) fournit une base bibliographique sur cette question, page 243, note 1. Les études déjà signalés de R. N. Illingworth se sont enrichies en 1987 de "Structural paralell in the Lais of *Lanval* and *Graelent*", *Neophilologus*, 71, 1987, p. 167-182.

56. 1915, art. cit.

57. *Ibid.*, p. 6. A propos de ces trois *lais*, lire de F. Suard, "Le projet narratif dans *Lanval*, *Graelent* et *Guingamor*" (*Etudes de langue et de littérature françaises offertes à André Lanly*. Nancy: Publ. de l'Univ. de Nancy II, 1980, p. 357-369) et, de D. Régnier-Bohler, "Figures féminines et imaginaire généalogique: étude comparée de quelques récits brefs" (*Le Récit bref au Moyen-Age*, 1980, *op. cit.*, p. 73-95).

58. Ecrit par le poète nord irlandais du Xe siècle, Cinaeth hArtacain (*sic*); édité par W. Stokes dans "The death of Muichertach Mac Erca", *Revue Celtique*, XXIII, 1902, p. 395-437.

sa soeur). Il épouse donc cette séductrice après avoir accepté trois conditions:

> *My name must never be uttered by thee, and Duaibsech, the mother of thy children, must not be in my sight, and the clerics must never enter the house that I am in.*[59]

Ce nom imprononçable est étrange, elle s'appelle *Si'n*, Tempête. La maison dans laquelle ils partagent seuls leur amour (car "Tempête" a obtenu le départ de l'épouse et des enfants du roi), est somptueuse. Même Macha, précise le texte, n'en eut jamais de semblable: *never has there been built for* (...) *Emain Macha a house like of it* (*ibid.*). Alors qu'une terrible tempête s'élève, Muirchertach prononce accidentellement le mot fatal. La suite est originale. L'épouse trahie, loin d'abandonner son mari, déclenche contre lui une attaque d'esprits et un incendie qui, finalement, poussent l'involontaire parjure à la mort:

> *he got into a cask of wine, and therein he is drowned. Then the fire falls on his head, and five feet (length) of him is burnt; but the wine keeps the rest of his body without burning.* (p. 425)

C. Versions médiévales en langue latine. Aux alentours de 1200.

La transition vers les récits latins médiévaux sera, une nouvelle fois, facilitée par Macha. Dans son article, "Une Mélusine galloise", Laurence Harf-Lancner développe l'hypothèse dumézilienne qui considère l'épouse de Crundchu comme une «sorte d'Epona [déesse gallo-romaine des chevaux] ou de Rhiannon [déesse jument galloise]»[60]. Ses réflexions s'achèvent en ouvrant un nouveau dossier:

> la similitude est encore plus frappante avec la dame de Brecknock, car, outre l'aventure équestre, les deux récits reproduisent le schéma mélusinien. En Irlande, comme au pays de Galles, un conte mélusinien a tiré sa substance du mythe d'une déesse-jument.[61]

Cette «dame de Brecknock» est l'héroïne d'une légende contenue dans le *De Nugis Curialium*[62], recueil du clerc gallois Gautier Map (datant de la fin du

59. *Ibid.*, p. 399.

60. *Mythe et Epopée,* 1968, p. 610.

61. *Mélanges J. Lods. Du Moyen Age au XXe siècle.* Paris: Coll. de l'E.N.S.J.F, n°10, 1978, p. 323-338; ici, p. 336.

62. Nous citerons l'édition de M. R. James (*De Nugis Curialium of Walter Map, Anecdota Oxoniensa*, 14. Oxford: Clarendon Press, 1914) revue par C.N.L Brooke et R.A.B. Mynors dans: *Walter Map, De Nugis Curialium, Courtiers' Trifles*. Oxford: Clarendon Press, 1983. Cet ouvrage place en regard du texte latin la traduction en anglais de M.R. James, parue intialement en 1923 (ed. E. Sydney Hartland. Londres: Cymmrodorion Record Series, 9). C.N.L. Brooke et R.A.B. Mynors offrent d'utiles précisions sur Gautier Map, ses écrits et le projet que recouvre le *De Nugis Curialium*. L'article de J. Wood, "Walter Map: the contents and the contexts of *De Nugis Curialium"* fait le point sur la nature galloise des thèmes

XIIe siècle). «Compilation hétéroclite» de légendes, selon Alan K. Bate[63], «bagatelles de courtisans» pour Marylène Pérez[64], le *De Nugis Curialium* est riche de plusieurs aventures accouplant fées et mortels. Le corpus en enregistrera deux. En ouvrant ainsi la présentation des fragments latins du Moyen Age par Gautier Map, on choisit d'ordonner cette rubrique moins par souci de la chronologie des oeuvres qu'en fonction de leur cohérence thématique.

**Récit 10**. Le héros de la première, Wastinius Wastinioc, est un pêcheur extraordinaire: une nuit, il suit d'étranges baigneuses et capture l'une d'elles, c'est du moins ce que racontent les Gallois, qui affirment:

> *Wastinum Wastiniauc* (...) *secutum eas fuisse donec in aqua stagni submergerentur, unam tamen quarta uice retinuisse*. (II, 11)

Nous aurons l'occasion d'aborder ultérieurement la suite féconde de cette histoire.

**Récit 11**. La seconde met en scène un mortel extraordinaire, Hennon dit "aux grandes dents"[65]. Le chevalier découvre en plein midi une splendide jeune fille, seule et en larmes. Elle n'aura qu'un travers: elle ne supporte pas l'eau bénite. Ce récit aidera considérablement la démonstration.

Deux autres séquences "mélusiniennes" du *De Nugis Curialium*, qui ne seront pas étudiées plus tard, exposent ces liaisons extraordinaires. Il s'agit tout d'abord de l'histoire de Edric le Sauvage[66]. Revenant tardivement de la chasse, Edric découvre de nobles dames à l'intérieur de buvettes que les Anglais appellent des "guildhes" (*Anglici* (...) *habebant* (...) *diocesibus bibitorias,* ghildus *Anglice dictas*, p. 154). Il enlève la plus belle, la courbe à son désir avant qu'elle ne prononce cette triste prophétie:

---

folkloriques dans ce recueil (dans *Transactions of the Honourable Society of Cymmrodorion*, 1985, p. 91-103). Lire également, de R. Lévine, "How to read Walter Map", *Mittellateinisches Jahrbuch*, XXIII, 1988, p. 91-105.

63. Dans sa traduction française, *Contes pour les gens de Cour* (Turnhout: Brepols, 1993). La «Vie et la carrière» ainsi que «l'oeuvre de Map» font l'objet de l'introduction où l'on trouve une bibliographie fournie sur le livre de l'archidiacre d'Oxford et le contexte politique de sa rédaction. Lire, du même auteur, "La littérature latine d'imagination à la cour d'Henri II", *Cahiers de Civilisation médiévale*, XXIV, 1991, p. 3-21.

64. *Contes de Courtisans, traduction du* De Nugis Curialium *de Gautier Map*. Thèse de Doctorat de troisième cycle. Dir. J. Dufournet, publiée sous l'égide du Centre d'Etudes Médiévales de l'Univ. de Lille, 1988, p. VII. Cette traduction inspire à J. Dufournet des réflexions sur le «témoin et l'acteur du miracle angevin» que fut Gautier Map ("Relire le *De Nugis Curialium* de Gautier Map; A propos d'une traduction récente", *Moyen Age*, V, 1989, p. 519-525; ici, p. 521); *Cf.* CR de F. Dubost, *Revue des Langues romanes*, XCII, 2, 1988, p. 431-434; ici, p. 434.

65. Il représenterait le baron normand *Hamo 'dentatus' who was a leader of the rebellion against Duke William (the Conqueror) in 1047*. Brooke et R. Mynors, *De Nugis Curialium*, 1983, *op. cit.*, p. 344, n. 2.

66. II, 12, *op. cit.*, p. 154 sv. On retient parfois les apparitions racontées en II, 13 (le mortel n'est autre que le fils d'Edric, Alnoth; reprise en IV, 10) ou en IV, 8 (ici, il s'agit d'un chevalier de petite Bretagne). Mais dans ces deux aventures Gautier Map n'évoque que "les fils de la morte", leur naissance n'est pas le fruit d'amours frappées d'interdiction.

*Salue, dulcissime mi, et saluus eris, et prospero statu persone rerumque gaudebis, donec inproperaueris mihi aut sorores a quibus rapta sum, aut locum aut lucum unde, aut aliquod circiter illud.*[67]

Le second fragment, *De fantastica decepcione Gerberti* (V, 11) relate la vie tumultueuse de *Gerbertus a Burgundia*. Brillant étudiant, Gerbert échappe à l'abrutissement dans lequel le plonge sa vaine passion pour la fille du prévôt grâce à l'intervention de la belle Méridienne (*Meridiana* ou *Marianna*). Deux conditions lestent le bonheur qu'elle promet: il devra repousser sa dédaigneuse rivale et ne jamais fâcher sa merveilleuse compagne. Il le fait tout de même, elle lui pardonne. Il gravit alors, jusqu'au trône pontifical[68], les honneurs ecclésiastiques en respectant une seconde série d'interdictions: ne jamais communier au sang et au corps du Christ ni célébrer la messe à Jérusalem[69]. Notons en passant que ces tabous ne frappent pas la relation entre les deux époux. Célébrant le saint office dans une église de Rome qui porte le nom tabou (Sainte-Croix de Jérusalem), il meurt en confessant ses fautes.

Avec «Gautier (Walter) Map et Giraud de Galles (ou de Cambrie)», Gervais de Tilbury incarnent brillamment, écrit Jacques Le Goff[70], ces clercs «originaires des Iles Britanniques» évoluant dans les milieux cultivés anglo-angevins[71] autour de Henri le jeune Roi (1155-1183), couronné du vivant de son père - Henri II Plantagenêt - mais qui mourut avant lui. Clercs qui, avec Geoffroy de Monmouth et son *Historia Regum Britanniae*, initient la vogue littéraire des thèmes arthuriens à partir de légendes occultées jusqu'alors par la culture ecclésiastique. Le succès des *Otia Imperialia*[72] (entre 1209 et 1214) de Gervais de Tilbury est attesté par les

---

67. 1983, *op. cit.*, p. 156.

68. Sous le nom de Sylvestre II. *Cf.*, de P. Riché, *Gerbert d'Aurillac. Le pape de l'an mil.* Paris: Fayard, 1987.

69. *designans ei uite securitatem donec Ierosolimis missam celebrasset* (p. 360).

70. Dans sa *Préface* à la traduction des *Otia Imperialia*: *Gervais de Tilbury. Le Livre des Merveilles*; trad. Annie Duchesne (IIIe partie et quelques appendices. Paris: Les Belles Lettres, *La roue à livres*, 1992, p. IX). Cet ouvrage procure les plus récents «Eléments de bibliographie» sur ce texte. Son *Introduction* fournit d'utiles précisions sur les péripéties et l'oeuvre de ce clerc, installé à partir de 1189 au royaume d'Arles - alors terre d'Empire - où il devint maréchal de la cour de Otton IV de Brunswick, dédicataire de son recueil.

71. Voir la troisième partie, "La société courtoise. Littérature de cour et littérature courtoise." (surtout le chap. "La cour d'Angleterre comme centre littéraire sous les rois angevins (1154-1199)" de l'ouvrage de R. Bezzola, *Les origines et la formation de la littérature courtoise en Occident* (t. 1. Paris: Champion, 1963). Egalement, le chap. "*Nugae Curialium*: les tribulations du courtisan" du livre de J.-M. Boivin, *L'Irlande au Moyen Age. Giraud de Barri et la* Topographia Hibernica (1188). Paris: Champion, *Nlle. Bibl. du Moyen Age*, 18, 1993 ainsi que, de E. Türk: Nugae Curialium. *Le règne d'Henri II Plantagenêt (1154-1189) et l'éthique politique*. Genève: Droz, 1977. *Cf.* aussi *La littérature angevine médiévale. Actes du Colloque du samedi 22 mars 1980*. Paris: Champion, 1981; notamment, de J.-Y. Gouttebroze: "Henri II Plantagenêt, patron des historiographes anglo-normands de langue d'oïl", p. 91-105.

72. *Gervasii Tilberiensis, Otia Imperialia ad Ottonem IV Imperatorem ex manuscriptis. Scriptores rerum Brunsvicensium*, t. 1, Ed. G. W. von Leibniz. Hanovre, 1707;

nombreux ouvrages qui s'y réfèrent; notamment, le *Reductorium morale* de Pierre Bersuire, deux textes de Boccace[73] et *Mélusine,* le roman de Jean d'Arras. Comme nous ne reviendrons pas au texte du prieur de l'abbaye bénédictine de saint Eloi, Pierre Bersuire (né aux alentours de 1285, mort en 1362), faisons un bond dans le temps pour en offrir dès maintenant la lecture. Cet extrait de son *Reductorium morale*[74] est sans aucun doute la première attestation écrite de l'existence de la légende du puissant château de Lusignan et de sa fée fondatrice. Encore anonyme au tout début du XIVe siècle, elle attendra presqu'un siècle avant d'être désignée, dans les oeuvres de Jean d'Arras et de Coudrette:

> *Addit & Geruasius idem de Lamiis & Stygib. quas dicimus de nocte incedere, per clausa ostia intrare, pueros de cunis educere, ipsosque.* (p. 610a)
> *In mea vero patria Pictauia fama est castrum illud fortissimum de Lisiniaco eadem fortuna per quendam militem cum fada coniuge fundatum fuisse, & de fada ipsa copiosa nobiliuim & magnatum originem suscepisse, et exinde reges Hierusalem, et Cypri, nec non comites Marchiae, & illo de Pertiniacho originaliter processisse. Fada tamen visa nuda a marito, in serpentem mutata esse fertur. Et adhuc fama est quando castrum istud mutat dominum, serpens in castro videtur. De alijis phantasis multa potuit idem Geruasius*[75]

On le voit, le début et la fin du texte citent Gervais (de Tilbury) comme une autorité en histoires d'amours merveilleuses[76]. Livre étonnant, manière d'encyclopédie où confluent réflexions théologiques, observations politiques, considérations scientifiques et témoignages des traditions populaires recueillies du sud de l'Italie au nord de l'Ecosse, les *Otia Imperialia* enferment deux séquences "mélusiniennes".

**Récit 12**. La premicère étaiera notre argumentation. Elle occupe une section intitulée *De oculis apertis post peccatum*, et raconte, comme l'indique la première phrase, une histoire de femme-serpent: *De serpentibus tradunt vulgares, quod sunt quaedam foeminae, quae mutantur in*

---

*Emmendationes et supplementa*, t. 2, 1710. Edition partielle de F. Liebrecht: *Des Gervasius von Tilbury Otia Imperialia*. Hanovre: K. Rümpler, 1856.

73. Voir, de D. Delcorno Branca, *Boccaccio e le storie di re Artu* (Bologne: Il Mulino, *Ricerca*, 1991) pour une comparaison terme à terme du chapitre arthurien du *De casibus* (VIII, 19: "De Arturo Britonum rege") et des *Otia Imperialia* (p. 69-73).

74. *Petri Berchori Pictaviensis. Venetiis. Apud Haeredem Hieronymi Scoti*, 1583. Les lignes citées viennent du Prologue du Livre XIV (*Liber decimusquartus in quo agitur de Naturae mirabilibus*). Pour un survol très complet de l'activité littéraire et la liste des manuscrits, lire J. Monfrin et C. Samaran: "Pierre Bersuire, prieur de Saint-Eloi de Paris (1290?-1362)", *Hist. lit. de la France*, XXXIX, 1962, p. 258-450.

75. *Ibid.*, p. 610b.

76. En témoigne encore le début du prologue: *Ista igitur quo hic ponae, una cum infinitis alijs, quae supra in titulis diuersis de rerum prorietatibus assignaui, inueni in Plino, Solino, & Geruasio*. (p. 609b).

*serpentes*. Raymond, seigneur de Château Rousset[77] sera, momentanément, l'heureux élu de l'union qu'il nouera avec l'une d'elles. La seconde, que nous n'examinerons pas, met en scène la dame du château d'Espervier (*De domina castri de Esperver*; III, 57), étrange épouse qui n'assiste jamais à la consécration du corps du Christ[78]. Cette histoire découvre un large champ de fictions intéressantes que nous ne ferons que survoler mais qui ne sauraient être ignorées. Regardons sans attendre la descendance directe de cet épisode. *Le Violier des Histoires romaines*, «ancienne traduction françoise des *Gesta Romanorum*»[79] résume la fable racontée par Gervais de Tilbury dans son chapitre CXXXI, "De la retraction du dyable pour nous engarder de bien faire". Voici le coeur de cette brève mention:

> elle ne pouvoit voir la consecration de Dieu. Comme son mary, seigneur du chasteau, eust de ce congnoissance par l'espace de longues années, et ne pouvoit sçavoir la cause, quelque jour il la feist par force dans l'eglise retenir. Lors, quant le prestre faisoit la consecration, la dame fut par un esperit dyabolique tellement enlevée que elle s'en volla contre mont, et en passant rompit la moytié de la chapelle.[80]

On sait que Jean d'Arras transportera Mélior, l'une des soeurs de Mélusine en Grande Arménie, dans un château dit "de l'épervier". Mais l'épisode n'aura plus grand chose à voir avec les précédents. Allégé de ses contraintes "mélusiniennes", il s'orne par ailleurs d'une nouvelle thématique: Mélior accorde le don de son choix, sauf le «pechié de corps»[81], à tout chevalier capable de veiller son épervier trois jours et trois nuits sans dormir. Nombre de textes latins médiévaux font des variations autour de péripéties similaires à celles que connaissent la dame de l'Espervier et l'épouse de Hennon. Ils orientent vers le motif bien connu de l'alliance impossible d'un homme chrétien et d'une femme succube. Certains sont "mélusiniens". Disons un mot de ces contes serrés autour de leur thème particulier, bien qu'ils n'entrent pas dans notre galerie de textes.

---

77. Ed. Liebrecht, 1856, I, XV; p. 4-6.

78. *Cf.*, R. Chanaud, 1985, art. cit.

79. Ed. P. G. Brunet. Paris: P. Jannet, *Bibliothèque Elzeverienne*, 1878, p. 373-374 (début du XVIe siècle.) L'*exemplum* des *Gesta Romanorum - De retractione diaboli, ne bonum operemur* - transcrit la légende de la châtelaine d'Esperver. Ed. H. Oesterley. Berlin: Weidmannsche Buchhandlung, 1872, *cap*. 160, 6-9, p. 540-541). Pour une présentation des *Gesta romanorum*, recueil d'*exempla* du XIVe siècle, les 165 manuscrits qui les conservent, leurs éditions et traductions ainsi que pour les correspondances des *exempla* consignés avec ceux de l'*Index exemplorum* de F. C. Tubach, voir *Les* Exempla *médiévaux* (dir. J. Berlioz et M. A. Polo de Beaulieu. Carcassone: Garae/Hesiode, 1992, p. 245-261).

80. Ed. Brunet, p. 373. L'éditeur note que l'on peut lire deux histoires semblables «dans l'ouvrage d'Heywood, *Hierarchie of the Blessed Angels*, 1635; il serait facile», ajoute-t-il, «d'en rencontrer d'autres dans les récits des démonographes.» (*ibid*.).

81. Jean d'Arras, *Mélusine*, p. 302.

Un peu avant Gervais de Tilbury, dans les années 1190, le moine cistercien Geoffroi d'Auxerre avait rédigé son *Super Apocalypsim*[82], composition de vingt sermons sur l'*Apocalypse*. Insérés dans le sermon XV, deux *exempla* dénoncent les amours des mortels avec des démons féminins. Dans le premier, le tabou protège le mutisme de l'épouse sortie des eaux siciliennes. Dans le second, c'est une merveilleuse diocésaine de Langres qui refuse de se laisser voir nue dans son bain; la violation perpétrée, elle mue en serpent. Autour de 1200, le cistercien Hélinand de Froidmont reproduit ces récits de Geoffroi d'Auxerre; cinquante ans plus tard, ils serviront d'arguments au *Speculum Naturale* (III, 27) de Vincent de Beauvais[83]. Enfin, peignant également des comportements peu chrétiens, l'histoire que raconte Giraud de Barri dans son *De Principis Instructione* (daté de 1217). Une belle mais étrange Comtesse d'Anjou, ancêtre des Plantagenêt, est incapable d'assister à la consécration. Les premiers mots de l'histoire lèvent le voile sur la nature du conte:

> *Item, comitissa quaedam Andegaviae, formae conspicuae sed nationis ignotae et a comite ob solam corporis elegantiam ductae, ad ecclesiam raro veniebat, et tunc in ea parum vel nihil devotionis ostendebat, nunqam autem usque ad canonem Missae secretum in ecclesia remanabat, sed cito post Evangelium semper exire solebat.*[84]

Finalement, elle s'envolera, abandonnant deux fils sur terre. La race des Plantagenêt est à jamais flétrie et honorée. Eloignons-nous du riche répertoire des récits en langue latine pour suivre, dans un autre idiome, les "Mélusines" médiévales.

D. Le chevalier au cygne. Témoignages d'Outre-Rhin.

De nombreux récits allemands en portent la trace, aussi était-il indispensable de puiser quelques pièces dans ce vivier[85]. L'une des plus

82. *Edizione critica a cura di Ferruccio Gastaldelli*. Rome: Edizioni di Storia e Letteratura, *"temi e testi"*, 1970. La même année, l'auteur publiait *Ricerce su Goffredo d'Auxerre*. Rome: *Pontif. Instit. Altoris latinitatis Bibliotheca "Veterum Sapientia", Series A, vol. XII*.

83. Les narrations perdues de Hélinand de Froidmont sont lisibles au chapitre CXXVII du Livre II. Il s'ouvre sur cette référence: *Helinandus 4. libro*. *Speculum quadruplex sive Speculum majus*. Graz: Akademische Druck -u. Verlagsanstalt, 1964, p. 157 (repr. de l'éd. "de Douai", 1624).

84. *Liber de Principis Instructione*, *Giraldi Cambrensis Opera*, vol. VIII; ed. George F. Warner. Londres: Eyre & Spottiswoode, 1891. La légende en question se situe dans l'épisode "De origine tam regis Henrici quam Alienorae reginae et radice filiorum omni ex parte vitiosa" (*Distinctio* III, chap. 27, p. 298-303). Cette histoire angevine eut une belle postérité: L. Harf-Lancner et C. Lecouteux la suivent à la suite de E. Faligan et de sa "Note sur une Légende attribuant une origine satanique aux Plantagenêts", *Mémoire de la Société nationale d'agriculture, sciences et arts d'Angers*. Angers, 1882.

85. Pour ce volet du corpus, *Mélusine et le Chevalier au cygne*, de Claude Lecouteux, est un guide avisé (1982, *op. cit.*, p. 91-108).

connues, *Seifrid von Ardemont*, attribuée à Albrecht von Scharfenberg, date du XIIIe siècle. Dans ce conte, la fée Mundirosa interdit à Seifrid de vanter sa beauté. Une autre version, celle de Friedrich von Schwaben, relate l'union du chevalier et d'une princesse métamorphosée en biche, qu'il ne peut "connaître" que dans le secret des ténèbres nocturnes. Le détail fait penser aux circonstances que peignent *Partonopeu de Blois* et l'histoire de Cupidon et Psyché.

**Récit 13**. C'est une narration différente qui servira à notre édifice: *Der Ritter von Staufenberg*, l'histoire du chevalier (Pierre) de Staufenberg, datée du début du XIIIe siècle. Ce récit d'Egenolf von Staufenberg serait une légende généalogique exaltant les origines des Staufenberg, vieille famille du pays de Bade. Dans la traduction que nous utiliserons, *Poèmes et fableaux du Moyen Age allemand*[86], André Moret observe que cette histoire exprime

> le vieux thème du mortel aimé d'une fée, un type de conte très voisin de la légende de Mélusine, de la même famille que *Partonopeus de Blois* ou *Fréderic de Souabe*.[87]

*Sage und Märchen, Erzählforschung heute*, de Lutz Röhrich, amasse en Forêt Noire et au pays de Bade, une moisson de légendes proches de l'histoire de Pierre de Staufenberg[88].

**Récit 14**. L'histoire de Loherangrin, épisode "mélusinien" du *Parzival* (roman daté également du début du XIIIe siècle), mettra un terme à ce bref itinéraire germanique comme il clôt l'oeuvre de Wolfram von Eschenbach[89]. La cohérence thématique des légendes du chevalier au cygne oblige à ne pas trop respecter les frontières et à ouvrir l'oeil sur certaines de ses occurrences européennes. L'Occident médiéval a connu en effet plusieurs versions de l'histoire[90] d'un chevalier venu du château du Graal

---

86. Paris: Aubier, 1939, p. 167-189. Ce texte adapte la version éditée par E. Schröder dans *Zwei altdeutsche Rittermaeren. Moriz von Craon, Peter von Staufenberg*. Berlin: Weidmannsche Buchandlung, 1894 (4e éd. 1929). Nous avions en regard l'édition plus récente de E. Grunewald: *Der Ritter von Staufenberg*. Tübingen: M. Niemeyer Verlag, 1979.

87. 1939, *op. cit.*, p. 167.

88. Des liens étroits les attachent au roman de Jean d'Arras: *Mélusine, mit umgekehrten Geschlechtsverhältnissen kehrt ähnliches Geschehen wieder in der Sage von Peter von Staufenberg und auch in der Melusinensage*. Basel: Herder, 1976, p. 137.

89. Nous citerons le texte en français: *Parzival*, traduit et présenté par D. Buschinger, W. Spiewok et J.-M. Pastré. Paris: UGE, 10/18, *Bibliothèque médiévale*, 1989. L'ouvrage traduit une partie de l'édition de K. Lachmann, revue par E. Hartl: *Wolfram von Eschenbach 1. Band*. Berlin: W. de Gruyter, 1952. Importante bibliographie sur le personnage de Lohengrin et les relations avec la légende du chevalier au cygne dans l'édition de *Lohengrin*, poème de la fin du XIIIe siècle inspiré de *Parzival* (T. Cramer. Munich: W. Fink Verlag, 1971).

90. Seules, celles qui portent un rameau "mélusinien" reconnaissable ont retenu notre attention. Pour les autres, lire, de L. Harf-Lancner, *Les Fées au Moyen Age* (1984, *op. cit.*, p. 181-196) et le chapitre de C. Lecouteux "Le chevalier au cygne et la littérature celtique". L'auteur remarque: «Tous ces récits (...) ne connaissent pas l'interdit et ceux qui le passent sous silence ignorent le conte des enfants-cygnes.» (1982, *op. cit.*, p. 135). *Cf.*, de J. Lods,

sur une nacelle tirée par un cygne pour s'unir à des mortelles sous le sceau d'une prohibition. Autour du chef croisé, Godefroy de Bouillon, s'est répandu, à partir de la fin du XIIe siècle, en France, en Angleterre et dans la région de Namur, un ensemble de légendes épiques - le "cycle de la Croisade" - dont *La Chanson du chevalier au cygne et de Godefroi de Bouillon*[91] est un illustre représentant "mélusinien". Elyas, le chevalier au cygne, vole au secours de la duchesse de Bouillon, attaquée par les Saxons, avant d'épouser sa fille, Beatrix. Le soir des noces, il l'adjure de ne jamais s'enquérir ni de son être, ni de son nom, ni de celui de son domaine:

> - Bele suer, douce amie, entendés ma raison.
> Tant con vos me vaurés avoir a compaignon,
> Ne me demandés ja qui je sui ne qui non,
> Noveles de ma terre, par nule assensïon; (v. 1362-1365)

Elle trahira "li Cevalier le cisne" de qui elle aura cependant une fille, la future mère d'Eustache, comte de Boulogne, du duc Godefroy et de Baudouin de Bouillon, futur roi de Jérusalem. Revenons à Wolfram von Eschenbach. Il greffe l'intervention du chevalier au cygne sur l'histoire des amours merveilleuses de la duchesse de Brabant et de Loherangrin. Ce n'est pas la famille de Bouillon qui est à l'honneur mais celle de Brabant[92]:

> Elle était princesse de Brabant. De Munsalvaesche fut envoyé vers elle le chevalier que Dieu lui avait destiné. C'est un cygne qui le conduisit jusqu'à elle et il accosta à Anvers (...). C'était Loherangrin.

Nous aurons l'occasion d'aborder les circonstances originales de la formulation du tabou puisque cet extrait sera l'une des pièces de notre collection. Remarquons une évidence, le *Conte du Graal*[93], source supposée de *Parzival* reste muet sur ce point et n'est donc d'aucun secours pour expliquer l'union frappée d'interdiction.

---

"L'utilisation des thèmes mythiques dans trois versions écrites de la légende des enfants-cygnes", *Mélanges René Crozet*, t. 2. Poitiers: Société d'Etudes médiévales, 1966, p. 809-820.

91. *The old French Crusade Cycle, Le Chevalier au Cygne and La Fin d'Elias*, ed. J. A. Nelson. Tuscaloosa: *The Univ. of Alabama Press*, vol. II, 1985. Extraits traduits (de l'éd. C. Hippeau. Paris: A. Aubry, *Coll. des Poètes français du Moyen Age*, 1874-1877) par D. Régnier-Bohler, dans *Le Coeur mangé. Récits érotiques et courtois XIIe et XIIIe siècles*. Paris: Stock Plus, *Moyen Age*, 1979, p. 177-195.

92. Plus tard, la vogue allemande de la légende chantera les lignages de Clèves et de Luxembourg. *Cf.*, de P. Werland, "Die Lohengrin-Sage in der Clevenschen Geschichte", *Der Tuermer*, XXVIII, 1925-1926, p. 104-109. Lire également, de A. L. Frey, *The Swan-Knight Legend, its Background, early Developpment and Treatment in the german Poems*. Nashville: G. Peabody College for Teachers, 1931 et, de W. Golther, "Der Schwanritter und der Gralsritter", *Bayreuther Blaetter*, LIX, 1936, p. 123-139.

93. *Cf.* "*Perceval* et *Parzival*: les données mélusiniennes d'un roman médiéval" de J.-M. Pastré, *Fées, dieux et déesses au Moyen Age, Actes du Colloque du CEMD de Lille III, 24 et 25 septembre* 1993, *Bien dire et bien aprandre*, 12, CEMD de Lille III, 1994, p. 191-201.

E. Mélusine, ancêtre des Lusignan (romans du XIVe siècle).

Nous en venons enfin à Mélusine. La légende qui, pour la première fois nomme l'ancêtre prolifique des Lusignan, nourrit deux romans nés en pleine guerre de Cent ans. Elle est racontée par chacun des camps adverses. D'un côté, le roman en prose *Mélusine*[94], de Jean d'Arras, patronné par la maison royale de France et son alliée, la maison impériale de Luxembourg-Bohême. Ce récit, désiré par Marie, duchesse de Bar, commandé par son frère Jean de Berry est commencé en 1392. Jean d'Arras l'offre à l'oncle de Charles VI le 7 août 1393. Côté anglais, le texte en octosyllabes de Coudrette: *Le roman de Mélusine ou Histoire de Lusignan*[95]. L'auteur prétend répondre à une injonction de Jean Larchevêque, seigneur de Parthenay, qui tenait à ce que soit établie son extraction fantastique:

> Le chasteau fut fait d'une fee,
> Si comme il est par tout restrait,
> De laquelle je suis estrait,
> Et moy et toute la lignie
> De Partenay, n'en doubtez mie.
> Melusine fut appellee
> La fee que vous ay nommee, (v. 70-76)

Si la critique tombe d'accord sur la postériorité, d'environ dix ans, du poème de Coudrette par rapport à la version en prose de Jean d'Arras, la filiation des deux oeuvres, en revanche, n'est pas nette[96]. Il est clair toutefois que toutes deux émanent d'une tradition poitevine. Le roman de Jean d'Arras connut un grand succès, en France comme en Allemagne et en

94. Edit. par L. Stouff, 1932 (repr. Slatkine reprints, 1974, *op. cit.*). Trad. M. Perret, *Mélusine*. Paris: Stock, 1979. Pour le contexte politique et historique, lire, dans l'étude de L. Stouff, *Essai sur Mélusine, roman du XIVe siècle*, les chapitres: "Le roman de Mélusine" et "Rapports du roman de Mélusine avec l'histoire" (Dijon-Paris: Picard, 1930). Egalement, de P. Martin-Civat, "Comment les Lusignan, comtes d'Angoulême, seigneurs de Cognac, Archiac et Merpins ont pu se choisir une aïeule" (dans *Le très simple secret de Mélusine*, 1969, *op. cit.*); de L. Harf-Lancner: "Littérature et politique: Jean de Berry, Léon de Lusignan et le roman de Mélusine", *Hist. et Lit. au Moyen Age, Actes du Colloque du Centre d'Etudes médiévales de l'Univ. de Picardie* (Amiens, 20-24 mars 1985). Göppingen: Kümmerle Verlag, 1991, p. 161-171.

95. Ed. par E. Roach, 1982, *op. cit.* Trad. de L. Harf-Lancner. Paris: GF-Flammarion, 1993. La traduction allemande est en prose (Thüring von Ringoltingen: *Mélusine*. Ed. et trad. K. Schneider, *Texte des späten Mittelalters*, 9. Berlin, 1958); la traduction anglaise, en vers (W. W. Skeat, *The Romans of Partenay or Lusignen, otherwise known as the Tale of Melusine: translated from the French of La Coudrette. Londres: The Early English Text Society*, 33, 1899).

96. *Cf.*, de R. J. Nolan, "The romance of *Melusine*: evidence for an early missing Version", *Fabula*, 15, 1974, p. 53-58) et "The origin of the romance of *Melusine*: a new interpretation" (*Ibid.*, p. 192-201). L'auteur supppose l'existence, vers 1350, d'une version bâtie par un poète de cour qui *used Gervasius'story as a (...) basis, and contructed a history of the Lusignan dynasty*. (p. 200).

Espagne[97]. Des pays très éloignés du Poitou prétendirent avoir été les témoins des prestiges de la fée. Louis Stouff rappelle que dans son livre, *De l'usage des fiefs et autres droits seigneuriaux*[98], Denis de Salvaing, seigneur de Salvaing et de Boissieu faisait descendre de Mélusine la première race de Sassenage[99]. Portons le regard sur les oeuvres. Les attaches passant autour de certains textes évoqués dans ces lignes sont visibles. On l'a dit, au seuil de son récit, Jean d'Arras en appelle à l'autorité de Gervais de Tilbury:

> Nous avons oy raconter a noz anciens (...). Et de ceulx, dit uns appellez Gervaise (...). Gervaise propre nous met en exemple d'un chevalier nommé Rogier du Chastel de Rousset, en la province d'Auxci,[100]

On remarque ensuite que les aventures "mélusiniennes" connaissent des développements variables dans l'oeuvre de Jean d'Arras et celle de Coudrette. Prenons comme guide le protégé de Jean de Berry. Son roman met en scène trois épisodes. Acte un: l'origine de Mélusine, née des amours de la fée Présine et d'Elinas. Ici, Coudrette joue une autre pièce mais avec la même péripétie: il divulguera cette ascendance, et les conditions desquelles elle dépend, seulement au terme de son roman[101]. Acte deux: il concerne indirectement l'origine de Raymondin. Son père, Hervy de Léon, aime une belle qu'il découvre, comme il se doit, «sur une fontaine»[102]. L'union s'achève après une dispute (signe de la violation d'un tabou, sans aucun doute), et la belle quitte son époux soudainement. Cela n'empêche pas Hervy de Léon de voir sa prospérité augmenter, d'épouser la soeur[103]

---

97. Voir l'inventaire des éditions européennes de S. Baring-Gould dans *Curious Myths of the Middle Ages*. Oxford, Cambridge: Rivingtons, 1877; repr. Londres: Jupiter Books, 1977, p. 483. A notre connaissance, la dernière en date est la réédition de l'impression toulousaine (de 1489) de la traduction espagnole du roman de Jean d'Arras: *Historia de la linda Melosina, the text and Concordances of British Library*. Ed. Corfis Ivy A. Madison: Hispanic Seminary of Medieval Studies, 1985. Pour la tradition manuscrite et éditoriale, voir, de Brian Woledge: *Bibliographie des romans et nouvelles en prose française antérieurs à 1500*. Genève: Droz, 1954, p. 61-62.

98. Grenoble, André Faure, 1731, p. 321.

99. L. Stouff, 1930, *op. cit.*, p. 10.

100. Jean d'Arras, *Mélusine*, p. 3 et 4.

101. V. 4919-5055. Le tabou décrit est semblable à celui du roman de J. d'Arras: «Ce noble roy fu mes maris; / Couvent m'ot, ains qu'il m'espousast, / Que jamaiz jour tant qu'il durast, / Tant que de gesine gerroye, / Il n'enquerroit par quelque voye / De mon fait, ne ne me verroit,» (v. 4922-4927).

102. *Ibid.*, p. 15. Lire à ce sujet, de P. E. Luhde: *Melusine, Undine, Ondine: trois versions d'un mythe*. Case Western Reserve Univ., 1970. Le mythe en question est le récit de la dame à la fontaine.

103. Une étude d'ensemble des personnages féminins des romans de Jean d'Arras et de Coudrette a été effectuée par B. M. Hosington: "Mélusines de France et d'outre-Manche: portaits of women in Jean d'Arras, Coudrette and their Middle English Translators", *A Wyf ther Was. Essays in Honour of Paule Mertens-Fonck*, ed. J. Dor. Liège3 Language and Literature, Liège, 1992, p. 199-208.

du Comte de Poitiers et d'en avoir plusieurs enfants, dont Raymondin. Ici, Coudrette innove en biffant l'épisode. Acte trois, partagé par les deux ouvrages, les amours merveilleuses de Raymondin et de Mélusine.

**Récits 15 et 16**. Le corpus conservera les deux actes communs à Jean d'Arras et Coudrette (un et trois).

F. Versions universelles et tradition populaire.

Le conte populaire témoigne de la large extension et de la survivance de la légende aux quatre points cardinaux. Notre choix s'est limité à quatre narrations, représentatives des tournures que chaque continent imprime à notre récit. Pour ce qui concerne l'Europe, on a évité la difficulté. Le tome 2 du *Conte populaire français* de Marie-Louise Ténèze et Paul Delarue offre un gisement de légendes "mélusiniennes" sous l'entrée «Conte-type 400: l'homme à la recherche de son épouse disparue»[104].

**Récit 17**. De là viendra la version enregistrée dans notre répertoire, «Le Chevalier Bayard». Le filon des deux pages de titres français et canadiens s'ouvre sur des références bretonnes: «Cadic, Bret. III, 89 97», puis, «Cadic, Basse-Bretagne, 26-36.» Ces abréviations renvoient aux *Contes de Basse-Bretagne* recueillis et édités par François Cadic[105]. Dans l'*Introduction* de ce livre (p. 12), Paul Delarue précise que, avant sa mort en 1929, l'abbé Cadic avait «doté le légendaire bas-breton d'un florilège qui est le plus riche après celui de Cluzel.» Paul Delarue et Marie-Louise Ténèze illustrent le type 400 d'une variante bourbonnaise, «Le royaume des Valdars»[106]. Elle relate l'aventure du fils d'un pêcheur en délicatesse avec le diable. Lisons-la rapidement, elle ne sera pas travaillée par la suite. Le jeune homme épouse la fille du roi des Valdars, prospère en sa compagnie jusqu'au jour où, en mal du pays, il réclame et obtient la permisssion de retourner voir ses vieux parents. La princesse-fée lui fournit même une baguette magique, mais «à la condution qu'un foué arrivé là-bas, o fasse pas meni sa femme près de soué par la vertu de sa baguette.» (*sic*. p. 18). Sous l'effet de la boisson, il se vantera de la faire apparaître dans la minute. Elle s'exécute mais, «en malice contre soué», le fait boire jusqu'à l'allonger ivre mort dans son lit et, après avoir recouvré la baguette magique, elle retourne chez son père, «abandounant [son mari] vez les siens.» (*ibid*., p. 19).

---

104. Paris: Maisonneuve et Larose, 1964, p. 17sv. *The man on a Quest for his Lost Wife* dans *The Types of the Folk-tale* de Aarne et Thompson. Les principes de ces classifications seront discutés dans le prochain chapitre. On aurait pu enregistrer une légende normande où le seigneur d'Argouges croise, au cours d'une chasse près de Bayeux, une troupe de femmes d'une rare beauté (A. Bousquet, *La Normandie romanesque et merveilleuse*. Paris: J. Techener, 1845, p. 98).

105. Paris: Ed. Erasme, *Coll. Contes Merveilleux des Provinces de France*, 6, 1955, p. 26-36.

106. Dans *Sologne bourbonnaise*, de Claude Roulleau. Moulins, 1935, p. 170-174.

En ce qui concerne l'Afrique, les dizaines de versions que nous avons considérées au sein du Groupe "Langue Afrique de L'Ouest" (Inalco-Cnrs) pendant l'année 1992-1993 offraient une réserve passionnante. Mais, pour la plupart, les textes se présentaient encore sous la forme de relevés ethnographiques, peu commodes en l'état.

**Récit 18**. Pour favoriser la vérification, on a choisi l'histoire du mariage avec un rat Ntori, l'un des contes extrait par sir James G. Frazer d'une dizaine de récits quasi identiques venant de la Côte de l'Or et notés dans *Totemism and Exogamy*[107]. Signalons en outre deux intéressantes variantes malgaches mais que nous n'examinerons pas: "Une femme au bout de son hameçon", "La femme qui avait des ouïes"[108]. Un tabou identique y est mis en scène: ne jamais rappeler à la belle épouse son origine aquatique. Mais «dames-jeannes de bière de canne à sucre» (p. 63) ont raison de la vigilance du premier mari; c'est la belle-mère de la femme-poisson qui prononce les mots interdits dans le second. On a là deux membres d'une immense famille:

> Ces Mélusines de l'Océan Indien, que nous trouvons ici sur le mode mineur du conte, apparaissent aussi dans les histoires légendaires à l'origine des dynasties malgaches aussi bien que comoriennes.[109]

Tournons-nous maintenant vers l'Extrême-Orient. Là aussi, le choix est étendu. Pour apporter notre pierre, nous avons hésité entre un texte océanien, "Kamanu and the Moo", et un récit chinois: "La Déesse de la mer amoureuse d'un marchand". Le corpus conservera ce dernier. Dans le premier[110] une femme-lézard aime un jeune homme qu'elle entraîne dans l'autre monde. Torturé par le mal du pays, il souhaite retourner chez les siens, son épouse le prévient: *Remember to kiss no one until you have kissed your father; if you kiss another first you will see me no more*. (*ibid.*) Mais son chien trop affectueux croisera sa route le premier...

**Récit 19**. Le récit chinois conservé est un texte écrit, un «*houa-pen*», que Ling Mong-tc'hou publia en 1628. On le trouve dans le recueil *L'Amour de la renarde, Marchands et lettrés de la vieille Chine (Douze Contes du XVIIe*

107. *A Treatise on certain early Forms of Superstition and Society*, vol. II. Londres: McMillan, 1910, p. 569-570.

108. *Femmes et Monstres 2, tradition orale malgache*. Paris: EDICEF, *Fleuve et Flamme*, 1982, p. 59-75 et p. 101-111.

109. Le collecteur, M. Schrive, renvoie en note au *Dictionnaire Comorien-Français et Français-Comorien* qui publie l'un de ces textes généalogiques, "La chronique de Said Bakari". Paris: SELAF, 1979, p. 621-639.

110. *Folk-tales from Hawaii*, coll. and transl. by L. S. Green, Vassar College, *Publ. of the Folk-Lore Foundation*, 1926, p. 113-114. Une précision, notamment, a empêché de conserver ce conte: il s'agirait d'une *modern European fairy-mistress folk-tale with a Polynesean coloring*. (p. 113).

*siècle)*[111]. Les «*houa-pen*», des «textes de conteur», jouèrent «un rôle capital dans le développement de l'ancienne littérature romanesque chinoise (...) en langue parlée» (p. 11). Quant à l'auteur, Ling Mong-tc'hou, André Lévy le présente comme «le plus prolifique et l'un des premiers créateurs de *houa-pen* dits "d'imitation"» (p. 15). Il ajoute ce trait, éclairant l'antiquité des sujets abordés et l'activité de "remodélisation" de l'auteur:

> On ne peut s'empêcher d'admirer l'aisance avec laquelle il a refait le travail des conteurs d'antan, amplifiant et développant, comme eux, parfois des faits divers, mais surtout des anecdotes en langue écrite, puisées en particulier dans le *T'ai-p'ing kouang-ki*, ce vaste *thesaurus* d'anecdotes compilé à la fin du Xe siècle.[112]

Traditions et contes d'origine des tribus indiennes, légendes orales haïtiennes[113], histoires d'époux-animaux des ethnies Caddo de l'Arizona, Assiniboine (du Canada) ou contes nègres de Cuba[114], récits esquimaux, les Amériques offrent un large éventail d'histoires "mélusiniennes". Regardons-en deux qui, à notre connaissance, n'ont jamais été étudiées. Nous ne retiendrons pas la première, un récit esquimau publié par Franz Boas[115], elle mérite cependant une mention car les amours "mélusiniennes" s'y entrelacent avec une histoire de coeur mangé (*Cf.* partie V). Après avoir éliminé sa première épouse (coupable de l'adultère horriblement puni), un chasseur a la surprise de voir *a pretty woman coming from his wife's grave* qui abandonne derrière elle une peau de renard (p. 224). Dès qu'il touche le pelage, la femme tombe au sol. Il ne la lui rendra que si elle consent à l'épouser. Elle refuse et réclame sa peau, arguant de sa détestable odeur. C'est alors que l'homme, au fait des usages "mélusiniens" sans doute, s'impose lui-même le tabou suivant: *You shall be my wife; and if I should notice a strong smell, I will not mention it*. (*ibid.*) C'est le corbeau, à qui l'homme a prêté sa femme-renard, qui enfreindra, sans le savoir, la condition fatale.

---

111. Traduit du chinois, préfacé et annoté par A. Lévy. Paris: Gallimard/Unesco, *Connaissance de l'Orient*, 1970, p. 46-68.

112. *Ibid.*, p. 16. Quant à la source écrite, il s'agirait de «*La Déesse de la Mer de Loyang*, un récit déjà bien développé, que Ts'ai Yu a écrit entre 1522 et 1544.» (*ibid.*, p. 67).

113. Recueillies, notamment, par S. Comhaire-Sylvain dans *Les Contes haïtiens*. Paris: De Meester, 1937.

114. Cités par P. Gallais (1992, *op. cit.*, p. 42) qui s'appuie sur *Le folklore des Peaux-Rouges*, de H. R. Rieder (Paris: Payot, 1976) et sur l'*Anthologie des mythes, légendes et contes populaires d'Amérique* de B. Péret. Paris: Albin Michel, 1960 (imposante bibliographie concernant les textes ethno-folkloriques du Nord et du Sud de l'Amérique).

115. "Eskimo of Baffin Land and Hudson Bay", *Bulletin American Museum of Natural History*, vol. XV, 1901, p. 224-225. Voir également, dans *Mélusine. Recueil de Mythologie, littérature populaire, traditions et usages* (publ. H. Gaidoz & E. Rolland. Paris: Viaut, 1878), la recension, par L. Bruevre, de l'ouvrage *Tales and traditions of the eskimo*, de H. Rink (Londres: Blackwood, 1875), p. 82-84. On lit, p. 82, une version de la «légende si connue des Filles cygnes.»

**Récit 20**. Notre corpus admettra un conte américain différent, une légende de la tribu des Pieds-Noirs: "L'homme dont la colère était grande". Il a été collecté au milieu de ce siècle et publié par William Camus, dans *Les Oiseaux de feu et autres contes peaux-rouges*[116]. L'une des originalités de ce récit est de camper un mortel très particulier: ce Figure d'Ours éprouve de telles colères qu'il préfère se tenir à l'écart des hommes. Solitaire, il vit en nomade dans «Les Montagnes Etincelantes.» (p. 88) où il rencontrera Fille-du-Rocher.

Ce conte met un terme au répertoire des fictions choisies dans la large gamme des récits "mélusiniens" et qui serviront d'appui à notre examen.

---

116. Paris: Gallimard, 1978, p. 88-96. Les "Pieds-Noirs" appartiennent au groupe linguistique Algonkin; ils occupaient les régions des sources du Missouri (sud de l'actuelle province canadienne du Saskatchewan). Pour des précisions ethnographiques, lire *A Blackfoot Source Book. Papers by C. Wissler*, éd. par D. Thomas. New-York: Garland Publ. Co, 1986.

## *CHAPITRE II.*
## *SCHEMAS FONCTIONNELS OU FORMALISTES.*

Les innombrables histoires qui peignent l'alliance impossible avec un être surnaturel répandent à travers le monde des formes de rencontres, d'unions, de prohibitions, de séparations, etc. aussi variées qu'inattendues. Certains chercheurs ont rassemblé cette diversité en groupant les énoncés de nos fables sous forme de résumés représentatifs. Ils souhaitent ainsi déblayer la masse énorme des éléments qui composent les occurrences du récit afin d'en extraire les unités minimales et universelles, preuves de sa nature d'archétype.

### I. "Mélusine" oubliée des *Index*.

Les folkloristes de l'Ecole finlandaise, conduits par Antti Aarne et Stith Thompson, adoptèrent ce point de vue. Or on constate que l'imposante classification des "types" de contes, *The types of the folktale*[117], ne retient pas "Mélusine" en tant que telle. Pierre Gallais a souligné à juste titre cette lacune dans le traitement thompsonnien de l'«archétype» de Mélusine, la «fée à la fontaine»:

> Le Sujet rencontre la fée (est attiré par elle); elle accepte de l'épouser, mais qu'il s'engage à respecter un interdit; mariage, vie heureuse, enfants; un jour le mari transgresse l'interdit: la fée repart (avec ou sans les enfants) pour toujours. Nous avons relevé cent cinquante récits de ce type, dont on peut s'étonner, encore une fois, qu'Aarne et Thompson n'aient pas cru bon de le distinguer et de le répertorier.[118]

L'absence du nom et du personnage de "Mélusine" est sans doute un détail. De longues pages sont consacrées par Aarne et Thompson à de proches parentes, comme la "femme-serpent" ou les "femmes cygnes". Vouloir absolument trouver la dénomination de la fée, par ailleurs, n'est peut-être que le signe de l'ethnocentrisme qui guiderait les études françaises en la

---

117. *A classification and bibliography*; translated and enlarged by S. Thompson. Academia Scientiarum Fenica: Helsinki, *FF Communication n°* 184, 1961 (repr. 1987). Pour une critique de ces index, voir *Bulletin du GRSL*, "Le motif en ethno-littérature", 16, décembre 1980. La consultation de *The types...*, plutôt que celle du *Motif-Index* est justifiée par le caractère du premier ouvrage: *A word is perhaps desirable about the difference between an index such as this and the* Motif-Index of Folk-Literature. *This classification is concerned with whole tales, those that have an independant tradition*, écrit S. Thompson (p. 8).

118. 1983, *op. cit.*, p. 19. Le *Manuel de Folklore français contemporain* d'A. van Gennep consacre à "Mélusine" une notice de dix références (t. IV. Paris: Picard, 1938, p. 651-652).

matière. La tradition anglo-saxonne (et germanique) n'identifie guère[119] notre fée sous l'appellation que nous lui donnons, comme si cette identification s'imposait d'elle-même. C'est d'ailleurs pour éviter cette embûche que, jusqu'à sa conclusion, ce travail n'usera de l'appellation "mélusinien(ne)" qu'en la plaçant prudemment entre guillemets. La fortune que, sans souci dénominatif, les répertoires ménagent aux époux ou épouses surnaturel(le)s est-elle plus douce que celle réservée à "Mélusine" ? *The Types of the Folktale* range sous la rubrique «*Supernatural or enchanted husband (wife) or other relatives*»[120] les créatures les plus voisines de celles qui traversent nos légendes. Le type 411, «*The king and the Lamia*» rend sensible cette affirmation:

> I. *The snake-wife. A King sees, falls in love with, and marries a lovely girl who is actually a snake woman [B29.I]*
> *II. Overcoming her power. (a) his health deteriorates. (b) A fakir tells him to feed her salty food and to stay at night and watch her (c). She assumes her snake form and goes for water. III. The ashes. (a) An oven is heated red-hot and she is pushed in. (b) Among the ashes is formed a pebble capable of turning anything it touches into gold D 1469-1001*.[121]

Emmanuel Le Roy-Ladurie et Jacques Le Goff voient en effet dans ce type l'origine de la légende de la fée-serpente:

> Antti Aarne et Stith Thompson ne font pas un sort à Mélusine, mais permettent de la retrouver parmi les numéros T 400-459 (...) et mieux encore sous le numéro T.411: *The King and the Lamia* (*the snake-wife*).[122]

En fait, les éléments majeurs des rubriques II et III, constitutifs de ce type, ne s'accordent pas avec les réseaux que nous analyserons; l'absence de la fameuse "condition mélusinienne" est particulièrement remarquable. Pourquoi, par ailleurs, évincer au profit de T411, le type 400 «*The man on a quest for his lost wife*» ? A première vue, les six premiers énoncés[123] sont typiquement "mélusiniennes". Ainsi «II. *The enchanted Princess*» et sa spécification (f): «*The hero marries the princess or the girl*»; ainsi la liste des interdits qui caractérisent III (p. 129): *His visit home (...) (d) she*

---

119. Voir, par exemple, *A Dictionary of fabulous Beasts*. Mélusine n'a droit qu'à une sommaire reconnaissance: *A water sprite, who is occasionally depicted in British heraldry as a mermaid with two tails; the central character in the French medieval tale of the fair Melusine*. See MERMAID. (R. Barber & A. Riches. Ipswich: The Boydell Press, 1971). Egalement, les deux sèches mentions (p. 138 et p. 142) de *Mythical and fabulous Creatures. A source and research Guide*, ed. by M. South. New-York, Londres: Greenwood Press, 1987.

120. Types 400 à 459, p. 128-156.

121. *Ibid.*, p. 138-139.

122. 1977, art. cit., p. 317.

123. *The Types...*, 1987, *op. cit.*, p. 128. «I. *The hero (...) e. A Prince is on a hunt.*»

*forbids him: to call for her to come to him, or (e) to utter name, or (f) to sleep, (g) to eat, or (h) to drink (...)*; enfin la transgression «IV. *Loss of the wife (...) (b) He breaks one of the other prohibitions.*»

Portons sans préjugé[124] le regard sur les pages du *Motif-Index of Folk-Literature*[125] de Stith Thompson qui pourraient nous intéresser. Voici le condensé du "motif" C31.1.2[126], seule - et brève - référence explicite à notre fée:

> *Tabu: looking at supernatural wife on certain occasion.* (Mélusine). *The husband must not see the wife when she is transformed to an animal.*[127]

Mais, pour peu que l'on se plaise à ce travail de limier, de nouvelles pistes restent à suivre dans le *Motif-Index* car les traces de Mélusine se dispersent aux alentours de ce sous-motif. Nous pouvons les repérer, mais sans lien explicite avec nos fictions, parmi les centaines de *topoi* concernant les tabous répertoriés dans le chapitre C (les Tabous). La différence est bien mince, par ailleurs, entre certains motifs relevés dans ce chapitre C, comme C31.1.2 ou C311.1.2 («*looking at fairies*») et quelques-uns de ceux qui apparaissent dans la section réservée aux créatures merveilleuses (F200-699). On pense surtout à F234 «*Transformed fairy or liaison with fairy*», F361.3 «*Fairies take revenge on person who spies on them*», ou encore F341 «*Fairies give fulfillment of wishes*» qui, lui-même, renvoie à D1723 «*Magic power from fairy*»... Issus des rubriques les plus diverses, d'autres motifs permettent de débusquer la présence de "Mélusines". Rapidement notés: B29.1 «*Lamia. Face of woman, body of serpent*», B29.2 «*Echidna. Half woman, half serpent*» ou certaines rubriques du chapitre D100-199 «*Transformation: man to animal*». Mais notre quête, menacée d'une extrême dispersion, s'achèvera ici.

La discrétion de "Mélusine", du personnage en tant que tel comme de l'agencement "mélusinien" avec sa trame caractéristique, est notable également dans le catalogue des disciples français d'Aarne et Thompson,

---

124. Le chapitre III de la dernière Partie abordera avec plus de détails la méfiance nécessaire devant les divers catalogues de "motifs" et, notamment, le *Motif-Index of Folk-Literature*.

125. Rev. and enlarged ed. by S. Thompson. Copenhague: Rosenkilde and Bagger, 1956.

126. C31.1.2 est une sous-division de C31 «*Offending supernatural wife*», elle-même incluse dans C30-99 «*Tabu connected with supernatural beings.*» Pour les occurrences dans la littérature irlandaise, voir T. P. Cross: *Motif Index of Early Irish Literature*. Blommington: Indiana Univ. Publ., *Folklore Series*, 7, 1952, p. 84. Les récits de l'Inde en font un grand usage. Voir l'index de J. Balys et S. Thompson: *The oral Tales of India*. Bloomington: Indiana Univ. Publ., *Folklore series*, 10, 1958, p. 85. Remarquons l'absence de référence aux motifs C30-99 dans le *Motif-Index of the italian Novella in Prose* (D. P. Rotunda. Bloomington: Indiana Univ. Publ., *Folklore Series*, 2, 1942).

127. 1956, *op. cit.*, p. 383.

Pierre Delarue et Marie-Louise Ténèze[128]. Le type 411 («*The King and the Lamia*») est délaissé au profit du type 400 «l'homme à la recherche de son épouse disparue»[129]. Celui-ci laisse apparaître, en filigrane, quelques éléments de la légende de l'épouse merveilleuse: «le héros», dit le résumé, «un prince à la chasse, accepte d'épouser une princesse d'un pays inconnu (II,B). Il ne devra pas chercher à la voir, désobéit (Forme B); (...) C1: la princesse le quitte»). Des "cousines" de Mélusine interviennent encore dans le type 313, "La Fille du Diable". Henri Fromage l'atteste:

> Si nous consultons la riche matière du conte populaire français, nous allons trouver des cousines de Mélusine, dames canes, dames colombes aussi bien que dames serpentes. On les rencontre particulièrement dans la série de contes que Paul Delarue répertorie sous le N° 313 de son recueil général, conte type intitulé "La Fille du Diable"[130]

Ce conte tourne autour de deux axes: d'un côté, les «tâches imposées» dans l'"autre monde", le plus souvent chez le diable, parfois chez un géant ou une fée (bois à couper, étang à vider, etc.); de l'autre, «la fiancée oubliée». Ce dernier élément du conte (VII)[131] mérite l'attention. Il arrive en effet, éventualité parmi d'autres, qu'il introduise un interdit (VII, A; «ne pas se laisser embrasser (...), ne pas accepter à manger, ni à boire»; p. 206), suivi de sa transgression (VII, B). Les multiples caractères aptes à composer cette séquence de la "fiancée oubliée" se répartissent en six groupes. Tous ne sont pas nécessaires et chacun de ces ensembles s'exprime sous des visages changeants. Ces variables sont des motifs (le «motif de la clef perdue et retrouvée», par exemple, p. 207). Loin de dérouler l'ample et spécifique chaînage du récit "mélusinien", ce type 313 n'expose finalement que deux de ses attributs, qu'il incorpore dans une narration dotée d'une thématique matrimoniale originale, d'une personnalité propre. L'usage incontestable de deux "motifs" (le tabou et la violation) n'absorbe pas la nature distinctive et le sens original des récits "mélusiniens".

Il faut donc le reconnaître, l'empreinte que laissent les héroïnes "mélusiennes" dans ces classifications est explicitement si faible et implicitement si marquée que l'on est en droit de se demander si la méthode utilisée pour les édifier peut guider vers la forme archétypale annoncée.

---

128. «C'est sur cette nouvelle édition (classification d'Aarne et Thompson parue en 1962) que nous avons aligné notre catalogue» disent les deux auteurs (tome 2, 1964, *op. cit.*, p. XII).

129. *Ibid.*, p. 32-33. Ce qui confirme l'hypothèse que le type 400 correspond mieux que T411 à la légende.

130. "Recherches sur Mélusine", *Bulletin de la Société de mythologie française*, LXXXVI, 1972, p. 42-73; ici, p. 54.

131. *Le conte populaire français*, 1976, *op. cit.*, p. 199-241.

**II. Squelettes et schémas chronologiques.**

Délaissant ces répertoires, nous regarderons pêle-mêle quelques résumés protocolaires venus de travaux de tous horizons qui ont fait de l'histoire "mélusinienne" l'objet de leurs recherches spécifiques. Dès 1895, J. Kohler définissait ainsi le «mythe»:

> *Das Characteristiche des Mythus besteht zunächst darin, dass ein Wesen anderer Ordnung sich zum Menschen gesellt und, nachdem beide, wie zwei des Menschengeschlechts, zusammengelebt, bei einem bestimmten Ereigniss verschwindet.*[132]

Aucune allusion, on le voit, à la prohibition qui s'attache à l'alliance des deux êtres. Le livre de Sabine Baring-Gould, *Curious Myths in the Middle Ages*, propose le "squelette"[133] suivant:

> *1- A man falls in love with a woman of supernatural race.*
> *2- She consents to live with him, subject to one condition.*
> *3- He breaks the condition and loses her.*
> *4- He seeks her, and a- recovers her; b- never recovers her.*

Etudiant l'histoire de Pururavas et d'Urvâçi dans *Le problème des Centaures*, Georges Dumézil relève de son côté six thèmes, qu'il appelle lui-même "mélusiniens":

> l'union de la nymphe et du mortel; le pacte, dont la condition se retrouve dans maint folklore (interdiction pour l'un des conjoints, tantôt l'homme tantôt la femme, de voir l'autre nu); la nourriture légère et spéciale de la nymphe; la séparation, le désespoir, le fils semi-divin.[134]

C'est à la lecture d'«une analyse structurale selon les schémas de V. Propp» qu'invitent Emmanuel Le Roy Ladurie et Jacques Le Goff. Leur article "Mélusine maternelle et défricheuse" l'expose en ces termes:

> I. Un des membres de la famille s'éloigne de la maison (...).
> II. Une interdiction est imposée au Héros (...).
> III. L'interdiction est transgressée (...).
> IV. L'antagoniste tente d'obtenir des renseignements.[135]

Dans *Mélusine et le chevalier au cygne*, Claude Lecouteux affirme que:

> le thème de Mélusine (...) se résume ainsi: un être surnaturel rencontre un mortel et lui fait don de son amour à condition qu'il

---

132. *Der Ursprung der Melusinensage, Eine ethnologische Untersuchung*. Leipzig: E. Pfeiffer, 1895, p. 1.

133. «*The skeleton of the romance is...*» 1977, *op. cit*, p. 485.

134. Paris: P. Geuthner, 1929, *op. cit.*, p. 146.

135. 1977, art. cit., p. 322.

s'engage à respecter un interdit; celui-ci sera transgressé et l'être supérieur disparaîtra.[136]

Enfin, plus proche de nous, l'ouvrage de Laurence Harf-Lancner, *Les Fées au Moyen Age*, offre un schéma proche du précédent mais plus musclé: ses trois temps («rencontre du mortel et de la fée», «pacte» puis «transgression de l'interdit») composent treize unités: trois pour la rencontre, quatre pour la séquence suivante et six pour la dernière[137]. L'auteur en propose ce qu'on peut appeler une lecture "paradigmatique" (p. 114):

| *Exclusion* (Autre Monde) | | *Intégration* (Société Humaine) |
|---|---|---|
| Départ du héros | | |
| Rencontre de la fée | | |
| | Pacte<br>----> | |
| | | Félicité du couple |
| | Transgression<br><---- | |
| Départ de la fée | | |
| Déchéance du héros | | |
| | | Naissance d'un lignage |

En considérant ces squelettes, ces schémas et autres "structures", on ne peut que constater leur hétérogénéité, ou bien elle tient à la "qualité" même des énoncés (leur contenu peut varier sensiblement), ou bien c'est à propos de la "quantité" que les différences se font jour: le nombre d'énoncés caractéristiques est variable, la présence ou l'absence de l'un d'eux et leur distribution dans le "schéma" semblent contingentes. Peu ou prou, les principes des études morphologiques de Vladimir Propp influencent ces dispositifs. On sait que la tâche du grand formaliste russe a atteint une sorte d'apogée dans le fameux modèle des trente et une fonctions[138]. Qu'ils sollicitent, explicitement ou non, ce travail, les protocoles présentés ne tombent-ils pas sous les critiques adressées au modèle des 31 fonctions ? D'abord celle d'Algirdas J. Greimas, pour qui les dénominations des "fonctions" servent moins «à désigner les différents types d'activités dont la succcession fait apparaître le conte comme

136. Payot, 1982, *op. cit.*, p. 12. Cette forme condense celle que l'auteur proposait dans "La structure des légendes mélusiniennes". «Nous arrivons, en appliquant les principes d'analyses de V. Propp, à dégager la structure suivante: 1. Le héros s'éloigne de chez lui ; 2. Il rencontre un être surnaturel ; 3. Celui-ci donne son amour à une certaine condition que le héros jure de respecter ; 4. Le héros reçoit un don; 5. Il doit se séparer de l'être surnaturel; 6. Un antagoniste entre en scène; 7. Sous son influence, l'interdiction imposée par l'être surnaturel est transgressée; 8. La perte du don est le premier signe tangible de la rupture des relations existantes; 9. L'être surnaturel disparaît à jamais.» (*Annales ESC*, 2, 1978, p. 294).

137. 1984, *op. cit.*, p. 85-114.

138. *Morphologie du Conte*. Paris: Seuil, *Points*, 1970.

programme organisé» qu'«à *résumer*, en subsumant les variantes et en généralisant leur signification, les différentes séquences du conte.»[139] Plus radicale, celle de Claude Lévi-Strauss. Les "fonctions" dégagées n'ont rien de constant ni de définitoire. C'est que l'analyse s'est arrêtée trop tôt, «en cherchant la forme trop près du niveau de l'observation empirique.»[140] Par ailleurs les fonctions, conçues par Propp comme des entités minimales et nécessaires, sont en fait réductibles à des catégories plus générales et plus profondes, qui élaborent leurs significations "a-chroniquement". Bref, il est légitime de se demander si les réductions qu'effectuent les modèles formalistes ont les moyens méthodologiques d'établir réellement la structure archétypale recherchée. Gardant à l'esprit les critiques précédentes, nous partirons à la découverte des lois qui élaborent l'unité du "phénomène mélusinien" en amont de son dépli chronologique. L'étude consistera à cliver le "*continuum*" des événements propres à nos récits, pour mettre en lumière les figures qui les organisent sous l'effet de règles précises (implication, inversion, parallélisme, etc.). Ces ordonnancements orienteront vers les régulations narratives et les traits propres au "mythique" (chap. II). Car, comme l'observe Claude Lévi-Strauss en parlant des mécanismes d'inversion et de retournement des mythes et du calembour, «des transformations de ce type constituent le fondement de toute sémiologie.»[141]

Deux précautions complémentaires baliseront l'exploration. La construction figurative annoncée ne saurait être considéré, elle-même, pour l'armature mythique des récits "mélusiniens". Elle leur est nécessaire, comme l'une de leurs conditions formelles. Pas plus. L'exploration de ces fictions rencontrera les fameux "motifs de contes". Rappelons alors ce que nous disions en introduction. La signification de nos textes ne peut être identifiée à un maillage de motifs[142], fussent-ils annoncés comme "mythiques". Les fins existentielles de ces fables, leur "sens", l'interdisent. Celui-ci se fonde en effet sur la totalité de leurs agencements et sur la globalité des jeux symboliques entre les "codes" convoqués. Ces observations rappellent les principes de notre tâche, elle doit s'effectuer "sous une idée" synthétique, en partant de quelques règles organisatrices, et

---

139. *Préface* de l'*Introduction à la sémiotique narrative et discursive* de J. Courtés. Paris: Hachette, 1976, p. 7. Lire également la critique greimassienne des 31 fonctions dans *Sémantique structurale*. Paris: Larousse, 1960, p. 192-212.

140. "La structure et la forme", *Anthropologie structurale II*. Paris: Plon, 1974, p. 139-173; ici, p. 163.

141. 1971, *op. cit.*, p. 581.

142. Bien entendu, les fragments de récits qui se présenteront comme tels (l'"interdit mélusinien", le "voyeur indiscret", etc.) ne seront pas négligés. On reviendra sur cette question au début de la dernière partie.

non grâce aux coutures de termes hétérogènes, qui seraient en l'occurrence, les motifs.

## CHAPITRE III.
## L'IMAGERIE "MELUSINIENNE".

### I. Avant la rencontre. Le parcours d'individuation.

Les aventures du protagoniste humain ne s'ouvrent pas sur l'irruption d'un être surnaturel, bouleversant dans la stupéfaction d'un instant la vie du mortel. L'évocation, plus ou moins précise, des qualités du "héros" ouvrent les vingt textes. Détaillée en quelques mots ou amplement dépeinte, la présentation initiale dote toujours l'être humain d'un nombre restreint d'attributs remarquables, marques d'un être élu. Mais la généralité de cette observation, indéniablement juste, est telle qu'elle manque de pertinence. Il convient donc de préciser le contenu de l'élection. Pierre de Staufenberg apparaît, sans aucun doute, comme le personnage honoré des traits les plus flatteurs:

> un preux de choix (...) naturellement généreux, (qui) révérait avec ferveur le Dieu du royaume céleste (...), avait par sa valeur et sa force acquis une grande réputation.[143]

Inutile de citer l'intégralité des trois pages qui décrivent les extraordinaires vertus de cet éminent chevalier. Nous en proposerons une première interprétation sous la forme d'un tableau sommaire. Les détails qui révèlent ses qualités sont indiqués par le signe +; un manque, une absence de valeurs par le signe -:

| | |
|---|---|
| . riche | économique+ |
| . bon, généreux | morale+ |
| . s'adonne au service de Dieu | religieuse+ |
| . beau, jouteur hors pair | physique+ |
| . sait lire, écrire, jouer de la musique, chasser | culturelle+ |
| . réjoui par la compagnie des dames | courtoise+ |
| . n'est pas marié | matrimoniale- |
| . chagrin | émotionnelle- |
| . seul | sociale- |

Les trois *Lais* médiévaux assignent des traits électifs similaires, situés cependant dans des circonstances différentes. Graelent comme Guingamor

---

143. *Histoire de Pierre de Staufenberg*, p. 170-171.

quittent la cour pour échapper aux sollicitations amoureuses de leur reine. Lanval et Graelent, chevaliers d'une grande valeur, sont plongés dans la même indigence et le même désespoir: femmes et terres ayant été réparties entre leurs compagnons, aucun bien ne leur a été dévolu. L'évocation des qualités du futur amant de la nymphe Urvaçi, Pururavas «glorieux fondateur de la dynastie lunaire»[144] est simple et discrète. Claude Lecouteux résume cet épisode introductif en se référant aux *Sources orientales VIII, Génies, Anges et Démons*[145]. Le récit d'Urvaçi y est amorcé en ces termes:

> Pururavas était un Prince d'une grande beauté, renommé pour sa générosité, sa piété, sa munificence et son amour de la vérité.[146]

On affirme parfois que le représentant des hommes est toujours de sexe masculin et que, par conséquent, l'objet de son extraordinaire passion (future) ne saurait appartenir qu'au beau sexe. Il n'en est rien. Il y a des hommes-"mélusines", si l'on peut dire, prêts à séduire des compagnes de ce monde. Ces dernières jouissent alors de qualités qui n'ont rien à envier aux précédentes, octroyées à l'acteur masculin. La Princesse de Brabant, destinée à s'unir au chevalier du Graal, est particulièrement gratifiée. Dame de haute naissance (qualifications économiques et sociales+), elle est vertueuse, chaste et humble; elle ne veut prendre que l'époux que Dieu lui destine (dispositions matrimoniale- et religieuse+); du coup, elle est isolée face aux comtes qui réclament son mariage et lui deviennent hostiles (réactions émotionnelles-). Quant à Psyché, elle ne se signale pas seulement par l'éclat de sa beauté mais par un célibat forcé qui la plonge dans le plus sombre désespoir.

En compagnie de James George Frazer éloignons-nous de l'aire indo-européenne. Etudiant la naissance récente - au début du siècle - de certains clans africains, *Totemism and Exogamy* considère les récits qui chantent la gloire des héros originels. Une tribu d'Afrique de l'Ouest, par exemple, prétend avoir pour ancêtre un «chasseur solitaire», de qui un rat de la forêt - un Ntori - métamorphosé en fée (*«a fairy woman»*, p. 569) eut pitié. Ces éléments obligent à restreindre le nombre des qualifications recherchées, celles que partagent en commun l'ensemble des histoires réunies dans le corpus: matrimoniale-, sociale- et émotionnelle-, suffisent. Aucun attribut positif ne distingue l'être humain. Cette caractéristique restrictive est-elle propre à ce texte africain ? Il ne le semble pas. Il serait même erroné de croire que la répartition des traits figuratifs se fait en fonction des aires géographiques et culturelles. Considérons par exemple le

144. *Le problème des Centaures*, p. 141. Partonopeu n'a que treize ans, il n'empêche: Et si ert biax a demesure, / Nus hom n'ot onques tel figure (v. 551-552).

145. Paris: Le Seuil, 1971.

146. *Mélusine et le Chevalier au cygne*, 1982, *op. cit.*, p. 175.

récit celte de Crundchu et Macha. Le texte recueilli dans *Mythe et Epopée* fait apparaître dans ses premières lignes un riche fermier habitant

> en haut sur les montagnes, dans la solitude (...) La femme qui vivait avec lui, la mère de ses enfants, mourut, et il resta longtemps sans femme. (p. 608)

Soit les valeurs économique+; matrimoniale-; sociale-. Des traits identiques définissent non seulement Raymond de Château Rousset, *castri Dominus* chevauchant seul au bord d'une rivière mais Tch'eng Tsai, célibataire qui trafique loin de Houeitcheou, sa ville natale, et vit douloureusement les effets du froid et des échecs commerciaux. Les deux légendes de Gautier Map effacent l'allusion à la richesse distinctive de l'être humain. Mais, conformément sur ce point à l'histoire de Crundchu, elles gomment la mention[147] de la tristesse de l'homme esseulé (qualité émotionnelle -). Finalement la composition minimale, figurée par l'ensemble des "héros" se note simplement: qualités sociales-, matrimoniales-. Eclairons cette notation. Le premier faisceau de figures est présenté sous l'appellation "qualités sociales-". De nombreux contes font paraître le protagoniste, comme Pierre de Staufenberg, Partonopeu ou Lanval, errant, solitaire, loin de chez lui. C'est ainsi que nous découvrons également Tch'eng Tsai, Hennon et Graelent:

> fors de la vile avoit un gart,
> une forest grant e pleniere,
> par mi couroit une riviere.
> Cele part ala Graelens, (v. 194-197)

La question est alors de savoir si la solitude est toujours manifestée de la sorte, par une inlassable errance ou, tout au moins, par ce que l'on pourrait appeler une "séparation spatiale" ? Cette interrogation mérite qu'on s'y arrête, car les réponses engageront la description qui prolongera directement cette désignation. Certes, errer en solitaire est l'indice des héros des textes médiévaux étudiés. Ils partagent d'ailleurs ce signe distinctif avec tous les chevaliers qui incarnent, dans la littérature médiévale, un rôle célèbre, celui du "chevalier errant", «l'une des créations les plus fascinantes de la littérature médiévale», selon Philippe Ménard[148] et Marie-Luce Chênerie[149]. Mais les êtres humains introduits sur la scène de nos récits ne

---

147. Bayard, fils du roi de France, «en dépit de ses parents, partit sur son cheval de guerre (...). Il avait une bourse bien garnie, mais il eut tôt fait de la dépenser.» (Cadic, p. 26).

148. "Le chevalier errant dans la littérature arthurienne. Recherches sur les raisons du départ et de l'errance." *Voyage, quête, pélerinage dans la littérature et la civilisation médiévales. Senefiance*, 2. Aix-en-Provence: Cahiers du CUER MA, 1976, p. 289-311; ici, p. 291.

149. *Le Chevalier errant dans les romans arthuriens en vers des XIe et XIIIe siècles*. Genève: Droz, *Publ. rom. et franç.*, 172, 1986. S. L. Hahn ("The motif of the Errant Knight and the

concordent pas, dans leur ensemble, avec l'archétype du héros (ou de l'héroïne) abandonné ou vagabond, loin de ses terres. On pourrait le déplorer car une telle conformité aurait autorisé l'utilisation de cette interprétation des espaces, bien connue des narratologues:

> dans la pure tradition proppienne, l'espace du conte merveilleux est articulé en espace familier/ espace étranger (...) le récit commençant, dans un certain sens, par le passage dans l'espace d'ailleurs qui est l'espace étranger.[150]

Il faut l'admettre, plusieurs récits "mélusiniens" sont réfractaires à cette conception transitive, ils ne figurent aucune traversée initiale. On groupera ces contes en deux ensembles. Les protagonistes du premier évoluent dans leur retraite sauvage, la narration ne prend pas soin de justifier le trait. Ils occupent d'emblée l'"ailleurs", ils n'y vont pas. Pour eux, par conséquent, pas d'expulsion ni de passage vers l'espace étranger. On aura reconnu les nomades ou les chasseurs solitaires de notre corpus, le celte Crundchu, l'indien Figure d'Ours et le mari du Ntori. Dans les textes du deuxième groupe, le personnage vit au sein de son entourage familier: dédaignant l'"ailleurs", il préfère l'"ici". Que l'on songe à Pururavas, à la duchesse de Brabant, qui reçoit dans son palais «de nombreux émissaires de pays lointains» (*Parzival*, p. 379), venus demander sa main. Si beaucoup d'humains ne s'éloignent pas de leur place primitive pour découvrir leur destin, en revanche, tous doivent se détacher d'une façon ou d'une autre de l'environnement (amical, féodal, familial) social auquel ils appartiennent originellement. Ainsi considéré ce trait (qualité sociale⁻) est partagé par l'ensemble de nos narrations. Il concourt bien à former l'un des deux ensembles figuratifs propres à l'être humain lors de son apparition. On le nommera singularité.

Le second trait, "qualité matrimoniale-", rassemble des figures qui traduisent l'absence de conjoint. Certains acteurs l'ont perdu et connaissent le veuvage (Crundchu, Elinas), tous les autres sont célibataires. Partonopeu, Hennon, Wastinius, Santanu, Figure d'Ours et les chevaliers médiévaux, Tch'heng Tsai, Pelée, comme la duchesse de Brabant et Psyché. Quelques récits s'attardent à justifier cet état. Certains célibataires sont particulièrement méritants car ils refusent de céder aux pressantes avances d'insignes prétendant(e)s prêt(e)s à s'offrir à eux. Les chevaliers Graelent et Guingamor (héros du conte de "la femme de Putiphar"[151]), la duchesse de Brabant également, connaissent cette tentation:

---

royal Maiden in the Prose *Lancelot*") lie cette figure à Morgane et Mélusine (*Arthurian Interpretations*, III, 1, Memphis State Univers., 1988, p. 1-15).

150. *Dictionnaire raisonné*, 1979, p. 215; entrée "localisation spatio-temporelle".

151. Lire, à ce sujet, de F. E. Faverty, "Joseph and Potiphar's wife in medieval literature", *Harvard Studies and Notes in Philology and Literature*, 13, 1931, p. 81-127.

> Beaucoup de nobles chevaliers, parmi eux nombre de têtes couronnées et de princes dont la noblesse était égale à la sienne, avaient brigué sa main;[152]

Le sort le plus tragique est, sans conteste, celui que subit Psyché, durement condamnée par Vénus: malgré son éclatante beauté, personne ne désire sa main. Comment nommer ce second faisceau de traits ? Le terme "disponibilité", défini comme l'«état de quelqu'un qui n'est lié ou engagé par rien»[153] semble convenir. Une remarque complètera ces considérations, elle approchera du premier "parcours figuratif" qui élabore le texte. La singularisation primordiale que vit le héros laisse soupçonner, par contraste, l'étape antérieure à son apparition. Certaines fables offrent sans ambiguïté les preuves de l'"avant" et de l'"ailleurs", signes de la conjoncture préalable. Psyché, comme le chevalier Bayard, vivait entourée de l'affection de leurs parents, les nobles guerriers Lanval, Graelent et Guingamor se consacraient glorieusement au service féodal; Raymond de Château Rousset, à son château; Partonopeu et Raymondin étaient les favoris de leur seigneur. Si Figure d'Ours, Santanu, Wastinius et Pururavas sont à cet égard moins exemplaires c'est qu'ils ne connaissent pas d'exclusion initiale. Il n'en reste pas moins que le bénéfice de l'aventure est réservé à ceux (ou à celles) qui se distinguent d'un état premier. Que l'évolution qui l'affirme maintenant soit montrée ou non, on admettra que la singularité (qualification-) est l'envers de l'intégration sociale (+).

On résumera ces divers caractères qui souhaitaient préciser l'élection de l'être humain en nommant "individuation" la jonction de la "singularité" et de la "disponibilité". Le premier "parcours" du conte affirme des figures qui diffèrent explicitement ou implicitement de celles d'une situation précédente. Cette inversion installe ou engage l'être humain, singulier et disponible, dans une existence précaire. Aussi écrirons-nous:

**1: Disponibilité et singularité, introductions à la précarité du protagoniste humain.**

## II. Les parcours d'acquisition.

### A. Charmante rencontre. Contes "mélusiniens" et "morganiens".

Le moment qui vient met en présence les deux protagonistes de l'aventure. Il suppose un double enchaînement de figures. Les sens de l'homme lui font, en général, percevoir un être merveilleusement séduisant.

---

152. *Parzival*, p. 379.

153. *Dictionnaire* par P. Robert, Paris, 1970.

La beauté de la jeune femme qui frappe le regard de Lanval ou celui du chasseur de biche Graelent:

> de le bisse n'eut il puis cure
> tant le vit graisle e escavie,
> blancë e gente e colorie,
> les ex rians e bel le front;
> il n'a si bele en tot le mont. (v. 218-222)

rappelle celle que Macha offre à la vue du riche fermier Crundchu («une belle jeune femme, distinguée de forme, de vêtement et de maintien»[154]) ou encore l'inconnue qu'admire Tch'eng Tsai:

> Elles étaient entourées d'innombrables suivantes, toutes d'une beauté extraordinaire (...). L'une des trois beautés, la plus élégante s'approche du lit.[155]

Les récits latins du Moyen Age peignent des rencontres tout aussi dignes d'admiration. Hennon, par exemple, a le plaisir de découvrir, seule, assise au coeur d'une sombre forêt, une très belle jeune fille, ornée de soiries royales: *Sedebat sola regalibus ornata sericis*[156], cousine de la gracieuse personne, à la spendeur sans pareille, que découvre Raymond de Château Rousset. Quelques rares textes manquent de préciser la splendeur de l'être rencontré. C'est notamment le cas du récit d'Apollodore qui n'évoque que très succinctement les personnages destinés à s'unir:

> Pélée épousa Polydora, fille de Périèrès (...) Par la suite, il épouse Thetis, la fille de Nérée.[157]

Cependant, détail qui laisse soupçonner le charme de cette Néréïde, Apollodore précise qu'elle a été l'enjeu d'une âpre rivalité amoureuse entre Zeus et Poseidon. Par ailleurs grâce à la *Théogonie* d'Hésiode, nous connaissons la belle descendance de Flot. Elle enseigne qu'Endôré et Thétis, fille de Doris et de Nérée, étaient «des filles enviées entre les déesses»[158]. Est-il de sexe masculin ? L'être de l'autre monde est tout aussi riche de qualités admirables. A propos du futur Prince de Brabant, Wolfram von Eschenbach précise que

> dans tous les royaumes où il s'était fait connaître on avait dû avouer qu'il unissait la beauté à la vaillance.[159]

---

154. *Mythe et Epopée*, 1968, p. 608.
155. Ling, p. 52.
156. *De Nugis Curialium*, p. 346.
157. *La Bibliothèque*, p. 111.
158. Hésiode, *Théogonie*, trad. P. Mazon. Paris: Les Belles Lettres, 1972, v. 245.
159. *Parzival*, p. 339.

Quelques narrations, cependant, semblent contredire ces remarques élogieuses. A l'opposé du modèle "idéal" de la rencontre avec le (la) Bel(le) Inconnu(e), des récits font découvrir un spectacle inattendu, voire horrible. L'acteur humain est brusquement confronté à un monstre, un animal à l'aspect repoussant. Cette apparition, propre aux récits "mélusiniens" venus du conte de "la Belle et la Bête", est présente par l'*histoire de la famille Ntori* et celle du *Chevalier Bayard*. Est-on autorisé à maintenir ces fables dans le corpus étudié ? On répondra par l'affirmative, car l'irruption du personnage animal est suivie d'une seconde scène où il se métamorphose, aux yeux de tous ou en secret, en une femme "normale" et séduisante. La femelle sanglier que croise Bayard, par exemple, devient, on ne sera guère étonné: «une dame d'une beauté éblouissante»[160]. La rencontre désagréable est finalement compatible avec la découverte de la Beauté, elle en est une forme introductive.

Dans le cadre de cette identification de l'être merveilleux, il convient de remarquer que certains contes complètent avec éclat les déterminations physiques par des qualités morales également évocatrices de sa perfection. Ainsi le (la) Ntori comme Macha et Fille-du-Rocher se distinguent-elles non seulement par leur séduction mais par la valeur de leurs prestations:

> Celle-ci (Fille-du-Rocher) s'agenouilla sans adresser un mot au chasseur et l'aida à dépecer le mouflon. La femme était plaisante et elle travaillait bien.[161]

Autres traits propres à l'être de l'autre monde: la richesse ou, plus généralement, le statut social élevé. C'est explicitement le cas du dieu Cupidon, des nymphes Thétis et Urvâçi, de la déesse chinoise de la mer, ainsi qui des beautés que rencontrent Lanval, le roi Elinas et Raymondin. Enfin, attributs constants de l'"estre faé", sa disponibilité (matrimoniale) et sa singularité. On aura reconnu les deux particularités du "héros" humain. La jeune femme que découvre Hennon prétend s'être perdue après avoir miraculeusement échappé à un naufrage; quant à l'écuyer de Pierre de Staufenberg, il aperçoit une dame radieuse «assise, solitaire sur un rocher»[162]. Pour souligner cette solitude, certaines fictions détachent la Belle Inconnue de ses suivantes[163]. La mise en scène de cette "singularité" se distingue-t-elle de celle de l'être humain, par la démarcation spatiale et le passage vers l'"ailleurs" qu'elle supposerait ? La créature de l'autre monde

---

160. Cadic, p. 28.
161. Camus, p. 88.
162. *Op. cit.*, p. 172.
163. Comme dans les histoires de Wastinius, du Chevalier Bayard, de Lanval et de Tch'eng Tsai: «L'une des trois beautés, la plus élégante, s'approche du lit et passe une main caressante sur Tch'eng Tsai.» (Ling, p. 51).

doit-elle quitter son espace familier originel pour migrer dans l'espace étranger, celui de l'aventure, suivant en cela la nacelle de Loherangrin ?

> De Munsalvaesche fut envoyé vers elle le chevalier que Dieu lui avait destiné.[164]

Ces interrogations contraignent à s'arrêter un instant car la réalité des textes est complexe. On le sait, l'ouvrage de Laurence Harf-Lancner, *Les Fées au Moyen Age*, fonde son échafaudage descriptif et son effort interprétatif précisément sur la distinction des espaces traversés par les acteurs de l'autre monde. Dans les contes "mélusiniens",

> un être surnaturel s'éprend d'un être humain, le suit dans le monde des mortels et l'épouse en lui imposant le respect d'un interdit. Il regagne l'autre monde après la transgression du pacte, laissant une descendance.[165]

Dans les contes "morganiens" en revanche,

> le voyage se fait dans l'autre sens: au lieu de venir au devant de l'élu de son coeur, la fée l'entraîne dans son royaume, où elle tente de le retenir.[166]

Il est indéniable que la "rencontre" inclut au moins un déplacement spectaculaire (de ce monde vers l'autre ou inversement, trait à inclure dans cette deuxième figuration). Il est également incontestable que certaines narrations font du voyage dans l'au-delà - fables "morganiennes" donc - un usage lourd de conséquences singulières (à la problématique des espaces s'ajoute notamment celle du rapport particulier au temps). Mais l'ampleur que l'on donne à l'interprétation de ce constat doit être mesurée. Plusieurs considérations engagent dans cette voie[167]. La première vient de ce que la distinction entre les deux contes ne paraît pas toujours très pertinente; les deux modèles n'ont d'ailleurs aucune peine à se compléter comme dans l'histoire de Pururavas et le *Lai de Lanval*. Le départ final des "Mélusines" vers leur lieu d'origine les "morganise", si l'on peut dire, non seulement spatialement (ce qui suffirait ici) mais aussi moralement. C'est ce que souligne Jacques Le Goff:

> Le christianisme et le Moyen Age ont satanisé Mélusine. Pour reprendre la distinction de Laurence Harf entre bonnes

164. *Parzival*, p. 380.

165. 1984, *op. cit.*, p. 9.

166. *Ibid.*, p. 203. L'auteur observe la porosité des frontières entre les deux contes, par exemple: «la strucutre des lais fait souvent écho à celle du conte mélusinien et du conte morganien. Mais elle s'identifie rarement à celle de l'un ou de l'autre (...). Les lais de *Lanval*, *Graelent*, *Désiré*, qui accordent une place centrale au thème du tabou mélusinien, rejoignent au dénouement les contes morganiens.» (1984, *op. cit.*, p. 243).

fées/Mélusines et mauvaises fées/Morganes, Mélusine est devenue ou redevenue une Morgane.[168]

Plus délicat, le problème posé par la nature de l'endroit où se découvre l'être surnaturel, humain ? féerique ? La source, lieu privilégié de nombreuses rencontres appartient-elle à notre monde, et le récit devient "mélusinien"; la considère-t-on comme le signe de l'au-delà (celtique), et le conte se range parmi les "morganiens". Dans quel groupe, par ailleurs, classer les récits (pré-romans) de Pélée et Thétis et celui d'Apulée ? L'entrevue de Cupidon et de Psyché se passe loin de chez ses parents d'où Zéphir l'a délicatement éloignée. Va-t-on intégrer cette fable à la famille "morganienne" ? Mais près de la source cristalline où elle a été déposée, le palais qu'elle découvre, bâti par un art divin est-il une demeure habitée des dieux, par un prince, ou encore un espace intermédiaire ? Psyché n'est plus chez les hommes, est-elle déjà chez les Immortels ? La suite prouvera que non. Facteur complémentaire de scepticisme, la variété des espaces qui concernent, cette fois, le personnage humain. A ce niveau de nouvelles différences spatiales, décisives également pour le déploiement du récit, mériteraient d'être prises en compte. Car, nous l'avons évoqué tout à l'heure, on peut distinguer trois ensembles d'acteurs en fonction des lieux qu'ils traversent ou occupent à l'ouverture de ces fictions. A côté des contes "morganiens" et "mélusiniens" (qui, volontairement, ne prennent en compte que la créature féerique) ne faudrait-il pas envisager, compte tenu de ce triptyque, des récits "lanvaliens" (le personnage "passe" d'un espace familier à un espace étranger); "brabantiens" (il reste dans son espace social, comme la duchesse de Brabant), et des "Oursiens" (Figure d'Ours, Crundchu et leurs collègues a-sociaux ne connaissent que la solitude et le nomadisme) ? Restons sur ces interrogations, les oppositions venues du "code" matrimonial simplifieront cette abondance de termes. Dernier motif de prudence, essentiel à nos yeux, si la distinction entre les figures du traitement de l'espace doit bien être prise en compte, il convient d'en situer clairement le point d'application dans la description. Sous bénéfice d'élucidation ultérieure, le mythe se nourrit de cette divergence: grâce à ses ressources associatives, il conjugue et synthétise finalement ce qui pourrait apparaître comme deux réseaux de figures profondément différents.

Résumons d'un mot ces remarques consacrées aux qualifications de l'être de l'autre monde. Malgré leur grande variabilité, quelques traits particularisants et superlatifs, constituent ce que l'on appelera, à juste titre cette fois, son "statut électif".

---

167. L'examen de la "vocation mythique" des récits "mélusiniens" - partie V, II. - complètera ces remarques.

168. *Préface* de *La Fée Mélusine au Moyen Age*, de F. Clier-Colombani, 1991, *op. cit.*, p. 7.

Les caractères de l'apparition qui s'offre aux sens de l'homme conduisent maintenant à envisager les réactions qu'elle déclenche en lui. A cet égard, tous les textes s'accordent, le spectateur humain est charmé. Selon les contes, cet enchantement passe par les yeux, parfois par les mains ou la voix. Souvent, c'est l'effort commun à ces sens, ou la substitution de l'un à l'autre, qui contribue à plonger l'observateur dans le trouble: *namque praeter oculos et manibus et auribus (ut praesent) ius nihil sentiebatur* écrit Apulée[169]. La délectation des sens allume alors une brutale exaltation amoureuse. L'histoire de Hennon l'exprime sans détour: le jeune homme s'enflamma d'un feu soudain[170]. Telle est également l'incandescente réaction (p. 174) de Pierre de Staufenberg: «il sentit son coeur percé du trait brûlant de l'amour.»[171] Cette si plaisante rencontre paraît se produire comme au hasard. Ni l'errance, ni la pêche, la chasse ou le fait d'aller à la messe ne laissaient envisager une si heureuse circonstance. En réalité, il s'agit pour les deux protagonistes d'une mise en présence inéluctable. Quelques récits le précisent, l'entrevue résulte de la volonté de l'être surnaturel:

> Je vais te dire, louable chevalier, comment il se fait que je me trouvais ici, seule. Ami, je t'attendais.

Cette résolution qu'entend Pierre de Staufenberg (p. 174) anime également la séductrice dans le *Lai de Lanval*, l'histoire de Wastinius et celle du chevalier Bayard[172]. Mais cette intention subjective n'est en fait que l'effet d'une nécessité. Certains récits dévoilent explicitement la décision supérieure que la "Mélusine" se voit imposée. C'est le cas dans le récit des aventures de Tch'eng Tsai: «Je suis venue exprès à toi, car je suis prédestinée à t'aimer.»[173] Le devoir qui oblige la belle Inconnue est souvent confirmé par l'intelligence qu'elle a de la vie de celui qu'elle va séduire. Le personnage merveilleux[174] connaît et déclare le but de son entreprise. Les connaissances de la future épouse du Roi Elinas «qui congnut assez qui il estoit, et comment il advendroit de son emprise»[175] et celles de l'amie de

169. «A défaut des yeux, les mains pouvaient le toucher et les oreilles l'entendre le plus distinctement du monde.» *Les Métamorphoses*, V, V, p. 44.

170. *Incalescit igne concepto iuuenis*. *De Nugis Curialium*, p. 174.

171. Lanval (Amurs le puint de l'estencele, (v. 118) et Raymond de Château-Rousset (*Inflammatus et aestuans*, *Otia Imperialia*, p. 5) brûlent également de désir.

172. Hennon se plaint d'être choisi ("*preelectus*") pour faire la volonté de la jeune fille qu'il rencontre.

173. Ling, p. 51. C'est la Déesse de la Mer qui parle.

174. F. Dubost distingue «quatre séries de situations rattachées aux quatre modalités principales de la manifestation surnaturelle.» *Aspects fantastiques de la littérature narrative médiévale* (*XIIe-XIIIe siècles*). *L'autre, l'ailleurs, l'autrefois*. Paris: Champion, *Nouv. Bibl. du Moyen Age*, 1991, p. 61. Notre protagoniste féerique présente dès maintenant les deux premiers: la "transgression des lois de la nature" et le "savoir de nature exceptionnel".

175. J. d'Arras, *Mélusine*, p. 8.

Pierre de Staufenberg en témoignent. La jeune femmme s'y dévoile (p. 175) en véritable fée protectrice obtenant le coeur de celui qu'elle aimait de tous temps:

> Je t'ai toujours suivi fidèlement. Depuis le jour où tu montas pour la première fois un coursier, j'ai pris soin de toi.

Les textes ne laissent donc planer aucun doute sur le caractère inévitable de la conjonction des deux partenaires.

Cette certitude mettra un terme à l'étude de la première figure du "parcours d'acquisition", la deuxième de l'agencement figuratif global de nos fictions. Elle présente le choc esthétique, effet de la rencontre. Transformant le hasard apparent en événement obligé, ce moment donne un sens à l'existence précaire que connaissait le mortel.
Soit:
**2: Rencontre spatiale et choc sensoriel.**

B. L'interdit "mélusinien". Variété des tabous, diversité des interprétations.

Le moment où s'énonce le fameux interdit conduit à examiner la séquence "vedette" de nos récits, celle qui fonde «l'originalité du conte mélusinien»[176]. La plupart des commentateurs ont remarqué, à juste titre, l'extrême variété des prohibitions. La question se pose tout naturellement de savoir s'il est possible de les unir autour d'un même foyer. La lecture des études qui leur sont consacrées apprend que les interprétations sont aussi riches et multiples que les présentations de l'interdiction elles-mêmes. Portons un premier regard sur les figurations changeantes du tabou grâce à trois auteurs particulièrement compétents.

Cherchant l'«explication de l'interdiction», Claude Lecouteux énonce ces deux «sens premiers»: «l'interdiction de voir l'être surnaturel et celle de divulguer son existence.»[177] Il complète cette affirmation quelques pages plus loin (p. 179):

> Si toutefois l'interdiction de prendre femme ou de révéler son origine (...) est claire, il n'en est pas de même de celle interdisant que l'homme divulgue sa bonne fortune.

L'auteur ne se satisfait pas de ces acquis et consacre un chapitre entier à «la signification de l'interdit». Le tabou est alors considéré soit comme une sorte de test affectif[178] soit comme le signe de

176. L. Harf-Lancner, 1984, *op. cit.*, p. 94.
177. 1982, *op. cit.*, p. 173.
178. «une mise à l'épreuve qui permet à l'être supérieur de savoir si son partenaire est digne de son amour.» (*Ibid.*, p. 188).

> la "ressemblance structurale" entre "le thème de Mélusine" et la religion chrétienne (le chrétien doit respecter les dix commandements, l'homme le tabou; l'un pêche, l'autre enfreint l'interdit).[179]

Pour Jean Markale, la défense porte une signification cognitive: un mortel «ne doit pas connaître une particularité de l'être féerique»[180]. Mais un peu plus loin, la menace que Mélusine lance à Raymondin suscite une interprétation différente qui accentue la féminisation du personnage de l'autre monde:

> N'est-ce pas là un interdit magique, un *geis* à la mode celtique, qui oblige l'hommme à être l'esclave (...) de la Femme, symbole (...) de la souveraineté absolue ?[181]

Laurence Harf-Lancner rassemble à son tour les formes les plus imprévisibles des versions de la clause. L'examen de l'interdit s'achève sur cette leçon à deux volets:

> on voit s'esquisser une explication commune à toutes ces formes de l'interdit. Dans les contes construits sur le thème du secret, comme l'histoire de la maladie des Ulates, il s'agit de ne pas révéler au monde des hommes que l'un des siens s'est uni à un être de l'autre monde. Quand cette union est officielle (...) c'est sa condition féerique qu'il faudra dissimuler.[182]

N'allons pas au-delà de ce constat. Compte tenu de son importance pour accéder à la signification du mythe "mélusinien", les analyses qui, naturellement, venaient ici, sont réservées pour plus tard. Pour ne pas esquiver totalement le problème, disons sans courir trop de risques, que le sens de l'interdit s'articule autour d'une prohibition frappant la relation des deux protagonistes, clef du don de la créature féerique, et, en conséquence, de la suite de la fable.

Cette observation, bien générale, porte un double enseignement. Elle montre, tout d'abord, la différence entre la clause "mélusinienne" et l'ensemble des prohibitions connues par les récits d'inspiration folklorique. On ne peut pas ne pas penser à ce propos à la fonction *gamma¹* «le héros se fait signifier un interdit» que *La Morphologie du conte* de Vladimir Propp[183] décèle au début des contes merveilleux russes. Elle met en évidence par ailleurs la nécessité de définir plus finement la condition, en

---

179. *Ibid.* Ou encore, comme «la transcription sous forme de conte de la doctrine platonicienne des tribulations de l'âme avant son retour au monde de l'être dont elle est séparée et dont elle se languit.» (*Ibid.*)

180. *Mélusine*. Paris: Ed. Retz, 1983, p. 9.

181. *Ibid.*, p. 36.

182. *Ibid.*, p. 100.

183. Paris: Seuil, *Poétique*, 1970, p. 37 sv.

considérant sa position dans le récit. Rapidement examinée, la place que l'interdit est susceptible d'occuper conduira à une définition contextuelle du tabou. Une certaine variabilité apparaît de nouveau. Les prohibitions peuvent se situer après la rencontre fascinante ou, conditionnant son achèvement, être imposées au coeur même du spectacle émouvant. Il arrive également que, tue tout au long de la narration, la trangression soit le seul signe de leur existence, secrète jusque là. Cette apparente disparité peut prendre un tour plus homogène si l'on distingue provisoirement deux groupes de récits. Dans le premier, le respect de l'interdit implique l'union. Soit l'enchaînement généralement admis dans les résumés du conte: Rencontre séduisante-> interdit-> union. Dans le second, la rencontre est immédiatement suivie de ce qui semble être sa réalisation, l'union amoureuse. La prohibition ne sera devoilée qu'au moment de la rupture finale de la relation ou bien quand une menace mettra en danger le bonheur des deux conjoints. Soit l'ordre: Rencontre séduisante-> union-> interdit. Penchons-nous sur ce second ensemble (le premier, respectant l'ordre attendu, ne soulève pas de commentaires). Dans les récits qui le composent (histoires du Ntori, de Santanu, de Crundchu, de Hennon, le *lai de Guingamor* dans une certaine mesure) l'union et les avantages qu'elle procure sont instaurés sans l'imposition d'une défense. Bien entendu des différences notables apparaissent parmi ces textes. Elles tiennent à la durée que peut connaître l'union tant que l'interdiction n'est pas dictée. Avant la défense qui le frappe, Guingamor croyait avoir vécu trois jours de félicité, trois cents s'étaient écoulés; Crundchu doit attendre la durée d'une gestation:

> Ils furent ensemble jusqu'à ce qu'elle devînt grosse de lui (...) N'y va pas, dit-elle, pour ne pas courir le risque de parler de nous, car notre union ne durera qu'autant que tu ne parleras pas de moi dans l'assemblée.[184]

Mais sa trahison est immédiate, l'entente avait tenu neuf mois, l'union fondée par l'interdit n'est qu'une virtualité ponctuelle. La différence entre les deux groupes de fables est-elle vraiment aussi tranchée que nous le présentons ? Le second place bien l'interdit avant l'établissement d'une relation qui s'inscrirait dans le temps (une sorte d'"union 2"), si le tabou était honoré. Ce serait une relation établie dans la durée grâce au respect de la défense, tardive certes, mais préalable tout de même. Il semble par conséquent que dans les deux ensembles de récits ce sont les conditions nécessaires à la pérennité de la relation que bâtit la défense "mélusinienne". On nommera "alliance" cette forme durable et profonde de l'union. Quelle que soit par conséquent la diversité des moments où l'interdit s'exprime, on

184. *Mythe et Epopée*, 1968, p. 608.

peut considérer sa position comme une caractéristique définitoire de sa mise en scène: situé après la rencontre charmeuse, il précède deux séquences qui procèdent de sa formulation, l'alliance (virtuelle ou réelle) et la transgression. Le déroulement du récit respecte donc toujours la logique suivante: Rencontre séduisante-> interdit -> consentement-> alliance -> transgression.

Au-delà de la promesse perceptive, la prohibition acceptée par l'être humain noue toujours les deux destins. En conséquence, la troisième figure s'énonce ainsi:

**3: Consentement du mortel à un tabou, clef de son avenir matrimonial.**

C. L'alliance et ses récompenses. La question de la descendance.

Les actes qui témoignent de l'observance des promesses concrétisent les accords passés entre époux; aucune surprise s'ils se révèlent aussi variés que les facettes de l'interdiction. Les preuves de l'obéissance sont parfois déchirantes. Le calvaire du roi Santanu pour garder le silence juré en donne une image douloureuse: comme Isis et Déméter, la déesse Ganga «se hâte chaque fois de le précipiter [son fils nouveau-né] dans le courant de "sa" rivière en lui disant: "Je t'aime!" (...) Le roi souffre mais craignant d'être abandonné ne proteste pas.»[185] Quoiqu'il en soit le tabou est respecté et l'union désirée devient réalité:

> Que vous feroy je long compte ? Ils furent espousez et menerent longtemps bonne vie ensemble.[186]

Quelles figures montre l'"alliance" ? Très souvent, elle emprunte la forme du don:

> Quant la meschine oï parler
> Celui ki tant la peot amer,
> S'amur e sun cors li otreie.[187]

Mais de nombreux textes soulignent qu'à ce premier présent s'en ajoutent bien d'autres. Aussi doit-on s'interroger sur le contenu de la gratification, sur les récompenses objectives et subjectives qu'elle occasionne. Avec sa désirable personne, l'être féerique offre diverses prestations visant à fonder ou à étendre la prospérité de son partenaire. La fée Mélior propose un véritable catalogue de présents, complétant celui qu'elle fait de sa personne: les vers 1465-1466

185. *Ibid.*, p. 179.
186. J. d'Arras, *Mélusine*, p. 9.
187. *Lai de Lanval*, v.131-133.

Et moi avrés cascune nuit
Por acomplir l'autre déduit.

ponctuent un inventaire de dix vers, riches d'offrandes engageantes. Les conteurs se plaisent à détailler les multiples avantages objectifs que l'"alliance" procure en dividende: simple aide ménagère (*Histoires de Macha* et de *Figure d'Ours*), richesses extraordinaires (*Psyché*), dons magiques (*Lanval*). L'absolu de la générosité est représenté par l'attribution indifférenciée de tout ce que l'être humain souhaite:

> Tout ce que tu veux, demande-le moi, je te le donnerai volontiers.[188]

> Tout ce que Tch'heng Tsai désirait mentalement, il l'avait aussitôt, avec la plus merveilleuse rapidité.[189]

Cette satisfaction matérielle et économique sans restriction se complète parfois de quelques bénéfices variables: la santé de l'heureux époux et la stabilité de son pouvoir politique, par exemple. Ainsi dans *Parzival*, le chevalier du Graal récompense-t-il son obéissante épouse en raffermissant son autorité, un temps menacée.

On se gardera d'omettre la naissance d'une belle descendance, comme celle issue de Hennon et de sa féerique compagne: *Et ex illa pulcherrimam prolem suscitat*[190]. Certaines fictions soulignent en effet la postérité fameuse que l'épouse merveilleuse engendre avec son compagnon. C'est le cas du récit de Wolfram von Eschenbach: «Le duc et la duchesse eurent ensemble de beaux enfants.»[191] Rappelons la postérité du rat Ntori, le fils de Pelée et Thétis, le futur Achille; on pensera également à la fécondité annoncée de Psyché et de la nymphe Urvaçî: «Viens avec moi et un fils te naîtra»[192]. Cette descendance semi-divine est-elle pour autant inséparable des contes mélusiniens ? Certains preux des textes médiévaux obligent à infirmer cette idée. Lanval, Guingamor, Graelent et Pierre de Staufenberg (Bayard également), sont des époux, ils ne sont pas pères. La cohorte grossit quand on quitte le domaine indo-européen. Les chevaliers sont alors rejoints par Crundchu, Figure d'Ours et Tch'eng Tsai, stériles eux aussi. Il n'est donc pas justifié de retenir la fécondité dans le noyau des figures autour desquelles s'organisent les récits. En revanche, ils s'accordent pour faire du bonheur des époux un élément constant de sa mise

188. *Histoire de Pierre de Staufenberg*, p. 179.
189. Ling, p. 55.
190. *De Nugis Curialium*, p. 175. «Elle lui donna de très beaux enfants.» (trad. Bate, p. 256).
191. *Parzival*, p. 381. Rappelons que c'est ce bonheur que connaissent Crundchu et Elinas avant de trahir leur femme: «Ils furent ensemble jusqu'à ce qu'elle devînt grosse de lui.» (*Mythe et Epopée*, 1968, p. 608); «elle fu enceinte de trois filles et les porta son terme et delivra au jour.» (J. d'Arras, *Mélusine*, p. 9).
192. *Le problème des Centaures*, p. 146.

en scène. On verra dans ce plaisir partagé les preuves d'une gratification d'une nouvelle nature: non plus objective mais subjective. L'extrait suivant, issu de l'histoire du marchand Tch'eng Tsai, pourrait se lire dans de nombreux autres contes "mélusiniens":

> Des délices aussi inattendus dans la vie froide et désolée de Tch'eng Tsai lui faisaient perdre la tête. C'était vraiment au-delà de tout ce qu'il aurait pu espérer (...) Sur ce la belle, remplie de joie, prit dans ses mains le cou de Tch'eng tsai.[193]

Au terme de cette étape importante, il convient d'expliciter les deux ensembles de figures - les quatrièmes et cinquièmes - qui forment le destin heureux des deux protagonistes, leur "alliance". Le bonheur de l'époux humain, son vif plaisir, consacrent l'apogée de sa réussite personnelle. Grâce au respect de sa promesse - quatrième figure - et aux libéralités dont le gratifie sa merveilleuse partenaire (cinquième), le voici prospère et heureux. Pour l'"estre faé" également, bien que les gratifications objectives puissent manquer, le bonheur partagé signale l'aboutissement de son projet, le point ultime de la relation qu'il lui était donné de vivre. On retiendra par conséquent les deux formulations suivantes:

**4: Respect de l'engagement humain.**
**5: Gratifications par l'époux merveilleux et bonheur partagé.**

## III. Le parcours de perte. Equivalent inversé du parcours d'acquisition.

### A. La transgression.

Installé dans la satisfaction de son "alliance", l'être humain est conduit tôt ou tard à enfreindre l'interdit qui fondait pourtant son bonheur apparent. Aucune des narrations étudiées n'expose la pérennité de l'alliance. Certes, il n'est pas impossible de trouver dans l'immense corpus mondial des fictions "mélusiniennes" un récit qui omette la transgression, mais le cas est bien rare. Nous n'en avons rencontré qu'un seul[194]. Il s'agit d'un texte recueilli par sir James G. Frazer dans son chapitre "Totemism in West Africa", l'histoire de la famille des Appei (texte qui, précisément parce qu'il méconnait la transgression, n'a pas été retenu dans le corpus). Un constant respect de l'interdit permet son heureuse expansion: *so the family strictly observed the prohibition and multiplied*[195].

193. Ling, p.53. Comme l'évocation suivante de la joie de Lanval: «Mut ot Lanval joie e deduit.» (v. 215).

194. Il complète deux narrations citées par L. Harf-Lancner: Goulnar de la mer et un conte grec (1984, *op. cit.*, p. 111).

195. *Totemism and Exogamy*, 1910, *op. cit.*, p. 567.

Pour préciser le contenu de la transgression, on distinguera l'étude de ses causes de celle de son effectuation. Comment se montre la rupture de l'accord qui unissait les heureux "époux" ? D'où vient que l'être humain décide de mettre en oeuvre ce qu'il sait funeste à son bonheur ? La première motivation s'explique par l'intervention d'un nouveau personnage. Souvent garant des valeurs sociales, il - ou elle - inspire au malheureux mortel son geste fatal. Tel est le rôle néfaste que jouent le frère de Raymondin - beau-frère de Mélusine -, les soeurs de Psyché, le fils du roi Elinas, les divers représentants de la hiérarchie politique ou religieuse dans les histoires de Pururavas, de Pierre de Staufenberg, de Partonopeu (sa mère est secondée par l'archevêque de Paris de qui le sermon convaincra le jeune homme) de Lanval et de Graelent ainsi que la mère de Hennon:

> *Mater hoc Hennonis aduertit, iustatque suspicione sollicita cuncta metuens, instat artissima sedulitate scrutari quid hoc (...). Mater filio uisa reuelat.*[196]

Cependant de nombreux contes "mélusiniens" négligent l'intervention d'un personnage hostile aux époux, une motivation intérieure justifie alors l'irrespect de la prohibition. Raymond de Château Rousset, la duchesse de Brabant, Guingamor, le chevalier Bayard, Tch'eng Tsai comme Figure-d'Ours, Wastinius et Pélée portent seuls, par exemple, le poids de leur faute. Quelques facteurs psychologiques légitiment la surprenante aspiration du "héros" à nier son bonheur: folie, incapacité de soutenir l'horreur du tabou, distraction, amnésie, peur d'être abandonné sont particulièrement sollicitées. L'ensemble paraît bien hétéroclite. Encore une fois, il reviendra à l'"explication" de trouver un principe de classement adéquat à cette diversité.

Que veut dire "transgresser" dans cette aventure ? La désobéissance de l'infidèle peut consister en faits aussi disparates que songer au pays natal, se marier en justes noces, toucher sa partenaire à l'aide d'un morceau de fer ou d'un brandon, vouloir entendre sa voix, etc. Inutile d'insister sur la variété des actes prohibés, elle a déjà été évoquée, à l'envers, dans les pages consacrées à l'interdiction. Citons un exemple démonstratif, variante des infractions visuelles, l'outrage exposé par *Partonopeu de Blois* qui rappelle tant l'offense commise par Psyché dans le roman d'Apulée. Comme armé par la lanterne fournie par sa mère, le jeune héros

> Si l*'a veüe o la clarté *sa compagne, Mélior
> De la lanterne qu'il tenoit.

196. *De Nugis Curialium*, p. 175. «La mère d'Hennon remarque cela [son épouse évite l'aspersion d'eau bénite] et, craignant tout dans le trouble où la plonge ce juste soupçon, elle se met à épier ce qu'il en est avec une application très étroite (...). La mère révèle à son fils ce qu'elle a vu.» (trad. Bate, p. 257).

A descovert nue le voit;
Mirer le puet et veïr bien
C'onques ne vit si bele rien. (v. 4526-4530)

Ces considérations conduisent aux deux figures qui construisent un face à face dramatique avec les images de l'acquisition. La transgression est une configuration complexe qui présume, en premier lieu, la motivation de l'époux humain, influence d'un personnage autonome ou poussée chevillée au corps même du "héros". Ces mobiles de la violation forment la sixième figure (6). Ils inversent le "consentement à l'interdit" (3). On nous permettra d'écrire 6 <-> 3 (<-> indiquant l'opposition, l'inversion). De plus, la transgression (7), c'est une évidence, retourne les actes respectueux du tabou (4).
**6: Consentement à la transgression** (<-> 3).
**7: Violation du tabou** (<-> 4).

B. Dissimulation et révélation. Des figures non "mélusiniennes".

Les conséquences de la funeste trahison peuvent être de différents ordres: affectives, morales, spatiales, matrimoniales, économiques. Toutes, cependant, ne doivent pas être retenues comme des entités invariablement attachées à ce récit. Parmi les effets permanents de la déloyauté, nous ne conserverons dans ces pages que la séparation et la rupture affective. Ce choix ne va pas de soi. Il écarte un rejaillissement de l'infraction que l'on présente souvent comme un élément assignable à cette étape du conte: la révélation, plus ou moins spectaculaire, de la nature de l'être de l'autre monde. Une nouvelle fois, le parcours de la perte intervertirait les traits présents dans le parcours de l'acquisition. Cette opinion est-elle justifiée ? Si l'on pense que l'interdit a pour origine l'ignorance du mortel, qui «ne doit pas connaître une particularité de l'être féerique»[197], il est en effet naturel de penser, *a contrario*, que la découverte de cette particularité, jusque-là inconnue au mortel, constitue la conséquence la plus remarquable de la violation du tabou. Deux de ces résultats étayent généralement ce point de vue: la révélation de signes féeriques ou monstrueux; plus spectaculaire, la métamorphose[198]. La lecture des textes légitime-t-elle ce point de vue ?

Acceptons sans la discuter pour l'instant l'hypothèse de la récurrence de la métamorphose. Peut-on dire, tout d'abord, qu'elle intervient

197. J. Markale, *Mélusine*, 1983, *op. cit.*, p. 9. L'examen, dans la quatrième partie, de «La vocation civile d'êtres équivoques» donnera l'occasion de préciser ces observations.

198. Lire les réflexions générales - et non spécifiquement "mélusiniennes" - de C. Ferlampin sur la métamorphose comme figure de l'enchantement féerique dans les romans en prose du XIIIème et du XIVèmes siècle (*Magie et Surnaturel dans les romans de chevalerie en France au XIIIème et au XIVème siècle*. Thèse de doctorat, Paris Sorbonne, 1989, p. 317-319).

inéluctablement après la transgression selon la logique: "il" transgresse donc "elle" redevient l'être de l'autre monde qu'elle dissimulait sous couvert de prohibition ? Dans l'aventure de Pélée et de Thétis, les révolutions de la Néréide n'ont aucun rapport avec l'irrespect de l'interdit. Elles se succèdent bien avant que le père du futur Achille ne contrevienne à la défense fatale. Bayard et l'époux du rat Ntori ont aperçu la véritable réalité de leur conjointe avant sa transfiguration humaine[199]. Hennon apprend également la modification (en dragon) de sa femme antérieurement à l'acte fatal, l'aspersion d'eau bénite. Crundchu ne décèle pas la véritable nature de sa conjointe parce que la transgression en révolutionne l'aspect. Il a découvert ses capacités "équestres", si l'on peut dire, avant même que sa jeune femme n'affronte les chevaux du roi. N'est-ce pas parce qu'il connaît ces formidables compétences qu'il peut s'en vanter devant ses compatriotes, n'est-ce pas ce que précisément, bien qu'il le sût, il n'aurait pas dû dire ? Il n'est donc pas justifié de considérer que, dans ce récit, la désobéissance provoque la métamorphose. Terminons par un cas éminent, le sort de Mélusine. Décidé par son frère, Raymondin perce un trou dans la porte de la pièce où son épouse se baigne. La forme serpentine - ou draconienne - de la Mélusine aquatique n'est évidemment pas la conséquence de la transgression de son mari, elle en est le moteur:

> Remond (...) voit Melusigne en la cuve, qui estoit jusqu'aux nombril en figure de femme et pignoit ses cheveulx, et du nombril en aval estoit en forme de la queue d'un serpent, aussi grosse comme une tonne ou on met harenc.[200]

Aussi n'est ce pas sans étonnement que l'on découvre qu'une seule des vingt narrations se déploie conformément à la progression attendue: l'interdit imposerait la dissimulation et la transgression révèlerait soudainement la nature inhumaine de l'épouse. C'est Gervais de Tilbury qui propose ce cas original, au terme de la liaison de la belle inconnue et de Raymond de Château Rousset. Le chevalier a juré de ne jamais tenter de lever les yeux sur la nudité de sa compagne, mais, poussé par une irrésistible curiosité:

> *miles, ut uxorum nudam uideat, accedit, statimque domina in serpentem conversa...*[201]

La conclusion s'impose d'elle-même: l'enchaînement qui fait se succéder interdit, dissimulation de l'"estre faé", ignorance de l'être humain,

199. Bien entendu, le motif de la Belle et la Bête présente toujours dans ces premières lignes l'épouse merveilleuse sous les traits d'un monstre.

200. J. d'Arras, *Mélusine*, p. 242.

201. *Otia Imperialia*, p. 5. «Le chevalier s'approcha pour voir sa femme nue, et aussitôt la dame, transformée en serpent...» (trad. Duchesne, p. 150).

transgression puis métamorphose n'est pas inhérent à nos fables. Plus largement, on peut se demander si la divulgation, à un moment ou à un autre, de traits physiques étranges jusqu'alors demeurés clandestins constitue bien l'un des impératifs figuratifs du récit étudié. Cette thèse assure que la révélation renverserait une dissimulation. Retournons ce couple à notre manière. Si, comme nous l'avons anticipé au cours de l'analyse du tabou, l'interdit n'induit pas nécessairement le voilement de la créature féerique, réciproquement, sa transgression n'implique pas d'aveu. Regardons les textes. L'hésitation n'est guère possible en ce qui concerne un premier groupe de contes, celui où une spectaculaire mutation de lois du monde humain précède la transgression. Le mortel ne peut avoir aucune hésitation sur sa grâcieuse mais polymorphe partenaire. Ces deux vers du *Lai de Lanval* expriment avec évidence cette situation. La séductrice ne cache pas ses pouvoirs magiques au chevalier et déclare sans mystère qu'elle ne sera visible qu'à lui seul:

> Nuls huem fors vus ne me verra
> Ne ma parole nen orra. (v. 169-170)

Partonopeu est avisé d'une assurance exactement contraire, mais tout aussi significative: aucun autre être humain ne paraîtra à ses yeux tant qu'il ne l'aura pas épousée, lui déclare Mélior:

> Mais n'avrés home en compagnie
> Ne feme fors moi, vostre amie;
> Home ne feme n'i verrés,
> Ne a nului n'i parlerés. (v. 1467-1470)

Quelles que soient les fictions, avec ou sans métamorphose donc, l'époux merveilleux fournit bien d'autres preuves de sa singularité. Ses qualités tout à fait extra-ordinaires, fondatrices de son statut électif, complètent son comportement mystérieux (refus de tout contact physique, mutisme absolu, manquements aux rites religieux, assassinat d'enfants, demeure subaquatique). Autant de signes qui exhibent sans ambages ses pouvoirs fabuleux. Il n'y a pas de "Mélusines" humaines[202]. On prétend parfois que l'"estre faé" devrait rester dissimulé aux yeux de son entourage social, souvent hostile. Cette hypothèse n'est pas plus justifiée que la précédente. Claude Lecouteux la contredit à l'aide d'un exemple éclairant, celui des connaissances du suzerain de Raymondin: «Au fond, le comte de

---

202. Affirmation qui exclut de la réflexion des fables bien connues où l'irrespect d'une clause déchire le mariage de deux époux humains. On pense au célèbre roman de Chrétien de Troyes, *Erec et Enide* et à la si charmante *Châtelaine de Vergi*. *Cf.* l'introduction de G. Angeli à l'édition, *La Castellana di Vergy* (Rome: Salerno Editrice, 1991) et, de R. H. Bloch, "The Lay and the Law: sexual/textual Transgression in *La chastelaine de Vergi*, the *Lai d'Ignaure*, and the *Lais* of Marie de France", *Stanford French Review*, XIV, 1990, p. 181-210.

Poitiers n'est pas dupe du caractère surnaturel de Mélusine.»[203] Autre exemple: dans *Parzival*, le chevalier du Graal avise sa future épouse de sa condition "mélusinienne" «devant la foule assemblée de tous ses sujets, riches et pauvres.»[204] L'union est officielle, la condition féerique révélée au monde. Ces différentes raisons persuadent de ne pas conserver le couple dissimulation/révélation comme l'un des éléments invariants, définissant les récits "mélusiniens". Pourtant l'étrange envoyé(e) de l'autre monde traversera ces aventures en cultivant une vérité énigmatique. Laissons provisoirement dans l'ombre ce secret impénétrable, l'étude figurative est impuissante à l'éclairer.

C. Rupture matrimoniale et avenirs du récit.

Le déroulement du conte achemine vers les conséquences, constantes cette fois, de la perfidie. Les segments du parcours de perte prennent incontestablement le contre-pied de ceux qui forment la séquence de l'acquisition. L'interdiction bravée, la créature de l'autre monde renonce à l'alliance, de quoi découlent plusieurs effets. Dans une sorte d'automaticité implacable, l'époux bafoué déchire son couple, irrémédiablement ou non, et disparaît pour retourner vers la familiarité de ses origines. Certains récits le font comprendre avec une grande simplicité, il rentre chez lui. La fiancée de Bayard le déclare sans cérémonie:

> Je ne saurais être à vous présentement. Si vous voulez me retrouver, sachez que ma demeure est entre la mer noire et la mer bleue (...) Adieu! Elle dit et disparut.[205]

Particulièrement explicites à ce propos, Apollodore: Thétis, «ainsi empêchée d'achever l'exécution de son projet, abandonna le petit enfant [Achille] et s'en retourna auprès des Néréides»[206]; Wolfram von Eschenbach: Loherangrin «voyagea à travers mers et terres jusqu'à ce qu'il fût revenu sous la garde du Graal»[207] et Jean d'Arras, le départ de Mélusine fait l'objet d'un chapitre autonome: "Comment Melusigne se party de la fenestre et se mua en guise de serpente". Ce déplacement effectue en sens

203. 1983, *op. cit.*, p. 41.

204. *Parzival*, p. 380. La compagne de Pierre de Staufenberg ne craint pas de s'afficher aux yeux du monde, elle et ses merveilleux dons: «Rassemble donc tes frères et tes chers amis et déclare-leur qu'une femme prend soin de toi (...). Apprends-leur sans détour quelles sont nos relations, je te le permets, mon cher époux.» *Histoire de Pierre de Staufenberg*, p. 181.

205. Cadic, p. 29.

206. *La Bibliothèque*, p. 112. Sans équivoque non plus, le final de l'histoire de Wastinius: *inventam eam fugientem cum prole insecutus est, et vix unum ex filiis suis arripuit, nomine Triunein Vagelauc.* (*De Nugis Curialium*, p. 150). «Il la surprit en train de fuir avec les enfants. Il les poursuivit et eut bien de la peine à lui arracher un de leurs enfants, Triunein Vagelauc.» (trad. Bate, p. 146).

207. *Parzival*, p. 381.

inverse celui qui avait conduit l'"estre faé" vers les humains (figure 2). Dans les contes "morganiens", bien entendu, le héros humain accomplit à rebours le voyage vers ses semblables.

Les narrations étudiées autorisent-elles à dégager de nouvelles figures inhérentes à cette étape du conte ? Prenons l'exemple des gratifications offertes au "héros". A l'heure de la rupture irrémédiable, est-il brusquement privé de sa santé, de sa postérité et de ses biens ? Les réponses sont d'une grande variété: incertaines, dans l'histoire de Pélée, de Wastinius ou de Santanu, ses attributions sont maintenues pour la duchesse de Brabant, le marchand Tch'eng Tsai et, on peut le supposer, pour les protagonistes qui partent (ou repartent, comme Guingamor) vers l'autre monde, on pense à Lanval et Graelent. Parfois la narration ignore leur destin (histoires de Hennon et de Wastinius). Enfin, dans un nombre restreint de contes et comme on pouvait s'y attendre, dès que le parjure est commis, l'infidèle est privé définitivement de la jouissance de ces bienfaits. La privation retourne alors les généreux acquis. Voilà le perfide époux malade, affaibli, fou ou ruiné, comme Raymond de Château Rousset et Raymondin, dont les pertes s'égrènent dans une douloureuse litanie[208]. Chez Coudrette, l'usage du vers souligne la scansion d'une plainte plus ample que celle que peint le prosateur:

Adieu ma dame aux beaux crins blons,
Adieu toute beneürté,
Adieu mon bien et ma seurté.
Adieu vous dy, doulce maistresse;
Adieu ma joye et ma richesse;
Adieu commans tous mes esbas,
Adieu druerie, adieu solas; (v. 4232-4238)

Le destin de la progéniture, dans les quelques textes qui la donnent au couple, n'offre pas de certitude plus assurée. Psyché, Raymondin, Raymond de Château Rousset, Santanu et Pélée (père du futur Achille) conservent le fruit de l'"alliance". D'autres ont plus de difficultés et doivent s'opposer, avec des succès divers, à la tentative d'enlèvement perpétrée par leur ancienne compagne. Wastinius ne peut sauver qu'un seul de ses enfants; le conjoint du Ntori réussit à en soustraire deux sur quatre; moins chanceux, Elinas perd ses trois filles, parmi lesquelles Mélusine. Tout aussi décevante serait l'étude d'autres effets[209]. Car elle ne conduirait pas plus à

208. «Or ay je perdue joye beauté, bonté, doulcour, amistié, sens, courtoisie, charité, humilité, toute ma joye, tout mon confort, toute m'esperance, tout mon eur, mon bien, mon pris, ma vaillance.» J. d'Arras, *Mélusine*, p. 243.

209. Il arrive que le châtiment du parjure se double de l'expression de l'insatisfaction et de la déception. Présine manifeste de nostalgiques remontrances proches de celles de Mélusine à la suite du parjure de Raymondin. Coudrette est, à cet égard, plus dramatique que Jean d'Arras (v. 3935-3938). A ces accents plaintifs répond de temps à autre la détresse du mortel:

dégager de nouveaux contenus définitoires, assignables à cette phase de la narration. L'existence de l'époux parjure, par exemple, se révèle d'une extrême plasticité, si tant est que les narrations s'y intéressent, ce qui est loin d'être le cas le plus fréquent. Certains infidèles continuent de vivre dans leur espace familier, comme Wastinius, Hennon et la duchesse de Brabant, certains meurent comme Pierre de Staufenberg et Figure d'Ours. Raymondin finit sa vie dans la réclusion monacale. Un troisième ensemble connaîtra, enfin, le bonheur dans les bras de la créature de l'autre monde. Mais il faudra franchir de terribles épreuves avant de retrouver l'objet désiré. Pour Partonopeu, Psyché, Pururavas, Lanval, Graelent, le chevalier Bayard, Tch'heng Tsai et Guingamor, le conte prend l'allure d'un récit "morganien" heureux et exploite le fameux type "la quête de l'époux disparu" dont nous sommes partis. Cependant, la curiosité - et la logique d'inversion qui contraint les trois "parcours" - incitent à s'interroger plus précisément sur le sort dévolu à l'être humain quand l'"estre faé" retourne en sa demeure. Puisque chacune des figures de la perte effectue à l'envers un trait de l'"acquistion", on se demandera quel terme ce régime de retournement oppose aux traits négatifs attribués au mortel à l'ouverture des fables. On observe alors qu'au terme de son destin "mélusinien" (qu'il en meure ou non), le mortel revient, non pas nécessairement à son lieu de départ mais, semble-t-il[210], aux dispositions qu'il connaissait à l'initiale du récit. Après la "renonciation" et le départ de sa prodigue épouse, le malheureux éprouve de nouveau la "singularité" et la "disponibilité matrimoniale." Cet apparent retour au statut inaugural s'accomplit quels que soient les futurs réservés au protagoniste. Avec ou sans ses enfants, bénéficiant ou non des dons de sa compagne évanouie, au moment de partir à sa quête ou de s'enfermer à jamais dans l'obscurité du cloître ou du tombeau, l'ancien époux est dépouillé de deux des bénéfices que lui procurait l'"alliance", l'intégration sociale et le bonheur d'être époux.

Le sort de ceux qui ont rompu leur promesse en s'engageant à épouser une femme "normale", si l'on peut dire (ce qui précisément leur était interdit) mérite l'attention. Ce mariage annoncé ne leur est d'aucun secours. Pierre de Staufenberg[211] devait «rester sans épouse légitime jusqu'à sa mort» (p. 175), c'était du moins ce qu'il avait juré à sa compagne merveilleuse. Il a pourtant accepté de se marier avec une parente du roi. Son épouse féerique est contrainte de l'abandonner le jour même de la cérémonie. Mais aucun espoir d'alliance nouvelle n'est permis au chevalier mourant:

---

«Tch'eng Tsai se lamentait à grands cris; désespéré par ses paroles malheureuses, il aurait voulu écraser son corps en le jetant à terre, briser sa tête contre les murs.» Ling, p. 61.

210. Le chapitre suivant reviendra sur ce sujet.

211. Deuxième exemple, le sort de Tch'eng Tsai.

Demoiselle, ma drue, ma mie, Dieu aie pitié! Je ne connaîtrai jamais le bonheur dans tes bras.[212]

Le contenu figuratif propre au stade final paraît donc équivalent à l'"individuation" qui ouvre nos contes. Il n'en prend pas le contre-pied. Cette dernière étape rompt avec la distribution continue et opposée des deux séries de figurations qui réglait la présentation des parcours jusqu'alors.

Voici, pour conclure l'étude de la rupture de l'"alliance", les trois figures qui la composent. Aucun des récits ne fait exception à la cascade d'inversions qui suit. Après l'ingrate transgression, l'être de l'autre monde cesse de s'offrir à son époux humain. La "renonciation" - huitième composante - contredit donc le bonheur partagé (5). Quant à la "séparation des conjoints" (9), elle prend le contre-pied de la rencontre (2). Le dernier trait ("retour de l'être humain à la disponibilité et à la singularité") échappe à ce processus de renversement. Les deux contenus figuratifs de départ paraissent se lire de nouveau dans le statut ultime de l'être humain.
**8: Renonciation** (<-> 5).
**9: Séparation des conjoints** (<-> 2).
**10: Individuation** (=1).

## IV. Structuration figurative du récit.

L'observation des récits a désigné la collection des figures qui élaborent l'imagerie "mélusinienne". On s'est efforcé de montrer qu'il ne fallait pas les considérer comme des traits autonomes mais comme des éléments répartis au sein d'enchaînements structurants qui articulent et organisent, par "détermination réciproque", leur mise en scène signifiante. Finalement ce travail conduit à l'enseignement suivant: trois "parcours", disposant dix figures, dessinent la **définition figurative** de la fable "mélusinienne". Ces dix chaînons, deux pour l'"individuation" (initiale et finale), quatre pour l'"acquisition", quatre pour la "perte", apparaissent au coeur d'un procès contraint. Car l'un appelle logiquement[213] l'autre, et cela selon trois règles que nous avons régulièrement sollicitées: l'implication (=>), l'inversion (<->) ou l'égalité (=). Voici alors, pour résumer la "désignation" entreprise, le modèle qui permet d'en prendre une vue globale:

A. Parcours d'individuation. Disponibilité et singularité, introductions à la précarité du protagoniste humain (1).

B. Parcours d'acquisition

212. *Op. cit.*, p. 188.

213. Par conséquent, l'éventuelle ellipse de l'un d'eux dans un récit n'empêche pas qu'il puisse être envisagé à sa place.

2: Rencontre spatiale et choc sensoriel.

3: Consentement du mortel à un tabou, clef de son avenir matrimonial.

4: Respect de l'engagement par l'être humain.

5: Gratifications (par l'époux merveilleux) et bonheur partagé.

C. Parcours de perte

6: Consentement à la transgression.

7: Violation du tabou.

8: Renonciation de l'"estre faé".

9: Séparation des conjoints; inversion spatiale.

A: Individuation finale. Retour de l'être humain à sa disponibilité et sa singularité initiales.(10)

Soit, si l'on tient compte des oppositions signalées:

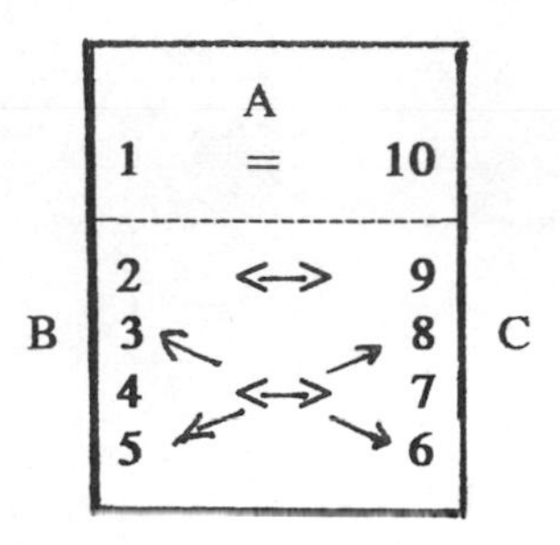


Tel est le socle stable et irréductible dont nous avions besoin pour échafauder la description et les explications ultérieures. Ce modèle répond d'une manière inédite, croyons-nous, au souci qui ouvrait ces lignes: réduire la masse des éléments offerts par les innombrables occurrences du récit sous forme de figures structurées et peu nombreuses.

## *CHAPITRE IV.*
## *UNIVERS DU DISCOURS "MELUSINIEN"*

La signification du récit n'est que provisoirement ébauchée par cette construction figurative. Il importe maintenant de reconnaître les rouages narratifs qui disposent ces premiers éléments. Dans ce chapitre, l'exploration des événements de la narration où prennent place les "parcours figuratifs" sera informée par la théorie sémiotique, héritière sourcilleuse des requêtes du structuralisme. En effet, pour la conception générative du sens qui lui est propre, la capitalisation figurative suppose, en amont, une forme narrative qui la fonde. Cette organisation signifiante sera le premier objet de la description élémentaire qui vient. Elle visera un objectif plus ambitieux, la mise au jour des «organisations sémiotiques profondes»[214], clefs selon la méthode suivie des récits qualifiés de "mythique"[215]; on comprend notre intérêt. Ces idées, bien générales et sans doute un peu énigmatiques, seront plus intelligibles quand seront éclaircis quelques termes du jargon sémiotique et les principes qui les appellent[216].

### I. Sémiotique narrative et description des mythes.

La sémiotique narrative se définit de bien des façons. Notamment par les écueils qu'elle souhaite éviter, les impasses sémiologiques et ontologiques surtout. Fidèle à son héritage linguistique et structural, la méthode greimassienne estime que «l'essentiel de l'héritage saussurien» est déposé dans le «concept fondateur de *structure*». C'est pourquoi il convient de «se débarrasser de la problématique du *signe*, principal obstacle aujourd'hui à tout progrès théorique» et d'admettre que «le "sémiotique" se

---

214. *Dictionnaire raisonné*, 1979, p. 241; entrée "mythique".

215. Lire, complétant les entrées *ad hoc* dans les deux *Dictionnaires raisonnés*, les contributions d'A. J. Greimas recueillies dans *Du sens* (*Essais sémiotiques*. Paris: éd. du Seuil, 1970), "La quête de la peur" (p. 231-247) et "Pour une théorie de l'interprétation du récit mythique" (p. 185-230). Voir également l'"Introduction" de *Des dieux et des hommes. Etudes de mythologie lithuanienne*. Paris: PUF, 1985. *Le discours anthropologique* offre une importante contribution de C. Calame, "Du figuratif au thématique: aspects narratifs et interprétatifs de la description en anthropologie de la Grèce ancienne" (Paris: Méridiens Klincksieck, 1990, p. 111-282).

216. L'éclaircissement qui vient n'a d'autres prétentions que de présenter sommairement l'idée que cette discipline se fait de l'action narrée, dans un but directement concret. Des éclaircissements complémentaires seront nécessaires ultérieurement pour comprendre tel ou tel point de méthode passé sous silence dans ces lignes liminaires.

situe entre les signes, qu'il est présupposé et antérieur aux signes»[217]. Le langage et les textes ne sont donc pas des systèmes de signes mais des ensembles de structures de signification. Toutefois, le recours au concept de "structure" impose le respect de certaines conditions. Notamment la définition des relations qui la composent et celle des termes structurés, noeuds où elles aboutissent. Ce souci tend à éviter le risque que les sémioticiens craignent par dessus tout, que l'usage de la notion de structure distinctive ne «s'épuise en contemplations métaphysiques de la différence.»[218] Le sens n'est pas une donnée sensible, il est inaccessible en tant que tel. La signification n'est que le fruit d'une opération de structuration. Elle s'identifie en conséquence à l'appareil formel qui le bâtit. En fait, elle n'est qu'une forme:

> la production du sens est,(...), en elle-même, une mise en forme significative, indifférente aux contenus à transformer. Le sens, en tant que forme du sens ...[219]

Affirmer le contraire, ruinerait l'autonomie des faits de langue et de discours. La théorie sombrerait dans l'esthétisme, l'ontologie ou la métaphysique et perdrait du même coup sa souveraineté[220]. Libérée de ce qu'elle estime être des entraves, la sémiotique affirme quelques principes positifs. Pour elle, les formes signifiantes n'agencent pas des unités-symboles (des x et des y) mais des concepts ("actant", "existence", valeur", "jonction", etc.). La notion est conçue comme une «dénomination (dont la signification est explicitée par la définition»[221]). La sémiotique se présente donc comme une «construction métalinguistique» (*ibid.*) ou comme une théorie dont le «souci premier (consiste à) expliciter, sous forme d'une construction conceptuelle, les conditions de la saisie et de la production du sens.»[222] Ces requêtes minimales sont précisées par deux séries d'options particulières, de nature syntaxique et sémantique. Héritière des traditions proppiennes, la sémiotique s'est préoccupée de distinguer les nappes de sens inhérentes à l'organisation des discours. Dans cette perspective, elle a examiné la dimension sous-tendant l'expansion des figures. Mais la critique greimassienne de la *Morphologie* de Propp a cherché un niveau de régulation des narrations plus profond que celui des "fonctions". Elle a mis

---

217. "Entretien avec A. J. Greimas sur les structures élémentaires de la signification"; *Structures élémentaires de la signification*. F. Nef. Bruxelles: Edit. Complexe. 1976, p. 18-26; ici, p. 18-19.

218. *Ibid.*, p. 19.

219. *Du sens*, 1970, *op. cit.*, p. 15.

220. Ce serait, comme l'affirme Hjemslev, se fixer «des buts transcendantaux» et rester sous l'influence d'une «linguistique empreinte d'esthétique et de métaphysique.» (*Prolégomènes à une théorie du langage*; trad. U. Canger. Paris: Ed. de Minuit, *Arguments*, 1971, p. 17).

221. 1979, p. 57; entrée "concept".

222. *Ibid.*, p. 345; entrée "sémiotique".

au jour une logique de séquences (une syntaxe) faite de ces unités élémentaires que sont les énoncés (d'états ou de faire) portés par un "actant". Cette notion-vedette de la théorie sémio-narrative se comprend comme une «unité syntaxique, de caractère proprement formel, antérieurement à tout investissement sémantique et/ou idéologique.»[223] Dans ce sens, le déroulement d'une fable, comme celle que nous allons suivre pas à pas, est conçu comme l'évolution de relations entre actants, engagés dans les changements d'énoncés (d'états). Cette syntaxe échafaude, à un niveau supérieur, une unité qui intègre des séries d'énoncés, le "schéma narratif". Ce modèle découpe le *continuum* narratif en étapes canoniques: une phase "contractuelle" précède l'attribution (ou non) des qualifications (les "compétences") autorisant - ou non - l'action du sujet, la "performance". L'évaluation de la conformité de la performance avec les termes du contrat achève le processus[224]. Quant à l'idée que la sémiotique narrative se fait des structures sémantiques, elle vient de Claude Lévi-Strauss. Le défilement des séquences des mythes et des contes est l'effet de projections paradigmatiques. Les "valeurs" (les contenus des fameux codes) sont organisées, préalablement à leur prise en charge actantielle dans les déplis de la narration, par des opérations logiques strictement définies. Celles-ci édifient la structure élémentaire, "profonde", elle porte le nom de "carré sémiotique".

En fait, l'armature narrative occupe une place centrale dans cette théorie. Elle dessine l'espace où les contenus sémantiques se projettent sur les opérations des actants, espace où les événements deviennent sens. La syntaxe actantielle est, en effet, une dynamique où des "sujets", souvent antagonistes, visent des "objets", riches de valeurs. Les séquences du "schéma" et leur habillage (épreuves, rapts, dons, déplacements, etc.) ne sont que les représentations de ces transferts entre sujets mus par une intentionnalité intéressée. La succession des états ou des séquences de la narration n'est donc pas «un simple *résumé* d'événements relatés dans le conte»: le dépli du récit a «un "sens", une direction, une intentionnalité sous-jacente»[225]. Il convient d'accentuer que la transmission de valeurs

---

223. *Ibid.*, p. 3; entrée "actant".

224. P. Haidu examine quelques romans arthuriens du XIIe siècle à l'aide d'un modèle différent (il articule les séquences *Approach*, *Nexus* et *Crisis*) mais fondé sur des principes identiques ("Narrativity and Language in some XIIth century Romances," *Approaches to medieval Romances*, *Yale French Studies*, 51, 1975, p. 133-146). Ce numéro présentait une forte concentration d'études sémiotiques portant sur le roman médiéval: l'article de P. Haidu coudoie, notamment, ceux de J.-C. Payen "A semiological Study of Guillaume de Lorris" et de P. Zumthor, "Narrative and Anti-Narrative: *Le Roman de la Rose*". Pour un usage particulier des principes de grammaire narrative, lire, de E. B. Vitz, *Medieval Narratives and Modern Narratology: Subjects and Objects of Desire* (New-York, Londres: New York Univ. Press, 1989).

225. «dont il nous reviendrait de proposer l'interprétation.» ajoute A. J. Greimas. *Préface* de *Introduction à la sémiotique narrative et discursive* (J. Courtés, 1976, *op. cit.*, p. 9).

entre actants (conflictuels ou contractuels) introduit à la vocation anthropologique de la discipline. Car la relation de l'homme avec l'objet de son désir inscrit «dans les structures de la communication inter-humaine» fournit les «bases d'une première articulation de l'imaginaire.»[226] Confrontée aux mythes la théorie greimassienne longe deux pentes. Inspirée par ses principes formels, elle affirme, d'une part, que connaître ou «reconstruire une mythologie ne signifie rien d'autre que [bâtir] la description d'un état structurel choisi»[227]. "Mythique" est alors synonyme de palier profond, opposé à stade figuratif. Faire émerger les propriétés mythiques d'un récit réclame l'usage d'un modèle narratif qui, seul, autorise l'accès à la strate de sens la plus profonde de ce contenu ("mythique", donc). Mais, pêchant sans doute par leur trop grande généralité, ces énoncés sont insatisfaisants. Aussi la réflexion s'est-elle employée, dans un deuxième temps, à préciser «les caractéristiques propres au discours mythique considéré cette fois comme "genre"». Sur le palier profond où coexistent et se différencient les termes d'une structure sémantique, la spécificité des réseaux narratifs propres aux mythes consisterait à «asserter alternativement comme vrai les deux termes contraires d'un univers de discours.»[228] Les paragraphes qui suivent s'emploieront à mettre en application cette seconde définition du "mythique". Ils décriront le tissu narratif et les valeurs sémantiques contraires que la trame du récit "mélusinien" élabore et affirme simultanément.

## II. Individuation et Acquisition. Une chaîne d'unités contractuelles.

Puisque les transformations narratives forment l'étayage de l'enchaînement figuratif du récit, l'examen se développera parallèlement aux trois parcours "désignés". Quand il paraît sur la scène "mélusinienne", le représentant des hommes détient deux qualités primordiales: la "disponibilité" et la "singularité". Elles induisent un contraste entre son apparition et sa situation antérieure (explicitement représentée ou non): une transformation entre deux "états" par conséquent.

---

226. "Les actants, les acteurs et les figures", *Sémiotique narrative et textuelle*. Paris: Larousse, 1973 (repr. dans *Du Sens II*, 1983, *op. cit.*, p. 49-66; ici, p. 50-51). Pour A. J. Greimas, la narrativité est, «qu'on le veuille ou non, d'inspiration anthropomorphe, projection qu'elle est des relations fondamentales de l'homme au monde ou, peut-être, inversement, peu importe.» *Du Sens II*, 1983, *op. cit.*, p. 47.

227. A. J. Greimas, *Des dieux et des hommes*. Paris: PUF, 1985, p. 19.

228. *Dictionnaire raisonné*, 1979, p. 241; entrée "mythique (discours, niveau)". Le second *Dictionnaire raisonné* reprend la formule quasiment dans les mêmes termes: «le mythe semble souvent articuler au sein du même micro-univers deux catégories sémantiques hétérogènes; la syntaxe fondamentale du mythe consiste alors à asserter comme vrais les deux termes contraires de cet univers de discours.» (1986, p. 149; entrée "mythique (discours)").

A. Le sujet humain et les valeurs "civiles".

L'étude de cette évolution doit répondre à une nouvelle interrogation, quitte à marquer un premier temps d'arrêt: quelles formes la sémiotique assigne-t-elle à l'"état", à l'"être" d'un sujet ? On s'étonnera, peut-être, de croiser au cours d'une étude formelle, de telles considérations. En réalité, la réflexion sémio-linguistique s'est intéressée dès son origine à l'existence des sujets notamment grâce à l'élaboration et au développement d'une sémiotique des passions. La réflexion narratologique initiale, très proche des idées proppiennes, concernait les "états de choses", c'est-à-dire des situations où des entités - le monde et ses objets - suscitent l'activité des sujets. La cohérence des formes de la signification ayant imposé la prise en compte du champ tumultueux de la vie intérieure, la recherche s'est intéressée à d'autres "états", les états d'âme. Ils composent «l'espace intérieur uniforme du sujet», son existence[229]. Pour faire court, disons que l'"être" du sujet et ses émotions retentissent des propriétés engagées dans l'objet et désirés par l'actant intentionnel. Comment comprendre, en accord avec ce principe, la situation que nous examinons ici ? A première vue, nous croisons un personnage bien connu des narratologues (et des psychanalystes): le sujet de manque. Sujet qu'un défaut lance dans une succession d'épreuves, et qui comprend

> que quelque chose manque, et ce moment est celui de la motivation: il entraîne l'envoi (B) ou bien, directement, la quête (C↑).[230]

La quête suppose donc un protagoniste volontaire, conscient du manque qu'il subit et de la tâche à accomplir pour le combler. De même que considérer l'être humain comme un "élu" avait semblé trop général, l'assimiler maintenant à un sujet de manque proppien paraît flou et laisser son originalité dans le vague. C'est qu'à ce stade aucun lien, aussi imaginaire soit-il, n'attache le héros à un quelconque être désirable. L'aventure le découvre privé de toute perspective d'action volontaire, placé dans une situation préalable à toute assignation de valeurs. Cette vacuité, comment la décrire ? Pour clarifier les "préconditions" des états du sujet actif, il a fallu mettre en place des outils spécifiques. Influencée par la phénoménologie de Merleau-Ponty, la sémiotique sollicite la notion médiatrice de "corps sentant" et percevant. A ce stade liminaire, les rôles

229. Pour une bibliographie étendue sur ce sujet, voir l'"Avant-Propos" de D. Bertrand au numéro *Les Passions, explorations sémiotiques. Actes sémiotiques* (XI, 39, 1986; p. 3). A. J. Greimas et J. Fontanille ont dépassé les premières problématiques avec *Sémiotique des passions. Des états de choses aux états d'âme*. Paris: Seuil, 1991.

230. V. Propp, *Morphologie du Conte*, 1970, *op. cit.*, p. 93.

actantiels et les objets valorisés ne sont pas mis en place et on ne peut parler pour l'instant que de

> prototypes d'actants, de presque objets et de presque sujets, de la *protensivité* du sujet, pour employer le mot de Husserl, et de la potentialité de l'objet.[231]

Il faut gravir un degré supplémentaire dans l'échafaudage pour atteindre la couche narrative où la description évolue maintenant. Les émotions et les "existences" y sont lues à travers le prisme des modalités[232], concept conçu comme une catégorisation des valeurs (dites "modales") du *vouloir*, *devoir*, *pouvoir* et *savoir*, attribuées au sujet. On l'a remarqué, cette exposition met en lumière deux valeurs, de nature sémantique et modale. Elles se complètent dans la mesure où, saisie dans son espace sémantique (son paradigme, son code), une détermination est prise dans le noeud liant l'objet et le sujet (de la narration), modalisant du même coup ce dernier. La "beauté" ou la "richesse", par exemple, peuvent être "voulues" ou non, par un sujet.

Revenons à notre préoccupation, le progrès entre les deux étapes initiales. Question déterminante pour séparer les univers du discours mythique: à quelles valeurs le sujet[233] d'un récit "mélusinien" est-il associé au sein du premier énoncé d'état ? La désignation a donné un début de réponse en mettant en évidence l'importance sémantique de l'individuation, qualification composée de la disponibilité matrimoniale (célibat ou veuvage) et de la singularité sociale. Peut-on lier ces traits en une seul contenu ? La réponse est positive car cette contenance individuelle se distingue d'un environnement social ou "civil". Ce terme est accepté ici dans le sens qu'indique le *Dictionnaire Robert*, «propre à la vie en société organisée.» A la suite de nombreux commentateurs, on observera que quel que soit l'espace social qu'il occupe, chassé ou non de la collectivité ou posté d'emblée loin d'elle, l'être humain, privé des avantages qu'elle prodigue, s'en distingue. On lit dans *Les Métamorphoses* d'Apulée une image teintée d'humour de l'injustice que subit l'innocente "héroïne" de la part des puissances divines, pourtant vénérées par ses parents et son peuple:

> *Sed monitis caelestibus parendi necessitas misellam Psychem ad destinatam poenam efflagitabat.*[234]

---

231. Greimas, Fontanille, 1991, *op. cit.*, p. 25.

232. Pour des éclaircissemnts, lire, de J.-C. Coquet, *Le Discours et son Sujet* (Paris: Klincksieck, tome 1, 1984; tome 2, 1985).

233. Figuré par l'être humain, il sera écrit S2.

234. «Mais la nécessité d'obéir aux avertissements célestes exige que Psyché, la pauvrette, subisse la peine qui l'attend.» *Les Métamorphoses*, IV, XXXIV, p. 38-39.

Les héros expulsés comme les princesses esseulées incarnent des sujets plongés dans un "état" qui s'édifie sur une évolution plus ou moins lente ou brutale mais qui, au bout du compte, les assemble aux rudes solitaires comme Crundchu et Figure d'Ours. Si ceux-ci ne pâtissent d'aucune privation, ne connaissent que le désert, comme le personnel des deux premiers ensembles, ils sont écartés des sources de valeurs et subissent, parfois, une peine affective qui engage à les prendre en pitié. Résumons ces premiers pas: ces sujets sont tous également séparés des valeurs "civiles" qui leur manquent[235]. Ils en sont finalement "disjoints", sans espoir ni capacités (au plan "modal") de combler ce creux. Du point de vue affectif, ils vivent, plus ou moins discrètement, une disposition que l'on appellera simplement "sentiment de vacuité".

Ce vide définit bien la statut de ce sujet de manque, expression que deux facteurs invitent à prendre dans un sens radical: le défaut des valeurs civiles et, surtout, l'absence de tout autre système de valeurs de substitution, les textes posant un initial «manque objectal.»[236] C'est précisément cette carence qui unit de nouveau les protagonistes dans la "singularité" et la "disponibilité". Rien dans le décor ou, plus généralement, dans les états de choses qui l'entourent ne s'offre comme "être-voulu", aucune incarnation ne se propose à la visée du (proto)sujet comme correlât objectif de son intentionnalité. La distinction avec le sujet de manque et sa relation avec les valeurs civiles sont évidentes. A cette étape, l'"objet", source d'attraits, n'est que *«praesentia in absentia»*[237] et le mortel semblerait assumer le rôle de ce «protoactant» que *Sémiotique des passions* appelle le «sujet potentialisé»[238], défini, comme tout sujet, par le lien qui le noue à l'objet. Mais il ne s'agit pas ici d'un véritable objet valorisé, seulement d'une mince «ombre de valeurs qui se profile sur l'écran de la tensivité phorique.»[239] Comment noter ce second ensemble sémantique, engagé dans la relation du sujet potentialisé avec ce qui, de fait, n'est pour l'instant qu'une "ombre de valeurs", sans incarnation quelconque ? Sans trop nous hasarder, nous le nommerons d'un terme générique, "valeurs de la fée" (sachant bien que si plusieurs envoyés de l'autre monde sont "faés", certains sont des bêtes prêtes à devenir belles,

---

235. L'étude des codes de la communication (partie IV) fera de nouveau apparaître ces personnages rejetés, chassés ou seuls. Ils se présenteront sous les traits de l'*apolis*.

236. A. J. Greimas, *Du Sens II*. Paris: Seuil, 1983, p. 235.

237. Greimas, Fontanille, 1991, *op. cit.*, p. 10.

238. Brève mais nécessaire considération technique: rappelons le quadruple développement de la catégorie de la jonction - d'un sujet aux valeurs portées par l'objet - et les "modes d'existence" conséquents: à la conjonction correspond un sujet "réalisé"; à la non-conjonction, un sujet "virtualisé"; à la disjonction, un sujet "actualisé" et à la non-disjonction, le «sujet potentialisé dans la mesure où il résulte de la négation du sujet actualisé et où il est présupposé par le sujet réalisé.» (*Ibid.*, p. 56).

239. *Ibid.*, p. 27.

d'autres des dieux ou des demi-dieux, membres d'un panthéon connu). Les chapitres suivants s'emploieront à élucider ce vague, à détailler les significations codées de cette notion bien imprécise. Pour noter l'énoncé correspondant à l'absence radicale de ces significations, nous ne pouvons proposer que la "disjonction"[240]. Réunissons les deux temps de ce premier pli (noté I) de la narration. Le "manque absolu" s'écrira finalement ainsi:
Enoncé I: S2 disjoint (?) des "valeurs civiles" et des "valeurs de la fée"[241].
Une remarque, familière au médiéviste, conclura ces premiers pas. La séquence où sont ainsi articulées les qualifications du "héros" n'est pas spécifique aux récits étudiés. Les narrations qui s'ouvrent sur une situation similaire sont innombrables. La littérature médiévale en connaît des fameuses, placées plus particulièrement au début des aventures romanesques, c'est à dire des péripéties qui ad-viennent aux chevaliers dont «le destin décidera du sort de la communauté.» Selon l'auteur de cet énoncé, Erich Köhler, ces chevaliers se distinguent, comme notre "héros", de leur groupe originel familier, par des qualités dignes «d'un individu exceptionnel», marques de l'élection, signes d'«une faveur que le destin lui a réservée.» Cependant, on l'a souligné, le protagoniste de notre récit se sépare des chevaliers évoqués par Erich Köhler (et des héros proppiens) puisque, loin d'être dominé par «l'idée de la Quête d'une épreuve librement choisie et organisée par l'individu»[242], il est privé de toute volonté, de tout rêve de voir s'améliorer son sort piteux.

B. La rencontre. Un contrat esthétique ?

La mise en présence des deux protagonistes déclenche un puissant événement. Désormais, et jusqu'à l'ultime étape du récit, le cours de ces contes suivra les chemins narratifs concomitants arpentés par les deux actants. Un constat, tout d'abord. Le représentant de l'autre monde assume un triple rôle actantiel, celui de sujet (noté S1; lui-même lié à une source de valeurs désirables: l'être humain), celui d'"objet" attrayant et, non le moindre, celui de destinateur, source de séduction; en tant que tel, il promet les prix de l'alliance que, sans imagination, on vient de nommer

---

240. Proposition qui heurtera le fidèle de *Sémiotique des Passions*. Pour lui, on l'a dit, un "sujet potentialisé" occupe la position de la "non-disjonction" (qui, bien entendu, suppose une "disjonction" préalable). Mais le vide absolu décrit ici ne suppose ni perte ni acquis antérieurs. Un (?) témoignera de nos doutes.

241. Pour être exact, il faudrait écrire «disjoint de l'objet de valeurs civiles et de l'objet de valeurs de la fée». On a choisi d'alléger les notations, de même que l'on consignera les énoncés en suivant l'histoire subjective de S2. Pourquoi pas celle de sa partenaire ? C'est pour éviter de dédoubler toutes nos écritures. Le futur "S1" est inclus dans chaque énoncé "valeurs de la fée".

242. *L'Aventure chevaleresque*, 1974, *op. cit.*, p. 78, pour ces citations.

"valeurs de la fée". On a un temps évoqué les connaissances du représentant de l'autre monde. Il n'ignore ni le but de sa mission, ni le partenaire qu'il va épouser. Dans le jargon modal, on dira que le mortel est non seulement "voulu" mais "connu". Ces termes indiquent assez que nous sommes bien cette fois en présence d'un véritable sujet d'état, "disjoint" des valeurs qu'il vise, doublé d'un destinateur omniscient. Quelles sont les conséquences de son irruption ? Dès que, dans une figuration à tous égards remarquable, le représentant de l'autre monde est perceptible, le "sujet potentialisé" change de statut. Le voici introduit à son destin de quêteur, transformé en un sujet proppien, a-t-on envie d'écrire, subissant tout simplement une séparation que, fasciné, il souhaiterait impatiemment abolir.

A cet instant où, par la grâce de l'avènement de la Beauté cesse enfin le sacrifice du figuratif, la "disposition" se déforme et devient jonction **directe**[243] entre la séductrice et le spectateur-auditeur fasciné, mué en sujet d'état. La lecture de deux textes adoucira l'aridité de ces remarques. Le premier peint la fée que surprend Guingamor:

> Biaus membres ot, et lons et plains,
> el siecle n'a tant bele chose,
> ne fleur de liz, ne flor de rose,
> come cele qui estoit nue. (v. 430-433)

le second, venu d'Amérique, accentue moins l'éblouissement esthétique:

> une femme qu'il n'avait pas entendu venir s'approcha de lui [Figure d'Ours]. Celle-ci s'agenouilla sans adresser un mot au chasseur et l'aida à dépecer le mouflon. La femme était plaisante et elle travaillait bien.[244]

Tout pourrait s'arrêter là, à ce point d'irruption et l'être humain passerait son chemin. Il n'en est rien, l'objet destiné occupe immédiatement une place éminente dans les projets de son admirateur. Continuons à parcourir cette étape en compagnie de nos deux guides, Guingamor et Figure d'Ours. Retrouvons-les exactement à l'instant où nous les avons laissés:

> Desque Guingamor l'ot veüe,
> commeüz est de sa biauté, (v. 434-435)

Il vole alors ses vêtements, pensant prochainement assouvir son désir. Figure d'Ours invite Fille du Rocher à partager son repas. Elle s'empresse de cuire la viande:

> En mangeant l'homme considéra sa compagne. Elle ne consommait que peu d'aliments et ne parlait pas beaucoup. Ces deux qualités

243. La beauté est l'indice du destinateur esthétique, de l'"immédiateté" de sa valeur. Aucun acte, aucune épreuve n'est nécessaire pour que le spectateur accède au sens des événements.
244. Camus, p. 88.

> plurent énormément au chasseur. Il lui proposa: "Si tu le veux je puis t'épouser."

Il est donc justifié de concevoir maintenant le rapport entre le sujet (S2) et le charmant objet de son désir comme un état où tous deux, restant séparés, ne sont plus "disjoints": une relation de "non disjonction". L'énoncé qui sous-tend la figure de "la rencontre" s'écrira en conséquence:
Enoncé II: S2 non disjoint des "valeurs de la fée"[245].

La métamorphose passionnelle qui se met en place sous nos yeux est parallèle à la remarquable évolution subjective. Les déterminations descriptives s'enrichissent d'une valeur émotionnelle qu'on peut légitimement nommer "euphorie". A la "vacuité" initiale succède, inversion évidente, un affect heureux, émerveillé:

> Cependant rempli d'une joie secrète, il se sentait l'esprit merveilleusement clair, le corps souple et extraordinairement à l'aise.[246]

Ce n'est pas tout. La conception sémio-narrative des paliers signifiants attribue à la notion de "complexification" un rôle déterminant. Elle permet de penser l'intégration des couches de sens et le développement d'une grandeur de base en une entité plus riche d'éléments qui l'intègre. Ainsi en est-il des quelques rouages actantiels mis en lumière. Associés, ils élaborent des "programmes" qui composent à leur tour des unités narratives d'un ordre supérieur qui, selon la sémiotique, structurent le "schéma narratif" sous-jacent à toute narration. L'étape que l'on considère maintenant est organisée par un certain nombre de relations inhérentes aux relations entre sujets. Elles forment les rouages de cette séquence du schéma qu'il est convenu d'appeler le "contrat". Voici une notion qui sera régulièrement utilisée dans les prochains paragraphes. Par "contrat" on conçoit un assemblage de deux activités, une proposition - injonction ou interdiction - formulée par un destinateur et une décision, énoncée par son destinataire. Insistons sur ce point: dans les fables "mélusiniennes", les réseaux narratifs qui conduiront aux structures profondes du mythique seront composés de combinaisons contractuelles[247]. Considérons le tête-à-tête des deux protagonistes et l'articulation des activités esthétiques qui l'agencent. La séduction de la Beauté provoque en retour l'exaltation du

---

245. Par souci de clarté, seuls les "énoncés d'état" conclusifs sont retenus. Les autres éléments de la syntaxe du récit, notamment les "énoncés de transformation", seront considérés comme inscrits implicitement dans la translation d'un état à un autre.

246. Ling, p. 55.

247. L'organisation du schéma narratif conduit A. J. Greimas et J. Courtés à des conclusions éclairantes à cet égard: «D'autres régularités peuvent être reconnues en examinant le schéma proppien, qui ne sont plus d'ordre syntagmatique, mais paradigmatique (...) Il en va ainsi de l'organisation contractuelle du schéma narratif.» (*Dictionnaire raisonné*, 1979, p. 245).

séduit: au spectacle qu'offre l'un répond une réaction esthétique et émotionnelle de l'autre. On concevra ce chassé-croisé comme les deux temps d'une structure conventionnelle originale, un véritable contrat esthétique.

C. Condition "mélusinienne" et contrat transcendant initial.

Selon notre précédent chapitre, deux contraintes définissent la clause "mélusinienne". Contrainte sémantique, d'une part, on avait dit le minimum à son sujet: il s'agit d'une prohibition qui conditionne la suite du conte. Contrainte contextuelle, de l'autre. Le canevas du récit est toujours le suivant: Rencontre séduisante -> Interdit -> Alliance -> Transgression. Les outils dont nous disposons permettront d'être plus précis. Quels sont les enchaînements qui règlent la transmission de l'interdit et la réaction de l'être humain ? Première étape, un voeu, une requête. L'interdit apparaît invariablement comme une réponse à une proposition initiale, celle-là même qui, sous couvert d'une vive émotion, exprimait la demande pressante du personnage séduit. La réponse conditionnelle de la séductrice (ou "du séducteur") forme la deuxième étape. Mais, pour répondre positivement, le sujet émouvant doit tout d'abord obtenir l'engagement humain de respecter l'interdit. Le personnage merveilleux réagit donc par une réponse duelle: un accord virtuel (de la demande de l'être humain) et une prescription, le tabou. Troisième temps, l'acceptation de l'interdit. Les exemples de cette phase présentent des gradations importantes dans la majesté des formes du consentement. Le plus souvent le "héros" s'engage avec solennité:

> Tch'eng Tsai, tout heureux, joignit les mains et prêta serment (...) J'ai pris connaissance de votre ordre sacré, et, si je manque à le graver dans mon coeur, si j'y désobéis, que je subisse neuf morts, sans regrets![248]

Mais il n'est pas rare que la promesse se fasse plus simplement, sans pompe ni virulence ni paroles: à l'injonction de son amie, Guingamor répond par un geste: «El cheval monte, si s'en va.» (v. 577). Ultime étape de cette suite, la réaction satisfaite de l'être merveilleux, celle que la réponse "hypothétique" annonçait. Grâce au consentement du "héros", la promesse devient maintenant effective. L'"estre faé" accepte l'acceptation, si l'on peut dire, du protagoniste humain. L'évolution actantielle qui régit ces deux conventions ("esthétique" puis "hypothétique") propres à notre récit s'achève quand le sujet (S2) obtient, tel un objet cognitif, les compétences nécessaires pour "agir". Grâce aux deux contrats ses projets sont tracés au plus clair. Ce qui frappe le plus, c'est le rôle logique éminent de l'interdit

---

248. Ling, p. 53.

"mélusinien". Il consiste à hiérarchiser les unités conventionnelles: la réalisation du but essentiel visé ("l'alliance"), effet du "contrat esthétique", dépend du respect de l'interdit, acte lui-même déterminé par l'établissement du "contrat hypothétique".

L'examen serait lacunaire s'il ne permettait pas de se pencher sur la question de l'origine de l'interdit et des avantages qu'il énonce. D'où surgit la prescription imposée par la Séductrice ? Cette interrogation consiste à se demander, plus ou moins directement, d'où elle vient, quel parcours l'a guidée jusqu'au lieu de la rencontre pour y affirmer l'inéluctabilité de la conjonction amoureuse. Quelques-uns de nos textes justifient l'arrivée du représentant de l'autre monde comme le fruit d'une convention passée avec un nouvel actant, un "destinateur". Tout en appartenant à l'univers transcendant, comme la belle inconnue, il lui est supérieur. Le but de ce pacte originel serait, précisément, de séduire un mortel et de s'"allier" à lui à condition de lier son sort à un interdit. Dans cette perspective, la personne que rencontre l'être humain ne serait que l'agent délégué de cette autorité transcendante. L'extrait suivant de *Parzival* (p. 380) rend sensible cette situation impérieuse,

> De Munsalvaesche fut envoyé vers elle le chevalier que Dieu lui avait destiné.

On retrouve ce cas de figure dans l'histoire de Santanu[249]. Elle met en scène huit dieux, les Vasu, qui supplient la déesse Ganga de les

> jeter au fur et à mesure qu'ils naîtront (...) dans ses propres eaux (...) Ce n'est qu'un jeu pour la providence bien aidée par Ganga elle-même, de procurer l'union désirée.[250]

Mais de nombreuses fables ne font aucun usage figuratif du destinateur autoritaire. Quelle solution narrative appelle cette dissonance ? Plusieurs facteurs invitent à inférer l'existence de cette autorité, sa présence "actantielle", aussi implicite qu'efficace. En premier lieu les conséquences de la violation mettent souvent en évidence le poids d'une puissance contraignante, ignorée jusque là:

> Les suivantes s'avancèrent pour annoncer, respectueusement: "Le destin a pris fin, le char sacré est prêt".[251]

La seconde raison est un indice textuel: la connaissance de la destinée, le fait que, selon la belle inconnue, la rencontre avec l'être humain n'est pas le fait du hasard. Lanval, Graelent, le chevalier Bayard et Pierre de

249. Egalement dans l'histoire de Psyché et celle de Pururavas.
250. *Mythe et Epopée*, 1968, p. 178.
251. Ling, p. 61.

Staufenberg apprennent qu'ils sont les jouets du destin. Le choc esthétique transforme le hasard apparent en événement obligé parce que les dés avaient été jetés "ailleurs". Un mot précisera les termes contractuels qui joignent le "destinateur transcendant" - toujours narrativement requis donc - et celui ou celle qui va troubler la vie du personnage humain. Se référant aux histoires de Psyché et de Pururavas, C. Lecouteux écrit

> la liaison d'un mortel et d'une fée est doublement menacée: par les hommes d'une part (...) et par les habitants de l'autre monde (...). L'interdit a donc une double structure, il doit protéger l'être surnaturel des siens et des humains.[252]

Ces lignes affirment les intentions polémiques des "habitants de l'autre monde", leur souhait de provoquer la rupture entre les époux. La lecture des deux contes sur lesquels s'appuie cette observation instruit, en effet, que les soeurs de Psyché jugent intolérable le bonheur qu'elle partage avec son amant divin, et que les Gandharvas supportent mal l'alliance de la nymphe Urvaçi et du mortel Pururavas. Cependant, ces deux figures de la jalousie des immortels sont loin d'illustrer la règle générale. Aucune intimidation de cette nature ne peut être relevée, on s'en doute, dans les récits qui ignorent l'existence de personnages incarnant le rôle de destinateur. Quand la déesse de la mer ou Fille-du Rocher croisent le protagoniste mortel, pour ne prendre que ces deux exemples, elles ne craignent la colère de personne. Il serait pareillement injustifié d'évoquer une injonction menaçant l'"estre faé" dans deux autres narrations (histoires de la Princesse de Brabant et de Santanu) qui campent pourtant un destinateur tout puissant. Au contraire, c'est bénie de leur mandateur que l'entrevue se déroule. Ni Dieu, dans le récit de Wolfram von Eschenbach, ni les dieux Vasu, en ce qui concerne l'histoire de la déesse Ganga, ne s'avancent tels des forces menaçantes mais comme des puissances favorables[253] à la rencontre.

Concluons ces considérations consacrées à l'interdiction et à ce que l'on appellera le "contrat transcendant". Celui-ci se présente logiquement (souvent implicitement) comme le premier maillon d'une chaîne d'unités contractuelles propres aux récits "mélusiniens". Quelle que soit la progression chronologique du récit, c'est d'un interdit fixé par une autorité supérieure, et inéluctablement accepté par le futur séducteur, que dérivent les caractères de son intervention dans l'histoire du mortel: le "devoir" imposé par une instance toute puissante sera transmis par son destinataire (S1) au sujet du manque (S2), qui, du coup, est contraint par les mêmes

252. 1984, *op. cit.*, p. 180.

253. Les Vasu vont jusqu'à rétribuer d'avance le bonheur des époux: «Alors les huit Vasu promettent de mettre en cagnotte chacun un huitième de lui-même pour composer un neuvième enfant.» (*Mythe et Epopée*, 1968, p. 179).

injonctions que celles qu'a dû accepter sa partenaire. Ce devoir détermine son double souhait: respecter la prohibition (désignée lors du "contrat hypothétique"); s'unir à l'être merveilleux de beauté, ardent dessein que trace le "contrat esthétique". Les trois conventions mises en lumière sont coordonnées par une relation de présupposition "à rebours": si le "contrat hypothétique" n'est pas accepté (par le sujet S2), le "contrat esthétique" ne saurait être exécuté (ni par S2 ni par S1) et, en conséquence, le "contrat transcendant" resterait caduc. Tels sont les sources et les réseaux contractuels qui irriguent les deux actants des valeurs dont ils vont jouir.

### D. Accomplissement des promesses. Mélusine et Dumézil.

L'"alliance" a été désignée comme une configuration complexe qui inclut et développe deux figures: le "respect de l'engagement" et "le bonheur partagé". Grâce aux effets des échanges contractuels, les projets attendus sont prêts à exécution. Les actes qui concrétisent les contraintes imposées au mortel sont les "performances", diront les narratologues, qui, mettant les compétences à effet, ouvrent l'"alliance": le mortel respecte son serment, la Merveille s'offre et l'échange des corps succède à celui des promesses. Ce nouveau don fait accéder à l'état impatiemment espéré depuis le heurt esthétique. Les deux êtres "s'unissent": «Ils s'adonnèrent à l'amour mutuellement consenti» dit l'*Histoire de Pierre de Staufenberg* (p. 179). Pour préciser la jonction qui s'effectue, il convient de cerner plus clairement les valeurs offertes au protagoniste respectueux. Sans trop de rigueur, on a dit jusqu'ici qu'elles étaient de nature "féerique". Que veut-on dire par là, que vise l'être humain "singulier" et "disponible" au spectacle de la Beauté ?[254] On pourrait répondre, sa possession. Mais on ne saurait sans légèreté identifier "féerique" et "sexuel". D'autres valeurs enrichissent l'objet érotisé. Pour les énoncer, on aura momentanément recours à Georges Dumézil. La présentation du corpus en a avisé, l'auteur de *Mythe et Epopée* s'est intéressé à plusieurs reprises à notre fée. Deux aspects de l'armature idéologique trifonctionnelle intéressent la détermination des valeurs offertes par la fée. Elle éclaire, en premier lieu, une apparente difficulté liée à la figuration de l'"alliance" dans certains de nos contes d'origine indo-européenne. Le couple, heureux et prospère, est souvent soudé par les liens du mariage mais, parfois, un noeud moins sacré, une simple "union libre" semble suffire. Ni Pierre de Staufenberg, ni Crundchu, pas plus que Lanval, Graelent, Psyché ou Guingamor n'ont bénéficié du rituel nuptial. Celui-ci apparaît pourtant dans les autres récits comme une prescription dont le respect conditionne la fondation du couple. La

---

254. Nous poursuivrons l'exploration de ces contenus grâce aux codes "métapsychologiques" et à ceux de la "culture naturelle" (partie V).

distinction entre mariage et union libre représente-t-elle deux attaches matrimoniales hiérarchiquement distinctes, sources de valeurs de majesté inégale ? La première auréolée de son prestige sacré serait-elle plus digne de considération que la seconde ? En réalité, comme l'établit Georges Dumézil, il s'agit là de deux manifestations équivalentes et reconnues de l'alliance à la mode indo-européenne. L'«union libre» - «gandharva» en Inde, «usus» à Rome - n'était pas moins respectable que le mariage religieux[255]. Est-il étonnant que certains de nos récits, témoignant de la résurgence culturelle de cette antique conception, confondent les figures du mariage et de l'union libre comme deux formes de communauté conjugale ? Toujours est-il que la trace de ce régime nuptial gandharva est nettement attestée par quelques-unes de nos fables médiévales. Par exemple, quand la dame s'adonne avec Pierre de Staufenberg «à l'amour mutuellement consenti» et que, sans l'avoir épousé religieusement, elle lui déclare (p. 179):

> Nous goûterons ce bonheur jusqu'au Jugement dernier et nul ne pourra nous séparer (...). Mon cher époux, je t'accorderai tous les biens.

Bref, quelle que soit la nature du lien qui noue la relation, sa signification - une véritable conjonction, riche de valeurs matrimonales - est équivalente. Notons en passant que les *Gandharvas* présentent des traits remarquablement semblables à ceux de certains protagonistes de nos fables. Le second volet des réflexions duméziliennes vaut pour la nature de ces valeurs matrimoniales. Le chapitre précédent a considéré la prospérité, la fécondité, la joie, en un mot le bonheur matériel et affectif des époux, comme des gratifications objectives et subjectives, le plus souvent[256] ouvertes par l'"alliance". Ce constat évoque directement celui que Georges Dumézil établit à propos de Crundchu: «Richesse, postérité foisonnant sous les yeux mêmes du père: deux bonheurs de troisième fonction.»[257] Rappelons, sans y insister, que pour l'auteur, l'organisation sociale et culturelle des peuples indo-européens s'appuie sur trois ensembles de valeurs:

> La première et la deuxième (fonctions) se définissent aisément l'une par l'administration du sacré et l'autre par la force guerrière, la

---

255. «L'usus ne constitue certes pas une transposition romaine de l'idyllique mode ghandarva de l'Inde, mais il se légitime dans le tableau matrimonial comme faisant appel différentiellement au même principe: l'indépendance des contractants, essentiellement, de la femme, par rapport aux pouvoirs ordinaires.» (*Mariages Indo-européens*. Paris: Payot, 1979, p. 51). «Le mode gandharva se réclame du seul *kama*, du désir.» (*Ibid.*, p. 35).

256. Quelques (rares) acteurs n'attendent pas l'"estre faé" pour jouir de ces biens. L'aventure pourra tout de même enfler leurs fortunes: c'est le cas pour Partonopeu - jeune comte d'Angers et de Blois - et pour le chevalier Bayard - fils du roi de France.

257. *Mythe et Epopée*, p. 608.

> troisième échappe à la simplicité d'une formule et se caractérise au mieux par une énumération de notions parentes mais distinctes, irréductibles même à celle d'abondance: richesse, fécondité, santé, paix, jouissance, intérêt pour le sous-sol, etc.[258]

Ce détour dumézilien montre que ce sont des traits nourissant la troisième fonction qui enrichissent les alliances "mélusiniennes". On observera que, dans notre corpus, les occurrences de valeurs dites de troisième fonction viennent de l'examen de récits universels, issus de littératures (orales ou écrites) et de cultures irréductibles à l'organisation indo-européenne. Tch'eng Tsai, le mari du Ntori pas plus quc Figure d'Ours n'évoluent dans ces provinces. Aucun d'eux ne connaît les liens sacrés du mariage, ils bénéficient cependant de gratifications identiques à celles dont jouissent leurs collègues unis à la mode gandharva. Conservons donc aux "valeurs de la fée" les contenus que ce paragraphe a aperçus (bonheur, richesse, paix, santé, etc.), mais sachons que l'explication de leur "qualité" - leur sens - est à chercher ailleurs.

A la suite des variations esthétiques, cognitives, etc. le progrès narratif semble se suspendre, s'interrompre dans la stabilité (la "réalité") d'un nouveau mode d'être. L'énoncé d'état correspondant (énoncé III), conjoint les deux actants ou, ce qui revient au même, le sujet (humain) aux deux univers de sens. Cet énoncé, forme de la "conjonction" tant attendue[259], s'écrit:
Enoncé III = S2 conjoint aux "valeurs de la fée" et aux valeurs "civiles".

Ce dépli d'états a pour corollaire l'évolution des émotions éprouvées par les sujets. Après le "sentiment de vacuité" et l'"euphorie", l'être humain poursuit son évolution, de rôle passionnel en rôle passionnel au fil des existences qu'il traverse. Pour formuler son émotion présente, il faut regarder également celle de sa conjointe. Le sujet venu de l'autre monde exprime sa satisfaction, dévoilant pour la première fois une réaction émotionnelle. Elle noue les deux protagonistes dans un égal bonheur, complément de leur prospérité économique ou généalogique. Jean d'Arras le souligne en ces quelques mots: «Ilz furent espousez, et menerent longtemps bonne vie ensemble.»[260] Satisfaction conjugale, plaisir commun, «bonheur de troisième fonction», autant de sentiments qui peignent la

---

258. *Ibid.*, p. 526.

259. L'union matrimoniale n'est possible que si l'engagement hypothétique est respecté, elle le récompense. On rappellera que la "récompense" est la version positive de l'"évaluation", phase ultime du "schéma". Cette séquence matrimoniale, dite "glorifiante", a fait l'objet de plusieurs travaux. Ceux de A. J. Greimas (*Sémantique structurale*, 1966, p. 195-220; *Du Sens*, 1970, *op. cit.*, p. 245-246) et de J. Courtés: "L'organisation fondamentale de la séquence *mariage* dans le Conte populaire merveilleux français", *Structures élémentaires de la signification*. Bruxelles: Ed. Complexe, 1976, p. 73-89.

260. A propos de Présine et Elinas; Jean d'Arras, *Mélusine*, p. 9.

«félicité du couple». Cette expression[261] servira à nommer le troisième "affect", le troisième rôle passionnel rencontré.

## III. La narration de la perte.

La violation du tabou est un acte (une "performance") commis par le sujet qui, trahissant les conventions qui l'engagaient, sape les fondations de sa "félicité". Cette étape négative, propre à l'histoire "mélusinienne", donne l'occasion d'approcher un aspect atypique des mécanismes narratifs: plus, peut-être, qu'à un parcours de perte, on va assister maintenant à une véritable phase d'anti-acquisition qui, par rapport à la construction de l'alliance, expose avec soin une déconstruction symétrique et inversée.

### A. La transgression. Un sujet scindé.

L'acte prohibé requiert de nouvelles compétences, c'est-à-dire l'évolution des "modalités" dont dispose le sujet actif. Depuis l'acceptation de la convention "mélusinienne", le sujet (S2) "sait" ce qu'il "doit ne pas faire" pour ne pas perdre sa merveilleuse amie. La force négative qu'il va déployer est initiée, quel que soit le genre du texte sollicité[262], par un intervenant extérieur - délégué des valeurs civiles - ou par une poussée intérieure (on l'a dit à propos de la figure 6: "consentement à la transgression"). L'existence d'un accord social interdisant l'alliance avec la surnaturelle charmeuse aurait facilité l'étude. Il s'agit là, en effet, d'un véritable archétype de la narrativité caractérisé par la compétition entre un sujet culturel et un anti-sujet pulsionnel. Cette forme est si exemplaire qu'elle est souvent considérée comme le mécanisme fondateur de tout procès narratif. L'histoire du chevalier, héros civilisateur, et du dragon, symbole de toutes les bestialités, luttant tous deux pour l'obtention d'une Belle illustre généralement sa force modélisante. Il convient de rester prudent devant ces prototypes interprétatifs et de jauger leur pertinence à la lumière des textes. Pour ce qui concerne les fictions "mélusiniennes", on l'a constaté, le recours à une obligatoire répression sociale justifiant la transgression n'est pas légitime. Dans l'histoire que raconte Wolfram von Eschenbach, par exemple, on doit bien admettre que, non seulement l'entourage princier de la duchesse de Brabant ne fixe aucune interdiction à son union avec un être venu de l'autre monde, mais que bien au contraire il

261. Employée par L. Harf-Lancner, *Les Fées au Moyen Age*, 1984, *op. cit.*, p. 114 notamment.

262. Les romans comme les récits brefs - ceux de Gautier Map - peuvent à l'occasion faire mener l'assaut par un personnage tiers, animé d'une volonté personnelle.

s'en félicite et la favorise[263]. Comme «tous ceux qui l'avaient connu dans différents royaumes [qui] l'estimaient pour sa beauté et son courage»[264] ces princes trouvent dans le chevalier conduit par un cygne un époux digne d'être leur seigneur. Pour clarifier la situation narrative on partira d'une distinction désormais acquise entre "acteurs"[265] et "actants". L'ingérence de l'"agresseur", annonce l'intervention d'un nouvel actant qui, actoriellement, peut être confondu avec l'être humain (comme une voix intérieure) ou bien s'incarner dans un protagoniste différent et autonome, l'acteur opposant.

Ce mobile agressif occupe vis à vis du sujet humain, la position de destinateur d'un désir neuf (vouloir-transgresser). Les termes de l'interdit, "destiné" par S1, étant précisément contradictoires avec ceux que posent maintenant les accords avec l'"opposant", le sujet (S2) devient le théâtre d'un véritable choc modal. Le "héros" est saisi dans un douloureux mouvement pendulaire: s'il respecte la relation contractuelle avec l'un des deux destinateurs, il entre inéluctablement dans un rapport conflictuel avec l'autre. Instable, le représentant des hommes subit diverses émotions. Colère, folie passionnelle, curiosité incontrôlable, autant d'affects liés à la schize ouverte par l'opposant, extérieur ou intérieur et qui convainquent de commettre le forfait. Cet affect qui anime et trouble tous les parjures sera nommé "déraison"; ce quatrième "état d'âme" signe en effet une perte, celle de la raison. Elle est la clef des émotions et des actes les plus contraires à ceux dont jouissait jusqu'ici l'heureux(se) époux(se): *extra terminum mentis suae posita prorsus omnium mariti monitionum*[266] dit Apulée, à propos de la malheureuse Psyché. Le respect de la défense "mélusinienne" accordait les deux époux. Les injonctions de l'adversaire conduisent au geste contraire: la violation du tabou ("figure 7"). Elle signe le choix de son agent. Car elle permet d'ordonner les significations proposées à l'humain au cours des deux marchés incompatibles dont il est le destinataire écartelé. Il refuse celles dont il bénéficiait et consent à leurs opposées. On peut légitimement définir, par conséquent, la transgression "mélusinienne" comme l'acte qui accomplit la résolution du conflit contractuel, modal et affectif, grâce à un processus de sélection des valeurs. Illustration de cette phase de clarification, la fin de l'histoire de Pierre de Staufenberg (p. 185). On la décrira en soulignant les termes contractuels qui nous sont familiers:

263. Personne ne condamne la nymphe Urvaçi ni de la déesse amoureuse de Tch'eng Tsai.

264. *Parzival*, p. 380.

265. «Unité lexicale, de type nominal (...) son contenu sémantique propre semble consister essentiellement dans la présence du sème d'individuation, qui le fait apparaître comme une figure autonome de l'univers sémiotique.» (*Dictionnaire raisonné*, 1979, p. 7).

266. «Egarée, hors d'elle-même, elle a perdu la mémoire des avertissements de son mari.» *Les Métamorphoses*, V, XVIII, p. 57.

> Le chevalier déclara: "j'accomplirai de bon gré la volonté du roi" (accord avec l'"opposant"). La pucelle riche et de haut lignage lui fut fiancée et promise pour épouse (violation de l'interdit). Le roi lui manifeste aussi sa faveur en lui donnant des joyaux en abondance." (rétribution de l'"opposant").

La polarisation qui organise les transformations apparaît mieux quand la violation oblige le perfide à s'opposer à son (sa) propre partenaire. Ce dernier, qui souhaite ardemment la continuité de l'"alliance", se dresse avec des avertissements[267] lourds de menaces contre l'acte déraisonnable:

> *nudam videat dominam balneantem, constituens in animo siquidem* (...) *Affectum maritus exposuit uxori, quae diuturnam felicitatem ex conditione servata objicit et infelicitatem minatur secuturam*[268]

Une forme originale du rapport polémique apparaît ici. Les deux sujets qui s'affrontent sont en effet ceux que liaient les plus solennels et les plus doux engagements. L'intervention de l'agresseur se révèle efficace dans la mesure où elle modifie les rapports contractuels entre époux en relations polémiques. En conséquence, le clivage interne qui déchirait le mortel se mue en une opposition externe avec la créature de l'autre monde. On mettra un terme à ces lignes consacrées à la violation du pacte en notant que, dès que le fourbe enfreint ses engagements, les deux anciens époux cessent de partager les mêmes valeurs: ils ne sont plus conjoints[269]. Soit:
Enoncé IV: S2 non conjoint aux "valeurs de la fée" et aux "valeurs civiles".

B. Une cascade de malheurs.

La renonciation et la séparation punissent l'ingrat avant de briser définitivement le couple. Le terme des deux itinéraires narratifs, jusqu'alors synchronisés, a sonné. Inscrite à sa place dans le "schéma narratif", la sanction tombe quand l'acte prohibé est perpétré et qu'il convient d'en payer le prix. C'est le temps de la "punition".

Certains contes offrent parfois en toutes lettres des énoncés qui excusent ces termes narratifs peu grâcieux:

---

267. Ces sommations sont sur les lèvres de Mélusine et de Fille du Rocher. Les autres ont averti leur partenaire du conflit potentiel au moment d'énoncer la prohibition.

268. *Otia Imperialia*, p. 5. Le chevalier «se met en tête de voir la dame nue dans son bain. (...) Le mari en fait part à son épouse qui objecte à cela la longue prospérité due au respect de la condition, et le menace du malheur qui s'ensuivra.» (trad. Duchesne, p. 149).

269. Le *Dictionnaire raisonné*, 1979 distingue «disjonction (l'objet qui n'a jamais été possédé) et non conjonction (qui présuppose, syntagmatiquement, que l'objet a déjà été possédé).» (1979, p. 201; entrée "jonction").

> *Sed illae quidem consiliatrices egregiae tuae tam perniciosi magisterii dabunt actutum mihi poenas, te uero tantum fuga mea puniuero.*[270]

> "Prince [Bayard] s'écria-t-elle, l'acte que vous venez de commettre appelle une sanction."[271]

Dans ce qui est pour le mortel une cascade de malheurs, les contrecoups de la rupture de l'échange matrimonial se succèdent. Véritables réseaux d'irrigation, les trois conventions répandaient les contenus au sein des événements de la fable; les rivières remontent maintenant vers la source, le parjure les assèche: dès l'instant fatal, les péripéties se déroulent à l'envers. Si l'on nous passe le poids du métalangage, on écrira: le sujet (S2) viole la convention hypothétique, S1 est forcé de dénoncer le "contrat esthétique" et, en conséquence, le "contrat transcendant"; l'"alliance" est rompue, ils se séparent. Ce moment de déchirure n'impose ni émois ni troubles récurrents[272]. La séparation peut parfois s'accomplir dans un silence glacé ou, de temps à autre, dans les lamentations et les larmes mais un saut muet suffit à signer l'arrachement de la belle compagne de Hennon: *subito saltu tectum penetrant et ulutatu magno diu culta relinqunt hospicia.*[273]

Un effet supplémentaire concerne le statut du sujet. Son mode d'être, postérieur à la transgression, est-il identique à celui qui précède le choc esthétique ? La présentation figurative l'acceptait (figure 10), l'étude narrative ne permet plus de le croire. Relativement aux "valeurs de la fée", le solitaire, l'égaré, l'évincé faisait son entrée sur la scène comme un "protosujet", vide de projet, privé de toute présence phénoménale valorisée. Sa course s'achève maintenant, lucide quant aux avantages qu'il perd, conscient de la richesse de l'objet qui s'éloigne de lui. La quête de l'épouse disparue qui prolonge occasionnellement la séparation le prouve, le sujet de la perte n'est pas à la fin du récit ce "pur sujet de manque" qu'il figurait à son ouverture. Ici, il incarne un véritable sujet "disjoint", doté de compétences certaines (le ? de l'énoncé I peut disparaître). Il est donc légitime cette fois d'écrire:
Enoncé V: S2 "disjoint" des valeurs "civiles" et des "valeurs de la fée".

---

270. «Mais tes vertueuses conseillères ne tarderont pas à recevoir le prix de leurs pernicieuses leçons. Quant à toi, ma fuite sera ta seule punition.» *Les Métamorphoses*, V, XXIV, p. 63.

271. Cadic, p. 29.

272. Aucune émotion particulière dans les histoires du Ntori, de la duchesse de Brabant, de Raymond de Château Rousset ni celle de Hennon ou de Wastinius.

273. *De Nugis Curialium*, p. 348. «D'un bond rapide elles [l'épouse et sa suivante] traversèrent le toit, poussèrent un grand hurlement et quittèrent la maison qui les avait longtemps abritées.» (trad. Bate, p. 257).

## IV. Le niveau mythique des récits "mélusiniens".

Rappelons l'ambition de cette description: elle consistait à définir le «modèle narratif», passage obligé vers la structure du contenu de nos récits.

### A. Un réseau de termes conventionnels (définition narrative).

Pour mener à bien la première tâche, on a fait appel à deux séries de critères, d'ordre de complexité différent: la cohérence des énoncés syntaxiques, la récurrence des unités contractuelles qui les canalisent. Un tableau résumera ce volet de l'étude. La progression est ponctuée par les cinq énoncés d'"états" de la narration (I, II, III, IV, V). Chacun d'eux est souligné par l'affect qui lui correspond (en italiques); les grandeurs conventionnelles sont en petites capitales. La colonne de gauche suit le dépli des parcours figuratifs en descendant, celle de droite en remontant. Finalement le **modèle narratif du récit "mélusinien"** apparaît comme suit:

INDIVIDUATION

**Enoncé I**:
S2 disjoint (?) des valeurs
"civiles" et des "valeurs de la fée".
*sentiment de vacuité*

ACQUISITION — PERTE

**Enoncé V**: S2 "disjoint" des valeurs "civiles" et des "valeurs de la fée"
(*émotions ?*)

CONTRAT TRANSCENDANT <---> NEGATION DES DEUX CONTRATS
CONTRAT ESTHETIQUE

**Enoncé II**: S2 non disjoint des "valeurs de la fée"
*euphorie*

**Enoncé IV**: S2 non conjoint aux "valeurs de la fée" et aux valeurs "civiles"
*déraison*

CONTRAT HYPOTHETIQUE <-----> NEGATION DU CONTRAT HYPOTHETIQUE

**Enoncé III**: S2 conjoint
aux "valeurs de la fée" et
aux valeurs "civiles".
*félicité du couple*

B. Structure du plan mythique du récit.

La seconde tâche - rendre compte de la structure du contenu mythique - prolonge directement la précédente. Comme l'a indiqué l'introduction, il s'agit de comprendre si les parcours figuratifs et les réseaux narratifs affirment «alternativement comme vrais les deux termes contraires d'un univers de discours». Une réponse positive mettrait en lumière le plan mythique des fictions étudiées. Comment accéder à ces termes, ces unités de sens élémentaires que convertissent, à leur niveau, les événements de la narration ? Le "carré sémiotique" est la réponse qu'avance la théorie greimassienne[274]. Cet instrument représente une structure de sens quelconque (une opposition sémantique). Son profil particulier vient de ce qu'une telle relation prend une double forme. La première est de type qualitatif (présence de deux sèmes contraires, s1/s2; virilité/féminité, par exemple), la seconde de nature privative (présence ou absence d'un trait défini, s1/-s1; virilité/absence de virilité). L'organisation du carré est fondée sur ce système logique: l'axe s1/s2 est engendré par la relation de "contrariété" (<-->; la coprésence des deux termes est envisageable); chacun des deux termes peut séparément contracter un second rapport, celui qui résulte de sa "contradiction" (notée <->, elle rend impossible la concomitance des deux termes). Cet ensemble de relations formelles prend *in fine* la forme d'un carré:

s1 <---> s2
-s2 <---> -s1

A ce stade, le carré n'offre qu'une forme constituée de relations stables. Mais si l'on pense la production du sens comme l'activité du sujet visant les valeurs sémantiques, le dispositif se met en branle. Les relations (entre sèmes) se développent en "opérations" effectuées par des actants. La contradiction sera alors conçue comme une opération de négation et la transformation qui, de -s1 (ou de -s2), implique s2 (ou s1) s'effectue par une "présupposition". Soit l'orientation s1 => -s1 => s2 => -s2. Partant d'un terme quelconque, on circule sur le carré en parcourant les étapes contraintes par ces opérations orientées: une véritable syntaxe. Elle équivaut aux jonctions effectuées par les sujets sur les valeurs investies dans les objets: poser une valeur est homologue à conjoindre les deux actants, la

274. Pour une approche minimale, voir l'entrée "carré sémiotique" (*Dictionnaire raisonné*, 1979) et le paragraphe de *Du sens*, "Eléments d'une grammaire narrative" (1970, *op. cit.*, p. 157-183). Pour plus de précisions, se reporter à *Structures élémentaires de la signification*, publié sous la direction de F. Nef (Ed. Complexe, Bruxelles, 1976).

nier revient à les disjoindre. Dans le carré, en d'autres mots, la structuration élémentaire rejoint et se déploie en événements narratifs. Pris dans les dynamiques subjectives, les traits différentiels, "valeurs" au sens linguistique, sont ainsi élevés à la dignité de valeurs, porteuses de contenus profonds[275] pour des sujets intentionnels. Un des apports les plus manifestes de la méthode greimassienne est d'avoir réussi cette conversion, des termes abstraits en valeurs élémentaires ou anthropologiques (vie/mort; virilité/féminité; cru/cuit; etc.). Ce long détour reconduit vers la description. Elle a mis en lumière une opposition sémantique fondamentale, celle qui différencie les valeurs "civiles" et les valeurs "féeriques". Cette relation primitive sert de structure de base à l'univers de discours étudié. Déroulée selon les règles de composition de la forme élémentaire de la signification, elle conduit au carré suivant:

valeurs civiles <---> valeurs féeriques

X

valeurs non féeriques <---> valeurs non civiles

Pour y voir plus clair, portons le regard sur les opérations de négation. On a décrit les premiers pas du sujet-mortel comme le résultat d'un glissement - exprimé ou non par une transition spatiale - d'une situation "civile" antérieure à un état disponible et singulier qui s'oppose à elle. Ce changement correspond à la négation "civiles" -> "non civiles". La position "non féerique" contredit "féerique", investie de contenus proches de la troisième fonction. Les objets et les états qui désavouent le bonheur amoureux (déclenchement et effets de la transgression) nient en effet les significations "féeriques". On parvient alors à la conclusion qu'il s'agissait d'atteindre. Sur le palier où sont structurés les contenus élémentaires, les étapes successives de la narration chevillent les deux valeurs opposées. En d'autres mots, les réseaux de conventions propres à nos fables jouent le rôle particulièrement synthétique d'asserter alternativement la vérité des deux termes contraires de leurs fondations sémantiques. C'est de cette dynamique d'affirmation que témoigne le niveau mythique, saisi au plus profond de la géologie "mélusinienne", aussi bien dans la double disjonction, initiale et finale (énoncés I et V[276]) que dans la conjonction centrale, fédération des bénéfices civils et féeriques (énoncé

---

275. «La valeur peut être identifiée au sème pris à l'intérieur d'une catégorie sémantique (et représentable à l'aide du carré sémiotique.)» (*Dictionnaire raisonné*, 1979, p. 414; entrée "valeur").

276. Et dans l'énoncé IV, quand l'acteur humain est en voie de perdre les deux avantages dont il jouissait.

III). L'examen montre par conséquent la conformité de la fiction "mélusinienne" avec les «caractéristiques propres au discours mythique considéré comme "genre"»[277].

Quelques commentaires préciseront davantage ce résultat. Les procédures figuratives et narratives qui organisent nos fables sont maintenant éclairées. Sans elles, sans ces fondations profondément ancrées, aucune des considérations qui viennent n'auraient d'assises. Mais la présentation adoptée n'a permis de poursuivre la description qu'en offusquant trois problèmes considérables. L'écriture des relations sémantiques, modelée par la théorie de référence, a fait semblant d'admettre le statut du pur sujet de manque. Ce "protosujet" s'inscrivait pourtant assez mal dans l'énoncé figeant sa potentialité de procès vis-à-vis des ombres de valeurs "féeriques" (embarras exprimé par le ? de l'énoncé I). La seconde gêne tient à la vision sémiotique du "niveau mythique". Elle menace, pour ne pas dire "élimine", tout espoir d'individualiser le discours des mythes. Car nombre de textes, qu'on aurait bien du mal à considérer comme tels - des jeux de mots, des messages publicitaires - opèrent ainsi des corrélations de valeurs contraires. Le danger vient de la réduction de l'expression mythique à quelques opérations et, finalement, à une forme pure. Sans désavouer aucunement la démarche formelle, ce constat invite à ne pas s'en satisfaire[278]. C'est à quoi s'attachera la partie qui vient. On n'a pas oublié enfin quelques insatisfactions nées de l'emploi assigné à la Séductrice. Le rôle actantiel de sujet-objet appauvrit dramatiquement la complexité de son intervention, il ne favorise guère la compréhension des liens noués avec le représentant des hommes, leurs causes. La vocation anthropologique des êtres "mélusiniens" exige plus que les dispositifs dégagés, quelque patience qu'il faille mettre à les énoncer.

Bref, ces résultats révèlent encore des insuffisances qui empêchent de pleinement s'accommoder de la vision que la sémiotique se fait de la pensée mythique. On sait mieux "comment" nos fictions disent, mais, saisies seulement à travers leurs formes, elles disent peu; leurs missions restent à découvrir. Cette déficience s'illustre particulièrement dans l'inaptitude de cette théorie formelle à rendre compte des liens intentionnels tissés entre les protagonistes du récit. Telles sont les raisons qui engagent à poursuivre notre exploration, dans le même sillage, mais vers des horizons différents.

---

277. *Dictionnaire raisonné*, 1979, p. 241; entrée "mythique".

278. C. Lévi-Strauss commente ainsi cette question: «ce mouvement réduit progressivement la pensée mythique à sa forme (...). On attendra alors de l'analyse structurale qu'elle éclaire le fonctionnement - à l'état pur, pourrait-on dire - d'un esprit qui, en émettant un discours vide et parce qu'il n'a rien d'autre à offrir, dévoile et met à nu le mécanisme de ses opérations.» *Histoire de Lynx*. Paris: Plon, 1991, p. 255.

## V. Vers l'explication.

### A. Préjugé nominaliste et "texte insulaire."[279]

Les embarras rencontrés naissent, selon nous, dans les contreforts auxquels s'adosse la méthode. Un mot rapide pour rappeler leurs caractères. La sémiotique greimassienne affiche sa vocation "anthropologique", l'argument avait disposé en sa faveur. Mais les requêtes sur lesquelles elle s'appuie restreignent son ambition. La première rejette toute préoccupation "ontologique", elle renonce à s'interroger sur l'être du sens. Sa construction est «indifférente aux contenus à transformer», à la «réalité extra-linguistique, psychique ou physique»[280] de la signification. La sémiologie ou, pire, l'ontologie sont les pièges où se prendrait la souveraineté des disciplines formelles. Conséquence, la théorie greimassienne travaille sur des concepts indéfinissables conçus et décrits selon des lois logiques. Ce métalangage descriptif rêve, comme le dit le *Dictionnaire raisonné*, d'être «un langage formel, "une pure algèbre"»[281]. Le carré sémiotique est élaboré dans cette perspective. De tels principes sont de nature positiviste. La recherche d'un système sous-jacent à un processus qui l'exprime (un ensemble de récits par exemple) n'est pas en cause, les "niveaux" et leur génération sont nécessaires à la compréhension du domaine étudié. Le problème est ailleurs. Il est résumé d'un mot par Jean Largeault, guide éclairé dans ces régions:

> Une description contient un facteur de générativité (...). Les positivistes disjoignent l'ontologie de la générativité; ils retiennent la seconde qu'ils identifient à un système logico-déductif.[282]

La conception "métalinguistique" de l'explication se greffe sur ces principes, ceux d'une science qui, poursuit l'auteur, se limiterait «à donner le sens des mots, ou à transcoder, (son) explication est de mots, non pas de choses.» (p. 49). C'est bien ce que pensait Greimas. Le sens n'était pour lui

---

279. Titre d'un développement de l'ouvrage de P. Zumthor, *Parler du Moyen Age*, 1980, *op. cit.*

280. A. J. Greimas, 1970, *op. cit.*, p. 15, pour la première citation; 1966, *op. cit.*, p. 26, pour la seconde.

281. 1979, *op. cit.*, p. 225; entrée "métalangage". «L'inconsistance logique du carré sémiotique» est exposée par J. Petitot dans *Morphogenèse du Sens* (1985, *op. cit.*, p. 225-229) et par l'un de ses proches, P. A. Brandt ("Quatre problèmes de sémiotique profonde", *Actes Sémiotiques*, VIII, 75, 1986, p. 6).

282. *Principes de philosophie réaliste*. Paris: Klincksieck, *Philosophia* 10, 1985, p. 8. Ce présupposé traverse l'épistémologie de la linguistique, des systèmes symboliques et, selon l'observation qui suit, la science moderne dans son ensemble: «Du 18ème au 20ème siècle il est maintes fois arrivé qu'on étudie les phénomènes sans former d'hypothèses sur la nature des objets (...). On peut s'appuyer là-dessus soit pour considérer l'ontologie comme non-pertinente à l'explication soit pour affirmer qu'expliquer équivaut à décrire mathématiquement (l'intelligibilté réside dans les équations).» (*Ibid.*, p. 7).

qu'une «possibilité de transcodage (transposition d'un niveau de langage dans un autre, d'un langage dans un langage différent»[283]). Il est donc légitime d'affirmer, comme le fait le sémioticien danois Per Aage Brandt, que le point de vue anti-ontologique, méta-linguistique, conceptuel, débouche sur un «nominalisme méthodologique»[284]. Le renoncement à la question de l'être du sens conduit à des choix irrationnels et inopérants. Considérer par exemple l'articulation formelle des niveaux sur le modèle phonologique, tient plus d'un pari que d'une sage précaution anti-métaphysique: en phonologie, la forme peut être reconnue (elle s'identifie à la phénoménologie de la substance phonétique). Selon Thomas Pavel, le «mirage linguistique» a perverti les disciplines structuralistes, coupables de confondre structures et simples assemblages de termes: «la réduction des substances conceptuelles à la formalité linguistique est devenue l'opération privilégiée de la sémiologie.»[285] Réagissant contre cette anémie, illustrée par son propre *Essai de poétique médiévale*, Paul Zumthor avait anticipé ces critiques. Pour preuve, la vigoureuse dénonciation de l'*a priori* stérile dénommé «le texte insulaire»[286]. Il l'impute aux «séquelles (assez limitées, du reste, dans les études médiévales) d'un formalisme de provenance saussurienne ou hjemslévienne»[287] voué à l'échec.

Nous adhérons sans peine à ces objections. Nous partageons notamment les critiques adressées au préjugé du "texte insulaire". Il précipite sur les écueils où l'exploration a échoué. Mais nous mettrons à ces réserves une condition de taille: non pas rejeter la méthode structurale mais dépasser les restrictions évoquées à l'instant pour tendre vers un structuralisme respectueux de la vocation anthropologique du phénomène étudié. La voie est déjà largement ouverte. C'est un grand penseur structuraliste, René Thom, qui déclare que «la formalisation - en elle-même, disjointe d'un contenu intelligible - ne peut être une source de connaissance»[288]; c'est un autre éminent représentant de ce courant de pensée, Claude Lévi-Strauss, qui affirme, à l'encontre du discours à la mode qui assimile structuralisme et formalisme,

---

283. *Du sens*, 1970, *op. cit.*, p. 13.

284. "Sens et Ontologie: le Temps Elémentaire.", *Sémantique, ontologie et vérité*, dir. J.-F. Bordron, *Sémiotiques*, 2, 1992, p. 67-74; ici, p. 69.

285. *Le mirage linguistique*, 1988, *op. cit.*, p. 62.

286. A la même époque, L. Patterson suivait les traces du débat dans la critique anglo-saxonne (*Negotiating the Past*, 1987, *op. cit.*, p. 43-45). L'ouvrage de E. D. Hirsch, *Validity in Interpretation* (New Haven: Yale Univ. Press, 1967) déclenchait les objections de S. Fish (*Is there a Text in This Class* ? Cambridge: Harvard Univ. Press, 1980) et de W. Ray (*Literary Meaning*: *From Phenomenology to Deconstruction*. Oxford / Blackwell, 1984).

287. 1980, *op. cit.*, p. 59. «Le prestige diffus de l'école saussurienne, puis des linguistes de Copenhague, séduisit plusieurs d'entre nous (...). Soucieux désormais de descriptions formelles rigoureuses, chacun partait en quête de structures, dont l'analyse fonctionnelle se substituait aux vieux modes d'interprétation aléatoires.» (*ibid*. p. 60).

288. *Modèles mathématiques de la morphogenèse*. Paris: C. Bourgois, 1980, p. 167.

> le structuralisme admet volontiers que les idées qu'il formule en termes psychologiques puissent n'être que des approximations tâtonnantes de vérités organiques et même physiques.[289]

Cette mise au point souhaitait lever le «malentendu» né de certains reproches du livre consacré par Jean Piaget au structuralisme. Extraite de cet ouvrage, la phrase suivante montre dans quelle perspective les équivoques peuvent être levées:

> le problème demeurera de coordonner tôt ou tard le structuralime sociologique et anthropologique et les structuralismes biologique et psychologique qui ne peuvent à aucun niveau se passer d'un aspect fonctionnel.[290]

B. Contenu et apparition des racines mythiques.

Selon ce structuralisme soucieux des contenus abordés, une véritable explication de la nature mythique des récits est possible. "Expliquer" ne veut pas dire accéder à une inabordable réalité, mais déterminer les fondations rationnelles qui rendent intelligibles les phénomènes. Dans cette optique, on s'emploiera à dégager les caractères phénoménologiques du monde "mélusinien" et les motivations des péripéties qu'y connaissent les sujets. Pour concrétiser ce programme, on suivra les deux objectifs de toute explication: chercher les formes simples et les contenus élémentaires qui déterminent l'apparition des événements à expliquer. Jean Petitot résume ainsi ce double projet:

> (i) déduire certaines configurations phénoménales à partir d'autres configurations prises comme "primitives". (...)
> (ii) introduire des entités "invisibles" concrètes mais inobservables (comme les forces en physique) afin de remplacer, selon l'aphorisme de Jean Perrin, "du visible compliqué par de l'invisible simple".[291]

Ces entités "invisibles", clefs des propriétés mythiques de nos contes, sont les prégnances. Leur rôle sera décisif puisqu'elles définiront également le contenu des stéréotypes (partie V). Cette notion centrale trouve son site dans l'articulation problématique entre le vivant, le langage humain et ses usages (narratifs, par exemple). Eclairant la voie par laquelle l'imaginaire du corps s'inscrit dans le monde et se met en récit, elle permet de fonder la signification anthropologique des oeuvres humaines. Précisons ces affirmations. On appelle «*formes prégnantes* (...) les formes investies d'une valeur biologique.» C'est-à-dire «dont la reconnaissance est nécessaire

---

289. 1971, *op. cit.*, p. 616.
290. *Le structuralisme*, 1968, *op. cit.*, p. 91.
291. *Physique du Sens*. Paris: éd. du CNRS, 1992, p. 35.

à la survie de l'espèce.»[292] Chez l'animal, les prégnances sont peu nombreuses. Elles dépendent de la signification qu'une *Gestalt* peut avoir pour un sujet (rapport proie/prédateur, par exemple). Dans le règne humain, l'idée «d'une prégnance biologique qui s'infiltre comme un fluide érosif dans le champ phénoménal des formes vécues»[293] et se fixe sur celles qui sont "saillantes" demeure pertinente. L'homme connaît aussi bien les prégnances sensorielles (la lumière, par exemple) que la prégnance biologique. L'attrait de la nourriture le prouve mais également, selon René Thom, certains états de la vie mentale - comme l'«amour-passion» (*ibid.*) ou encore «un certain sentiment du sacré attaché à certains objets.»[294] A la différence de l'animal, l'être humain n'éprouve pas directement ces prégnances, mais seulement leurs vestiges, émergeant du corps et de son contrôle biologique. «L'activité symbolique et l'apparition du langage humain»[295] sont les clefs de cette évolution. L'accès au langage a effectué cette sorte de tamisage en répondant au besoin de communiquer (impératif social) ou à celui de maîtriser les prégnances qui en émanent en nommant les objets et les éléments: «L'homme s'est libéré de la fascination des choses en leur donnant un nom.»[296]

Prolongeant cette conception, Jean Petitot a avancé des propositions fécondes pour comprendre la régulation des prégnances dans la vie des hommes et au sein des créations de l'art[297]. L'écoulement de prégnances serait exprimé par le cours de la libido et composerait, sous forme de pulsions, l'objet de la théorie psychanalytique. Ainsi considérées, les prégnances composeraient une véritable *«substance du sens* (une signification régulatoire et métapsychologique.)»[298] René Thom semble convaincu par cette conception: «selon une remarque que m'a faite oralement Jean Petitot,», écrit-il, «la schizophrénie se caractériserait par une diffusion illimitée de la prégnance (...), la paranoïa, au contraire, serait définie par une extrême concentration de la prégnance dans un petit nombre

292. *Dictionnaire raisonné II*, 1986, p. 174; entrée "Prégnance".

293. R. Thom, "L'espace et les signes", *Semiotica*, 29, 1/2, 1980, p. 193-208; ici, p. 202.

294. R. Thom, *Modèles mathématiques de la morphogenèse*, 1980, *op. cit.*, p. 275.

295. *Ibid*, p. 274. Voir également "Origine du langage", p. 179 et "De l'animal à l'homme: pensée et langage" dans *Stabilité structurelle et Morphogenèse, essai d'une théorie générale des modèles*. Paris: InterEdition, 1977, p. 294-334.

296. R. Thom, 1980, *op. cit.*, p. 275.

297. Comme une page romanesque (de Proust ou de Stendhal), une toile de Turner, le mythe de St Georges (étude publiée dans "Saint-Georges: Remarques sur l'espace pictural", *Sémiotique de l'Espace*. Paris: Denoël-Gonthier, 1979, p. 95-153). *Cf.* le chapitre "*Intermezzo mitico-tematico*" de M. Virdis qui s'appuie explicitement sur les conceptions petitotiennes pour expliquer les «catastrophes de la parole» que traverse Perceval (*Perceval: per un'e(ste)tica del poetico, Fra immaginario, strutture linguistiche e azione*. Oristano: Ed. S'Alvure, 1988, p. 32-38).

298. 1992, *op. cit.*, p. 323; c'est l'auteur qui souligne.

de concepts-sources.»[299] On touche là à la nature (bio)anthropologique de ces traces, véritables contenus de l'imaginaire des hommes:

> Les prégnances biologiques régulatoires subsistent dans le psychisme humain non pas certes au niveau du langage mais à celui - *narratif et global* - de *l'imaginaire*.[300]

Cette thèse présente l'avantage de baliser le chemin qui, partant des sources corporelles, atteint les oeuvres de l'imaginaire. Car les vestiges de prégnances, s'écoulent tout autant dans les pratiques des créatures de chair que dans les aventures des êtres de papier. Ces remarques conduisent directement à notre préoccupation, la "mythicité" des textes. Asémantiques en tant que telles, ces entités se chargent de valeurs particulières en investissant certains codes primitifs, c'est-à-dire directement associés aux régulations primordiales (relation avec les forces transcendantes ou naturelles, organisation sociale de la sexualité et de la parenté, domination des groupes adverses, etc.). Les traits sémantiques extraits de ces paradigmes sont ainsi chargés de significations essentielles. Dans cette optique, l'idée lévi-straussienne de codes, relayée par celle de leur déploiement narratif, ouvre sur une véritable anthropologie des récits mythiques. L'entrée "prégnance" du *Dictionnaire raisonné II* confirme qu'avec cette notion on touche au port. Elle s'achève, en effet, en renvoyant explicitement à l'article "mythique" du premier:

> les prégnances biologiques ne subsisteraient qu'à l'état résiduel et se manifesteraient à travers ces structures anthropologiques de l'imaginaire qu'étudie la sémiotique narrative (v. **Mythique**).[301]

Mais concevoir ainsi une sémantique propre aux mythes, n'est ce pas perdre en rationalité le gain anthropologique ? Pour que l'explication soit fondée, il restera à infléchir l'orientation pulsionnelle (libidinale), il conviendra également de satisfaire au premier impératif de l'explication: déduire les «configurations phénoménales à partir d'autres configurations prises comme "primitives".» La partie suivante répondra au premier de ces soucis, on se bornera ici à une sommaire approche du second. Les quelques travaux qui se sont attelés à la tâche[302] ont atteint ces "configurations" grâce aux

---

299. "L'espace et les signes", 1980, art. cit., p. 203.

300. J. Petitot, 1992, *op. cit.*, p. 319.

301. 1986, *op. cit.*, p. 175; nous soulignons. On ne trouve cependant aucune confirmation de cette idée dans le premier *Dictionnaire raisonné* qui, on l'a dit, vide le "mythique" de sens anthropologique.

302. Comme ceux de J. Petitot - que nous suivons dans ces lignes -, notamment *Physique du Sens* dont le sous-titre éclaire l'intention: *De la théorie des singularités aux structures sémio-narratives* (ouvrage qui offre une bibliographie dense sur ces questions). On lit une présentation accessible de ses thèses dans "Approche morphodynamique de la formule canonique du mythe", *Le Mythe et ses métamorphoses*, *L'Homme*, 106-107, 1988, p. 24-50.

modèles dynamiques élaborés par la théorie des catastrophes[303]. Mais plutôt que d'user explicitement de ses outils mathématiques, l'examen prouvera la marche en marchant, et sera allégé de toutes complications non indispensables. Il n'appartient pas au médiéviste de discuter la validité des développements mathématiques auxquels cette théorie recourt pour fonder ses déductions et élaborer ses modèles. On a donc choisi d'employer un langage analogique ou métaphorique, il sera présenté au moment de son usage[304].

Trois précisions empêcheront d'être trop allusifs et permettront de revenir plus près de nos soucis. Expliquant la notion de "phénomène critique" au sein d'un système, cette méthodologie est capable de schématiser le concept de paradigme, sémantique ou actantiel. Il est conçu comme un système (pensons à un code), comme un ensemble de places interdéfinies, un espace dans lequel cohabitent des domaines de valeurs, distingués par des frontières douées de mobilité. Rien de très nouveau, il s'agit d'une version de l'idée-clef du structuralisme, la différence (des positions) précède l'identité (des termes qui les remplissent):

> l'organisation paradigmatique est purement relationnelle et détermine des unités qui ne possèdent aucune identité propre isolable et n'existent que comme pures valeurs positionnelles.[305]

Claude Lévi-Strauss scande cette thèse, à propos des symboles des mythes: ils n'offrent jamais «de signification intrinsèque. Leur sens ne peut être que de "position"»[306], «leur signification (...) est seulement de "position"»[307].

---

303. Elle explique la stabilité et l'instabilité des systèmes. Un système se définit à partir d'un processus que l'on décrit sur un certain espace (appelé "espace interne du système"). Le processus produit dans ce système différents états en compétition: imaginons un paysage de vallées et de collines qui les séparent, sans cesse en mouvement. Parmi tous les états possibles une instance de sélection détermine l'état actuel du système: la vallée la plus profonde (les autres demeurant virtuels). Ces états internes possibles sont en général définis par un critère de "minimisation". Le potentiel caractéristique du système se déforme au cours du temps. Les relations entre minima changent donc elles aussi: l'état qui était sélectionné comme "actuel" ne satisfait plus aux critères de sélection. Il se produit alors un brusque changement d'état du système - une "catastrophe" -, un événement de transition d'états; une vallée disparaît ou se fond soudainement dans une voisine. Exemple: les phénomènes critiques «que l'on observe en thermodynamique lors des transitions de phases.» (Petitot, 1988, art. cit., p. 33). Ces transitions manifestent donc des interactions entre les minima. L'idée centrale, pour notre propos, consiste à identifier chaque minimum (initialement stable) à un actant ou un trait sémantique.

304. Partie IV (II, A). R. Thom lui-même y invite dans son travail sur les *Structures anthropologiques de l'imaginaire* de G. Durand. Il s'agira, dit-il de proposer une «vaste métaphore entre la symbolique des *Structures*... et la dynamique de l'embryologie». ("Les racines biologiques du symbolique", *Morphogenèse et Imaginaire*, *Circé*, 8-9, 1978, p. 40-51; ici, p. 40).

305. J. Petitot, 1985, *op. cit.*, p. 62.

306. 1971, *op. cit.*, p. 632.

307. *La potière jalouse*, 1985, *op. cit.*, p. 258.

On comprend que l'excellente mise au point de Gilles Deleuze, "A quoi reconnaît-on le structuralisme ?", affirme que ces symboles

> n'ont ni désignation extrinsèque ni signification intrinsèque (...), les places sont premières par rapport aux choses et aux êtres réels qui viennent les occuper.[308]

Cette conception topologique des paradigmes s'applique soit à la sémantique "profonde" (les termes placés dans l'espace sont alors des valeurs); soit aux processus narratifs (les actants sont les entités réparties dans le paysage). On rejoint ici les significations anthropologiques de certaines narrations. En effet, considérés comme des "localisateurs" de prégnances, les actants et les relations sujet-objet sémantisé subissent «*les catastrophes* [qui] *convertissent des conflits de prégnances*[309]. Bref, ces modèles se développent en dynamiques où des sujets visent et perdent des valeurs venues de codes primitifs, selon des parcours réglés par les interactions d'espaces sémantiques investis de forces de répulsion et d'attraction. L'hypothèse générale qui orientera le prochain développement mettra un terme à cette sommaire présentation: la narration "mélusinienne", et avec elle deux oeuvres examinées plus rapidement, peuvent être considérées comme des manifestations privilégiées, exemplaires, de diffusion de prégnances ordonnant des contenus anthropologiques de telle manière que ces récits du Moyen Age remplissent des fonctions propres aux mythes.

---

308. *La philosophie au XXe siècle*, dir. F. Châtelet. Marabout Belgique, 1979, p. 293-329; ici, p. 298-299. D'où l'affirmation: «L'ambition scientifique du structuralisme (...) est topologique et relationnnelle.» (p. 299).

309. J. Petitot, 1985, *op. cit.*, p. 42.

[Chrétien de Troyes] laisse deviner les choses de l'esprit à travers les détails matériels qu'accepte ou que choisit son art réaliste.[1]

# *QUATRIEME PARTIE*

# *VOCATION MYTHIQUE DES NARRATIONS MEDIEVALES (RECITS "MELUSINIENS", L'*ENEAS *ET LE* CONTE DU GRAAL)

1. C. Foulon, "Les quatre repas de Perceval", *Mélanges de philologie et de littératures romanes offerts à Jeanne Wathelet-Willem, Marche romane*, Cahiers de l'A.R.U.Lg, 1978, p. 165-174; ici, p. 174.

## *CHAPITRE I.*
## *SENS DE L'INTERDIT "MELUSINIEN" ET DE LA DYNAMIQUE DE LA COMMUNICATION*

Ainsi infléchie la méthode aidera à découvrir les secrets que voilent certaines fables médiévales, à en comprendre le pouvoir de fascination. Mais, trop imprécise, l'hypothèse soumise à l'instant appelle des éclaircissements. C'est seulement en considérant ces récits troublants comme des mises en discours de la fonction symbolique des mythes que l'élucidation des parcours de prégnances et du sens des oeuvres étudiées sera possible. Nous irons dans cette direction en serrant une orientation particulière. Celle qui a été engagée par la «révolution copernicienne» de Claude Lévi-Strauss et qui consiste à interpréter l'expression mythique des cultures (et des diffusions prégnantielles) non au moyen d'une conception pulsionnelle mais «en fonction d'une théorie de la communication»[2]. Cet impératif commandera l'instruction des contenus concrets et des dynamiques travaillant les récits "mélusiniens", l'*Eneas* et le *Conte du Graal*. L'exploration des deux derniers romans n'exigera pas une étude narrative et "symbolique" équivalente à celle des fictions qui joignent créatures de ce monde et de l'autre. Mais leur examen mettra également en lumière l'effort "com-préhensif" de la catégorie de la communication. Dit en d'autres mots, l'observation des récits "mélusiniens", de quelques épisodes de l'*Eneas* et des aventures de Perceval le gallois s'articule autour de préoccupations identiques: manifester l'emprise structurante des termes de la communication, éclairer les traductions entre les espaces sémantiques (les codes), rendre accessible le sens symbolique des acteurs qui les sillonnent. En suivant ce parcours, on souhaite répondre à la question que se pose le médiéviste quand il croise la Mélusine, Perceval le "nice" et certains héros pieux comme Enéas: que mettent en jeu la "pensée" et l'art littéraire d'une culture quand elle se prend à rêver fictionnellement de combler les écarts de tous ordres que le monde oblige à constater mais que l'homme refuse d'agréer ?

---

2. Ces affirmations de A. G. Haudricourt et G. Granai sont citées dans *Anthropologie structurale* (1974, *op. cit.*, p. 95). Evoquant les travaux de C. Lévi-Strauss, les deux sociologues écrivent précisément: «La tentation est alors [d'] interpréter la société dans son ensemble en fonction d'une théorie générale de la communication. On peut se demander si une telle "révolution copernicienne" proposée à la sociologie est contenue en germe dans les doctrines structurales.» "Linguistique et sociologie", *Cahiers Internationaux de Sociologie*, vol. XIX, 1955, p. 114-129; ici, p. 114.

La signification unique des trois figurations de l'interdit "mélusinien" mettra sur la piste de ce que disent les mythes et qui relève de l'usage déterminant de la "communication", considérée comme «une véritable catégorie de la pensée mythique.»[3] Le chapitre suivant définira les aptitudes des personnages en fonction des espaces occupés[4] et des relations - proximité, attractions, écarts, rejets, etc. - qu'ils instaurent entre ces divers domaines de sens ou en leur sein. L'ensemble de l'examen sera résumé dans la "formule canonique" du mythe "mélusinien". Sa construction sera une étape indispensable pour réfléchir finalement à la signification de l'édifice analysé.

## I. Signification unique du tabou "mélusinien".

Dix figures peignent l'imagerie "mélusinienne". Ces chaînons apparaissent au coeur d'un canevas contractuel qui les dispose selon cinq "états", moules des valeurs civiles et des "valeurs de la fée". On exposera maintenant les significations "symboliques" (au sens défini dans ces pages) de ces termes, de ces réseaux et de ces valeurs. Dans ce but, on analysera en premier lieu le «consentement du mortel» à l'interdit (figure 3). La désignation de cette séquence pivot d'où rayonne le sens de cette fable a été volontairement succincte. La description narrative n'a dégagé que le rôle du «contrat hypothétique» dans l'irrigation conventionnelle de la narration. C'était un premier pas. L'intention de ces pages est un peu plus ambitieuse: la condition "mélusinienne" sera conçue comme le foyer de l'explication et le sésame de la densité mythique du conte.

L'hétérogénéité des interprétations est aussi remarquable que les tabous eux-mêmes. C'est sans doute Pierre Gallais qui a le mieux souligné cette extrême variété. Il dresse un inventaire statistique des dix présentations que la condition peut connaître:

> 1) que le Sujet voie la fée (...) 21 cas (aucun celtique); 2) qu'il lui rappelle son origine et sa nature, les lui reproche, renie les siens, se moque d'eux, les méprise: 22 cas (surtout "primitifs" et populaires); 3) qu'il la questionne: 4 cas; 4) qu'il la maltraite physiquement, la frappe, la viole: 8 cas (surtout celtiques); 5) qu'il révèle, à un ou plusieurs tiers la présence (l'existence) de la fée (...): 24 cas; 6) que la fée soit vue par un ou plusieurs tiers: 11 cas; 7) que la fée retrouve son vêtement de plumes (...) ou, au contraire, qu'on la lui brûle: 10 cas; 8) que le Sujet quitte la fée, l'oublie, lui soit infidèle, se marie (...): 22 cas (surtout littéraires); 9) autres interdits, portant sur la fée (être retenue, assister à la messe, etc.) ou portant sur le

3. C. Lévi-Strauss, *Le regard éloigné*, 1983, *op.cit.*, p. 253.

4. La présentation est suffisamment touffue pour ne pas l'alourdir du terme "mythème" que nous avons cependant présenté dans la deuxième partie et qui devrait venir ici. Nous n'usons pas du mot mais sa signification est présente à notre esprit.

Sujet (ouvrir une boîte ou une cage, regarder dans un miroir): 23 cas (aucun littéraire); 10) pas d'interdit net ni d'obligation: 15 cas;[5]

Cette variété, comment la maîtriser, comment reconnaître un principe de classement, foyer de son explication sémantique, au-delà de ses propriétés narratives ? La question oblige à chercher les lois simplificatrices qui évitent l'écueil de la "multiplicité figurale". Commençons par une question un peu brutale: qu'est-ce qui est censuré[6] ? Une rapide comparaison permet de constater une évidence: dans la majorité des textes le tabou vise l'exercice de la parole. Le plus souvent le "héros" ne doit pas parler de l'être merveilleux à autrui. Tel est le cas dans les aventures de Macha, de Lanval et de Graelent[7], dans l'histoire de Tch'eng Tsai:

> Mais n'en souffle mot, garde-toi de le divulguer, même aux plus intimes comme ton frère (...) la moindre indiscrétion et, non seulement je ne pourrai plus venir, mais de grands malheurs s'abattront sur toi.[8]

Mais il serait inexact de réduire l'ensemble des interdictions de parole à cette demande de secret. Une autre forme de prohibition regardant l'utilisation du langage consiste à ne pas poser à la créature fabuleuse certaines questions. On l'a dit, dans le *Parzival* de Wolfram von Eschenbach, par exemple, rien ni personne n'empêche la duchesse de Brabant d'ébruiter sa relation merveilleuse. Au contraire, l'union et sa condition font l'objet d'une large publicité:

> il se tourna vers elle, devant la foule assemblée de tous ses sujets, riches et pauvres, et lui dit: "Duchesse, si j'accepte de devenir seigneur de ce pays, sachez cependant que j'abandonne une charge tout aussi honorable. Mais je dois tout d'abord vous adresser cette prière: ne me demandez jamais qui je suis ! Aussi longtemps que vous ne me poserez pas cette question, je pourrai rester auprès de vous."[9]

Egalement dans ce groupe, les tabous qui frappent l'expression de la moindre plainte. Si Thétis s'enfuit c'est, semble-t-il, que Pélée a protesté, ce qu'il n'aurait pas dû faire. On lit cette figuration également dans l'*Histoire de Ntori*: «Il reprocha à sa femme d'être, à l'origine, un rat.» (p.

---

5. *La Fée à la Fontaine et à l'Arbre*, 1992, *op. cit.*, p. 67.

6. L'inventaire du *Motif-Index* thompsonnien, *Tabu: offending supernatural relative* (C31, p. 383 sv), inclut trois motifs "visuels" (C31.1, C31.1.2, C31.1.3); un second ensemble qui relève de la vantardise: C31.5: *boasting of supernatural*; le troisième est précis, C31.8 *striking supernatural wife*, le quatrième plus large *offending supernatural wife* (C31.9).

7. Voir le développement de T. P. Cross sur ce "Geis" dans les légendes irlandaises, celle que nous connaissons - l'histoire de Macha - et celle que nous n'avons pas conservé - un épisode de *Death of Muirchertach mac Erca* (1915, art. cit., p. 38-44).

8. Ling, p. 53.

9. *Parzival*, p. 380.

569). En somme, comme dans les extraits précédents, il est défendu de tenir certains propos devant l'être surnaturel. Restons dans le domaine de l'élocution empêchée. On rencontre une troisième forme de prohibition: ne pas faire parler le représentant de l'autre monde. Les aventures de Pelée et Thétis méritent une attention particulière. Apparemment, l'interdit consiste ici à ne pas réprimander la Néreïde:

> *Seeing the child writhing on the fire, he (Pélée) cried out; and Thetis (...) departed to the Nereids.*[10]

Ce passage concernerait le tabou précédent. Mais l'explication n'est pas si simple. L'un des éditeurs d'Apollodore, sir James G. Frazer, envisage une solution différente. Pour comprendre l'attitude de Thétis, et donc le contenu de l'interdit, il compare le récit de *La Bibliothèque* et l'histoire crétoise contemporaine, présentée dans l'élaboration du corpus. La jeune nymphe qu'épouse l'être humain y est totalement muette, le malheureux supporte mal cette aphasie: *She never spoke a word. Her strange silence weighed on him* (p. 384). L'interdiction, commune aux deux récits, apparaît alors clairement, il s'agit de ne pas obliger la "fée" à s'exprimer[11]. Aussi l'éditeur d'Apollodore pense-t-il que jusqu'à l'acte igné fatidique et au cri de Pélée, Thétis était bel et bien muette. La prohibition consistait, pour son époux mortel, à ne pas forcer sa compagne à faire usage de sa voix. Sir J. G. Frazer étaie cette explication en affirmant que l'histoire crétoise permet de comprendre une difficulté repérable dans le *Troilus* où Sophocle fait allusion aux amours de Pélée et Thétis. Reportons-nous aux commentaires que lui consacre Alfred C. Pearson[12]. A propos des premiers vers du *Troilus* qui évoquent les noces "indicibles" du héros avec la polymorphe Thétis, l'éditeur note tout d'abord que le terme "*aphthongous*" (indicible, muet) *refers to the sea-goddess as not speaking with human speech, but only as gods speak*[13]. Mais, ajoute le commentateur: *a better explanation is suggested by the Cretan folk-lore story recorded by B. Schmidt, Volksleben der Neugriechen, p. 116*[14]. Le texte de Sophocle n'évoque donc pas une Nymphe utilisant une langue ésotérique mais une nymphe muette. Dans le récit des amours de Pélée et Théthis, il s'agit donc bien pour le mortel de ne pas forcer la parole d'une Néréide qui en est privée. Résumons les trois formes de l'interdit verbal: soit l'être humain ne doit pas parler à autrui de l'être merveilleux, soit il ne doit pas lui parler soit, enfin, il ne doit pas le

10. Frazer, p. 71.

11. On est très proche d'un motif bien connu des folkloristes "the silence of the bride" - "la mariée silencieuse" - dont Frazer cite plusieurs occurrences venues de sociétés variées.

12. *The fragments of Sophocles*; *ed. with additionnal notes from the papers of Sir R.C. Jebb and Dr. W.G. Headlam*. Cambridge: Cambridge Univ. Press, 1917.

13. *Ibid.*, p. 256.

14. *Ibid.* C'est précisément cette histoire qu'évoquait Sir J. Frazer.

faire parler. L'interdit de parole ne peut se manifester que sous ces trois formes qui laissent pressentir les contraintes qui les réunissent.

Considérons maintenant les tabous qui ne visent pas un acte de langage mais l'action de voir[15]. Sept récits retiennent l'attention. Dans les cinq premiers (Histoire du Roi Elinas, de Raymondin, du Chevalier Bayard, de Partonopeus de Blois, de Psyché et de Raymond de Château Rousset) la prohibition interdit au mortel de regarder son (sa) partenaire dans certaines circonstances. Voici les extraits des deux derniers récits:

> *identidem monuit ac saepe terruit ne quando sororum pernicioso consilio suasa de forma mariti quaerat.*[16]

> *at illa replicat, illum summa temporalium felicitate ex ejus commansione fruiturum, dum ipsam nudam non viderit.*[17]

Les deux épisodes "mélusiniens" du roman de Jean d'Arras sollicitent également cette clause visuelle. Le premier s'adresse à Elinas:

> Se vous me voulez prendre a femme et jurer que, se nous avons enfans ensemble, que vous ne mettrez ja peine de moy veoir en ma gesine...[18]

le second, au futur mari de Mélusine, Raymondin:

> Vous me jurerez sur tous les seremens que preudoms doit faire, que le samedi vous ne mettrez jamais peine a moy veoir ne enquerre ou je seray.[19]

L'histoire de Pururavas présente une forme différente, inversée ou passive. L'interdiction empêche l'être humain d'être vu nu par l'"estre faé": «que je ne te voie jamais sans tes vêtements royaux.»[20]

---

15. Lire à ce sujet, le chapitre "Méduse, Mélusine et le tabou visuel" dans la thèse de C. Ferlampin, *Magie et Surnaturel dans les romans de chevalerie en France au XIIIème et au XIVème siècle*, 1989, *op. cit.*, p. 284-286. L'auteur y compare la "Laide Semblance" (monstre dont le spectacle tue) mis en scène par le *Livre d'Artus*, Méduse et Mélusine.

16. «Il [Cupidon] lui recommande avec insistance, et de manière à l'effrayer, de ne chercher jamais, si ses soeurs lui en donnent le pernicieux conseil, à connaître la figure de son mari.» *Les Métamorphoses*, V, VI, p. 46.

17. *Otia Imperialia*, p. 5. «Elle ajoute qu'en vivant sous le même toit qu'elle, il jouira de la plus grande prospérité temporelle, à la condition qu'il ne la voie jamais nue.» (trad. Duchesne, p. 149).

18. *Mélusine*, p. 9. Les dernières pages de *L'origine des manières de table* examinent les prohibitions qui frappent «les filles pubères - parfois aussi les accouchées, les veufs et veuves, les meurtriers, les fossoyeurs, les officiants de rites sacrés ou profanes.» L'auteur analyse les sanctions qui suivent la profanation de ce tabou (C. Lévi-Strauss, 1968, *op. cit.*, p. 419 sv).

19. *Mélusine*, p. 26. Coudrette est moins net: «Vous me jurez Dieu et s'image / Que me prendrez en mariage / Et que jamais jour de vo vie, / Pour parole que nul vos dye / Le samedy vous n'enquerrez, / N'enquester aussi ne ferez, / Quel part le mien corps tirera / N'ou il yra ne qu'il fera.» (*Roman de Mélusine ou Histoire de Lusignan*, v. 651-658).

20. *Le problème des Centaures*, 1929, *op. cit.*, p. 145.

Le tour de toutes les représentations du tabou n'est pas bouclé après cette recension des prohibitions verbales et visuelles. Compte tenu de leur hétérogénéité apparente, on rassemblera provisoirement dans un dernier groupe et sans autre tentative de classification l'ensemble des actes défendus qui n'appartiennent à aucune des deux premières configurations: toucher l'être merveilleux (histoire de Wastinius, de Figure d'Ours), l'asperger d'eau bénite (Hennon), manger et boire (*Lai de Guingamor*), épouser un être humain ou vouloir retrouver son épouse (histoires de Pierre de Staufenberg et de Tch'eng Tsai). Notons que, si l'on voulait être plus précis, on distinguerait au sein de ces trois grands ensembles, les formes de censure que l'on pourrait appeler "actives" de leurs modes "passifs" (par exemple, être vu ou être réceptif à la parole d'autrui) mais également de ses formes "manipulatrices"[21] (faire subir un traitement prohibé, faire parler, notamment). Le matériel échappe à la dispersion mais reste imposant, on s'efforcera donc de réduire cette triple expression à une seule. Affirmer que l'être merveilleux refuse de dévoiler le mystère de son lien matrimonial revient à dire qu'il dédaigne d'en faire part au monde. Cette interdiction ouvre un large horizon. N'est-elle pas de même nature que celle qui fonde les tabous visuels ? Là, bien entendu, ce n'est pas la dimension verbale de l'information qui est prohibée, mais sa transmission perceptive: si l'être de l'autre monde proscrit qu'on le voie (ou de voir), c'est bien qu'il refuse de montrer quelque chose à l'éventuel voyeur ou de regarder quelque chose de lui. La troisième modalité de la prohibition, assez peu précise nous l'avons remarqué, se dérobe-t-elle à une interprétation semblable ? Au contraire, il semble bien que l'on ne puisse rendre compte de l'hétérogénéité de ses formes qu'en les considérant comme l'expression d'une prohibition commune. Elle concerne certaines formes de contact, soit entre le mortel et son (sa) fascinant(e) partenaire (la frapper avec un brandon - Figure d'Ours - ou un morceau de fer - Wastinius), soit entre le "héros" et certains signes de sa propre culture[22] auxquels, comme l'on dit, le représentant humain n'a pas - ou plus - le droit de "toucher". Bref, la défense vise ici un contact de nature physique.

En un mot, les trois groupes de tabous empiriquement assemblés au début de la discussion concernent la capacité d'échanges langagiers ou perceptifs (et dans ce cas visuels ou "tactiles"). Mais on peut aller plus loin en fédérant ces trois figures autour d'une signification unique: une suspension de la communication (entre les deux partenaires de l'"alliance").

---

21. Par exemple, l'attitude de sa gracieuse compagne révèle ce que Hennon ne devait pas lui faire subir: *Scit* [la mère du héros] *eam diebus dominicis post aquam datam ecclesiam ingredi et consecracionem fugere.» De Nugis Curialium*, p. 348.

22. Epouser une femme "normale" (Pierre de Staufenberg), la retrouver (Tch'eng Tsai), goûter à des nourritures terrestres (Guingamor).

L'affirmation n'est pas aussi vague qu'il y paraît. Car la catégorie de la "communication" sera employée ici dans un sens précis[23] pour exprimer l'une des clefs de la structuration symbolique, l'un des axes majeurs de la pensée mythique[24]. Définir la prohibition "mélusinienne" comme une discontinuité langagière ou perceptive entre partenaires revêt d'autant plus d'importance que ce thème, qui vaut pour le sens du tabou, vaudra pour celui du mythe "mélusinien" dans **son ensemble**. Plus généralement, on étendra le rôle dévolu à la communication ainsi considérée, aux événements étudiés dans l'*Eneas* et le *Conte du Graal*. C'est donc elle qui donnera corps à l'idée que la pensée mythique soutient de nombreuses oeuvres littéraires du Moyen Age.

## II. De l'ordre empirique à la fonction symbolique.

La catégorie symbolique de la communication guidera l'exploration, il convient par conséquent d'éclairer avec soin le contenu que nous lui donnons. Une illustration ouvrira la voie, la fameuse analyse du mythe d'Oedipe qui a fondé la "lecture" structurale (paradigmatique) des fables mythiques. Quelle est la signification de ce mythe «à quatre colonnes» (1: rapports de parenté sur-estimés; 2: rapports de parenté sous-estimés ou dévalués; 3: autochtonie de l'homme; 4: négation de l'autochtonie de l'homme)[25] ? Il offre «un instrument logique» qui jette

> un pont entre le problème initial - naît-on d'un seul, ou bien de deux? - et le problème dérivé (...) le même naît-il du même, ou de l'autre?[26]

Cette attestation clarifie un peu la question qui nous intéresse, la finalité mythique de la communication. Le mythe est un outil, un "pont" dit

---

23. Et non comme synonyme de "relation inter-subjective" ou de "langue". C. Lévi-Strauss a pris soin de préciser sa position à ce sujet (*Cf.* note 2): «Cette "révolution copernicienne" (comme disent MM. Haudricourt et Granai) consistera à interpréter la société, dans son ensemble, en fonction d'une théorie de la communication. Dès aujourd'hui cette tentative est possible à trois niveaux: car les règles de la parenté et du mariage servent à assurer la communication des femmes entre les groupes, comme les règles économiques servent à assurer la communication des biens et des services, et les règles linguistiques, la communication des messages.» (1974, *op.cit.*, p. 95).

24. D'autres acceptions sont, bien entendu, possibles. J.-C. Payen a étudié les notions de communication et d'"incommunicabilité" pour comprendre la société médiévale et son expression littéraire. Par exemple: «Le *Tristan* de Béroul met en relief la solitude de l'individu dans une société compartimentée où le langage et les valeurs des groupes antagonistes demeurent incommunicables.» "Le clos et l'ouvert dans la littérature médiévale et les problèmes de la communication", *Perspectives médiévales*, 2, 1976, p. 61-72; ici, p. 66.

25. Cette présentation a été revue ensuite par son auteur. Dans *Mythe et Tragédie deux*, J.-P. Vernant fait une mise au point critique de cette division avant d'élargir la seconde lecture lévi-straussienne du mythe d'Oedipe, celle «avec énigme.» (1986, *op. cit.*, p. 53).

26. *Anthropologie structurale*, 1974, *op. cit.*, p. 239.

Lévi-Strauss, qui sert à "com-prendre" - dans les deux sens de ce verbe: "associer à..." et "connaître". Le mythe d'Oedipe, par exemple, tente de "com-prendre" deux termes contradictoires: la croyance en l'autochtonie de l'homme et la reconnaissance de la reproduction sexuée. La communication (mythique) est le moteur de cette entreprise de "com-préhension". Il marche sur trois temps, ouvrons une parenthèse pour les considérer. Au départ, l'homme, affronté à l'incompréhension du monde, tente de le rendre intelligible. Aucun code, aucune source de sens, n'échappent alors aux activités de disjonctions, de branchements et de relais qu'effectue la pensée sur la réalité, son foisonnement confus et parfois inadmissible. Les matériaux détachés de tous «les étages du vivant» par la sensibilité et l'observation concrète ou empirique (silence/bruit; sujet/objet; vie/mort; maladie/santé; homme/femme; humains/dieux; etc.) sont reliés et "dénaturés" sous l'effet de ce que Claude Lévi-Strauss appelle la «frénésie associative»[27], une autre formulation de la communication. Au cours de ce deuxième temps, les figures du sensible, venues de domaines entre lesquels l'expérience peut ne suggérer aucune connection, sont mises en ordre, transformées et élevées, par construction «transcendantale»[28], à la dignité de «moyens de réflexion et d'outils de connaissance»[29]: des symboles, mis à disposition de la raison. C'est pourquoi, nés dans la zone médiane entre les figures perçues et les concepts de la pensée, «les éléments de la réflexion mythique se situent toujours à mi-chemin entre des percepts et des concepts.»[30] En démontant les premiers, elle élabore les seconds[31]. Bref, le mythe est un hymne aux constructions intellectuelles de l'homme. Ces perspectives permettent de mieux comprendre cette phrase essentielle, déjà citée à deux reprises: «le mythe subordonne la structure à un sens dont elle devient l'expression immédiate.»[32] Elle jusitifie la prééminence explicative accordée aux notions de "moule", d'"armature" ou de "schème":

> Des intrigues hétéroclites éveillent l'intérêt moins par leur contenu que par leur forme. C'est d'ailleurs à la même conclusion que l'étude d'*Oedipe Roi*, entreprise sur de tout autre bases, conduit des hellénistes: "Pur schème opératoire de renversements, règle de

27. *La pensée sauvage*. Paris: Plon, *Agora*, 1962, p. 25, pour ces mentions successives.

28. A la fin de l'explication de la "potière jalouse", l'évocation du rôle du Fournier (absent de la lettre du récit) conduit C. Lévi-Strauss à observer: «Son emploi à titre de fonction vérifie le système des équivalences, par transformation en déduction empirique de ce qui n'était au départ qu'une déduction transcendantale (que l'Engoulevent puisse, comme l'affirme le mythe, être à l'origine de la poterie).» (1985, *op. cit.*, p. 80).

29. *Des symboles et leurs doubles*. Paris: Plon, 1989, p. 13.

30. *La pensée sauvage*, 1962, *op. cit.*, p. 32.

31. Image éclairante, celle du «vieux réveil»: «Les images signifiantes du mythe (...) *ont servi* comme mots d'un discours que la réflexion mythique "démonte", à la façon du bricoleur soignant les pignons d'un vieux réveil démonté; et *ils peuvent encore servir* au même usage, ou à un usage différent pour peu qu'on les détourne de leur première fonction.» (*La pensée sauvage*, 1962, *op. cit.*, p. 50; c'est l'auteur qui souligne).

> logique ambiguë (...) forme qui a dans la tragédie un contenu", dit J.-P. Vernant[33].

Il est piquant de constater, connaissant l'histoire des sciences humaines, que, dès 1957, cette conception paraissait suffisamment convaincante à Jacques Lacan pour qu'il la prenne à son compte:

> Pour employer un terme ancien, disons qu'il [le mythe] participe du caractère d'un schème kantien. Il est beaucoup plus près de la structure que de tout contenu. (...) La sorte de moule que donne la catégorie mythique est un certain type de vérité.[34]

Derrière ces affirmations se profile, troisième temps, la conception du symbolique exposée à la fin de la partie antérieure. Les termes extraits de la livrée du monde, et soumis à l'exercice de la structuration, deviennent les messagers des significations anthropologiques, dans lesquelles on a aperçu les traces de prégnances universelles et "vitales". La thèse intellectualiste ou "conceptuelle" du symbolisme mythique rejoint ainsi, sous un certain angle, les idées que René Thom a développées à propos de l'activité conceptuelle. Parmi «les grandes prégnances psychologiques» éprouvées par l'homme, écrit-il:

> l'activité classificatoire du concept peut être considérée comme due à une prégnance locale à capacités propagatives étroitement contrôlées.[35]

A ce point, notre route diverge de celle qui suit la pente métapsychologique. Les associations entre figures puisées aux multiples codes, les rapprochements harmonieux ou déficients que racontent tous les récits mythiques de l'univers, s'effectuent non sous un mode pulsionnel (au sens sexuel) mais, plus généralement, comme le dit René Thom, par «attraction de formes»[36]. Formes, qui, selon nous, ne sont pas des sources d'excitations corporelles mais des "concepts", des symboles issus de la mise en ordre des figures de la perception (ou de l'imagination).

Fermons la parenthèse, les rouages de la "com-préhension" mythique sont un peu moins obscurs maintenant. On interprétera donc la communication dans les intrigues "mélusiniennes" comme l'expression des

---

32. C. Lévi-Strauss, *L'homme nu*, 1971, *op. cit.*, p. 581.

33. *La potière jalouse*, 1985, *op. cit.*, p. 262.

34. *Le Séminaire,* Livre IV, "La relation d'objet". Paris: Seuil, 1994, p. 253-254. La lecture paradigmatique avait persuadé le psychanalyste: «Cette méthode d'analyse des mythes est celle que nous a donnée M. Claude Lévi-Strauss dans un article (...) intitulé *La Structure des mythes*. A la pratiquer, on peut arriver à ordonner tous les éléments d'un mythe.» (*ibid.*, p. 277).

35. "Structures cycliques en sémiotique. Complément à la thèse de Jean Petitot." *Actes sémiotiques*, V, 47-48. 1983, p. 38-58; ici, p. 57.

36. *Stabilité structurelle et Morphogenèse*, 1977, *op. cit.*, p. 288.

forces de répulsion et d'attraction qui investissent les espaces sémantiques associés, resserés, écartés (avec «frénésie», parfois). Sous l'effet de cette puissance, les termes incarnant des codes distincts - nous pensons à l'envoyé de l'autre monde et au représentant des mortels - deviennent des formes débordant de significations qui déclenchent entre elles les désirs, les réactions passionnelles, les errances mélancoliques ou les quêtes volontaires. Nous disposons ainsi des moyens de résoudre l'une des difficultés majeures sur laquelle la description achoppait: les réglages intentionnels de la narration, les motivations des sujets. Dans cette optique, ils s'expliquent par des dynamiques de nature intellectuelle, ou comme «l'effet (...) d'altérations survenues dans le cours normal des opérations de l'intellect.»[37]

De telles orientations détournent radicalement des interprétations déterminées par avance, comme celles que nous avons appelées "analogisantes" (d'ordre sexuel, imaginaire, moral, etc.). Comment soutenir nos réticences à l'égard de la vision pulsionnelle du symbolisme mythique sans nier toutefois l'intérêt relatif de la solliciter ? Premier sujet de désaccord: selon la perspective présentée les rapports symboliques ne s'effectuent pas de terme à terme (une "fée"->"la vierge éternelle") mais d'un code à l'autre, «d'une catégorie ou classe de termes à une autre classe ou catégorie.»[38] Deuxième divergence: aucun répertoire de sens ne saurait être privilégié: le symbole mythique n'est pas motivé par un signifié invariable. La préeminence accordée au codage sexuel, la nécessité de son recours, sont injustifiées[39]; c'est la thèse de l'arbitraire du symbole. Pour autant qu'il s'emploie à allier le sensible et l'intelligible, le structuralisme s'abstient de sacrifier l'un des deux volets. L'erreur de Freud consiste à avoir

> voulu déchiffrer les mythes au moyen d'un code unique et exclusif, alors qu'il est de la nature du mythe d'employer toujours plusieurs codes de la superposition desquels ressortent des règles de traductibilité.[40]

Ces réserves ne suspendent pas tout usage du code psycho-organique. Elles cherchent seulement à le situer au rang convenable dans la hiérarchie des outils de compréhension. L'anthropologue concluait son analyse du mythe de la "potière jalouse" par cette assertion on ne peut plus claire:

---

37. C. Lévi-Strauss, *L'homme nu*, 1971, *op. cit.*, p. 596.

38. *La potière jalouse*, 1985, *op. cit.*, p. 254.

39. Dans *Le Cru et le Cuit*, Lévi-Strauss s'en prend aux lectures astronomiques: «nous n'entendons nullement revenir aux errements de la mythographie solaire du siècle dernier. Pour nous, le contexte astronomique ne fournit pas une référence absolue; il ne suffit donc pas d'y renvoyer les mythes pour prétendre les avoir interprétés.» (Paris: Plon, 1964, p. 246).

40. *La potière jalouse*, 1985, *op. cit.*, p. 245. *Cf.*, de A. Delrieu, *Lévi-Strauss lecteur de Freud. Le droit, l'inceste, le Père et l'échange des Femmes*. Paris: Point Hors Ligne, 1993.

> en amont du désir, (...) se situe l'appétit ou le besoin; et le besoin universel qui joue dans le travail du rêve, contrairement à ce que Freud a parfois paru croire est celui de soumettre des termes surgis dans le désordre à une discipline grammaticale.[41]

On verra dans l'«appétit» et le «besoin» d'excellentes désignations des régulations entre termes "chargés" symboliquement. La citation suivante résume lumineusement, dans le langage lévi-straussien, le choix entre deux interprétations des dynamiques de prégnances: le point de vue pulsionnel, tout d'abord, qui «ne nie pas les pulsions, les émotions, les bouillonnements de l'affectivité (...) ces forces torrentueuses»; l'interprétation intellectuelle ou spéculative[42] ensuite,

> elles font irruption sur une scène déjà construite, architecturées par des contraintes mentales (...). Aux débordements de celles-ci, un schématisme primitif impose toujours une forme (...), ces obstacles lui [à l'affectivité] opposent une résistance, lui marquent des cheminements possibles.[43]

Il est donc aussi injuste qu'inexact de reprocher au structuralisme sa prétendue tendance à abolir la personne humaine, à se désintéresser de sa sensibilité comme des mécaniques libidinales qui la traversent. Il suffit de ne pas en faire valoir outrancièrement la mission; l'harmonie des interprétations est admissible et raisonnable[44]. Illustrant ce point de vue, cette étude ne dédaignera pas tirer profit quand il le faudra du code sexuel, fructueuse ressource de nos récits.

Le terrain étant mieux déblayé, les rapides confirmations qui viennent seront présentées sans précautions. Premier exemple, le mythe des races tel que Jean-Pierre Vernant[45] l'a étudié chez Hésiode. Sa «structure tripartie» est calquée sur «la pensée religieuse des Indo-Européens.» Mais la lecture dumézilienne ne restitue pas à elle seule la signification du récit. Au-delà de la thématique tri-fonctionnelle, il «symbolise toute une série d'aspects fondamentaux du réel.» Ce texte donne une expression concrète à «ce système de multicorrespondances et de surdétermination symbolique qui caractérise l'activité mentale dans le mythe»[46]. Son architecture particulière

---

41. 1985, *op. cit.*, p. 257.

42. *L'Homme nu* use de ce qualificatif pour comparer la musique et la mythologie. Toutes deux offrent une «forme spéculative, chercher une issue à des difficultés constituant à proprement parler son thème.» (1971, *op. cit.*, p. 590).

43. 1985, *op. cit.*, p. 264-265.

44. «Ces niveaux d'apparence ne s'excluent pas, ne se contredisent pas les uns les autres, et le choix qu'on fait de chacun ou de plusieurs répond aux problèmes qu'on se pose et aux propriétés diverses qu'on veut saisir et interpréter.» *L'homme nu*, 1971, *op. cit.*, p. 570.

45. "Structure du mythe" dans *Mythe et pensée chez les Grecs I, Etudes de psychologie historique*. Paris: Maspéro, 1978, p. 13-79.

46. *Ibid.*, p. 37.

exprime un sens original: «la tension entre *Diké* et *Hubris*, la justice et la démesure.» Non seulement, poursuit l'auteur, cette tension

> ordonne la construction du mythe dans son ensemble, lui donnant sa signification générale, mais elle confère à chacun des trois niveaux fonctionnels, dans le registre qui lui est propre, un même aspect de polarité.[47]

La conjugaison de ces divers aspects réclame une construction généalogique particulièrement précise et complexe, c'est elle qui forme la substance du mythe d'Hésiode. Des renforts supplémentaires viendront de deux médiévistes qui nous ont déjà guidés. Nous pensons à Joël Grisward de qui une étude dégage la «similarité des structures» et des «oppositions signifiantes» de différents récits évoquant *La Conception de Cuchulain*[48]. Nous avons également à l'esprit le travail de Jean-Pierre Albert qui propose de recourir à «l'analyse structurale telle que la pratique Claude Lévi-Strauss.»[49] Point de vue qui conduit à mettre au jour la «diffusion de réseaux symboliques» permettant de penser la «rencontre du monde céleste et du monde des profondeurs, la conciliation des contraires que sont l'eau et le feu.» (p. 61). Ultime recours: les médiévistes qui travailent sur les mythes du Graal n'ignorent pas les études structurales consacrées aux légendes d'Oedipe. Elles conduisent Claude Lévi-Strauss à cette conclusion on ne peut plus claire:

> il se pourrait que toute mythologie se ramène, en fin de compte, à poser et à résoudre un problème de communication.[50]

Une telle affirmation justifie pleinement l'allure que prend notre description du mythe "mélusinien" et de la dynamique communicative qui l'anime.

---

47. *Ibid.*, p. 38.

48. «Stérilité/Fécondité; Famine/Abondance; Pauvreté/Richesse» etc. "Le motif de l'épée jetée au lac: la mort d'Artur et la mort de Batradz", *Romania*, 90, 1969, p. 289-340; ici, p. 312.

49. "Destins du mythe dans le christianisme médiéval", 1990, art. cit., p. 55.

50. *Paroles données*. Paris: Plon, 1984, p. 137.

## *CHAPITRE II.*
## *FAIRE COMMUNIQUER DES ETRES SEXUELLEMENT ET ONTOLOGIQUEMENT SEPARES.*
## *LE MYTHE "MELUSINIEN".*

### I. L'*apolis*.

Afin de décire cette dynamique, on considèrera les forces et les espaces dépeints par les dix figures de l'imagerie désignée. La séquence initiale fait agir trois groupes d'êtres humains: les premiers sont éloignés de leur entourage d'origine; les membres du deuxième sont distingués au coeur de leur entourage (duchesse de Brabant, Santanu, Pururavas); à l'inverse des précédents, les protagonistes du troisième groupe vivent d'emblée hors de la collectivité (Figure d'Ours, Crundchu). Quoiqu'il en soit, l'"individuation" distingue toujours les trois ensembles de mortels des valeurs policées et de ses détenteurs. Entre eux, les relations sont défaillantes. En d'autres termes, un défaut de communication au sein du "code" sociologique écarte l'individu et les représentants de ce que, dès l'étude de l'existence du "sujet de manque", nous nommions l'«environnement culturel civil» et que l'on peut considérer comme un espace social. Regardons ce qu'il s'y passe. L'être humain a vu le paysage[51] de ses relations se déformer sous l'effet de forces culturelles ou fatales[52]: les représentants éminents de la Cour (la reine séductrice dans les lais de

---

51. On l'a dit, plutôt que de recourir directement aux modèles "catastrophistes", on s'appuiera sur quelques métaphores spatiales: paysage de vallées et de crêtes, flux de vagues adverses, tensions entre forces et barrières (on ajoutera la comparaison avec le jeu de cartes). L'image est largement inspirée des travaux de P. A. Brandt, nous aurons l'occasion de les citer à plusieurs reprises. L'être humain et celui de l'autre monde peuvent être placés dans divers espaces - des univers de valeurs. Les déformations du paysage qui leur est extérieur (ouverture et fermeture des minima: des "vallées" s'enflent ou se creusent) peuvent conduire à des "catastrophes", de brutales évolutions de sa situation (des lignes de crêtes sont alors brusquement franchies). Par rapport à la présentation générale de la partie précédente, l'originalité du scénario proposé par Brandt est le suivant: quelle que soit l'instabilité de la province occupée, chacun des sujets, de façon autonome et active, occupe un fond, un puits, enjeu de forces contraires: le parcours finalement effectué par la dynamique (du sujet) dans «l'environnement [objectif] exprime sa réponse subjective à la situation.» (Brandt, 1986, art. cit., p. 8).

52. «le temps du narré provient en principe de trois sources: 1) La culture - dans la mesure où les sujets restent en contact et en rapport d'échange avec un destinateur investi comme potentat (une loi ou une divinité); 2) la nature qui donne le réel préalable à toute convention [culturelle]; 3) le fatal - qui interrompt despotiquement le réglage culturel (...) et qui crée le désordre propre à tout univers narratif au stade du manque.» P. A. Brandt, *La charpente modale du sens, Pour une sémio-linguistique morphogénétique et dynamique*. Thèse pour le doctorat d'Etat, Univ. de Paris III, 1987, p. 63.

*Guingamor* et *Graelent*; l'ingrat roi Arthur dans *Lanval*[53]), les puissances du ciel (pesant sur Ganga, Psyché et Urvaçi), un sort contraire (le malencontreux assassinat commis par Raymondin, la mort du duc de Brabant ou de l'épouse de Crundchu), ou encore un simple concours de circonstances (l'égarement forestier de chasseurs - celui de Partonopeus -, l'éloignement du marchand Tch'eng Tsai). Bref, tous ces contes évoquent un acteur qui a versé, plus ou moins rudement au-delà de la limite extrême du domaine des valeurs civiles (premier environnement objectif).

Quelques récits présentent avec une prédilection particulière l'action qui a précédé ce basculement. Ils figurent ainsi la réponse du personnage au flux qui le porte, ses réactions calmes ou "nerveuses" vécues dans l'environnement ondoyant, le chemin plus ou moins direct qui le conduit vers le précipice. La moins spectaculaire de ces manoeuvres (le défaut de communication le plus calmement accepté) est sans aucun doute celle des acteurs qui ont eux-mêmes pris la responsabilité de franchir le seuil culturel. C'est le cas des chasseurs et des pêcheurs (comme Wastinius, pêcheur de fée), des marchands, des seigneurs isolés (Santanu et Pururavas) ou des promeneurs (Raymond de Château Rousset, Hennon). Moins pacifiés, les événements poussant à l'exil du héros ou de l'héroïne qui, jusqu'au moment "fatal", évoluait dans le bien-être et la reconnaissance d'autrui. Champions des valeurs civiles, ils ne peuvent cependant pas éviter d'en être "catastrophiquement" écartés. On pense à Psyché, qui, comme le chevalier Bayard, vivait entourée de l'affection de ses parents, roi et reine, et de l'admiration de ses semblables:

> *Multi denique ciuium et adunae copiosi, quos eximii spectaculi rumor studiosa celebritate congregabat, inacessae formonsitatis admiratione stupidi*[54]

On n'oubliera ni Raymondin, protégé du Comte de Poitiers, qui «amoit tant Remondin que plus ne povoit»[55], ni le marchand Tch'eng Tsai, dont la stabilité familiale et la richesse liminaires sont remarquables:

> Il appartenait à une grande famille du Village des Pêcheurs, laquelle comptait plusieurs générations de lettrés (...). Il partit trafiquer à Leaoyang avec son frère aîné, emportant un capital de plusieurs millers de taëls.[56]

---

53. «A ceus de la Table Roünde - / N'ot tant de teus en tut le munde -/ Femmes e teres departi, / Fors a un sul ki l'ot servi:/ Ceo fu Lanval; ne l'en sovint» (v. 15-19).

54. «A telles enseignes que, des gens du pays ou étrangers, tous ceux que la renommée d'un spectacle aussi unique assemblait en foule, empressés et curieux, restaient stupides d'admiration pour cette beauté sans égale.» *Les Métamorphoses*, IV, XXVIII.

55. J. d'Arras, *Mélusine*, p. 17. Son seigneur lui déclarera: «je t'aime tant que je vouldroie que si haulte honneur feust eslue por toy.» (*Ibid.*, p. 21).

56. Ling, p. 48.

Autant d'incarnation des valeurs de leur groupe, jusqu'au moment où la privation les frappe. Jean-Claude Aubailly affirme cette idée quand il note, citant Jacques Ribard[57], que Lanval est exclu préventivement par la société chevaleresque «tout en témoignant au plus haut point des vertus qui la fondent.»[58] Les cas les plus "agités" sont ceux où l'exil prend l'allure d'une expulsion. Les vives résistances de Guingamor et Graelent aux pressions des reines séductrices illustrent ce cas de figure. Le défaut de communication laisse paraître alors une facette particulière du "code sociologique", son aspect économique. Les héros sont privés des subsides que la collectivité pourvoie normalement. Son seigneur ayant manqué à ses devoirs, Lanval se trouve vite dans le besoin; Graelent, chevalier de grande valeur, est plongé dans une indigence analogue:

> car li rois le faisoit atendre,
> ki li detenoit ses saudees;
> ne l'en avoit nules donees,
> la roïne li destornoit. (v. 144-147)

Les hommes et les femmes ainsi mis à l'écart sont comparables au héros que Jean-Pierre Vernant, commentant Hérodote, appelle *apolis*. L'auteur de *Mythe et Tragédie* emploie ce qualificatif au moment de rendre compte de la disparition des Labdacides. Périandre, descendant des Labda, et père de deux garçons (le cadet s'appelle Lycophron) tue son épouse, Mélissa. Lycophron le sait: il n'adresse plus un mot à son père

> Le refus de communiquer avec son père fait de Lycophron, **dans la cité**, un banni (...). Les ordres de Périandre le placent en position d'*apolis*, retranché dans sa solitude, coupé de tout lien social (...). Lycophron accepte cet état de **complet isolement**, de non communication (...), il **erre**, il tournicote d'un côté et de l'autre.[59]

Les trois énoncés soulignés mettent en évidence la similitude du statut qu'éprouvent le fils de Périandre et les trois types de personnages qui traversent nos récits. Comme lui, ils peuvent subir le bannissement (interne), être retranchés dans leur solitude ou connaître l'errance (externe). Cette surprenante conformité ne laisse subsister aucun doute: à l'ouverture des récits "mélusiniens", la ligne de l'intentionalité du sujet humain signale,

---

57. "Le Lai de Lanval: essai d'interprétation polysémique", *Mélanges de philologie et de littératures romanes offerts à Jeanne Wathelet-Willem*, *op. cit.*, p. 529-544.

58. *La Fée et le Chevalier. Essai de mythanalyse de quelques lais fériques des XIIe et XIIIe siècles*. Paris: Champion, *Essais*, 1986, p. 80.

59. "Le tyran boiteux: d'Oedipe à Périandre", *Mythe et Tragédie*, t. deux. Paris: Ed. La Découverte, *Textes à l'appui*, 1986, p. 45-69; ici, p. 64-65.

comme Lycophron, un *apolis*[60]. Observons alors que la distinction entre contes "mélusiniens" et "morganiens" n'a pas d'effets à ce niveau.

Le «manque absolu» éprouvé par le sujet à l'ouverture du récit vient du défaut radical d'objet, de l'absence de projet et de valeurs qu'un destinateur impartit. Cette absence met en scène, avec une netteté particulière, la façon dont des relations intentionnelles peuvent lier à un sujet, des valeurs "virtuelles" (les significations incarnées par la Belle séductrice); virtuelles puisqu'absolument indépendantes d'une incarnation objective quelconque[61]. Nul lien, aussi imaginaire soit-il, ne l'attachant à un être désirable qu'il pourrait croiser dans son singulier isolement, l'être humain est dépouillé de toute perspective d'action volontaire. Cet état semble bien privé de tout but: de simples baignades, des abandons malencontreux, des vagabondages nostalgiques, de pures vacuités. A ce moment de son errance ou au coeur de sa solitude, le protagoniste subit[62]. Rien ne l'attire encore. Il subit, comme Lanval, Graelent et Raymondin, le déroulement du paysage. Le train engourdi de leur monture rythme celui des choses:

> Et ly chevaulx Remondin le portoit tout a son plaisir, ou il vouloit aler, car il n'avoit adviz en lui de la forte desplaisance que il avoit, ne que se il dormist.[63]

On conçoit qu'une narratologie supposant des sujets "maîtres de leur destin" soit impuissante à en rendre compte. On comprend également les émotions qu'éprouvent ces *apolides*: ils ne "communiquent" plus avec les origines civiles de leurs actions, ils sont encore distants des sources où ils vont s'abreuver. Pour préciser ces affirmations, observons le paysage dans lequel manoeuvre l'être humain. Déposé avec ménagement ou rejeté injustement au-delà des frontières qui bornent l'espace de la culture des hommes, il n'est pas encore tombé cependant dans celui où s'épanouira sa relation amoureuse. Cet instant délicat le saisit, comme en équilibre, quand la force initiale, lourde de ses significations civiles, découvre un vide sous

60. «L'étranger, l'allogène, le "déviant" existent à la fois au coeur des sociétés et à leur périphérie.» Bien qu'elle vienne d'un tout autre contexte culturel (l'idéologie élisabéthaine et les pièces de Shakespeare), cette phrase fortifie notre point de vue. On la lira dans l'ouvrage de R. Marienstras *Le Proche et le Lointain. Sur Shakespeare, le Drame élizabéthain et l'idéologie anglaise aux XVIe et XVIIe siècles* (Paris: Ed. de Minuit, 1981, p. 262), héritier déclaré des travaux de J.-P. Vernant. La question posée est la nôtre: comment les écarts entre la Cité et l'individu «sur tous les plans de la réalité évoquée: individuels, sociaux, naturels et cosmiques» (p. 211) sont-ils mis en scène ?

61. Virtuel plutôt que "potentialisé". On l'a dit, ce statut de "non-disjonction", impliquant une "disjonction" préalable, ne rend pas compte de ce vide absolu, qui ne suppose aucune perte antérieure.

62. La duchesse de Brabant et Psyché souhaitent l'arrivée d'un sauveur mais elles subissent cette attente.

63. Jean d'Arras, *Mélusine*, p. 23.

ses pieds, sans que la puissance contraire, un flux qui l'attirerait vers lui - la promesse des valeurs portées par la fée par exemple -, ne lui offre ses bras protecteurs. Le néant des émotions s'explique mieux. Quand, parfois, des sentiments négatifs le formulent[64], il semble que ce soit dans le corps du personnage esseulé que s'inscrivent les affects ressentis. Comme si, privées en même temps, de formes civiles et "fériques" à investir, les dynamiques de prégnances restaient emprisonnées à leur source. Telle serait l'explication sémantique ("codée") et dynamique de l'émotion marquant les premiers pas du mortel sur la scène "mélusinienne".

Cette remarque invite à changer de point de vue, à défaire un nouveau code. Dans la perspective métapsychologique qui est la sienne, Jean Petitot conçoit cette question comme celle de la programmation des formes que visent les pulsions, leur destin[65]. La mélancolie figure ce «processus d'investissement et de confinement»: le «défaut de fixation libidinale sur un objet.» (p. 319). Elle permet d'interpréter judicieusement les sentiments de certains humains regardés à l'instant (Graelent, Raymondin, Lanval, Crundchu). Cependant il serait inexact de considérer Elinas, Figure d'Ours, Raymond de Château Rousset, Santanu et Pierre de Staufenberg, par exemple, comme des "mélancoliques". Guidé par la métapsychologie lacanienne, on écrira prudemment que c'est

> d'une façon purement passive, non pulsionnelle, que le sujet enregistre les *äussere Reize*, ce qui vient du monde extérieur.[66]

## II. Dimensions de la "culture naturelle" (éléments pour la formule canonique du mythe).

Placé ou propulsé hors de la culture "civile", l'être humain est-il comme automatiquement rejeté dans le règne de la nature et de la désorganisation ? Dans quel ordre se place maintenant le représentant de l'humanité, sous quelles forces agit-il ? On répondra en dévoilant les valeurs dont l'"estre faé" dispose et en déployant les liens qui les attachent aux deux protagonistes. L'alliance introduira le délégué des hommes dans un domaine qui conjugue en fait deux sous-ensembles de significations,

---

64. On pense à Graelent: «Cele part ala Graelens, / trespensix, mornes et dolens.» (v. 197-198).

65. *Physique du Sens*, p. 319-320. Dans "Deuil et Mélancolie", Freud annonce l'idée: libérée de tout investissement (en général par une perte), «la libido libre», au lieu de se déplacer vers un autre objet, est «ramenée dans le moi.» *Oeuvres complètes*, XIII, *Métapsychologie*. Paris: PUF, 1988, p. 267. Voir, également, *Soleil noir. Dépression et Mélancolie* (Paris: Gallimard, *Idées*, 1987) où J. Kristeva démonte les rouages de «l'ensemble mélancolico-dépressif [qui] relève d'une commune expérience de la *perte de l'objet* ainsi que d'une *modification des liens signifiants*.» (p. 19).

66. *Le Séminaire*, Livre XI, "Les quatre concepts fondamentaux de la psychanalyse". Paris: Seuil, 1973, p. 175. *Cf.* le tome 2 de l'*Introduction à la lecture de Lacan* de J. Dor ("La structure du sujet". Paris: Denoël, 1992).

comme si deux cantons composaient cette nouvelle région: les premières clairement "non humaines" et les secondes, venant des mêmes codes que celles dont la collectivité a l'usage, se révèlent fortement culturelles et socialisantes. L'appellation vague «valeurs de la fée» nommait ce couple. L'expression est trop imprécise pour être désormais satisfaisante. Etudiant le mythe bororo qui ouvre *Le Cru et le Cuit*, Greimas dit «culture naturelle»[67] pour interpréter un état du récit indien proche du nôtre. On l'utilisera en synonyme de culture "non humaine" pour intituler le premier volet du diptyque.

Comme le fait Claude Lévi-Strauss pour élaborer les paradigmes oedipiens, on tentera de lire les fables avec des "cartes à jouer". Dans la perspective qui est la nôtre, chaque force attrayant ou repoussant les termes venus des codes (la vie loin de la mort, les hommes vers les femmes, l'individu loin du groupe, le cru vers le cuit, la richesse loin de la pauvreté, etc.), peut être imaginée comme un atout dont dispose chacun des joueurs et qui favorise le jeu avec son partenaire ou contrecarre celui de l'adversaire. Certaines cartes (les valeurs éloignées de l'*apolis*) sont maintenant abattues. La barrière est franchie. Nous avons désigné celles qui composent l'autre "famille": les valeurs insérées dans les liens qui unissent le représentant de l'humanité et son conjoint merveilleux. Quand ce noeud se lie la partie bascule: la nouvelle donne semble l'opposée de la précédente. En réalité, avec la "rencontre", l'"engagement" et l'"alliance", la faculté des cartes de mêmes couleurs s'inverse: le célibataire va construire un couple, le solitaire se socialiser, le pauvre devenir riche.

A. Des partenaires sexuellement et ontologiquement séparés. *Noli tangere* la Beauté.

L'entrée en "culture naturelle" se fait avec une clef unique. Seule la créature de l'autre monde la détient et peut la fournir à celui qui, pour un temps du moins, joue le rôle de l'heureux élu. Mais le maintien de l'écart avec l'espace social et l'harmonie avec celui de la future compagne exigent un contraste préalable, entre les conjoints cette fois: la distinction des cultures réclame celle des alliés. Deux séries de traits unissent et différencient les partenaires de l'hymen.

Il est indispensable de revenir sur l'évidence première: la rencontre et ses conséquences civilisatrices est celle de l'autre sexe[68]. On l'oublie

---

67. "Pour une interprétation du récit mythique" consacre un paragraphe entier à la notion de «Culture "naturelle"». Greimas écrit: «La réorganisation de la nature - (le terme exact pour la désigner serait la culture naturelle: elle est en effet la nouvelle dimension mythologique que nous essayons de définir) - ne s'arrête pas là.» (*Du Sens*, 1970, *op. cit.*, p. 227).

68. Jamais le tabou "mélusinien" ne censure les rapports physiques. A l'aube ou au faîte de sa félicité, le mortel ne saurait être privé de bonheur sexuel. *Cf.*, de P.-Y. Badel, "Masculin,

parfois, les noeuds entre femmes "mélusiniennes" et hommes mortels trouvent leur symétrique dans les liens qui joignent les hommes venus de l'autre monde (Cupidon, chevalier du Graal) et leur compagne terrestre. L'omission de ce fait essentiel autorise des considérations incertaines sur le sens du mythe, fondées sur la seule féminité de la Merveille, escortée de son inévitable cortège d'effrois liés à la découverte de sa sexualité. L'attraction de la force qui va désormais stimuler le représentant des hommes est déclenchée par ce que l'on pourrait appeler l'épiphanie d'une séductrice (ou d'un séducteur). Au hasard de son errance désorientée ou au coeur de son isolement précaire, l'être mortel est brusquement frappé par l'apparition d'un personnage de sexe opposé. Séduisant «accident morphologique qui arrête le regard»[69], l'être de beauté trouve sa place au centre d'un dispositif scènique que perçoit le personnage humain. Le pouvoir d'aimantation de la nouvelle dynamique ne pouvait recevoir de plus beaux attraits. Comme de nombreux récits qui mettent en présence pour la première fois les deux futurs conjoints, les fables "mélusiniennes" font de la perception le mode premier de leur relation. C'est souvent la communauté des sens qui plonge l'observateur dans l'émerveillement. Ling Mong-tch'ou semble prendre un plaisir particulier à évoquer cette conjonction d'attraits sensoriels:

> Quand soudain, la chambre s'illumine (...). Un parfum étrange vient lui chatouiller les narines et emplit la pièce. Plus aucun bruit de tempête (...). Venaient comme à travers l'espace, les sons d'une harmonie de flûtes, de violons, de cymbales.[70]

Deuxième temps, après celui des sens, le trouble des affects, indice de la vive agitation subjective qui stimule l'acteur fasciné[71]. Les particularités du centre phénoménal, le charme esthétique sont la source de sentiments puissants chez l'observateur. Soumis à cette félicité sensorielle et affective, le "héros", ravi, n'est pas loin de perdre la raison. Il devient à proprement parler fou... de joie[72]:

> Esbahiz est, ne seit que creire,[73]

---

féminin *dans le lai de Guingamor*", *Cahiers de Civilisation Médiévale*, XXXVIII, 1995, p. 103-114.

69. Selon la définition que R. Thom donne du «centre» dans l'analyse perceptive ("Local et Global dans l'oeuvre d'art", *Le Débat*, 24, 1983, p. 73-89; ici, p. 84).

70. Ling, p. 49-50.

71. «La dynamique est déjà structurée par un ensemble de facteurs postulés: la nervosité, la sensibilité gravitatoire, l'affinité imaginaire.» (Brandt, 1986, art. cit., p. 19).

72. Facétieux, Ling fait semblant de s'inquiéter sur sa propre santé mentale quand il narre de telles fables: «Conteur, tu déraisonnes! Quelle était donc la dimension de sa misérable chambre pour contenir plusieurs centaines de personnes?» (p.50).

73. *Lai de Lanval*, v. 199.

Quant Remondin l'ouy, si fu plus esbahiz que devant.[74]

Ce qui se produit dans la béance ouverte par l'"individuation", la vacuité et, parfois, la mélancolie c'est l'avènement du figural, la présence d'un objet fortement attirant, l'imposition d'un phénomène particulièrement attrayant. La barrière est franchie qui séparait les régions civiles de celles de la Merveille. Soit:

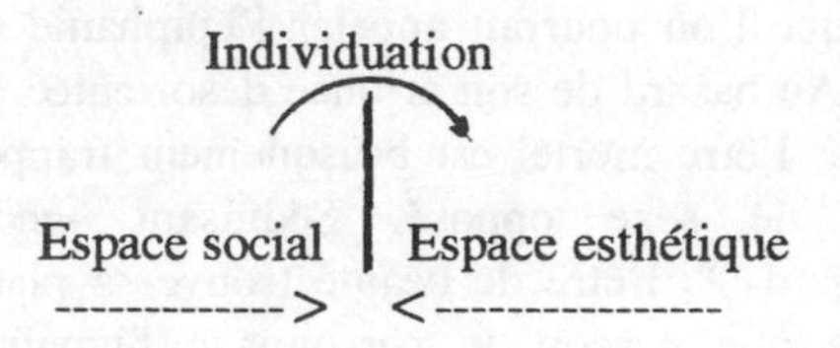


L'espace a donc subi la première déformation où va s'installer l'actant qui la découvre. Le comportement du sujet éprouve une véritable révolution: il glisse vers la "vallée" qui s'ouvre et se creuse (objectivement) devant ses yeux; séduit, il s'y précipite, si l'on peut dire, pieds et poings liés (subjectivement). Bref, la rencontre met en scène un destinateur esthétique, un corps charmeur, aimantant vers lui le protagoniste qui ne demande que cet appel. Quelles valeurs propose-t-il ? Les relations d'ordre perceptif ne sont qu'une première étape. Elle se prolonge par une mise en scène des lois qui, chez les humains, régissent les relations entre les sexes. Le recours au code sexuel est donc impératif pour comprendre le pouvoir de ces nouvelles "cartes".

La vivacité des effets sensoriels et affectifs indiquent que le personnage humain croise une "trouvaille". L'intérêt de cette notion réside dans le relais qu'elle autorise, au-delà de son sens commun, vers l'interprétation méta-psychologique. La trouvaille, en effet, se présente ici au sens où Jacques Lacan la conçoit: une «solution (...) - la surprise- ce par quoi le sujet en trouve à la fois plus et moins que ce qu'il attendait.»[75] Le moment de sa découverte déclenche un événement spectaculaire, hasardeux, déroutant et choquant que le psychanalyste appelle synonymiquement «la réalité», le «choc», le «*knocking*», le «phénomène» encore la *tuché*. Celle-ci se produit, écrit-il, «comme au hasard»»[76] Dans l'irruption hasardeuse d'un être inattendu, le mortel découvre en effet ce que la réalité la plus tangible et la plus magnifiquement physique semble annoncer comme satisfaction imaginaire (puisque liée à une "image") de ses besoins. Quels sont-ils ? Ce commentaire de Lacan souligne un premier élément de réponse:

---

74. Jean d'Arras, *Mélusine*, p. 25.
75. 1973, *op. cit.*, p. 27.
76. *Ibid.*, p. 56 et 54 pour ces mentions.

> Qu'est-ce que ça veut dire, la satisfaction de la pulsion ? Vous allez me dire - *Ben c'est assez simple*, la satisfaction de la pulsion, c'est arriver à son *Ziel*, à son but. Le fauve sort de son trou *querens quem devoret*.[77]

Nous n'hésiterons pas à accorder à cet énoncé une valeur extensible à la plupart des situations que connaissent maintenant les mortels. Il convient de distinguer toutefois une face douce et pacifiée de la "dévoration" d'une apparition brutale et explicite. La première prend la forme socialisée du mariage (quelle qu'en soit la nature). On s'y arrêtera dans un instant. Dans la seconde, exactement congrue au propos lacanien, les acteurs voient dans leur rencontre "tychique", l'occasion de pêcher une proie (on songe à la prise que capture Wastinius) ou de chasser un gibier. Cette traque se révélant soit réelle (pour Figure d'Ours, Guingamour) soit métaphorique.

Dans ce cas, rare mais emblématique, l'animal poursuivi prend les traits de la belle séductrice. L'imaginaire de la prédation surgit à fleur de texte: la capture se vit sur le mode sexuel et la narration décrit un viol. Regardons les textes[78]. Le *lai de Graelent*, tout d'abord. Le chevalier découvre une fée au bain, lui promet de la respecter, mais elle résiste à son désir:

> Graelens le trove si fiere,
> e bien entent que par proiiere
> ne fera point de son plaisir,
> n'il ne s'en vcut ensi partir.
> En l'espece de la forest
> a fait de li ce que li plest.
> Quant il en ot fet son talent,
> merci li prie dolcement,
> que vers lui ne soit trop iree, (v. 277-285)

Pas de doute, «Graelent viole la pucelle (...) et le viol est récompensé et non puni.» Dietmar Rieger[79] fait ici allusion à la suite des événements, la fée accordera tendrement sa flamme, non sans défendre cependant à son compagnon de découvrir leur amour à quiconque. Seconde illustration: dans le roman qui porte son nom, Partonopeu de Blois force la fée Mélior malgré ses résistances:

---

77. *Ibid.*, p. 151. *Cf.* la première épître de saint Pierre: *sobri estote vigilate / qui adversarius vester diabolus / tamquam leo rugiens circuit / quaerens quem devoret*. (5, 8).

78. Nous n'avons pas conservé l'aventure d'Edricus Wilde où Gautier Map décrit une telle violence: le chevalier "sauvage" découvre de nobles dames à l'intérieur de "buvettes", enlève la plus belle et la plie, muette, à sa volonté: *ea pro uoto tribus diebus et noctibus usus, uerbum ab ea extorquere non potuit, passa tamen est consensu placido uenerem uoluptatis eius*. *De Nugis Curialium*, p. 156.

79. "Le motif du viol dans la littérature de la France médiévale; entre norme courtoise et réalité courtoise", *Cahiers de Civilisation Médiévale*, XXXI, 1988, p. 241-267; ici, p. 257. Le stéréotype qu'il est convenu d'appeler la "demoiselle" ou la "pucelle esforciée" sera évoqué dans la partie suivante.

"Or est anuis, fait ele, a certes !"
Cil li a les cuisses overtes,
Et quant les soies i a mises,
Les flors del pucelage a prises. (v. 1301-1304)

Quelques vers plus loin, la fausse malheureuse reconnaît s'être livrée volontairement. Elle promet le mariage et une visite nocturne quotidienne à condition que le jeune garçon ne cherche jamais à la voir jusqu'à leur mariage (v. 1445-1452). Voici que semblent obturés les deux manques de l'*apolis* ("disponibilité" et "singularité") grâce aux mirages que fait miroiter la belle "trouvaille", à l'image captivante qu'elle offre en spectacle. Tels sont les besoins imaginaires que satisfait le sujet esthétique (et, à l'occasion, prédateur) croyant atteindre «quelque chose à se mettre sous la dent», comme le dit Lacan à la fin de la citation précédente. Mais on va le voir, si le mortel, *quaerens quem devoret*, fait du rapport des sexes un usage initial de prédateur, il va vite en comprendre les réglementations proprement humaines.

Pour l'instant, regardons les cartes "métapsychologiques" de notre jeu. Les joueurs ne manquent pas de dynamisme. Leurs atouts se croisent, les lames s'accordent. Pour la formation subjective du mortel, l'étape parcourue est déterminante. Il traverse une phase d'identification, au sens analytique de «transformation produite chez le sujet quand il assume une image.» Cette définition est extraite de la communication "Le stade du miroir comme formateur de la fonction du Je"[80] que ces lignes regardent. La «matrice symbolique» où se forme le sujet y est bâtie sur l'articulation primordiale du «je spéculaire» et du «je social» (p. 95), articulation dont le caractère est ce que Lacan appelle «la captation spatiale que manifeste le stade du miroir» (p. 93). Un parallélisme remarquable apparaît entre cette analyse et ce qu'indique nos récits. Car la *tuché* mélusinienne place le mortel face à l'autre ravissant et désirable de telle sorte qu'il envisage de s'identifier à l'image de l'être "hétéromorphe".

Jusque là, l'affect et la "valeur" étaient comme confinés dans le corps de l'*apolis*, grâce au séduisant spectacle offert, elles se dirigent vers l'extérieur, vers cette forme qui incarne le charme et la promesse de plaisantes satisfactions. L'"euphorie" est le nom de cette vitalité nouvelle, la trace émotionnelle d'une communication harmonieuse, qui comblerait les écarts insupportables à l'être humain:

Quand le chevalier eut aperçu la belle dame, son chagrin s'évanouit. Voyant la belle isolée, il sentit son coeur percé du trait brûlant de l'amour. Il en fut plein d'une joie extrême.[81]

---

80. J. Lacan, *Ecrits I*. Paris: Seuil, 1966, p. 89-97; ici, p. 90.
81. *Histoire de Pierre de Staufenberg*, p. 174.

L'euphorie déclenchée par l'image de la beauté soulève la question des «faits de mimétisme»[82]. Ils se présentent dans ces contes comme un procès d'absorption spatiale de sujets symbolisée par l'union sexuelle des personnages. La "vallée" où glissait l'humain ébloui s'est en effet magnifiquement ouverte. Elle s'approfondit pour accueillir les deux protagonistes, creux où le prédateur pense capturer sa proie idéale. En d'autres mots, la fusion des actants paraît envisageable au plus intime de l'espace qui s'était ouvert esthétiquement. René Girard nomme avec bonheur «mimésis d'appropriation»[83] ce moment d'attraction fusionnelle.

L'espoir de suturer l'écart entre les acteurs ne vaut pas que pour leur différence sexuelle. La question de leur capacité de "communication" se pose dans un second domaine. Le fossé entre les sexes est, si l'on peut dire, malheureusement banal. En témoignent l'infinité des récits - de papier ou de vie - qui peignent la coexistence mouvementée des hommes et des femmes. Mais dans nos fictions cette divergence prend une allure particulière, approfondie par une détermination spécifique, celle des "espèces" ou des "genres". Normalement, le maintien de la vie, la reproduction des humains, imposent deux requêtes: non seulement l'union de sexes contraires mais également son effectuation par deux représentants de la même espèce. Il faut, en somme, comme le rappelle Jean-Claude Milner en une phrase qui équilibre exactement ce que nous voulons dire:

> que ces deux soient tout à fait disparates (connecteur de disjonction qui est la sexuation) et congénères (connecteur de conjonction qui est l'espèce).[84]

Or, précisément, tel n'est pas le cas dans les fables "mélusiniennes". Elles présentent cette particularité de raconter comment des partenaires sexuels pourraient se "connecter", pour parler comme Milner, tout en étant génériquement différents; elles affichent un exemple d'exogamie extrême. On dira en conséquence du mythe "mélusinien" ce que Jean Petitot écrit à propos de la "potière jalouse": il permet «la communication entre deux mondes ontologiquement hétérogènes (naturel/surnaturel ou physique/ métaphysique).»[85] Pour examiner cet abîme ouvert dans le code des genres,

---

82. Pour le rôle fondamental que joue la perception dans la reconnaissance des «traits **morphologiques** (figuratifs) associés aux prégnances» lire les remarques de J. Petitot dans *Physique du Sens*, p. 379 sv. d'un objet, d'une figure, d'une personne. La beauté spectaculaire rend immédiate la compréhension de la valeur "prégnantielle" d'un objet, d'une figure, d'une personne.

83. Appropriation et non «imitation», souligne-t-il (*Des choses cachées depuis la fondation du monde*. Paris: Bernard Grasset et Fasquelle, *Le livre de poche essais*, 1978, p. 17). L'intégralité du développement "Mimésis d'appropriation et rivalité mimétique" mérite l'attention (p. 14-18). Voir également: "Du désir mimétique au double monstrueux" dans *La violence et le sacré*. Paris: Bernard Grasset, *Pluriel*, 1972, p. 213-248.

84. *Les noms indistincts*. Paris: Seuil, 1983, p. 10.

85. 1988, *op. cit.*, p. 27.

reprenons les choses où nous les avons laissées. Dans son nouveau domaine, tout laisse espérer que l'acteur humain pourra s'unir à un personnage différent de lui sur un plan, qu'à la suite de la précédente citation, nous nommerons "ontologique". L'époux merveilleux fournit le plus souvent des preuves lumineuses qui ne laissent planer aucune ambiguïté sur son aptitude à se soustraire aux «lois du monde empirique». Cet énoncé commode vient des commentaires greimassiens d'une scène de décollation (émaillant un récit mythologique lithuanien[86]),

> procédé assez courant de métamorphose utilisé pour "reconvertir" des êtres ensorcelés et pour leur faire reprendre leur aspect humain. C'est, bien entendu, une procédure mythique qui ne correspond pas aux lois de notre monde empirique.

Le prouvent les qualités tout à fait extra-ordinaires des "mélusines", fondatrices de leur statut électif, les insolites connaissances de la destinée et les comportements mystérieux, inhabituels aux pratiques des mortels. La séductrice, qui n'est pas de ce monde, ne cache pas au représentant des hommes ses pouvoirs magiques[87]. La plupart du temps, ce dernier reconnaît sans difficulté l'étrangeté de la fascinante rencontre. Dans le roman d'Apulée, le saisissement spectaculaire de l'humaine Psyché révèle la puissance céleste de celui qui l'accueille:

> *medio luci meditullio* (...) *domus regia est aedificata non humanis manibus sed diuinis artibus* (...). *Sensit Psyche diuinae prouidentiae beatitudinem,*[88]

Inconnu à ses yeux, son mari laisse pourtant percer son origine et ses pouvoirs surnaturels. Ne prévoit-il pas le destin divin de l'enfant que porte Psyché divulguant ainsi, presque en toute franchise, les valeurs "non humaines" qu'il incarne ?

> *et hic adhuc infantilis uterus gestat nobis infantem alium, si texeris nostra secreta silentio, diuinum, si profanaueris, mortalem.*[89]

---

86. Un taureau s'agenouille devant une demoiselle et lui demande de lui couper la tête, il redevient immédiatement son frère. La citation suivante est extraite de *Des dieux et des hommes*. Paris: PUF, *Formes sémiotiques*, 1985, p. 127.

87. Le don d'invisibilté notamment. *Lanval* et *Partonopeu de Blois* avaient illustré ce propos. L'anomalie signalée est proche de celle que connaît le "héros" chinois. Personne, pas même son frère qui occupe la chambre adjacente, n'a entendu quoi que ce soit des nocturnes et bruyantes activités de Tch'eng Tsai: «Je n'ai pas entendu le moindre bruit dans ta chambre, qui était parfaitement calme.» (Ling, p. 54).

88. «Au milieu même du bois est (...) une demeure royale, bâtie non de main d'homme, mais par un art divin (...). Psyché a reconnu dans cette félicité l'effet d'une providence divine.» *Les Métamorphoses*, V, I et III, p. 41-42.

89. «Et ce sein, hier encore celui d'une enfant, nous réserve un enfant à son tour, divin si tu sais te taire et garder nos secrets, mortel si tu les profanes.» (*Ibid*., V, X, p. 51).

Ce que nous entendons par la "non humanité" de la Merveille peut paraître sous quatre formes différentes: divine (Ganga, Cupidon), animale comme dans l'histoire de Hennon (un dragon mauvais), celle du Ntori et du chevalier Bayard (le premier rencontre et épouse un poisson, le second une truie), de Raymond de Château-Rousset et Raymondin (leurs conjointes se transforment en serpent), soit sous les deux: Wastinius comme Crundchu épousent des déesses-juments. Le cas de Tch'eng Tsai ne manque pas d'intérêt. La déesse de la mer - son ancienne compagne - se dévoile à lui sous des traits hybrides:

> Au-dessus du bateau se maintenait un amas de nuages colorés; la forme d'une belle femme y apparut, le haut du corps tout à fait distinct, le bas perdu dans des vapeurs brillantes.[90]

Mais ce même amoncellement de nuages ressemblait l'instant auparavant à «un dragon tressaillant au fond des eaux.» (*ibid.*). Bien des êtres de l'autre monde, "estres faés", ne sont en apparence, ni animaux ni dieux ni les deux. Cette quatrième éventualité est figurée par Présine, la mère "mélusinienne" de Mélusine, le chevalier du Graal (dans *Parzival*), la nymphe Urvaçi (Dumézil dit "la fée") comme par la compagne des chevaliers des lais (Graelent, Lanval et Guingamor) ainsi que des belles qui séduisent Pierre de Staufenberg, Partonopeu (Mélior est une fée, dit le roman[91]). Ce petit groupe n'éloigne guère de l'ensemble "non humain" où évoluent bêtes et dieux. Comme l'écrit Laurence Harf-Lancner, dans les *lais*

> la prééminence de l'autre monde (...) arrache à sa condition humaine le héros digne de lui appartenir, estompant du même coup la limite qui sépare les humains et les êtres surnaturels.[92]

La frontière s'efface également dans l'histoire de Fille-du-Rocher. Sa proximité avec l'Esprit-éternel - le Manitoo - est soulignée par son impertinent mari, juste après sa fatale transgression: «Elle est partie retrouver ce chenapan de Manitoo. Si je le rencontre, je l'assomme avec ma massue.»[93]

Arrêtons-nous un instant puisque l'occasion s'offre au médiéviste de considérer un trait, inattendu peut-être, avouant la "non humanité" de certains êtres "faés" médiévaux et de leurs ancêtres. Le contexte culturel indo-européen sera ici d'un grand secours. La pièce, mineure en apparence, concerne un fragment du corps exhibé par deux "fées", Mélusine elle-même

---

90. Ling, p. 64.
91. «Atant une fee vient al lit» (v. 1125).
92. 1984, *op. cit.*, p. 63.
93. Camus, p. 96.

et l'une de ses proches cousines, l'amie de Pierre de Staufenberg. Elles ont en commun de signaler leur départ de ce monde, et de prouver ainsi leur nature, par ... leur pied. Voici ce que dit la traduction de la fiction allemande:

> Tous ceux qui étaient réunis là (...) virent distinctement quelque chose traverser le plafond: c'était un pied humain, et une jambe nue jusqu'au genou. Jamais au monde on n'avait vu un pied si beau et si charmant (...). Ce pied apparaissait au-dessus de la salle, plus blanc que l'ivoire.[94]

et le roman de Jean d'Arras (p. 260):

> Et sachiez que la pierre sur quoy elle passa a la fenestre y est encores, et y est la fourme du pié toute escripte.

Ces pieds ont suscité des avis contradictoires. Pour Gilbert Durand, le traitement funeste infligé à Mélusine par le christianisme s'exposerait notamment dans ces traits pédestres grotesques:

> Ce personnage primordial (...) réapparaît dans de nombreuses légendes minimisé, dévalué ou simplement ridiculisé, portant des "pattes d'oie", Mère l'Oye ou Reine Pédauque.[95]

Georges Dumézil propose une autre voie. Elle confirme la proximité de nos "estres faés" avec des membres du panthéon indo-européen, personnages (semi)divins que nous avons déjà croisés: les *Gandharva*[96]. Evitons tout malentendu. Nous ne prétendrons pas que les créatures "mélusiniennes" du corpus **sont** des *Gandharva* et doivent se concevoir en tant que tels. Nos observations épistémologiques ont mis en garde contre toute tentative de faire de l'identification la clef de la compréhension. Il ne s'agira que de rapprocher ces deux types de personnages intervenant dans le champ déterminé des fables des indo-européens, comme des images symbolisant quelques "positions" (métaphysiques, temporelles et spatiales) opposées à celles qu'occupe l'être de notre monde. Cela dit, revenons au détail qui nous retient. Les peuples indo-européens, dit Georges Dumézil en substance, se racontaient des histoires où prenaient part,

---

94. Histoire de Pierre de Staufenberg, p. 187.

95. *Structures anthropologiques de l'imaginaire*, 1969, *op. cit.*, p. 260. Dans certaines légendes chinoises et ariégeoises «patte d'oie ou carapace de tortue» sont «une trace de la forme primitive» de la fée, écrit L. Harf-Lancner (*Les Fées au Moyen Age*, 1984, *op. cit.*, p. 99-100). Pattes d'oie = Pattes de cygne -> Femmes-cygnes = Valkyries, tel est le trajet que suit C. Lecouteux pour expliquer ce pied mystérieux (*Mélusine et le Chevalier au cygne*, 1982, *op. cit.*, p. 101).

96. Présents dans *Le problème des Centaures*", ils le sont également dans "Luperques et flamines, Gandharva et brahmanes", *Mitra-Varuna*, *Essai sur deux représentations indo-euroépennes de la souveraineté*. Paris: PUF, 1940, p. 13-16.

> à côté des scènes et des êtres précis de changement d'année, des thèmes universels du type "mélusinien" ou du type "moséen"; par ces histoires les *Gandharva* commençaient à passer de la religion à la littérature, - c'est-à-dire à devenir des *Centaures*.[97]

Nos récits mettent explicitement en scène un tel personnage, Pururavas:

> L'Inde, autour de ses rites populaires de changement d'année, a construit très tôt le roman de *Pururavas*, où les *Gandharva* jouent naturellement un grand rôle, mais dont la trame est toute folklorique, "mélusinienne".[98]

Or ces êtres de transition d'année se signalent également par l'étrangeté de leurs pieds:

> il y a dans le personnage, semble-t-il, un trait qui suffit à le ranger dans l'espèce des démons, toute voisine des hommes (...): son *pied est singulier et important*, puisque son *talon* est *d'or*, et puisque pour le vaincre, c'est *au pied* que le héros saisit sa peau.[99]

Comment ne pas penser, côtoyant Pururavas et les amies de Raymondin et de Pierre de Staufenberg, au fils de Pélée et Thétis, le célèbre Achille, dont le talon est la seule fragilité. Et pourquoi cette faiblesse ? Parce que l'être humain - Pélée - a empêché l'accès à l'immortalité de son fils. Ce n'est pas tout. Les hommes qui souhaitaient s'identifier aux *Gandharva* se déguisaient. Un de leurs travestissements favoris était le cheval (p. 258). D'où la réflexion du mythologue sur une héroïne des *Mabinogion* gallois, Rhiannon, et quelques-unes de ses soeurs qui rappellent Macha, la compagne de Crundchu, et, comme l'a établi Laurence Harf-Lancner, l'amie de Wastinius[100], la dame du Lac de Brecnock. Il n'y a pas jusqu'aux amours de Psyché et Cupidon que n'éclairerait le parallèle dumézilien. Car les *Gandharva* font preuve d'une ardeur libidinale sans frein, leur concupiscence paraissant dans «le fait que le dieu Amour (*Kama*, *Kandarpa*) est considéré, dans le *Véda*, comme un *Gandharva*.»[101] Si la comparaison entre "mélusines" et *Gandharva* a retenu l'attention, c'est uniquement pour illustrer à partir d'un chantier bien particulier, et soigneusement déblayé par Georges Dumézil, les places "ontologiques" que le représentant des hommes et son surnaturel conjoint occupent dans nos récits. Mais le double espoir - sexuel et "ontologique" - de les faire

---

97. *Ibid.*, p. 260.

98. *Ibid.*, p. 182.

99. *Ibid.*, p. 80.

100. «Toute une série de contes gallois reposent sur le même tabou. Cet interdit procède (...) d'une assimilation de l'ondine à une déesse jument celtique. Il implique donc, dans l'histoire de Wastinius, l'affirmation du caractère surnaturel de la dame du lac.» (1984, *op. cit.*, p. 132).

101. 1929, *op. cit.*, p. 138.

fusionner imaginairement est une illusion. Dans le règne humain, la capture imaginaire ne règle ni les rapports entre les sexes ni les relations entre les genres.

Le fameux interdit de communication représente exemplairement cette impossibilité. Il est temps de lui assigner toute la richesse de signification qui lui revient. L'accès au langage prohibitif signale l'instant où tous les "héros" humains basculent dans un espace sensiblement différent du précédent. La connaissance des régulations pulsionnelles introduira l'explication. D'abord fasciné, Lanval entend le son d'une voix qui s'adresse bien à lui:

> Le chevaler avant ala,
> E la pucele l'apela;
> Il s'est devant le lit asis.
> "Lanval, fet ele, beus amis,
> Pur vus vinc jeo fors de ma tere (v. 107-111)

Jusque là objet esthétique émouvant mais silencieux, la séduisante rencontre prend la parole pour énoncer un singulier message. Cet acte, anodin en apparence, constitue un événement capital. Dans la majorité de nos textes l'annonce équivaut à affirmer "Je te dis qu'il ne faudra pas..." (parler, regarder, toucher). Les quelques exemples où la Beauté reste muette n'infirment pas ce constat. Le malheureux humain saura bien assez tôt qu'il ne fallait pas l'obliger à discourir. Il l'apprendra - comme le fermier Crundchu ou Pélée - au moment, où précisément, il contraint l'aphasique à s'exprimer. L'aveu ultime prouve donc, ici comme dans tous les cas, que parler équivaut à "Je te dis qu'il ne faut/fallait pas...". L'occasion s'offre de rappeler la place déterminante accordée par Lacan à la notion d'inter-dit. Elle trouve son site dans la fameuse reconnaissance de la structure du langage dans l'inconscient. Le texte non officiellement publié, mais bien connu, "Le désir et ses interprétations", affirme que l'articulation essentielle du signifiant se comprend par cet énoncé: «En disant qu'on ne le dit pas, on le dit»[102]. Cette conception, fondée sur la duplicité du langage, marque le sujet par ce rapport aux «interdits qui font la loi des langages.» (p. 19). Les fables "mélusiniennes" procèdent différemment. Elles sont plus claires, le mortel n'y entend pas un énoncé ambigu. Les lèvres de la Beauté laissent tomber des mots on ne peut plus compréhensibles: elles ont dit à celui qui l'a bien entendu qu'il était illicite de ... La défense est limpide.

La prohibition, tendrement insérée au creux de la promesse érotique, en écorne immédiatement la jouissance. Si la promesse d'amour et les bienfaits correspondants demeurent valides, quelque chose (terme volontairement vague) reste nié par la parole de l'"estre faé". Jamais ne sera

102. Sans date mais mis en vente en 1985; p. 72.

pleinement atteinte celle qui semblait s'offrir à l'appropriation mimétique. Figure d'un *Noli me tangere* radical[103], la censure énoncée par la Belle Parleuse ébauche une «marge où la demande» que le mortel adresse à la fascinante rencontre «se déchire du besoin qu'il peut satisfaire.» C'est une définition que Lacan donne du désir[104]. Nos récits offrent un aperçu lumineux sur la nécessaire renonciation à la satisfaction imaginaire, totale, sans faille, et sur l'entrée de l'individu dans l'ordre symbolique (au sens lacanien) qui l'accueille et le contraint simultanément sous la forme du langage - "inter-dit". Quand la Merveille se mêle de parler «la part du logos se conjoint à l'avènement du désir.» (p. 111)[105]. Pour éviter toute confusion entre le "symbolique" ainsi fondé sur le désir (côté lacanien) et le symbolique structural (côté lévi-straussien), on fera appel à notre vieux mot d'"alliance". Il nommait ce moment de jonction impossible, autorisé par le respect du contrat hypothétique (premier sens). Tout en acceptant sa vocation hautement civilisatrice, la Belle Parleuse fait peser sur une partie de la relation des partenaires une "méconnaissance" obscure. L'originalité du tabou "mélusinien" consiste à faire explicitement accepter par le mortel - qui s'en serait bien dispensé - les règles contraignant implicitement (ou "naturellement") les rapports entre les sexes. L'élaboration de la "torsion" mythique finale donnera l'occasion de revenir sur cette question. Prenons date avec cette affirmation: l'objet imaginaire perçu (saillant) et son être (source de prégnances) sont irréductiblement séparés par un fossé qui fait du désir une méconnaissance obligée.

Un mot pour dire de nouveau que, quoiqu'il y paraisse, nous n'accordons aucune prérogative au code sexuel. Si le mythe étudié envisage les conditions de bons rapports entre les sexes et les "genres", il montre qu'ils ne sont que des traductions particulières d'oppositions plus profondes, susceptibles de s'exprimer dans des codes divers. L'interdiction le confirme: la vie sexuelle amorce la vie langagière, économique et sociale et conjoint des êtres disparates sous l'effet d'un fait premier, le fait de structure. On le montrera en accentuant la mission culturelle et structurante de l'interdit. Les obligations qu'elle fixe composent une norme. Or, à cet étage, nous sommes assurés de rencontrer des faits culturels. On conçoit ici en effet la notion de culture, en rapport à l'état de nature, comme l'étage de

103. Au sens que profilent ces deux citations: «Il faut qu'il y ait dans ce signe un *Noli me tangere* bien singulier.» ("Le séminaire sur la lettre volée", *Ecrits I*. Paris: Seuil, 1966, p. 19-75; ici, p. 42). «Domancé, personne que la voie ordinaire semble effrayer plus qu'il ne convient et qui, Sade l'a-t-il vu, clôt l'affaire par un *Noli tangere matrem*.» ("Kant avec Sade", *Ecrits II*. Paris: Seuil, 1971, p. 119-148; ici, p. 148).

104. *Ecrits II*, 1971, *op. cit.*, p.174-175. Ou encore: «Le désir n'est ni l'appétit de la satisfaction, ni la demande d'amour mais la différence qui résulte de la soustraction du premier à la seconde, le phénomène de leur refente (*Spaltung*).» (*Ibid.*, p. 110).

105. Nous détournons la phrase originelle en substituant "la Merveille" au terme qu'utilise Lacan: «le phallus.»

la règle[106]. Le tabou ancre la créature humaine dans l'astreinte de ses lois, la soustrait à ses desseins instinctifs et la fait entrer dans les sphères de la culture naturelle: l'interdit n'est "culturalisant", si l'on nous passe l'expression, que parce qu'il impose aux deux partenaires une forme de séparation, une existence par "détermination réciproque". Il élève entre eux une barrière invincible, si ténue parfois, qu'elle semble transparente ou aisément franchissable. Le mortel apprend souvent à ses dépens que cette minceur n'était qu'apparente. Quoiqu'il en soit, le respect de l'écart a ceci de paradoxal que le rêve de rejoindre les termes sexuels et ontologiques diamétralement opposés impose de consentir à unc distance (une "non communication") quelconque entre les acteurs ainsi rapprochés. Tous les interdits, aussi absurdes ou minimes soient-ils, remplissent ce rôle de prohibition mimétique[107].

La Belle qui s'offre dans tout l'éclat de ses charmes puis dans la limpidité de son langage restrictif incarne une forme particulièrement prégnante, symbole des précieuses significations qu'elle engage. Bouleversant par sa défense l'identité et les rêves de l'acteur humain, elle déclenche en lui diverses attitudes - plus ou moins paisibles (Raymondin), tolérantes, ou, au contraire, "nerveuses" (Raymond de Château Rousset) ou encore révoltées (Santanu, Figure d'Ours). C'est Lanval qui prouve sa plus joyeuse détermination à se placer, quitte à en devenir fou, sous le commandement prohibitif de la Belle:

"Bele, fet il, si vus pleiseit
E cele joie me aveneit
Que vus me vousissez amer,
Ja n'osiriez comander
Que jeo ne face a mon poier,
Turt a folie u a saveir
Jeo ferai voz comandemenz; (v. 121-127)

La "formule canonique" qui agence nos récits commence à se profiler. Le mortel est membre de l'humanité, disons de l'espace social; il en est le "terme" représentant[108]. L'envoyé de l'autre monde, défini comme bête comme dieu, soit comme la conjugaison des deux ou encore comme "estre faé", est "non humain". Le défaut de communication sexuel et "ontologique" sépare deux termes distincts mais tangents que la dynamique d'attraction ne saurait pourtant fusionner. Le choc esthétique marquait la

---

106. *Cf.* C. Lévi-Strauss: «Partout où la règle se manifeste, nous savons avec certitude être à l'étage de la culture.» *Les structures élémentaires de la parenté*, 1973, *op. cit.*, p. 10.

107. La thèse est soutenue par R. Girard: «A la lumière des interférences mimétiques, on comprend très bien pourquoi ces interdits absurdes peuvent exister.» *Des choses cachées depuis la fondation du monde*, 1978, *op. cit.*, p. 23.

108. Reprenant les notations de la partie précédente, on écrira S2 pour l'actant figuré par l'ensemble des mortels, et S1 pour celui qu'exposent les créatures de l'autre monde.

première déformation de la région dans laquelle évoluait l'homme (paysage objectif). Comme l'écrit Per Aage Brandt, le «destinateur surgissant devant le sujet [Dieu, dans la Bible; la Merveille, dans nos contes] (...) se met à communiquer des messages qui vont à l'encontre de l'évidence naturelle.» Celui (ou celle) qui l'énonce sélectionne, poursuit Brandt «un sème, manifestement "bon", et il en défend l'usage en le déclarant "mauvais".»[109] Le propos de la condition "mélusinienne" est tout à fait comparable. Cette dualité a des effets topologiques. Dans la vaste province des valeurs "non humaines", deux régions se distinguent. A côté de l'espace esthétique (lieu de la rencontre amoureuse, Eden), où s'offrent les valeurs que destine la Beauté, le tabou délimite un troisième territoire, celui de l'alliance, lourde de ses promesses engageantes mais prohibitrices. Sur ce dernier terrain, s'attirent et se stabilisent à bonne distance les deux protagonistes[110]. On dessinera en conséquence la représentation (la "topologie") suivante:

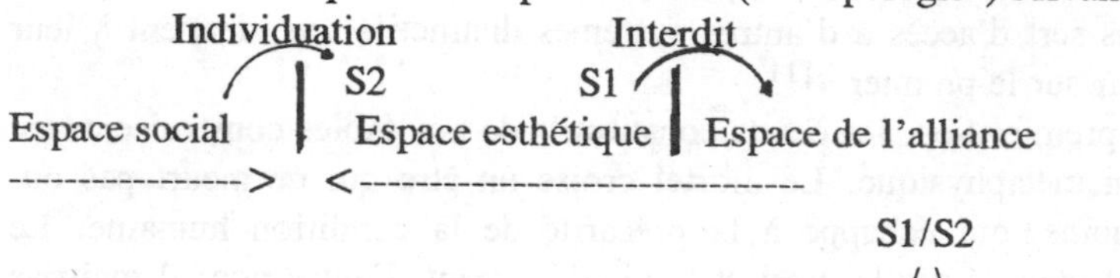


Cette figuration est incomplète. L'écriture "S1" ne convient pas. Le clivage final des deux "alliés" se double d'une scission complémentaire. Ce sont deux parts (deux forces actantielles) du même personnage que sépare la condition "mélusinienne". Le destinateur installé dans l'espace esthétique n'était qu'un germe de valeurs provisoire. Sa tâche essentielle a consisté à dynamiser l'acteur humain vers l'espace suivant. C'est là que manoeuvrent les deux forces annoncées. Car ce sont deux faisceaux de déterminations sémantiques, hautement culturelles, qui sont projetés sur le représentant des hommes: les largesses inhérentes à la "non humanité" (des dons magiques, par exemple), les bienfaits issus des codes dont disposait la force de la civilité (bénéfices économiques, matrimoniaux, etc.). Le paysage n'est-il pas un peu nébuleux, comme opaque ? C'est sans doute à ce point que l'interprétation métapsychologique doit être relayée. Pour aller de l'avant, la progression prendra en compte les contraintes propres à la pensée mythique, à sa «frénésie associative», aux opérations contraignantes et

109. 1986, art. cit., p. 21-22 pour ces deux mentions. Sa thèse illustre cette idée à propos du récit de la *Genèse*. *La charpente modale du sens*, 1987, *op. cit.*, p. 99-121.

110. Ils ont glissé tous les deux dans le puits de l'alliance. C'est le couple qui franchit la barrière de l'interdit.

prévisibles qui couplent les traits venus des codes les plus divers. La question sera résolue quand on aura compris qui ("dans" S1, si l'on peut dire) fait quoi, c'est-à-dire quelles fonctions sont prises en charge, ou symbolisées, par l'acteur merveilleux.

B. Missions de la Merveille. Le code métaphysique (et ses métaphores temporelles et spatiales).

Les valeurs de la culture naturelle s'inscrivent dans le panorama grâce à la part étrange de la Belle rencontrée. Elle dispose de ses dons attrayants et son heureux partenaire en vit les sensationnels effets. Quelles unités de sens clairement "non humaines" la créature de l'autre monde dispense-t-elle ? Leur exploration vérifiera avec une acuité particulière l'idée lévi-straussienne selon laquelle la différence naturelle «des espèces biologiques sert d'accès à d'autres systèmes distinctifs qui viennent à leur tour retentir sur le premier.»[111]

En premier lieu, les écarts constitutifs de nos fables construisent une proposition métaphysique. Le mortel croise un être qui ne meurt pas ou, pour le moins, qui échappe à la précarité de la condition humaine. Le premier est menacé par la mort et le vieillissement, l'autre non; il maîtrise le cours du temps, l'être mortel en subit les outrages. A ce stade, le symbolisme "mélusinien" figure la catégorie vie/mort, directement ou par le truchement des termes temporels (domination ou non du cours du temps). La rencontre de la Belle est, explicitement parfois, une question de vie et de mort. Certains récits dessinent les risques sinistres qui attendent celui qui voit, touche la fascinante parleuse ou, inversement, refuserait de communiquer avec elle. Aucun doute, par exemple, pour Pierre de Staufenberg qui vit sous une épée de Damoclès:

> On veut te faire prendre femme; mais en ce cas, ami, tu mourras aussitôt.[112]

pas plus que pour Santanu ni pour le chevalier Bayard:

> je vous déclare sans autre préambule que je veux me marier avec vous (...). Vous avez le choix, reprit la bête: si vous ne donnez pas votre consentement, j'aurai votre vie.[113]

L'avis est limpide, il laisse envisager que l'acceptation de l'interdit sauve de la mort. Mais ni Crundchu, la duchesse de Brabant, Elinas ni Hennon pas plus que Wastinius n'entendent de telles mises en garde. Il n'en reste

---

111. *La Pensée sauvage*, 1962, *op. cit.*, p. 165.
112. *Histoire de Pierre de Staufenberg*, p. 181.
113. Cadic, p. 27.

pas moins que l'alliance éveille l'espérance d'échapper à la mort ou au vieillissement. Georges Dumézil trace judicieusement les pistes que suivrait une étude plus détaillée du fol espoir de se soustraire au trépas:

> Il y a deux manières de vaincre la mort: ressusciter ceux qui meurent dans la fleur de l'âge (...); guérir cette implacable maladie qu'est le vieillissement, soit en assurant à l'homme l'éternelle jeunesse qui est le statut des dieux, soit en chassant la vieillesse quand elle est venue et en la remplaçant par son contraire (...). Mais son second pouvoir s'exerçait aussi et d'abord en sens inverse, non faveur, mais châtiment: il punissait les jeunes pécheurs par un vieillissement immédiat.[114]

Nous voici en terrain de connaissances. Car les *Gandharva*, ces "génies du temps" proches cousins des "mélusines" européennes «font penser aux sorciers»[115]. Puisque nous y sommes conviés, regardons les récits-à-Gandharva: histoires de Macha, de Wastinius, et de Pélée, aventures de Psyché, de Pururavas et de nos deux fées "aux beaux pieds" (Mélusine elle-même et l'amie de Pierre de Staufenberg). Ils racontent l'espérance levée par l'une des «deux manières de vaincre la mort»: assurer à l'homme la jeunesse éternelle. «Statut des dieux», dit Dumézil, statut définitif ou provisoire des deux êtres "mélusiniens" ajouterons-nous. Voici un exemple démonstratif proposé par le célèbre mythologue, l'épilogue de l'histoire de Pururavas et de la nymphe Urvaçi:

> Alors elle dit: "*Les Gandharva t'accorderont un souhait demain, choisis !" - Il dit: "Choisis pour moi". - Elle répondit: "Dis-leur: Que je sois l'un de vous!* (...). Alors ils l'initièrent à un certain sacrifice, et il devint l'un des *Gandharva*".[116]

Avec *Gandharva* ou non, plusieurs de nos légendes autorisent le délégué de l'humanité à rêver d'une jeunesse inaltérable. Quelques "héros" passent même du rêve à la réalité: Tch'eng Tsai, Psyché, Lanval, Graelent, Guingamor (provisoirement) franchiront les tangibles bornes de notre humanité. En témoigne le fougueux départ de Lanval vers Avalon, enlacé à sa bien-aimée:

> Quant la pucele ist fors a l'us,
> Sur le palefrei, detriers li,
> De plain eslais Lanval sailli!
> Od li s'en vait en Avalun. (v. 638-641)

---

114. *Mythe et Epopée II, Types épiques indo-européens: un héros, un sorcier, un roi*. Paris: Gallimard, *Bibl. des sciences humaines*, 1971, p. 194. Le «pouvoir» est celui du sorcier Kavia Usanas.

115. Dumézil, 1929, *op. cit.*, p. 150.

116. *Ibid.*, p. 47.

Considérer telle quelle, la seconde manière de défaire la mort envisagée par *Mythe et Epopée II* - «chasser la vieillesse» - conduirait pour nous à peu de choses. En revanche le *lai de Guingamor* présente le cas inverse: la punition des «jeunes pécheurs par un vieillissement immédiat», selon les mots de Georges Dumézil. Le tabou (alimentaire):

> Elle li dist: "Je vos chasti,
> qant la riviere avrez passee
> por raler en vostre contree,
> que ne bevez ne ne mengiez
> por nule fain que vos aiez," (v. 564-568)

est violé quand, saisi d'une faim foudroyante, le chevalier pécheur avale trois pommes. La sénescence est immédiate:

> Si tost conme il en ot gouté,
> tost fu desfez et envielliz,
> et de son cors si afoibliz
> que du cheval l'estut chëoir. (v. 644-647)

Concluons sur ce point. Le lien nuptial avec la créature de l'autre monde pourvoit, explicitement ou non, l'humain d'un bienfait de nature "métaphysique": se dérober à la condition mortelle.

Cette largesse peut se découvrir sous des figures particulières. Guingamor regagnera l'au-delà, illustrant spatialement l'accomplissement du rêve d'immortalité. On touche par ce biais au code de l'espace, qui fournit quelques images à la différence des "genres" et aux charges qui sont les leurs (ne pas outrepasser les frontières spatiales, en l'occurrence). Pour Laurence Harf-Lancner, le *lai de Guingamor* appartient au groupe des fables "morganiennes". Elles se séparent des contes en "clef mélusinienne"[117] (l'être "faé" vient vers les créatures terrestres) par le passage initial du mortel dans l'autre monde. Ainsi s'impose de la façon la plus immédiate l'écart des sexes et des genres: le changement d'espace - déplacement vers l'"ailleurs" - symbolise la découverte de l'"autre". Le partage des espaces (humain/surnaturel) et le sens des passages qu'il induit sont ainsi élevés à la dignité de catégorisation profonde. Sans songer à le déprécier, on a fait de ce constat un usage moins tranché. La "désignation" a énoncé les premiers motifs de cette prudence, regardons un nouvel argument, justifié par les registres sémantiques où nous évoluons. Une

117. G. Charachidzé utilise cette expression pour conclure "L'aigle en clef d'eau: un exemple d'inversion conservante". *La Fonction symbolique*. Paris: Gallimard, 1979, p. 83-105; ici, p. 105. L'auteur prend, dit-il, cette jolie expression à C. Lévi-Strauss sans citer de référence. *La potière jalouse* l'emploie dans les lignes que l'on va citer, mais cet ouvrage date de 1985, il ne pouvait donc aider G. Charachidzé: «l'eau potable dans les jarres de poterie dont parle le mythe bororo représente l'eau culturelle, équivalente "en clé d'eau", si l'on peut dire, au feu de cuisine dans les mythes qui traitent de l'origine de celui-ci.» (1985, *op. cit.*, p. 111).

divergence supplémentaire se greffe sur la distinction des espèces/espaces: la capacité ou non de joindre les termes opposés par leur "alliance". Si elle veut être opératoire, la discussion autour du code spatial doit donc prendre en compte les relations matrimoniales, "exogamiques à l'extrême" comme on le sait. Regardons les lieux finalement occupés. Certains d'entre eux sont strictement équivalents à ceux du départ: chaque personnage occupe alors, seul, le domaine qui est "ontologiquement" le sien. Mais dans certains récits comme *Lanval*, le mouvement initial de la Merveille vers le monde des humains (type "mélusinien" donc) se double d'un déplacement ultime du mortel vers l'autre monde, où l'union s'effectue. Parallèlement dans le "morganien" *lai de Guingamor*, le mortel, qui était revenu sur terre, part finalement sans retour vers le royaume de sa féerique compagne. En d'autres termes, les contes "mélusiniens" sont spatialement parallèles aux "lanvaliens" qui *in fine* en prennent le contre-pied matrimonial; les contes "morganiens" sont spatialement parallèles aux "guingamoriens" qui s'achèvent comme leur envers matrimonial. Soit:

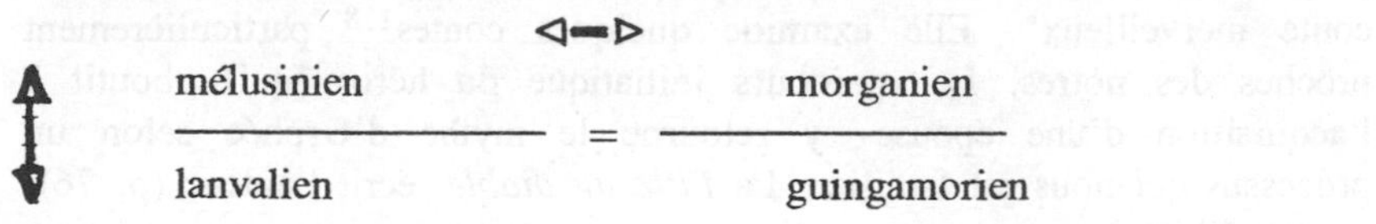


Chacun des deux groupes propose un résultat particulier, de nature à la fois spatiale (flèche horizontale) et matrimoniale (flèche verticale), aux rêves permis par ce mythe que nous continuerons de dénommer "mélusinien", du nom de la variante et de l'héroïne qui nous sont chères.

On peut élucider maintenant les rôles des protagonistes dans la dynamique de communication suivie. Le jeu introduit une lame à l'effigie d'un acteur d'un autre monde et de l'autre sexe; ses aptitudes échappent aux lois du monde empirique. Elles l'autorisent à remplir des emplois propres à fonder les espoirs les plus obstinés et les moins raisonnables. Telle est la vocation - la "fonction" - "non humaine" du terme **S1**. Tel est le riche paysage que le chemin du mortel traverse, la vague puissante qui le porte bien au-delà de ce que sa vie sociale lui laissait espérer. C'est l'occasion de rappeler certaines observations que l'analyse narrative avait éclairées. Le sujet mortel-*apolis* vit ces espérances insensées, nées de la fréquentation de la Belle inconnue et des valeurs extra-ordinaires de la culture qu'elle incarne. Quel que soit le destin de son couple et l'aboutissement d'une telle félicité, désormais le représentant des humains bénéficie de dividendes extra-ordinaires: dons de métamorphoses, immortalité, richesses intarissables, interruption du cours du temps, maternité divine, etc. Ces valeurs dont l'être "faé" détient l'office ne s'obtiennent qu'en se libérant des principes de notre monde. Retenons alors pour la compréhension de nos récits (et pour l'édification de notre "formule") que deux "termes" nettement distincts partagent toutefois la même "fonction". La force d'aimantation localisée dans chacun des époux joue son rôle au mieux. Dans les mots de Claude Lévi-Strauss, écrivons qu'une congruence existe entre un mâle humain et une femme non humaine (ou inversement) sous le rapport de la "culture non humaine".

Ces lignes ont décrit l'espérance de combler l'écart métaphysique entre les époux, la distance entre la vie et la mort, la jeunesse et la vieillesse, ce monde et l'autre. Qu'un système puisse ainsi symboliser et combiner logiquement des termes érotiques et existentiels en recourant, notamment, à des fonctions métaphysiques et spatiales mérite d'être souligné. Car une telle combinaison inscrit le mythe mélusinien dans le vaste ensemble des fables qui méditent sur les alliances des créatures terrestres et des immortels. La littérature consacrée à ce sujet est trop vaste pour que nous nous y arrêtions sérieusement ici. Un mot tout de même à propos d'une étude éclairante de Nicole Belmont, "Orphée dans le miroir du conte merveilleux". Elle examine quelques contes[118] particulièrement proches des nôtres. Le «parcours initiatique du héros [qui] aboutit à l'acquisition d'une épouse» y retourne le mythe d'Orphée selon un processus qui nous est familier. La *Fille du diable*, écrit l'auteur (p. 76), raconte l'histoire

> d'un garçon célibataire qui va dans l'autre monde et ramène "sur terre" une femme qu'il épouse, après l'avoir oubliée pendant un certain temps, alors que le mythe d'Orphée raconte l'histoire d'un homme marié qui, à la mort de son épouse, va la chercher dans l'au-delà, échoue à la ramener et meurt "célibataire".

## III. La vocation civilisatrice d'êtres équivoques.

Regardons cavalièrement la vue d'ensemble qu'offre notre paysage. Au long de son cheminement, l'être humain se trouve lié à deux mondes distincts, dans l'espace culturel civil, en premier lieu; puis dans celui de l'alliance. On sait également que son conjoint surnaturel valorise par sa présence ce second domaine; il en est le "maître". Soit:

être humain<br>
/ \\<br>
"culture civile" <-> "culture non humaine"<br>
/<br>
être non humain

118. *L'Homme, Revue française d'anthropologie*, 93, 1985, p. 59-82. Il s'agit du conte-type "La fille aide le héros dans sa fuite", AT 313 de la classification de Aarne et Thompson, que N. Belmont, à la suite de Paul Delarue, appelle la "fille du diable".

Le problème posé saute aux yeux: quels rapports les "mélusines" entretiennent-elles avec la culture de la collectivité des hommes ? Sous quelles contraintes des traits puisés aux codes de cette culture - répondant donc cette fois aux lois empiriques et aux usages policés - sont-ils assignés à l'être fabuleux et pris en charge par ses soins avec tant de résolution et de succès ?

A. Des oeuvres profitables à l'*apolis*. Samedi, jour de la double vie de Mélusine.

La réponse découvrira une condition mythique propre aux contes "mélusiniens". Dans l'espace vivifié par la Mélusine, les dividendes de l'"alliance" font maintenant contraste avec ceux dont le représentant des hommes était dépourvu ou injustement privé. Les virils célibataires (Pélée, les chevaliers du corpus, Figure d'Ours) coudoyaient les personnages veufs - la duchesse de Brabant et Crundchu - et Psyché, vierge délaissée, qui reste à la maison et pleure son abandon et sa solitude», *uirgo uidua domi residens deflet desertam suam solitudinem*[119]. La situation se retourne quand se lacent les liens conjugaux. Parfois, le destinateur initial, régisseur de ce code civil (sociologique), ressurgit. Il s'interroge sur la validité des actions de son ancien favori et lui présente une alternative plus conforme à la norme que l'union envisagée. L'être humain devient l'enjeu d'un conflit de forces antagonistes. Sacrifier ses projets merveilleux ou rejoindre l'espace liminaire, franchissant à rebours la barrière qui en écarte ? Quelles que soient les solutions adoptées, ces questions seront à l'origine de la fatale rupture de communication entre époux. La transgression menace. Regardons quelques exemples instructifs. L'épisode "mélusinien" de *Parzival*, tout d'abord. Les refus matrimoniaux de la princesse veuve exaspèrent ses vassaux au point qu'elle doit souffrir nombre d'affronts. Son attitude est donc insupportable parce qu'elle déroge aux règles féodales. Cependant les qualités de Loherangrin le chevalier du Graal, séduiront non seulement le coeur de la belle dame mais l'amitié des barons: ils voient en lui le suzerain protecteur le plus satisfaisant et le plus juste, leur colère s'éteint: «Lors des noces qui furent célébrées en grande pompe de nombreux seigneurs reçurent de ses mains les fiefs qui leur revenaient.»[120] Lisons maintenant Apulée. Si les soeurs de Psyché se plaignent, ce n'est pas seulement que leur «beauté moyenne n'a nulle part été proclamée par la rumeur», c'est aussi à cause de la différence matrimoniale qui leur paraît une insupportable injustice:

119. *Les Métamorphoses*, IV, XXXII, p. 37.
120. *Parzival*, p. 380.

> *Fortuna ! Hocine tibi complacuit, ut utroque parente prognatae diuersam sortem sustineremus* ?[121]

Portons le regard sur le mariage de Mélusine. Le jeune comte de Poitiers, Bertrand, «s'émerveille»: «beaulx cousins, estes vous si estranges de nous que vous vous mariez sans ce que nous en ayons rien sceu.» On ne saurait mieux s'étonner de la singularité de l'*apolis*. Sèche réponse de Raymondin:

> Monseigneur, dist Remondin, puis que il me souffist, il vous doit assez souffire, car je ne pren pas femme pour vous, a mon escient, mais la pren pour moy.[122]

Le roman de Coudrette accentue l'expression du contraste. Mieux que dans le texte rival, le comte paraît ici stupéfait de l'attitude bizarre de Raymondin et soucieux de l'enracinement familial du mariage:

> Le conte dist: "C'est grant merveille,
> De vostre fait moult me merveille,
> Qui prenez femme et ne savez
> Qui elle est, et que vous n'avez
> Congnoissance de ses parens." (v. 1027-1031)

On ne lit pas la vive réponse que Jean d'Arras attribue à Raymondin, en revanche l'irrespect des règles lignagères et le désir individuel sont bien affirmés:

> Elle me plaist car je la vueil.
> De son lignage n'ay enquis
> S'elle est de duc ou de marquis,
> Mais je la vueil, elle me plaist. (v. 1036-1039)

On comprend que la collectivité juge atypique cette résolution et tente de dissuader son ancien protégé. Et cela pour deux raisons. Elire son épouse en proclamant "je la veux parce qu'elle me plaît", c'est prétendre que des caractères naturels (physiques en l'occurrence) déterminent l'usage social des femmes. Cette attitude est inadmissible (notamment à l'époque féodale). Comme l'est par ailleurs le rôle attribué au hasard dans le heurt avec la "Trouvaille" comme pour le choix matrimonial qui l'accompagne. Cette réticence est connue des anthropologues. L'affirmation d'un choix individuel, «de la liberté vécue», comme l'écrivent Michel Izard et Pierre Smith, pour un personnage similaire, «vaut implicitement subversion de l'ordre de cet univers.»[123] L'*apolis* esquive la norme par son choix individuel et ses prétentions à une liberté intolérable. Car ce qui chez

---

121. "O Fortune, tu as trouvé bon que, filles d'un même père et d'une même mère, nous eussions en partage un sort différent".» *Les Métamorphoses*, V, IX, p. 48.

122. J. d'Arras, *Mélusine*, p. 36 pour ces citations.

123. *La Fonction symbolique, Essai d'anthropologie*. Paris: Gallimard, 1979, p. 301.

l'homme relève de la spontanéité ressort à «l'ordre de la nature»[124]. Tout mariage suscite l'intervention du groupe qui veille à ce que la relation qui l'autorise soit

> sociale - c'est-à-dire définie dans les termes du groupe - et non pas naturelle - avec toutes les conséquences, incompatibles avec la vie collective que nous avons indiquées.

L'ingérence d'un membre du groupe humain (destinateur collectif) s'appuie sur une fondation culturelle régulatrice: «en matière de relations entre les sexes, *on ne peut pas faire n'importe quoi*.»[125] La singularisation et l'heureuse quiétude de Raymondin et de Psyché comme celle de Pururavas, de la duchesse de Brabant ou de Partonopeu sont insupportables aux forces de la "civilité". Plus l'être humain s'enfonce dans les régions de la Merveille, plus les précepteurs des lois de la collectivité agiront pour le ressaisir. Le "puits" où il est établi commence à connaître certains frémissements...

L'attraction des représentants de la culture humaine n'est pas immédiatement efficace. L'alliance de Raymondin et de Mélusine sera scellée, socialement et religieusement, par un mariage en bonne et due forme, il se déroulera «a grant noblesce»:

> Le conte et un des plus haulx barons, ce fu ly contes de Forestz, adestrerent l'espousee a la chappelle (...). La fu uns evesques qui les espousa. Et après le service divin repairerent, et fu ly disners en une grant tente riche et noble, tout enmmy la prairie.[126]

On sait que les systèmes de parenté distinguent deux catégories de parents: «conjoints possibles et conjoints prohibés.»[127] L'union "mélusinienne" n'est pas considérée comme suffisamment inadmissible pour être interdite; la seule prohibition vient de l'aimée. Le comte de Poitiers, par exemple, ne peut l'empêcher, pas plus que les suzerains de Graelent et de Lanval, la mère de Hennon ou les parents de Psyché. Si le mariage avec la Merveille était prohibé il verserait côté "nature". Le cas se présenterait si le "héros" épousait une serpente ou une jument - comme certains contes folkloriques l'exposent par ailleurs. Mais cette union n'est pas non plus prescrite par la collectivité. Elle est contraire au lien conjugal attendu. Disons qu'elle est "tolérée" et qu'elle trouve son site entre la prohibition (des actes naturels) et

124. Comme l'écrit C. Lévi-Strauss dans *Les Structures élémentaires de la parenté* (1973, *op. cit.*, p. 10).
125. *Ibid.*, p. 50; c'est l'auteur qui souligne.
126. J. d'Arras, *Mélusine*, p. 39.
127. C. Lévi-Strauss, 1973, *op. cit.*, p. IX.

la prescription (culturelle)[128]. Bref, l'engagement matrimonial qui, dans la "vallée" de la Merveille, comble la "disponibilité" de l'*apolis* est effectué comme si s'accordaient une femme et un homme. Ce "comme si" annonce l'idée que nous discuterons bientôt: à travers celui d'épouse, ces contes mettent en scène un rôle de femme, ses aptitudes attendues, ses capacités et ses charges "normales".

Poursuivons la découverte des bénéfices parallèles et antithétiques au stade culturel "civil" initial. Vue en code économique, la relation se révèle pleinement "profitable"[129]. L'être humain redécouvre spectaculairement les intérêts de son clan ou de sa race. Le *lai de Lanval*, par exemple, rcnd sensible les privilèges sociaux dont jouit de nouveau l'ancien protégé du roi:

> Lanval donout les riches duns,
> Lanval aquitout les prisuns,
> Lanval vesteit les jugleürs,
> Lanval feseit les granz honurs. (v. 209-212)

La fortune sourit aux pauvres aussi bien qu'à certains privilégiés (chevaliers, princesse, enfants royaux comme Psyché ou Bayard[130]). Le riche fermier Crundchu «par son union avec elle [Macha] vit sa richesse devenir encore plus grande»[131], comme le seigneur du Château de Rousset et Pururavas. Restons dans le répertoire économique mais sous un nouveau jour, propre à nos histoires médiévales: l'édification de forteresses et de châteaux. Dans "Mélusine maternelle et défricheuse", Jacques Le Goff et Emmanuel Le Roy Ladurie ont dévoilé le visage historique de *Mélusine*: «Autant et plus qu'une défricheuse, Mélusine est devenue une bâtisseuse.»[132] Une carte du code économique révèle ainsi à sa manière - dans les constructions et le défrichement rural - le rendement hautement civilisateur et socialisant **de l'action de la Merveille**. On a insisté sur

128. A. J. Greimas a publié en 1968 (en collaboration avec F. Rastier) un article sur les catégories lévi-straussiennes de la parenté: "Les jeux des contraintes sémiotiques" (dans *Yale French Studies* n° 41; repris dans *Du Sens*, 1970, p. 135-155). On y trouve les premiers balbutiements du "carré sémiotique" à l'oeuvre sur le «modèle social des relations sexuelles.» Les auteurs distinguent les relations «prescrites» des «non prescrites» (et donc «exclues»), d'une part; les «interdites» des «non interdites» - donc «normales» - de l'autre (p. 142-143). "Tolérée" semble plus précis que "normale".

129. *Cf.* "Les jeux des contraintes sémiotiques" où Greimas et Rastier élaborent à la suite de l'organisation sociale des relations sexuelles le «système des valeurs économiques». (1970, *op. cit.*).

130. La fée Mélior se pique de précisions: elle dresse un inventaire détaillé des chiens, oiseaux, chevaux, forêts, draps, étoffes diverses que Partonopeus recevra de sa main.

131. *Mythe et Epopée*, p. 608. La dernière Partie reviendra sur l'inscription de cette générosité qui peut aller jusqu'à la satisfaction indifférenciée de tous les souhaits humains. Ces traits caractériseront un motif satellite du "don contraint"; on l'appellera le "don mélusinien".

132. *Pour un autre Moyen Age*, 1977, *op. cit*, p. 326. Mélior promet également à Partonopeus «Et bone vile et bon castel,» (v. 1463).

cette formulation un peu lourde, écrivant volontairement «de l'action de ....» et non "de la Merveille". Gardons cette remarque en mémoire et revenons sur la double activité exposée par les deux historiens. Le passage qui suit immédiatement la cérémonie du mariage de Mélusine améliorera l'examen:

> tantost après fist venir grant foison d'ouvriers terrillons et ouvriers de bois; qu'elle fist tout essarter et desraciner les grans arbres, et fist faire toute la roche nette par dessuz les parfons trenchiez qu'elle avoit par devant faiz.[133]

Ces lignes ne montrent-elles pas à l'évidence que la fée modifie la nature - c'est le défrichement - avant de la transformer en culture - c'est la construction de la forteresse, foyer du futur rayonnement de la Maison de Lusignan.

Changeons alors de registre, tout en suivant la même piste. Un détail culinaire ne manque pas d'intérêt pour rendre compte de la marche de la "fonction symbolique". On l'observe dans les fables où l'être humain est d'emblée posté hors de la culture de ses congénères (ce sont les deux "sauvages" Crundchu et Figure d'Ours): ces hommes qui vivaient dans un état de complet délaissement, en véritable nomade pour le dernier, vont découvrir les joies et les avantages du foyer. C'est par ce truchement qu'ils seront socialisés ou "civilisés". N'est-il pas significatif que, dans le texte celtique, il soit bien précisé que c'est la jeune Macha qui ranime le foyer et fait cuire le repas (Crundchu mangeait-il donc "cru" jusque là ?) avant de passer la nuit avec lui, c'est-à-dire de "réchauffer", si l'on peut dire, sa couche:

> Elle [Macha] s'assit près du foyer et alluma le feu. (...) Puis elle prit un mortier et un crible et commença à préparer le repas, et ensuite elle alla traire les vaches. Quand elle revint elle fit un tour à droite (*for deisiul*) et entra dans la cuisine pour s'occuper du ménage. Quand tous les autres allèrent se coucher, elle resta en arrière, couvrit le feu, et fit un tour à droite. Puis elle rejoignit Crunnchu sous sa couverture et lui mit la main sur le corps.[134]

---

133. J. d'Arras, *Mélusine*, p. 45. Coudrette est beaucoup moins explicite: «Mellusigne si devisoyt / L'ouvrage ainsi c'on le faisoit. / Dessus la vive roche assirent / Les premieres pierres et mistrent. / En pou de temps ont maçonnez / Grosses tours et bien façonnez.» (v. 1319-1324). On se reportera aux dernières pages de l'article de J. Le Goff et de P. Vidal-Naquet pour une comparaison stimulante avec la mise en culture - l'"essartage" - dans *Le Chevalier au Lion*. "Lévi-Strauss en Brocéliande; esquisse pour une analyse d'un roman courtois", *L'Imaginaire médiéval*, *op. cit.*, 1985, p. 151-187.

134. Nous suivons ici la traduction de P. Mac Cana (1994, art. *cit.*, p. 425). Elle apporte quelques précisions à celle de G. Dumézil. Que Macha fasse un tour à droite avant d'aller dans la cuisine puis dans le lit de Crundchu est une pratique porte-bonheur irlandaise qui rappelle la «circonambulation rituelle indienne.» (p. 427).

On est d'autant plus en droit de s'interroger que la situation et les pratiques sont similaires dans la légende de la tribu des Pieds-noirs. Jetons un oeil sur le texte venu des Amériques. Il met en scène le non civilisé sans doute le plus radical que nous connaissions, le farouche Figure d'Ours. Ce grand chasseur solitaire connaît également quelques problèmes de préparation culinaire:

> Elle l'aida à dépecer le mouflon (...). Figure d'Ours invita Fille-du-Rocher à partager son repas. La femme accepta et s'empressa de cuire la viande (...). L'homme s'aperçut que son épouse cuisinait et cousait fort bien.[135]

Plus explicite que l'histoire de Macha, le récit Pieds-noirs mettait en scène un interdit significatif: «ne me frappe jamais avec un morceau de bois enflammé.» (p. 89). Tout naturellement l'un des plus terribles accès de fureur de l'homme sauvage a pour origine le feu (de cuisson) que sa compagne devait surveiller:

> Lorsqu'arriva la Lune-des-Belles-Feuilles la fumée du foyer envahit toute la cabane. Figure d'Ours s'emporta une fois de plus.
> - Ne sais-tu pas faire un feu ? aboya-t-il.[136]

C'est à ce moment que transgressant la prohibition ignée «il saisit une branche enflammée et l'abattit sur le dos de son épouse.» (*ibid.*).

Quelles cartes avons-nous en mains ? Les dernières lames appartiennent à la même "couleur" que celles de la première levée - la donne sociale, économique, matrimoniale, culinaire - mais deux différences particularisent maintenant le jeu de l'être humain. L'autorité pourvoyeuse n'est plus la même; la valence des acquisitions s'est inversée. Pour l'*apolis* les bénéfices domestiques, financiers, nuptiaux, etc. - figures de la culture de la collectivité - se présentaient sous un jour négatif. Au coeur de l'"alliance", en "culture non humaine" donc, ils s'offrent positivement. Reste la question de nommer la dynamique qui fait preuve d'une telle libéralité. Pour la définir, rappelons les termes du problème posé: quels rapports les "mélusines" entretiennent-elles avec la culture de la collectivité des hommes ? Commençons par une question moins incongrue qu'il n'y paraît à première vue: que fait Mélusine, l'aïeule des Lusignan, le samedi ? La prohibition annonce, nous le savons, une conduite "déviante", un spectacle interdit:

---

135. Camus, p. 87-89.
136. *Ibid.*, p. 93.

> le samedi vous ne mettrez jamais peine a moy veoir ne enquerre ou je seray.[137]

L'ouverture de la fiction laisse ignorés les détails de cette métamorphose et nous tarderons un peu à découvrir le dessous des cartes. Mais puisque nous sommes en lecture "paradigmatique" autorisons-nous un bond dans l'espace du texte. Voici le spectacle que surprend le voyeur Raymondin dans le récit de Jean d'Arras:

> et voit Melusigne en la cuve, qui estoit jusques au nombril en figure de femme et pignoit ses cheveulx, et du nombril en aval estoit en forme de la queue d'un serpent, aussi grosse comme une tonne ou on met harenc, et longue durement.[138]

Si les vers de Coudrette diffèrent sensiblement par leur pittoresque de la prose de Jean d'Arras (v. 3065-3075), ils prennent soin de rappeler le jour de la mue, jour de la transgression, le samedi[139]:

> Or avint a un samedy,
> Raimon Mellusigne perdy (v. 2983-2984)

Raymondin transgresse l'interdit car son frère a su l'aiguillonner. Le comportement étrange de Mélusine faisait jaser. Tous les samedis, elle serait «en fait de fornication avec un autre.»[140] Au fond de quoi l'accuse-t-on ? De se comporter en femme dévergondée, de ne pas résister à l'adultère, vice dont on peut aisément accuser une femme qui se dissimule. La réalité est tout autre. Chaque samedi la fondatrice de Lusignan retourne à sa nature "non humaine". Plus précisément, son corps en revêt les attributs tout en les dérobant aux yeux du monde. Encore une fois, Coudrette est plus imagé que Jean d'Arras quand, juste après la prohibition que l'on vient de citer, ces vers précisent le tabou:

---

137. J. d'Arras, *Mélusine*, p. 26. D'autres étranges créatures connaissent un sort semblable, entre vendredi et dimanche. On pense à la compagne du chevalier Hans Wanbranbourg, et aux amies de celle-ci, de qui Antoine de La Sale raconte les aventures dans "Le Paradis de la Reine Sibylle" (dans son manuel *La Salade*): «Pour ce que, quant venoit le vendredi, après la mienuyt, sa compaigne se levoit d'emprès lui et s'en aloit a la royne, et toutes les autres de leans aussi. Et la estoeint en chambres et en autres lieux ad ce ordonnez en estat de couleuvres et de serpens, toutes ensemble; et ainsi estoient jusques après la mienuit du samedi (...) et lendemain sembloit estre plus belle que jamais n'avoit esté.» (éd. et commentaire critique par F. Desonay. Paris: Droz, 1930, 9, p. 28; trad. de F. Mora-Lebrun: *Le Paradis de la Reine Sibylle*. Paris: Stock/Moyen Age, 1983).

138. *Ibid.*, p. 242.

139. Ainsi fixé lors du contrat "hypothétique": «Et que jamais jour de vo vie, / Pour parole que nul vous dye, / Le samedi vous n'enquerrez, / N'enquester aussi ne ferez,» (v. 653-656).

140. J. d'Arras, *Mélusine*, p. 241. Voir, de A. Henry, "Les noms de jours de la semaine en ancien français", *Romania*, 72, 1951, p. 1-30 et p. 224-226, et, de P. Walter, *La mémoire du temps. Fêtes et Calendriers de Chrétien de Troyes à* La Mort Artu. Paris-Genève : Champion-Slatkine, *Nouv. Bibl. du Moyen Age*, 13, 1989, p. 80 et p. 160.

Quel part le mien corps tirera
N'ou il yra ne qu'il fera. (v. 657-658)

Mais on ne peut en rester là. Car, toujours le samedi (au début des aventures tout au moins), sortie de son bain, Mélusine trouve assez de temps pour se livrer à une occupation bien différente de la précédente: elle paie ses ouvriers, les compagnons qui l'aident à bâtir la forteresse familiale:

Et les paioit Melusigne tous les samediz, si qu'elle ne leur devoit denier de reste. Et trouvoient pain, vin, char et toutes choses propices que il leur falloit.[141]

Reconnaissons l'absence d'un détail aussi étonnant de précision chez Coudrette[142] avant de tirer les enseignements de cette double tâche. Ces pièces confrontent à des questions redoutables qui, toutes, tournent autour d'un axe: "qui" est Mélusine ? Evitons les condidérations, superflues ici, sur la nature de la personne humaine et ses projections littéraires, ses apparences et ses éventuelles réalités multiples. Nous savons qu'il est impossible de définir la "vérité" des acteurs peuplant les narrations: «l'être sémio-narratif n'est pas justiciable de valeur de vérité puisqu'il échappe au rapport "objectif" entre jugement et référence.»[143]

Rappelons également que l'on peut nommer "évidence" l'adéquation des apparences et de l'être qu'elles révèlent. Mais comment rendre compte de ces moments mystérieux des récits où les procédures de dévoilement du paraître ne sont pas fournies, ces instants impénétrables où elles manquent ou demeurent confuses ? Car la fiction peut parfois couvrir la scène, estomper les traits différentiels, cacher l'immanence ou se maintenir volontairement dans l'ambiguïté. Comme les héros de l'aventure, le lecteur évolue alors dans le flou "véridictoire"[144], échoue à définir l'être du protagoniste qui l'arrête, bute sur son statut équivoque, indéchiffrable, ininterprétable, indécidable. Un parallèlisme remarquable apparaît entre ces questions générales et ce que nos récits laissent percevoir. Le vocable "Mélusine" recouvre deux entités (le mot est délibérément imprécis): le même jour, la première s'agite dans l'eau de la cuve, la seconde règle les maçons. La première vit les actes qui ressortent de sa "culture naturelle" - la baignade - sous une forme adéquate, celle de son espèce reptile. Aux

141. *Ibid.*, p. 46.

142. Il se borne à cette notation: «Ilz [les ouvriers] n'ont cause d'eulx esmaier, / Point de faulte n'a au payer; / Ilz ont chascun jour leur argent.» (v. 1313-1315).

143. J. Petitot, 1982, art. cit., p. 21.

144. Conçue dans le sens qu'en donne le *Dictionnaire raisonné*: «En postulant (...) l'impossibilité du recours à un référent externe, la théorie saussurienne a contraint la sémiotique à inscrire ses préoccupations non pas dans le problème de la vérité, mais dans celui du dire-vrai, de la **véridiction**.» (1979, p. 417; entrée "véridiction"; ce sont les auteurs qui soulignent).

yeux du transgresseur - et du lecteur - elle "paraît" serpente, elle l'est et elle agit comme serpente. Son statut et sa nature, ontologiquement différents de ceux de son époux, relèvent de l'évidence; de nombreux traits en avaient avisé bien avant cet indiscret regard. Mais, sur le terrain de l'humanité, la seconde ne bénéficie pas d'une telle clarté. C'est là le point délicat. Ce n'est pas une "femme" répondant (avec évidence, donc) aux critères du monde des humains qui paie ses ouvriers; ce n'est pas un être de sexe féminin respectant les lois empiriques qui remplit ainsi scrupuleusement sa mission culturelle, ses devoirs civils. Mélusine trouve les mots exacts pour le dire: si tu n'avais pas trahi ton serment, dit-elle à Raymondin, j'aurais vécu «le cours naturel comme femme naturelle, et feusse morte naturelement.»[145] Ni par sa nature, son origine, les pouvoirs extra-ordinaires dont elle use, les espaces qu'elle occupe et l'interdit qu'elle fixe, la belle épouse ne peut être considérée comme une créature appartenant "à l'évidence" à notre monde alors que certains de ses actes tendraient à en assurer. Ces affirmations invitent à regarder avec précaution ce qui serait la «volonté manifeste» de la fée mélusinienne pour «s'intégrer au monde des humains.»[146] L'idée est convaincante à condition de préciser que ce souhait n'exprime que certaines figurations, culturelles et occasionnelles[147], de sa nature équivoque. Mais il serait injustifié de prétendre que Thétis, Ganga ou Cupidon, le chevalier du Graal, la compagne de Pierre de Staufenberg, de Guingamor, de Lanval et Urvaçi souhaitent s'intégrer de tout leur "être", divin ou féerique, à l'humanité dont ils séduisent un représentant.

B. Une utopie provisoire, le sacrifice d'un médiateur original.

Inversement, ce n'est pas comme reptile que la bonne épouse assume ces activités industrieuses, fécondes et profitables. Cette dénégation inattendue de la part de la fée Mélusine n'est peut-être pas un mensonge: ne reprochez pas à mes enfants, déclare-t-elle avant de se «muer en guise de serpente» qu'«ilz soient filz de mauvaise mere» - on le lui accordera -

> ne de serpente, ne de faé, car je suis fille au roy Elinas d'Albanie et a la royne Presine, sa femme.[148]

---

145. J. d'Arras, *Mélusine*, p. 256.

146. L. Harf-Lancner, 1984, *op. cit.*, p. 200.

147. Quelques fées christianisées sont concernées. C'est ce que laisse entendre Jean d'Arras à propos de Mélusine. Citant «Gervaise» [de Tilbury] qui «creoit que ce soit par aucuns meffaiz secrez au monde et desplaisans a Dieu pourquoy il les [les dictes faees] punist si secretement en ces miseres que nulz n'en a congnoissance fors lui.» (*Mélusine*, p. 4). Raymondin apprendra trop tard que le respect du tabou gommait cette punition divine (p. 256).

148. *Ibid.*, p. 261.

Elle refuse donc d'être une fée ! Ce surprenant aveu le déclare: la communication des sexes et des espèces ne s'effectue que si le représentant de l'ailleurs y vit les tâches inhérentes à cette union - particulièrement "culturelle" et même parfois sacrée - en échappant à tout jugement sur son être.

Ce qui vaut pour les romans de Mélusine vaudra pour les autres fictions. Regardons de nouveau les relations matrimoniales, elles ont l'avantage d'être clairement symboliques des codes métaphysiques, spatiaux et temporels. Il s'avère bien qu'à cet instant particulèrement socialisant les mortels ne s'unissent ni à des immortelles, présentant l'évidence de bêtes ou de dieux ni à des femmes "normales". Ce n'est pas sous la figuration de son espèce naturelle - celle d'une truie - que Bayard, par exemple, épouse sa compagne[149]. La question s'est d'ailleurs posée: «La réponse du recteur consulté fut la même: - Il n'est pas encore d'usage que des chrétiens épousent des bêtes. Je ne bénirai pas ce mariage.»[150] Ce constat peut être étendu aux partenaires de tous les acteurs humains: Raymondin ne s'unit pas à une serpente, Pierre de Staufenberg à un(e) *Gandharva*, Hennon à un dragon, etc. Ce n'est pas un fleuve - le Gange - qui s'accouple à Santanu, pas plus que ce ne sont des juments qui, attentives, prennent soin du ménage de Crundchu ou de Wastinius. Bref, si la Merveille vient incontestablement de l'autre monde, ce n'est pourtant pas *sub specie naturae*, sous la forme de son espèce ontologique, celle d'une déesse ou d'une bête, qu'elle accomplit son rôle "culturel civil". Plusieurs de nos fables illustrent limpidement cette affirmation. Urvaçi reconnaît cette feinte morphologique en des termes nets:

> Quand je vivais parmi les mortels sous une forme différente, quand je demeurais avec toi bien des nuits pendant quatre automnes[151]

Le comte de Poitiers s'émerveille: comment, demande-t-il à Raymondin, pouvez-vous prendre femmme, «et ne savez / Qui elle est.»[152] Lorque le chevalier du Graal fixe les clauses de la prohibition qui ouvre son "alliance", il impose ce tabou:

> Ne me demandez jamais qui je suis. Aussi longtemps que vous ne me poserez pas cette question, je pourrai rester auprès de vous.[153]

149. Nombreux sont les mythes ou les contes qui mettent en scène ces unions exogamiques ultimes. Une telle situation ne serait donc ni scandaleuse ni prohibée. Simplement ce n'est pas celle qu'élabore notre mythe.

150. Cadic, p. 28.

151. *Le problème des Centaures*, 1929, *op. cit.*, p. 145.

152. Coudrette, *Le roman Mélusine ou Histoire de Lusignan*, v. 1029-1030.

153. *Parzival*, p. 380.

Le messager divin confirme, d'une part, qu'il n'agit pas en humain ordinaire et que, de l'autre, son efficacité féodale et généalogique - "fonction" humaine ou civile éminente - ne doit pas être mise en rapport avec un terme (un acteur) précisément défini. De même, quand Psyché souhaite remercier son époux de la grâce de voir ses soeurs, elle accepte tout à fait nettement de ne pas connaître la nature de son souverain époux:

> *Amo enim et efflictim te, **quicumque es**, diligo aeque ut meum spiritum.*[154]

Ce «*quicumque es*» - "qui que tu sois" - le dit mieux que cent commentaires: ses malheurs de vierge rejetée sont apaisés par une puissance dont le maître reste inconnaissable. Pourtant son apparition, ses connaissances, ses attributs et ses missions mettaient en pleine lumière, on l'a affirmé à plusieurs reprises, son origine étrange et la qualité merveilleuse de ses missions: c'était, en quelque sorte, l'évidence surnaturelle de **S1**. N'y a-t-il pas contradiction ? Nous ne le pensons pas. A cause du tabou, les êtres "faés" connaissent au sein des mêmes récits un second statut (culturellement très efficace) qui confine une part d'eux-mêmes dans l'"in-évidence". "Quelque chose" reste effacé qu'on ne peut pas connaître. L'étude de la méconnaissance, fruit du *Noli tangere* qu'impose la fatale condition, l'annonçait: l'image esthétiquement "saillante" est inéluctablement séparée de son être, source de prégnances désirables. Ces fictions, avons-nous dit pour commenter la dernière "topologie" dessinée, font jouer deux rôles (actantiels) non humains au sein de l'espace de l'alliance. Mais, trop vague, l'affirmation réclamait des éclaircissements. L'étude des traits culturels symbolisés par les acteurs confirme et précise ce qui n'était encore qu'une piste de travail. La vie du mortel dépend de deux forces: d'une part, de la bête ou du (demi)dieu, **S1** manifeste, dont les gestes échappent aux lois du monde empirique; et, d'autre part, de son aspect obligatoirement méconnu, disons ¯**S1**, ce "qui que tu sois" grâce à qui la civilisation s'accomplit. Si cette observation est exacte, il faut en tirer la conclusion qu'aucun acteur, aucune forme incarnée dans une figure, ne prend en charge en tant que tel ces valeurs civiles. La divulgation d'un rôle de "femme humaine", sous couvert d'une épouse-"faée", laissait entrevoir ce résultat; la remarque concernant l'effet civilisateur et socialisant de l'action de la bâtisseuse avait également avisé de cette substitution: la formule «de l'action de ....» avait été pour cette raison préférée à «de la Merveille» elle-même.

---

154. «Car je t'aime à la folie et je te chéris, **qui que tu sois**, à l'égal de ma vie.» *Les Métamorphoses*, V, VI, p. 46; nous soulignons. Partonopeus vit sa première expérience amoureuse avec une femme dont, si l'on peut dire, il ignore l'être: «Atant une fee vient al lit, / Pas por pas, petit a petit, / Mais cil ne set que ce puet estre.» (v. 1125-1127).

Ainsi s'esquisse la réponse à la question qui ouvrait cette discussion. Les relations entre les personnages et leurs fonctions avaient laissé en blanc la nature des liens entre les "mélusines" (êtres non humains) et la "culture de la collectivité". On ébauchera un début de réponse en disant que ce jugement doit rester informulable et la vérité sur l'être de son agent, inaccessible (¯**S1**). Le mystère s'éclaircit mieux si l'on écoute les textes: seuls sont vérifiables, expérimentés et donc connus, les actes bienfaisants, ceux de l'envoyé du Graal ou du fils de Vénus, par exemple. Seuls importent leurs agissements, comme s'ils se substituaient à leur acteuréquivoque et inconnaissable. Pensons à Cupidon: l'immanence de l'époux divin invisible n'importe pas comparée à la réalité de sa douceur et de son amour. On généralisera cette leçon en la traduisant en langage lévi-straussien: nous sommes au stade où une "**fonction**" prend valeur **d'un terme**; terme qui, de plus, n'apparaît pas en tant que tel, mais voile ce qu'il est.

Il semble que cet emploi, et l'ambiguïté qui le définit, concordent jusqu'à un certain point avec le personnage type du "médiateur", personnage fameux dont les analyses mythiques ont fait l'un de leurs classiques. Dans "La structure des mythes", Claude Lévi-Strauss a rendu explicables les caractères de deux catégories d'activités mythologiques «la dualité de nature (non compatible)» d'une même divinité et la médiation:

> cette fonction explique qu'il retienne quelque chose de la dualité qu'il a pour fonction de surmonter. D'où son caractère ambigu et équivoque.[155]

Ces propositions ont été largement confirmées depuis dans de multiples provinces où vivent les mythes. Dans l'immense corporation des "médiateurs" nous connaissons Lycophron; René Girard - à la suite de bien d'autres - présente Ulysse et Oedipe[156], nous rencontrons maintenant Prométhée (la cohorte s'agrandira sous peu de Perceval, de son cousin et de son oncle, souverains du château du Graal). Chez Hésiode, en effet, écrit Jean-Pierre Vernant:

> le caractère un peu étrange et équivoque de sa position dans l'univers des dieux (...) lui [à Prométhée] donne vocation de médiateur à l'égard de celles des créatures terrestres et mortelles.[157]

Nous croisons de nouveau les *Gandharva*, «démons non seulement à la fois humains et animaux, décrits comme des monstres et donnés comme modèles

155. Dans *Anthropologie structurale*, 1974, art. cit., p. 251.

156. «Comme tant d'autres personnages mythiques, Oedipe s'arrange pour cumuler la marginalité du dehors et la marginalité du dedans. Comme Ulysse à la fin de *L'Odyssée*, il est tantôt étranger et mendiant, tantôt monarque tout puissant.» (*Le bouc émissaire*. Paris: Ed. Grasset et Fasquelle, 1982, p. 39).

157. *La cuisine du sacrifice en pays grec*, 1979, *op. cit.*, p. 85.

de beauté.»[158] Ce serait donc la nature même de la pensée mythique, dans ses aspects les plus communs, qui imposerait le statut ambigu de notre Merveille. Rien que de très ordinaire par conséquent dans nos constats. Nous acceptons bien volontiers cette apparente banalité. Ne prouve-t-elle pas que c'est bien **parce qu'il est un mythe** que l'ensemble intertextuel "mélusinien" utilise un personnel équivoque, apte à conjuguer les distinctions contrastées, issues de codes divers ? Placé à la jonction des mondes que ces récits opposent et réunissent tout à la fois, le civilisateur inaccessible incarne le "médiateur" que connaissent toutes les narrations mythiques. Les hésitations de Hennon devant sa fascinante rencontre désignent incontestablement un tel personnage et le trouble que son double sens suscite: *seu nostre sortis est hec tam desiderabilis faciei serenitas, seu se diuinitas* (...) *suis in terra voluit ostendi cultoribus, gaudeo.*[159] Mais on ne peut en rester là. Dire que les "mélusines" bénéficient de deux natures conjuguées n'est pas seulement banal, l'affirmation efface la particularité du schème qui régit nos contes. Car ils n'évoquent pas un être qui accorderait deux fractions équivalentes: une part "faée" en charge des valeurs "non humaines" et une part humaine qui assumerait la "culture civile". Le caractère du récit "mélusinien" consiste, précisément, à ne pas exposer une structure sémantique simple, liant terme à terme deux fonctions culturelles antithétiques à deux facettes autonomes du même protagoniste. Cette impossibilité est engendrée par son statut "véridictoire": vis-à-vis de certaines missions, il reste indéchiffrable ( S1 en position fonctionnelle). Le tabou fonde cette particularité. Il est, si l'on nous passe l'expression, générateur d'ambiguïté. Car, plus qu'aucune autre preuve, il expose la différence et le caractère inaccessible de son conjoint: c'est l'implacable effet de la communication barrée ("quelque chose" de son partenaire reste masqué aux yeux du mortel); mais par ailleurs, et dans le sens contraire, il neutralise cette distinction: tant que la clause est respectée la question "qui es-tu ?" s'évanouit; les sexes et les espèces peuvent faire semblant de ne pas émaner de deux ordres incompatibles et de communiquer dans l'harmonie. Preuve *a contrario*, l'effet de la transgression. L'équivoque étayée par le tabou n'est qu'une utopie provisoire. L'inéluctable violation de la parole donnée scinde de nouveau en deux fractions clairement reconnaissables, les traits que l'"alliance", surveillée par l'interdit, réunissait. Comme la relation, le "qui que tu sois" a vécu. Le "destinateur" contraire à l'alliance - personnage garant des valeurs sociales, ou motivation intérieure rappelant la légalité de la collectivité - se montre suffisamment persuasif pour justifier

158. G. Dumézil, 1929, *op. cit.*, p. 132.

159. *De Nugis Curialium*, p. 346; «Que la sérénité de ton visage si désirable soit celle de notre race humaine, ou que la divinité (...) ait voulu se montrer à ses adorateurs ici sur terre, je me réjouis.» (trad. Bate, p. 255-256).

l'irrespect de la prohibition. Dans le bassin où le représentant des hommes prétendait communiqer harmonieusement avec l'incarnation de ses désirs, l'ingérence de l'"agresseur" interrompt l'hymen et met un terme au chemin tracé par la force "non humaine". La vague de l'alliance est submergée par celle de la civilité. Dans certains récits, la force sociale fait feu de tout bois pour récupérer son représentant. Elle l'inonde de propositions ou de menaces. C'est ce que racontent, par exemple, les histoires de Pierre de Staufenberg, de Psyché et Cupidon ou *Partonopeu de Blois*. L'espace du sujet devient le théâtre d'une vive agitation: vers quel domaine se diriger ? Suivre l'attraction de la "civilité", et repasser en sens inverse la digue qui barre son espace de celui de l'alliance; rester dans ce nid ? Instable, le "héros" subit, on s'en souvient, diverses émotions; la "déraison" nommait leur cruelle diversité. Le cas se vérifie même quand la motivation est de nature psychologique: le seigneur de Château Rousset serait-il devenu fou ? le voici qui «se précipite la tête en avant dans l'abîme». On ne saurait mieux évoquer la nervosité d'un sujet qui, perdant la raison sous le poids de l'antagonisme qui le déchire, bascule hors de l'espace de la "félicité"[160]. Mais enfin, les injonctions de l'adversaire sont convaincantes. Les fils de la communication tissés entre les époux se déchirent: la clarification du statut de l'être surnaturel postule la séparation des deux partenaires. Chaque "terme" retourne à l'évidence de sa nature; quels que soient les avenirs contingents du récit, la serpente non humaine et le chevalier mortel reprennent inexorablement les chemins qui les éloignent.

Traçons le paysage qui se compose sous nos yeux. L'efficacité de la lame civile et la perte de puissance du flux "non humain" ouvrent "catastrophiquement" les vannes de l'alliance jusqu'en épuiser toute la force. Sous l'effet de cette débâcle, la créature de l'autre monde est contrainte de retrouver son espace originel (ou d'y rester, dans le cas des contes "morganiens"); quant au représentant des hommes, trois possibilités s'offrent à lui: soit il "saute" dans le domaine social initial et y vit; soit il dévale vers une nouvelle région, celle où s'est réfugié son partenaire trompé; soit il glisse vers la mort, lentement comme Raymondin (qui finit sa vie dans la réclusion monacale) ou en un instant comme Pierre de Staufenberg et Figure d'Ours. Le départ de l'épouse surnaturelle, contraint par la trahison de celui qu'elle a tant choyé, rejoint un phénomène connu des anthropologues et dont René Girard, dans *Le bouc émissaire*[161], a

---

160. *Tandem praeceps in praecipitium miles, non temperatur interminatione poenae neque precibus flectitur, ut a stulto proposito desistens suae consulat utilitati. Otia Imperialia*, p. 5.

161. 1982, *op. cit.* Voir aussi, "Les mythes: le lynchage fondateur camouflé" (*Des choses cachées depuis la fondation du monde*, 1978, *op. cit.*, chap. IV); "Les périls de la médiation" dans *La cuisine du sacrifice en pays grec* (1979, *op. cit.*). J.-P. Vernant étudie en quoi «le foie de Prométhée est "médiateur"» (p. 90): il «représente dans l'homme, la sauvagerie de l'appétit alimentaire (...) mais cet organe possède la capacité d'être "impressionné" par ce qui est au-dessus de lui (...) l'élément immortel et divin.» (p. 89); également les pages que *Le Cru*

proposé une analyse célèbre: le sacrifice du médiateur. Trop civilisateur, trop proche de toutes les satisfactions, champion d'une humanité efficiente mais de pouvoirs étranges, l'être "faé" est l'antithèse ambiguë, redoutable, trouble, incompréhensible, fascinante, de la normalité humaine. L'alliance peut échouer ou être couronnée par les succès des transferts accomplis, sa tâche effectuée, le héros de la médiation doit être immolé. C'est un destin qu'il partage avec tous ses confrères:

> Le sacrifice consiste dès lors à se débarrasser de cette présence dangereuse (...). Le sacrifice se fait exorcisme: il met fin à la confusion dangereuse du profane et du sacré que le système des interdits avait notamment pour fonction de maintenir séparés (...) il rétablit la logique classificatoire.[162]

Cette pertinente observation correspond incontestablement au processus de nos fables. Comme dans les textes qu'analyse Richard Marienstras, la transgression y joue un rôle "véridictoire" éminent. L'interdit couvrait le statut énigmatique de l'être surnaturel, la transgression traverse le voile, impose l'authenticité. Les classes ontologiques, sexuelles, métaphysiques, etc. retrouvent leur démarcation logique. Les écarts que l'ambiguïté de la Merveille permettait de gauchir sont corrigés. Replacés dans la rectitude de la norme, les "héros" terrestres comme les acteurs non humains font correspondre de nouveau termes et fonctions, signes-apparences et réalité-immanence. Observons une nouvelle fois que cette épuration n'est pas une révélation. Si elle divulgue bien "quelque chose", ce n'est pas l'aptitude de la Merveille à se soustraire aux lois du monde empirique (on l'a dit, celle-ci ne se dissimule pas sous un leurre trompeur: c'est "l'évidence de **S1**"). La fin de la transgression consiste à lever la confusion, à faire succéder l'évidence à l'indéchiffrable.

## IV. *Senefiance* du mythe "mélusinien".

Il est temps de rassembler les fils de la discussion. L'hypothèse était la suivante: pour prétendre que les fictions "mélusiniennes" sont animées par la pensée mythique, il faudra établir qu'une dynamique associative, ou "communicative", y déploie des significations anthropologiques selon des processus appropriés à ce mode de raisonnement. La progression n'en est pas encore à son terme, mais, pas à pas, elle confirme le bien fondé de cette conjecture. Pour s'en convaincre et conclure ce chapitre, on dégagera les règles qui assujettissent les événements avant d'interroger les *senefiances*,

---

*et le Cuit* consacre à l'épouse du jaguar: «une fois le transfert accompli (...) cette femme devient inutile (...). Il faut donc que la femme du jaguar soit supprimée.» (1964, *op. cit.*, p. 91).

162. R. Marienstras, 1981, *op. cit.*, p. 240.

comme on disait au Moyen Age, serties par les fables "mélusiniennes" dans la culture qui les accueille.

La question à laquelle il s'agit de répondre est la suivante: quels rapports y a-t-il entre deux créatures, opposées à double titre, un homme (sexe mâle) et un être de sexe féminin qui échappe aux lois du monde empirique[163]. Rapport obligatoirement négatif, soulignons-le, puisque l'homme n'obtient les bienfaits de l'autre monde que si la Merveille reste barrée à une communication équilibrée avec lui et qui ne deviendra transparente qu'au moment où elle sera impossible, après la violation du tabou. Les deux personnages alliés figurent des pôles chargés de valeurs. Dans nos narrations, elles émanent essentiellement de trois codes : sexuel, ontologique et sociologique; sachant que se greffent sur ces trois registres fondamentaux, pour présenter les mêmes antagonismes, des codes secondaires: métaphysique, spatial et temporel, économique (parfois alimentaire et architectural). Chacun des écarts au sein de ces répertoires est symbolisé par le contraste entre les deux créatures, unies par des liens nuptiaux mais données comme incompatibles, partageant des propriétés à la fois communes et discordantes. En «simplifiant beaucoup», écrit Claude Lévi-Strauss, «tout mythe est un système d'opérations logiques définies par la méthode de "c'est quand ...." ou du "c'est comme ...".»[164] De fait, certains acteurs de nos légendes évoluent de la pauvreté à la richesse comme d'autres passent de l'état de sauvagerie à celui de civilité comme des "sans toit" s'installent dans des châteaux somptueux comme des dévoreurs de cru deviennent des mangeurs de cuit. Mais tous les acteurs de ces événements évoluent de la disponibilité à l'alliance comme ils passent de la singularité sociale à la civilité comme ils s'ouvrent, précaires mortels, au souffle de l'in-humanité. Conforme en cela aux textes mythiques, nos contes s'édifient sur un socle sémantique composé de couplages de codes anthropologiques ("prégnants").

Ces résultats avisent que les personnages et leurs relations ne sont pas jetés pêle-mêle dans les événements qui nourrissent nos fables. Des processus assemblent ces relations sous forme de totalité. A la lumière des examens précédents, on voit plus clair dans ceux qui agencent nos histoires. Les protagonistes se servent de diverses séries de cartes. L'être humain peut disposer, grâce à sa collectivité, de la couleur "civile". Elle alimentait sa vie sociale, elles peut lui être de nouveau distribuée dès qu'il exécute l'acte prohibé. On écrira en conséquence[165]:

---

163. Les sexes peuvent être inversés.

164. *La potière jalosue*, 1985, *op. cit.*, p. 227.

165. Ces formulations sont redevables à l'analyse lévi-straussienne du mythe jivaro de la potière jalouse (1985, *op. cit.*, p. 78 sv). F signifie "fonctionne" ou "la fonction", c'est-à-dire le mode d'action qui prend en charge les valeurs en cause.

F "civile" de S2.

Mais, porté par la vague de l'alliance, le mortel-*apolis* jouit pour sa plus grande gloire des biens culturels "naturels" (ou "non humains"). Cet usufruit passe par l'heureuse conjonction avec la Merveille et l'émancipation des lois de notre monde. Aussi avons-nous noté la congruence entre l'homme-mortel et la femme-de l'autre monde (ou inversement) sous le rapport de la culture "non humaine". Soit:

F "non humaine" de S2.

La lecture des cartes de la Belle Parleuse est plus exigeante. Divine ou/et animale, elle s'avance en premier lieu comme une femme écartée du «cours naturel» des humaines, selon l'expression de Mélusine[166]. Elle est le porte-parole manifeste de l'autre monde et de l'autre sexe. C'est elle qui est en rapport avec les actions "non humaines", fondation des rêves existentiels les moins raisonnables, ce que l'on a appelé les "missions de la Merveille". On est donc en droit d'écrire:

F "non humaine" de S1.

Deux termes, deux fonctions, et seulement trois rapports. Il en manque un: un terme congru à la civilité, à ses normes et à ses valeurs, appartenant au registre des "estres faés". Le paragraphe précédent a énoncé la condition dont use notre mythe. Ce n'est pas la Merveille, ni en tant que telle ni en tant que femme, qui prend en charge la gestion, la distribution, et la régulation des valeurs civiles. Si l'on veut comprendre le sens de cet ensemble de narrations, force est d'introduire dans sa grammaire cette "torsion" qui, selon Claude Lévi-Strauss[167], constitue la mécanique des mythes. Nous savons que les actes civilisateurs de l'être surnaturel, adéquats aux plus hautes valeurs de la culture des hommes, imposent l'inaccessibilité à son être. La trahison finale le prouvera *a contrario*. Ces actes demandent l'intervention d'une "civilisatrice" qui ne se présente pas sous l'espèce de l'être surnaturel lui-même. Redisons que cela veut dire qu'une fonction - dispenser des valeurs culturelles civiles - devient "terme"[168] alors qu'un personnage (**S1**, "la Mélusine") n'est employé qu'à titre de rôle, de fonction, puisque la forme de la figure ainsi manoeuvrée n'apparaît pas en tant que telle, demeure méconnue ou "indécidable" ($^{-}$**S1**). Le statut du civilisateur est fonctionnel et non existentiel. Ces rappels autorisent à écrire:

F $^{-}$S1 d'une civilisatrice.

166. J. d'Arras, *Mélusine*, p. 256.

167. «Cette torsion surnuméraire qu'on voit toujours apparaître au stade terminal d'une transformation mythique.» *La potière jalouse*, 1985, *op. cit.*, p. 167.

168. Les actes de prise en charge des valeurs civiles ou civilisatrices s'incarnent dans un personnage qu'il est légitime d'appeler "une civilisatrice".

Dans le métalangage lévi-straussien, on dira finalement que la fonction "non humaine" d'un personnage féminin de l'autre monde est à la fonction "civile" d'un personnage humain (masculin) comme la fonction "non humaine" de cet homme est à la fonction "femme de l'autre monde méconnue (ou équivoque)" d'une civilisatrice. Ou, en d'autres mots, la "non humanité" de la Merveille est à la "civilité" de l'humain comme la "non humanité" de l'humain est à une civilisatrice qui n'est pas une Merveille *sub specie naturae*. Les équivalences suivantes résument le schème grâce auquel le mythe "mélusinien" répond à la question de départ:

F non humaine de S1: F civile de S2
::
F non humaine de S2: F $^{-}$S1 civile.

On a reconnu la "formule canonique" avec laquelle Claude Lévi-Strauss caractérise l'ensemble des structures formelles mythiques. Que nos textes s'adossent sur elle, plaide évidemment en faveur de l'idée qu'ils composent un mythe.

Quels effets l'échange de terme et de fonction a-t-il pour le paysage de vallées et de crêtes où nous avons laissé les sujets de l'alliance ? Dans sa contribution, "Approche morphodynamique de la formule canonique du mythe"[169], Jean Petitot a analysé le détail de l'échange terme/fonction et sa schématisation topologique; il a également clarifié les concepts structuralistes et mathématiques sous-jacents à la formule pour prouver sa «dignité théorique éminente» (p. 41). Nous ne pouvons que renvoyer le lecteur à cette rigoureuse démonstration. L'opération qui nous retient peut se résumer imparfaitement dans une phrase, un peu énigmatique sans doute détachée de son contexte,

> Cela signifie qu'un paramètre *externe* se trouve internalisé pour devenir un *nouveau* paramètre interne et que, réciproquement, un paramètre interne se trouve externalisé.[170]

Dans notre panorama d'espaces en conflit, les prégnances civiles qui réglaient le chemin du sujet humain, jusqu'à s'en séparer, ont été captées par la force adverse ("non humaine") et, ainsi, introduites dans le domaine de l'alliance. Là, elles font preuve d'un vif pouvoir d'attraction (dans le même domaine, mais dans un autre creux, agit la vraie et explicite représentante de l'autre monde). Cette capture a des conséquences "véridictoires" et spatiales: une part du sujet "non humain" qui vivait dans

169. *L'Homme*, 106-107, 1988, p. 24-50.
170. *Ibid.*, p. 42.

cet espace devient, extérieurement au domaine des alliés, un facteur d'évolution du paysage. Mais hors de cet espace, il n'est pas un acteur connaissant et vivant en tant que tel les soubresauts des relations à deux, bref il perd son statut "saillant" de figure (¯**S1**). Soit:

| | Individuation | Interdit | |
|---|---|---|---|
| S2 | S1 | **S2/S1** | une civilistarice |
| Espace social | Espace esthétique | Espace de l'"alliance" | |
| -----------------> | <------------------------------------------ | | |
| CULTURE CIVILE | C. "NON HUMAINE" | | ¯**S1** |

Cette thèse bénéficie d'un témoignage subsidiaire. La "torsion" évoquée ci-dessus se développe exactement comme dans le mythe jivaro de "la potière jalouse": «la créature surnaturelle» - l'Engoulevent dans ce récit, l'"estre faé" dans les nôtres - n'y est d'abord qu'«un terme au sens figuré», elle n'y intervient pas en tant que telle; elle devient «cet oiseau au sens propre (...) en disparaissant physiquement»[171]. L'analyse de la transgression "mélusinienne" atteignait une conclusion identique. La séparation physique des créatures de l'autre monde et des mortels s'accompagne d'une rectification comparable à celle d'une fonction en terme quand la "civilisatrice" méconnue prend les traits évidents de son espèce. L'équivoque bâtisseuse mue alors en serpente certaine, les créatures de l'autre monde y séjournent sans retour, les mystérieuses compagnes ne prétendent plus à la douceur ménagère, Cupidon magnifique émerge de l'anonymat aux yeux effarés de la coupable voyeuse.

Affirmer que le mythe est un outil fait de jeux précisément réglés n'est pertinent que si l'on met au jour simultanément la richesse de sens de sa composition, le rôle sémantique de sa structure, les contenus anthropologiques qu'elle ordonne. Conforme à toute fable mythique, le nôtre formule les difficultés soulevées par l'incompatibilité entre **«pôles que la nature a diamétralement opposés»**[172]. Cette définition est très générale. Mais l'ensemble "mélusinien" la met en jeu avec une évidence et une densité particulières. Comment mieux symboliser en effet cette «incompatibilité» primitive sinon en mettant en récit un et plusieurs, un homme et une femme, une créature de l'autre monde et un représentant du nôtre ? Inscrits dans ces béances fondatrices dont ils tentent de suturer les bords distendus, ces textes s'appliquent à franchir quelques-uns des obstacles vitaux et pathétiques que l'humanité affronte depuis l'aube des temps: la différence des sexes, la différence des espèces, la différence des mondes. Ils le font par un maillage d'événements très particulier, par des

---

171. 1985, *op. cit.*, p. 80.
172. C. Lévi-Strauss, *Le Regard éloigné*, 1983, *op.cit.*, p. 221.

dynamiques sophistiquées de corrélations et d'inversions entre codes, par une mise en structure cousue grâce à une torsion originale qui en boucle les transformations. Le pont que ces narrations jettent sur le gouffre des genres et des sexes illustre ainsi de façon éclatante leur volonté de conciliation, leur effort pour explorer le problème mythique de la communication. Cette intention en fait des oeuvres de synthèse, de médiation, de com-préhension - dans les deux sens que nous avons déjà évoqués "association à..." et "connaissance". Car, en abolissant la distance incommensurable, douloureuse et inadmissible qui sépare sociologiquement, ontologiquement et sexuellement les univers et leurs occupants, elles réussissent «à introduire un début d'ordre dans l'univers»[173]. Effet d'un travail d'abstraction et de construction narrative propre à l'entendement, le récit "mélusinien" peut donc être considéré comme une véritable grille de déchiffrement, un fait de raison, un «système de multicorrespondances (...) qui caractérise l'activité mentale dans le mythe»[174]. Telle est la leçon que "mettent en littérature" ces histoires d'alliance interdite entre un mortel et une créature fabuleuse, symbole de la distance la plus extrême et de la proximité la plus intensément souhaitée; tel est le sens intellectuel ou spéculatif que le mythe "mélusinien" ente sur toute culture qui l'accueille.

173. *Ibid*.

174. Selon l'heureuse expression de J.-P. Vernant (1978, *op. cit.*, p. 37).

## *CHAPITRE III.*
## *FAIRE COMMUNIQUER LES DIEUX ET LES HOMMES.*
## TRANSLATIO *OU STRUCTURATION MYTHIQUE.*

L'ouest de la France a vu la naissance et la floraison au XIIe siècle d'une mode littéraire remarquable, celle de l'écriture en langue vernaculaire de récits inspirés de la "matière antique". Ce processus esthétique qui «n'a son pareil dans aucun autre pays européen»[175] a fait l'objet de nombreux commentaires, aussi érudits que féconds. L'ouvrage abordé maintenant est l'un de ces nouveaux romans dont la vogue s'épanouit au XIIe siècle, l'*Eneas*[176]. Ce n'est pas seulement dans l'intention de rendre hommage à cette oeuvre maîtresse «qui transpose l'*Enéide*, en 1156» et qui «fonde vraiment l'esthétique des Belles Lettres en langue d'oïl»[177] que nous la considérerons de près. C'est surtout parce que les passages que l'on y étudiera éclairciront quelques entrelacements symboliques, riches de significations déterminantes pour l'existence des hommes. Dans cette oeuvre, ils s'ingénient à réunir et à éloigner des extrêmes différents des partenaires nuptiaux "mélusiniens". Il s'agit de termes dont seule l'angoisse métaphysique appelle au rapprochement, les dieux et les hommes. L'enquête sera volontairement limitée à l'évaluation de l'idée suivante: la prise en compte de termes propres à la catégorie mythique de la communication permet de comprendre le sens de certains épisodes à première vue disparates, et pour certains absents de la source latine, épisodes qui présentent la particularité commune de laisser affleurer les rapports alarmants entre les humains et les puissances célestes. Attachés à ce seul plan de signification, on ne changera guère de "cartes". L'examen ne s'appliquera pas à défaire minutieusement les rouages sémiotiques et pulsionnels ni à traduire les jeux entre codes anthropologiques d'un ample "objet inter-textuel". L'argumentation ne repose cette fois que sur certaines parties du texte dont il faudra, bien entendu, justifier l'association. En

---

175. J. Monfrin, "Les *Translationes* vernaculaires de Virgile au Moyen Age", *Lectures médiévales de Virgile*, Actes du colloque organisé par l'Ecole française de Rome (25-28 octobre 1982), Collection de l'Ecole française de Rome, 80, 1985, p. 189-249; ici, p. 192.

176. Nous utiliserons les deux tomes de la dernière édition de J.-J. Salverda de Grave (Paris: Champion, *CFMA*, 44, 1925; rep. 1985 et *CFMA*, 62, 1931, rep. 1983). Ces textes diffèrent d'une édition initiale du même auteur (*Texte critique*. Halle: Niemeyer, *Bibli. Normannica*, IV, 1891). L'éditeur avait justifié cette publication dans *Introduction à une édition critique du roman d'Eneas*; dissert. Gröningen. La Haye, 1888. Ces deux volumes sont mis en français moderne par M. Thiry-Stassin (Paris: Champion, 1985, XXXIII) qui indique la confiance que l'on peut avoir dans la seconde édition de Salverda de Grave.

177. D. Poirion, *Résurgences*, 1986, *op. cit.*, p. 65.

conséquence, bien que l'on exposera l'armature des espaces en compétition, on ne prétend pas analyser la "mythicité" de l'*Eneas* dans son unité et sa globalité. On n'aspire pas non plus, cela va de soi, à éclairer les rapports entre les mortels et les dieux dans l'art littéraire médiéval, sous ses multiples facettes ("antiques", courtoises ou hagiographiques). L'intelligibilité et la riche cohérence des fragments examinés, la compréhension des missions symboliques qu'y remplissent Enéas et la mère de Pallas étaient, toutefois, loin d'être accessibles à première vue. La "constitution" des règles associant les épisodes étudiés posait donc des problèmes descriptifs auxquels il valait la peine de s'attaquer pour prolonger l'exploration de la nature mythique des narrations médiévales, considérées cette fois au moment de leur émergence.

Après avoir borné le corpus des épisodes retenus et considéré les travaux qui les ont regardés avant nous, on y apercevra, dotés d'une vigueur particulière, certains thèmes qui relèvent d'un répertoire inédit jusqu'ici, de nature "mnésique": l'oubli ou le souvenir, leurs préalables et leurs conséquences, en sont les figures concrètes. L'éventuelle originalité de ces paragraphes viendra de l'auteur qui en sera le premier pilote, Georges Dumézil. La large réflexion qu'il a consacrée au rituel de l'*evocatio* et, à travers lui, à l'"oubli" des dieux censés protéger leurs fidèles, fournira une première aide. Malgré l'intérêt de l'esquisse dumézilienne, on essaiera de pousser plus loin la description. Elargisssant l'observation au-delà du seul code "mnésique", on repèrera alors les ressorts de la communication mythique, plus ou moins bien mesurée, telle qu'elle agit au sein de la petite anthologie. La signification de ces moments de l'*Eneas* échappera ainsi aux attaches historiques de son origine mythologique indo-européenne.

Quitte à pêcher par insistance, nous croyons bon de répéter afin d'éviter toute méprise, que notre examen n'a aucune prétention culturelle ni référentielle. En particulier, il n'aspire absolument pas à reconnaître dans le texte médiéval un authentique rituel d'*evocatio*, avec son appareil procédurier, juridique et magique caractéristique. La tentative serait aussi inutile (le texte ne s'y prête pas) que suspecte: on permettrait un retour par la bande de l'explication positiviste. Fruit des agencements dégagés, des dynamiques qui en ordonnent l'économie, le sens des épisodes regardés dans l'*Eneas* s'inscrit dans un effort spécifique à l'oeuvre romane: confronté à la question du rapport entre deux mondes particulièrement prégnants, celui des dieux et celui des hommes, alors que son origine latine reste partiellement muette, le récit médiéval n'a pu trouver une solution opportune qu'en exploitant les rouages "com-préhensifs" propres à la spéculation mythique: en même temps qu'il répond à une question "métaphysique", ce roman comble le manque mythologique.

**I. L'*Eneas* et les relations entre les dieux et les hommes.**

Commençons par quelques rappels élémentaires concernant l'appropriation par le roman "antique" médiéval[178] de ses origines classiques. Nous en avons besoin pour savoir dans quelle mesure ce transfert de la tradition dans l'*Eneas* pourra aider notre description.

A. Le clerc et le texte. Laïcisation mais question métaphysique.

On a pris l'habitude de nommer "romans antiques", les romans en vers qui naissent vers le milieu du XIIe siècle et s'inspirent selon des modalités diverses d'ouvrages latins. Les avis sur ces «modalités» ne sont plus aussi dispersés qu'il y a quelques années. Les travaux de Jean Frappier, d'Albert Pauphilet, de Guy Raynaud de Lage[179], de Roger Cormier, de Hans Robert Jauss et de Daniel Poirion, notamment, ont induit un corps d'idées désormais acceptées. S'il faut reconnaître que «l'*Enéas* est très loin de l'*Enéide*» comme l'écrit A. Pauphilet[180], il convient d'admettre cependant sa valeur et son intérêt propres. Les points de vue convergent donc autour du consensus suivant: le roman médiéval marie fidélité et liberté d'invention. L'époque du dédain close, les rejets brutaux déniant à l'*Eneas* sa richesse "humaniste" dépassés[181], s'ouvrait alors le temps de l'interprétation de l'alchimie "recréatrice", propre à l'oeuvre médiévale. L'*Eneas*, écrit Albert Pauphilet,

> s'inspirant délibérément des choses de son temps, et ne retenant du texte latin que des prétextes à y ajouter des magnificiences

178. Dans *Relire le "Roman d'Eneas", études recueillies par Jean Dufournet* (Paris: Champion, 1985), A. Petit et J. Dufournet établissent une bibliographie fournie sur les éditions du roman médiéval, ses traductions et les nombreuses études critiques qu'il a suscitées (p. 189-199). Quelques titres la distinguent de celle qu'indique la thèse de A. Petit: *Naissances du roman. Les techniques littéraires dans les romans antiques du XIIe siècle* (Genève: Champion-Slatkine, 1985). Elle développe les références de R. J. Cormier, dans "*The Present State of Studies on the Roman d'Eneas*" (*Cultura Neolatina*, XXXI, 1971, p. 7-39). Plus récente, la bibliographie de F. Mora-Lebrun dans *L'*Enéide *médiévale et la naissance du roman*. Paris: PUF, *Perspectives littéraires*, 1994.

179. *Cf.*, "Les Romans antiques et la représentation de l'Antiquité", *Le Moyen Age*, 3, 1961, p. 247-291 (repris dans *Les premiers romans français*. Genève: Droz, *Publ. rom. et franç.*, CXXXVIII, 1976, p. 127-159). R. J. Cormier reconnaît sa dette à l'égard de cet article ("The present state of studies on the *Roman d'Eneas*", *Cultura Neolatina*, XXXI, 1971, p. 7-39; ici, p. 17-18).

180. *Le legs du Moyen Age, Etudes de littérature Médiévale*. Melun: Librairie d'Argences, Bibl. Elzévirienne, 1950, p. 94.

181. Dans ses "Remarques sur la peinture de la vie et des héros antiques dans la littérature française du XIIe et du XIIIe siècles", J. Frappier réagit contre la «sévérité et le dédain dont ces romanciers du XIIe siècle furent accablés plus d'une fois par la critique moderne» (*L'Humanisme médiéval dans les littératures romanes du XIIe au XIVe siècle*. Paris: Klincksieck, 1964, p. 13-54; ici, p. 18).

impossibles (...). Anachronisme et merveilleux, c'est toujours sa manière.[182]

L'accord semble également établi autour d'un effet de l'apparition du roman au XIIe siècle: la conscience littéraire et la fonction pédagogique du "clerc-auteur". Si, contrairement aux oeuvres latines de l'époque médiévale, les romanciers français rajeunissent les héros de l'Antiquité en chevaliers, c'est par «souci de se mettre à la portée d'un public peu cultivé et fort ignorant de l'Antiquité.»[183] Aux yeux de Guy Raynaud de Lage, les médiocres capacités de la réception étaient responsables de la "qualité" de la transposition comme de l'affirmation du rôle éminent du conteur:

> Adaptaient-ils l'Antiquité aux vues sommaires et au goût de leur public ? car on peut ici parler d'ignorance (...): public de cour, (...) qui ne savait pratiquement rien de la civilisation gréco-latine et ne devait pas se poser beaucoup de questions dans l'ordre de la vraisemblance historique (...) pourvu qu'on lui contât une histoire agréable qui fît place à de nobles aventures.[184]

Ce phénomène est l'un de ceux qu'il faut compter à l'origine de l'affirmation subjective de l'auteur conscient de son art personnel. Car loin d'être l'activité d'un modeste traducteur, cet effort pédagogique et distrayant atteste la patte originale d'un créateur, «une mutation de la conscience littéraire», pour reprendre le titre de l'article de Michel Zink:

> Le poète qui tire sa gloire de l'originalité du sujet et se nomme au moment où il la souligne, proclame à la fois sa fidélité au modèle latin, le soin extrême qu'il a apporté à la rédaction de son texte, et la part qui lui revient en propre dans ce texte parfait.[185]

Dans quelle mesure cette conception du transfert de la tradition mythologique dans l'écriture romanesque aide-t-elle la description des

182. 1950, *op. cit.*, p. 105. Accepté, l'"anachronisme" des romans "antiques" devient objet d'attention, voir la thèse pour le doctorat de troisième cycle d'A. Petit: *L'Anachronisme dans les Romans antiques du XIIe siècle* (C.E.M.D. de Lille III, 1985).

183. M. Zink, "Une mutation de la conscience littéraire: le langage romanesque à travers des exemples français du XIIe siècle", *Cahiers de Civilisation médiévale*, XXIV, 1981, p. 3-27; ici, p. 3. Lire, de R. Marichal, "Naissance du roman" dans *Entretiens sur la renaissance du 12e siècle*; *Décades du Centre culturel de Cerisy-la-Salle, nlle série* 9; dir. M. de Gandillac et E. Jeauneau. Paris/La Haye: Mouton, 1968, p. 449-492.

184. 1961, art. cit., p. 286. Egalement: «l'auteur d'*Eneas* (...) un érudit, qui n'hésite pas à faire appel à toutes les connaissances dont il dispose pour rendre plus intelligible à un public en partie laïc une source latine dont il s'est totalement pénétré de la substance.» (A. Petit, "De l'hypotexte à l'hypertexte. L'*Enéide* et le roman d'*Enéas*. Remarques sur la technique de transposition au XIIe siècle", *Bien dire* et *Bien Aprandre*, 4, CEMD. de Lille III, 1986, p. 59-74, p. 68).

185. 1981, art. cit., p. 15. L'étude est résumée dans les premières pages de l'ouvrage du même auteur: *La subjectivité littéraire, Autour du siècle de saint Louis*. Paris: PUF *Ecriture*, 1985. A ce sujet, lire "Humanism and Subjectivity", dans l'ouvrage de W. Wetherbee: *Platonism and Poetry in the Twelfth Century. The Literay Influence of the School of Chartres*, 1972, *op. cit.*, p. 126-144.

oeuvres qui, comme l'*Eneas*, se nourrissent des vestiges du passé ? La réponse n'est pas simple, la nature des épisodes étudiés induit des constats fort différents. Portons-nous au devant de notre roman. Deux passages retiendront tout d'abord notre attention, ils seront les deux pierres du socle sur lequel s'échafaudera l'argumentation. Sorti des enfers où Anchise, son père, lui a prédit un glorieux avenir, Enéas atteint les rives de la Lombardie, terme de son errance dramatique. Quels gestes accomplit-il alors avec ses compagnons ? Le premier extrait indique que, au milieu de manifestations de joie, ils invoquent non seulement leurs propres divinités protectrices, les dieux «que porterent de Troie» (v. 3092) mais également les dieux locaux. Les nouveaux arrivants pouvant craindre leur hostilité, ils les conjurent de leur accorder une arrivée propice. Voici donc le premier fragment retenu, la dévote et humble prière d'Enéas aux dieux du pays:

> si deprïent molt humblement
> qu'il aient propre avenement;
> trestous les dieus du ciel aorent,
> d'un sacrefice les honorent. (v. 3094-3098)
> (..)
> les dieus reclament du païs,
> molt grant leece demenerent, (v. 3103-3104)

Eclate alors la guerre qui oppose les Troyens à une partie des indigènes (des Lombards) conduits par Turnus. C'est au cours du conflit qu'Enéas perd son compagnon, Pallas, fils d'Evandre, roi de Palantée, future Rome. La dépouille mortelle est accueillie dans la ville par un célèbre et émouvant *planctus*. Séquence bien connue des chansons de geste et des romans "antiques", le *planctus* - ou "les regrets" - fait l'éloge funèbre d'un guerrier de façon pathétique[186]. Dans cette oraison mortuaire, le père et la mère du défunt expriment la souffrance et le chagrin qui les étreignent: ils sont seuls désormais à jouir d'une existence stérile. Ces "regrets" composent le deuxième extrait regardé; plus précisément, nous serons attentifs à deux temps de l'élégie maternelle: ces tout premiers mots, imprécateurs et menaçants pour les Troyens, source de tous ses malheurs,

> "Biaus fiz", fait el, "tant mar vos oi,
> vostre vie a duré molt poi.
> Mar vi onques les Troïens,
> plaindre me puis mes d'aus toz tens;
> unques n'oï d'aus se mal non

186. Voir, de P. Zumthor, "Etude typologique des *planctus* contenus dans la *Chanson de Roland*" dans *La technique littéraire des chansons de geste*. Actes du Colloque de Liège. Paris: Les Belles Lettres, 1959, p. 219-236. Egalement, de G. Oberhänsli-Widmer, *La complainte funèbre du haut moyen âge français et occitan*. Berne: Francke, *Romanica Helvetica* 106, 1989.

et felonie et traïson;
maudite soit lor sorvenue (v. 6317-6323).

Quelques vers plus loin, une longue et coléreuse invective contre les dieux. Malgré les sacrifices quotidiens dont le roi et la reine les honoraient, ils n'ont pu sauver leur fils. Aussi, dit-elle dans une sorte d'anathème haineux, ces dieux, sourds au service des hommes, ne méritent plus aucun culte, aucun sacrifice rituel :

> Ja mes noz deux ne proierai
> ne mes enor ne lor ferai;
> ja n'avront mes de moi servise. (v. 6353-6355)

Tel est le support de notre corpus. On jugera peut-être ces épisodes hétéroclites, leur association artificielle et on demandera quels liens nouent un acte de dévotion, un rituel de deuil et une violente opposition à la volonté des dieux. L'ensemble des pages qui suivent, attaché à dégager la cohérence de ces extraits, tendra à répondre à cette interrogation. Constatons pour l'instant qu'il n'y a rien de téméraire à mettre en couple les deux premiers extraits. Ils l'ont été par certains chercheurs. Daniel Poirion, notamment, les a assemblés[187]. Elevant sa démonstration sur ces deux fondations, il remarque que l'on ne peut relever «aucune critique dans cette *évocation*» d'Enéas (à son arrivée en Italie), utilisant un terme que nous considérerons de près dans un instant. Immédiatement après cette appréciation, on lit un commentaire consacré au *planctus* de la mère de Pallas:

> on note toutefois une tendance à tirer du malheur un certain scepticisme à l'égard de divinités qui n'ont pas apporté le secours que l'on espérait d'elles. Les parents de Pallas parlent de leurs dieux comme les personnages de Jean Bodel parleront de leur idole: "et toz les deus chosent et blasment" (v. 6268).

Forts de cette confirmation, on s'engagera plus avant. Pour être plus explicite et plus précis, ce premier ensemble sera augmenté de quelques épisodes complémentaires, d'autant que le roman invite à ces connexions. Tout d'abord, on aura recours à cet avis du vieux roi Latinus, maître de la cité de Laurente et père de Lavine. Il tente de convaincre Turnus (noble lombard à qui est destinée la jeune fille) qu'Enéas est bien le favori des dieux:

> Ne t'an puis pas estre garanz
> contre les deus, qui tot otroient:
> a Enee tote l'anvoient. (v. 7794-7796)

---

187. "De l'Enéide à l'Enéas, mythologie et moralisation", *Cahiers de Civilisation médiévale*, XIX, 1976, p. 213-229; ici, p. 215.

Mais Turnus n'admettra ce décret qu'au seuil de sa défaite. Il doit le déclarer au carré de ses derniers fidèles: il n'est pas l'élu, le Troyen a la faveur des dieux

> Li deu ne vollent, ce m'est vis,
> qu'aie la terre et lo païs,
> al Troïen l'ont tot doné. (v. 9657-9659).

Quels bénéfices notre enquête peut-elle tirer de cet assemblage particulier ? Quelles questions communes soulèvent ces extraits, en quoi peuvent-elles aider notre compréhension de la nature mythique des oeuvres littéraires médiévales ? En guise de réponses partielles, quelques remarques peuvent être faites dès maintenant. Le thème qu'ils partagent est de nature religieuse, il s'agit des modalités du rapport entre les dieux et les humains. Cet appel aux divinités païennes ne va pas de soi. Sa signification est pourtant déterminante car elle concerne l'essor laïc de la jeune littérature française:

> seule l'Antiquité permettait de donner sans scandale une destination profane au vieux moule hagiographique (...) la place faite à l'inspiration "antique", quoi qu'il en soit de cette "Antiquité", a déterminé ou favorisé la laïcisation de la littérature.[188]

La seconde observation concerne les contenus de ce recours. Guy Raynaud de Lage insiste sur le fait que l'auteur de l'*Eneas* «connaît fort bien les rites sacrificiels antiques.»[189] On ne pourra donc pas attribuer seulement à l'ignorance ou à une sorte de pudeur chrétienne une utilisation particulière des figures et des thèmes païens. Evoquant, de son côté, le paganisme de la source de l'*Eneas*, Albert Pauphilet accentue les soustractions que le poète médiéval a pris la liberté de faire subir à l'*Enéide*:

> il a supprimé ou fortement abrégé la mythologie, la religion et l'histoire, c'est-à-dire tout ce qui fait de l'*Enéide* un poème national.[190]

---

188. Raynaud de Lage, 1961, art. cit., p. 250-251. Dans son chapitre "Virgil and the historical Consciousness of the twelfth Century: the *Roman d'Eneas* and *Erec et Enide*", L. Patterson pense que, *Erec et Enide* comme le *Roman d'Eneas*, *serve (...) as initiatory agents in the process by which medieval writing was gradually laicized. Negotiating the past*, 1987, *op. cit.*, p. 158.

189. 1961, art. cit., p. 286. L'auteur de l'article découvre «des païens qui (...) sont vraiment des païens, qui adorent des divinités païennes nommées dans tous les romans.» (p. 285). Voir, du même, l'article "Le roman d'*Eneas*" dans le *Grundriss der romanischen Literaturen des Mitelalters*, *op. cit.*, p. 174-178.

190. 1950, *op. cit.*, p. 97.

Si on peut l'accuser d'avoir «saccagé l'*Enéide*», c'est que, poussé par «sa crainte du paganisme», il a écarté «les Dieux, qui donnaient son véritable sens à l'aventure des humains.» (p. 101).

Ces considérations appellent de notre part les réactions suivantes. Si l'économie générale de l'*Eneas* confirme sans aucun doute cet émondage, notre corpus, en revanche, prouve précisément le contraire: loin d'amputer[191], l'auteur du XIIe siècle use de sa liberté, on va le voir, pour ajouter, combler les vides qui s'ouvrent dans l'oeuvre de Virgile. Cette affirmation éclaire l'ambiguïté de l'effort de laïcisation que prouverait l'*Eneas*. Tout en revendiquant et maîtrisant avec art un fonds thématique païen, le roman gomme certains aspects, des événements venus de la mythologie. On peut se demander si le clerc ne fait pas plus: sans y être contraint par le texte latin qu'il "translatait", le clerc retrouve la problématique métaphysique vrillée au coeur des hommes, lui accorde (inconsciemment sans aucun doute) une importance inégalée dans l'*Enéide* et l'aborde grâce à certaines modalités de la pensée mythique.

B. Humilité d'Enéas et "regrets" de la mère de Pallas. Lire l'absence.

Puisque le foyer du roman médiéval est l'*Enéide*, il est de bonne méthode de regarder avant tout l'oeuvre de Virgile. De notables divergences transparaissent entre l'adresse qu'y prononce Enée et celle d'Enéas. La citation suivante est un peu longue mais instructive:

*Sic deinde effatus frondenti tempora ramo*
*implicat et geniumque loci primamque deorum*
*Tellurem Nymphasque et adhuc ignota precatur*
*flumina, tum Noctem noctisque orienta signa*
*Idaeumque Iouem Phrygiamque ex ordine matrem*
*inuocat et duplicis caeloque Ereboque parentis*
*Hic pater omnipotens ter caelo clarus ab alto*
*intonuit radiisque ardentem lucis et auro*
*ipse manu quatiens ostendit ab aethere nubem.* (Livre VII, 135-143)[192]

---

191. O. Jodogne conclut ainsi sa confrontation des romans "antiques" avec *Li Fet des romains*: «Histoire et roman n'hésitent pas à adapter pareillement, avec le même souci d'intelligence et de clarté, retranchant les "aberrances" mythologiques, institutionnelles et militaires.» ("Le caractère des oeuvres antiques dans la littérature française du XIIe au XIVe siècle", *L'Humanisme médiéval ...*, 1964, *op. cit.*, p. 55-85; ici, p. 83).

192. «Ayant ainsi parlé, il entoure son front d'un rameau feuillu, il adresse ses prières au Génie du lieu et d'abord parmi les dieux à la Terre, et aux nymphes, aux Fleuves encore inconnus; puis il invoque la Nuit et les signes qui se lèvent la nuit, Jupiter idéen et la mère phrygienne enfin les auteurs de ses jours, l'une présente au ciel, l'autre dans l'Erèbe. Alors le Père tout-puissant, du haut d'un ciel serein, fit éclater trois fois son tonnerre, et l'ébranlant lui-même de sa main, fit paraître au fond de l'éther une nuée ardente d'or et de rais de lumière.» (trad. J. Perret. Paris: Les Belles Lettres, t. 2, 1989, p. 87).

Trois dissemblances doivent être relevées: Jupiter en personne se manifeste; le héros s'adresse bien moins aux dieux indigènes qu'aux divinités "universelles" (la terre, les Fleuves, la Nuit, etc.); et, écart important, le texte latin ne précise pas le mode sur lequel le héros s'adresse à ses puissances titulaires, alors que l'humilité de l'adoration est expressément accentuée dans l'épisode correspondant de l'*Eneas*. Tout aussi remarquable, la manière dont est décrite, au livre XI, l'arrivée du cortège funèbre au palais d'Evandre. Virgile n'évoque alors que la plainte du père du défunt (son épouse est déjà morte). Il atténue, dans les paroles du vieux roi, l'attaque contre la faiblesse des Immortels. Plus, le souverain s'en prend à Turnus, et non au Troyen, à l'opposé de ce qu'exprimait la reine dans l'*Enéas*:

> *"Non haec, o Palla, dederas promissa parenti,*
> *cautius ut saeuo uelles te credere Marti.*
> *(...) nulli exaudita deorum*
> *uota precesque meae ! Tuque, o sanctissima coniunx,*
> *felix morte tua neque in hunc seruata dolorem !*
> *(...)*
> *Nec uos arguerim, Teucri, nec foedera nec quas*
> *iunximus hospitio dextras;"*[193]

La conclusion est claire: les particularités repérées dans le récit médiéval ne se lisent pas dans le poème latin, ni l'extrême modestie du conquérant troyen, ni la véhémente invective de l'épouse d'Evandre contre les dieux décevants.

Tous les commentateurs qui se sont penchés sur les "regrets" de la mère de Pallas ont aperçu la nouveauté du roman "antique". Prenons deux exemples. Pour *Résurgences*, ce traitement inédit consacre la manière dont l'*Eneas*, «avec des motifs comme la description de la tente, d'un tombeau, ou la déploration funèbre»[194], installe une «topique romanesque» à travers laquelle «l'écrivain montre le plus d'originalité et applique son effort d'écriture pour atteindre l'idéal qu'il se fait de la beauté.»[195] Dans son analyse de «la "mise en roman"» de l'*Enéide*, Francine Mora-Lebrun observe les nouveautés propres au roman médiéval:

> un bref regret d'Eneas sur le champ de bataille, absent de l'*Enéide*, et une longue plainte de la mère de Pallas - plainte qui n'existe pas, et pour cause, cette dernière étant morte, dans le poème latin - avant

193. «Ce n'est pas, mon Pallas, ce que tu avais promis à ton père: tu voulais garder quelque prudence en te livrant au terrible Mars (...). Oh ! mes voeux, mes prières qu'aucun des dieux n'a écoutés ! Et toi, ma sainte femme, heureuse es-tu par ta mort, qui ne fus réservée pour pareille douleur (...). Je ne saurais vous accuser, Troyens, ni notre alliance, ni nos mains que nous avons jointes en signe d'hospitalité.» (trad. Perret, t. 3, *op. cit.*, 152-166, p. 90).

194. 1986, *op. cit.*, p. 66.

195. *Ibid.*, p. 73.

d'inventer de toutes pièces un monologue de Turnus sur le corps de Camille.[196]

Elle ajoute que cette «plainte de la mère de Pallas, ressuscitée pour la circonstance, confirme le processus de féminisation du *planctus*»[197]. Cette nouveauté constatée, comment en rendre compte ? La tentation est grande de le comprendre en faisant appel à la "conception translative", évoquée dans la partie initiale de ce travail. Deux routes s'ouvrent devant elle. Un passage historique, qui, face au mutisme de la source première, cherche une origine d'un autre ordre; une voie culturelle et intertextuelle qui parcourt dans la littérature médiévale, contemporaine à l'*Eneas* donc, les épisodes approchant ceux sur lesquels nous nous penchons afin d'en comparer les significations. Dans ses *Recherches sur les sources latines des contes et romans courtois du Moyen Age*, Edmond Faral a particulièrement travaillé sur "Ovide et quelques autres sources du roman d'Eneas"[198]. Le rôle médiateur joué par notre roman entre Virgile, Ovide et les grands romanciers médiévaux a, par ailleurs, été repéré à plusieurs reprises, notamment par Reto Bezzola[199]. L'autorité d'Ovide «devient toute puissante dans le *Roman d'Enéas*»[200], dit-il. La véhémente plainte de la mère de Pallas en serait un témoignage sensible, Edmond Faral en donne la preuve. Après avoir observé que «la lamentation tout entière est ajoutée à Virgile»[201], l'érudit poursuit (p. 118):

> j'ai cherché en vain une expression analogue de ce sentiment dans les autres exemples de lamentation funèbre fournis par les romans du XIIe siècle (...). L'idée d'accuser l'ingratitude de la divinité paraît beaucoup plutôt païenne que chrétienne, et il est permis de conjecturer qu'elle a été fournie au trouveur par un auteur latin.

Minutieuse et attentive, la collecte porte ses fruits. L'auteur décèle une lamentation approchant le *planctus* du roman médiéval dans l'élégie IX du livre III (consacrée à la mort de Tibulle) des *Amours* d'Ovide:

---

196. *Lire, écouter et récrire l'Enéide; Réception de l'épopée virgilienne du IX° au XII° siècle. Thèse pour le doctorat d'Etat présentée sous la direction de M. Daniel Poirion*, décembre 1991, p. 236.

197. *Ibid*. Pour A. Petit, la féminisation du *planctus* s'exprime «nettement dans l'*Enéas* dont l'auteur invente le désespoir de la mère de Pallas.» (1985, *op. cit.*, p. 574).

198. Paris: Champion, 1913, p. 73-157 (nouveau tirage augmenté de *La Littérature latine du moyen âge*, 1967, repr. 1983).

199. Egalement, de K. Uitti, "Chrétien de Troyes and his vernacular forebears: the city of women (1)", *French Forum*, 11, 1986, p. 261-288. Pour l'influence de l'*Eneas* sur le romancier champenois lire, notamment, "*Eneas* et *Cligès*" de A. Micha (dans *Mélanges Ernest Hoeppfner*. Paris: Les Belles Lettres, 1949, p. 237-243); de H. C. Laurie "*Eneas* and the *Lancelot* of Chrétien de Troyes", *Medium aevum*, 37, 1968, p. 142-156; "Remarques sur le *Roman d'Eneas* et *Erec et Enide* de Chrétien de Troyes" de R. J. Cormier (dans *Revue des langues romanes*, 82, 1976, p. 85-97).

200. 1963, *op. cit.*, p. 281.

201. 1983, *op. cit.*, p. 117, n.3.

*Cum rapiunt mala fata bonos, (ignoscite fasso!)*
*Sollicitor nullos esse putare Deos.*
*Viue pius: moriere; pius cole sacra: colentem*
*Mors grauis a templis in caua busta trahet.*[202]

Edmond Faral lui-même s'interroge sur la validité de ce rapprochement: «Ces paroles offrent avec celles de la mère de Pallas (bien qu'elles n'expriment pas tout à fait la même idée) une ressemblance intéressante.» (*ibid.*) On est en droit, en effet, de se demander si cette plainte privée de son invective terminale, de l'opposition haineuse et culpabilisatrice élévée contre l'impuissance des dieux ressemble bien aux paroles élégiaques d'Ovide.

Empruntons la seconde piste, l'imitation "intra-textuelle". Peu convaincante, la recherche des sources antiques cède la place à la quête des «additions» novatrices que le poète «doit à lui-même» et à son temps, comme l'annonce l'éditeur contemporain du roman (p. XXVII). La culture reconnue au clerc autorise à chercher dans la tradition littéraire médiévale le germe de certains épisodes énigmatiques de son roman, notamment des extraits qui nous retiennent ici. Selon Jean-Jacques Salverda de Grave, le *planctus* relève d'une volonté de l'écrivain. Il imiterait l'un des tout premiers textes de la littérature française:

> ce n'est peut-être pas par hasard que la personne de la mère de Pallas a été introduite, par suite de quoi cette scène des parents en face du corps de leur fils ressemble d'une façon frappante à un épisode de *La Chanson de saint Alexis*.[203]

Dans *L'"Eneas" e i primi romanzi volgari*, Giovanna Angeli propose également ce rapport avec les réactions des parents d'Alexis[204]. Voici le coeur de la réaction de sa mère, auquel pense sans doute J.-J. Salverda de Grave:

Pur quei[t] portai, dolente, malfeüde ?
Co'st granz merveille que li mens quors tant duret.
Filz Alexis, mult oüs dur curage,
Cum avilas tut tun gentil linage !
Set a mei sole vels une feiz parlasses,

---

202. *Amores*, éd. H. Bornecque. Paris: Les Belles Lettres, 1966 (33-38). «Lorsqu'un destin cruel emporte les meilleurs (dieux, pardonnez-moi cet aveu), j'en viens à penser que vous n'existez-pas. Vis dans la piété: tu mourras, si pieux sois-tu. Honore les dieux: tu as beau les honorer, la Mort cruelle viendra t'arracher du temple et t'entraîner au fond du tombeau.» (trad. par H. Bornecque, *Les Amours*. Paris: Les Belles Lettres, 1930, p. 90-91).

203. J.-J. Salverda de Grave, 1925, *op. cit.*, p. XXVII.

204. *Padre e madre accorrono e le loro reazioni sono estremamente vicine a quelle di Eufemiano e della moglie*. *Documenti di Filologia*, 15. Milan-Naples, R. Ricciardi, 1971, p. 129.

> Ta lasse medre, si la [re]confortasses,
> Ki si'st dolente. Cher fiz, bor i alasses ! (v. 444-450)[205]

Les différences avec notre scène sont nettes: ici, le héros est coupable d'avoir abandonné les siens, il n'est pas mort en auxiliaire d'un étranger honni, surtout, les propos des parents d'Alexis et particulièrement ceux de sa mère n'expriment aucun reproche à l'égard de la puisance divine. La plainte demeure, l'invective a disparu. Bref, l'influence de cette vie de saint sur l'*Eneas* est peu explicite.

Les réseaux inter- et intra- textuels manquant de conviction, force est de considérer le récit en lui-même et de s'appliquer à comprendre son message. S'ouvre le temps de l'interprétation. On a considéré essentiellement la dénonciation audacieuse de l'inconstance des dieux proférée par la mère de Pallas comme le signe de la volonté moralisatrice de l'*Eneas*. Ainsi sa traductrice en français, écrit-elle:

> Le romancier français fait volontiers montre de tendances moralisatrices (...). Sur un plan proche mais différent , le Français exprime à deux reprises des pensées audacieuses(...). La mère de Pallas vilipende les dieux et s'élève contre leur impuissance à garder en vie ou à sauver les hommes.[206]

Dix ans auparavant, Daniel Poirion faisait déjà ressortir l'aspect moral de ces vers. La mère de Pallas et avant elle, Didon, manifestent une conception épicurienne de l'«existence des dieux (...) *esse et nihil curare, ut Epicurei.*»[207] Nous n'avons pas à prendre parti sur l'éthique portée par les évocations religieuses du roman, notre démarche et ses intentions descriptives se situent sur un tout autre plan. Nous allons plutôt nous intéresser maintenant à une autre interprétation de l'*Eneas* et du *planctus* suivant la mort de Pallas. Nous partageons l'essentiel de ses conclusions, pour le champ bien défini qu'elles concernent, la signification dynastique du texte; thème qui n'est pas celui que nos fragments évoquent directement. L'article de Christiane Marchello-Nizia, "De l'*Enéide* à l'*Eneas*: les attributs du fondateur"[208], résume cette proposition de façon convaincante. L'intention liminaire vise à arracher à leur évidence certaines interprétations généralement admises. L'auteur propose (p. 252) de négliger «l'explication traditionnelle: l'amour courtois était à la mode dans le milieu socio-culturel, où est né l'*Eneas*, son auteur n'a fait que suivre cette mode.» L'article

---

205. Ed. C. Storey: *La vie de saint Alexis. Texte du manuscrit de Hildesheim* (Genève: Droz, *TLF*, 148, 1968), édition «la plus récente et la plus complète de cette version», selon G. R. Mermier et S. Melhado White, les traducteurs du texte (Paris: Champion, 1983).

206. Thiry-Stassin, 1985, *op. cit.*, p. 10.

207. 1976, art. cit., p. 215.

208. *Lectures médiévales de Virgile. Actes du colloque organisé par l'Ecole française de Rome* (25-28 octobre 1982), Coll. de l'Ecole française de Rome, 80, 1985, p. 251-266.

explique alors la structure du roman médiéval et les écarts qui le séparent de l'*Enéide* par son propos lignager, c'est-à-dire par le lien explicite qu'il tisse «entre la *femme* et le *royaume*, la *terre*» *(ibid.)*. En conséquence, il convient de voir dans

> le second versant de l'*Eneas* comme un manuel du parfait fondateur, comme une réponse à la question: quelle est donc la bonne façon de fonder une dynastie?[209]

Nous ne sommes pas trop éloignés de la complainte des parents de Pallas. Car, grâce à ces éclaircissements, Christiane Marchello-Nizia justifie la nature des "regrets" du jeune Pallas dans le roman "antique", les doléances d'Evandre le prouvent:

> Qui maintandra or mon païs,
> mon realme, tote m'enor,
> dunt tu fusses eir aucun jor ? (v. 6404-6406)

L'article dirige alors vers la contribution de Giovanna Angeli évoqué à l'instant. Ses considérations sur le manque d'héritier et la *futura decadenza del proprio popolo e della propria stirpe* tiennent uniquement aux plaintes des pères de Pallas et d'Alexis:

> *La corrispondenza prosegue lungo tutta l'apostrofe di Evandro che, come Eufemanio e diversamente dall'Evandro virgiliano, si chiede chi lo difendera dai nemici, e chi manterra il regno, visto che non ha altri eredi.*[210]

S'il est incontestable que la plainte paternelle confirme le souci de l'*Eneas* et de la *Vie de saint Alexis* (contrairement à l'*Enéide*) de poser une question lignagère, l'abord de la complainte maternelle oblige à abandonner ce registre. Elle viserait deux cibles: Enéas et les Troyens (dont la mauvaise foi notoire est dénoncée) et l'«autorité divine», (p. 131). L'auteur de l'article remarque justement que cette rebellion n'est pas si ouvertement violente dans la tradition classique. En conséquence, *la vera innovazione del compianto* est bien, dans l'invective de la mère de Pallas qui *contravvenendo al rispetto diffuso nella letteratura latina per gli dei, si piega a certe considerazioni spicciole* (*ibid.*). Les vers cités en appui de cette remarque sont ceux-là mêmes que nous avons gardés (v. 6356-6362), vers dans lesquels la mère du guerrier abattu s'étonne amèrement du sommeil des puissances du ciel et de l'inefficacité de ses prières. Nous pensons en effet que "la véritable innovation de la plainte" se trouve bien à

---

209. *Ibid.*, p. 257. L'article l'indique, cet axe de recherche avait été mis en lumière par Daniel Poirion (1976, art. cit., p. 214 et "L'écriture épique: du sublime au symbole", *Relire le "roman d'Eneas"*, 1985, *op. cit.*, p. I-XIII, ici, p. V).

210. 1971, *op. cit.*, p. 130.

ce moment où *le corrispondenze col testo latino cessano del tutto* (p. 132). Nous soutiendrons cependant que les refus des rituels - indépendants de toute préoccupation dynastique, remarquons-le - sont bien plus que des considérations minimes ou sans importance (*considerazioni spicciole*). Pour autant qu'on les mette en relation avec d'autres passages avec lesquels ils forment système, ils peuvent laisser paraître la raison de leur structuration et de leur usage novateur.

## II. De l'*evocatio* aux thèmes "mnésiques" de l'*Eneas*.

Disons-le d'emblée, l'esquisse dumézilienne "L'oubli de l'homme et l'honneur des dieux"[211] guidera l'exploration de ce réseau explicatif. Grâce à son interprétation du rituel de l'*evocatio*, on dégagera l'organisation des thèmes et figures "mnésiques" qui agence en sous-main les liens entre êtres de ce monde et créatures divines, tels du moins, que les expose notre corpus. Loin, donc, d'être associés "rhapsodiquement" ou sous une intention morale, ces fragments composeront un système symbolique avec ses relations intentionnelles et sa mission anthropologique.

L'*evocatio* est un rituel militaire indo-européen dont on peut dire sans crainte qu'il pose et résout juridiquement un problème de communication. Traduisant le pionnier en la matière, Alfred Bernice[212], Vsevolod Basanoff avance cette définition:

> invitation, voire sommation, adressée aux dieux tutélaires de la ville ennemie, d'abandonner leurs résidences dans cette ville et de "transmigrer" à Rome.[213]

Depuis la monographie que lui a consacrée Vsevolod Basanoff, on connaît mieux les deux rédactions hittites et la plupart des documents romains qui usent de ce rituel. On sait donc qu'il apparaît quasiment à l'identique dans deux cultures historiquement et géographiquement hétérogènes. Comme les Grecs n'en témoignent pas, «ce trait d'union entre l'Occident italique et l'Orient d'Asie mineure paraît impressionnant» observe Basanoff (p. 6). En intervenant dans la discussion Georges Dumézil a déplacé et élargi la zone d'application de ce rituel. Il montre en effet, textes à l'appui, que sa pratique s'étend bien au-delà de ces premières bornes militaires, jusqu'aux rapports des dieux et des hommes. C'est bien cette question qui nous soucie, aussi est-ce dans ce champ étendu que notre examen tient à se situer. Regardons les arguments de Georges Dumézil. Le

---

211. Parue dans le recueil du même nom. Paris: Gallimard, *Bibl. des Sciences humaines*, 1985.
212. *Sitzungsberichte*. Berlin, t. II, 1885, p. 1157.
213. *Evocatio*, thèse pour le doctorat ès lettres. Paris: PUF, 1945, p. 2.

plus souvent, remarque-t-il, «une sorte d'honnête convention fait que les hommes peuvent compter sur la bienveillance des dieux auxquels ils rendent un juste culte.» Mais il est des cas où «les dieux sont moralement fondés à faire du mal aux hommes.»[214] C'est pour trouver une solution à l'un d'eux que les ritualistes romains ont élaboré l'*evocatio*. L'éventualité est la suivante: en cas de conflit, comment convaincre les divinités qui patronnent la nation adverse de l'abandonner et de suivre le vainqueur à Rome, les dieux peuvent-ils ainsi trahir leurs protégés ? Trois illustrations permettent de répondre. Comme le fait Basanoff, Georges Dumézil examine en premier l'invitation que le second Scipion adresse aux dieux carthaginois, selon ce que nous en dit un *carmen* de Macrobe[215]. Il s'ouvre sur ce titre illustratif *De carmine quo evocari solebant dii tutelares, et aut urbes aut exercitus devoveri*: "De la formule pour faire sortir d'une ville les dieux tutélaires et pour dévouer les villes et les armées", traduit Henri Bornecque (p. 345). Ce passage, dit Macrobe, touche aux traditions romaines les plus antiques et aux mystères les plus secrets du culte:

> *Et de vetustissimo Romanorum more, et de occultissimis sacris vox ista prolata est.* (*ibid.*)

Lorsqu'ils assiégaient une ville ennemie et qu'ils pensaient être sur le point de la prendre, les Romains devaient évoquer les dieux tutélaires au moyen d'une certaine formule[216]. Le coeur de l'expression commentée par Pernice, Basanoff et Dumézil tient en ses mots:

> *precor venerorque (...) populo, civitati, metum, formidinem, oblivionem injiciatis.* (*ibid.*)

Georges Dumézil traduit:

> Je vous prie et vous conjure (...) que vous injectiez dans ce peuple et dans cette société la peur, l'effroi, l'oubli.[217]

Le procédé est donc, si l'on peut dire, à quadruple détente: les dieux sèmeront l'oubli dans les âmes des Carthaginois; ceux-ci ne les honoreront plus, ils oublieront leurs dieux, leurs devoirs religieux et militaires. Les Immortels auront alors le droit de les négliger à leur tour, de «tirer les conséquences de cette *obliuio*» dit Georges Dumézil (p. 142); libres de tous engagements, ils auront licence de rejoindre la ville ennemie où ils seront

---

214. 1985, *op. cit.*, p. 136 pour ces mentions.

215. *Les Saturnales*. Traduction nouvelle avec introduction et notes par H. Bornecque. Paris: Garnier frères, 1938 (*III*, 9; p. 345-351).

216. M. Martelli dans son édition des *Saturnales* de 1845 signale les traductions de ce chant par Voltaire (*Mélanges historiques*) et Chateaubriand (*Itinéraire de Paris à Jérusalem*). *Oeuvres* de Macrobe, t. 1. Paris: C.L.F. Panckoucke, p. 540.

217. 1985, *op. cit.*, p. 140.

récompensés. Nous revoilà à proximité de notre corpus. Car le célèbre mythologue s'éloigne sans complexe du rituel religieux et juridique pour étudier le quatrième chant de l'*Enéide*. Il suit de près la relation pathétique qui unit puis sépare Enée et Didon pour conclure qu'elle est elle-même «traversée, dominée par l'idée de l'oubli»[218]. Pourquoi le héros troyen délaisse-t-il sa mission fondatrice au bénéfice de la pourpre de Didon ? Parce que Junon et Vénus ont tenté de «bloquer» Enée dans Carthage en «injectant l'oubli dans son âme» (*ibid.*): la scène où les deux déesses tentent de maintenir le fils d'Anchise dans les murs où il perd la mémoire de son destin glorieux, relève donc, dit Georges Dumézil, de l'*«ad-vocatio»* (p. 146) - c'est une *evocatio* à l'envers. Le troisième texte analysé vient du XIIe livre de *La Guerre punique* de Silius Italicus[219]. Encore une fois Carthage et Rome s'opposent. Les romains, écrasés *ad Cannas*, craignent que le général ennemi n'entreprenne l'*evocatio* et que Jupiter se laisse séduire. Il n'en sera rien. Car Hannibal, en lançant son armée, s'adresse au soldat carthaginois en proférant ces paroles sacrilèges:

> *Eia, incute muris*
> *umbonem Iliacis Capuaeque repende ruinas;*
> *quam tanti fuerit cadere, ut Palatia cernas*
> *et demigrantem Tarpeia sede Tonantem.*[220]

Au lieu de suggérer l'oubli, le Carthaginois outrage Jupiter Tonnant. Parallèlement, loin de délaisser leur dieu tutélaire, les Romains sont animés d'une confiance et d'une piété renforcées et, pleins de gratitude, lui crient leur reconnaissance. Ici donc l'insolence du "vainqueur potentiel" déclenche une contiguïté plus serrée entre les "protégés", un temps affaiblis, et leur dieu protecteur.

Ces descriptions appellent deux commentaires. Le premier concerne le plaisir des jeux structuraux. Georges Dumézil observe en effet que, entre l'adresse de Scipion (*carmen* de Macrobe) aux dieux carthaginois qui auraient dû légitimement rester dans leur ville, et celle de Vénus et de Junon au héros troyen qui, lui, devrait abandonner Carthage où il séjourne illégitimement, les Romains «goûtaient sans doute (un) parallèle inversé.»[221] Il note ensuite que l'insolence d'Hannibal à l'égard de Jupiter est «l'exact contraire de *l'evocatio*» (p. 147). Ces deux observations soulignent l'idée qu'un système de règles (mise en parallèle, inversion, contrariété) organise le rituel de l'*evocatio* et la figuration, disons

---

218. G. Dumézil, 1985, *op. cit.*, p. 144.

219. Texte et traduction J. Volpilhac-Lenthéric et M. Martin. Paris: *Les Belles Lettres*, 1984.

220. Ainsi traduit par G. Dumézil: «Oui, ébranle de ton bouclier les murailles troyennes, fais payer aux Romains la ruine de Capoue qui ne tombera, en fin de compte, que pour te donner en spectacle le Palatin et Jupiter s'exilant de son siège tarpéien !.» (1985, *op. cit.*, p. 147).

221. *Ibid.*, p. 146.

"mnésique", qu'il présente. G. Dumézil ajoute d'ailleurs que les Romains avaient certainement pleine conscience de «tels mécanismes fondés sur l'oubli ou, à l'inverse, sur un souvenir trop vivace.» (p. 143).

Arrêtons-nous un instant sur un point de méthode. On aura remarqué l'extension de l'étude dumézilienne: elle prend appui sur le rituel, allégé de toutes considérations strictement procédurières et juridiques, pour assembler et décrire quelques extraits sélectionnés au sein de textes de natures diverses, historique ou littéraire, comme celui de Virgile, sous "l'idée" que présentent les lois de l'*evocatio*. Ce sont bien les mécanismes fondés sur l'oubli ou le souvenir excessif qu'y décèle Georges Dumézil à travers les termes du rituel, justifiant du même coup la collection d'extraits à première vue discordants qu'il examine. Dans une perspective comparable, nous nous proposons de concevoir les fragments choisis dans l'*Enéas* comme des représentations littéraires d'un réseau, tissant oubli et souvenirs, qui les modèle en profondeur. Ce maillage justifiera de lire nos épisodes comme des facettes diverses d'un problème analogue et de solutions homogènes.

Romains et Hittites pensent et prononcent l'*evocatio* comme un ensemble de relations contractuelles. Le rituel «se déroule selon la forme d'un échange archaïque: don - contre-don» écrit Basanoff (p. 143). Faisons un pas de plus pour remarquer que ce va-et-vient de conventions est réglé comme un récit canonique, déployant les quatre séquences enregistrées sous le titre de "schéma narratif". Sa logique servira d'étalon pour comparer la mise en scène des contenus selon les différents textes mis en regard. Dans l'*evocatio* et ses avatars, chacune de ces séquences façonne des traits de nature mnésique, selon la correspondance:

1. contrat = rituel des fidèles, demande respectueuse (ou insolente) du vainqueur;
2. compétence = oubli (ou son contraire) des dieux envers les vaincus;
3. transformation = abandon ou protection maintenue (par les dieux);
4. évaluation = promesses de récompenses ou de rétorsions (qui ne seront pas oubliées).

Ce canevas permet de suivre minutieusement la progression de la plainte maternelle dans l'*Eneas*:

1. Contrat. Les sacrifices quotidiens:

> que lor feisoie chascun jor
> molt hautemant a grant enor; (v. 6357-6358)

2. In-compétence des dieux. Comme endormis, ils ont "oublié" leurs devoirs. Incapables de protéger les vies humaines, ils montrent qu'ils sont loin d'être tout-puissants:

> ou il ont esté andormi
> que mes proieres n'ont oï,

ou ne pöent home salver,
garantir vie ne tenser;
il m'ont mostré molt malement
qu'il se sorpuissent de noiant. (v. 6359-6364)

3. Cette insuffisance se traduit par la dénonciation du piètre concours apporté à son fils. Privé de leur protection, Pallas est mort.

Fiz, fait vos ont mavese aïe,
molt vos on po gardé en vie. (v. 6365-6366)

4. Ils seront punis: la mère de Pallas va les "oublier" à son tour, elle cessera tout culte en leur honneur. L'appréciation ou l'"évaluation" humaine confine à l'insolence: «ja mes noz deux ne proeirai.» (v. 6353)[222].

Malgré son expression romanesque inversée, ce *planctus*, ainsi déboîté, présente une assise semblable à celle des fragments étudiés par Georges Dumézil. Cependant deux interrogations subsistent encore. La première tient à l'absence dans ces vers de toute justification de l'"oubli des dieux": quelle est la cause de cette renonciation ? L'interrogation prend un tour particulier dans l'*Eneas* puisque les dieux trahissent les parents du jeune héros, selon les apparences innocents de tout sacrilège, sujets vénérables et observants. Comment excuser l'injustice des puissances célestes ? La réaction particulière de la mère de Pallas (phase 4 de l'enchaînement), sa véhémence, son insolence forment la seconde.

Certains passages du corpus passés sous silence jusqu'ici permettront d'y voir clair. En se heurtant aux Troyens, Turnus s'élève contre les projets des Immortels. La mère de Pallas elle-même avoue son opposition à leurs desseins, et, en conséquence, aux décisions de son mari; en effet, contrairement à sa femme, Evandre a respecté le cours du destin. Relisons les doléances de son épouse: les griefs à l'égard des Troyens («Mar vi onques les Troïens,/ plaindre me puis mes d'aus toz tens» v. 6319-6320) s'augmentent d'une recherche en responsabilité. Le coupable est tout trouvé, c'est son mari:

onc Evander ne me volt croire,
o aus vos ajosta an oirre,
et avoc aus vos an menerent. (v. 6329-6331)

En somme la "romaine" mère de Pallas - parallèlement à l'adversaire désigné, Turnus - oublie le respect des sentences célestes, garantie des

---

222. C'était la deuxième pierre de notre base textuelle. On le voit, l'idée n'a rien d'original, la succession des maillons du texte ne respecte pas obligatoirement l'ordre logique des étapes du schéma: ce vers, qui exprime l'"évaluation", est situé au début des "regrets".

rapports métaphysiques équilibrés, et celui des liens conjugaux, assurance des rapports sociaux harmonieux. Un double péché, donc[223].

Ces considérations acheminent vers le raisonnement suivant, il justifie pleinement, nous semble-t-il, la forte cohérence de notre brève anthologie. La Fortune, dont les arrêts obligent les puissances célestes elles-mêmes, penche inexorablement pour Enéas. Tel le général romain, le Troyen prie les dieux virtuellement hostiles, avec la plus grande déférence. Ceux-ci ne sont-ils pas autorisés en conséquence à ne plus honorer les conventions cultuelles avec leurs premiers zélateurs, surtout lorsqu'elles sont nouées avec ceux qui, prêts à s'élever contre leurs décisions, ne craignent pas leur courroux ? Disons cette logique en d'autres mots: à la suite de son débarquement en Lombardie, Enéas (vers 3090-3104) prononce les premiers mots d'une sorte d'*evocatio*. Révérencieux comme Scipion, il appelle à lui «trestous les dieus du ciel» (v. 3097), les siens, et, par deux fois, ceux du pays. Attentives à cet appel déférent, les divinités locales vont abandonner ses adversaires, menés par Turnus l'irréductible. Elles négligeront également ceux qui, comme la mère Pallas, considèrent l'arrivée du Troyen comme un malheur et les décrets divins comme néfastes. Et, comme Hannibal, les deux rebelles vont se dresser dans une révolte insensée contre la Fatalité. Evandre n'y pourra rien, Turnus s'engage dans une folle entreprise, il n'obtiendra ni la terre ni Lavine:

> Quant li deu vollent que il l'ait
> tu viaus anprendre trop fol plait,
> qui combatre te vials o lui. (v. 7801-7804)

La voix de la sagesse devient funeste oracle: «mescherra t'an, si com ge cui.» (v. 7804). Les réponses aux deux interrogations qui persistaient n'éloignent donc pas du modèle de l'*evocatio*, au contraire.

Mais une raison supplémentaire montre que nous en sommes restés fort proches. On observe en effet la présence, parmi les rituels étudiés par Basanoff, d'un passage de Tite-Live «unique texte où l'évocation soit attestée expressément» (p. 42). Il concerne la prise et la destruction de la cité de Véies. L'adresse du conquérant, Camille *(Te simul, Iuno regina, quae nunc Veios colis, precor ut nos uictores in nostram tuamque mox futuram urbem sequare*[224]) offre une certaine similitude avec nos fragments. Car elle évoque la détresse d'humains innocents et pieux, les Véiens, trahis par Junon pour la seule raison que le chef ennemi a été

223. Pourquoi la vengeance suprême épargne-t-elle finalement la coupable mère de Pallas, et non son fils innocent ? Il faut qu'elle vive pour exprimer la haine et le ressentiment qui, nés du sort injuste de son fils, la poussent à rompre la communication avec les dieux.

224. «Et toi aussi, Junon Reine, qui as actuellement Véies pour résidence, daigne après notre victoire nous suivre dans notre ville qui va devenir la tienne.» *Histoire romaine*, V, XXI, trad. Baillet. Paris: Les Belles Lettres, 1989, p. 35.

respectueux à son égard, à l'instar d'Enéas. Mais, différence de taille, les Véiens désespérés ne se sont pas élevés contre leur déesse, comme le fait la mère de Pallas vis-à-vis de ses dieux. C'est, au fond, un schéma identique que suit l'*Enéide*: la pieuse déférence envers les dieux ne connaît pas de faille, même quand ils abrogent la protection qu'ils doivent à leurs fidèles.

Rassemblons les résultats de ces exercices qui mettaient en parallèle, sur la base de l'étalon narratif, les formes et les contenus "mnésiques" des fragments romains pour mieux établir ceux qui caractérisent les épisodes de l'*Eneas*:

MACROBE (Scipion):
respect -> oubli des dieux -> abandon -> remerciements du vainqueur.
SILIUS (Hannibal):
insolence -> non-oubli -> non-abandon -> remerciements des "protégés".
TITE-LIVE (Camille):
respect -> oubli des dieux -> abandon -> détresse des "oubliés".
***Enéas*** (Enéas): respect -> oubli des dieux -> abandon -> insolence, fin des rituels des "oubliés".

Rien d'étonnant si ces agencements ne sont que partiellement similaires: chacun d'eux ordonne à sa guise, au sein de l'éventail de solutions offertes par le système, les ouvertures ou les fermetures des circuits qui relient les mondes. L'ensemble est cohérent (et non fini). Il présente quelques solutions, comparables dans leur logique et leurs thèmes, mais distinctes dans leur présentation, à une même difficulté, celle des conditions qui assujétissent les humains à leurs divinités protectrices.

## III. Armature symbolique des communications pathologiques et mesurées.

Malgré son intérêt, l'esquisse dumézilienne n'épuise pas le sujet. Les paragraphes précédents ont énoncé quelques règles conventionnelles qui assurent des liens honnêtes entre le monde céleste et celui des humains, ils ont également avisé des plaisirs que le public pouvait goûter à la structuration, subtile et diverse, de ces règles. Empruntons ces directions fécondes, elles invitent à revenir à l'axe de notre recherche, la catégorie de la communication. Notre hypothèse sera de considérer les échanges entre les dieux et les hommes, fondés sur l'usage du code "mnésique" (de l'"oubli" et du "souvenir vivace"), comme des mises en scène de cette catégorie et de sa dynamique "com-préhensive".

Que de nouveaux rituels s'adossent ainsi sur un système exploitant des formes plus ou moins équilibrées de la mémoire n'a rien de très surprenant. Un premier indice de l'extension probable du phénomène est fourni par l'étude de l'*evocatio* elle-même. Basanoff l'a montré, elle n'est pas le fruit de l'invention des ritualistes romains. Des faits hittites analogues prouvent l'archaïsme de cette procédure parmi les indo-européens. On est alors naturellement conduit à s'interroger: est-il pertinent de borner l'outillage de la description à des thèmes circonscrits à une aire culturelle (indo-européenne, en l'occurrence) ? Ne serait-il pas judicieux d'élargir le champ de la réflexion ? Pour trouver des éléments de réponses, changeons d'horizon. Ce n'est sans doute pas un hasard si l'"oubli", comme fondation de rituels, a explicitement été étudié par Claude Lévi-Strauss, notamment dans l'article "Mythe et Oubli"[225] et pour analyser la "Geste d'Asdiwal"[226]. Et, source d'assurance pour nous, d'une part, il en a exposé des témoignages littéraires[227], notamment dans «les contes et les mythes», où l'on «a trop tendance à le considérer comme une "ficelle" à laquelle le narrateur recourt arbitrairement»[228]; d'autre part, il a bâti sa démonstration, on s'en doute, sans se cantonner à la culture des peuples indo-européens, attestant ainsi de ces réglages au sein de systèmes culturels variés. Son enquête convainc que le sens de certaines fables racontées par des indiens d'Amérique du Nord comme par des auteurs de Grèce ancienne s'édifie sur des modalités de la communication. «Phénomène en lequel», écrit l'anthropologue dans une phrase que nous citions en introduction, «nous étions portés à reconnaître une véritable catégorie de la pensée mythique»[229]. Cette voie concerne d'autant plus ce travail qu'elle conduit, précisément, à caractériser certains "motifs" propres à la «pathologie de la communication» (*ibid.*). Troubles d'élocution, accusations injustifiées, élimination sociale, faux témoignages, avertissements oubliés, omissions, ces figures ne doivent pas égarer par leur diversité. Elles s'organisent selon un dispositif qui, plus profond qu'elles, les unit intimement:

> Les exemples grecs renforcent donc l'hypothèse selon laquelle l'oubli prendrait place, dans un même champ sémantique, aux côtés de l'indiscrétion et du malentendu, tout en s'opposant à chacun sous des rapports différents.[230]

Marquons un temps d'arrêt pour souligner le fait que l'étude lévi-straussienne éclaire le jeu des termes présentant la communication, que ce soit dans le registre "métaphysique" ou non. Les répertoires dans lesquels ils interviennent peuvent donc être bien différents (trouble de la parole,

---

225. *Le regard éloigné*, 1983, *op. cit.*, p. 253-261.

226. Parue en 1958, et rééditée dans *Anthropologie structurale deux*; Chap. IX, 1973, *op. cit.*, p. 175-233.

227. Venus, dans "Mythe et Oubli", de Plutarque (*Questions grecques*, 28), et, par deux fois, de Pindare (*VIIe Olympique*, *IVe Pythique*).

228. Ecrit l'anthropologue dans la "Geste d'Asdiwal", 1973, *op. cit.*, p. 231.

229. 1983, *op. cit.*, p. 253.

230. *Ibid.*, p. 255.

élimination sociale, outrage sexuel, etc.). On se sentira donc autorisé à mettre en oeuvre les traits de la communication perturbée au-delà des liens entre dieux et hommes où on les a aperçus initialement. La question se pose moins d'ailleurs pour l'examen de l'*Enéas* que pour celui du *Conte du Graal*. Revenons à la compréhension de l'"oubli", du "malentendu" et de l'"indiscrétion". Comment mettre en lumière la combinatoire qu'ils recouvrent ? Peut-on déterminer leurs relations au sein d'un même champ sémantique ? L'anthropologue répond en considérant l'indiscrétion comme un "excès de communication avec autrui"; le malentendu comme un "défaut de communication, également avec autrui" (exemple: un trouble d'élocution). Ces deux premiers piliers plantent les fondations d'un véritable **système des termes de la communication**. Il suffit de dérouler logiquement les virtualités qu'offrent ces relations initiales pour que l'ensemble de l'édifice s'élève:

> on voit quelle place revient à l'oubli dans un tel système: il consiste en un défaut de communication, non plus avec autrui, mais avec soi-même; car oublier, c'est manquer de dire à soi-même ce qu'on aurait dû pouvoir se dire.[231]

Suggéré à l'auteur, le terme "nostalgie" nomme l'"excès de communication avec soi-même". Finalement, le système de la pathologie de la communication pourrait recevoir la représentation suivante:

| | | **excès** | **défaut** de communication |
|---|---|---|---|
| **avec** | autrui | *indiscrétion* | *malentendu* |
| | soi | *nostalgie* | *oubli* |

Certaines dénominations paraissent discutables[232]. L'"oubli", par exemple, ne serait-il qu'un "défaut de communication avec soi" ? Le rituel de l'*evocatio* s'échafaude sur l'oubli que les dieux manifestent à l'égard de leurs anciens protégés, la défaillance est donc orientée vers autrui, est-ce une "indiscrétion" pour autant ? Quitte à anticiper sur le chapitre suivant, on est en droit de se demander si le silence de Perceval devant le Graal relève bien d'un "malentendu" ? En fait chaque texte habille à sa façon et invite à nommer à sa guise les entités incluses dans cette structuration qui, elle, nous paraît incontestable. Ce qui se dit ici "malentendu" revêtira, ailleurs, ce qui s'appellera "silence" ou "aphasie".

Revenons à l'*Eneas* et aux relations passées entre les puissances célestes et certains mortels. Le modèle lévi-straussien servira d'éclaireur

231. 1973, *op. cit.*, p. 230.

232. Le terme freudien de "mélancolie" conviendrait peut-être mieux que "nostalgie".

pour apercevoir la raison qui associe nos épisodes, quitte d'ailleurs à enrichir la combinatoire, comme notre roman y invite. Dans l'ensemble des épisodes réunis, les liens entre les êtres de natures diamétralement opposées - les humains et les dieux - dictent trois attitudes. Les deux premières (selon une lecture paradigmatique, et non chronologique) évoquent sans fard les termes de la "pathologie" de la communication. L'oubli des dieux et l'abandon de leurs anciens protégés apparaissent tout d'abord comme des ruptures ou des défauts, dans la communication "métaphysique". Serait-il abusif d'illustrer ce premier rapport par le "sommeil" et la "surdité", dont la plaintive mère de Pallas accuse les dieux:

> ou il ont esté andormi
> que mes proieres n'ont oï, (v. 6359-6360)

Sourds, les dieux sont restés silencieux à ses prières. Jouant sur la forme du mot, on pourrait dire que leur attitude figure un authentique "mal-entendu"... Face à la défaillance, on posera son contraire: un excès. Notre court répertoire offre plusieurs exemples de cette deuxième attitude. Tout d'abord, la véhémence (terme mieux adapté ici qu'"indiscrétion") animant le *planctus* maternel, fol "excès" qui la fait s'élever contre ses propres dieux. Cette opposition frénétique n'a d'égale que celle qui aiguillonne Turnus, arc-bouté contre les décrets divins qu'il récuse alors qu'il n'en ignore pas le caractère irrémédiable.

Mais, à coté de ces deux séries d'unités "pathologiques", existe une troisième éventualité. Le révèlent l'instauration déférente des nouveaux sacrifices et la dévotion humble envers les dieux locaux comme vis à vis de ses propres divinités: c'est-à-dire des relations ("mnésiques", métaphysiques et verbales) mesurées. La limpidité du roman est remarquable:

> si deprient molt humblement (v. 3095)
> (...)
> trestous les dieus du ciel aorent
> d'un sacrefice les honorent. (v. 3097-3098)

De ces observations se dégage un triple enseignement. L'*evocatio* et l'échange que met en récit le "schéma narratif" peuvent être conçus, plus profondément, comme des manifestations de trois modalités de la communication: le défaut, l'excès ou la mesure. On peut interpréter les dispositifs particuliers qu'offrait chacun des quatre textes comparés ci-dessus comme des figurations de ce triptyque. Si cette hypothèse est valide, l'*evocatio* ne serait finalement qu'une variante combinatoire, juridiquement figée, réellement et historiquement utilisée, des possibilités d'agencement qu'offrent ces trois unités, tirées du répertoire "mnésique".

La seconde leçon lira sous forme resserrée les jeux des modalités de la communication désignées dans l'*Enéas*. Cette "lecture" exposera la structuration mythique propre aux épisodes de ce roman "antique"[233]. Différent de l'examen des récits "mélusiniens", celui-ci a peu changé de "couleurs". Il est resté volontairement confronté à un problème singulier, celui du rapport entre les dieux et les hommes (code métaphysique), figuré par les modes d'expression (code verbal) et les rapports entretenus avec la mémoire des actes (code "mnésique"). La mise en scène des trois modes de relations qui assurent les traductions entre ces registres peut être comprise à la lumière de la méthode du «"c'est quand ...." ou du "c'est comme ...".», qui d'après Claude Lévi-Strauss[234], et en «simplifiant beaucoup», permet de définir l'exercice associatif des mythes. Partons de ces constats simples: vis-à-vis des dieux, la conduite du Troyen est toute de "mesure" et d'humilité. L'expriment les sacrifices, les offrandes, les honneurs et les prières prononcées «molt humblement»; cette attitude déclenche le double "mal-entendu" des dieux: fin de la protection et surdité aux suppliques de leurs premiers protégés; d'où la mort de Pallas. Passons à la main adverse. Aux deux ensembles que l'on vient de voir correspondent des termes antithétiques: d'une part, le rejet initial des décrets de la providence (un "excès"), d'autre part, les effets de l'"oubli", du "défaut de communication", dont se rendent coupables les dieux (qui, au contraire sauvegardent le Troyen). Ces effets prennent la forme de la double réaction outrancière des humains déçus: véhémente invective et fin de l'observance cultuelle, exacts envers de la pieuse "mesure" du Troyen. Cette correspondance inversée permet de dégager le dispositif original de l'*Eneas*, sous la forme d'un triple "face à face": l'humble respect des injonctions divines fait front à leur coléreuse contestation comme la protection bienveillante de l'ennemi vainqueur à l'interruption de l'ancienne tutelle des dieux comme l'instauration soumise de nouveaux rituels s'oppose à la cessation des cultes.

Considérons pour finir les réglages intentionnels et les configurations spatiales propres à l'ensemble de textes travaillés. Les dieux sont initialement situés dans le domaine de leurs premiers protégés. Si l'on ose dire, incarnant des termes hautement symboliques car puissants "localisateurs de prégnances" ce sont d'attrayants objets de valeurs. Entre les puissances du ciel et leurs fidèles, les relations (de "conjonction") sont organisées par des pratiques équilibrées. Ménacés d'abandon, les humains se battent par la ferveur de leurs cultes ou la force de leurs armes pour empêcher la désertion de leurs divinités et le joug de la défaite. Mais le

233. Commentant l'accusation de sodomie portée à l'égard d'Enéas, C. Marchello-Nizia met de nouveau sur la piste du médiateur mythique: «on a, à maintes reprises, souligné le caractère ambivalent de bien des figures de fondateurs, qui à l'origine trangressent la loi qu'ils auront par la suite mission de garder.» (1985, art. cit., p. 258).

234. 1985, *op. cit.*, p. 227.

futur vainqueur intervient comme destinateur influent. Le pieux héros exerce la force culturelle qu'il symbolise, verbalement mesurée, rituellement parfaite, moralement correcte (quand il n'est pas Hannibal). Sous ses instances, la "vallée" adverse s'ouvre: répondant à cette poussée humaine efficiente, l'actant divin atteint la limite de ses devoirs liminaires, change brutalement d'espace, rompt toute communication avec ses anciens alliés, franchit "catastrophiquement" la barrière qui le séparait de ses précédents ennemis. L'altération de ces alliances, «à l'encontre de l'évidence naturelle» encore une fois (celle des liens religieux ou juridiques primitifs, auxquels prétendait légitimement Turnus, par exemple), la vanité de leur résistance, déclenchent chez les "oubliés", comme il se doit, des excès ponctués de puissants effets émotionnels, de vives réactions (subjectives): protestations, détresses (des Véiens, par exemple), invectives aussi brûlantes et blasphématoires que vaines. Bref, l'"oubli" et les trois autres unités de la communication sont utilisés par le récit comme des configurations habillant, sous une apparence psychologique, les conditions qui autorisent le rêve de relations apaisées avec le sacré et ses menaces. Sous un nouvel angle, ces relations symboliques établissent, nous semble-t-il, la robuste cohésion qui lie les quelques extraits choisis et dont l'hétérogénité apparente ne laissait peut-être pas prévoir l'intime proximité.

## IV. La "bonne distance".

L'analyse des élargissements successifs de la lecture lévi-straussienne du mythe d'Oedipe a conduit Jean-Pierre Vernant à commenter l'étude "Mythe et Oubli". Le système pathologique "à quatre temps" et les correspondances symboliques qu'il aménage en profondeur (entre la boiterie, le bégaiement et l'oubli), place l'étude de Claude Lévi-Strauss, selon son critique «au niveau d'abstraction le plus élevé (...) essayant de dégager le cadre purement formel de l'armature mythique.»[235] L'examen qui s'achève, bien qu'il fût mis en oeuvre sur un corpus restreint, était animé d'une intention semblable. Autorisés, par les travaux de Georges Dumézil et de Claude Lévi-Strauss, à étendre aux textes romanesques leurs conclusions sur les enjeux juridiques ou religieux de l'*obliuio*, nous avons fait de l'"oubli", des termes qui le composent et des règles qui les associent spécifiquement, l'"armature" symbolique des textes choisis dans le roman "antique" du XIIe siècle et la clef des offices contradictoires qu'y remplissent Enéas et la mère de Pallas. Au bout de l'exploration, on redécouvre la perspective qui l'ouvrait: Claude Lévi-Strauss ne définit-il pas, en effet, le «motif» de l'"oubli" lui-même, comme une

235. "Le tyran boiteux: d'Oedipe à Périandre", 1986, *op. cit.*, p. 46.

> véritable catégorie de la pensée mythique ou, pour le moins, comme un mode, doté d'une signification précise, de cette catégorie constituée par la communication ?[236]

Cette "armature" est porteuse de significations, elle a vocation à signifier. Les agencements mis au jour témoignent de l'effort de la pensée - et de la littérature qui la manifeste - pour envisager des solutions aux difficultés nées de l'éloignement, sur l'échelle des êtres, des puissances célestes et des créatures de ce monde. La "bonne distance", seul moyen d'apaiser l'angoisse des humains, est l'enjeu d'une communication respectueuse, d'un code de bonnes conduites avec les puissances du ciel. Soumettre ou attirer les dieux hostiles et les valeurs transcendantales dont ils sont les symboles, garantir la vie de la cité et des peuples qui demeureront sous leur protection bienveillante réclament des procédures raffinées et, finalement, peu nombreuses: observance des rituels, prières, respect des décisions du destin et de ses favoris, mémoire des engagements et acceptation de la condition de chacun des "genres".

Nous voudrions pour conclure faire ressortir un intérêt de l'enquête, propre à l'usage original que ce roman fait du *planctus* de la mère de Pallas. Là où le modèle latin est muet, quand, par conséquent la *translatio* et les ressources mythologiques sont inopérantes, la liberté novatrice et laïcisante du clerc se traduit par des interrogations "métaphysiques" ajoutées à ce que lui offrait son origine. Et le récit du XIIe siècle emplit alors le silence virgilien en se conformant aux missions et aux règles structurales les plus universelles de la pensée symbolique. De sorte qu'il est à peine paradoxal d'écrire, d'une formule un peu réductrice sans doute, que le roman médiéval est plus mythique que sa source mythologique[237]. Cet usage de la logique "com-préhensive" trace une troisième voie dans le «rapport subtil» qui s'établit déjà,

> entre les structures idéologiques d'actualité et les structures mythologiques expliquant le passé, historique, légendaire ou archaïque.

comme le dit Daniel Poirion[238] à propos du *Roman de Thèbes*. Nous soutiendrons de notre côté que les formes symboliques examinées dans ces pages ne relèvent ni de l'idéologie ni de la mythologie. Absents de leur foyer antique, inscrits donc avec une vigueur particulière dans le présent esthétique et romanesque médiéval, ces dispositifs enracinent l'émergence

---

236. *Anthropologie structurale deux*, 1973, *op. cit.*, p. 231.

237. Par conséquent, s'il est vrai comme l'écrit R. Marichal que «tout ce qui est mythologique a disparu de nos romans [antiques]» (*op. cit.*, p. 467), c'est au profit du mythique.

238. *Résurgences*, 1986, *op. cit.*, p. 65.

de l'imaginaire légendaire dans le soubassement intellectuel qui distingue l'homme et son espoir d'imposer de la signification aux relations qui en manquent par nature. Espoir que partageaient et que vivaient de bien des manières les clercs du XIIe siècle renaissant. Par la prééminence qu'ils accordent à la catégorie de la communication (via la thématique "mnésique"), les fragments extraits de l'*Enéas* forment un tout, témoin du processus discrétisant et unificateur dont use la pensée des mythes pour écourter l'infinie distance qui isole les humains des forces transcendantes et, quand menace leur hostilité, prévenir leur colère ou leur violence, la "violence du sacré".

## *CHAPITRE IV.*
## *FAIRE COMMUNIQUER LES MOTS, LES ACTES, L'EXPERIENCE ET LES ETRES. L'"ALLURE" MYTHIQUE DU* CONTE DU GRAAL.

Le dernier observatoire occupé pour considérer le régime mythique de certaines narrations médiévales sera le roman de Chrétien de Troyes, le *Conte du Graal*[239]. Les figures de cette narration ne seront pas "désignées" ni décrites avec l'attention portée aux événements des récits "mélusiniens". Comme le précédent, ce chapitre s'intéressera au rôle romanesque que jouent la communication et certains de ses tours "pathologiques". Mais, à la différence de l'examen de l'*Eneas* qui soulevait la question des ressources de la mythologie indo-européenne et ne regardait qu'un corpus limité, les textes découverts dans la fiction de Chrétien de Troyes auront bien plus d'ampleur[240] et leur compréhension ne cherchera aucun appui extérieur à leur lettre. La plupart des témoignages qui consolideront l'enquête sont bien connus. Nombreux sont, en effet, les commentateurs qui ont saisi et démêlé «dans ce récit [la] mise en débat de la parole et du silence dans leur relation à la connaissance et au salut d'une communauté malheureuse, à l'image de son roi *méhaigné*», comme l'écrit justement Francis Dubost[241]. Si, comme cet auteur, nous estimons que les scènes les plus envoûtantes de ce conte se présentent «d'emblée comme un défi à la saisie du sens» (p. 193), nous pensons nécessaire et possible de le relever[242]. Les hypothèses que nous soumettons, après tant d'autres à la critique, paraîtront moins inconvenantes si elles permettent d'étendre, ne serait-ce que partiellement, la compréhension de ce roman. Fidèles à nos principes, nous nous appliquerons à rendre compte de quelques-uns des moments les plus séduisants de cette fable, non pas dans l'espoir de leur «trouver une

---

239. Sauf indication contraire, nous utiliserons l'édition du *Conte du Graal* publiée dans: *Oeuvres complètes* de Chrétien de Troyes, dir. D. Poirion. Paris: Gallimard, *Bibl. de La Pléiade*, 1994.

240. La bibliographie du *Conte du Graal* est immense. La plus sûre reste la liste raisonnée dressée par J. Frappier dans *Chrétien de Troyes et le Mythe du Graal. Etude sur Perceval et le Conte du Graal* (Paris: SEDES CDU, 1979), complétée récemment des références de la *Notice* sur le *Conte du Graal* de D. Poirion (*Cf.* note précédente) et de l'index des travaux sur le *Conte du Graal* établi par J.-M. Fritz dans *Chrétien de Troyes, Romans*. Paris: Lib. Gén. Française, *Classiques modernes*, *La Pochothèque*, 1994, p. 51-53.

241. Dans "Le conflit des lumières: lire *tot el* la dramaturgie du Graal chez Chrétien de Troyes." (*Le Moyen Age,* XCVIII, 1, 1992, p. 187-212).

242. Ce que fait F. Dubost, dans une optique historique: la «parole ambivalente que le texte valorise» (...) représente les interrogations qui se faisaient jour dans le paysage intellectuel de l'époque» (p. 197).

cohérence référentielle satisfaisante»[243], mais pour mettre en lumière les réseaux symboliques qui assurent leur mutuelle convenance et les rendent intelligibles. Si l'exploration aborde le *Conte du Graal* à la suite de l'*Enéas*, c'est que les leçons duméziliennes, les réflexions sur le rôle symbolique de la thématique de l'"oubli", domaines balayés par les paragraphes antérieurs, favoriseront l'abord des présents. Les rouages ordonnant les termes de la communication dévoyée exercent, en effet, leur emprise sur les aventures du jeune gallois, ils agencent les fertiles entrelacements entre registres de sens.

Autant prévenir que cette exploration ne vise que le système symbolique gravitant autour de Perceval, et grâce à lui. Malgré leur vif intérêt, le rôle dévolu à Gauvain ne nous souciera guère plus que celui de la parole romanesque elle-même[244]. Défrichons la piste que nous suivrons[245]. Dans "L'ombre mythique de Perceval", Daniel Poirion a dégagé les bases sur lesquelles devrait s'appuyer toute réflexion sur la nature mythique de la littérature médiévale en général et sur le dernier roman de Chrétien de Troyes, en particulier:

> Il faut, avant de chercher les sources légendaires, aborder l'étude des structures littéraires, dans le but d'identifier les éléments d'allure mythique qui entrent dans la composition romanesque.[246]

Bien qu'elles s'appliquent à identifier de tels "éléments", ces lignes ne longeront pas la voie tracée par cette citation et développée par cette étude[247]. Il ne s'agira pas pour nous, on le devine, de mettre en évidence certaines unités ou "motifs" répertoriés en tant que tels comme mythiques (la relation avec l'oncle maternel, l'absence ou l'interruption des relations matrimoniales et, pivot des interprétations psycho-critiques en la matière, la faute incestueuse). Cette dernière conjecture a fait naître une foule de

243. *Ibid*. Voir, dans cette perspective, l'article de M. Stanesco "Le chemin le plus long: de la parole intempestive à l'économie du dire dans *le Conte du Graal*". Il s'ouvre sur ce point de vue: «Perceval se trouve plus souvent dans la situation d'un brave disciple d'Hermès que dans celle d'un impétueux chevalier tournoyeur.» (*An Arthurian Tapestry, essays in memory of Lewis Thorpe*, ed. K. Varty. Glasgow, 1981, p. 287-298, ici, p. 287). La parole intempestive et les aphasies du jeune "nice" remplissent «plusieurs conditions, nécessaires à tout élève qui veut s'approprier un savoir (...) elles sont exposées par Hugues de Saint-Victor au XIIe siècle.» (p. 290).

244. On n'ignore pas l'importance de la parabole du semeur, sollicitée dans les premiers vers du "prologue" du *Conte du Graal* (v. 1-8). Pour des considérations générales, lire, de W. T. Jackson: "Problems of communication in the romances of Chrétien de Troyes", *The challenge of the medieval text: studies in genre and interpretation*, eds. J. M. Ferrante & R. W. Hanning. New York: Columbia Univ. Press, 1985, p. 185-196.

245. Ces pages révisent et élargissent notre contribution "L'allure mythique du Conte du Graal" parue dans *Les relations de parenté dans le monde médiéval. Senefiance*, 26. Aix-en-Provence: Publ. du CUER MA, 1989, p. 305-320.

246. 1973, art. cit., p. 192.

247. Que suit, du même auteur, "Le *Conte du Graal*: mythe et religion", *Résurgences*, 1986, *op. cit.*, p. 189-215.

recherches. Elle guide, par exemple, l'élucidation de la troublante généalogie de la famille du Graal tentée par Jacques Roubaud. «Le mystère», dit-il, «est dû à la *dissimulation d'une relation incestueuse*.»[248] Mais c'est sans aucun doute Charles Méla qui est l'un des porte-paroles les plus compétents et les plus déterminés de cette hypothèse. Pour lui, affirmations parmi tant d'autres, Perceval «le nice (...) est sous le coup de l'interdit sexuel dont la parole maternelle se fait l'écho.»[249] Cette veine nourrit certains travaux de Howard Bloch et de Donald Maddox. "La quête du Graal et la quête du nom du père"[250], du premier, trouve des échos dans les développements de "*Specular Stories*" du second[251]. Il ne sera pas question non plus d'aborder le "*who's who*" du Graal ni de repenser les notions de "famille" et de généalogie morale, préoccupation souvent jointe immédiatement à la précédente. Ces sujets ont fait l'objet de recherches approfondies. On pense aux études de Jean Frappier[252], de Paule Le Rider[253] et de Charles Méla, au chapitre "La famille du Graal et la Table ronde" du livre de Howard Bloch, *Etymologie et Généalogie*, à l'article de Geffrey D. West, *The Grail Family in the old french Romances*[254] et à celui de Jacques Roubaud cité à l'instant "Généalogie morale des rois-pêcheurs"[255]. Mais ne perdons pas de vue notre propre but. Afin de ne pas redire nous-même les principes du cheminement, donnons la parole à une voix autorisée, jusqu'ici peu entendue, celle de Michel Pastoureau. Dans

---

248. "Généalogie morale des rois-pêcheurs", *Change*, 17-19, 1973, p. 228-247; ici, p. 233. Voir aussi, de J. Györy, "Prolégomènes à une imagerie de Chrétien de Troyes" (*Cahiers de Civilisation médiévale*, 3-4, 1967, p. 361-384 et 1, 1968, p. 29-39). D. Poirion, parmi d'autres, a appelé à la prudence: «ne lâchons pas la proie pour l'ombre, l'ombre mythique d'un Perceval trop vite confondu avec notre Oedipe.» (1973, art. cit., p. 198).

249. *Blanchefleur ou le saint homme*, 1979, *op. cit.*, p. 24. Ce point de vue est enrichi dans l'oeuvre maîtresse de cet auteur, *La Reine et le Graal*, 1984, *op. cit.* Voir les pages consacrées à l'"inceste" de Perceval (p. 89 sv), le chapitre II "La senefiance" et le héros chaste" (p. 109-256). On ne cherchera pas de délit incestueux dans l'article de D. G. Hoogan "Le péché de Perceval. Pour l'authenticité de l'épisode de l'ermite dans le *Conte du Graal* de Chrétien de Troyes" (*Romania*, 93, 1972, p. 50-76 et 244-275). A la suite de soeur M. A. Klenke, l'auteur fait une lecture chrétienne de la faute du "héros" (vis-à-vis de sa mère).

250. 1989, *op. cit.*, p. 277-288.

251. "Specular Stories, family Romance, and the fictions of courtly Culture", *Exemplaria, A Journal of Theory in Medieval and Renaissance Studies*. New-York (SUNY), 1991, p. 299-326; ici, p. 320.

252. Dans le commentaire de l'épisode de "Perceval à l'ermitage de son oncle" (1979, *op. cit.*, p. 148-161).

253. Notamment, "Les liens de parenté dans le *Perceval*" (*Le Chevalier dans le* Conte du Graal. Paris: CDU SEDES, 1978, p. 97-102).

254. *Romance Philology*, XXV, 1971, p. 53-73

255. Il faudrait également prendre en compte l'effort ethnologique de J.-G. Gouttebroze pour établir les «règles et les coutumes matrilinéaires» auxquelles «se trouve soumise la société que nous présente Chrétien.» *Qui perd gagne. Le* Perceval *de Chrétien de Troyes comme représentation de l'Oedipe inversé*. Centre d'Etudes médiévales de Nice, 1983, p. 96. Lire, du même auteur, "L'arrière plan psychique et mythique de l'itinéraire de Perceval dans le *Conte du Graal* de Chrétien de Troyes", *Voyage, Quête et Pélerinage dans la littérature et la civilisation médiévale. Senefiance*, 2. Aix-en-Provence: Publ. du CUER MA, 1976, p. 339-352.

*Figures et couleurs péjoratives*, ce spécialiste des systèmes symboliques médiévaux observe que les couleurs des armoiries imaginaires («attribuées à des héros de romans, à des figures bibliques ou mythologiques, aux saints et aux personnes divines») offrent, en quelque sorte, une image "pure" des pratiques héraldiques: «tout y est symboliquement signifiant», observe-t-il, «figures et couleurs y sont totalement conceptuelles.»[256] Ajustée à l'univers de la fiction étudiée, cette affirmation guidera nos pas. Elle peut être en effet judicieusement appliquée aux traits définissant les divers codes où puisent les réseaux du *Conte du Graal*. Dans la perspective qu'elle ouvre, on s'efforcera de montrer que les images et les figures singulières examinées deviennent «totalement conceptuelles» pour autant que la structuration mythique les branche ou les débranche, avec une prédilection toute particulière, due essentiellement à la mission de son "héros", Perceval. Cette observation conduit à préciser le tour que prendra l'explication. Différent en cela des deux chapitres précédents, celui-ci ne cherchera pas dégager les espaces de valeurs traversés par Perceval, ni les mouvements qui les confrontent. On affirmera, sans trop de précautions ni témérité excessive, que le domaine familial (dont les significations s'incarnent dans la mère protectrice) marque l'étape liminaire du trajet qui conduira le jeune homme dans une seconde région, celle des valeurs "curiales" (où Arthur et Gauvain personnifient les forces d'attraction, Keu et l'Orgueilleux de la Lande - parmi d'autres - celles de répulsion) puis, comme par fatalité, dans le monde du Graal (les deux souverains du mystérieux château y sont les images de significations voilées mais riches d'attraits puissants). Le "nice" - nouvel *apolis* - sera brutalement chassé de cet unviers avant d'être recueilli dans le lieu équivoque où l'ermite détient des valeurs particulièrement attachantes, familiales et transcendantes. La prééminence de Perceval (dans la partie du conte qui le concerne), le rôle sensible qu'il joue dans chacun de ces domaines, ont convaincu de focaliser plutôt l'attention sur ses réactions aux cinq codes qui nourrissent ses aventures: considérées en clefs verbale, "mnésique", pragmatique, familiale et corporelle, les péripéties du parcours du "fils de la veuve", ses affinités avec les autres protagonistes attestent une extrême instabilité. Elle se traduit, à fleur de texte, par les arrangements insatisfaisants, soit par excès soit par défaut, de ses communications, avec lui-même comme avec autrui. De sorte que, au lieu de suivre les phases du scénario (narratif) qui rythme la mouvance des espaces occupés par Perceval, on a choisi cette fois d'observer comme sur une photographie d'ensemble, ses réactions, identiques dans chaque espace (familial, arthurien, etc.), aux sollicitations des valeurs qu'il y découvre.

---

256. *Etudes sur la symbolique et la sensibilité médiévales*. Paris: Le Léopard d'Or, 1986, p. 193-207; ici, p. 194.

## I. Un «brave disciple d'Hermès»[257] ? Perceval ou les déséquilibres de la communication.

L'hypothèse qui oriente ce quatrième chapitre est analogue à celle qui ouvrait les précédents: l'exploitation récurrente, nettement organisée et riche de significations anthropologiques, des modalités de la catégorie de la communication est un signe de la nature authentiquement mythique du conte qui les met en scène. Cette conception sera développée selon trois directions qui chercheront à rejoindre les cinq répertoires évoqués. La première orientation regardera les relations qu'entretient Perceval avec autrui (dans l'ordre des mots) et avec lui-même (dans le registre de la mémoire) ainsi que leur réplique dans le domaine pragmatique, celui des quêtes. Ces perspectives ont été ouvertes et explorées par des chercheurs éminents. Claude Lévi-Strauss, on le sait, s'est intéressé à plusieurs reprises au jeune gallois. Selon sa célèbre formule, «En simplifiant beaucoup, Perceval apparaît comme un Oedipe inversé»[258]. L'argumentation repose sur l'analogie suivante:

> la chasteté entretient avec la "réponse sans question" un rapport homologue de celui qu'entretient avec la "question sans réponse" le commerce incestueux.

Quelques années plus tard, dans "Le Graal en Amérique", il montrait que les romans du Graal sont construits sur le même "thème" - celui de «la communication interrompue» - que certains mythes algonkin, iroquois et de peuples de la côte nord-ouest de l'Amérique du nord[259]. Cette affirmation conclut une démonstration faisant des mythes en "clef" oedipienne, «qui traitent d'une communication excessive qu'il s'agit d'interrompre pour en prévenir l'abus»

> le modèle symétrique (...) de mythes percevaliens qui posent le même problème mais à l'envers: problème de la communication interrompue, ou, plus exactement, inversée, et qu'il s'agit de rétablir dans le bon sens.[260]

---

257. Redisons que cette expression revient à M. Stanesco, 1981, art. cit., p. 287.

258. *Leçon inaugurale de la chaire d'anthropologie sociale*, le 5 janvier 1960 (publiée dans *Anthropologie structurale deux*, 1973, p. 11-44; ici, p. 34). L'intérêt de l'anthropologue pour le *Conte du Graal* apparaît par la suite dans "De Chrétien de Troyes à Richard Wagner", contribution au *Programmhefte der Bayreuther Festspiele*, 1975: 1-9, 60-67, rep. avec des additions dans *Le regard éloigné* (1983, *op. cit.*, p. 301-324).

259. *Paroles données*, 1984, *op. cit.*, p. 135.

260. 1984, *op. cit.*, p. 136-137. L'idée a été reprise et étendue au-delà du *Conte du Graal* par D. James-Raoul (*La parole empêchée dans la Littérature arthurienne*, thèse de Doctorat, sous la direction de M. le Professeur C. Thomasset, Université de Paris-Sorbonne. Paris IV, 1992). La lecture "en cinq colonnes" du *Roman de Silence* qui s'inspire de «la méthode qu'il

Dans le même document, la précision suivante prend pour nous un relief particulier: Perceval ne prononce pas la question alors que la réponse défile sous ses yeux, son impuissance confirme l'écart entre des termes grammaticaux «voués à demeurer séparés.» (*ibid.*). N'est-il pas impertinent de prétendre perfectionner en quoi que ce soit l'éclairage lévi-straussien du travail de la communication dans le "mythe percevalien" ? Quitte à paraître présomptueux, nous ne le pensons pas. Pour peu que l'on s'exerce à le regarder dans son ensemble et à recourir aux outils élaborés par Claude Lévi-Strauss lui-même - et largement employés dans les chapitres précédents - le roman de Chrétien de Troyes invite à être plus audacieux. En premier lieu, au sein même de ce que l'anthropologue nomme le "code grammatical": l'éventail des interrogations soulevées par son bon ou mauvais usage inclut des formes de continuités et de discontinuités, des répercussions sur les liens entre acteurs, plus complexes, nous semble-t-il, que la seule "interruption" relevée par l'anthropologue. Il conviendra d'élargir par la suite l'observation des problèmes de communication au-delà, au répertoire sociologique et "corporel". C'est donc respectueuse des principes et des acquis affirmés par cet auteur que notre exploration envisage leur approfondissement et leur extension.

A. Troubles du "parler droit" et des états de conscience.

Abordons pour commencer les relations que Perceval entretient verbalement avec ses interlocuteurs. Ainsi est indiqué le premier code - la première "couleur" - qui supportera la structuration[261]. La séquence qui fascine l'imaginaire contemporain, la scène du Graal - et l'impuissance orale de Perceval - sont les expressions les plus célèbres de son usage des mots. Scène majeure qui se double d'un épisode apparemment mineur: à l'aphasie de Perceval dans la nuit du Graal - absence de question - réplique le silence du château du Graal, le lendemain matin - privation de réponse: «L'an ne li oevre ne dit mot.» (v. 3375). Fermeture des portes, fermeture des bouches. Suivons alors le fil du récit, sa richesse et sa densité méritent une attention soutenue. Comment questions et réponses, ces termes que la langue dissocie, se rapprochent-elles ou se distendent-elles dans les dialogues qui mettent en présence le jeune homme ? Le premier exemple sera un fragment humble. Perceval, pressé, vient d'abandonner sa mère

[C. Lévi-Strauss] suit» (p. 305) s'achève ainsi: «Si l'on envisage le roman ainsi démonté, il devient frappant que tout se ramène effectivement, comme nous l'avions présumé, à un problème de communication.» (p. 309).

261. *Cf.*, de D. Verstraete, "La fonction littéraire du silence de Perceval dans le *Conte du Graal*", *Revue des langues romanes*, XC, 1, 1986, p. 99-110. Pour un aperçu sur le problème des «questions et épreuves dans le *Conte du Graal* chez Chrétien de Troyes» et chez ses continuateurs, voir, de J. Marx, *Nouvelles recherches sur la littérature arthurienne* (Paris: Klincksieck, 1965).

défaillante (l'éloignement de cet espace initial prend l'allure d'une véritable "catastrophe"). Il bouscule "la demoiselle de la tente" qui essaie, en vain, de le maintenir à distance. S'il est sourd à ses plaintes et à ses reproches, s'il l'embrasse de force et se conduit comme un sauvage, c'est qu'il est convaincu de suivre à la lettre l'enseignement maternel (v. 712-714). Ces premiers moments révèlent déjà l'incapacité de Perceval à respecter ce qui lui est dit, sa tendance à imposer rudement ses propos et ses actes. Le jeune gallois fait preuve d'un comportement identique quelques vers plus loin, dans un épisode apparemment bien secondaire lui aussi: il rencontre un pauvre charbonnier auprès de qui il s'enquiert de la voie menant à la cour royale de Carduel (v. 840-841). Mais les explications du manant le laissent totalement indifférent, exactement comme s'il ne l'entendait pas[262]:

> Li vaslez ne prise un denier
> Les noveles au charbonier. (v. 859-860)

Or le sauvageon va manifester le même désintérêt, vis-à-vis d'un autre interlocuteur, dès la séquence qui suit. Il croise le chevalier vermeil qui souhaite faire de Perceval son messager auprès du roi. L'arrogant devra chercher quelqu'un d'autre pour transmettre sa revendication:

> Or quiere autrui qui li recort,
> Que cil n'i a mot antandu. (v. 898-899)

Il n'a pas écouté un seul mot ! Le "héros" arrive enfin devant le roi Arthur, l'espace chevaleresque l'accueille. De nouveau cependant, il reste totalement insensible aux propos de son interlocuteur, royal cette fois:

> Li vaslez ne prise une cive
> Quan que li rois li dit et conte,
> Ne de son duel ne de la honte
> La reïne ne li chaut il. (v. 968-971)

Après s'être moqué "comme d'un denier" de ce que lui disait le charbonnier voilà qu'il ne s'intéresse pas plus qu'à une ciboulette aux propos du roi[263]. Quelles analogies ces fragments présentent-ils ? Ils montrent le peu d'intérêt que Perceval prête à son partenaire, serait-ce quand il lui fournit les réponses attendues. Son écoute se révèle donc défectueuse: Perceval dédaigne les paroles - ou le silence, celui d'Arthur, par exemple - de son interlocuteur. Ce comportement trahit bien autre chose que de la distraction.

---

262. Le terme "malentendu" semble convenir ici. Nous ne nous soucierons pas d'utiliser exactement les termes des «arrangements de la communication pathologique». Seul nous intéresse le fonctionnement du paradigme, encore une fois plus ouvert, on va le voir, que le système à quatre noms mis en lumière.

263. A ce moment-là, celui-ci est tellement pensif qu'il est muet ce qui ne manque pas de susciter l'étonnement du jeune homme: «Cist rois ne fist chevalier onques. / Qant l'an n'an puet parole traire / Comant puet il chevalier faire ?» (v. 928-930).

Il évoque d'ailleurs des souvenirs. N'est-ce pas déjà le sien quand sa mère lui racontait sa douleur de mère et d'épouse: son mari est mort à l'annonce de l'assassinat de ses deux fils aînés ? La fulgurance de ces secrets et l'horreur de ces révélations laissent Perceval de marbre:

Li vaslez antant mout petit
A ce que sa mere li dit.
"A mangier, fait-il, me donez !" (v. 489-491)

Mais cette surdité, cet inintérêt radical (ce "malentendu"), se retournent spectaculairement parfois en "indiscrétion". Au lieu d'écouter - mal -, le jeune homme s'adresse à certains personnages du récit d'une manière outrée. Contrairement à une opinion largement répandue[264], il est tout à fait capable de sortir de sa mesure et de son excessive réserve: Perceval n'est donc pas seulement "héros" du mutisme. Le moment où il impose ses questions indélicates au maître des chevaliers, dans les tout premiers vers du roman, en est une illustration démonstrative. Aux interrogations du guerrier répondent les questions du "nice", fasciné par le spectacle (le "choc esthétique") qui s'offre à lui. Nouvelle manière de ne pas faire correspondre questions et réponses et de prouver l'attraction qu'il subit:

Qu'a rien nule que li demant
Ne respont il onques a droit, (v. 238-239)

Soulignons cette expression: au début de la fable au moins, Perceval ne **parle pas "droit"**. Au point que ce questionneur intempestif ne peut que paraître fou, «plus fol que bestes an pasture.» (v. 244). Et pourquoi, sinon parce qu'il est incapable de tenir sa langue ? Comparé à cette scène, le moment, semblable à première vue, où Tyolet, héros du lai anonyme du même nom, croise pour la première fois un chevalier, mérite considération[265]. L'harmonie qui règne dans une situtation similaire souligne en creux la dis-harmonie des relations vécues par Perceval. Le chevalier fascinant et Tyolet, qui n'ignore ni les manières ni son nom, discutent, s'"entendent":

le chevalier l'aresonna,
a lui parla premierement,
molt bel e amïablement;

---

264. Celle de C. Lévi-Strauss, plus récemment de B. Nelson Sargent-Baur qui écrit: *Here Chrétien presents a protagonist not greatly given to speech, even before Gornemant cautions him against garrulty.* ("Avis li fu": Vision and Cognition in the *Conte du Graal*". *Continuations, Essays on Medieval and French Literature and Language in Honor of John L. Grigsby*, ed. N. J. Lacy and G. Torrini-Roblin. Birmingham, Alabama: Summa Publ., 1989, p. 133-144; ici, p. 134).

(...)
E Tyolet li respondi,
qui molt estoit preuz e hardi,
filz a la veve dame estoit
qui en la grant forez manoit,
- e Tyolet m'apele l'on,
cil qui nomer veulent mon nom.[266]

Or nous savons que, tout au contraire et par trois fois - au cours de moments aussi différents que lors de sa rencontre avec Blanchefleur, devant les gouttes de sang et auprès du riche roi pêcheur - les lèvres du jeune "nice" ne se sont pas (bien) ouvertes. Ce point sera précisé dans un instant en reliant ces mutismes à leur cause. On conclura ce premier tour d'horizon en disant que les relations verbales[267] de Perceval avec ses interlocuteurs s'avèrent défaillantes mais tout aussi bien excessives et "folles": elles sont mal réglées; dans son écoute comme dans son expression, il ne connaît pas la "mesure".

Ces premières façons de communiquer figurent sur le plan verbal les liens que Perceval noue avec autrui (liens transitifs, donc). Compte tenu de ce qu'a enseigné le chapitre précédent quant à l'*obliuo* et aux rapports entre propos mesurés, souvenirs fidèles, d'une part, et pertes de mémoire et mutisme décevants, de l'autre, on envisagera d'homologuer le régime verbal et le code "mnésique". Cependant, si les prises de parole sont "transitives", à l'inverse, la communication instaurée avec soi-même sera "réflexive". Dans le récit de Chrétien de Troyes, la continuité ou la discontinuité du sujet avec sa propre expérience, sensorielle ou cognitive, avec ce qu'il voit ou entend et avec ce qu'il apprend, passe par ce que l'on a appelé dans le précédent chapitre sa "compétence mnésique". Ce terme recouvre son aptitude à rester proche - ou distant - de lui-même, au plus près de son expérience et de la mémoire de ses actes. Ou en s'en éloignant dramatiquement. On a dit souvent que ce roman déployait une aventure initiatique[268]. Nous constaterons simplement, quant à nous, que

---

265. Voir sur cette similitude, L. Harf-Lancner, *Les Fées au Moyen Age*, 1984, *op. cit.*, p. 222-224 et le commentaire de H. Braet dans sa traduction: *Deux lais féeriques bretons, Graelent et Tyolet*. Louvain: Aureliae Philologica, 1979.

266. *Lais féeriques des XII et XIIIe siècles*. Ed. A. Micha, 1992, *op. cit.* v. 121-123 et v. 126-131.

267. Quelques spécialistes des sciences du langage s'y sont intéressés. Nous en citons deux qui voient l'itinéraire de Perceval comme une progressive acquisition de capacités d'expression: de M. Virdis, "Perceval: per un'e(ste)tica del poetico", *Fra immaginario, strutture linguistiche e azione*. Oristano: Ed. S'Alvure, 1988; de J. T. Grimbert, "Misrepresentation and Misconception in Chrétien de Troyes: Verbal and Nonverbal Semiotics in *Erec et Enide* and *Perceval*", *Sign, Sentence, Discourse: Language in Medieval Thought and Literature*, eds. J. Wasserman and L. Roney. Syracuse: Syracuse Univ. Press, 1989, p. 50-79.

268. *Cf. Perceval ou l'Initiation, essai sur le dernier roman de Chrétien de Troyes, ses correspondances "orientales" et sa signification anthropologique* de P. Gallais (Paris:

l'acquisition progressive et douloureuse de la connaissance y est identifiée à la possibilité de conserver en mémoire les enseignements: dans ce récit, "sachez" se dit souvent "N'oubliez-pas", "Souvenez-vous". L'idée est ramassée dans cette réflexion pédagogique de la mère de Perceval:

> Mais mervoille est quant an n'aprant
> Ce que l'an voit et ot sovant. (v. 525-526)

Elle trouve donc merveilleux de ne pas apprendre ce que l'expérience offre et répète aux sens, c'est-à-dire de ne pas en retenir les leçons. Les inquiétudes de sa mère à propos de la naïveté et du manque d'éducation de son sauvage de fils la poussent alors à lui donner trois conseils fondamentaux. Ses fameux préceptes ne porteront leurs fruits qu'à la condition d'être retenus, solidement ancrés dans la mémoire:

> "Biaus filz un san vos vuel aprandre
> Ou il vos fet mout bon antandre;
> Et s'il vos plest a retenir,
> Granz biens vos an porra venir. (v. 527-530)

Autre enseignant, le maître en chevalerie de Perceval, Gornemant de Goort. Il unit les révélations sur l'ordre le plus élevé que Dieu ait crée (la chevalerie) aux injonctions de ne pas en oublier les contraintes:

> Et dist: "Biau frere, or vos sovaingne,
> Se il avient qu'il vos covaingne
> Conbatre a aucun chevalier,
> Ice vos voel dire et proier (v. 1639-1642).

L'oubli de ces préceptes grave et condamnable. Telle est la leçon que Chrétien de Troyes tiendra lui-même à faire ressortir, dans une sorte de maxime, quelques vers plus loin. Le narrateur commente le souvenir indélébile que la jeune fille giflée par Keu garde de cette honte:

> Mais obliëe ne passee
> La honte n'avoit ele mie,
> Que mout est malvais qui oblie
> S'an li fait honte ne leidure. (v. 2902-2905)

On le voit, le *Conte du Graal* présente des illustrations multiples et cohérentes de la thématique de l'oubli et de la mémoire. En prolongeant ce constat on va revenir à l'aspect le mieux connu des défaillances de l'expression percevalienne - son mutisme - trop sommairement évoqué au paragraphe précédent. On le sait, le respect trop scrupuleux des propos de Gornemant, d'une proximité excessive avec ses enseignements, est l'une des

---

Editions du Sirac, 1972). L'intention fondamentale de Chrétien de Troyes consisterait à conduire Perceval, «si "bouché" lui-même à la connaissance», à l'initiation (p. 34).

causes du coupable silence de Perceval au château du roi Pêcheur (v. 3244-3247). Le maître lui a enseigné la modération dans sa façon de s'exprimer avec un interlocuteur. La leçon est rappelée pour excuser l'étonnante aphasie devant le cortège du Graal:

Que del chasti li sovenoit
Celui qui chevalier le fist,
Qui li anseigna et aprist
Que de trop parler se gardast. (v. 3206-3209)[269]

Un abus de souvenir (dont le contenu est une mise en garde contre un excès de parole) a donc pour effet un excès de mutisme. L'attitude du muet est commentée par Chrétien de Troyes. Même si elle nous ramène en arrière, aux difficultés dans les relations "transitives", la leçon est instructive: un silence exagéré est aussi funeste que des paroles outrancières[270], affirme le maître champenois:

Si criem qu'il n' i ait domage,
Que j'ai oï sovant retraitre
Que aussi se puet on trop taire
Com trop parler, a la foie. (v. 3248-3251)

Le système qu'ébauche ici le romancier est celui-là même qui régit les événements de son conte et justifie les désaccords entre figures ("conceptuelles"). Autre illustration de ce solide enchaînement (outrance de mémoire- mutisme abusif et néfaste; «trop se taire»), l'attitude singulière du jeune chevalier dans un espace nouveau, auprès de Blanchefleur. Le roman décrit la scène où les hommes du château de Beaurepaire s'étonnent de l'attitude de Perceval auprès de l'accueillante nièce de Gornemant de Goort. Stupéfaction face à ce comportement étrange, merveilleux, un si beau chevalier serait-il muet ? La belle jeune femme (et les valeurs qu'elle symbolise) lui indiffèrent-elles ? Là encore le silence du "héros" s'explique par l'attachement démesuré au souvenir des paroles de son maître:

Por ce de parler se tenoit
Que del chasti li sovenoit
Que li prodom li avoit fet;
S'an tenoient antr'ax grant plet
Tuit li chevalier a consoil

269. Considérée en elle-même, cette évocation est sans doute une réminiscence biblique. On pense aux *Proverbes* (10, 19): *in multiloquo peccatum non deerit / qui autem moderatur labia sua / prudentissismus est.*

270. Deux démesures qui soulevaient des débats épineux, comme celui qui concerne la dramatique *taciturnitas*. *Cf.*, C. Casagrande et S. Vecchio, *Les péchés de la langue, Discipline et éthique de la parole dans la culture médiévale*; trad. de l'italien par P. Baillet. Paris: Editions du Cerf, 1991.

"Dex, fet chascuns, mout me mervoil
Se cil chevaliers est muiaux. (v. 1857-1863)[271]

Dernier exemple, la séquence des gouttes de sang sur la neige[272]. Perceval s'arrête fasciné par ces traces sanglantes qui lui rappellent le visage de Blanchefleur. Le voilà plongé dans une contemplation que le conte dépeint comme trop intense, authentique "nostalgie": «Et panse tant que il s'oblie.» (v. 4202). Ce n'est pas tout. Car le jeune chevalier oublieux de lui-même reste, encore un fois, muet. Quand Sagremor vient le chercher, le texte dit par deux fois que Perceval «ne mot» (v. 4244 et v. 4248). Ce verbe a retenu l'attention des éditeurs: certains y voient la 3ème personne du singulier (prét.) de "movoir" et traduisent «ne bougea pas» (Poirion, p. 790; Foulet, p. 127[273]); d'autres, en revanche, considèrent qu'il s'agit de la 3ème personne du présent (ind.) du verbe "motir". C'est l'avis de Félix Lecoy. Son glossaire indique même avec une certaine précision *prononcer un mot*. Le manuscrit de Berne lève un peu l'ambiguïté. S'il propose d'abord l'équivoque «cil ne mot» (v. 4179), sa seconde occurrence est claire «Et il se taist» (v. 4182). Charles Méla traduit l'ensemble en "clef" verbale: «L'autre ne dit mot (...) mais il se tait toujours.»[274] Bref, soit Perceval ne fait plus un mouvement - leçon que nous ne dédaignons pas compte tenu de notre future curiosité pour la mobilité du "héros" - soit il est muet, "pas un mot ne sort de sa bouche", enseignement qui, on le comprend aisément, a ici notre faveur.

Mais le procédé peut s'inverser, le souvenir outrancier faire place à la perte de la mémoire. L'effet est cependant le même: la rupture d'une communication attendue, l'éloignement décisif de valeurs précédemment appréciées. Le cas est attesté au moins une fois dans notre roman et la fiction se montre alors particulièrement explicite. Cet instant resterait peu compréhensible si l'on ne sollicitait pas les jeux propres à la catégorie mythique de la communication. Nous sommes au moment où, abandonnant les aventures de Gauvain, la narration retourne à Perceval, cinq ans après la joie de la cour arthurienne et les accusations de la "demoiselle à la mule fauve". Ni exploits guerriers, ni évocations, heureuses ou malheureuses,

---

271. Au point, détail significatif, de déclencher un flot de paroles chez les spectateurs de son excessif silence: «Et tuit cil qui leanz estoient / Antr'ax grant parole an feisoient. (v. 1875-1876).

272. Nous l'étudierons en tant que telle au cours de la dernière partie.

273. *Perceval le Gallois ou le Conte du Graal*, mis en français moderne par L. Foulet. Paris: Stock, 1947 (réimpr. 1988). Le glossaire de W. Roach (pour l'édition du manuscrit BN fr. 12576) confirme cette interprétation. Il indique, pour "mot" (ici au vers 4245): **movoir** «*ps ind 3*».

274. L'éditeur note ces divergences. Il signale la leçon «ne dist mot» des mss. H et S (p. 1066). Les dictionnaires Godefroy (V, 424a) et Tobler-Lommatzsch (VI, 354b) attestent bien entendu l'existence du sens "déclarer, expliquer." pour le verbe "motir". Le *Französisches Etymologisches Wörterbuch* (6III, 300b) indique à l'entrée «**muttire**: halblaut reden. I. Afr. mfr. *motir* (...), *moutir* (hap. 13. jh.) "dire"»

d'aventures du Graal, mais une insistance affirmée sur les troubles de la réminiscence du héros malchanceux:

> Percevax, ce conte l'estoire,
> A si perdue la memoire
> Que de Deu ne li sovient mais. (v. 6217-6219)[275]

Une perte de mémoire (généralisée, si l'on peut dire; v. 6218) appelle la perte du souvenir de Dieu (transitive) qui, elle-même, a pour résultat un manque de communication, religieuse en l'occurrence. Le thème est semblable à l'un de ceux aperçus à la lecture de l'*Eneas*, mais la mise en scène est bien différente: dans le roman "antique", les hommes décidaient d'oublier leurs dieux qui, eux-mêmes, les avaient cruellement négligés; chez Chrétien de Troyes, un homme oublie Dieu. Mais, cette fois, la puissance céleste ne l'abandonnera pas, elle va même se rappeler, durement, à sa mémoire.

Résumons ces remarques. La communication "mnésique" laisse apparaître des désordres similaires à ceux que présentaient les rapports langagiers. Ce parallèle se vérifie dans le cadre des relations sociales et au sein des espaces les plus divers (avec le charbonnier, le roi, sa mère, lui-même, Sagremor, Dieu, etc. ). Ces congruences ne sauraient être le fait du hasard. Deux procédures assurent leur intervention dans le récit: l'orientation de la communication (soit transitive soit réfléchie), et sa qualité, elle est anormale ou déséquilibrée, par manque ou par excès (on évoquera l'apparente "bonne" communication avec son oncle ermite dans un instant). Pour être plus précis, il faudrait encore ajouter qu'une communication peut-être soit établie, soit interrompue. On retiendra cette remarque pour caractériser l'univers familial.

B. Faire communiquer les actes, la "conjointure."

Prenons de nouvelles cartes, elles viennent du paradigme des "quêtes" (code de l'action ou "pragmatique") qu'équilibre la forme narrative - la "conjointure" - de cette fiction. On tâchera de montrer que certaines aventures consistent à résoudre un problème de communication ou, plutôt, que certaines quêtes ne trouvent une solution à un problème interne de communication qu'au sein d'un système plus vaste, où, en tant que terme, elles entrent dans des relations externes plus ou moins "droites", avec d'autres. Un seul exemple, particulièrement net selon nous, épaulera la démonstration. Il compose deux vengeances du jeune gallois, envers l'Orgueilleux de la Lande et Keu. Quelles difficultés ces actions vengeresses

---

275. Et, quelques vers plus loin: «Ensi les cinc ans anplea / C'onques de Deu ne li sovint.» (v. 6236-6237).

doivent-elles résoudre ? Autour de quelles significations se joignent-elles ? Il convient tout d'abord de rappeler que le sénéchal Keu est non seulement affligé d'une langue folle et digne d'un vilain mais que, de plus, il ne supporte pas l'expression d'autrui pour peu qu'il la juge excessive[276]. Il s'agit, en l'occurrence, d'un rire et d'une prédiction, glorieuse pour Perceval. L'effet de Perceval sur la jeune fille est spectaculaire: elle n'avait pas ri depuis plus de six ans et voici qu'enfin elle s'exprime. Véritable renaissance que le fou prophète ne fait que confirmer. Les sarcasmes de Keu vont lancer la quête chevaleresque loin de la cour d'Arthur en même temps qu'ils justifient les futures représailles de Perceval. Le message que celui-ci fait adresser, par la suite, à la rieuse demoiselle est limpide: il mijote pour Keu une vengeance à sa façon[277]. Bref, la cause du désir de vengeance du gallois est un geste démesuré (la brutalité de Keu) qui punissait l'expression de la jeune fille, jugée intempestive par le sénéchal qui lui-même est affecté d'une parole immodérée. Voilà pour les difficultés intrinsèques à cette intrigue.

Tournons nos regards vers l'Orgueilleux, l'ami de la malheureuse "demoiselle de la tente". A la suite de l'agression de Perceval une excessive jalousie le torture («cil cui jalosie angoisse», v. 815). Aussi, poursuit le texte, commet-il une grande injustice à l'encontre de son amie, parfaitement innocente de la frivolité dont il l'accuse. A double titre. Non seulement en la contraignant de ne plus jamais changer de vêtements ou de cheval, mais aussi, et cela nous intéresse tout particulièrement, en l'obligeant à n'accepter désormais aucune conversation avec qui que ce soit. Nous l'apprendrons de la bouche même de la victime au moment où, enfin, cette astreinte trouve son terme: «nus ne me doit saluer», dit-elle à l'incrédule Perceval (v. 3793). Elle précisera un peu plus loin le triste sort que son compagnon lui fait endurer depuis les violences subies sous la tente:

> Tant li poise quant nus m'areste
> Que nus n'an puet porter la teste
> Qui parolt a moi et retaigne, (v. 3823-3825)

Le marché est déplaisant: la parole ou la vie; qui lui parle meurt. Mutisme éternel.

Resserrons notre argumentation. Les germes de ces deux vengeances sont des excès de communication (érotique et passionnelle chez l'Orgueilleux, physique et verbale pour Keu). Leurs conséquences sont analogues: elles impliquent par deux fois des interdits visant à interrompre

---

276. «Et ce dist ele si en halt / Ke tuit l'oïrent; et Kex salt / Cui la parole anuia mout. / Si li dona cop si estout / De la paume en la face tandre / Qu'il la fist a la terre estandre. (v. 1047-1052).

277. «Que se je puis, ainz que je muire, / Li cuit je mout bien metre cuire, / Que por vangiee se tandra.» (v. 1201-1203).

brutalement l'usage de la parole. La conclusion apportée par la victoire physique du héros sur les deux "excessifs" - Keu et l'Orgueilleux - est variable. Elle prend le contre-pied de l'application du jaloux en rétablissant les possibilités d'expression normale des deux partenaires. En ce qui concerne Keu, la solution est différente: au cours de l'épisode des gouttes de sang sur la neige, Perceval brise l'os du bras droit du sénéchal, ce qui n'a aucun effet sur la relation de ce dernier avec la "pucelle qui rit". Mais par cette violence il réussit, contrairement à l'étiquette de "défaillant" qu'on lui attribue avec constance, à accorder des paroles à des gestes. Non seulement il rend concrète sa promesse de vengeance à l'égard de Keu mais il accomplit la prophétie du fou[278]. Il importe de souligner alors que la fin d'une quête "communique" avec le dénouement de l'autre: la victoire contre l'Orgueilleux se transforme en ambassade à la cour d'Arthur rappelant les représailles qui menacent Keu (v. 4043-4076). Les deux vengeances s'entrelacent, l'épisode suivant immédiatement la délégation instructive de l'Orgueilleux (c'est-à-dire la séquence des gouttes de sang) verra le châtiment du sénéchal. A quelles conclusions arrivons-nous ? Le malheureux «disciple d'Hermès» évolue au coeur d'un système précisément organisé. Au gré des valeurs vers lesquelles il tend ou desquelles il s'écarte, il incarne les difficultés à trouver et maintenir la "bonne distance", en clefs verbale et mnésique. Le répertoire des activités chevaleresques (code pragmatique) lui semble plus heureux. S'il articule bien certains actes, il laisse séparés non seulement ces bornes que sont les questions et les réponses, les souvenirs et les connaissances, mais aussi le fils et la mère, le neveu et l'oncle maternel. Nous entrons dans l'univers des relations familiales.

## II. Modèle des communications familiales.

Le dévoilement des connaissances concernant la famille est à bien des égards exemplaire des branchements et des mouvements de bascule que la fonction symbolique opère entre différents répertoires sémantiques ou en leur sein. Le *Conte du Graal* raconte les progrès réguliers que le jeune naïf effectue dans l'intelligence de sa morphologie familiale, l'attraction ou le repli que ces enseignements induisent sur lui, la manière dont il noue ou tranche certains liens de parenté (au creux des divers domaines qu'il traverse) avec différents membres "saillants" de son groupe maternel - la mère, le cousin et l'oncle du château du Graal, celui de l'ermitage final, la cousine germaine - que la culture et les règles sociales mettent à distance

278. V. 1264-1271. Lire les pages de J.-M. Fritz sur le fou dans le *Conte du Graal. Le discours du fou au Moyen Age, Perspectives littéraires*. Paris: PUF, 1992.

mais que les liens "naturels" pressent à rapprocher, dangereusement parfois. L'idée a été souvent soutenue. On remarquera ici que cette découverte est contrainte par six règles qui définissent la nature très particulière de la communication familiale et des dynamiques qui l'accommodent.

i) Cette instruction s'acquiert, tout d'abord, en dehors de tout projet volontaire du "héros". Perceval ne tient jamais, lui-même, à savoir qui il est, qui est son père, sa cousine, etc. C'est au hasard de son errance qu'il est conduit auprès du Roi pêcheur son cousin, sa cousine germaine et son oncle l'ermite. C'est également cette fatalité hasardeuse qui lui fait résoudre, par une devinette, l'énigme de son nom, inconnu jusque là. Il n'y a donc pas de quête de l'identité dans le *Conte du Graal*. On revient par ce détour à l'un des caractères de la communication verbale: les révélations familiales sont données comme des réponses à des questions que Perceval n'a pas posées; comme devant le spectacle du Graal.

ii) Qui est à l'origine des divulgations familiales ? Quels destinateurs transmettent ce savoir spécifique ? La réponse est limpide: seuls les membres de la famille ont ce privilège. Inversement, quel que soit l'éventail de leurs enseignements, il sont toujours riches, au moins, d'une information concernant les parents de Perceval. Cette nécessité semble propre à notre roman. Les nouvelles de la famille sont fournies différemment dans le roman gallois, *Peredur*[279], par exemple. Au moment où il la quitte, la mère de Peredur ne lui apprend rien de ses origines, le mystère qui plane sur le sort du père reste entier. On perçoit ainsi ce qui distingue deux protagonistes que leur tâche d'informatrice conduit parfois à mettre en rapport, à tort selon nous: la Demoiselle "à la mule fauve" et la cousine de Perceval. Certes leurs révélations sont identiques sur un point, le coupable mutisme du Gallois au château du roi pêcheur. Mais seule la triste cousine peut transmettre des renseignements familiaux:

> An la meison ta mere fui
> Norrie avoec toi grant termine,
> Si sui ta germainne cosine
> Et tu es mes cousins germains. (v. 3598-3601)

Propos que complètent des connaissances issues du même code: l'identité de l'infortuné («Perchevax li cheitis») et la mort de sa mère. Rien de tout cela n'émerge dans l'aigre admonestation de la "demoiselle à la mule fauve".

iii) Perceval est le seul destinataire de ces informations intimes. Par conséquent, la communication dans cet univers met en présence: un destinateur familial exclusif, un contenu particulier et fortement "prégnant"-

---

279. "L'histoire de *Peredur fils d'Evrawc*", *Les Quatre branches du* Mabinogi *et autres contes gallois du Moyen Age* présentées par P.-Y. Lambert. Paris: Gallimard, *L'aube des peuples*, 1993.

l'enseignement sur les liens consanguins - et un destinataire élu, Perceval, membre de cette famille.

iv) Cette instruction se présente comme une série de révélations: les notions acquises par le "nice" prennent la forme de négations d'une méconnaissance, c'est-à-dire d'une absence de communication avec une expérience qui a précédé (mort du père puis de la mère, par exemple, au début des aventures). Ces dévoilements autorisent finalement un rapport "juste" avec le savoir et avec les parents, connaissance qui jusque là demeuraient défaillantes. Qu'apprend Perceval qui lui était inconnu ? Sa mère puis sa cousine, et enfin l'oncle ascète l'avisent que les membres de sa famille ont souffert, plus précisément, qu'ils ont souffert par sa faute (ou celle de ses frères, puisque la mort des fils aînés tue le père). On aperçoit alors nettement l'effet "catastrophique" des dynamiques de répulsion. Il y a davantage: lui-même est à l'origine du décès de sa mère; il est par ailleurs directement la cause, lui dit sa cousine, de l'assassinat de l'homme qu'elle aimait (décapité par l'Orgueilleux dont Perceval a déclenché le trajet de haine); enfin, troisième accusation, il lui est fait grief de la souffrance du roi infirme: la coupable aphasie du jeune garçon a empêché le roi "méhaigné" de recouvrer l'usage de ses membres. Sa cousine ne lui apprend pas, toutefois, qu'il s'agissait de son oncle, la lacune sera comblée par le second oncle, l'ermite. Ses révélations ultimes enseignent la mort de sa mère puis la souffrance du roi qui se nourrit d'une hostie (l'oncle maternel du Graal), que la clôture des lèvres de Perceval laisse grabataire. Ce corps d'informations n'a rien de disparate, d'autant qu'à ces drames dont la responsabilité lui incombe, l'anachorète ajoute un forfait supplémentaire. Il regarde, si l'on peut dire, une seconde famille, celle des enfants du Christ. Le Fils de Dieu souffre par la faute de pêcheurs qui, comme Perceval l'avoue en larmes, n'ont ni amour, ni crainte de Dieu:

> "Ne Deu n'amai ne ne le crui,
> N'onques puis ne fis se mal non.
> Ha ! Biax amis, fet li prodon,
> Di moi por coi tu as ce fait,
> Et prie Deu que merci ait
> De l'ame de son pecheor. (v. 6366-6371)

v) Franchissons une étape pour préciser l'origine du secret qui pèse sur cette tragique science domestique. Il est toujours l'effet de manquements à l'harmonie des rapports familiaux, ceux de la famille de sang - celle du Graal (par sa mère) - et ceux la famille spirituelle (l'Eglise). En clair, nous dirons qu'il existe, propre à cet univers sémantique particulièrement insatisfaisant, une syntaxe qui en contraint la mise en discours: l'ignorance concernant les souffrances de membres de la famille (communication défaillante avec le savoir) est elle-même la conséquence d'une forme déséquilibrée de la communication au sein de la parenté. Prenons deux exemples. La rupture des liens filiaux et la mort du père déclenchent l'interdit de parler de cette mort (méconnaissance pour Perceval); l'excès chevaleresque[280] implique l'"oubli" de Dieu et des souffrances du Christ (défaut de communication dans la parenté spirituelle).

vi) La sixième règle précisera la mission de l'ermite. C'est lui qui instruit son neveu Perceval aussi bien de la vérité de ses actes que de la vanité de ses succès chevaleresques[281], toujours sans que ce dernier ne le désire. Cela veut dire qu'intervenant en code "mnésique", ce personnage vient rétablir le fil rompu des souvenirs et de l'expérience. Informateur efficace, il fait accéder son neveu non seulement au savoir familial mais il lui attribue enfin une place, harmonieuse semble-t-il, dans les deux ensembles homogènes qui sont de son ressort, sa double parenté: celle - consanguine - de la filiation et celle de la spiritualité. Les aventures de Perceval s'accomplissent (prenant le roman en l'état) dans une ultime prohibition, un dernier silence: le saint homme, désormais point où s'originent les valeurs vers lesquelles tend son neveu, lui défend de prononcer certains noms de Notre Seigneur ainsi qu'une oraison qu'il lui glisse secrètement dans le creux de l'oreille:

> Desfandi li qu'an nule guise
> Ne la deïst sanz grant peril. (v. 6490-6491)

Ce savoir est inaccessible aux hommes communs; ils en sont exclus. Si, pour la première fois, ce mutisme obligé n'est pas la sanction d'un usage dévoyé de la parole masquant une souffrance mais le signe d'une communication (r)établie, il gratifie toutefois Perceval l'élu d'un pouvoir ambigu au royaume d'Hermès: celui d'être muet…

On résumera à l'aide d'un tableau les relations particulières de Perceval avec les acteurs messagers des valeurs familiales. La colonne de gauche réduit et synthétise ces six observations. Celle de droite propose en regard un exemple démonstratif: la séparation du fils et de sa mère (un brutal passage hors de l'espace initial, sous l'effet du choc esthétique provoqué par le spectacle des chevaliers), la mort qu'elle provoque, le silence qui pèse sur le drame jusqu'aux enseignements des deux porte-paroles des significations familiales, la cousine germaine et l'oncle ermite. Deux règles les organisent: l'implication (=>) entre un déséquilibre initial de la communication (1) et un silence quant à la souffrance d'un parent (ou de soi-même, (2)); l'inversion (<->) de cette dernière grâce à l'enseignement d'un membre de la famille (3), soit un rapport juste avec le savoir quant à la parenté:

---

280. Pendant cinq ans le gallois a fait preuve d'une vaillance néfaste: «N'onques puis ne fis se mal non.» (v. 6367).

281. Ce qui modère sa fortune "pragmatique".

| | |
|---|---|
| Déséquilibre de la communication familiale (1) | Rupture de la communication filiale (départ de Perceval) |
| ⇓ | |
| Silence méconnaissance (2) | Ignorance de la mort de la mère |
| ↕ | |
| Savoir révélateur d'un d'un protagoniste familial (3) | Enseignements de la cousine et de l'ermite |

Nous avons à plusieurs reprises considéré le mythe comme un ensemble d'opérations définies par la méthode du «c'est comme ....». Tirons profit de cette suggestion pour lire ce "modèle" des relations familiales en nous aidant de diverses illustrations. Le silence sur la mort du père (2) se rapporte à la rupture de communication filiale et sociale (1) comme l'ignorance de la mort de la mère (2) correspond à la rupture de la relation filiale (1). Cette dernière (doublée d'un excès de communication chevaleresque: conseils du maître Gornemant; (1)) implique le silence du Graal, donc la souffrance du cousin (2), comme l'excès de prouesses complétant le manque de communication avec Dieu (1) engage l'oubli et le désespoir de Perceval[282] lui-même (2); les révélations de la mère (3) sont à propos de la mort du père (2) comme les enseignements de la cousine et de l'ermite (3) à l'égard du décès de la mère (2).

## III. Symbolique corporelle et médiations mythiques originales.

Avons-nous fait le tour des dynamiques plus ou moins "compréhensives" figurées par les liens complexes du jeune gallois avec les autres acteurs ? La narration de Chrétien de Troyes est suffisamment déliée pour qu'on ne passe pas sous silence quelques nouvelles sources de valeurs qui attestent encore ses rapports déséquilibrés au monde.

282. Désespoir mais non folie selon la jolie symétrie inversée distinguant, selon J.-M. Fritz, Perceval et Yvain. «Chrétien de Troyes dissocie donc folie et pénitence: Perceval fait pénitence à l'écart de la folie; Yvain devient fou sans que sa folie soit une pénitence. » (1992, *op. cit.*, p. 310-311).

A. Le corps de Perceval (gastronomie, commensalité, sexualité, mobilité).

Trois d'entre elles, dont le jeu symbolique est net, méritent une attention particulière. Toutes trois concernent l'expression corporelle des relations du "nice" aux êtres qui gravitent autour de lui. La première regarde un code faussement trivial, celui de la nourriture. Anita Guerreau-Jalabert s'est récemment intéressée à cette question. Son étude, "Aliments symboliques et symbolique de la table dans les romans arthuriens" (XIIe-XIIIe siècles"), s'appuie sur l'idée suivante:

> Don et partage de nourriture apparaissent bien comme l'une des expressions symboliques de la communication entre les hommes, des relations sociales.[283]

Que Perceval paraisse tout à la fois démesuré et défaillant dans ces diverses aires sémantiques, celles que nous venons de regarder partiellement, a en effet quelque chose à voir avec d'autres excès et manques traduits dans ce nouveau répertoire, celui de ses "manières de table". L'homologie des codes verbaux et gastronomiques n'est guère originale, elle est connue des anthropologues, des linguistes comme des spécialistes de morale médiévale[284]. Nous connaissons les difficultés de la "langue" percevalienne, de son usage des mots, qu'en est-il de sa langue du "banquet" ? La gloutonnerie du "fils de la veuve" dans l'épisode des "pâtés" qu'il dévore devant la malheureuse "demoiselle de la tente" n'est que le premier jalon d'une série de quatre (vrais[285]) repas qu'à bon droit on peut considérer comme images d'un codage symbolique, sans rapport direct avec les pratiques réelles. Daniel Poirion l'a bien vu quand il fait de la table le «lieu géométrique» de la culture décrite dans le *Conte du Graal*[286]. De son côté, Charles Foulon a remarqué et résumé avec bonheur la valeur "conceptuelle" de ces séquences (comme le dirait M. Pastoureau), dans la conclusion de son article "Les quatre repas de Perceval". «Chrétien de

---

283. *Annales ESC*, 3, 1992, p. 561-594; ici, p. 575. Pour une comparaison avec le *Parzival* de Wolfram d'Eschenbach, voir l'article de D. Buschinger "La nourriture dans les romans arthuriens allemands entre 1170 et 1210." (*Manger et Boire au Moyen Age*, Actes du Colloque de Nice (15-17 octobre 1982), t. 1 *Aliments et Société*. Paris: Les Belles Lettres, 1984, p. 377-389).

284. *Cf.* le chapitre "La langue entre gourmandise et loquacité", où C. Casagrande et S. Vecchio développent cette idée: «la constatation que goût et parole procèdent du même organe et que souvent le désordre de l'un va de pair avec celui de l'autre est très ancienne et a pour elle l'autorité.» *Les péchés de la langue*, 1991, *op. cit.*, p. 115.

285. Ce quadruple relevé oublie peut-être trop rapidement la nourriture que Perceval réclame avec insolence à sa mère («A mangier, fet il, me donez !» v. 491) ainsi que le dîner pris avec Gornemant de Goort. Il faut dire que Chrétien de Troyes s'est efforcé de gommer lui-même l'importance de ce dernier, en lui refusant explicitement toute description figurée: «Des mes ne faz autre novele, / Quanz en i ot et quel il furent, / Mes asez mangierent et burent. Del mangier ne faz autre fable.» (v. 1566-1569).

286. "Le système des objets: nature et culture", *Résurgences*, 1986, *op. cit.*, p. 203.

Troyes», note-t-il dans la phrase retenue en exergue «laisse deviner les choses de l'esprit à travers les détails matériels qu'accepte ou que choisit son art réaliste.» Entrons donc dans le détail des "manières de table" du jeune gallois pour comprendre les «choses de l'esprit» qu'elles présentent. Les premières péripéties dans ce domaine se déroulent sous le sceau de l'avidité. A cette étape de sa trajectoire, l'acteur Perceval est très agité. Ayant arraché de force l'anneau du doigt de la "demoiselle de la tente", Perceval (qui restait sans manger jusqu'à cet instant) ressent une faim impérieuse. Son coeur n'est pas touché par les reproches et les appels que lui adresse la malheureuse (v. 734-737). Alors, sous ses yeux mouillés de larmes, il se livre à une véritable «razzia sur le garde-manger»[287]: il boit à longues lampées du vin clair et avale sans vergogne trois pâtés de chevreuil tout frais qu'il découvre sous une toile blanche:

> Un des pastez devant lui froisse
> Et manjue par grant talant
> Et verse an la cope d'argent
> Del vin, qui n'estoit pas troblez,
> S'an boit sovant et a granz trez. (v. 746-750)[288]

Charles Foulon commente la scène en ces termes:

> Tout ceci constitue la gloutonnerie naturelle (on dirait presque "naïve") du sauvageon de la "gaste forêt" (...). Il n'a suivi que son plaisir.[289]

Si, provisoirement, l'on ne tient pas compte de la rapide et imprécise allusion au dîner chez son maître en chevalerie, le second repas voit Perceval à Beaurepaire. Le château est assiégé et la famine menace[290]. Le repas sera frugal: vin, pain et gibier (une seconde fois de la viande de chevreuil) compose le menu que le jeune chevalier partage avec les défenseurs de la place et la gracieuse Blanchefleur. Elle lui avoue:

> Mes ceanz n'a mes que sis miches (v. 1910)
> (...)
> Et un bocel plain de vin cuit.
> De vitaille n'a plus ceanz,
> Fors un chevrel c'uns miens sergenz
> Ocist hui main d'une saiete. (v. 1914-1917).

287. *Ibid.*, p. 204.

288. Le texte précise que le glouton ne s'est pas arrêté au premier pâté: «Et cil manja tant con lui plot» (v. 761).

289. 1978, art. cit., p. 166.

290. «Ensi trova le chastel gaste / Que n'i trova ne pain ne paste / Ne vin ne sidre ne cervoise.» (v. 1771-1773)

Rappelons qu'au cours des instants précédant le dîner, Perceval avait surpris ses hôtes par la retenue obstinée de ses propos.

La troisième étape est ponctuée d'un véritable festin. On pourrait s'en étonner puisqu'elle se déroule au château du roi inédique, à qui le Graal sert une hostie (et non des brochets, des lamproies ni des saumons, comme le précisera l'oncle ermite). Avec l'hôte qui le reçoit à sa table, le riche roi pêcheur, Perceval ne connaît pas l'abstinence: tout y est délectable mais fortement terrestre. Le repas est ainsi composé:

> Li premiers més fu d'une hanche
> De cerf an gresse au poivre chaut.
> Vins clers ne raspez ne lor faut
> A cope d'or sovant a boivre. (v. 3280-3283)
> (...)
> Et les morsiax lor met devant
> Sor un gastel qui fu antiers. (v. 3288-3289)

Chaque service est scandé d'un passage du Graal qui laisse le jeune homme sans voix malgré son vif désir de savoir «cui l'an an sert». La fin de l'épisode ne fait que renforcer l'impression initiale, quantité de fruits et certains produits exotiques ruissellent, laissant imaginer une table royale[291]. Perceval se retrouve à table cinq années plus tard. Encore l'expression est-elle un peu forcée. Car, à l'ermitage de l'oncle, la nourriture est présentée comme une pénitence:

> - Or te pri que deux jorz antiers
> Avoec moi ici te remaignes
> Et que an penitance praignes
> Tel viande come la moie.» (v. 6476-6479)

Immédiatement après avoir appris les noms de Notre Seigneur et accepté de ne les prononcer jamais, le jeune initié mange. Le dîner est frugal, ascétique, strictement végétarien:

> Mes il n'i ot se herbes non,
> Cerfuel, leitues et cresson
> Et pain i ot d'orge et d'avainne,
> Et eve clere de fontainne; (v. 6501-6504)

Que conclure de cette rapide recension ? A première vue, une lecture paradigmatique ne soulève pas de difficultés. Elle séparerait aisément ces quatre occurrences en deux sous-ensembles. Le premier (noté I) relève du «régime» qu'Anita Guerreau-Jalabert qualifie de «chevaleresque.» Il s'appuie sur le «triangle symbolique» ou «la triade pain / vin / viande»[292].

---

291. «Dates, figues et noiz muscades / Girofle, pumes de grenades / Et leituaires an la fin / Et gingenbre alixandrin.» (v. 3325-3328).
292. 1992, art. cit., p. 562.

Notons en passant que l'auteur de l'article observe que la pauvreté et l'imprécision des attestations de ce mode alimentaire empêche d'y voir «aucune réelle "reconstitution" du repas aristocratique» (p. 563), remarque qui invite une nouvelle fois à extraire les oppositions signifiantes que le "héros" symbolise. Perceval mange en effet trois fois de suite, du gibier cuit accompagné de pain (ou de pâte en ce qui concerne les pâtés) et de vins divers[293]. Le second mode de nutrition (II) correspond à ce que Anita Guerreau-Jalabert nomme (p. 565) le «régime» ou le «triangle érémitique: pain, eau et végétaux.» L'inversion ne fait pas de doute: les trois ingrédients du second retournent les trois éléments du premier[294]. Par ses pratiques de table, le jeune chevalier réussirait à lui seul à synthétiser ces deux régimes contraires et incompatibles. La chronologie de ces repas semble justifier ce point de vue: le procès déplie le système, qu'il affirme en retour. Le déroulement de la fiction figurerait avantageusement la progressive transformation du jeune "nice", en chevalier accompli puis en membre reconnu de la famille spirituelle. Des passages d'espace en espace, tendant vers l'harmonie finale. Cette opposition et l'interprétation morale qui découle de sa mise en procès sont-elles suffisantes ? Nous ne le pensons pas. L'examen doit être affiné car, de même que le "sujet" Perceval dompte mal ses difficultés à instaurer et entretenir la "bonne distance" dans les domaines verbaux, mnésiques et familiaux, de même maîtrise-t-il mal les relations établies avec les partenaires de ses activités gastronomiques.

Parmi les trois repas propres au régime "chevaleresque", deux voient Perceval manger beaucoup ou trop: quand il dévore gloutonnement les pâtés de la "demoiselle de la tente" et au cours du banquet au château du Graal. Bien entendu, les deux excès ne sont pas de même nature: le premier est transgression, le second respect de l'hospitalité. Cependant sa profusion a quelque chose d'outrancier (que souligne le contraste avec le service destiné au roi infirme: au festin visible s'oppose l'invisible et ascétique "repas" de l'hostie). Charles Foulon remarque qu'il s'agit bien d'un «repas très copieux, lourdement chargé en sauces "relevées" (...) et en mets divers.»[295] Il est donc légitime de dire que, au cours de ces deux moments, le jeune gallois vit un "excès" dans le registre gastronomique. Or le troisième repas

---

293. Dans l'ordre des trois premiers repas: Vin «pas troblez», «vin cuit» et «vins clers ne raspez.»

294. Entre autres ouvrages, la parodie de chanson de geste, *La bataille de Caresme et de Charnage* (dont les plus anciens manuscrits datent du XIIIe siècle) affronte sur le mode de la satire les personnifications des deux "régimes": «Contre Charnage le baron / A non Quaresme le felon, / Qui moult est fel et anïeus.» (éd. G. Lozinski. Paris: Champion, *Bibli. de l'Ecole des Hautes Etudes*, 262, 1933, v. 32-35)

295. Le service final des électuaires et des boissons fortement aromatisées renforce ce point de vue: «On est amené à penser que le festin, lourd, aux mets compliqués, suivi de l'absorption de boissons diverses et de vins aromatiques, est le modèle même des repas trop chers.» (1978, art. cit., p. 170).

"chevaleresque" (à Beaurepaire) est un dîner frugal. Ce qui, bien entendu, fait penser au dîner pris chez l'ermite (II), sobre jusqu'à l'austérité. La cohérence de l'ensemble "régime chevaleresque" (I) se fractionne alors en deux sous-groupes et les "cartes" se distribuent deux à deux:

| Beaucoup (excès) | Peu (manque) |
|---|---|
| Au château du Graal (I) | Chez l'ermite (II) |
| Sous la tente (I) | A Beaurepaire (I) |

Ce n'est pas tout, la lecture de ce tableau invite à améliorer la description. L'opposition notée sur la première ligne a été souvent relevée, et à juste titre. Repas épicé et agrémenté de sauces d'un côté; nourriture naturelle, sans aucun apprêt, de l'autre. Mais un trait supplémentaire, partagé par les deux épisodes pourtant divergents, doit être retenu: ces deux dîners placent deux hommes autour de la table. Parallèlement, au cours des deux repas notés sur la ligne inférieure Perceval est en présence de deux femmes. La répartition sexuelle des termes symboliques est nette.

Elle ouvre deux nouveaux répertoires, celui de la commensalité[296] et celui de la sexualité, deux aires de socialisation. Le tissage particulier de ce roman incite à les mettre en rapport avec l'une des formes de la communication que nous connaissons, la parole. Quelles corrélations et oppositions entre termes venus de ces trois répertoires engagent les relations entre le jeune gallois et ses partenaires de table ? Revenons aux contenus des deux colonnes du tableau ci-dessus. Dans celle de gauche, le fils de la veuve plonge en premier lieu dans un excès de mutisme (communication verbale et mnésique excessives "trop se taire") au moment où il se délecte de nourritures trop lourdes, trop compliquées, trop riches. Inutile de redire que la commensalité débouche sur un échec: il ne "dit" pas ce qu'il aurait dû dire, il ne s'accorde pas à ce qu'on attendait de lui. Excessif dans ses souvenirs comme dans ses silences, Perceval l'est également dans les pratiques alimentaires qui complètent le fascinant passage du Graal. Observons alors que c'est au moment où il mange comme un chevalier de prix et de haut rang, affichant les valeurs les plus "chevaleresques" donc, que sa conduite est particulièrement décevante. C'est pourquoi il convient d'être prudent quand l'on tisse des liens étroits et accommodés, comme si le parallèle entre commensalité et parole allait de soi. Nous souscrivons à cet énoncé:

> la table est un lieu privilégié de l'échange de parole (...) le repas est le moment où l'on s'informe, et où l'on raconte ses quêtes et ses

296. Sans s'intéresser directement aux régimes alimentaires, M.-L. Chênerie a abordé cette question dans "Les étapes et l'hospitalité" de son ouvrage, *Le chevalier errant dans les romans arthuriens en vers des XIIe et XIIIe siècles* (1986, *op. cit.*, p. 503-591).

> aventures; avec le *conte du Graal*, ce thème reçoit un éclat et une valeur narrative considérable, puisque c'est au cours du repas chez le Roi-Pêcheur que Perceval aurait dû poser les fameuses questions.[297]

pour autant que l'on précise que dans cette scène, précisément, la correspondance entre les deux actes, preuves de socialité, est brisée: le bel équilibre entre échange de mets et échanges de mots est rompu. Qui mange bien et beaucoup, parle peu (car il se souvient trop), cette leçon originale montre bien que chaque narration joue à sa guise avec les potentialités combinatoires que lui présentent les codes exploités par sa "frénésie associative". Constat identique dans l'épisode de la demoiselle de la tente, le sauvageon y mange bien du pain et de la viande (sous forme de pâtés), boit du vin. Loin de peindre un éminent représentant de la chevalerie, le passage donne l'image d'un rustre: comme sourd, il refuse d'écouter les prières de la malheureuse et ne se prive pas de lui dérober baisers, anneau et nourriture. Son comportement outrancier a pour effet l'arrêt de toute parole (évidente absence de communication):

> Et cele plore andemantier
> Que que cil la prie et semont
> Que cele un mot ne li respont,
> La dameisele, ainz plore fort. v. 756-759.

Cet épisode engage le registre sexuel, qui - culturellement - se socialise dans la relation matrimoniale et la transmission de la vie. La facilité avec laquelle les termes qui composent ce code s'associent à ceux qui viennent du répertoire de la nutrition[298] est frappante. Si le vin et la viande semblent réservés «à ceux qui pratiquent la sexualité»[299], inversement, le refus de la demoiselle malmenée de partager les pâtés correspond à celui de toute relation érotique. La mauvaise écoute et les "excès" (alimentaires et physiques) du jeune sauvage empêchent une communication bien réglée où respect de la parole et consommation des nourritures et des corps iraient de pair. Qu'enseignent les deux séquences qui attestent avec force l'usage du "régime chevaleresque" ? Elles laissaient envisager que des liens civilisés et policés passaient entre protagonistes placés à la même table. Il n'en est rien. Les comportements sociaux et "communicatifs" du héros sont aussi défaillants et mal réglés que la nourriture qu'il prend est excessive ou avalée avec une avidité immodérée.

297. A. Guérreau-Jalabert, 1992, art. cit., p. 576.

298. Autre idée bien connue. J. Pouillon en a balisé les contours dominants dans "Manières de table, manières de lit, manières de langage", *Fétiches sans fétichisme* (Paris: Maspéro, *Bibliothèque d'anthropologie*, 1975, p. 120-141; paru une première fois dans "Destins du cannibalisme", *Nouvelle Revue de Psychanalyse*, VI, 1972).

299. A. Guérreau-Jalabert, 1992, art. cit., p. 576. La scène du Graal, où la sexualité est complètement mise entre parenthèses, n'infirme-t-elle pas cette affirmation ?

Observons maintenant les espaces de la colonne de droite. Le "peu" de subsistances que consomme Perceval dans les deux épisodes qu'elle insère, induit-elle de meilleures relations avec ses commensaux ? Le dîner à Beaurepaire est placé dans le registre du "manque". Il s'oppose à la dévoration gloutonne des pâtés (le vin y est cuit - c'est-à-dire doux -, la nourriture parcimonieuse et peu préparée) mais partage avec elle un élément commun: la présence d'une jeune femme, non mariée. Autant l'échange avec la demoiselle de la tente fut brutal et excessif autant celui avec Blanchefleur s'avère mal aisé tant Perceval s'y montre économe de ses mots et dc son corps[300]. Compte tenu de la frugalité de son régime alimentaire, de son étrange silence auprès de la jeune fille, du flou du texte, les rapports sont sans doute restés chastes. L'improbabilité qui pèse sur l'avenir de la race du Graal[301] affermit cette opinion. Certes, l'inachèvement éventuel de l'oeuvre invite à la prudence mais on peut raisonnablement douter de la fécondité du "gauche" Perceval. On voit les distances prises avec Blanchefleur, on n'ignore pas non plus que «les derniers de lignée» ont fourni à la littérature médiévale d'intéressants représentants des échecs et des *«mauvaises* manières d'instituer un lignage»[302]; on est avisé également du rapport symbolique, bien connu, entre l'incapacité de se comporter "droit" et l'aptitude à s'enraciner dans la rectitude des générations[303]. Bref, la cohérence de l'épisode qui se déroule à Beaurepaire est serrée: défaillance verbale, distance sexuelle et parcimonie alimentaire figurent homogènement l'a-socialité du nouveau chevalier (consommant toujours pourtant en "régime chevaleresque"). Reste le dîner frugal, seul repas érémitique du conte. Sommes-nous enfin à l'étage de la communication mesurée, satisfaisante et apaisée ? Originale dans les "manières de table" qu'elle exhibe, dans la qualité des mets qu'elle dépeint, cette séquence s'oppose à

300. V. 1856 sv. Pour le commentaire de «la visite nocturne de Blanchefleur à Perceval» (...) «scène délicate à interpréter», voir J. Frappier, 1979, *op. cit.*, p. 98 sv. L'auteur fournit une bibliographie minimale sur la question controversée de savoir si «l'échange des baisers entre eux et le sommeil enlacé jusqu'à l'aube les ont (...) conduits ou non jusqu'à la révélation complète de l'amour.» Lire également le point de vue de D. Poirion sur «l'intimité chaste» de cette «scène touchante» (1994, *op. cit.*, p. 1342).

301. J.-G. Gouttebroze, au contraire, soutient la thèse de l'endogamie réussie de Perceval (1983, *op. cit.*, p. 120-127). *Parzival* ouvre l'avenir et les vieux jours de Perceval en lui prévoyant une descendance. Sur ce point, lire, de M. Zink, "Vieillesse de Perceval: l'ombre du temps", *Le Nombre du temps. En hommage à Paul Zumthor*. Paris: Champion-Slatkine, 1988, p. 285-294; repr. dans *Les voix de la conscience, Parole du prophète et parole de Dieu dans la littérature médiévale*. Caen: Paradigme, 1992, p. 145-154; et, d'E. Baumgartner, "Le Graal, le temps: les enjeux d'un motif", *Le Temps, sa mesure et sa perception au Moyen Age. Actes du Coll. Orléans, 12-13 avril 1991*. Caen: Paradigme, 1992, p. 9-17.

302. C. Marchello-Nizia, n'oublie pas de citer Perceval aux côtés de Galaad, Robert le Diable et Pallas dans ces figures de l'échec matrimonial et lignager (1985, art. cit., p. 265; c'est l'auteur qui souligne).

303. J.-P. Vernant étudie ce point avec précision à propos d'Oedipe et de sa race, il observe notamment: «Le gauche, Laïos, fils du boiteux, ne peut avoir de droite descendance.» (1986, art. cit., p. 55).

celle du repas au château du Graal tout en recourant à un terme commun: un homme, membre de la famille du Graal. Mais elle est également singulière par les relations sociales déséquilibrées qu'elle met en scène. Détenteur des Noms mystérieux, secrètement répétés et enfermés dans son oreille, Perceval devra en effet les taire au monde. Défaut de la communication qui s'harmonise avec le régime alimentaire austère de Perceval.

En bref, les comportements du jeune hommees symbolisent quatre corrélations "com-prenant" des termes issus de trois répertoires de significations:

| **Excès** | **Manque** |
|---|---|
| Au château du Graal (I) | Chez l'ermite (II) |
| **Homme** | **Homme** |
| Mutisme | Savoir réservé; mutisme |
| *Alimentation excessive* | *Alimentation parcimonieuse* |
| Sous la tente (I) | A Beaurepaire (I) |
| **Femme** | **Femme** |
| *Manière de table excessive* | *Alimentation parcimonieuse* |
| Surdité dans l'écoute | Manque de mots |
| Brutalité érotique | Conduite érotique réservée |

Ce tableau confirme l'hypothèse de départ: les figures - alimentaires, sociales et sexuelles - tirent leur sens ("conceptuel") des règles qui les distribuent, les opposent ou les font s'équivaloir sous l'effet des forces qui aimantent ou paralysent les acteurs en présence. Une phrase résume le sens de ces corrélations et de ces transformations à vocation symbolique: lue en clef gastronomique, sociale, érotique, verbale ou mnésique, le "fils de la veuve" est l'image du mauvais réglage de la communication. Il n'est pas un bon représentant du "régime chevaleresque" et sa relation au "régime érémitique" le coupe d'une socialisation heureuse et partagée: Perceval ne peut vivre que la défaillance ou les défauts de relations bien tempérées avec autrui. Le repas pris avec Gornemant de Goort, repas «biax et genz et bien conreez» (v. 1560), ne confirme-t-il pas, *a contrario*, ce constat[304] ? Il est le seul qui établisse entre les deux convives la continuité d'une relation pacifiée, celle des compagnons: à défaut de savoir si les deux hommes consomment le même pain, nous apprenons que le maître et son disciple partagent la même écuelle:

---

304. Autre preuve négative: dans la partie Gauvain cette fois, le dîner "mesuré" offert par le nautonier à Gauvain (et à son prisonnier): «De quan que a prodome estuet / Fu mes sire Gauvains serviz.» (v. 7480-7481). Ici, un repas "chevaleresque" satisfaisait les palais et les relations sociales (viriles): «De son prisonier fu moult liez / Li mariniers, et de son oste.» (v. 7486-7487).

Et li prodom lez lui asist
Le vaslet, et mangier le fist
Avoec lui an une escuële. (v. 1563-1565)

Mais ce dîner est précisément celui que le conte évoque en le taisant, à propos duquel il tient à ne pas raconter de «fable» (v. 1569). Présenter concrètement les relations percevaliennes c'est inévitablement peindre des liens peu droits. Ceux qui le seraient ne peuvent qu'être tus.

Les répertoires disponibles ne sont pas encore épuisés. Ultime registre de sens d'où viennent les termes associés par Perceval et ses partenaires, sa mobilité. Pour mieux l'observer, prenons de la hauteur et considérons celle des hommes de sa famille. Chez tous, elle est compromise[305]. Le père de Perceval, blessé aux jambes,

Vostre peres, si nel savez,
Fu par mi les janbes navrez
Si que il mahaigna del cors. (v. 435-437)[306]

son cousin, le roi pêcheur, incapable de se lever (v. 3107-3109) parce que (sa cousine le lui révèle) meurtri aux hanches:

Mes il fu an une bataille
Navrez et mahaignez sanz faille
Si que il aidier ne se pot.
Il fu feruz d'un javelot
Par mi les hanches amedos,
S'an est aüz si angoissos
Qu'il ne puet a cheval monter. (v. 3509-3515)

Le père de ce dernier - l'infirme que le Graal sert - confiné dans sa chambre où il est attaché à sa couche depuis quinze ans (v. 6429); enfin, son oncle l'ermite reclus au fond d'une forêt qu'il ne quitte plus. Bref, des hommes au corps mutilé ou fixe[307], ensemble viril familial formant un ensemble cohérent autour d'une inaptitude commune contrariant leur capacité de déplacement[308].

---

305. Le constat fait penser à cette affirmation - avancée à propos d'une toute autre culture -: «des générations de boiteux s'entrechoquent au lieu de se succéder.» J.-P. Vernant, "Le tyran boiteux: d'Oedipe à Périandre", *Mythe et Tragédie deux*, 1986, *op. cit.*, p. 52.

306. Le mansuscrit de Berne dit: «Fu par mi les anches navrez / Si que il mehaigna do cors.» (v. 408-409). Commentant les deux leçons, D. Poirion écrit: «cette blessure a fait couler beaucoup d'encre (...). L'atteinte à la sexualité, dans les deux cas, paraît pour ainsi dire normale, la blessure étant associée non seulement à la perte des mouvements des membres inférieurs (selon un code de l'imaginaire anthropologique) mais aussi à la stérilité du pays "gaste" (conformément au symbolisme sociologique).» (1994, *op. cit.*, p. 1329).

307. C. Lévi-Strauss a repéré cette particularité, mais seulement pour ce qui concerne l'un des rois du château du Graal: «la paralysie des membres inférieurs qui frappe son roi symbolise l'immobilité.» *Le regard éloigné*, 1983, *op. cit.*, p. 301-324; ici, p. 314.

308. Pris dans leur individualité, certains personnages du *Conte du Graal* révèlent sans fard des troubles du "marcher droit". Que l'on pense au fameux "eschacier", estropié et muet, fascinant gardien du Palais où pénètre Gauvain: «Truevent sor un tossel de glais / Un

Perceval échapperait-il à ce groupe singulier ? Serait-il le seul mâle de sa parenté qui puisse se déplacer sans peine ? Certes ses aventures permettent, si on peut dire à cet instant, de lui emboîter le pas et de l'escorter au cours de ses diverses quêtes. Ses chevauchées, sa "démarche" semblent bien réglées, trop sans doute. Si sa quête de la chevalerie lui fait mener à bien les aventures les plus étranges et les plus dures, ces cinq années de francs succès donnent sur un bilan sinistre: il n'a commis que des mauvaises actions, il a sombré dans la désespérance. Finalement, son indéniable mobilité spatiale paraît vaine puisqu'elle le fait errer, solitaire, dans les étendues désolées[309]. Mais il y a plus. De même qu'il connaissait de graves difficultés pour rester en liaison "mnésique" avec sa propre expérience, voici maintenant qu'il peine dans la conscience de soi. Car c'est en lui-même que le jeune et infortuné chevalier règle mal son aptitude à bien se mouvoir, à savoir où il va, à suivre la bonne voie. Au terme de ces cinq années qui suivent son inutile départ pour la quête du Graal, Perceval déclare:

> Sire, fet il, bien a cinc anz
> Que ge ne soi ou je me fui, (v. 6364-6365)

Ce dernier vers mérite l'attention. Selon que l'on privilégie l'aspect "extérieur" (mobilité spatiale) ou intérieur (psychologique) des rapports dévoyés avec l'espace, sa traduction est différente. Celle de Daniel Poirion met l'accent sur la première perspective: «Seigneur, dit-il, voilà bien cinq ans que j'ai perdu conscience de l'endroit où j'étais.» (p. 842); celle de Charles Méla sur la seconde: «Monseigneur, lui dit-il, il y a bien cinq ans de cela, / soudain je n'ai plus su où j'étais moi-même.» (v. 6290-6291)[310]

B. Médiations douloureuses et allure mythique du *Conte du Graal*.

Avant de mettre un terme à ce chapitre, élargissons la discussion grâce à deux observations inspirées par le rôle cardinal que le conte accorde aux phénomènes de la communication. Cette prééminence conduit tout d'abord à douter de l'interprétation exclusivement sexuelle du sort des rois du château du Graal. Démontés par la réflexion mythique dans le code de la mobilité, les (non)déplacements des deux souverains témoignent de diverses formes de conduite perturbées, immobilisées, déviées ou "gauches". Ces deux rois confinés dans un château où l'on peut tout aussi bien trop manger

---

eschacier tot seul seant, / Qui avoit une eschace d'argent (...) Li eschaciers de rien n'aresne / Ces qui par devant lui s'an vont / Ne cil un mot dit ne li ont.» (v. 7650-7652; v. 7660-7662).

309. «Au chief de cinc anz li avint / Que il par un desert aloit / Cheminant, si con il soloit» (v. 6239-6240).

310. Leçon identique, trad. p. 1128.

que se nourrir d'une hostie, où la réponse ne trouve pas sa question, où l'oncle et le cousin blessés restent écartés ou distants de celui que les lois culturelles placent au plus près, d'où les femmes semblent exclues, figurent deux pièces essentielles des jeux associatifs qui s'organisent autour de l'étrange "nice". Il faut donc s'y résoudre, ces souverains n'ont commis ni fautes ni délits, leur inertie plus ou moins impassible ne dissimule pas un inceste tragique, hypothétique secret refoulé du texte. Ils incarnent la vocation positive et nécessaire de ces êtres médiateurs, que leur infirmité ou leur disgrâce place au coeur des relais signifiants de la narration[311]. Sans leur présence, à la fois déconcertante, fascinante et source de quêtes, Perceval ne vivrait pas son étonnant destin "communicatif". Loin, donc, de subir l'effet de carences, de privations d'être ou de fautes sinistres, ces rois témoignent dans leur corps, à leur tour, de la dynamique qui guide les contes d'"allure mythique":

> les mythes confèrent souvent aux infirmes et aux malades une signification positive: ils incarnent des modes de médiation (...). Le "moins-être" a le droit d'occuper une place entière dans le système, puisqu'il est l'unique forme concevable du passage entre deux états "pleins".[312]

La seconde remarque doit être versée au dossier, riche d'enseignements pour nous, des correspondances symboliques entre les anomalies dans la motricité "droite" et la boiterie, d'une part, et le bégaiement (ou les troubles de l'élocution), la loucherie, le fait d'être borgne (la distorsion de la vision), de l'autre. Ces associations sont des clefs pour accéder aux médiateurs, quel que soit l'usage interprétatif de ce recours (historique, esthétique, éthique, etc.)[313]. La voie est empruntée par Jacqueline Cerquiglini-Toulet pour rendre compte du statut d'un héros bien particulier, le clerc[314]. Le propos paraît éloigné du nôtre, il n'en est rien. L'analogie des carences concernant les médiateurs à la mobilité compromise, dans le roman de Chrétien de Troyes comme dans les tensions

---

311. Ne résistons pas aux charmes de l'intertextualité: c'est parce qu'il reste muet et ne poursuit pas la vengeance qu'il devrait mener à bien que Perceval est blessé aux cuisses par Kei dans *Peredur*: «"D'où viens-tu, seigneur ?" demanda Kei; il répéta deux fois sa question, et Peredur ne répondait pas (...). Kei le piqua de sa lance à travers la cuisse, mais Peredur, craignant d'être contraint de parler et de manquer à son serment, le laissa passer sans se venger de lui.» (Trad. P.-Y. Lambert, 1993, *op. cit.*, p. 262). La traduction de J. Loth était plus explicite: «Kei le frappa de sa lance, et lui traversa la cuisse.» (*Les Mabinogion*. Paris: Les Presses d'Aujourd'hui, 1979, p 217).

312. C. Lévi-Strauss, 1964, *op. cit.*, p. 61.

313. *Cf.* le travail de G. Berruyer-Pichon, *La mutité, la surdité, la claudication, la cécité et la lèpre. Etude de représentations médiévales*, qui dégage les fondements religieux de l'imaginaire médiéval de ces maux (thèse de Doctorat d'Etat. Sorbonne nouvelle, Paris III, juin 1992).

314. *"Un engin si soutil". Guillaume de Machaut et l'écriture au XIVe siècle*. Paris: Champion, *Bibl. du XVe siècle*, XLVII, 1985.

qui fondent l'écriture au XIVe siècle, mérite qu'on ouvre ici une parenthèse. Les trois poètes considérés[315] croquent leur portrait physique avec des notations qui figurent diverses infirmités: «le borgne oueil» et la goutte étant leurs deux traits communs. Rejetant l'interprétation réaliste de ces déficiences apparentes, Jacqueline Cerquiglini-Toulet regarde la perspective que nous fixons également. Voici poètes et chroniqueurs borgnes et goutteux, pour le meilleur de l'art et le pire du corps, semblables aux homme illustres de l'antiquité que leurs a-normalités physiques et sensorielles distinguent et écartent des simples mortels:

> *In the manner of the mythical or anthropological heroes, the clerc bears the sign of his difference, thus creating a ritual from a physical reality. Polyphemus, Ulysses, and Hector all in one, the* clerc, *in the fourteenth and fifteenth centuries represents a new kind of hero, the hero of writing.*[316]

Mais l'enquête peut s'étendre au-delà des héros cités. Pour dilater le champ de la vision, on évoquera la recherche de Georges Dumézil. Son intérêt pour les rapports entre "Mythe et histoire à Rome" lui fait croiser "le Borgne et le Manchot"[317]. La communication médiatrice et sa représentation claudicante apparaissent toutefois grâce à Horatius Coclès, Horatius le Cyclope. Dans l'histoire résumée par Georges Dumézil (à partir de Polybe, Tite-Live, Denys d'Alicarnasse et Plutarque), ce héros borgne permet à ses compatriotes d'établir la "bonne distance" avec les Etrusques, ennemis de Rome, en les foudroyant de son terrible regard. La précision qui suit met en scène un Horatius nageur, définitivement blessé aux jambes pour des raisons qui ne laissent pas de place aux désordres de la sexualité:

> il les rejoint à la nage, sain et sauf suivant les uns, touché à la jambe, suivant les autres, d'un coup qui le laissera à jamais irrémédiablement boiteux.[318]

Frappé aux hanches en nageant, devenant ainsi boiteux, ce borgne donne forme aux protagonistes surnaturels ou héroïques, en contact étroit avec l'eau comme le roi pêcheur, diminués dans leur capacité de locomotion mais, comme lui, gratifiés d'un statut électif éminent.

---

315. Guillaume de Machaut, Rutebeuf et Jean Molinet.

316. *Poetics today*, vol. 5, 3, 1984, p. 479-491; ici, p. 489.

317. Dans *Mythe et Epopée*, 1968, *op. cit.*, p. 423-428. *Cf.* "Le Borgne et le Manchot" dans *Mitra-Varuna*, 1940, *op. cit.*, p. 114-122.

318. *Ibid.*, p. 425. On lit, en effet, sous la plume (traduite) de Plutarque, dans la *Vie de Publicola*: «Horatius (...) se jetant tout armé dans le fleuve, se sauva à la nage et atteignit la rive opposé, bien que blessé à la fesse par une lance étrusque (...) sa blessure, (...) l'avait rendu boiteux.» *Vies*, texte établi et traduit par R. Flacelière. Paris: Les Belles Lettres, 1961, II, 16 (p. 77).

Cette parenthèse permet de revenir plus avisés vers le fils de la veuve. Parfois sourd, parfois muet, errant en lui-même ou longtemps incapable de trouver la voie de son accomplissement, Perceval partage les traits du «médiateur». Le jeune chevalier rejoint sans équivoque ces héros légendaires de la synthèse qui, selon les canons de leur rôle, joignent et s'écartent «pour le meilleur et pour le pire des canaux à travers lesquels les individus entrent les uns avec les autres en communication»[319] et y reviennent, le cas échéant, par des voies contournées. Personnage élu et maudit à la fois (au moins avant la rencontre de l'anachorète), il accompagne les deux représentants royaux de la médiation, évoqués à l'instant. Considérons alors un ultime rameau qui se lace ici au tronc percevalien. Dans les dernières lignes du conte, un vendredi saint, le malheureux croise des pèlerins qui le guident vers les révélations avunculaires et l'instruisent du sens de Pâques: le sacrifice et la résurrection du Christ font de Lui le médiateur de l'intolérable opposition qui, jusqu'à Son sacrifice, posait la mort en irrémédiable contradictoire de la vie:

Molt par fu sainte cele morz,
Ki sauva les vis et les morz
Et suscita de mort a vie.
(v. 6289-6291)

Grâce au rédempteur, par conséquent, «la vie et la mort sont (...) comme les parties identiques et homogènes d'un seul et même être.» Cette phrase résume, selon Ernst Cassirer[320] l'un des aspects prépondérants de l'intelligibilité des mythes et leur effort de médiatisation à tout rompre. Ce ne serait donc pas par pure contingence si la partie Perceval du roman s'achevait au coeur de Pâques[321].

Il est temps de conclure cette exploration de l'"allure mythique" du *Conte du Graal*. Elle a révélé le rôle sensible de Perceval aux instances des codes verbaux, "mnésiques", familiaux et "corporels". Elle s'est appliquée à dresser l'inventaire de ces déterminations pour étudier dans quelle mesure les relations entre acteurs qui les incarnent et les font communiquer permettent d'expliquer de nombreux épisodes de ce roman. Comme le Christ au temps pascal, le jeune gallois incarne le sort singulier de ces êtres que leur plasticité destine à rapprocher, tout à la fois ou tour à tour, des termes opposés ou éloignés, venant de divers domaines de sens (la communicatioin verbale et "mnésique", les rapports sociaux, les parentés biologiques et spirituelles, les relations fils/mère, homme/femmes, etc.).

---

319. J.-P. Vernant, 1986, art. cit., p. 68.

320. *La philosophie des formes symboliques, 2.*, 1972, *op. cit.*, p. 58.

321. L'assimilation symbolique de Perceval au Médiateur divin est-elle placée au terme de la narration, quand l'apogée du médiateur suppose sa disparition ?

Elu et maudit, glorieux et désespéré, trop bavard comme trop muet, oublieux mais trop proche de certains souvenirs, sauvage et "nice" mais détenteur de connaissances intransmissibles, glouton et sobre, mobile mais égaré en lui-même, jeune homme mais stérile et chaste, Perceval est le symbole de la médiation périlleuse mais fédératrice. Il n'assume pas seulement le rôle d'anti-oedipe, représentant emblématique des «communications interrompues», il est la figure des jeux multiples mais réglés de la structuration mythique. A travers son destin, le *Conte du Graal* raconte l'effort tenace pour "com-prendre" et faire communiquer, par la pensée et sa mise en fable aventureuse, la diversité désespérante des mots, des états de la conscience, des actes et des êtres qui se présentent, à tous les étages de la vie, comme inadmissiblement séparés.

## IV. La mémoire et ses pouvoirs de structuration.

Chacune des trois études précédentes ayant conduit à sa propre conclusion, un mot suffira pour dresser un rapide bilan d'ensemble. Face à la fascinante Mélusine, au pieux Enéas et à Perceval le multiple, le médiéviste s'interroge: quel sens prend le spectacle bâti par la culture du Moyen Age et son art littéraire avec un tel personnel ? Les contenus des trois domaines traversés permettent d'y voir un peu plus clair: c'est une pratique de l'esprit qui émerge dans la littérature mythique médiévale grâce aux textes "mélusiniens", à l'*Eneas* et au *Conte du Graal*. Elle comble ainsi les écarts que le monde oblige à constater, elle raconte des fables qui cherchent des solutions spéculatives à des problèmes philosophiques ou métaphysiques comme ceux qu'engendre l'énigmatique relation entre les hommes et les femmes, les fils et leur mère, les humains et les forces de la transcendance.

Essayons maintenant d'élargir la perspective pour considérer les gains de ces chapitres sous un jour qui nous préoccupe depuis le début de ce travail, les divergences entre la critique historique et la méthode structurale. Tentons une hypothèse: le rôle que ces deux procédures attribuent à la mémoire ne serait-il pas emblématique de leurs divergences ? Dans l'optique historique, la mémoire est un lien externe. Pour ce qui nous concerne, elle conjoint deux provinces du savoir, deux cultures, celle du Moyen-Age et celle de ses illustres prédécesseurs. Cette continuité s'exprime non seulement dans l'activité de réminiscence et de conservation mais grâce aux efforts de "remodélisation" et de création; la première partie a suivi cette idée. «Au sein d'une continuité sentie comme homogène,» chaque oeuvre, écrit Paul Zumthor, «réincarne une essence qui est celle même de tous les discours - les textes - qui le précédèrent et le suivront.»[322] Plagiant Michel Foucault et sa vision de la science du XVIème siècle, on dira que cette mémoire externe est «dotée d'une structure faible». Elle n'est que

> le lieu libéral d'un affrontement entre la fidélité aux Anciens, le goût du merveilleux, et une attention déjà éveillée sur cette souveraine rationalité en laquelle nous nous reconnaissons.[323]

Pour l'étude des expressions artistiques inspirée de l'anthropologie structurale, la mémoire apparaît comme une catégorie de pensée, dotée d'un pouvoir de structuration interne fort. Elle est exprimée, par exemple, par les formes propres à la thématique mnésique. Les textes qu'agence la structuration mythique font ressortir au premier plan ses aptitudes à composer des relations entre protagonistes, à traduire des codes et à lier des actes, des paroles (transitive ou réfléchie) et des gestes. L'idée, confirmée par l'exploration qui s'achève, mériterait d'être validée par des analyses plus approfondies de nouvelles oeuvres médiévales. Elles ne s'emploieraient pas à épingler les épisodes "à oublis" ou "à souvenirs" mais à démonter les rouages "com-préhensifs" dans lesquels prévalent les formes de cette mémoire deuxième manière[324]. S'il est juste, ce constat convainc que des représentations comme l'oubli, la nostalgie, etc., ne sauraient être réduites à de banals tours de passe-passe psychologiques destinés seulement à dédouaner à peu de frais les maris parjures, les dieux inconstants et les sauvageons oublieux. Jouant de ses capacités esthétiques, la mémoire interne règle, à des degrés divers selon les fictions, la nature et le déploiement des figures de la communication. Elle effectue une tâche logique et conceptuelle. Elle canalise, parallèlement à d'autres modes de répartitions, la circulation des valeurs vers les personnages symboliques qui en font un usage excessif ou défaillant.

---

322. "L'oubli et la tradition", *Le Genre Humain*, 18, 1988, p. 105-117; ici, p. 109.

323. *Les mots et les choses*, 1966, *op. cit.*, p. 47.

324. *Cf.*, par exemple, l'article de R. Trachsler, "Lancelot aux fourneaux: des éléments de parodie dans les *Merveilles de Rigomer*." qui étudie la structuration narrative des exemples d'"oubli" dans «la célèbre *carole* du *Lancelot* en prose, et l'emprisonnement de Lancelot par Morgue, tiré du même roman.» (*Vox Romanica*, 52, 1993, p. 180-193; ici, p. 183).

De même que la lumière diffuse se concentre dans une lentille, de même que les cristaux s'orientent suivant un réseau, la substance poétique se cristallise dans un moule.[1]

# *CINQUIEME PARTIE*

# *IMAGINAIRE MYTHIQUE MEDIEVAL ET STEREOTYPES ANTHROPOLOGIQUES.*

1. E. R. Curtius, 1956, II, *op. cit.*, p. 141.

## *CHAPITRE I.*
## *MOTIFS ET STEREOTYPES, PIERRES D'ACHOPPEMENT DES FICTIONS MEDIEVALES.*

Cette dernière partie examinera quelques récits venus de l'origine des temps et reconnaissables sous des travestissements multiples dans le but de mieux comprendre la vocation de leur «ventriloquerie»[2] dans la narration du Moyen Age. Grâce à ce nouvel angle d'attaque, on souhaite enrichir les développements antérieurs qui ont dégagé l'un des aspects de la nature mythique de l'art littéraire de ce temps. On soutiendra l'idée que sa "mythicité" s'exprime aussi bien dans les structures symboliques à vocation intellectuelle que dans certaines unités récurrentes qui répandent dans les fables où elles se greffent les significations anthropologiques dont elles sont fécondes. En d'autres termes, une anthropologie de l'imaginaire narratif médiéval impose la compréhension des stéréotypes autant que des structures symboliques. Cette voie n'est pas sans péril. *Topoi*, motifs, séquences-types, clichés ou autres stéréotypes forment, comme on dit, le titre d'un problème. Il conviendra d'élucider ces notions menacées par le flou conceptuel et l'anarchie terminologique. On pense également à des termes aussi sensibles que "anthropologique", "configuration" et "thème"[3]. Quelques recherches poursuivies en musicologie, en iconologie, en psychologie sociale, en linguistique et en ethno-littérature contribueront à la réflexion. Elles ont révélé dans les oeuvres et les activités humaines la présence de séquences dotées d'une physionomie stable et douées cependant de plasticité au gré de leur errance.

Cette ultime partie justifiera, de nouveau, les orientations épistémologiques de ce livre. La description et l'explication s'emploieront à mettre en évidence "les conditions de possibilité" de ce nouveau phénomène. Afin de dégager les traits caractéristiques des motifs[4], on aura de nouveau recours, initialement du moins, aux outils de la sémiotique

---

2. D. Poirion, "Qu'est-ce que la littérature, France 1100-1600 ? 1993, *op. cit*, p. 25).

3. Nous ferons grand usage du terme de "stéréotype". Tant qu'il ne sera pas qualifié par l'adjectif "anthropologique", nous le prenons dans le sens général donné par le dictionnaire *Le Robert*: «ensemble de constantes subsistant à travers les variations individuelles d'un objet, et qui le définit comme tel.»

4. Ce souhait ne va pas de soi. L. Jefferson doute explicitement de son intérêt pour comprendre les motifs, celui dit du "don contraignant" en particulier. "Don - don contraint - don contraignant: A Motif and its deployment in the French Prose Lancelot", *Romanische Forschungen*, 104, 1992.

greimassienne. Mais l'examen de récit que l'on appelle, improprement selon nous, le "coeur mangé" dévoilera, une fois encore, le besoin d'aller au-delà de l'identification formelle qu'elle permet. On s'aventurera au-delà de ces bornes pour se pencher sur les motivations anthropologiques, sur les fonctions expressives et régulatrices que les "stéréotypes", et non plus les motifs[5], jouent entre imaginaire et symbolique. Qu'il soit clair à ce sujet que, pour nous, la signification des récits d'accueil ne saurait être assimilée à l'accumulation des unités accueillies. Ni l'organisation ni le sens des narrations ne coïncident avec un entrelacement de motifs, fussent-ils annoncés comme mythiques[6]. C'est dire à l'avance que cette partie n'est absolument pas vouée, par exemple, à la découverte des "motifs mélusiniens" dans le but d'éclairer leur hypothétique concaténation[7].

## I. Le "matériel roulant" des fictions médiévales.

Des arguments spécifiques dirigent l'étude des oeuvres médiévales dans la direction que nous empruntons, plus que celle des fables de notre temps par exemple. Le premier découle d'un constat esthétique: il est difficile de comprendre les fictions du Moyen Age si l'on fait l'économie d'une réflexion sur les "motifs", les thèmes" ou les "stéréotypes". Dans l'immense littérature critique qui confirmerait ce propos, on lira l'introduction de l'*Index des motifs narratifs dans les romans arthuriens français en vers (XIIe-XIIIe siècles)*. Anita Guérreau-Jalabert voit dans la «richesse et la cohérence thématique» ainsi que dans les «relations en apparence étroites avec les "motifs" de contes», deux «caractères majeurs de la littérature arthurienne en français.»[8] Le développement "Motifs et Personnages"[9] du *Précis de littérature française du Moyen Age* dévoile le «jeu de variantes et d'échos» qui agit à «tous les niveaux» du roman médiéval. A l'horizon, c'est bien la spécificité esthétique de la littérature arthurienne qu'exposent Emmanuèle Baumgartner et Charles Méla. Ce n'est

5. En opposant "motif" à "stéréotype anthropologique" - plutôt qu'à "motif anthropologique" - on exprime plus explicitement la distinction que l'on s'efforcera d'établir entre les deux entités. "Motif" viendra souvent sous la plume, pour éviter la répétition on dira parfois, sans précision, *topos*.

6. L'idée faisait bondir G. Dumézil: «Une école de germanistes a cru faire évanouir ainsi un grand nombre de "mythes", n'y voyant plus qu'une artificielle accumulation de motifs de contes, sans lien légitime, donc sans sujet réel.» *Du mythe au roman*, 1970, *op. cit.*, p. 36. On sait le dédain de C. Lévi-Strauss à l'égard de ces «pointages»: «Outre la cocasserie du répertoire alphabétique, ces dénominateurs communs ne sont que des catégories vagues et sans signification.» *Le regard éloigné*, 1983, *op. cit.*, p. 61.

7. Nous l'annoncions au début de l'examen de ces récits (partie III). Certes la "rencontre à la fontaine", le "don mélusinien", le "voyeur indiscret" peuvent être décelés dans nos fables, leur signification cependant n'est pas épuisée par l'assemblage des ces unités stéréotypées.

8. Genève: Droz, *Publ. rom. et fr.*, CCII, 1992, p. 1.

9. Dans "La mise en roman", *Précis de Littérature française du Moyen Age*, *op. cit.*, p. 111-113.

pas l'originalité ni l'«invention à tout prix» qui la définissent, mais l'usage d'un «nombre assez limité de motifs et de personnages. Certains de ces motifs apparaissent dès le roman antique et se perpétuent dans le roman breton.»[10] C'est donc la nature même de l'art littéraire médiéval, son goût pour la répétition et le détournement, pour l'emprunt et sa remodélisation qui engagent dans cette direction. Des raisons historiques peuvent expliquer ces caractères. La première partie a mis en évidence certaines d'entre elles. L'«état primitif»[11] de cet art, le surgissement du merveilleux celtique dans la culture des *litterati*, la réduction du clivage qui séparait la culture savante de la culture dite "populaire" sont peut-être également à l'origine de la résurgence, dans l'écriture médiévale, «des contenus culturels qui se prévalent d'une mémoire collective et quasi intemporelle.»[12] Bref, poursuivent Michel Stanesco et Michel Zink,

> il n'y a pas de doute que la plupart des romans tirent leur substance des motifs venus du fond des âges et qui sont toujours vivants aux XIIe-XIIIe siècles.

Le constat sera encore plus convaincant quand on aura jeté un regard sur les travaux consacrés à tel ou tel *topos*. Certains ont déjà été évoqués. On se bornera à les compléter en citant, et seulement à titre d'exemples, les études de motifs précis dont la lecture a directement contribué à assurer notre réflexion. Les quelques références qui viennent ne composent donc pas une bibliographie sur la question mais soumettent simplement une sorte de corpus probatoire[13].

Commençons par la littérature romanesque. On connaît les contributions majeures que sont *Le Chevalier errant dans les romans arthuriens en vers des XIIe et XIIIe siècles* de Marie-Luce Chênerie[14] , de

10. On se souviendra ultérieurement des motifs que citent les deux auteurs: le "motif de la description de la tente", "de la folie par amour", "des gouttes de sang", "de la chute de cheval" (*Ibid.*, p. 111-112).

11. «Le Moyen Age est le moment où nous pouvons saisir notre civilisation et notre littérature dans leur état primitif.» (M. Zink, *Introduction à la littérature française du Moyen Age*. Paris: Librairie Générale Française, Le Livre de poche *références*, 1993, p. 5).

12. "La *mise en roman* des motifs folkloriques", *Histoire européenne du roman médiéval*. Paris: PUF, *Ecriture*, 1992, p. 107.

13. Il laisse volontairement de côté la question des "motifs" et des "clichés" de la poésie lyrique médiévale.

14. 1986, *op. cit*. De cet auteur également "Le motif de la Fontaine dans les romans arthuriens en vers des XIIe et XIIIe siècles", *Mélanges de langue et littérature françaises du Moyen Age et de la Renaissance offerts à Charles Foulon*, I. Inst. de Français de Hte-Bretagne, 1980, p. 99-104 et "Le motif de la *merci* dans les romans arthuriens des XIIe et XIIIe siècles", *Le Moyen Age*, LXXXIII, 1977, p. 5-52. A propos du "chevalier errant", on peut lire, en plus des travaux déjà cités, ceux de J. Marx ("Quelques observations sur la formation du chevalier errant", *Etudes Celtiques*, 11, 2, 1966-1967, p. 344-350); de E. Vinaver ("The questing Knight" dans *The Binding of Proteus*: *Perspective on Myth and the Literary Process*. Londres: Lewisburg, 1980, p. 126-140) et de P. Zumthor "Le chevalier errant", dixième chapitre de *Espace et Représentation* (Paris: Seuil, *Poétique*, 1993, p. 201-216).

Jean-Charles Payen, *Le Motif du Repentir dans la littérature française médiévale (des origines à 1230)*[15] et celle de Jean Frappier, "Le motif du don contraignant dans la littérature du Moyen Age"[16]. Signalons également la réflexion que Danielle Régnier-Bohler consacre au «Conte des deux frères et le mort reconnaissant»[17]. L'étude était annoncée par "La largesse du mort et l'éthique chevaleresque: le motif du mort reconnaissant dans les fictions médiévales du XIIIe au XVe siècle", publié dans le recueil *Réception et Identification du conte depuis le Moyen Age*[18]. Le livre de Danièle James-Raoul, *La parole empêchée dans la littérature arthurienne* démonte le vaste «motif privilégié» et «constitutif de la trame romanesque arthurienne»[19] indiqué par son titre. Trois travaux analysant les viols de fées doivent être mentionnés ici: *Ravishing Maidens. Writing Rape in Medieval French Literature and Law* de Kathrin Gravdal, "Le motif du viol dans la littérature de la France médiévale; entre norme courtoise et réalité courtoise" de Dietmar Rieger et "La *demosielle esforciée* dans le roman arthurien" de Antoinette Saly[20].

Dans "Quel est le roi des animaux", Michel Pastoureau examine les motifs et les "thèmes narratifs" qui tournent autour de l'ours et de l'homme sauvage[21]. "L'utilisation des éléments folkloriques dans le lai du *Frêne*" écrit par François Suard[22] ainsi que le passionnant travail "Le motif de l'épée jetée au lac: la mort d'Arthur et la mort de Batradz" de Joël H. Grisward[23] méritent d'être remarqués. Un mot particulier à propos de la

---

15. Genève: Droz, *Pub. rom. et fr.*, XCVIII, 1967.

16. *Travaux de Linguistique et de Littérature*, VII, 2, 1969, p. 7-46 (repr. dans *Amour courtois et Table ronde*. Genève: Droz, *Pub. rom. et fr.*, CXXVI, 1973, p. 225-264).

17. *L'écriture du récit au XVe siècle: un cas de micro-histoire, l'Histoire d'Olivier de Castille et Artus d'Algarbe*. Thèse de Doctorat d'Etat. Université de Paris-Sorbonne, 1994, IV, p. 260-422.

18. *Actes du Colloque de Toulouse, Janvier 1986, Textes réunis* par M. Zink et X. Ravier, Université de Toulouse-Le-Mirail, 1987, p. 51-65. Lire également "Béances de la terre et du temps: la dette et le pacte dans le motif du *Mort reconnaissant* au Moyen Age." *L'Homme*, 111-112, 1989, p. 161-177.

19. 1992, *op. cit.*, p. 18. C. Ferlampin s'intéresse aux *topoi* - notamment «le cercle magique» et «la fontaine maléfique» - qui structurent l'espace merveilleux dans les romans en prose des XIIIème et XIVème siècles (*Magie et Surnaturel dans les romans de chevalerie en France au XIIIème et au XIVème siècle*, 1989, *op. cit.*, p. 66-142).

20. Les références de ces trois textes vont, dans l'ordre à: Philadelphie: Univ. of Pennsylvania Press, 1991; *Amour, mariage et transgressions au Moyen Age, Actes du Colloque des 24, 25, 26 et 27 mars 1983*. Publiés par les soins de D. Buschinger et A. Crépin. Göppingen: Kümmerle Verlag, 1984, p. 215-223 (ici, p. 215); *Cahiers de Civilisation médiévale*, XXXI, 1988, p. 241-267; ici, p. 252.

21. *Figures et Couleurs, Etudes sur la symbolique et la sensibilité médiévales*. Paris: Le Léopard d'Or, 1986, p. 259-277.

22. *Cahiers de Civilisation Médiévale*, XXI, 1978, p. 43-52. L'*Introduction* de l'ouvrage de P. M. O'Hara Tobin, *Les Lais anonymes des XIIe et XIIIe siècles*, est dévolue à l'analyse des «thèmes et motifs» rencontrés dans ces courts récits bretons (notamment, la «rencontre de la dame à la fontaine»; de la «femme de Putiphar»; et du «motif du fils élevé par la mère»).

23. *Romania*, t. 90, 3 (p. 289-340) 4 (p. 474-514), 1969. *Cf.*, également de l'auteur: "*Com ces trois goutes de sanc furent, qui sor le blance noif parurent*. Note sur un motif littéraire."

littérature du Graal. Paule Le Rider considère dans *Le Chevalier dans le Conte du Graal* les motifs de «la question à ne pas poser» et de la «réponse sans question»[24]. Fidèle à ses orientations, Jean-Claude Lozachmeur analyse le thème de la vengeance dans les mythologies indo-européennes où puisent les légendes du Graal[25].

L'ouvrage collectif *Formes médiévales du Conte merveilleux* enquête sur les contes-types «pour lesquels nous disposons dans les textes de l'Occident chrétien médiéval, de formes narratives bien caractérisées.»[26] Il met en lumière les rapports entre les fictions de ce temps et les classifications internationales de Aarne et Thompson (Rubrique *Tales of Magic* en l'occurrence). Dans le même ordre d'idées, on se reportera à *Prêcher d'Exemples*. Jean-Claude Schmitt examine les sources folkloriques de nombreux d'*exempla* et y signale «les concordances éventuelles entre ces *exempla* et les "contes-types" ou les "motifs" de la classification internationale d'Antti Aarne et Stith Thompson.»[27] Dans son étude "Du narré au joué: le motif du faux confesseur" Jean-Claude Aubailly a examiné ce qu'il appelle «une sorte d'*exemplum*»[28]. L'étude des fabliaux indiquée par cette recherche n'a pas évité, bien entendu, les questions que nous abordons. Ainsi la description du «mort par persuasion» et de la «vengeance des maris trompés» magistralement menée par Félix Lecoy dans "Analyse thématique et critique littéraire. Le cas du *fabliau*"[29]. Dans la même veine, on se réfèrera à l'édition des *Fabliaux érotiques* due à Luciano Rossi et Richard Straub[30] qui s'intéressent directement à la question des motifs

---

(*Etudes de langue et de littérature du moyen-âge. Offertes à Félix Lecoy par ses collègues ses élèves et ses amis*. Paris: Champion, 1973, p. 157-164).

24. Paris: SEDES, 1978.

25. "Recherches sur les origines indo-européennes et ésotériques de la légende du Graal", *Cahiers de Civilisation Médiévale*, XXX, 1987, p. 45-63. "Le motif du combat singulier dans les romans antiques" fait l'objet de la réflexion d'A. Petit dans *Naissances du roman. Les techniques littéraires dans les romans antiques du XIIe siècle*. Genève : Edit. Slatkine, 1985, p. 296-304.

26. *Textes traduits et présentés* sous la direction de J. Berlioz, C. Brémond et C. Velay-Vallantin. Paris: Stock Moyen Age, 1989, p. 9.

27. *Récits de prédicateurs du Moyen Age*, présenté par J.-C. Schmitt. Paris: Stock/Moyen Age, p. 12. Pour tout ce qui concerne les *exempla* médiévaux, ces motifs que les prédicateurs inséraient dans leur sermon, et leurs classifications existantes, voir: *Les* exempla *médiévaux. Introduction à la recherche, suivie des tables critiques de l'*Index exemplorum *de Fredric C. Tubach*, dir. J. Berlioz et M. A. Polo de Beaulieu. Carcassonne: Gare/Hesiode, 1992.

28. *Mélanges de langue et littérature françaises du Moyen Age offerts à Pierre Jonin, Senefiance*, 7, Publ. du CUER MA, 1979, p. 47-61. A compléter avec "Note sur le fabliau du *Mari-Confesseur*" de R. Guiette (*Questions de Littérature*, VIII. Gand: Romanica Gandensia, 1960, p. 78-86). Le projet de l'auteur nous concerne: il s'agit de «déterminer les éléments essentiels et indispensables du conte, ceux que l'on ne saurait ni omettre ni remplacer par d'autres sans que l'aventure soit dénaturée.» (p. 79).

29. *Actes du 5e Congrès des romanistes scandinaves*. Turku: Turun Yliopisto, *Annales Universitatis Turkuensis*, 1973, p. 17-31.

30. *Textes de jongleurs des XIIe et XIIIe siècles*. Edition critique et traduction. Paris: Libr. Gén. Française, *Le Livre de Poche*, Lettres Gothiques, 1992.

bâtissant les récits choisis. Changeons d'horizon. Jean-Pierre Martin a étudié dans le détail les *Motifs dans la Chanson de Geste*[31]. Dans ce domaine, on ne saurait oublier l'article de Marguerite Rossi, "Les séquences narratives stéréotypées: un aspect de la technique épique"[32] et le développement "Stéréotypie, Variation et Intertextualité" dans l'ouvrage de Dominique Boutet[33], *La Chanson de Geste*. Transition entre les genres, le travail de François Suard, "Chanson de Geste et Roman devant le matériau folklorique: le Conte de la *Fille aux mains coupées* dans *La Belle Hélène de Constantinople, Lion de Bourges* et *La Manekine*" mérite une attention particulière[34]. On aura, enfin, l'occasion de faire usage de deux revues qui fournissent en abondance des textes précieux, le tome XXX de *Marche Romane* et le numéro 30 de *Senefiance*[35].

Le constat ne peut donc être nié et il ne l'est pas. La littérature du Moyen Age se nourrit de motifs variés et redondants, ils forment ce que Gaston Paris appelait «le matériel roulant» du roman arthurien[36]. Félix Lecoy affirmait également ce point de vue avec force, voici maintenant plus de vingt ans: «il n'est pas un roman médiéval dont l'affabulation ne remonte à l'un de ces thèmes.»[37]

## II. Epinglage des motifs et incertitudes définitionnelles.

Le recours aux notions de "thème" et de "motif" soulève des difficultés de tous ordres: fonctionnelle (à quoi servent-ils, quelles fonctions la narration médiévale leur attribue-t-elle ?), méthodologique et théorique (peut-on cerner l'origine des thématiques littéraires, quels moyens utiliser pour définir les caractères des récits stéréotypés ?). On ne proposera pas dès maintenant les éléments qui, selon nous, permettent de répondre à ces difficiles questions. Continuant à considérer, un peu artificiellement peut-être, la médiévistique dans son individualité, on ne fera que constater ici que le motif est pour elle l'occasion de débats de fond. Pour les aborder, la première solution consiste à nier l'influence de ces récits, témoins de la mémoire des temps, sur l'esthétique littéraire médiévale. Bruce Rosenberg[38]

---

31. *Définition et utilisation (Discours de l'épopée médiévale)*. Thèse de doctorat de troisième cycle. Paris III; dir. J. Dufournet. Univ. de Lille III: CEMD, 1992.
32. *Senefiance*, 7, 1979, *op. cit.*, p. 593-607.
33. Paris: PUF, 1992.
34. *Mittelalterbilder aus neuer Perspektive* (Kolloquium Würzburg, 1984). München: W. Fink Verlag, 1985, p. 364-379.
35. N° 3-4, 1980 pour la première référence et *Senefiance*, 30. Aix-en-Provence: Publ. du CUER MA, 1990, pour la seconde.
36. *Histoire litt. de la France*, XXX. Paris: Impr. Nationale, 1888, p. 48.
37. "Analyse thématique et critique littéraire. Le cas du *Fabliau*", 1973, art. cit., p. 20.
38. "Folkloristes et Médiévistes face aux textes littéraires. Problèmes de méthodes." *Annales ESC*, 5, 1979, p. 943-954.

a dégagé certaines causes du maigre crédit que les études de littérature médiévale accordent aux activités du folkloriste et à sa volonté d'éclairer les unités qu'il examine. Il évoque le refus de certains médiévistes d'admettre que les romans arthuriens puissent trouver leur source dans «les lubies», selon Roger Sherman Loomis[39], des *plowmen, goose-girls, blacksmiths, midwives or yokels of any kind*. Il en vient, c'est le point essentiel, à la méthode réductrice qu'utilise le folkloriste. L'exercice consiste à repérer dans les oeuvres littéraires les fameux "motifs de contes" dont on analyse la composition et la répartition en conformité avec la méthodologie "thompsonnienne" (du nom de son célèbre instigateur). Comme l'écrit Michel Zink, la description vise à «épingler» ces entités dans les textes les plus divers[40]. Transformé en entomologiste, le spécialiste de littérature médiévale s'efforce alors d'en établir des listes exhaustives mais justifiées le plus souvent de façon sommaire. Ces inventaires s'appuient sur le principe bien connu selon lequel l'élaboration de nomenclatures, de dictionnaires, de classements systématiques, etc., vaut explication et connaissance[41].

On gravit alors un degré dans le questionnement. La définition des unités composant le répertoire devrait être elle-même antérieure à l'élaboration d'un catalogue. Or mettre en évidence les traits invariables des "motifs" ne va pas de soi. La difficulté réside parfois à franchir la frontière hermétique entre deux genres bien connus: d'un côté, la recherche théorique, insoucieuse de ses applications; de l'autre, un travail empirique et concret, aveugle aux recherches de fond. Le trait est grossi, mais l'alternative existe, elle a été mise en lumière par Ulrich Mölk qui lui a consacré un travail riche d'enseignements, "Das dilemma der literarischen Motivforschung und die europäische Bedeutungsgeschichte von *Motiv*. Überlegungen und Dokumentation"[42]. Faut-il baisser les bras face à ce dilemme et accepter l'obscurité de la notion de "motif littéraire" ? *Soll man es bei der Unschärfe unseres Begriffs belassen* ? (p. 91). Loin de défendre ce point de vue sceptique, Ulrich Mölk souhaite clarifier cette nébuleuse.

---

39. "Arthurian tradition and Folklore", *Folklore*, CXX, 1959, p. 1-25; ici, p. 2.

40. "La littérature médiévale et l'invitation au conte", 1987, *op. cit.*, p. 1-9; ici, p. 9.

41. L'*Index des Motifs narratifs dans les romans arthuriens français en vers (XIIe-XIIIe siècles)* d'A. Guérreau-Jalabert n'est pas seul. Dans cette veine M. de Combarieu du Grès et Jean Subrenat avaient publié l'*Index des thèmes du Roman de Renart*, *Senefiance*, 22. Aix-en-Provence, Publ. du CUER MA, 1987. Egalement: le *Motif-Index of Early Irish Literature* de T. P. Cross (Indiana Univ. Publ., *Folklore Series*, n° 7, 1952) et le *Motif-Index of Early Icelandic Literature* de I. M. Boberg (Copenhague: Munksgaard, *Bibliotheca Arnamagnaeana*, vol. XIII, 1966); le *Motif-Index of Medieval French Epics derived from anonymous sources in the early twelfth century* de P. Houston Kennedy (University of North Carolina, Chapel Hill, 1966); de A. D. Deyermond et M. Chaplin, "Folk-motifs in the Medieval Spanish Epic": *Philological Quarterly*, 51, 1972, p. 36-53 et *An Index of Themes and Motifs in twelfth-century French Arthurian Poetry*. E. H. Ruck. Cambridge: Brewer, 1992.

42. *Romanistisches Jahrbuch*, 42, 1991, p. 91-120.

Seulement son travail choisit une voie bien particulière: non celle d'une théorisation de la définition, mais celle de l'histoire de la notion. La seconde toutefois ne disqualifie en rien la première. D'ailleurs son intention explicite serait que cette pente historique rejoigne le versant philologique afin de favoriser de futures utilisations "techniques" de ces "motifs littéraires":

> *Die Vergegenwärtigung dieser Hauptlinien oder einzelner ihrer Abschnitte könnte für eine künftige technische Verwendung des Wortes von Nutzen sein; dass sie für die hier vorgetragenen "Überlegungen" die Voraussetzungen waren, wird den Philologen nicht überraschen.*[43]

Constat identique mais perspective différente pour Anita Guérreau-Jalabert. Après avoir souligné le caractère très approximatif de la conception du motif chez Aarne et Thompson, l'auteur affrontait dans son texte de 1983[44] la question de leur définition. Elle s'interrogeait sur les «caractères qui qualifient un motif comme folklorique» (p. 16). On ne voit pas pourquoi, en effet, cet adjectif définirait la notion de motif (pas plus, ajoutera-t-on, que de son complément "de contes", dans l'énoncé "motifs de contes"). L'état des lieux méthodologiques est plutôt sombre (p. 34): l'«inconsistance, l'absence de définition, même empirique» des notions de "motif" et de "folk-literature" empêchent de les considérer «comme des outils d'analyse efficaces, ni servir de caution scientifique à des études de textes.» Ces critiques sont répétées dans *l'Introduction* du récent *Index des motifs narratifs*. Parmi les reproches adressés au répertoire thompsonnien, «l'émiettement des contenus narratifs» arrive en tête avec les «phénomènes de redondance et de dispersion» (p. 9). Les doutes quant à la cohérence de l'ouvrage de Thompson conduisent de nouveau vers une conclusion sceptique.

Certains médiévistes ont répondu à cette défiance. Ils composent la troisième tendance, plutôt "formaliste", de l'effort pour définir les motifs. Citons par exemple le travail de Jean-Pierre Martin. Le constat de «l'ambiguïté des termes» n'est qu'un préalable à un travail d'élaboration. A juste titre, l'auteur souligne l'idée qu'il ne s'agit pas «d'une simple affaire de mots et de découpage: la confusion tient à la perspective même de l'analyse.»[45] La solution est cherchée dans certains modèles sémiotiques, on en reparlera dans un instant. Un mot enfin pour rappeler l'apport, à ce troisième courant, du grand précurseur que fut Joseph Bédier. Il rejette tout d'abord la thèse historiciste: «le problème de l'origine et de la propagation

43. *Ibid.*, p. 92.

44. "Romans de Chrétien de Troyes et Contes folkloriques. Rapprochements thématiques et observations de méthode", 1983, art. cit.

45. 1992, *op. cit.*, p. 15.

des contes est insoluble et vain»[46]. L'auteur des *Fabliaux*, c'était en 1893, propose alors d'étudier les éléments constitutifs des contes à partir d'une méthode qu'il pense «sûre, nécessaire et non contestable» (p. 253). Le travail comparera «les traits accessoires des différentes versions» d'un conte pour extraire ce qui ne relève que de sa forme irréductible «abstraite et comme symbolique». Elle ne contient aucun élément culturel («aucun trait ni kirghiz, ni islandais, ni indien, ni gascon, ni syrien, ni anglais.»[47]) Constant, inaltéré et universel, ce qu'il appelle le noyau organique (*w*) définit «le conte lui-même» (*Ibid.*, p. 264).

Cette triple évocation avertit de la variété des questions que suscite le "matériel" stéréotypé dont se nourrissent divers genres littéraires du Moyen Age. Retenons de ce qui précède que, si la connaissance des fictions médiévales réclame de mieux comprendre les "motifs" et les "stéréotypes", celle-ci appelle une théorie du sens apte à en construire la définition. Ainsi éviterait-on, peut-être, l'arbitraire des déterminations de ces entités, arbitraire maintenu dans «le souci tout pragmatique de ne proposer à l'usager que des catégories immédiatement intelligibles à tous» comme le dit Claude Brémond[48]. Autant dire, dans le refus de toute théorisation. Dans son *Introduction* au recueil *Réception et Identification du Conte depuis le Moyen Age*[49], Michel Zink se préoccupe des difficultés soulevées par l'intégration des *membra disjecta* folkloriques dans la littérature du Moyen Age. Les "motifs de contes" ne sont qu'en apparence une belle pierre polie par des millénaires de productions orales et écrites; en réalité, dans la tension constitutive de l'oeuvre médiévale, ils deviennent «pierre d'achoppement, occasion de scandale, lieu de contradiction.» (p. 9) Gardons cette idée en mémoire pour tenter de lever la contradiction sous l'angle de notre propre description.

---

46. *Les Fabliaux*, 1893 (repr. Paris: Champion, 1982), *op. cit.*, p. 254.
47. *Ibid.*, p. 261.
48. "Comment concevoir un index de motifs", *Bulletin du GRSL*, 16, 1980, p. 15-29; ici, p. 16.
49. "La littérature médiévale et l'invitation au conte", 1987, *op. cit.*, p. 1-9.

## *CHAPITRE II.*
## TOPOI, *CONFIGURATIONS, MOTIFS, THEMES.*

Qu'est-ce qu'un motif ? La question oriente de multiples études, qu'elles soient ethnologiques, esthétiques, psychologiques, sociologiques, historiques, littéraires ou stylistiques. Nous ne sommes donc pas seuls et nous ne pouvons que tirer avantage de recherches parallèles aux nôtres.

### I. Panorama de la recherche.

Leur présentation, bien que cavalière, clarifiera les notions qui vont accompagner ce développement.

#### A. *Topoi* argumentatifs, *topoi* fictionnels.

Les contenus des notions sollicitées seront mieux intelligibles si l'on éclaire la tradition dans laquelle elles se situent. Car, au sein de la réflexion rhétorique *topoi* et *loci* sont les enjeux d'un vif débat depuis l'antiquité. La médiévistique contemporaine a hérité de la discussion.

D'un côté, la rhétorique d'inspiration aristotélicienne[50] qui vise l'efficacité de la vérité. Les "lieux", éléments de l'art oratoire, servent à mettre en forme, à normer, le raisonnement argumentatif (l'orateur doit parler de l'existence, de la possibilité, il doit introduire, induire, amplifier ou déprécier, etc.). Façonnage de l'organisation du discours «selon des schémas d'ordre logico-verbal», ils relèvent, dit Georges Molinić, de «la forme du contenu»[51]. En conséquence, cette part de la rhétorique considère les lieux comme des corps privés de substance (de "thèmes", de "sujets"). Cette conception intéresse directement la compréhension de la conjointure romanesque médiévale. La thèse est soutenue, parmi bien d'autres, par Eugene Vance et Douglas Kelly[52]. Elle permet d'accéder aux paradigmes d'où sont venues les formes de la création:

---

50. L'ouvrage de N. J. Green-Pedersen, *The Tradition of the Topics in the Middle Ages. The commentaries on Aristotle's and Boethius'* Topics, est de première utilité. Munich: Philosophia Verlag, 1984.

51. *Eléments de stylistique française*. Paris: PUF, *Linguistique Nouvelle*, 1986, p. 183. La deuxième partie des *Motifs dans la Chanson de Geste*, de J.-P. Martin, examine les "motifs" propres à la forme de l'expression ("formules" et "clichés"; 1992, *op. cit.*).

52. Ses articles, "Matiere and genera dicendi *in Medieval Romance"* (*Yale French Studies*, 51, 1975, p. 147-159) et "La spécialité dans l'invention des topiques" (*Archéologie du signe;* ed. L. Brind'Amour et E. Vance. Toronto: Pontifical Institute of Medieval Studies, 1982, p. 101-126) proposent de riches bibliographies, complétées par E. Vance dans: *From Topic to Tale. Logic and Narrativity in the Middle Ages* (Minneapolis: The Univ. of Minnesota Press, 1987, p. 117, n.1).

> *The art of romance did not spring full-blown from the head of Chrétien de Troyes and his peers. They had a frame of reference, a paradigm for invention. That paradigm may be reconstructed from the medieval arts of poetry and prose and related documents.*[53]

La description débusque alors, dans la composition romanesque médiévale, les *topoi* argumentatifs (comme l'"invention", l'"amplification", la "description", etc.), venus d'Aristote, transmis par Cicéron et commentés par le *De Differentiis Topicis* de Boèce. La narration du Moyen Age est en effet "infiltrée par la théorie de la topique", écrit Eugene Vance, au moment décisif de présenter son propos[54]. Avant de considérer la seconde conception des "lieux", disons que ce premier point de vue ne sera pas le nôtre. De même qu'il n'était pas question de nous lancer dans un inventaire de "motifs de contes", nous voulons éviter l'"épinglage" des *lieux* rhétoriques. Des *a priori* identiques guident les deux préoccupations: la découverte d'unités élémentaires (formelles ou substantielles), reflets des préoccupations culturelles de l'époque, précède l'étude de leur chaînage; celui-ci incombe à l'art de l'auteur, à ses connaissances (de "grammairien"), à ses intentions créatrices ainsi qu'à son respect de la tradition. Comme il se doit, ces présupposés subjectifs et "totalisants" voient dans le texte d'accueil, une oeuvre parfaite:

> *The coordination of* aventure merveilleuse *and* vérité *depends on the auctorial conception of the work, the* intentio *that plots the entire narrative in its perfection. The completed work is the perfect whole.*[55]

La tentative de découvrir dans la narration médiévale, les formes venues de la réalité subjective et culturelle paraît d'ailleurs conduire à l'impasse. Eugene Vance l'admet quand il accorde à Chrétien de Troyes des talents romanesques très personnels[56]. Cette autonomie à l'égard de la logique argumentative n'est pas propre au romancier champenois:

> *in the twelfth-century culture, the new virtuosity of vernacular fiction constitutes itself precisely over and against those very laws of necessity and probability that the early scholastics were so carefully asserting in the domain of topical theory.*[57]

53. D. Kelly, *The Art of Medieval French Romance*. Madison: The Univ. of Wisconsin Press, 1992, p. 32-67; ici, p. 32.

54. *Topical theory seems to have infiltrated poetic practice, specifically in demanding new criteria for coherence in narrative art.* (1987, *op. cit.*, p. 43).

55. D. Kelly, 1992, *op. cit.*, p. 145.

56. *If critics have long been aware of Chrétien's tendency to make sport of rhetoric events as he exploits it, I suggest that the same spirit of autonomy holds true on his relationship to the discipline of logic*. (1987, *op. cit.*, p. 50).

57. *Ibid*.

Abordons la seconde perspective. L'étude des *topoi* argumentatifs et de leur rôle constitutif pour le roman médiéval s'oppose à l'idée que des "clichés", des archétypes, des thèmes, etc., venus de l'antiquité réapparaissent tels quels à la période médiévale. Ce *topos* deuxième manière - de nature fictionnelle ou "substantielle" et qui ne se soucie guère de vérité[58] - serait *a permanent legacy of Latinity and recurs with modulations in different epochs of Western culture*. Ces mots critiques de Eugene Vance tiennent explicitement en ligne de mire Ernst R. Curtius et son répertoire *d'"historical topics"*[59]. Ainsi conçue, la topique perd son caractère de liste de catégories générales, privées de sens pour devenir, selon les termes de Roland Barthes, réserve culturelle de morceaux dotés «d'un contenu fixe, indépendant du contexte.»[60]

On l'a dit, le débat est inscrit au coeur de la notion de *topos*. Dans les pages citées à l'instant, Roland Barthes commente le chapitre "La Topique" de Ernst R. Curtius[61]. Il distingue les deux sens du mot. Le premier concerne le domaine oratoire. C'est celui qu'exploitent Douglas Kelly et Eugene Vance: la topique est «une grille de formes vides» auxquelles «on soumet la matière que l'on veut transformer en discours persuasif.»[62] Le second sens, au contraire, fait de la topique «une réserve de formes pleines» (p. 138). La grille se remplit de contenus. Répétés, ils se réifient. Exemple: «le *locus amoenus*, en tant que *topos* très précis de la description du paysage.» (Curtius, I, 1956, *op. cit.*, p. 320). «Cette réification de la Topique», observe Barthes, «s'est poursuivie régulièrement par-dessus Aristote à travers les auteurs latins.» (p. 140). Le fossé est net: l'écart entre la critique américaine et les positions de Ernst R. Curtius reflète les deux acceptions classiques de la Topique, il est la traduction de «l'ambiguïté historique de l'expression *lieux communs* (*topoi koinoi*, *loci communi*).»[63]

En réalité, nous semble-t-il, Ernst R. Curtius ne choisit pas. Sa topique assemble les deux acceptions sans inquiétude, mêlant dans les mêmes pages figures narratives - comme "la beauté de la nature" (p. 153), "la modestie affectée" (p. 154-58) - et *topoi* argumentatifs, comme la "topique de l'exorde" (p. 158-162). Ces derniers, on l'a dit, n'intéresseront pas notre examen. Au contraire des "thèmes", "*patterns*" et autres "figures" ou "stéréotypes", peu éloignés de ce que nous entendrons par motifs. Reste

58. C. S. Baldwin cite, par exemple: *The adulter unmasked, the man who fell in love with a statue. Medieval Rhetoric and Poetic*. Gloucester: P. Smith, 1959, p. 11.

59. *From Topic to Tale*, 1987, *op. cit.*, p. 42 pour ces citations.

60. "L'ancienne rhétorique", *L'aventure sémiologique*. Paris: Seuil, *Essais*, 1985, p. 85-164; ici, p. 139 et p. 140.

61. *La littérature européenne et le Moyen-Age latin*, 1956, *op. cit.*; I, V, p. 149-186.

62. R. Barthes, 1985, *op. cit.*, p. 138.

63. *Ibid.*, p. 143.

cependant une question de taille: ces *topoi* fictionnels, détachables, mobiles mais reconnaissables, comment les définir ? Comment ranger diverses occurrences dans un *topos* unique ? Pour répondre tout en complétant le panorama annoncé, regardons les recherches susceptibles d'aider l'exploration.

B. Les prototypes lexicaux.

La linguistique du prototype telle que l'expose, entre autres, Georges Kleiber[64] s'est révélée d'un intérêt particulier. Non qu'on y trouve les instruments recherchés mais parce qu'elle trace clairement le cadre dans lequel évoluent les tendances contemporaines en matière de classification des stéréotypes et des prototypes. Précisons davantage les raisons qui poussent dans cette direction. Le motif, (micro)récit stable, voit ses apparitions varier selon ses inscriptions contextuelles. Le constat a un parallèle dans le domaine phrastique, celui des mots, ou, pour parler comme les linguistes, des "lexèmes". Conséquence que les spécialistes des récits stéréotypés n'ont pas manqué de tirer: le motif est, dans l'ordre du discours, ce que le "lexème" est dans l'ordre de la phrase; un terme gonflé de potentialités de sens que révèlent ses acceptions particulières[65]. Greimas l'affirme sans ambages: «le motif, structure virtuelle, est au discours ce que le lexème est à la phrase.»[66] On ne peut donc que tirer bénéfice de l'«articulation entre prototypicalité lexicale et stéréotypie discursive.»[67] Une telle affirmation ne fait que se conformer aux conditions générales d'existence des formes d'expression. Une entité peut être en effet identifiée selon deux points de vue. Soit, en partant d'un terme qui l'exprime (une dénomination lexicale) puis en élaborant les traits qui le définissent dans le discours ou le texte (en expansion, donc), soit, au contraire, en réduisant une unité textuelle au terme qui la nomme. Ce va-et-vient est conforme à

64. *La sémantique du prototype. Catégories et sens lexical*. Paris: PUF, *Linguistique Nouvelle*, 1990. Egalement: "Prototypes", *Scolia*, dir. J.-E. Tyvaert, Univ. des sciences humaines de Strasbourg, 1, 1994.

65. Nommés les "sémèmes", inventoriés par les dictionnaires usuels. Ces termes sont conçus dans le sens suivant: «On sait que le **lexème** (...) se présente comme une unité de signification à l'état *virtuel*: grâce à la "mise en discours" il donne lieu au **sémème**, défini comme l'alliance du noyau sémique et de la base classématique (ou sèmes contextuels).» (J. Courtés, *Le Conte populaire; Poétique et Mythologie*. Paris: PUF, *Formes sémiotiques*, 1986, p. 55; nous soulignons).

66. *Avant-Propos* de Greimas à "La *lettre* dans le conte populaire merveilleux français", J. Courtés, 1979, *op. cit.*, p. 6.

67. P. Siblot. "De la prototypicalité lexicale à la stéréotypie discursive. La *casbah* des textes français", *Lieux communs, topoï, stéréotypes, clichés*; dir. Christian Plantin. Paris: Ed. Kimé, 1993, p. 342-354; ici, p. 343. Cette idée est bien connue. A. J. Greimas l'a affirmée à plusieurs reprises après en avoir fait la fondation de sa sémantique structurale. *Cf.*, dans les *Essais de sémiotique poétique*: «Les signes, définis selon la tradition saussurienne par la réunion d'un signifiant et d'un signifié, peuvent être de dimensions inégales: un mot, une phrase sont des signes, mais aussi un discours.» (Paris: Larousse, 1972, p. 10).

«l'activité du langage qui joue sur l'élasticité du discours grâce au rapport *expansion/condensation*.»[68] Les deux unités inégales (condensées et étendues) sont considérées comme sémantiquement équivalentes. En conséquence, l'identité et la signification des motifs se décrivent comme celles des prototypes de la langue.

Quel parti tirer de la sémantique qui leur est consacrée ? Mais d'abord, que dit-elle ? Plusieurs réponses peuvent être apportées à la question de savoir pourquoi certaines entités (un objet, un animal) s'incorporent dans un ensemble linguistique particulier. Le point de vue objectiviste répond que les unités d'une même catégorie présentent des attributs identiques, obligatoirement présents. C'est le «modèle de *conditions nécessaires et suffisantes* (noté CNS)»[69]. Ces requêtes ont longtemps inspiré la lexicologie comme la recherche sur les séquences stéréotypées. Elles ont fait l'objet de vives critiques dénonçant leur incapacité à décrire objectivement ces entités, à délimiter en toute certitude leurs contours, à se donner les moyens d'exclure les "mauvaises" versions des "bonnes". L'attaque porte finalement sur l'application trop stricte de la méthode des CNS. Si le courant opposé (expérientialiste) récuse cette conception c'est précisément sur la base de la théorie du prototype. Sa réplique prend, selon G. Kleiber, deux directions divergentes: une version "standard" et une version "étendue". Pour la première, le prototype est initialement:

> le meilleur représentant de la catégorie (...) les catégories sont structurées selon une échelle de prototypicalité (...) les entités sont rangées dans une catégorie selon leur degré de ressemblance avec le prototype.[70]

La version étendue s'adosse à la notion wittgensteinienne «de ressemblance de famille», c'est-à-dire à l'idée que les membres d'une catégorie peuvent être reliés les uns aux autres «sans qu'ils aient une propriété en commun qui définisse la catégorie.» (p. 151). En résumé, les sémantiques du protototype choisissent l'évidence de l'intuition contre l'impératif définitoire.

Cette thèse appelle trois observations. Elle est depuis longtemps familière à nombre d'ethno-folkloristes et de médiévistes. Autour de ce qu'ils jugent être la meilleure version d'un récit ou d'un *topos* s'organisent des hiérarchies empiriques, selon le degré de fidélité au «meilleur

---

68. *Dictionnaire raisonné*, 1979, p. 85; entrée "définition".

69. Cette conception - dite "aristotélicienne" - s'appuie sur les bases suivantes: «(i) Les concepts ou catégories sont des entités aux frontières clairement délimitées. (ii) L'appartenance d'une entité particulière à une catégorie répond au système du vrai et du faux (...). (iii) Les membres d'une même catégorie ont un statut catégoriel égal (...); chaque membre est aussi "bon" membre que les autres. *Ibid.*, p. 22-23.

70. *Ibid.*, p. 185.

exemplaire». L'examen du "coeur mangé" illustrera cette affirmation. Deuxième remarque, cette sémantique marie explicitement stéréotypes du lexique et des récits: des phénomènes «qui appellent une description en termes de bons et de moins bons exemplaires» régissent également les «macro-structures sémantiques (*scripts* et *scénarios*)» (p. 103).

La dernière remarque reconduira vers nos préoccupations concrètes. Le rejet fondateur du modèle des CNS ne va pas de soi. L'auteur de la *Sémantique du Prototype* en convient, l'éventuelle existence des propriétés prototypiques

> ne règle (...) en rien le problème le plus délicat, celui de leur identification. Il est curieux de constater que la sémantique du prototype rencontre la même difficulté que la sémantique des CNS: sur quelles bases choisir les traits pertinents ?[71]

Citant les travaux de Bernard Pottier, d'Algirdas J. Greimas et de François Rastier - autant d'auteurs qui nous servent de guides - G. Kleiber reconnaît la pertinence de la sémantique structurale européenne, injustement mise en cause par l'engouement pour le prototype (d'inspiration anglo-saxonne). Il rappelle en premier lieu le bien-fondé du principe de détermination réciproque, socle de la linguistique structurale. Il fait notamment apparaître une distinction qui nous sera d'un grand secours. Contrairement à ce qu'on lui a reproché, le modèle des CNS n'ignore pas la hiérarchie des termes lorsque plusieurs sont disponibles ("chien", "mammifère" ou "animal" ne sont pas considérés comme équivalents; pas plus, à propos de la séquence-type qui va nous retenir, que "coeur (mangé)", "organe", "morceau de chair" et "métaphore érotique"). Le modèle des CNS rend compte de cette dimension dite verticale, en distinguant l'"archilexème" du "lexème".[72] Notre pilote s'élève enfin contre toute tentative d'explication empirique, soulignant la nécessité d'hypothèses formulées *a priori* pour structurer la signification. Le «sens réel» ne se détermine que «dans le cadre d'une théorie sémantique et d'une méthodologie sémantique justifiables indépendamment.[73]

Quel bilan tirer de ces observations ? Georges Kleiber conclut sa présentation de la version "standard" du prototype en regrettant qu'elle refuse «de postuler la nécessité de critères communs à tous les membres d'une catégorie.»[74] Il poursuit en conseillant de «réintroduire un modèle

---

71. *Ibid.*, p. 75. H. de Chanay discute de la relation "protoype"/CNS dans "Sens lexical et argumentation: des CNS aux *topoi*", *Lieux communs, topoï, stéréotypes, clichés;* 1993, *op. cit.*, p. 290-300.

72. Le substantif "siège", par exemple, joue le rôle d'archilexème par rapport à "chaise", "tabouret", "canapé", "fauteuil", etc.

73. 1990, *op. cit.*, p. 32. Il s'agit d'une citation de l'ouvrage de A. Wierzbicka: *Lexicography and Conceptual Analysis*. Ann Arbor: Karoma Publishers, 1965, p. 211.

74. *Ibid.*, p. 138-139.

critérial d'appartenance plus souple» (que celui des CNS). En accord avec ces propositions, notre travail souhaite, tout d'abord, se doter d'une méthode pour décrire le "fait" étudié; par ailleurs, il ne recourra pas à la conception du "meilleur exemplaire" mais s'adossera au modèle des CNS assoupli (et, autre différence déterminante, privilégiera une sémantique narrative). Il acceptera notamment que, complétant la base des propriétés typiques de la catégorie, apparaissent des composants qui ne soient pas obligatoires pour toutes les occurrences d'un motif. Il s'agit au fond de découvrir le plus grand dénominateur commun aux séquences étudiées, et non le plus petit, étroitement défini à partir des seuls traits obligatoires. C'est ainsi que nous répondons au voeu pertinent de la médiéviste anglaise, Lisa Jefferson: la définition "théorique" ne devrait pas exclure les exemplaires qui ne lui seraient pas strictement conformes:

> *Readers, both medieval and modern, can recognise an occurrence of the motif instantly, yet one recurring problem is that the attempt at a critical definition have needed to exclude seemingly obvious examples for non-conformity to the (invented) rules.*[75]

Il reste à découvrir les critères communs aux motifs et autres stéréotypes. La sémiotique greimassienne a des obligations envers diverses recherches menées dans des régions variées des sciences humaines.

C. Sources narratologiques et esthétiques de la description.

On constate encore de nos jours l'influence des index bâtis par les folkloristes de l'Ecole finlandaise. Pourtant leur procès a été bien souvent instruit[76], de Vladimir Propp à Claude Brémond en passant par Eléazar Mélétinski et Claude Lévi-Strauss, l'arbitraire dans la sélection des unités, le manque de cohérence des résultats obtenus, les présupposés de ce genre d'inventaires ont été précisément mis à jour. C'est sur ce dernier point que l'auteur de *L'Origine des manières de table* met l'accent: «pour autant qu'elle s'applique à rassembler les faits, on ne saurait rien objecter à cette méthode (...) thompsonnienne, d'esprit positiviste et empirique» avant d'ajouter: «les difficultés commencent avec la définition des faits.»[77] Ce reproche était déjà celui que Propp adressait à la méthode de Joseph Bédier. Usant de la terminologie aristotélicienne, le médiéviste considérait le noyau organique du conte (*w*) comme sa "substance"; il appelait "accidents" les

75. "Don - don contraint - don contraignant: A Motif and its deployment in the French Prose Lancelot", 1992, art. cit., p. 28.

76. Lire, de J. Courtés: "Le motif selon S. Thompson" (*Bulletin du GRSL*, 16, 1980, "Le motif en ethno-littérature", p. 3-14) et "Comment concevoir un index de motifs" de C. Brémond (p. 15-29). *Cf.* la critique de ces index, ici, partie III, chap. II.

77. Paris: Plon, 1968, p. 186.

éléments spécifiants (a + b + c, ou l + m + n, etc.), qui distinguent les multiples versions d'une même fiction. Mais, remarque Propp, cette idée fondamentalement exacte se heurte à l'impossibilité de définir exactement ce *w* (qui n'apparaît que sous la forme du résumé de quelques occurrences):

> Ce que représentent en fait, objectivement, les éléments de Bédier, et comment on les isole, voilà qui reste inexpliqué.[78]

Toujours la même critique donc: la définition des traits constitutifs de la "substance" est arbitraire ou inexistante. Si maintenant, prenant des libertés avec la chronologie, on aborde les travaux de Claude Brémond on sera à même d'apprécier les recherches d'inspiration proppienne qui s'intéressent aux motifs. Pour Claude Brémond, deux motifs - «le diable enlève la fille d'un paysan», «un dragon enlève la fille du roi» - peuvent être rapprochés «en raison de la fonction identique qu'ils assument dans le récit, celle du méfait proppien»[79]. Il y aurait donc solidarité entre le motif et la fonction qui lui est sous-jacente. En l'occurrence, les deux motifs cités seraient la spécification d'un archi-motif fonctionnel, «l'agent x lèse le patient y.» Une telle interprétation soulève de nombreuses difficultés. On peut se demander, en premier lieu, si Propp aurait facilement accepté de dire qu'un motif habille une "fonction". Car le but de la *Morphologie* consiste à définir les unités qui remplacent rationnellement «les *motifs* de Vessélovski ou les *éléments* de Bédier»[80]. Or ces unités chargées de se substituer aux motifs sont précisément, écrit Propp, les «fonctions des personnages» (*Ibid.*). Supposons cette substitution possible, la fonction est-elle objectivement l'élément invariant, non substituable donc, apte à constituer les motifs ? Tout chercheur a pu le constater, deux motifs peuvent se manifester par une formulation quasiment identique et recouvrir, cependant, deux fonctions différentes (voire contradictoires, interdit / transgression, par exemple). «Cette question met en cause le principe même de notre classification», reconnaît Claude Brémond[81]. Si la fonction ne joue plus son rôle d'invariant, cette entrée n'est «ni moins instable ni moins arbitraire que toutes celles qu'on pourrait imaginer (...) à la manière éclectique de Stith Thompson.» (*Ibid.*). Troisième embarras, aucun parcours ne convient à Claude Brémond lorsqu'il examine les possibilités d'apparition des motifs à partir de la fonction abstraite sous-jacente. Retiendra-t-on dans tous les cas, comme éléments particularisants, la considération du sexe du patient (fils/fille), de sa condition sociale (origine paysanne, royale), ou encore celle de la nature du méfait (enlever,

---

78. *Morphologie du Conte*, 1970, *op. cit.*, p. 23.
79. Ces diverses mentions viennent de l'article du *Bulletin du GRSL*, 16, 1980, p. 25.
80. V. Propp, 1970, *op. cit.*, p. 29.
81. 1980, art. cit., p. 27.

envoûter) ? Là encore, dit l'auteur, «nous ne devons nous faire aucune illusion sur le caractère aléatoire, tâtonnant, approximatif, des démarches qui concourent à la définition du motif» (*Ibid.*, p. 26). Quatrième remarque enfin, Claude Brémond s'appuie sur les critiques proppiennes des travaux de l'Ecole finlandaise. Tient-il suffisamment compte des mises en cause adressées non seulement aux résultats du chercheur russe mais surtout à la conception même qu'il se fait de la narrativité[82] ? L'inventaire de la *Morphologie* n'est ni cohérent ni apte à dégager les formes narratives élémentaires. Il serait donc aléatoire de considérer la fonction proppienne comme une référence permettant de définir le noyau de tout motif. C'est la notion même de motif fonctionnel, de motif narratif, qui se trouve ainsi mise en cause.

Venons-en, ne serait-ce que brièvement, aux directions ouvertes par Erwin Panofsky. Il est l'un des rares chercheurs soucieux de comprendre la notion de "motif" à partir d'une conception globale de la signification esthétique. Aussi est-il légitime de se placer sous le patronage de ce savant, célèbre historien de l'art et grand structuraliste. L'auteur de *L'Oeuvre d'art et ses significations*[83] distingue trois niveaux de sens dans l'échafaudage de toute création picturale. Tout d'abord, la signification primaire ou naturelle. Les formes saisies à ce stade sont des

> configurations de lignes et de couleurs ou certaines masses de bronze ou de pierre qui représentent des objets naturels ; leurs relations mutuelles les constituent en événements.[84]

C'est cette «composition» figurative, dessinée par des formes chargées cependant de significations (nous sommes donc au plan de la figure, construite par la toile et non du simple représentant objectal, ou signifiant) qu'Erwin Panofsky - proche de E. R. Curtius - appelle «l'univers des motifs artistiques»[85]. Exemple: un repas, représenté sur la toile[86]. La signification secondaire ou conventionnelle naît de l'interprétation de ces formes en fonction des «thèmes ou concepts spécifiques» (1967, p. 29), message de l'oeuvre décrypté grâce à notre savoir culturel. Exemple: le repas, la Cène. Les motifs ainsi enrichis de signification - c'est-à-dire "thématisés" - sont

---

82. *Cf.* partie III, chap. II.

83. *Essais sur les arts visuels*. Paris: Gallimard, *Bibl. des Sciences humaines*, 1969. Deux ans auparavant Panofsky avait publié ses *Essais d'Iconologie. Les thèmes humanistes dans l'art de la Renaissance*. Paris: Gallimard, *Bibl. des Sciences humaines*.

84. 1967, *op. cit.*, p. 12.

85. *Ibid.*, p. 13.

86. Une illustration médiévale sera la bienvenue. D. Poirion a dégagé la composition de la figure des "trois gouttes de sang" dans le *Conte du Graal:* «il y a, peut-être comme cadre et support, l'empreinte de l'oie qui a foulé la neige (...) une sorte de cercle ou d'ovale (...). Tel est le *schème* abstrait à partir duquel la pensée de Perceval retrouve son visage.» "Du sang sur la neige: Nature et Fonction de l'image dans le *Conte du Graal.*" *Voices of Conscience*, Philadelphie: Temple Univ. Press, 1977, p. 146.

dénommés des «images». Enfin, troisième niveau, la signification «intrinsèque» ou «immanente» porteuse de «symptômes culturels en général». Ces symboles composent la mentalité d'une époque, son «contenu» (*Ibid.*):

> la Cène, (...) document sur la personnalité de Léonard ou sur la civilisation de la Renaissance italienne, ou sur un mode particulier de sensibilité religieuse.[87]

En résumé, pour Panofsky, le signifié du motif est triple: figuratif (niv. 1), thématique (niv. 2), et symbolique (niv. 3).

Que dire des divergences entre les approches du motif que l'on vient d'évoquer ? Ce qui les distingue c'est la conception que chacune d'elles se fait de la "mise en sens". La disparité de ces visions est le reflet de l'hétérogénéité des points de vue descriptifs. Ce constat met en évidence la nécessité de respecter un certain nombre de contraintes méthodologiques dès lors qu'il s'agit de comprendre la signification des récits stéréotypés.

## II. Définitions sémiotiques du motif.

Les éclaircissements que l'on vient de considérer ainsi que les requêtes méthodologiques du structuralisme ont aidé les sémioticiens, A. J. Greimas et Joseph Courtés surtout[88], à mettre en lumière ces contraintes et les critères partagés par toutes les entités que l'on appellera motifs ou stéréotypes anthropologiques.

Ces formes ne sont pas des objets matériels dont on pourrait observer la constitution "organique" comme un phénomène sensible. Il est donc indispensable de déterminer leur mode d'existence et de disposer d'un modèle qui dégage leurs formes signifiantes, quels que soient les contextes qui les emploient (c'est pourquoi il est vain de vouloir imputer aux définitions "par critères", l'évidente non conformité entre la variété foisonnante des (micro)récits et les caractères, nécessairement réducteurs, du modèle construit). On dira que l'existence des motifs est virtuelle, *in absentia*. Ce sont les textes occurrences - quel que soit le nom qu'on leur attribue: "motifèmes", "allomotifs", etc. - qui en sont, *in praesentia*, les manifestations particulières et "réalisées". Selon une distinction désormais classique, Greimas affirmait «Le motif n'est pas une "unité en discours", mais "en langue"[89]. Conformément aux contraintes évoquées au début de la

87. 1967, *op. cit.*, p. 21.

88. Du second, on lira spécialement " La Lettre dans le Conte populaire merveilleux français", 1979/1980, op. *cit.*; *Le Conte populaire. Poétique et Mythologie*, 1986, *op. cit.*, et "Ethnolittérature, rhétorique et sémiotique", *Ethnologie française*, 1995/2, p. 156-172.

89. *Avant-Propos* de A.J. Greimas à "La *lettre* dans le conte populaire merveilleux français", 1979, *op. cit.*, p. 6.

troisième partie, la sémiotique élabore les caractères du motif - désormais conçu comme une forme virtuelle - en fonction de la conception générative qu'elle se fait du sens. Rappelons que, édifié à partir des "structures profondes" (abstraites, élémentaires), son échafaudage atteint le palier narratif pour recevoir finalement la chair de la signification la plus spécifique au stade figuratif, où se déploient les acteurs qui vivent les événements de la fable.

On touche du doigt la nature même du projet sémiotique: d'une perspective centrée sur les questions de cohérence et de composition lexicale, on glisse vers une problématique plus générale, celle de la description du sémantique au sein des niveaux successifs. Une telle reformulation tient compte notamment de l'existence d'une sémantique narrative.

A. Les deux "atomes" de la première définition.

Le motif s'édifie avec des matériaux détachés de cette pyramide de sens. Sa composition ordonne trois éléments.
(i) La topique figurative ("premier atome"). A la suite de Curtius et de Panofsky, la sémiotique identifie le motif à une scénographie, ou, dans son langage, à un «dispositif de figures». Rappelons simplement, pour éviter toute confusion, que, proche dans ce qu'elle représente d'une *Gestalt*, une figure s'en distingue par sa capacité d'être «décomposable en ces unités simples que sont les termes des catégories figuratives»[90]. La différence avec le point de vue proppien est manifeste. Le chercheur russe exclut les éléments figuratifs de l'étude morphologique à cause de leur variété insaisissable et opte

> résolument pour *l'abstraction* lorsqu'il passe de cette multitude d'actions concrètes, décrites dans les récits populaires, aux quelques fonctions finalement retenues.[91]

Pour la sémiotique, la diversité des figures n'induit pas leur dédain. Des dispositifs les structurent (réponse au rejet proppien) en scénarios simples et contraignants accessibles à l'analyse; les dix "parcours mélusiniens" ont habitué à cette idée. Cette structuration, particulière à tel ou tel texte, est extraite d'un ensemble - une configuration - dont elle n'est qu'une "réalisation" possible. Bref, pendant longtemps le motif virtuel a été

---

90. Les "sèmes"; *Dictionnaire raisonné*, 1979, p. 148; entrée "figure".
91. Selon J. Courtés, 1979, *op. cit.*, p. 15. L'auteur rappelle que la fonction "méfait" est la "réduction" de "dix-neuf manifestations ou expressions figuratives différentes." (*Ibid.*)

assimilé à une configuration et ses textualisations, à des "parcours"[92]. On tient donc avec l'agencement des figures, la première unité du modèle critérial recherché. Ce premier aspect de la définition des motifs semble aller de soi. L'article de Georges Roque, "Le peintre et ses motifs", offre un excellent élargissement sur ce sujet. Il laisse d'autant moins indifférent le médiéviste qu'il trouve confirmations dans les travaux de certains d'entre eux, Ernst R. Curtius et A. Warburg:

> On a pu rapprocher les *Pathosformeln* warburgiens de l'idée de topique figurative; c'est d'ailleurs cette même caractéristique que reprend Curtius pour justifier le parallèle qu'il établit entre les *Pathosformeln* et les *topoi* de la littérature médiévale.[93]

On se souvient que c'est également dans cette acception que Erwin Panofsky comprend les "motifs": ils composent le premier "signifié" d'une oeuvre et sont de nature figurative.

(ii) La topique figurative est prise en charge par un dispositif narratif ou actantiel, deuxième "atome". Sans ces réseaux d'actants les figures demeureraient dans le foisonnement des signes et resteraient réfractaires à toute mise en récit. Par ce biais, on aborde non seulement le dépli syntagmatique (des enchaînements) mais l'apparition des contenus sémantiques, les valeurs. Car elles ne peuvent être reconnues que dans le cadre des relations où, engagées dans des "objets", elles sont jointes aux actants. Les relations actantielles et les quatre étapes du schéma narratif serviront de référence pour la caractérisation formelle de la topique figurative; elles composent le deuxième critère de formulation des motifs.

B. Une seconde définition ? L'exemple des "trois pâtés".

Mais nous voici contraints d'ouvrir une parenthèse dans l'exposition des quatre traits annoncés. Car la prise en compte de l'articulation figuratif/narratif conduit à un point où s'effrite le monolithisme de cette première définition. L'existence - ou l'absence - de la chaîne actantielle qui régit en sous-main l'organisation des figures a poussé Joseph Courtés à remettre ses conceptions sur le métier. *Le conte populaire* distingue ces deux «ensembles de figures» assimilées jusqu'alors, les «configurations» et les «motifs». Les premières nomment les entités que l'on vient de décrire, composées des deux "atomes" soudés et «arc-boutées sur des formes

92. «On peut assimiler les motifs à des configurations discursives aussi bien pour ce qui est de leur organisation interne propre (tant au plan sémantique que syntaxique) que pour ce qui a trait à leur intégration dans une unité discursive plus large.» *Dictionnaire raisonné*, 1979, p. 239.

93. *Communications*, 47, 1988, p. 133-159; ici, p. 139 (phrase qui concerne les *topoi* fictionnels).

narratives et/ou discursives permanentes»[94]. En revanche, les séquences que l'auteur appelle désormais les "motifs" se caractériseraient comme «des groupes de figures qui paraissent libérés de toute contrainte syntaxique.»[95]. Par exemple ces «simples circonstants» (...) «organisables sous forme de *code*» (p. 200) que l'on trouve en quantité dans tous les contes, comme la «noix» et la «noisette». Ces figures, dit-il une nouvelle fois, sont «syntaxiquement disponibles» et apparaissent «narrativement parlant, comme un élément gratuit, sinon surajouté, relevant de la *connotation*.»[96] La distinction nous paraît à la fois pertinente et peu heuristique. Pertinente, car toutes les fables du monde connaissent incontestablement ces clichés, ces «petits détails» (p. 189) qui relèvent de la stylistique culturelle. Ils s'appellent «entités élémentaires du plan de l'expression» chez Jean-Pierre Martin. Efficace, l'intertextualité répand alors au fil des contes ces figures purement ornementales. On pense, très rapidement, au «motif de la chute de cheval» dont parle le *Précis de Littérature française du Moyen Age* (p. 111-112). Les exemples de Marguerite Rossi[97] vont encore plus loin dans la confirmation de la distinction établie par Joseph Courtés: «formules et motifs» peignent les «aspects stylistiques des textes épiques» (p. 595) alors que les «séquences» sont des blocs ou encore des «fragments traditionnellement préfabriqués» (p. 596).

A notre tour de confirmer ce point de vue, grâce à un témoignage romanesque. Il sera simple, il s'agit d'un (micro)récit que nous appellerons "la consommation des pâtés". On l'identifie dans *Erec et Enide*[98]:

S'ont* Erec couchié et covert. *Guivret et Enide
Et puis li ont un cofre overt,
S'an fist hors traire **trois pastez**:
"Amis, fet il, or an tastez
Un petit de ces pastez froiz." (v. 5141-5145; c'est nous qui soulignons)

comme dans l'épisode du *Conte du Graal*, que nous connaissons un peu mieux maintenant, où le jeune sauvageon marque peu de respect pour la "demoiselle de la tente":

---

94. J. Courtés, 1986, *op. cit.*, p. 196.

95. *Ibid.* Cette thèse est exprimée de nouveau quelques lignes plus loin: «à la différence de la configuration, le motif n'a pas de base narrative propre.» (*Ibid.*, p. 201).

96. *Ibid.*, p. 197.

97. "Les séquences narratives stéréotypées: un aspect de la technique épique", 1979, art. cit.

98. Ed. par P. F. Dembowski (*Oeuvres complètes* de Chrétien de Troyes, dir. D. Poirion, 1994, *op. cit.*) Le manuscrit B.N. fr. 1376 (édité, traduit et présenté par J.-M. Fritz dans *Romans* de Chrétien de Troyes, dir. M. Zink, 1994, *op. cit.*) n'évoque que deux pâtés: «Lors a Guivrez un coffre overt, / S'en fait fors traire deux pastez: / «Amis, fait il, or en tastez / [Un petit de ces pastez froiz.» (v. 5136-5139).

Et voit sor un trossel de jonc
Une toaille blanche et nueve.
Il la sozlieve, et desoz trueve
**Trois** bons **pastez** de chevrel fres.
Ne li enuia pas cist mes. (v. 740-744)

La reconnaissance de ces figures se fait sans peine. La situation actantielle est effectivement bien différente. Le jeune *nice*, affamé, dévore gloutonnement le mets dérobé à la malheureuse (comme "sujet" d'une "épreuve" sans gloire) alors qu'Erec, blessé, mange «come malades» (v. 5164) les pâtés que Guivret lui tend (au cours d'un "don")[99]. Mais cette nouvelle formulation est-elle vraiment heuristique ? Ne rend-elle pas les choses encore plus confuses qu'elles ne l'étaient auparavant (notamment à propos de l'emploi du terme "motif"), sans véritable gain d'intelligibilité ? Comment ne pas s'accorder sur l'existence de clichés qui ne ressemblent pas aux séquences narrativement développées ? Où mène le repérage de «figures gratuites» sinon à ce que l'on savait: les codes son organisés en (con)figurations, d'où viennent ces figures diverses dont la littérature fait grand usage. Par ailleurs, à force de supprimer les contraintes définitoires - thématiques et syntaxiques - quelle base solide asseoira les entités en question ? Le danger existe que tout mot répété "n'importe comment", dans quelque récit que ce soit, puisse être considéré comme un motif... Les paragraphes suivants présenteront notre position sur ce sujet. Jusqu'aux définitions finalement proposées, "motif" sera employé dans le sens premier de Courtés (le *topos* figuratif s'appuie sur un socle actantiel et conjoint donc obligatoirement les deux premiers "atomes" mis en lumière). Les entités, comme les "trois pâtés", qui ne se repèrent qu'à travers leur ressemblance figurative sont, comme on dit habituellement, des ensembles de figures; c'est-à-dire, à l'inverse de l'usage que propose Courtés, des "configurations". Cette parenthèse fermée, retournons au troisième caractère de la définition que nous tentons d'élaborer.

C. La question du thème (iii).

A lui seul ce troisième trait mérite un paragraphe particulier. Vouloir clarifier ce que nous entendons par la notion de "thème" est une entreprise délicate mais inévitable car cet outil est indispensable. Ce serait ici le lieu d'évoquer l'ancienne opposition logique entre "sujet" - la personne ou la chose dont on dit quelque chose - et "prédicat" - ce qui est dit de cette

99. Epreuve et don sont les deux volets de l'acquisition de l'objet de valeur.

personne ou de cette chose[100] car elle est exprimée également par la distinction entre "thème" et "propos" (ou "rhème")[101]. Diverses raisons retiennent cependant de recourir à ces éléments. La première vient de leur relative imprécision. Présentant le recueil d'articles, *Subject and Topic*[102], véritable mine pour ce qui concerne ces questions, Charles N. Li reconnaît (p. IX) cette évidence:

> *An obvious conclusion one can draw from the studies here is that there is no universal definition, i.e., discovery procedure, by which one can identify either a subject or a topic in a language.*

La seconde raison tient à la distance qui sépare ces points de vue inspirés de la logique, des conceptions sémio-narratives ou esthétiques qui bordent notre parcours[103]. Après avoir profilé la distinction "thème" (le «sujet») / "rhême" («ce qui est dit»), John Lyons affirme, sans entrer dans le détail, que, loin de la linguistique, on emploie couramment "thème" dans un sens différent. Cette confirmation a retenu notre attention: «dans l'usage quotidien le thème est ce dont on parle et non pas l'expression qui identifie ou annonce ce dont on parle.»[104] Ce sens du thème, exactement contraire à l'acception des linguistes, reçoit l'aval de bien des disciplines où son emploi est constant. Il a donc, semble-t-il, plus de dignité que le seul usage "quotidien" et c'est lui que nous allons adopter.

Revenons sans plus attendre vers nos guides. Greimas et Courtés distinguent soigneusement, on va le voir, les notions si souvent confondues de "thème" et de "motif". Leur différence, affirment-ils, est de nature. Le motif est une unité englobante, il n'est pas de même rang que le thème puisqu'il conjoint et exprime divers "atomes" parmi lesquels des "thèmes", unités englobées donc. Mais de quoi parlent au juste les sémioticiens lorsqu'ils utilisent le vocable "thème" ? La forte distinction entre cette notion et celle de "figures" débouche sur deux idées. Première conception: si la figure est dotée d'un «correspondant perceptible au plan de l'expression du monde naturel», le niveau thématique, lui, est considéré

100. Pour des considérations liminaires sur les rapports (controversés) du couple syntaxique "sujet/prédicat", celle entre «sujet logique, sujet grammatical et sujet thématique» et une bibliographie minimale sur ces questions et leur ancrage historique, voir de John Lyons, *Sémantique linguistique* (traduction de J. Durand et D. Boulonnais. Paris: Larousse, *Langue et Langage*, 1980, notamment "thème, rhème et focalisation", p. 132-142; surtout, "Fonctions grammaticales", p. 256-284).

101. C. F. Hockett a introduit un troisième couple, remplaçant "sujet" par "topique" (*topic*) et "prédicat" par "commentaire" (*comment*), termes généralisés dans l'usage anglo-saxon (*Cf. A course in Modern Linguistics*. New-York: Mac Millan, 1958).

102. *Subject and Topic*; ed. Charles N. Li. New-York: Academic Press, 1976.

103. Nous nous sentons par exemple particulièrement loin de ce constat: «Le thème est l'expression qu'utilise le locuteur pour ce qu'il annonce comme le topique de son énoncé.» Dans la phrase «Hier, John a vu la pièce», le thème est "hier". (p. 138).

104. *Ibid*.

comme plus profond (dans la génération du sens). Il n'a pas d'attache nécessaire avec les «propriétés venant du monde extérieur»[105]: il se caractérise par un investissement sémantique abstrait obtenu

> *par recours à une formulation uniquement conceptuelle, privée de tout sème extéroceptif:* ainsi, *la /bonté/*, l'/équité/ ou l'/amour/, qui s'expriment à travers des figures du monde, variables selon les contextes, sont de nature non figurative.[106]

Le mythe de la "potière jalouse" conduit C. Lévi-Strauss dans la même direction. Il a soin en effet de distinguer les motifs du «couple désuni» et de la «tête détachée», du «thème» de «la séparation ou (de) l'éloignement des sexes.»[107] François Rastier a récusé cette distinction des strates figuratives et thématiques. Son rejet est exemplaire d'un regard de sémanticien. Ces lignes résument sa démonstration:

> Quand un même discours comporte plusieurs isotopies, on peut admettre que ces isotopies relèvent du même niveau d'analyse. Elles ne sont pas hiérarchisées entre elles, du moins par des critères appartenant à la théorie sémantique.[108]

La réponse toute pragmatique de Joseph Courtés dans la même revue nous convainc. Elle donne une nouvelle occasion de marquer l'écart entre la sémantique lexicale et la sémantique narrative. Sa "Contre-Note" qui discute la position de F. Rastier laisse le lecteur libre:

> de juger si (...) la pratique comparative, mise en oeuvre sur des textes donnés, ne suffit pas finalement à justifier la distinction figuratif/thématique: que celle-ci soit vraie, qu'importe ! du moment qu'elle semble efficace, heuristique.[109]

L'acception conceptuelle du thème n'a d'ailleurs rien de très original en dehors des travaux de sémantique interprétative. Elle est conforme à celle de nombreuses recherches, menées dans des domaines aussi hétérogènes que le folklore, la musique, la littérature et la peinture. Parcourons-les rapidement. Claude Brémond et Thomas Pavel précisent

105. Définition de l'"extéroceptivité" par le *Dictionnaire raisonné*, 1979, p. 141.

106. J. Courtés, 1986, *op. cit.*, p. 53; c'est l'auteur qui souligne. Ou encore «les thèmes de l'/amour/ ou de la /bonté/ (...) ne sauraient être liés, de manière biunivoque, à tel ou tel comportement somatique (et donc figuratif).» (*Ibid.*, p. 18).

107. 1985, *op. cit.*, p. 72.

108. "Le développement du concept d'isotopie", *Documents du GRSL*, III, 29, 1981, p. 5-27; ici, p. 10.

109. 1981, art. cit., p. 47. Le *Dictionnaire* (1979) confirme l'opinion courtésienne: «Etant donné les multiples possibilités de figurativiser un seul et même thème, celui-ci peut être sous-jacent à différents parcours figuratifs (...). Ainsi le thème du "sacré" peut être pris en charge par des figures différentes, telles celles du "prêtre", du "sacristain" ou du "bedeau".» p. 146; entrée "figuratif".

dans l'Introduction de *Variations sur le thème*, la définition qu'ils accordent à ce terme:

> Toute parole s'enracine dans un "à propos de" qui fonde sa pertinence. Cet "à propos de" est son thème (...). Posé à part du message, au-dessus, au-dessous ou à côté de lui, le thème est conçu comme un point d'ancrage transcendant.[110]

Georges Leroux soutient la même idée, dans le recueil "Du thème en littérature". Cette façon de voir lui semble une «manière de mesurer les conséquences de l'introduction de la conceptualité» dans la théorie littéraire[111]. Enfin, dans la même publication, les tous premiers mots de l'article "Qu'est-ce qu'un thème" accordent à cette conception un statut d'évidence: «Le thème, chacun le sait, est ce *à propos de quoi* l'ouvrage littéraire est écrit.»[112] Les formalistes russes partageaient cette idée. Chez Tomatchevski notamment le "thème" apparaît comme une sorte de ciment unificateur, une idée liant des énoncés particuliers et disparates: le sens «des éléments particuliers de l'oeuvre constituent une unité qui est le thème (ce dont on parle).»[113] Le travail d'Erwin Panofsky a confirmé cette dissociation entre le niveau figuratif (celui du "message") et le niveau thématique, plus abstrait. On l'a vu, sa méthode se développe explicitement sur la théorisation de la différence thème/concept - motif/figure. Citons enfin, à l'appui de cet apparent consensus, la remarque d'une musicologue. Parmi les quatre acceptions du "thème musical" qu'envisage Françoise Escal, la première correspond à la définition "conceptuelle" mise en évidence à l'instant dans le champ littéraire:

> Le thème musical n'est pas toujours un signifiant sans signifié, contrairement à ce que j'ai pu laisser entendre. Il arrive à la musique instrumentale, périodiquement, de vouloir concurrencer la littérature, de vouloir dire, décrire, raconter, bref, de se donner un contenu autant que faire se peut.[114]

Cesare Segre s'est appuyé également sur la «comparaison avec la terminologie musicale» pour introduire, dit-il, de «l'ordre dans cette matière.»[115] Sa conclusion conforte celle que nous venons d'atteindre:

---

110. *Communications*, 47, 1988, p. 5-7.

111. "Du *topos* au thème", *Poétique*, 64, 1985, p. 445-455; ici, p. 445.

112. S. Rimmon-Kenan, *ibid.*, p. 397-407; ici, p. 399.

113. Dans *Théorie de la Littérature. Textes fondateurs des formalistes russes*; trad. T. Todorov. Paris: Seuil, *Tel*, 1965, p. 263. Ce point de vue est affirmé à plusieurs reprises; par exemple: «La notion de thème est une notion sommaire qui unit le matériel verbal de l'oeuvre.» (p. 268).

114. "Le thème en musique classique", *Variations sur le thème*, 1988, *op. cit.*, p. 93-117; ici, p. 101.

115. "Du motif à la fonction, et vice-versa", *Communications*, 1988, 47, p. 9-22; p. 13 pour les citations.

> thème et motif entretiennent donc le rapport du complexe au simple, de l'articulé à l'unitaire, ou encore de l'idée au noyau, de l'organisme à la cellule. (*Ibid.*)

Il existe en définitive une sorte d'accord pour identifier le thème à un contenu sémantique minimal de nature conceptuelle. Mais les acquis de la sémiotique permettent d'aller un peu plus loin, ouvrant la voie vers une seconde conception du "thème". Surtout, ils précisent la notion bien vague d'«investissement abstrait» ou de «à propos de»[116]. L'idée est la suivante: aucune structure actantielle ne peut être réduite à un emboîtement vide de sens puisqu'elle met en forme et canalise des significations sémantiques (les "valeurs"). C'est précisément «la dissémination, le long des programmes et parcours narratifs, des valeurs déjà actualisées (c'est à dire en jonction avec les sujets)» que cette théorie nomme **«thème.»**[117] Renversons la proposition, le thème se définit par sa dimension narrative ou actantielle, il est déterminé par les actes des "sujets"[118].

Ces quelques définitions de base permettent d'y voir plus clair dans celle des *lieux*. Courtés et Greimas doublent la nécessaire disjonction des niveaux de significations de l'idée qu'il n'y a pas correspondance entre les deux entités dissociées: à l'invariance des figures correspond la variabilité des thèmes. En d'autres termes, le motif et ses scénarios de figures seraient indépendants des contenus thématiques qui les sous-tendent. La spécificité du motif consisterait «éventuellement» dans sa «capacité de changer de thème sous-jacent, tout en sauvegardant son organisation propre.»[119] L'*Avant-Propos* de l'étude de "La Lettre" n'a pas ces précautions. Pour A. J. Greimas, il est clair que la topique figurative des motifs recouvre des thématiques changeantes:

> Inscrit dans tel texte-occurrence où il se réalise, le motif n'est plus qu'un parcours figuratif parmi d'autres et y recouvre le déroulement d'un thème; retrouvé dans un autre texte, on le reconnaît comme manifestant un autre thème.[120]

Un exemple. La configuration de la "lettre" est susceptible de correspondre, dit J. Courtés, soit au thème de l'information, soit à celui de la reconnaissance, soit, enfin, à celui de la protection. L'autonomie du thématique était déjà affirmée par Panofsky:

---

116. S. Rimmon-Kenan saisit la difficulté: «Qu'est-ce que l'*à-propos-de* dans le cas particulier de l'oeuvre littéraire ?» se demande-t-elle au sujet de *Madame Bovary*. La discussion lui fait distinguer «l'*à-propos-de* sémantique (*semantic aboutness*)» de l'*«à-propos-de* pragmatique (*pragmatic aboutness*).» (1985, art. cit., p. 400).

117. *Dictionnaire raisonné*, 1979; entrée "thème", p. 394.

118. «Condensé à l'aide d'une dénomination appropriée le thème apparaît comme l'ensemble des propriétés du sujet de faire effectuant son parcours.» *Ibid.*

119. J. Courtés, 1986, *op. cit.*, p. 52.

120. 1979, *op. cit.*, p. 6.

> il est significatif qu'à l'apogée même de la période médiévale (aux XIIIe et XIVe siècles), des *motifs* classiques n'aient jamais servi à la représentation de *thèmes* classiques, et, corrélativement, que des *thèmes* classiques n'aient jamais été exprimés par des *motifs* classiques.[121]

On reviendra ultérieurement sur ce "décrochage" pour élaborer notre propre modèle.

## III. Le "don contraint" et deux motifs satellites.

Examinons les textes afin de valider le bien-fondé des trois critères mis à jour. L'observation portera sur ce *topos* que la tradition nomme sans trop de certitude "le don contraignant"[122], la "promesse en blanc", le "don qu'on ne nomme pas"[123]. On le regardera comme la planète centrale autour de laquelle tournent deux satellites, tous attestés dans la littérature médiévale. Ce tour d'horizon[124] ne vise pas une mise à plat exhaustive d'un motif, de ses occurrences ni de l'intégralité de ses thématisations culturelles variables (l'examen du "coeur mangé" servira à cet effet), il s'agira seulement de rendre sensible la pertinence du modèle critérial que l'on vient d'établir. Ajusté au modèle narratif, ce (micro)récit développe une acquisition de compétence (ou des "modalités du faire") mais sous la forme d'un dispositif figuratif bien particulier. Voyons les deux parcours qui articulent ces "atomes" figuratif et narratif.

i). Un "contrat injonctif".

La séquence s'ouvre sur la figure de la demande: un personnage (homme ou femme) sollicite un don sans définir l'objet ou la faveur qu'il convoite. L'acceptation inconditionnelle de son interlocuteur compose la seconde figure. L'intimation du demandeur vise une gratification dont le contenu sémantique n'est pas qualifié, il doit rester "secret". Selon les

---

121. Comme le rappelle, G. Roque citant les *Essais d'Iconologie* (1967, p. 33). "Le peintre et ses motifs", 1988, art. cit., p. 135.

122. «Faut-il dire "requête irrésistible" ou "réponse généreuse à requête générale" ? Faut-il parler de "don téméraire", de *rash boon* ? (...) Je préfèrerais dire "don en blanc qui lie le donateur".» P. Ménard. "Le don en blanc qui lie le donateur. Réflexions sur un motif de conte", *An Arthurian Tapestry; essays in honor of Lewis Thorpe*, 1981, *op. cit.*, p. 37-53. L. Jefferson distingue trois variantes de ce motif, donc trois appellations différentes: "don - don contraignant - don contraint". Cette dernière paraît adéquate au *topos* pour les raisons que nous allons exposer.

123. Ce titre revient à M. Perèz, traductrice du *De Nugis Curialium*. Elle l'avance pour commenter ce passage: «Le roi avait coutume à chacun de ses anniversaires d'offrir à la reine le cadeau de son choix. Elle demanda donc à son seigneur de lui offrir en présent un cadeau qu'elle ne nommerait pas; et elle l'obtient. Le roi jura.» ("Histoire de Sadius et Galon", 1988, *op. cit.*, p. 143).

124. Il porte seulement sur les textes étudiés par J. Frappier dans "Le motif du don contraignant" (1969, art. cit.). On trouvera des précisions sur l'immense corpus universel de ce motif dans les articles de L. Jefferson - qui travaille initialement sur les occurrences dans le *Lancelot en Prose* - et celui de P. Ménard.

phases du "contrat", l'injonction est transmise à un destinataire. Celui-ci est forcé d'accepter, il est donc "obligé", sans bénéficier du moindre savoir préalable[125]. Son rôle est celui d'un "obligé ignorant". Bref, la demande est contraignante et c'est l'acceptation qui est contrainte. *Le Chevalier de la Charrette*[126] illustrera ce premier couple. Keu menace de quitter la cour du roi Arthur et Guenièvre le retient à grand peine; le sénéchal n'accepte de rester qu'à une condition, immédiatement acceptée par la royale implorante:

Lors li a Kex acreanté
Qu'il remandra, mes que li rois
Otroit ce qu'il voldra einçois
Et ele meïsmes l'otroit.
«Kex, fet ele, que que ce soit,
Et ge et il l'otroierons.» (v. 154-159)

Les agencements figuratifs et les conventions qui les organisent permettent de reconnaître le micro-récit et de laisser de côté les occurrences qui ne les solliciteraient pas, expressions de motifs qu'il faut considérer, par conséquent, comme différents du nôtre. Par exemple, ceux où le destinataire soumet son acceptation à quelque condition restrictive. Pensons au triple usage que Chrétien de Troyes fait de la séquence dans le *Conte du Graal*. Jean Frappier observe que la «coutume du *don contraignant* n'y est jamais employée dans sa formule authentique»[127]. L'auteur cite le moment où Gauvain a bien soin d'assortir son acceptation de l'injonction du nautonier d'une réserve, majeure pour un chevalier:

- Biax ostes, vostre volanté
Ferai, mes que honte n'i aie. (v. 7636-7637)[128]

Ecartées également les versions où le destinaire fait des offres illimitées sans même que l'injonction lui ait été adressée. On pense à la fameuse histoire de Salomé que raconte l'*Evangile selon saint Mathieu* (Hérode jure à la fille d'Hérodias de lui accorder tout ce qu'elle demandera, avant la

125. Certains contes soulignent l'ignorance. Ainsi dans le roman médiéval allemand *Iwein* de Hartmann von Aue. R. Dubuis traduit ainsi le passage qui nous intéresse: «lorsqu'il [Ywein] lui adressa sa prière, alors elle ne se doutait absolument pas de ce qu'il allait lui faire une demande qui ne correspondrait en rien à ce qu'elle lui aurait volontiers accordé.» ("Ywain et Iwein: Variations sur le motif du *don contraignant*", *Marche Romane*, XXX, 3-4, 1980, p. 81-91; ici, p. 84).

126. Chrétien de Troyes, *Oeuvres complètes*, éd. publiée sous la dir. de D. Poirion, 1994, *op. cit*. Les citations des romans de Chrétien de Troyes seront extraites désormais de cette édition.

127. 1969, art. cit., p. 19.

128. Les deux autres exemples sont les réticences de Perceval à accorder sans restriction le don que lui demande son maître en chevalerie; la tournure très particulière de celui que Gauvain impose à la reine aux tresses blanches: il lui enjoint de ne pas lui demander son nom, levant ainsi d'emblée le secret qui caractérise ce motif.

moindre requête) et à l'épisode du *Livre d'Esther* que cite sans s'y arrêter Jean Frappier. Voici le texte:

> *dixitque ad eam rex*
> *quid vis Hester regina*
> *quae est petitio tua*
> *etiam si dimidiam regni partem petieris dabitur tibi* (5, 3)

Certes, ici, le don est accordé dans l'ignorance de son contenu (la vie du peuple d'Israël) mais là encore le destinateur a disparu: Assuérus s'est lié sans qu'Esther ait eu à exiger quoi que ce soit.
ii). Révélation puis transfert de l'"objet de valeur".

L'énonciateur découvre le contenu de sa demande, le destinataire va s'exécuter; après son acceptation, c'est le "don" qui est contraint[129]. Le "don" est conçu comme la figure du transfert des valeurs qui implique simultanément une attribution et une renonciation[130]. Et, de fait, l'"obligé ignorant" renonce alors à l'objet de valeur pour l'attribuer au demandeur. Souvent pesante, l'obligation est parfois acquittée avec la meilleure volonté, comme le montre la réaction du père de Enide, dans *Erec et Enide*:

> "Ja de moi n'iroiz escondiz:
> Tot a vostre commandemant
> Ma bele fille vos comant." (v. 674-676)

Résumons-nous. Réunis, les deux parcours assemblent quatre figures (fondées actantiellement) qui permettent de reconnaître notre récit: l'injonction, l'acceptation, la révélation et le transfert de l'objet.

Avant de se préoccuper du noyau thématique, un mot pour compléter le corpus indo-européen. Rappelons tout d'abord une occurrence "mélusinienne". Il s'agit du passage du *lai de Guingamor* qui va lancer le chevalier à la quête du blanc sanglier:

> - Sire, fet il, je vos requier
> d'une chose dont j'é mestier,
> que je vos pri que me doigniez;
> du donner ne m'escondisiez."
> Li rois li dist: "Je vos otroi,
> biaus niés, ce que toi plet, di moi;
> seürement me demandez;
> ja cele chose ne vosdrez,
> ne face vostre volenté."[131]

---

129. La dénomination "don contraint" a l'avantage d'exprimer ce second temps tout en implicitant le premier .

130. *Cf. Dictionnaire raisonné*, 1979, p. 131; entrée "épreuve".

131. Ed. A. Micha, v. 191-200.

Deux récits, étudiés par Georges Dumézil, méritent d'être signalés. Le premier vient du roman de Kavya Usanas, inséré dans le premier chant du Mahabharata. Il est cité dans *Mythe et Epopée II* au cours de la présentation du grand conflit des dieux et des démons, médiatisé par les sorciers. Devayani, la fille de l'un d'eux, veut se venger de l'arrogante Sarmistha, fille du roi des démons Vrsaparvan. Celui-ci s'exécute:

> - Quoi que tu désires, Devayani au beau sourire, je te le donnerai, quelle qu'en soit la difficulté.
> - Je désire avoir pour esclave Sarmistha, avec mille jeunes filles. Et qu'elle me suive où mon père me mariera ![132]

Et tous les "obligés" de la satisfaire. La seconde narration, qui met en scène Sémiramis l'Assyrienne, est racontée par un sophiste romain du deuxième siècle, Claudius Elien dans son hétéroclite *Histoire variée*:

> le souverain tomba amoureux d'elle dès leur première rencontre. Elle lui demanda alors de recevoir la parure royale et de pouvoir régner sur l'Asie pendant cinq jours, et que tout ce qu'elle ordonnerait fût exécuté. Sa requête ne fut pas vaine. Lorsque le roi l'eut installé sur le trône et qu'elle sut qu'elle avait tout en main et sous ses ordres, elle ordonna aux gardes de tuer le roi.[133]

Bien qu'une partie de la demande soit ici précisée, la requête finale («tout ce qu'elle ordonnerait») - et sa visée (la mort du roi) - reste bien secrètes.

Reprenons le fil de notre argumentation, arrivons au troisième élément de la définition, le thème du motif. Les extraits présentés semblent accréditer l'idée que le "don contraint" reçoit des thématisations variables: acquérir la reine, obtenir des esclaves, l'autorisation de tenter une épreuve périlleuse, sauver sa vie, prendre celle du roi, etc. Reconnaissons cette diversité mais laissons la question du thème en l'état. Elle sera longuement défrichée grâce à l'étude du "coeur mangé", on aura alors les outils pour dégager le socle thématique du "don contraint".

Accentuons plutôt l'intérêt des notions d'invariants figuratif et actantiel pris comme critères inhérents aux motifs. On empruntera cette direction à la faveur d'une brève enquête sur deux motifs gravitant autour du "don contraint". L'idée de regarder de plus près les divergences entre ses satellites s'est imposée en cherchant ses occurrences dans les *Index* de motifs. A première lecture, on observe l'absence du *topos* aussi bien dans le répertoire de Stith Thompson que dans son héritier pour les textes arthuriens, l'*Index des Motifs narratifs* d'Anita Guérreau-Jalabert. Ce défaut radical pique la curiosité, on cherche les entités susceptibles de

132. 1971, *op. cit.*, p. 169.

133. *Histoire variée*, traduit et commenté par A. Lukinovitch et A.-F. Morand. Paris: Les Belles Lettres, 1991, p. 77 (l'oeuvre est écrite dans un grec célèbre pour sa qualité).

combler ce manque ... et l'écheveau se dévide. Comment classer les formes découvertes ? Deux entrées - Q 115 et D. 1761.0.1 - invitaient à tirer le premier fil. La première annonce des textes où seraient exaucés tous les voeux demandés (*Q 115 Reward: any boon that may be asked*). Malheureusement, si l'on peut dire, deux spécifications de taille retiennent de conserver ces récits dans l'ensemble du "don contraint": l'octroi de bienfaits ne réclame aucune injonction (l'intitulé est donc imprécis); il est explicitement la récompense d'une action préalable, son "guerredon" dans l'ancien parler. Ce trait particulier s'inscrit même dans le titre de ce motif: *Q 115 Reward...* On l'appellera le "motif du guerredon sans limites". Pour confirmer cette réserve, regardons un extrait (parmi les textes retenus par Anita Guérreau-Jalabert: *Mériadeuc*, *Durmart*, *Les Merveilles Rigomer*, *Floriant et Florete*, *Yvain*, les *Continuations de Perceval* et la *Vengeance Raguidel*). Il vient de *Floriant et Florete*[134]. Un preux chevalier, "le Biau Salvage", sauve l'empereur de Rome des coups du "Soudan". Cette aide salvatrice lui vaut des promesses de dons illimités:

> Qui estes qui resous m'avez,
> Fet l'empereur, biaus amis ?
> A vostre volenté iert mis
> Mes tresors et quan que j'ai
> Dites comment vous nommerai. v. 7548-7552

La Chanson de geste connaît également ces "motifs de guerredon sans limites". On songe par exemple, aux promesses que le roi sarrasin Corsuble, dans *Raoul de Cambrai*, adresse à son champion, Bernier, juste après sa victoire contre Aucibier:

> Par Mahomet, a gret m'avés servit.
> Se or voloies demorer avuec mi,
> Tout mon royaume te partirai par mi. (v. 7039-7041)[135]

Ces motifs sont des micro-récits de récompenses (rapportés au "schéma narratif", ils s'inscrivent sur la séquence finale, "glorifiante" ou d'"évaluation"). En cela ils se distinguent bien du "don contraint" qui, lui, est un motif allouant des compétences[136].

*Grosso modo*, D 1761.0.1 (*Wishes granted without limit*) raconte l'attribution d'un don (souvent sous la figure d'un talisman) qui comble les désirs de son bénéficiaire. Il est donc au plus près de la représentation "mélusinienne". De nombreuses fictions de notre corpus initial attestent de présents satisfaisants. Nous évoquions les richesses extraordinaires

134. Version en vers éditée par Harry F. Williams. Ann Arbor: Univ. of Michigan Press. London: G. Cumberlege, Oxford Univ. Press, 1947.

135. Ed. par P. Meyer et A. Longnon. Paris: Firmin Didot, *SATF*, 14, 1882.

136. "Modalisateur" dans la terminologie de J.-P. Martin.

complétant les dons magiques en notant, dans un énoncé qui annonce le *potlatch*, que l'absolu de la générosité est représenté par la distribution indifférenciée de tout ce que l'être humain souhaite. Souvenons-nous, par exemple, de *Partonopeu de Blois*, des *lais de Lanval* et de *Graelent*. Bref, le motif que l'on pourrait nommer sans souci de précision le "don mélusinien" est sans doute l'une des illustrations de ce D. 1761.0.1. Mais, bien qu'il pourvoit en compétences considérables, il est différent du "don contraint", comme du premier "satellite" évoqué. Aucune obligation, aucun acte héroïque ne justifient ici le généreux octroi. Autre écart: l'absence dc l'exigeante et secrète injonction, donc de l'acceptation en blanc. Parcours figuratifs et supports actantiels sont bien distincts. Ces "atomes", qui permettent le repérage et la discrimination des motifs, sont donc des critères suffisamment fermes pour poursuivre l'exploration.

Il est temps de mettre un terme à ce chapitre. Organisation englobante, le motif associe solidairement des unités (figuratives et narratives, pour l'instant) qui elles-mêmes peuvent être analysées en entités élémentaires. On retrouve par ce biais la conception que la recherche greimassienne se fait de ces entités. Elle soulève des problèmes considérables, imputables selon nous, aux présupposés d'une théorie qui se veut formelle et tient cependant à traiter de l'inscription de l'imaginaire dans le discours. Partis de la présentation des conceptions "standard" de la sémiotique nous en venons maintenant à leur mise en cause, du point de vue formel comme du point de vue substantiel. Abordons le premier à travers une étude plus précise que celle du "don contraint". Cet exemple éclairera nos réticences et laissera apercevoir les solutions qui les lèveraient.

## *CHAPITRE III.*
## *LE "COEUR MANGE". MORALE COURTOISE ET NOTION DE THEME CONSTANT.*

Une foule de questions se pose à qui veut déchiffrer l'attrait qu'exerce la fiction dite du "coeur mangé" comme à qui souhaite tirer de son examen une meilleure compréhension des formes ritualisées de la narration médiévale. Quels sont les caractères propres à cette histoire ? Pourra-t-on étendre leur validité au-delà de cette fable particulière et les considérer comme les éléments propres à ce que nous appellerons "stéréotypes anthropologiques" ? Pour répondre, on marquera tout d'abord les contours du corpus sur lequel peut s'exercer la réflexion (sans viser l'exhaustivité, bien entendu)[137]. Cet effort sera déterminant pour mettre en lumière le socle anthropologique sur lequel "déposent" les significations culturelles du *topos*, changeantes au gré des civilisations.

### **I. Médiévistique et "Coeur mangé".**

Commençons par une définition provisoire qui servira de référence. Le récit du "coeur mangé" raconte la vengeance qu'exerce un mari (parfois une épouse) envers sa (son) partenaire en lui donnant à manger secrètement le coeur (ou une autre partie du corps) de son amant (de sa maîtresse). Comment cette fable est-elle généralement abordée ? Et d'abord, sur quels textes s'appuie-t-on pour la comprendre ?

#### A. Le corpus occidental et oriental.

Dans l'une des études de l'*Histoire Littéraire de la France*[138], Gaston Paris se penche sur le *Roman du Châtelain de Couci et de la dame de Fayel*. Il dégage les aspects essentiels et le mode de transmission du «récit du coeur mangé» ou plutôt des deux versions qui, selon lui, s'y mêleraient: un type primitif, sans castration, qu'illustrerait le *lai de Guiron*, et (p. 383) une «forme plus étrange encore»

---

137. Ce nouvel ensemble est établi sur les principes qui présidaient à la sélection des récits "mélusiniens". Particulièrement riches, les bibliographies de M. Delbouille dans l'introduction au *Roman du Castelain de Couci et de la Dame de Fayel* (à l'aide des notes de J.E. Matzke), Paris, *SATF*, 1936, p. XLVI et p. XLVII et celle de l'*Enzyklopädie des Märchens*, 6. Berlin, New-York: Walter de Gruyter, 1990, p. 937-939.

138. XXVIII, "Jakemon Sakesep, auteur du Roman du Châtelain de Couci". Paris: Impr. Nationale, 1881, p. 352-390.

> sous laquelle nous est parvenue la légende celtique du Coeur Mangé (...) bizarre exagération du thème primitif, traitée dans un style également bizarre par le poète français.

Le *lai d'Ignaure* sert d'exemple à cette seconde forme. Son étrangeté vient de la mutilation qu'y subit l'amant. Voici, dans ce récit, attribué à Renaut (de Beaujeu)[139], la terrible résolution que prennent les maris jaloux:

> "Au quart jor [prendrons] le vassal
> Tout le daerrain membre aval
> Dont le delis lor soloit plaire,
> Si en fache on un mangier faire;
> Le cuer avoec meterons." (v. 541-545)

La recherche des sources et des voies de circulation de cette narration prendrait plus d'ampleur si l'on examinait les très nombreuses traces germaniques, néerlandaises et scandinaves de la légende. On s'aiderait dans cette tâche de l'étude quasi exhaustive de ce corpus, encore limité aux régions occidentales du monde indo-européen, que Hermann Patzig a proposée dans son enquête "Zur Geschichte der Herzmäre"[140]. L'auteur recensait vingt-quatre titres. Mais on ne s'y arrêtera pas. En effet dès 1892 la thèse de doctorat de Axel Ahlström mettait en cause la cohérence de ce relevé pour le réduire finalement à quatorze textes[141]. Vingt ans plus tard, John Matzke[142] justifiait la critique du savant suédois et reprenait à son compte une liste plus sobre: *the same list in Ahlström's book contains only fourteen titles. This list is as follows.*[143] De cet inventaire on retira encore trois occurrences, hors de propos ou variantes manifestes de narrations par ailleurs retenues. De toute évidence, on ne peut conserver la première Nouvelle de la quatrième Journée du *Décaméron*. Tancrède, prince de Salerne y assassine Guiscard l'amant de sa fille. Mais le coeur du supplicié n'est pas consommé par sa maîtresse, Gismonde:

> *con la coppa in mano se ne sali sopra il suo letto, e quanto più onestamente seppe compose il corpo suo sopra quello e al suo cuore accosto' quello del morto amante: e senza dire alcuna cosa aspettava la morte.*[144]

---

139. *Le Lai d'Ignaure ou Le lai du prisonnier de Renaut (de Beaujeu)*; éd. R. Lejeune, Textes anciens, t. III, Académie Royale de Langue et Littérature françaises de Belgique. Bruxelles, Liège: Impr. de l'Académie, 1938.

140. Dans *Wissenschaftliche Beilage zum Programm des Friedrichs-Gymnasiums zu Berlin*. Berlin: R. Gaertners Verlagsbuchhandlung, 1891.

141. *Studier i den Fornfranska Lais-Litteraturen*. Upsala, 1892.

142. "The Legend of the Eaten Heart", *Modern Languages Notes,* XXVI, 1911, p. 1-8.

143. *Ibid.*, p. 1.

144. Rééd. de 1992 du *Decameron* publiée par V. Branca à Turin (chez Einaudi) en 1980; ici, p. 485. C. Guimbard traduit: «tenant celle-ci [la coupe] à la main, elle monta dans son lit, prit la position qui lui parut la plus digne et mit le coeur de son amant mort à côté du sien; là

Nous mettrons également de côté le sermon CXXIV de Paratus[145]. H. Patzig et M. Delbouille le rangent parmi les histoires où l'amant meurt en Terre sainte et ordonne que - après sa mort - son coeur soit apporté à sa maîtresse[146]. Dans ce bref récit qui n'apporte rien de particulier à ce groupe de fables, l'amant anonyme meurt frappé par la maladie. Nous ne garderons pas non plus la chanson populaire suédoise *Hertig Frojdenberg*[147]. H. Patzig[148] a bien montré - en fournissant une liste impressionnante de chansons allemandes, néerlandaises et suédoises - qu'elles s'inspirent toutes directement de "Der Brennberger", conte que l'on va lire à l'instant.

Pour présenter les narrations finalement admises à la suite J. E. Matzke, nous distinguerons celles d'Europe occidentale de l'unique fable venue d'Orient. Voici d'abord les dix occurrences européennes qui présentent une version distinctive de notre *topos*. Nous les accompagnons d'une présentation sommaire (qui suit, autant que l'on peut s'y fier, l'ordre chronologique).

1. le *Lai de Guiron*. Nous connaissons ce *lai* surtout grâce à un bref épisode du manuscrit Sneyd d'Oxford du *Tristan* de Thomas[149]. L'horrible repas et les malheurs de Guiron sont évoqués par la reine qui chante:

> coment dan Guiron fu supris,
> pur l'amur de la dame ocis
> qu'il sur tute rïen ama,
> e coment li cuns puis dona
> le cuer Guiron a sa moillier
> par engin un jor a mangier,
> e la dolur que la dame out
> quant la mort de son ami sout. (v. 835-842)

A propos de l'auteur de ces vers, G. Paris indique qu'il devait écrire «au XIIe siècle, puisqu'il a été traduit en allemand par Gotfrid de Strasbourg dès les premières années du XIIIe siècle.»[150] Aux côtés de *Tristan und*

---

sans rien dire, elle attendait la mort.» *Décaméron*. Trad. nouvelle, introduction et notes; dir. C. Bec. Paris: Libr. Générale Française, Le Livre de Poche, *Bibl. Classique*, 1994, p. 347. Ce travail traduit «l'édition exemplaire de Vittore Branca (...) de 1980» (p. 4).

145. *Sermones parati de tempore et de sanctis, serm. CXXIV*. Strasbourg, 1487. G. Paris le transcrit dans l'*Histoire littéraire de la France* (*op. cit.*, p. 382-383).

146. 1936, *op. cit.*, p. XLVII-XLVIII. «Les versions médiévales du thème se divisent en deux groupes (...). Dans le second groupe, où se rangent *Das Herzmäre* de Conrad de Würzburg (composé avant 1287), le roman du *Castelain de Couci* et le CXXIVe des *Sermones parati de tempore et de sanctis* (XVe siècle), l'amant meurt au cours d'un voyage en Terre Sainte.»

147. Editée dans *Svenska Folkvisor* par Bergrström et Höijer. Stockholm, t.II, 1880, p. 85-87.

148. *Op. cit.*, p. 6-7.

149. *Le Roman de Tristan*, éd. F. Lecoy. Paris: Champion, *CFMA*, 113, 1991.

150. 1881, *op. cit.*, p. 375.

*Isolde* de Gottfried von Strasburg d'autres récits - *Anseïs de Carthage*, la *Bataille Loquifer* - font référence à ce *lai*. On ne trouve cependant dans ces trois oeuvres qu'une simple allusion, sans aucune mention à la légende du "coeur mangé". Voici celle de Gottfried (le texte évoque les belles notes qu'un harpiste tire de son instrument):

> [*die noten*] (...) *die macheten Britûne*
> *von mînem hern Gurûne und von sîner friundinne.*[151]

2. *Linauré* ou *Linaura,* épisode d'un poème d'Arnaut Guilhem de Marsan. Cet auteur ne nous est connu que par un petit texte de 629 vers - un *ensenhamen* - qui s'ouvre par "Qui comte vol aprendre"[152]. Rita Lejeune considère cette oeuvre du poète gascon comme «le premier *Ensenhamen* courtois de la littérature provençale, écrit vraisemblablement entre 1170 et 1180.»[153] , les *ensenhamens* sont des poèmes qui se caractérisent par leur didactisme, leur souci de transmettre un contenu moral[154]. L'épisode qui nous concerne se présente ainsi:

> De Linaura sapchatz
> com el fon conbeitatz
> e com l'ameron totas
> donas e.n foron glotas,
> entro.l maritz felon,
> per granda trassion,
> lo fey ausir al plag.
> Mas aco fon mot lag,
> que Massot so auzis;
> e.n fo, so cre, devis
> e faitz catre mitatz
> pels catre molheratz.
> Sest ac la maystria
> dedintre sa bailia,

151. Ed. R. Bechstein. Wiesbaden: F. A. Brockhaus, 1978, v. 3521-3525.

152. Manuscrit unique édité par G. E. Sansone dans *Testi didattico-cortesi di Provenza*. Bari: Adriatica Ed., 1977, p. 119-136 (p. 125 pour le passage narrant l'histoire de "Linaura"). A propos de ce poète et de la civilisation courtoise dans laquelle son oeuvre s'inscrit, on lira, du même auteur, *Gli insegnamenti di cortesia in lingua d'oc e d'oil*. Bari: Adriatica Ed., 1953 ("Gli insegnamenti in lingua d'oc", p. 34-39).

153. "La date de l'*Ensenhamen* d'Arnaut Guilhem de Marsan", *Studi Medievali*, 12, 1939, p. 160-171 (ici, p. 171). Lire également le commentaire de R. Bezzola sur cet *ensenhamen* «code du parfait chevalier» dans *Les Origines et la Formation* ...(IIIe part., 1963, *op. cit.*, p. 323-324).

154. F. Pirot donne un tour sociologisant à sa définition: «long poème didactique, composé en vers à rimes plates, formulant des conseils de bonne conduite courtoise à une catégorie sociale déterminée.» *Recherches sur les connaissances littéraires des troubadours occitans et catalans, les "sirventes-ensenhamens" de Guerau de Cabrera, Guiraut de Calanson et Bertrand de Paris*. Barcelone: Memorias de la real Academia de buenas letras de Barcelona, XIV, 1972, p. 31.

entro que fon fenitz
e pels gilos traitz. (v. 217-232)[155]

A première lecture, cet *ensenhamen* ne semble évoquer ni castration, ni coeur que l'on arrache et que l'on sert en ragoût. Quelques remarques philologiques rectifieront cette impression. La première concerne la compréhension du terme "molheratz" (v. 228). Rita Lejeune traduit ainsi les trois vers "e.n fo, so cre ... molheratz" (v. 226-228): «Et Linaure en fut, je pense, dépecé, et on en fit quatre parts pour les quatre femmes.»[156] Pour Jean Mouzat "molheratz" signifie "hommes mariés, maris". Aussi traduit-il ces trois vers:

> Et là-dessus, je crois que [*Linhaure*] fut depecé, et on en fit quatre quartiers pour les quatre maris.[157]

François Pirot, qui soutient cette seconde traduction, remarque au sujet des vers 224-225 ("Mas aco ... Massot so auzis") que «les deux traducteurs ont achoppé» sur l'interprétation de "Massot". Il ne s'agirait pas d'un nom propre mais, selon lui, du terme "massue", employé ici comme métaphore érotique:

> Il va sans dire donc que le mot *mace* et ses dérivés (*masot*, *maçot* ou *massalot*) ont pris le sens de *pénis* dès l'ancien français.

Dès lors, le sens de ces deux vers est le suivant: «Mais ce fut très désagréable, car cela tua "massot" (correction de *auzis* en *aucis).*»[158] Cette observation met en cause l'idée selon laquelle cet *ensenhamen* n'évoquerait «ni castration, ni légende du coeur mangé» (*Ibid.*, p. 512). Selon F. Pirot, identifier "Massot" et sexe masculin permet d'affirmer au contraire que «la première de ces deux "coupables" entreprises figure bien dans le résumé occitan.» (*Ibid.)*.

Mais ce n'est pas encore suffisant; reste la terrible consommation. Luciano Rossi a repris le dossier dans son article "Il cuore, mistico pasto d'amore: dal *Lai Guirun* al *Decameron*"[159]. En désaccord avec Jean Mouzat et François Pirot, qui affirment que *"nella versione provenzale del lai" non vi sarebbero tracce della legenda del cuore mangiato* (p. 47), il convainc que cet *ensenhamen* évoque bien l'"horrible repas". On peut légitimement soutenir en effet que la gloutonnerie des dames (v. 220) ne se traduit pas (seulement) dans leur avidité sexuelle mais à travers une faim bien concrète,

---

155. Ed. Sansone.
156. 1938, *op. cit.*, p. 151, n.1.
157. "Remarques sur *Linhaure* et sa localisation", *Mélanges offerts à Rita Lejeune*, vol. I. Gembloux: Ed. Duculot, 1969, p. 213-218. Ici, p. 214.
158. 1972, *op. cit.*, p. 509.
159. *Romanica Vulgaria Quaderni*, 6, 1983, p. 28-128.

celle qui se donnera libre cours lors du "banquet tragique", certes non décrit:

> *Né si puo' escludere che con l'aggetivo* glotas, *con cui vengono definite le amanti di* Linaura, *oltre che alla fame "sessuale" delle donne, Arnaut non alludesse anche alla loro fame reale e al tragico banchetto.*[160]

Dans son état sommaire, ce bref poème raconte donc une histoire qui fait allusion à l'ingestion du pénis de l'amant tranché par les maris puis avidement consommé par les épouses adultères.

3. Le *Lai d'Ignaure*. Résumé d'une phrase, ce *lai* peint la jalousie de douze chevaliers envers un treizième - Ignaure - amant des douze épouses. On a lu l'affreuse résolution que prennent les maris et appliquent à son encontre[161]. Aussi ce conte a-t-il longtemps illustré l'expression du *topos* "avec castration". L'*ensenham*en d'Arnaut Guilhem de Marsan laisse supposer que ce privilège est sans doute immérité. Remarquons que, dans le *lai* également, les douze épouses infidèles sont qualifiées, comme dans le poème occitan, d'«ordes gloutes», là encore avant même d'absorber le tragique festin:

> Che dist li uns: "[Les] ordes gloutes
> Ont creantet a juner toutes
> Duske a cele eure c'on sara
> S'il* ert mors u eschapera. (v. 537-540)[162] *Ignaure

L'avidité des consommatrices est soulignée:

> (Chascune ot le cuer asasé,
> Tant qu'eles en ont mis arriere
> Douche saveur et bonne et biele.) (v. 554-556)

Aussi prendra-t-on l'expression «ordes gloutes» au pied de la lettre: ces femmes sont de "répugnantes gloutonnes".

La critique n'a pas manqué de s'interroger sur les liens entre l'"Ignaure" du *Lai* (d'Oïl) et "Linaura", protagoniste de l'*ensenhamen*[163].

---

160. *Ibid.*, p. 48.

161. Suivant R. Lejeune, F. Pirot date ce *lai* du début du XIIIe siècle. 1972, *op. cit.*, p. 506.

162. Ed. R. Lejeune, 1938, *op. cit.* L'éditrice tient au *-e* muet final de Ignaure: «*Ignaures* dans le *Lai* n'apparaît pas une seule fois à la rime, mais on a vu que la mesure du vers, avec la césure épique (plus haut, p. 26) réclame un *e* muet.» (*Ibid.*, p. 30).

163. Voir: L. Rossi (1983, art. cit., p. 45 sv); R. Lejeune "Le personnage d'Ignaure dans la poésie des troubadours." *Académie royale de Langue et de Littérature* françaises, XVIII, 1939, p. 140-172; également, M. Delbouille, 1936, *op. cit.*, p. XLVII. Le rapprochement a été proposé également avec un personnage traversant *Le Chevalier de la Charrette*: «Et veez vos celui dejoste (v. 5793) / (...) C'est Ignaures li Covoitiez, / Li amoureus et li pleisanz.» (v. 5798-5799).

Les *Recherches* de François Pirot en la matière parviennent à une conclusion mesurée, que nous accepterons en l'état. Elle ne vise plus à établir le cousinage des versions d'Oc et d'Oïl:

> En 1170 environ, Arnaut Guilhem de Marsan connaît un *Arthur* "courtois", un *Yvain* courtois et une version de *Linhaura*.
> Avant 1173, Guiraut de Bornehl et Gaulcem Faidit appellent Raimbaut d'Orange *Linhaure*.
> Arrêtons-nous là.[164]

4. Les *Biographies* de Guilhem de Cabestany. Ce troubadour doit sa célébrité à la légende dont il est l'un des malheureux protagonistes:

> *El nombre del trovador Guillem de Cabestany va unido a una de las mas portentosas historias amorosas que encontramos en la literatura medieval: la leyenda del "corazon comido".*[165]

Margarita Egan considère que «le plus ancien [manuscrit] date d'à peu près 1250-1280». Dans ce drame, le coeur de Guilhem de Cabestany est mangé à son insu (rôti et préparé au poivre, dans les manuscrits $F^{b}$IK et ABN2) par son amante, épouse du farouche Raimon de Castel Roussillon. Les *Biographies des troubadours, textes provençaux des XIIIe et XIVe siècles*[166] accompagnent les traductions de Jean Boutière et Alexandre-Herman Schutz de celle que Stendhal offrit dans *De l'Amour*[167]. Elle n'est que l'une des traces de l'intérêt que le romancier portait à la légende du "coeur mangé"[168]. Il s'exprime encore dans l'épisode du chapitre XXI de la première partie du *Rouge et le Noir* où Madame de Rênal «se figurait sans cesse son mari tuant Julien à la chasse, comme par accident, et ensuite le soir lui faisant manger son coeur.»[169]

5. *Das Herze* de Konrad von Würzburg. Ce texte est traduit et présenté par André Moret dans le recueil qui contient l'histoire de Pierre de Staufenberg, *Poèmes et Fableaux du Moyen Age allemand*[170]. Le traducteur

164. 1972, *op. cit.*, p. 517.

165. M. Cots. "Notas historicas sobre el trovador Guillem de Cabestany", *Boletin de la real Academia de buenas letras de Barcelona*, XXXVII, 1977-1978, p. 23-65; ici, p. 23. Cette narration est conservée dans onze manuscrits que l'on peut réduire à quatre versions (*cuatro versiones*, p. 24).

166. Paris: Nizet, 1973.

167. Initialement dans "La Provence au XIIe siècle", textes présentés, établis et annotés par V. del Litto, Le Livre de Poche. Paris: Ed. Gallimard et Lib. Gén. Française, 1969, p. 184-190.

168. M. di Maio étudie cette question dans "Romanzo e Melodrama. Il caso di *Gabriella di Vergy*", *Stendhal tra Letterature e Musica; Atti dal Convegno Internazionale Martina Franca* / 26-29 nov. 1992. Biblioteca della Ricerca, Cultura Straniera 54, 1993, p. 209-219.

169. Ed. H. Martineau. Paris : Garnier frères, 1960, p. 127.

170. 1939, *op. cit.* Il utilise l'édition publiée par E. Schröder dans *Kleinere Dichtungen Konrads von Würzburg*. Berlin: Weidmannsche Verlagsbuchhandlung, 1936. Disons dès

note que ce poème de «Conrad de Wurzburg» date «des environs de 1258.» (p. 23). Selon la division proposée par Maurice Delbouille, le conte est exemplaire du second groupe de récits, celui où l'amant meurt en Terre sainte, plus précisément sur «la Terre sacrée de Jérusalem» (p. 27).

L'une des originalités du récit allemand tient à la forte culpabilité que le malheureux chevalier fait peser sur sa bien aimée[171]. Dans sa plainte, il déchiffre lui-même la cause de la langueur et de la souffrance qui le tuent: «elle m'a blessé à mort de désir et de regret» (*Ibid.*, p. 30) déclare-t-il à son écuyer avant de lui enjoindre d'embaumer son coeur «pâle et sanglant» et de le porter à celle qui est cause de sa mort. Quand elle aura terminé son solitaire repas, son mari l'instruira de l'accusation de son amant:

> Tu viens de manger le propre coeur de ce chevalier qui a souffert pour toi toute sa vie tant de tourment. Il est, tu peux m'en croire, mort de peine et de désir pour ton doux amour.[172]

6. *Le Roman du Castelain de Couci* (de Jakemes).[173] Dans cette narration qui date de la fin du XIIIe siècle, le châtelain de Couci meurt en Terre sainte. Mais à la différence du récit allemand, le héros est blessé en croisé, frappé par une flèche ennemie avant d'expirer sur le navire qui le ramène vers sa bien-aimée. Auparavant, il a ordonné à son serviteur de transmettre à sa dame son coeur embaumé. Le mari bafoué, seigneur de Fayel, parvient à arracher des mains du valet le coeur du malheureux amant. Il demande à son cuisinier d'en préparer un plat réservé à l'infidèle épouse:

> Son mestre keus mist a raison,
> Et li commande estroitement
> Qu'il se painne esforciement
> D'un couleïch si atourner
> Que on n'i sace qu'amender,
> De ghelines et de capons,
> «Dont a table siervi serons
> De toutes pars communalment,
> Et par lui especialment.
> De cest coer un autre feras
> Dont tu ta dame sierviras
> Tant seulement, et non autrui.» (v. 8018-8031)

---

maintenant que l'article *Eaten Heart* du *Motif-Index* de S. Thompson, omettant Schröder, renvoie à une édition antérieure (publiée par von der Hagen en 1850 dans *Gesammtabenteuer*, I. Tübingen: Gotta'scher Verlag, p. 225-244).

171. A propos du traitement original du «thème traditionnel» du "coeur mangé" dans ce récit, lire, de D. Buschinger, "Le *Herzmaere* de Konrad von Würzburg et la légende du *Coeur mangé*", *Le Récit bref au Moyen-Age, Actes du Colloque des 26-28 mars 1979*, Univ. de Picardie. Paris: diff. Champion, 1980, p. 263-276.

172. Trad. Moret, *op. cit.*, p. 32.

173. Ed. M. Delbouille (à l'aide des notes de J. E. Matzke). Paris, SATF, 1936.

Elle apprend la composition de ce si bon repas et jure de ne plus jamais prendre de nourriture et meurt.

Maurice Delbouille a suivi avec précision la belle descendance qu'eut *Le Roman du Castelain de Couci*. Une version en prose du XVe siècle «directement tirée du roman de Jakemes» (p. LXXXVIII) joua un rôle déterminant dans la transmission de la légende jusqu'au XIXe siècle (sans figuration nouvelle notable toutefois). «Au XVIIIe siècle», observe l'éditeur du texte, «l'histoire trouve subitement un regain de faveur et, fait curieux, elle est confondue à nouveau avec celle de la châtelaine de Vergy: les amants sont appelés dorénavant Raoul de Coucy et Gabrielle de Vergy, mariée au seigneur de Fayel.» (*Ibid.*, p. XCV). Stendhal témoigne de cette vogue au XIXe siècle. Le maillon essentiel de la transmission est un texte abrégé de l'histoire du XVe siècle, également rédigé en prose. Cette version brève a été publiée en 1581 par Claude Fauchet dans son *Recueil de l'origine de la langue et de la littérature françoise*[174].

7. L'histoire de Ruberto, Comte d'Arimini, conte LXII des *Cento Novelle Antiche* ("Qui conta una novella di Messere Ruberto"). *Le Cento Novelle Antiche o libro di novelle e di bel parlar gentile detto anche Novellino* (postérieur à 1281 et antérieur à 1300) ont été éditées par Cesare Segre[175]. Nous lirons dans un instant les étapes majeures de cette version et sa conclusion étonnante. Un mot sur son ouverture: un "nigaud de portier" (*un portiere milenso*) bénéficie des faveurs d'une chambrière qui ne tarde pas à informer la "comtesse mère" (*contessa antica*), épouse du seigneur *Ruberto*, quc, s'il est nigaud, le rustre ne manque pas d'avantages impressionnants (*era a gran misura*)[176].

8. La neuvième Nouvelle de la quatrième Journée du *Décaméron* de Boccace. Inutile de présenter ce célébrissime recueil d'histoires. Sa rédaction est généralement datée du coeur du XIVe siècle. Cette précision chronologique n'est pas sans importance, car, paradoxalement, ce texte tardif peut être considéré sous certains aspects comme la version la plus fidèle au récit indien que nous allons découvrir sous peu. On sait par

174. On peut lire ce court récit dans "The roman du Chatelain de Couci and Fauchet's Chronique" dans *Studies in honor of A. Marshall Elliot*. Baltimore: The John Hopkins Press, 1913, vol. 1, p. 1-18 (p. 6-8).

175. Dans *Prosatori del Duecento. Trattati morali e allegorici*. Torino: Einaudi, 1977. Cette édition est présentée en italien et traduite par G. Genot et P. Larivaille dans *Novellino suivi de Contes de Chevaliers du temps jadis* (Paris: UGE, 10/18, *Bibl. médiévale*, n° 1928, 1988). Voir, au sujet des motifs composant ces récits, de G. Genot et P. Larivaille: *Etude du Novellino, Répertoires des structures narratives*, C.R.L.Li, Université de Paris X-Nanterre, 2, 1985.

176. Ed. Segre, trad. Genot et Larivaille, p. 148.

ailleurs que cette neuvième Nouvelle indique explicitement ses liens avec une narration provençale:

> *Dovete adunque sapere che, secondo che raccontano i provenzali, in Provenza furon già due nobili cavalieri, de' quali ciascuno e castella e vassalli aveva sotto di sé: e aveva l'un nome messer Guiglielmo Rossiglione e l'altro messer Guiglielmo Guardastagno.*[177]

Les noms des deux protagonistes désignent les *Vidas* de Guilhem de Cabestany comme origine du conte de Boccace. On remarquera la sauvage précision de la scène du meurtre:

> *Il Rossiglione, smontato, con un coltello il petto del Guardastagno apri' e con le proprie mani il cuor gli trasse, e quel fatto avviluppare in un pennoncello di lancia, comando' a un dé suoi famigliari che nel portasse;*[178]

9. La légende germanique *Der Brennberger*[179]. Cette histoire raconte la mésaventure survenue au poète (*Minnesänger*) Reinmann de Brennberg. C'est à lui, en effet, que

> la légende du "Coeur mangé" est rattachée en Allemagne (cf. la chanson populaire Der Bremberger, datant de la fin du 16ème siècle, dans Des Knaben Wunderhorn, de Arnim et Brentano, un Meistergesang imprimé à la fin du XVème siècle et la légende Der Brennberger conservée dans les Deutsche Sagen de Grimm).[180]

Gaston Paris indique que ce poète «vivait au milieu du XIIIe siècle» et qu'il devint, longtemps après sa mort, dans un «*meistergesang* imprimé à la fin du XVe siècle», le héros d'«un récit semblable à la biographie de Guilhem de Cabestaing»[181]. L'épisode du "coeur mangé" conclut les amours contrariées d'un noble chevalier pour l'«exquise duchesse» d'Autriche. Il loue sa dame avec tant d'insistance que le Duc s'en aperçoit et prononce alors d'irrévocables sentences (p. 189), la mort du rival, sa décapitation et la préparation de son coeur:

> *Und zur Stunde ward ihm das Haupt abgehauen; sein Herz aber gebot der Herr auszuschneiden und zu kochen.*

---

177. Ed. Branca, p. 564.

178. *Ibid.*, p. 566-567. «Guillaume de Roussillon mit pied à terre, ouvrit d'un coup de couteau la poitrine de Guillaume de Cabestaing, lui arracha le coeur de ses propres mains et, l'ayant fait envelopper dans un pennon de lance, ordonna à l'un de ses serviteurs de l'emporter.» (Trad. Guimbard, 1994, *op. cit.*, p. 395).

179. Dans J. et W. Grimm, *Deutsche Sagen*. Berlin: Nicolaische Verlagsbuchhandlung, 1866, t. II, p. 186-190 (première histoire n° 505; deuxième histoire n° 506).

180. D. Buschinger, *Le Récit bref...*, 1979, *op. cit.*, p. 264-265.

181. 1881, *op. cit.*, p. 379.

La duchesse apprend la nature de ce qu'elle a consommé; comme bien d'autres, elle décide de cesser de prendre toute nourriture: *von Essen und Trinken kommt nimmer mehr in meinen Mund*. (*Ibid.*)

10. L'histoire racontée par la Comtesse d'Aulnoy dans ses *Mémoires de la Cour d'Espagne*[182]. Cette fois le consommateur est un homme. Voici le passage qui nous concerne:

> Sa femme ayant pris une implacable jalousie contre une fille admirablement belle qu'il aimait, fut chez elle bien accompagnée; elle la tua, lui arracha le coeur et le fit accommoder en ragoût. Lorsque son mari en eut mangé, elle lui demanda si cela lui semblait bon; il dit que oui. "Je n'en suis pas trop surprise, dit-elle; c'est le coeur de la maîtresse que tu as tant aimée"; et aussitôt elle tira la tête toute sanglante qu'elle avait cachée sous son guard-infant et la roula sur la table où il était assis avec plusieurs de ses amis. Il est aisé de juger ce qu'il devint à cette funeste vue. Elle se sauva dans un couvent où elle devint folle de rage et de jalousie, et elle n'en sortit plus. L'affliction du marquis fut si grande qu'il pensa tomber dans le désespoir.

Est-ce là tout ? En 1912 Henri Hauvette faisait paraître une étude attachée à établir la filiation des versions occidentales de l'histoire: "La 39e Nouvelle du Décaméron et la légende du Cocur mangé."[183] L'auteur proposait d'enrichir le versant provençal du corpus d'un nouveau titre, le *septième Compte amoureux de Madame Jeanne Flore*, il s'intitule *Compte touchant les mauvaises fortunes de Messire Guillien de Campestain de Rossilon*[184]. Rita Lejeune - qui évoque l'étude de H. Hauvette - ne conserve pas cette version parmi celles qui lui permettent d'examiner les nouveautés introduites par le *Lai d'Ignaure*. Ce rejet semble justifié. Si l'on considère le récit de Jeanne Flore on constate, en effet, que seule la nature de la préparation y est inédite (ce qui, toutefois, ne manque pas d'intérêt). Après avoir tué son rival et lui avoir fendu l'estomac, Raymon

> en tira le coeur dehors, qu'il emporta avec soy: si le feit mettre après en potage & manger à sa femme. Quand elle l'eust mangé: Qu'en dites-vous, dit-il, dame, de celle viande ? Est-elle bonne ? Pour

182. *La cour et la ville de Madrid vers la fin du XVIIe siècle. (Deuxième partie) Mémoires de la cour d'Espagne par la Comtesse d'Aulnoy*; éd. nouvelle revue et annotée par B. Carey. Paris: Plon, 1876, p. 107.

183. *Romania*, 91, 1912, p. 184-205.

184. L'édition complète des *Comptes amoureux par Madame Jeanne Flore, touchant la punition que faict Venus de ceulx qui contemnent et mesprisent le vray Amour* a paru à Lyon (imprimée par Benoist Rigaud) en 1574. On peut consulter cet ouvrage sous sa «réimpression textuelle» éditée par «le bibliophile Jacob» (chez J. Gay et fils à Turin en 1870; 42, p. 160-161 pour notre épisode). G. Reynier consacre quelques pages aux diverses éditions de ce texte dans *Le roman sentimental avant l'Astrée* (Paris: Colin, 1908, chap. X, p. 123-136).

> vray, mon seigneur, respond-elle, ouy, & est de moult bon goust. C'est le coeur de vostre amy Guillien, dit le duc.[185]

A juste titre, H. Hauvette lui-même observe qu'«à partir de cet endroit, les choses se passent exactement comme dans la biographie.» (p. 188).

Qu'enseigne cet inventaire ? Il permet de prétendre raisonnablement que ces dix versions écrites forment le noyau occidental de la fiction du "coeur mangé", et cela au moins depuis le XIIe siècle.

Ouvrons le dossier des légendes du "coeur mangé" connues de l'Inde. C'est en 1851, à Calcutta, que le général James Abbott en proposa une première version, malheureusement restée privée[186]. Cependant William A. Clouston l'a fidèlement rapportée dans ses *Popular Tales and Fictions*[187]. Prévenu de l'infidélité de son épouse (la Rani Kokilân) par son perroquet, Rasalù abat son rival, Hodi, puis tranche son coeur et son foie qu'il sert "en fricassée" à la coupable:

> *Rasalù* (...) *cut out his heart and liver, and had them fricasseed and set before the Rani at dinner. The Rani ate the fricassee with great relish, and when she had finished, Rasalù said, "Do you know whose heart and liver you have eaten?" The Rani replied, "Doubtless they belonged to some dear litle pet of a calf." Then said Rasalù, "True, O Kolikan, that heart was beating two hours ago in the breast of that pet-calf Rajà Hodi."*[188]

William A. Clouston renvoie à une autre publication du conte, due au capitaine R. C. Temple[189]. Dans ce récit ramassé, après avoir appris du perroquet la tromperie de sa femme, Rasalù abat Hodî puis, dit le texte, *took his flesh and gave Rânî Kokilân to eat*. La fable s'achève sur une morale, et non par l'évocation du destin de la consommatrice: *Sword, horse and woman; these three are faithless*. (p. 241). Le «n° de mai [1883] du *Folk-Lore Journal*», publié à Londres, «par le révérend C. Swynnerton» a

185. Réimp. Jacob, 1870, *op. cit.*, p. 160.

186. *A little work by General James Abbott printed for private circulation*, écrit W. A. Clouston (1887, p. 192). Dans ses *Romantic Tales from the Panjâb with illustrations by native hands*, le Rév. C. Swynnerton note: *The honour of the discovery of Rasâlu for Englishmen appears to belong to General Abbott, a famous Frontier officer*. Westminster: Archibald Constable & Co, 1903, p. XXX.

187. Edimbourg et Londres: W. Blackwood and Sons, 1887, vol. II, p. 187-195.

188. L'infortunée se jette alors du haut du balcon mais ne meurt pas. Elle épousera même un autre prince. Rasalù, rongé de remords, fera représenter par un sculpteur le corps de son ancienne épouse. Le général Abbott affirme avoir vu cette sculpture en 1848.

189. *The Legends of the Panjâb*. Bombay: Education Society's Press. Londres: Trübner & Co, 1900, vol. III, p. 227-241 ("The legend of Rânî Kokilân", n° XLIX). "Les travaux de M. R. C. Temple et les légendes du Penjab" font l'objet des commentaires élogieux de A. Barth, dans le n° 16 de *Mélusine, Revue de mythologie, littérature populaire, traditions et usages* (dir. H. Gaidoz & E. Rolland, t. II, 1885, p. 361-365).

permis à Gaston Paris[190] de consulter une troisième version, venue de l'Indus supérieur. Cette parution convainquit le savant français d'abandonner l'hypothèse de l'origine celtique du conte. Il traduit ainsi les passages cruciaux de notre épisode (le roi vient de décapiter son rival):

> Dépouillant de ses riches vêtements le corps décapité, il lui coupe un morceau de chair et l'emporte (...). La reine dit: «Quelle viande m'avez-vous donc apportée aujourd'hui, cher coeur ? Jamais venaison n'a été aussi délicate et aussi douce au goût.» Le roi réplique:
> Vivant, il était votre plaisir;
> Mort, vous avez mangé sa chair.
> (...) La malheureuse reine laissa tomber le morceau de sa bouche (...) elle se leva, s'élança vers le rempart et se précipita en bas.[191]

Proche en cela du récit publié par le capitaine Temple, la variante mentionnée par G. Paris substitue à l'ingestion du coeur et du foie, celle d'"un morceau de chair". Mais cette leçon est marginale. La version Abbott, on l'a vu, n'est pas avare de détails à propos du mets, le coeur préparé en "fricassée". Elle a reçu du renfort quelques années plus tard (en 1903) dans les *Romantic tales from the Punjab* où le révérend Swynnerton faisait paraître *a fourth variant of the Rasâlu Legends*[192]. L'assassinat et la décapitation de l'adversaire sont suivis de la vengeance et du repas solitaire. Pas de doute, c'est bien le coeur de son amant que consomme la reine:

> *Stripping it of its rich clothing and cutting open the body, he tore out the heart and took it with him into the castle. (...) «Ah !» cried the queen, «What food, dear Heart, have you brought me here ? Me thinks no venison was ever so dainty and sweet at this.»*[193]

C'est ce quatrième état de la légende indienne que Henri Hauvette atteste, mais en citant une source encore différente: les notes de son ami, l'archéologue André Foucher[194], prises lors de sa mission sur "la rive droite de l'Indus". Elles ne font qu'une brève allusion à la légende du "coeur mangé". Elles précisent bien cependant que

> Rasâlou poussa le raffinement jusqu'à faire servir à sa femme le coeur rôti de son amant. On assure qu'elle déclara le mets excellent; mais quand elle en connut la provenance, sans mot dire elle se leva et se précipita du sommet des tours sur la roche.

---

190. "La Légende du *Châtelain de Couci* dans l'Inde", *Romania*, 12, 1883, p. 359-363 (ici, p. 359).
191. 1883, *op. cit.*, p. 360.
192. *Op. cit.*, p. XXX. Cette quatrième leçon vient, dit l'auteur, du *Hazara District* (*Ibid.*).
193. *Ibid.*, p. 300 et p. 305.
194. *Sur la frontière indo-afghane*. Paris: Hachette, 1901, p. 5.

N'allons pas plus loin, le corpus indo-européen du récit est ainsi suffisamment représentatif. Il se compose de onze textes: dix fictions occidentales et, pour l'Orient, le groupe des histoires du Penjab.

B. La clef de l'érotique courtoise.

Parcourir ainsi les domaines occidentaux et orientaux de l'Europe est un *a priori* lourd de conséquences pour comprendre l'histoire du "coeur mangé". Tant il est vrai que la composition du corpus détermine les ambitions de l'analyse. A propos des récits médiévaux, notamment, cette sélection de récits ouvre sur des interprétations bien particulières. Deux tendances peuvent être observées. La première, de nature historiciste, a cherché les sources et les généalogies des diverses versions. La seconde s'est efforcée de comprendre la légende en référence à une éthique culturelle déterminée, la morale de la courtoisie.

Commençons par l'effort historiciste. Les premiers pas de la légende partent-ils de l'Inde ? Gaston Paris le suppose et présente la filiation suivante. En Occident, l'état le plus ancien de la fable se trouve dans un roman provençal perdu. Cette source primitive est commune aux textes qui en témoignent le plus fidèlement, la *Vida* de Guilhem de Cabestany et la nouvelle de Boccace, l'histoire de Brennberger et celle de la marquise d'Astorga. Prudent, l'érudit ajoute aussitôt que la version originelle est «conservée sans doute (...) dans le lai breton de *Guiron*, qui était peut-être la source de ce roman provençal.» L'origine de ce récit fondateur serait la narration indienne. Il est probable que le récit du coeur mangé a suivi le voyage «de tant d'autres contes, qu'il a pénétré d'abord en Perse, puis dans l'empire byzantin, et de là en Europe.»[195]

C'est à un résultat exactement contraire que conclut Henri Hauvette. Il constate, avec G. Paris, l'identité du conte de Rasâlou recueilli par A. Foucher avec la biographie de Guilhem de Cabestaing, et plus encore, avec la nouvelle du *Décaméron*. Mais il ne se satisfait pas de ce constat et il tente de comprendre «ce prodige»: la *vida* provençale et Boccace, au XIIIe et XIVe siècle, «se seraient rapprochés de la version authentique beaucoup plus que les auteurs des versions européennes indubitablement rédigées au XIIe siècle.»[196] H. Hauvette se risque alors à suivre avec les marchands italiens du XVe siècle l'itinéraire de la caravane des motifs, mais dans le sens inverse de celui qu'empruntait Gaston Paris. L'épisode du Coeur mangé aurait voyagé vers l'est, et,

195. 1883, art. cit., p. 363.
196. 1912, *op. cit.*, p. 201.

> parvenue jusqu'aux bords de l'Indus, notre légende se serait amalgamée avec des traditions locales antérieures, de façon à former un chapitre des merveilleuses aventures de Rasâlou.[197]

La quête des sources bute par conséquent sur des conclusions contradictoires. Maurice Delbouille renvoie dos à dos les deux conjectures. Il souligne ainsi le peu de confiance qu'il accorde au point de vue diffusionniste qui les sous-tend:

> malgré les nombreuses études consacrées à la question, il est impossible de savoir de science certaine si les formes occidentales remontent à une source indienne ou si le conte du Penjab dérive de Boccace, qui lui-même avait emprunté aux Provençaux la matière de sa nouvelle.[198]

Quittons sur ce constat de carence la question des origines indiennes et revenons par une autre voie à la quête de la provenance. Il convient de considérer, ne serait-ce qu'allusivement, les efforts pour ancrer l'expansion indo-européenne de la légende dans d'autres fonds que celui qu'on pourrait nommer "méridional". John Matzke a comparé les filiations établies par G. Paris, H. Patzig et Axel Ahlström. Il a remarqué que le chercheur suédois faisait procéder le lai de *Guirun* des traditions germaniques. Ce germe aurait donné naissance à la narration provençale perdue, puis aux versions qui en émanent. Les réseaux tissé par Axel Ahlström entre la légende du "coeur mangé" et la trame culturelle germanique souligne, s'il en était besoin, l'incertitude des résultats de la quête des sources, si changeants selon les *a priori* des critiques. Sa démonstration s'appuie sur le personnage de Guirun-Gudrun que connaît un ensemble de contes évoquant les Nibelungen: des poèmes eddiques scandinaves qui «procèdent (...), d'anciens textes allemands»[199], leur transcription en islandais ainsi que dans la fameuse *Chanson* germanique (XIIIe siècle). L'histoire peut être ainsi reconstituée: Sigurd, le mari de Gudrun [Kriemhild, dans la *Chanson des Nibelungen*] est assassiné par ses beaux-frères. Sa veuve épouse en secondes noces le fourbe Atli qui, pour acquérir le trésor de Sigurd, assassine les frères de Gudrun. Voici alors, dans les derniers instants de la légende, le recours au "coeur mangé":

> Gudrun, désireuse de venger ses frères, fait venir les deux fils qu'elle a eus d'Atli et qui ne sont encore que des jeunes garçons; elle les égorge, fait rôtir leurs coeurs et sert ce plat à Atli, qui le mange;

---

197. *Ibid.*, pages 202 et 204.

198. *Op. cit.*, p. XLVII.

199. M. Colleville et E. Tonnelat, *La Chanson des Nibelungen. Trad. avec introduction et notes*. Paris: Aubier, éd. Montaigne, *Bibl. de philologie germanique*, 1944, p. 64.

puis elle mêle au vin que boit Atli le sang de ses fils. Elle lui révèle ensuite l'affreuse vérité.[200]

Cet épisode est-il la source, via le lai de *Gu(i)run*, d'où jaillissent les multiples variantes de la fable ? Sa figuration s'écarte à plus d'un titre des récits retenus ci-dessus. On est loin d'un conte où le coupable d'un adultère consomme involontairement le coeur (la chair) de son partenaire en adultère. Il n'est donc pas sûr qu'Axel Ahlström ait fait preuve de circonspection quand il affirmait péremptoirement:

> Même si on ne peut dire qu'il y ait filiation directe entre les histoires liées à Gudrun, d'une part, et, d'autre part, celles qu'on racontait au milieu du XIe siècle sur Guirun ou Gurun, il est quand même certain que le motif est germanique.[201]

Qu'indique ce coup d'oeil sur l'éventuelle génération de nos fables ? Une nouvelle fois la poursuite des sources conduit à des résultats soit contraires, soit hasardeux soit marqués du sceau du relativisme culturel. On comprend les deux traducteurs du *Novellino* quand ils rejettent la thèse d'un original provençal «nostalgiquement regretté»:

> Rien ne prouve qu'un tel original ait existé, et en tout cas, il ne peut être qu'un objet idéal, tandis que les *versions* que nous possédons sont des *fonctionnements*.[202]

Passons au second mode d'interprétation annoncé, fondé sur le corpus mis en lumière. Le plus souvent, ces commentaires s'édifient sur le raffinement et l'horreur de la punition, partie la plus frappante du récit. Ils s'appuient également sur la signification de certains contenus: l'adultère, la jalousie, la coupable félonie du mari (et non de l'amant), la vengeance, l'amour sacrificiel, la dévotion réciproque de la dame et de l'amant. Autant de thèmes particuliers qui s'inscrivent dans un ensemble de valeurs propre à l'occident médiéval: l'érotique courtoise et ses particularités morales. Illustrations de cette position, choisies parmi de nombreuses autres, cette affirmation de Danielle Régnier-Bohler: «le discours des personnages et les métaphores qui les organisent,» dans la *Châtelaine de Vergi*, le *Lai d'Ignauré* et le *Roman du Châtelain de Couci*, se comprennent si l'on se

---

200. *Ibid.*, p. 67. Le final de la *Chanson des Nibelungen* se passe de l'évocation du "coeur mangé": Kriemhild assassine le fourbe Hagen (Atli) avec l'épée de Sigfrid.

201. *Motivet är germanskt* (*op. cit.* p. 135). Nous devons la traduction à E. Harmä-Suomela.

202. 1985, *op. cit.*, p. 15. Même prudence chez J. J. Nunes qui admet que nous ignorons totalement les raisons de la propagation de la légende: elle s'est répandue *por qualquer outro motivo que desconhecemos por completo*. "A lenda do coraçaô comido", *Revista Lusitana*, vol. 28, 1930, p. 5-15; ici, p. 15.

souvient «qu'ils s'appuient sur la vision courtoise de l'amour.»[203] ; et cette assertion de Luciano Rossi:

> *la tragica storia* [du "coeur mangé"] *altro non sia che un momento esemplare della lunga* "querelle" *sulla natura d'amore e sul ruolo del* fins amans verais, *"fedele" fino al supremo sacrificio, che tanto appassiono' l'Europa medievale.*[204]

Deux confirmations supplémentaires épaulent cet appel à l'érotique courtoise. La croyance aux vertus - salvatrices - de l'ingestion du coeur d'un amant ou d'un poète est attestée dans la lyrique amoureuse. Par ailleurs, preuve *a contrario*, la parodie de la courtoisie paraît évidente dans certaines versions de la légende qui se présentent elles-mêmes comme caricaturales. On pense au récit des *Cento Novelle Antiche*, par exemple, qui, selon H. Hauvette, «au lieu d'avoir un dénouement tragique, finit «en vaudeville»[205]. Voici la coutume inédite établie par l'épouse adultère (et sa chambrière) à la suite de son affreux souper:

> *E questo si conta in novella, che v'era e che v'è questo costume: che, quando elli vi passasse alcuno gentiluomo con molti arnesi, ed elle il faceano invitare e facèanli grandissimo onore (...). Quella che piu li piacesse, quella il servia, e acompagnava a tavola e a lecto.*[206]

Gaston Paris admet si peu la version donnée par le *Lai d'Ignaure*, marqué par la castration du pauvre amant, qu'il considère que l'atroce et fort peu courtoise mutilation aurait fini par rendre la légende «presque comique»[207].

Pour revenir un instant à des observations méthodologiques, notons que ces observations suggèrent un enseignement nouveau quant aux conditions nécessaires à la définition des motifs. A l'encontre de ce que disait le chapitre précédent, l'existence d'un thème fixe s'impose. Il s'agirait ici du rôle du *fin amant*, respectueux jusqu'au suprême sacrifice, de ses engagements "courtois". Si l'idée d'un contenu stable commence à faire son chemin, sa signification pour ce qui concerne la séquence du "coeur mangé" ne satisfait pas. Peut-être faut-il arracher à leur quasi-évidence ces interprétations filtrées par la culture médiévale et ses valeurs

---

203. *Le Coeur mangé, récits érotiques et courtois des XIIe et XIIIe siècles*. Paris: Stock Plus Moyen Age, 1979, p. 314.

204. 1983, art. cit., p. 32. *Cf.*, de M. Okada, "L'échange des coeurs et le thème du *coeur mangé* dans le *Roman du Castelain de Couci et de la Dame de Fayel", Etudes de langue et de littérature française*, 36, 1980, p. 1-15.

205. Art. cit., p. 193.

206. *Novellino*, éd. Segre, trad. Genot et Larivaille, *op. cit.*, p. 148-149. Nous préférons traduire de la sorte: «D'après ce que dit la Nouvelle, il y avait et il y a cette coutume: quand quelque gentilhomme bien équipé - bien "harnaché" - passait dans les environs elles l'invitaient et lui faisaient grand honneur (...). Celle qui lui plaisait le plus allait le servir, l'accompagnait à table et au lit.»

207. 1881, *op. cit.*, p. 376.

érotiques ? On va donc étendre l'enquête au-delà du corpus indo-européen qui détermine la "lecture" courtoise que l'on vient de suivre.

C. Un *topos* universel.

Pour élargir le champ des investigations, le recours au *Motif-Index of Folk-Literature* de Stith Thompson est inévitable (le *Types of the Folktale* se borne à reprendre tel quel, au Type n° 992, l'article du *Motif-Index* que nous allons citer). On s'aidera également d'une substantielle référence bibliographique que Thompson cite lui-même dans le relevé du *Motif-Index*: la note 241 de son propre recueil *Tales of the North American Indians*[208]. La sélection des occurrences dignes de compléter les contes d'Occident et du Penjab sera peut-être un peu pointilleuse. Mais l'usage des deux outils thompsonniens réclame un certain soin car les classements qu'ils proposent manquent souvent de rigueur.

Dans le *Motif-Index*, le "coeur mangé" (*The Eaten Heart*) apparaît au chapitre *Other Romantic tales* dans le sous-ensemble Q: "Kinds of Punishments.", classement qui n'est pas sans intérêt. Son récit-cadre est ainsi présenté:

> *Q478.1. The Eaten Heart. Adulteress is caused unwittingly to eat her lovers'heart (Sometimes other parts of the body).*[209]

Ce résumé est suivi d'une liste de dix-neuf ouvrages, tant d'études sur la question que de références textuelles. Quelles différences distinguent la liste précédente, assise des interprétations courtoises, et l'inventaire du *Motif-Index* (qui n'ignore pas le travail de Matzke, cité en premier) ? Une dizaine de renvois textuels de S. Thompson sont originaux: ils n'apparaissent pas dans les classifications antérieures. Ce sont ceux-là, bien entendu, qui nous intéressent. Mais nous leur soustrairons d'emblée quatre versions restées inaccessibles[210] ainsi que le récit moderne recueilli dans les *Popular Tales and Fictions*[211]. Il n'est qu'une variante explicite de la

208. Harvard University Press. Cambridge, Massachussets, 1929, p. 344.

209. *Ibid.*, p. 238. L'*Index des motifs narratifs* de A. Guérreau-Jalabert illustre ce sous-ensemble par le *Fragment du Tristan* de Thomas (1992, *op. cit.*, p. 173).

210. Rasmussen, *Greenland* III 241 ; Hibbard 253, De Cock *Volkssage* 94 et Child V 482. Nous n'avons pu consulter les trois premiers livres. La quatrième indication renvoie au tome V de l'ouvrage de F. J. Child: *The English and Scottish Popular Ballad* (Boston, 1898) mais on n'y trouve ni page 482 ni récit de coeur mangé.

211. 1887, *op. cit.*, p. 191. Soi-disant extrait d'un roman de colportage du dix-huitième siècle, ce conte retrace le triste destin d'un officier anglais, mort à la bataille d'Almanza. Il envoie son coeur réduit en poudre à la femme de ses pensées (*Madame Butler*). Le mari saisit ces restes et les fait boire par son épouse dans une tasse de thé. La malheureuse décide de ne plus avaler quoi que ce soit. Elle en meurt. Henri Hauvette, qui a précisément comparé les légendes du Penjab publiées par W. A. Clouston, ne dit mot de cette relation moderne. Thompson est donc le premier à l'inclure parmi les occurrences du *topos*.

légende de Penjab. William A. Clouston observe lui-même que cette narration travestit *a very old and favourite legend in the Pandjab, where it is still recited by the Bhats, or minstrels* (p. 191-192). Bref, notre corpus s'enrichit de cinq indications nouvelles.

La présentation qui vient exposera ces cinq fictions non consignées par Patzig, Matzke et Hauvette avant de lire une sixième référence (non textuelle), elle-même riche répertoire bibliographique de contes Indiens. Elle fera par la suite l'objet d'une exploitation autonome.

a. Une légende des Iles Marquises, citée par Edouard Craighill Handy[212]. Une femme a deux maris, Aio, le second (*the secondary husband*), égorge le premier (Tana-oa-Kau-hue) lors d'une partie de pêche:

> *Aio followed Tana-oa-Kau-hue when he went fishing, slew him and brought back to Kua-iana-nei* [l'épouse] *a bit of his flesh.*

Il «rapporte à sa femme un morceau de sa chair» qu'il donne à manger à son épouse (enceinte de trois mois). Elle l'avale sans en présumer la nature. Cette ingestion de l'époux fonde un mythe d'origine.

b. Un fragment de la *Mythologie Hawaïenne*[213]. Deux poissons - *Publi* et *Loli* - métamorphosés en hommes séduisent deux jeunes femmes. Leur père attrape les maris-poissons, les cuit et les sert à ses filles (*cooks them, and serves them up to the two girls*) qui les vomissent aussitôt. Elles donnent ainsi naissance à deux poissons de l'espèce de leur père.

c. Dans "Folk-Lore from the Cape Verde Islands", Elsie Clews Parsons[214] examine une narration qui ne manque pas de points communs avec la précédente: c'est, là encore, le père de la fille, coupable d'amours animales, qui pêche son "gendre", le cuit et le sert à sa fille. Mais, *the first piece she put in her mouth sprang out and fell to the ground.*

Ce récit oblige à s'éloigner un moment du *Motif-Index*. Sous la dénomination "*Fish-Lover*", E. C. Parsons (p. 140, note 1) évoque en effet quatre contes (portugais, espagnol, jamaïcain et togolais) qui relèvent explicitement d'une figuration identique (rôle du père, amant-poisson, mal au coeur de la "mangeuse") mais que Thompson n'a pas retenus. Nous n'avons pu regarder que la narration togolaise transcrite par le missionnaire

---

212. "Marquesan Legends", *Bernice P. Bishop Museum Bulletin*. Honolulu, 69, 1930, p. 104-105. Ces légendes ont été recueillies en 1920 et 1921 (p. 3).

213. M. Warren Beckwith, *Hawaian Mythology*. Honolulu: Univ. of Hawaï Press, 1970, p. 136.

214. *Memoirs of the American Folk-Lore Society*, vol. XV (1), New-York, 1923, p. 140-141.

Jakob Spieth[215]. La jeune fille y tombe amoureuse d'un silure que son père tue avant d'en manger lui-même une part:

> *Ihr vater aber schoss ihn, brachte ihn nach Hause, kochte und ass ihn* (...). *Das Herz des Mädchens aber erbte, als sie das ass, was ihr der Vater aufbewahrt hatte.*

L'analogie de ces diverses occurrences africaines de la côte atlantique (Iles du Cap-Vert, Togo) n'est pas surprenante, il convenait toutefois de la constater. Revenons à la liste de Stith Thompson.

d. Le quatrième texte, d'origine esquimau, nous intéresse au premier chef. Les récits précédents ne spécifiaient guère la partie du corps servie. Dans la narration recueillie par Franz Boas[216], le "détail" est précisé. Un époux surprend sa femme au bord d'un étang: *Come and show your penis* ! répète-t-elle régulièrement. L'"objet" apparaît, elle en fait bon usage. Le mari se livre plus tard aux mêmes incantations, fait apparaître le pénis, le tranche - *he cut it off with his knife* - et le jette dans la marmite où cuit de la chair de phoque:

> *When the meat was done, the man took the penis out of the pot, and handed it to his wife. She did not recognize it, but, since it did not taste like seal-meat, she asked her husband, "What is this that I am eating here ? It is not seal-meat." -"Why," he replied, "it is your lover's penis." She simply shouted, "Oof! It is much better than young seal."*

e. Voici enfin la seule fable (accessible) d'origine indo-européenne à laquelle renvoie Stith Thompson et que l'article de John E. Matzke (en 1912) n'évoquait pas. Il s'agit de l'histoire indo-persane "Rose and Cypress"[217], qui raconte l'adultère d'une reine avec un esclave noir. Le roi surprend les coupables, coupe la tête de l'amant et l'embaume:

> *The negro's body he fed to the dog. Thenceforward he punished his wife by making her look every day at the head of her dead lover.*[218]

Quels profits tirer de cet élargissement ? Le premier concerne l'outil utilisé, le *Motif-Index*. Encore une fois, cette classification s'avère vague et, parfois, fausse. Ainsi les histoires hawaïenne et cap-verdienne se trouvent-elles injustement incluses dans le corpus (c'est peut-être ce qui justifiait

---

215. *Die Ewe-Stämme. Material zur Kunde des Ewe-Volkes in Deutsch-Togo*. Berlin: D. Reimer, 1906, p. 576-578.

216. "Eskimo of Baffin Land and Hudson Bay", 1901, *op. cit.* La discussions du corpus "mélusinien" (III, chap. I) a évoqué "The man who married the Fox".

217. Editée et étudiée par K. Malone dans le volume XLIII de *Publ. of the Modern Language Association*, 1918, p. 405-413.

218. Art. cit., p. 413.

l'absence du récit togolais, si voisin de ces fables, dans le *Motif-Index* ?). Deux traits les distinguent: le monstrueux repas n'y résout pas un conflit matrimonial mais une rivalité entre un ou des père(s) et le ou les gendre(s)-poisson(s); l'ingestion est différente puisqu'il n'y a pas vraiment consommation (les coupables vomissent la chair interdite). Le récit indo-persan doit également être retiré de la classification: ni la chair de l'amant ni la tête n'y sont consommées.

Bref, grâce au *Motif-Index*, le corpus n'augmente finalement que de **deux** narrations: le récit esquimau et celui des Iles Marquise.

La seconde source thompsonnienne - la note 241 des *Tales of the North Americans Indians* - bien qu'elle conduise à des observations analogues - permet toutefois une plus large expansion des occurrences. Précisons la nature de ce document. Comme l'indique le titre de l'ouvrage qui l'inclut (datant, rappelons-le, de 1929), ces histoires n'ont qu'une seule origine: les indiens d'Amérique du Nord. Seconde observation, cette note n'illustre pas un récit de "coeur mangé" mais un conte qui n'en fait pas usage là où on attendrait qu'il le fasse. Thompson annote une narration cheyenne[219]. Le mari vengeur y tue l'amant-serpent (*a big old snake*) mais, plus original, il assassine l'épouse adultère qu'il donne à manger à ses propres enfants (*He cooked his wife, and the children unknowingly ate their mother*). Et c'est à ce propos que l'auteur propose ce commentaire en note,

> *Eaten heart (Q478). In some versions the well-known motif of the Eaten heart occurs at this point in the story. Instead of the mother being cut up and fed to the children, the father kills the mother's paramour and serves the paramour's genital or his heart to the adulterous wife, who eats it unwittingly.*

Suit la liste fournie des variantes indiennes du "coeur mangé". Il faut donc faire preuve de prudence dans l'usage de cette référence pour soutenir que les Indiens connaissaient le motif de "coeur mangé"[220].

Venons-en à la lecture de douze des récits indiqués par cette seconde source (ceux que nous avons pu consulter). On va le voir, quatre d'entre eux seulement introduisent incontestablement notre *topos*. (Nous reprenons le fil de la liste interrompue à la lettre e.).

f. Recueilli par Harley Stamp, un conte des indiens Malecite (groupe des Algonkins[221]). Loks le mari tue Muuin son rival - un amant-ours - (*he*

219. "The Rolling Head", conte LXIII, p. 163-164.

220. L'*Enzyklopädie des Märchens* écrit par exemple en citant explicitement cette note de Thompson: *Ausserhalb Europas ist die H*[erzmäre]-*Thematik verschiedentlich bei den nordamerik*[anischen]. *Indianern bezeugt.* (*op. cit.*, p. 936).

221. "Adventures of Bukscinskwesk", *The Journal of American Folk-Lore*, vol. XXVIII, 1925, p. 243-245. Les Algonkins et leur langue sont repérables dans un domaine immense qui s'étend du Canada jusqu'en Caroline du Nord en passant par les Grands Lacs et, à

*killed Muuin with a single blow of his stone axe*) le dépèce et fait cuire sa viande par l'épouse adultère, Bukschinskwesk. Une fois qu'elle a mangé:

> *Loks asked Bukschinskwesk, "How did your old Bear taste ?" Bukschinskwesk remained silent, and spat out the mouthful of meat she was eating.*[222]

g. Une histoire appartenant aux traditions des Ts'ets'aut (une petite tribu du groupe Tinneh, vivant, écrit Franz Boas, aux confins de l'Alaska et de la Colombie britannique)[223]. Deux frères assassinent l'amant que partagent leurs femmes. L'anatomie du rival est remarquable:

> *He had an immense* membrum virile, *which they cut off and took home. Then they chopped it, mixed with caribou meat, and boiled it.*

Bien entendu une fois que les coupables ont dégusté de bon coeur (*heartily*) le mets inconnu, les maris leur révèlent qu'elles ont avalé le membre viril de leur *sweetheart* (*Ibid.*, p. 260).

h. Deux récits des Indiens Tahltan. Ce peuple - grand amateur de *potlatch* - appartient au groupe linguistique des Athabascan; leur territoire s'étend au Nord-Ouest de la Colombie Britannique. Les deux narrations apparaissent comme deux variantes d'un même conte, et non comme deux récits autonomes. Franz Boas, leur éditeur, les range ensemble sous la rubrique "The water-being as a lover"[224]. Comme dans le récit esquimau (*sup.* d.), le mari, qui a surpris le jeu de son épouse, le répète, poignarde le *water-being* et lui tranche *his large privates* (...). *He boiled them with pieces of fat and other meat* (p. 242). Une fois que sa femme est avisée de la nature du mets, *she looked, and recognized a piece of the meat, and at once became very sick*. Le seconde version s'achève par ces mots, qui évoquent la conclusion de certains récits européens: *When she saw what she had been eating, she vomited, and afterwards, through shame, commited suicide.*[225]

i. Enfin, une fable des indiens Fox, "The wife that was wooed by a bear". Elle présente une figure inédite au sein de l'ensemble qui nous est désormais familier: l'épouse adultère mange seule (*alone did the woman eat*

---

l'Ouest, par les Montagnes Rocheuses. Les Cheyennes et les Fox sont des peuples algonkins établis dans les Plaines.

222. *Ibid.*, p. 244.

223. "The origin of Mountains", *The Journal of American Folk-Lore*, vol. IX, 1896, p. 259-260.

224. *The Journal of American Folk-Lore*, vol. XXXIV, 1921, p. 242-243.

225. *Ibid.*, p. 243.

*of it*) l'amant animal qu'elle a préparé en toute connaissance de cause (*The woman then cut the bear up into small pieces with a knife and boiled it*)[226].

Nous jugeons plus prudent d'écarter sept autres narrations inscrites dans la note des *Tales of North American Indians*. Les mêmes réticences que celles suscitées par le corpus du *Motif-Index* justifient cette omission. Certains "horribles repas" ne concluent pas un conflit matrimonial (comme le récit hawaiien - *sup.* b. et les contes cap-verdiens et togolais - c.). Tel est le cas d'une troisième fable des Indiens Tahltan (*sup.* h. pour cette tribu), "The woman and otter-man". Ce sont les deux fils d'une veuve qui, après avoir assassiné l'amant de leur mère, lui font consommer sa chair[227]. La situation est encore plus éloignée de notre motif dans deux épisodes d'auto-mutilation racontés par les mythes Koryak qu'a recueillis Waldemar Jochelson[228]: *Miti' cuts off her vulva, roats it, and gives it to Big-Raven to eat (p. 180). Big-Raven cuts off his penis, and boils it for Miti' (p. 180).*[229] Une nouvelle divergence apparaît quand la mort de l'amant n'est pas suivie de sa préparation culinaire ou de l'ingestion de sa chair. Le premier cas de figure apparaît dans une narration Shuswap[230] retenue, à tort selon nous par la note de Thompson. Le mari poignarde l'amant et, dernière ligne du texte, *taking hold of his wife, he stabbed her to death also*. Manque analogue dans le premier conte Fox cité par les *Tales...*: la femme fautive jette au loin le pénis tranché de son galant[231]. Egalement dans l'histoire des Chilcotin (groupe Athapascan; intérieur de la Colombie Britannique) - "Story of Waiwailus"[232]. Le héros se borne, si l'on peut dire, à trancher la tête de son rival *and carried it away to his canoe* (p. 45). Apprêt mais pas ingestion dans l'histoire des Thompson (même province que les Chilcotin)[233], intitulée "The snake-Lover; or, the woman and the snake

---

226. Le récit a été recueilli par W. Jones et édité par F. Boas dans les *Publ. of the american Ethnological Society*, vol. 1, 1907, p. 161-165. Cette tribu appartient également au groupe algonkin. W. Jones précise (p. VII) que *this particular body of material is the peculiar property of the Foxes of Iowa*.

227. F. Boas, 1921, *op. cit.*, p. 240.

228. "The Koryak, religion and Myths", "The Jesup North Pacific Expedition", *Memoir of American Museum of Natural History*, vol. VI, part I. New-York: G. E. Stechert, 1905, p. I.

229. *Ibid.*, p. 365.

230. Les Shuswap sont un peuple du Nord-Ouest de la Colombie Britannique. Leurs mythes et contes ont été édités par J. Teit dans "The Jesup North Pacific Expedition", *Memoir of American Museum of Natural History*, vol. II, part VII. New-York: G. E. Stechert, 1909. Nous évoquons l'histoire n°46 "The woman and her paramour", p. 724-725.

231. W. Jones, 1907, *op. cit.*, p. 147.

232. "Traditions of the Chilcotin Indians" recueillies par L. Farrand. "The Jesup North Pacific Expedition", *Memoir of American Museum of Natural History*, vol. II, éd. F. Boas. New-York: G. E. Stechert, 1908.

233. "Mythology of the Thompson Indian" par J. Teit, "The Jesup North Pacific Expedition", *Memoir of American Museum of Natural History*, vol. III, II. New-York: G. E. Stechert, 1912.

mystery": *when, she* [l'épouse adultère] *saw what he* [son mari] *offered her to eat, she fainted. Then he killed her with the same knife* (p. 372)[234]. Terminons par un récit qui conjugue ces deux différences, le conte Menomini - autre branche des Algonkins - présenté par W. J. Hoffman[235]. Il décrit l'inconduite d'une grand-mère avec son amant-ours. Celui-ci est tué par le petit-fils de la coupable, qui, seconde divergence, refuse obstinément d'avaler le moindre morceau de la chair qu'on lui offre[236].

Inutile de poursuivre ce tour d'horizon au-delà des provinces indo-européennes et d'espérer amasser des exemples empruntés à toutes les parties du monde, nous ne visons pas, bien entendu, une quelconque exhaustivité. Ces observations ont permis d'ajouter aux versions connues en Occident six nouvelles légendes, conformes au récit-cadre. Le *Motif-Index* signalait les deux premières: le court récit recueilli aux Iles Marquises (*sup.* a.), la fable esquimau venue de la Baie d'Hudson (d.); la note des *Tales of the north American Indians* a désigné les quatre suivantes, les narrations Malecite (f.), Ts'ets'aut (g.), Tahltan (h.) et Fox (i.). Remarquons qu'elles émanent de trois groupes linguistiques différents.

En définitive le corpus retenu comprend les onze fictions indo-européennes complétées par ces six versions venues d'Afrique, d'Amérique du Nord et de Sibérie. L'exercice auquel nous nous sommes livrés engage à écrire que, sous des représentations ethniques et culturelles différentes, le motif est repérable dans ces diverses régions du monde. L'universalité de ce *topos* n'est pas contestable.

## II. Vers le thème invariant.

Pour découvrir les propriétés permanentes du "coeur mangé", faisons jouer les instruments que nous connaissons. Quels sont les "traits figuratifs" et le "dispositif actantiel" propres à ce motif ?

### A. Définition du "coeur mangé".

Si l'on veut extraire les figures typiques de cette narration, le plus simple est d'en suivre le fil au sein des fables retenues. La première étape sera illustrée par le comportement d'une comtesse lubrique, celle qui, entendant que Baligante *era a gran misura, giacque con lui*. Il s'agit donc

234. On est d'ailleurs en droit de se demander si ces fables écartées n'illustrent pas, plutôt que le motif du "coeur mangé" comme l'avance S. Thompson, la narration que A. Aarne résume ainsi dans les *Types of the Folktale* (1359B, p. 404): *The Husband meets the paramour in the wifes's place. Beats him (or cuts off privates).*

235. "The origin of maple sugar and of menstruation". *14th Annual Report of the Bureau of Ethnology*, 1892-93, Part 1. Washington: Government Printing Office, 1896, p. 173-175.

236. *«No, my grandson, that was my husband; I can not eat.»* (*Ibid.*, p. 173).

de la figuration d'un adultère. Le mari trompé - ici, dans le *Novellino*[237] - se nomme Ruberto. Il ne tardera pas à apprendre son infortune. La mort du (ou "de la") "criminel(le)", brutale le plus souvent, suit ce premier maillon: *Und zur Stunde ward ihm das Haupt abgehauen*, dit *Der Brennberger*[238]. Dans cette histoire le malheureux est décapité, ailleurs il connaît un sort différent mais tout aussi atroce. On pense à la castration du chevalier Ignaure, mais également à celle que racontent les indiens Ts'ets'aut, précisant que l'amant est doté d'un *immense* membrum virile, *which they cut off*. Gardera-t-on les récits où l'amant meurt sans subir la fatale vengeance de l'époux ? Suivant en cela l'opinion de Maurice Delbouille, nous dirons que les deux contes où l'amant n'est pas assassiné par le mari jaloux (roman du *Castelain de Couci* et *Das Herze*) ne sont que des variantes (adoucies) de celles qui connaissent ce meurtre. L'éditeur du roman de Jakemes s'appuyait sur la filiation des deux versions et sur l'invraisemblance de la seconde[239]. Ces deux ensembles, hétérogènes à première vue, mettent en scène communément la "figure" du trépas violent, c'est-à-dire le décès "a-normal" de l'amant. La fin tragique apparaît bien comme un homicide pris en charge par un personnage représentant du mari: soit un ennemi (au cours d'un combat "guerrier" comme dans *Le Castelain de Couci*), soit une ennemie métaphorique, la dame assassine (adversaire dans le combat "érotique") dont se plaint le chevalier expirant dans *Das Herze* de Konrad von Würzburg.

Voici maintenant, dans le texte de Boccace, le temps ultérieur, celui de la préparation du mets (toujours à l'initiative du mari, cette fois) et de la consommation cannibale:

> *«Prenderai quel cuor di cinghiare e fa che tu ne facci una vivandetta la migliore e la più dilettevole a mangiar che tu sai; e quando a tavola saro', me la manda in una scodella d'argento.»*[240]

La fable Malecite dit simplement à propos du repas de Bukschinskwesk: *She began to eat, and ate all but a small portion, which was left in her bone dish*[241]. Cette étape se double de la dissimulation qui masque le service (sauf dans la version Fox). Le manuscrit *H* de la vie de Guilhem de Cabestaing explicite ce moment:

---

237. Ed. Segre, 1977, *op. cit.*, p. 148.

238. Grimm, *Deutsche Sagen*, 1866, *op. cit.*, p. 189.

239. 1936, *op. cit.*, p. XLVIII.

240. Ed. Branca, p. 567. «Prends ce coeur de sanglier et accomode-le de façon savoureuse afin que le mets soit appétissant; quand je serai à table, fais-le moi servir dans un plat d'argent.» (trad. Guimbard, *op. cit.*, p. 396).

241. H. Stamp, 1925, *op. cit.*, p. 244.

> Et anet se.n al seu castel e fetz lo cor rau(s)tir e fez lo aportar a la taula a la moillier e fetz lo il manjar a non saubuda.[242]

L'interrogation sur la qualité du plat, premier temps de la révélation vengeresse, escorte cette ignorance. On peut lire par exemple chez Konrad de Würzburg: «Dès que la fidèle dame eut mangé le coeur, le chevalier lui demanda: "Dame, dis-moi comment te plaît ce mets."»[243] Naturellement, vient alors la réponse de la dégustatrice, ici la dame de Fayel:

> Si dist: " Et pourquoi et comment
> N'en atourne nos keus souvent ?
> Y est li coustenghe trop grande
> En atourner tele viande,
> C'on ne nous en siert plus souvent ?
> Boinne me samble vraiement. "[244]

L'effroyable information sera finalement dévoilée. Voici ce que dit Guillaume de Roussillon dans *Le Décaméron*: *«io il vi credo, né me ne maraviglio se morto v'è piaciuto cio' che vivo più che altra cosa vi piacque.»*[245] et le récit des Indiens Tahltan[246]: une fois que sa femme a commencé son repas, le mari l'avise de la nature du mets: *he remarked, "Women now eat their lovers'privates."* Considérons de nouveau les *Cento Novelle Antiche* pour embrasser d'un seul regard la succession des étapes finales:

> *Fecello amazzare, et del cuore fe' fare una torta, e presentolla alla Contessa et alle sue cameriere. E' mangiarolla. Dopo il mangiare venne il Segnore a corteare, e domando: -Chente fu la torta ? Tutte rispuosero: -Buona ! -Allora rispuose il Sire: Cio non è maraviglia, ché Baligante vi è piacuto vivo, s'elli vi piacie di morto.*[247]

Quels contenus synthétisent ces observations ? Serrant dans leurs développements ces représentations diverses, trois "parcours figuratifs" en composent le support commun:

i) Rivalité ou offense sexuelle.
ii) Une mort violente punit le rival.

---

242. *Biographies des troubadours*, 1973, p. 539. «Puis il revint à son château, fit rôtir le coeur, le fit apporter à table à sa femme et le lui fit manger à son insu.» (traduction des deux édit., *Ibid.*, p. 542).

243. Trad. A. Moret, *op. cit.*, p. 32.

244. *Le Castelain de Couci*, éd. Delbouille, v. 8049-8054.

245. Ed. Branca, p. 568. «Je n'ai pas de peine à vous croire, rien d'étonnant à ce que vous savouriez mort ce dont vous vous délectiez vivant.» (trad. Guimbard, p. 396).

246. F. Boas, 1921, *op. cit.*, p. 242.

247. Ed. C. Segre. Trad. G. Genot et P. Larivaille: «Il fit tuer le portier et de son coeur fit faire une tourte qu'il présenta à la comtesse et à ses chambrières. Elles la mangèrent. Lorsqu'elles l'eurent mangée, le seigneur vint les trouver et demanda: - Comment était la tourte ? Toutes répondirent: - Bonne. - Alors le seigneur répliqua: - Rien d'étonnant à cela, si Balugant (*sic*), qui vous a plu vivant, vous plaît mort.» *Op. cit*, p. 149.

iii) Son coeur - ou un autre fragment de son corps (on discutera ce point dans un instant) - est donné à manger secrètement au complice de l'agresseur. Vient alors la terrible révélation.

Ce scénario est ordonné par la forme actantielle suivante: une première situation (un premier "état" (A)) conjoint un sujet et l'objet de son désir (ce sont les deux "actants"); une transformation les dissocie (soit, une "disjonction" (B)); enfin une seconde conjonction les unit de nouveau (C). A titre d'illustration regardons le *Lai d'Ignaure*. Les douze femmes, maîtresses d'Ignaure, - énoncé (A) - sont séparées de lui par sa mise à mort, effectuée par les maris offensés (B); elles sont de nouveau conjointes à lui au terme de l'horrible repas (C)[248]. Cette syntaxe - et les figures qui la présentent - différencie radicalement ce *topos* des récits où un crime sexuel est puni par le sacrifice de l'enfant du coupable. On pense, par exemple, au festin de Térée (violeur de sa belle-soeur, et à qui son épouse Progné fait absorber leur fils Itys[249]) et à celui de Thyeste (accusé chez Euripide et Sénèque d'avoir séduit l'épouse d'Atrée, de qui il est, par ailleurs, le rival dynastique). Il mangera ses deux fils, égorgés et préparés par leur oncle, «lors d'une manducation solitaire», selon l'expression de Monique Halm-Tisserant[250]. Divergence également avec les narrations où le mari vengeur tue non seulement l'amant mais également l'épouse infidèle qu'il donne ensuite à consommer à ses propres enfants. C'est ce cas de figure qu'illustrait le conte cheyenne mentionné par Thompson, écarté de notre corpus à cause de cette différence.

Un mot pour préciser un aspect capital des variantes que présente la figure du mets consommé, coeur et/ou sexe ? Cinq narrations - le *Lai d'Ignaure*[251], l'extrait de l'*ensenhamen* d'Arnaut Guilhem de Marsan, le récit esquimau (d.), la légende Ts'ets'aut (h.) et les récits Tahltan (g.) - parlent de la castration et de l'ingestion correspondante. Si l'on considère le corpus dans sa généralité, on constate que le coeur, le foie, le sexe, "un morceau de chair" - ou "d'autres parties de son corps" (*other parts of the body* selon l'expression de Stith Thompson[252]) - peuvent être servis au cannibale malgré lui. Les multiples plats ingérés peuvent être regardés comme des mutations, physiques et fantasmatiques, d'une même figure, celle que les psychanalystes appelleraient "un corps partiel érotisé". Cet emploi analogique se justifie selon un double point de vue. Ces parties du

248. Nous avons présenté cette disposition avec D. Bertrand dans "La vengeance est un plat qui se mange cuit", *Bulletin du GRSL*, 16, 1980, p. 30-44.

249. Dans les *Métamorphoses* d'Ovide (*Texte établi et traduit* par G. Lafaye. Paris: Les Belles Lettres, L. VI, 1976, p. 16-24).

250. *Cannibalisme et Immortalité*, 1993, *op. cit.*, p. 100.

251. A propos du moment de la scène cannibale dans ce *lai* qui se déroule «le jour de la Saint-Jean d'été (v.66)», lire l'interprétation de P. Walter, 1989, *op. cit.*, p. 540-541.

252. 1956, *op. cit.*, p. 238.

corps peuvent être conçues comme des moyens métonymiques des pratiques alimentaires prohibées. Par ailleurs, le coeur apparaît bien dans de nombreux récits comme la métaphore des organes génitaux. Ils sont interchangeables dans ce que nous appelerons le "champ symbolique de la corporalité". Cette assimilation est largement attestée dans la littérature médiévale. Le confirment, par exemple, les contributions au numéro de *Senefiance* "Le *Cuer* au Moyen Age" de Elina Suomela-Härma[253] et celle de Gabriella Parussa (qui montre qu'un animal au grand coeur est un animal sexuellement puissant et luxurieux)[254]. Disons, en jouant un peu sur les mots, qu'il est légitime de rassembler les différents organes dans un corps unique. Favorables au modèle des CNS assoupli, on ne distinguera donc pas le motif du "coeur mangé" de celui du "foie" ou du "sexe" mangé. Le groupe "corps partiel érotisé" est un archilexème groupant, à un niveau supérieur, les "noms" des divers organes spécifiques ingérés.

La définition figurative et actantielle à trois temps est incomplète. Qu'en est-il du - ou "des" - thème(s) de ce *topos* universel, maintenant que l'érotique courtoise, seule, ne peut plus prétendre être la clef de sa signification ?

B. Reconnaissance d'un invariant thématique.

Notre chemin s'éloigne ici de la thèse greimassienne qui affirme l'indépendance du motif et des thèmes sous-jacents. Quels "contenus conceptuels", quels thèmes, une fable peut-elle associer à un coeur ? La liste des motifs thompsoniens ayant cet organe comme figure centrale ne peut guère venir en aide: l'ampleur de l'inventaire est écrasante. Il inclut en effet cinquante-quatre entités différentes qui excèdent très largement le *topos* résumé ci-dessus. Le "coeur du dragon" (B11.2.9) y côtoie "le meurtre par un fer chaud planté dans le coeur" (S112.2.1) ou "l'impossibilité de brûler le coeur d'une sorcière" (G275.3.2). Pour restreindre l'éventail, on regardera uniquement les unités qui parlent de coeurs servis comme nourriture. On est encore bien loin de notre *topos*. Car une multitude de récits évoque des "coeurs-aliments". Les causes de leur ingestion (et donc les thèmes représentés) sont aussi diverses que les effets déclenchés: avaler le coeur d'un ennemi éveille une force magique (D1335.1.2), celui de son propre père rend fou (G91.1), manger l'organe d'un magicien permet d'être libéré d'un enchantement (D763.1), manger du coeur humain guérit l'insomnie (D2161.4.13), etc.

---

253. "Le coeur, le corps et le cul. Variations lexicales dans les fabliaux." 1990, *op. cit.*, p. 393-409.

254. "*Remembrance vient hors de queor*: les transformations d'un motif dans la fable médiévale". *Ibid.*, p. 245-261.

Sur quel support assez sûr fonder alors la reconnaissance et la spécificité thématique de notre *topos* puisque la trop large polysémie de la fonction et l'objet ("manger - du coeur" en l'occurrence) ne peuvent livrer la solution ? Nous savons qu'un thème réunit les significations liées à l'activité minimale des "sujets de faire". Pour lier les actes conformes au triptyque actantiel, nous proposons le thème "vengeance d'une offense sexuelle". Il traduit les valeurs engagées dans les trois états narratifs: l'offense sexuelle (A), la punition qui suppose la mort (B + C). Aucune des occurrences de la séquence n'est exempte de ce contenu thématique. Comme le laissait envisager l'extension du corpus, cette signification est plus ample que le sens courtois précédemment mentionné. Du point de vue méthodologique, l'étude, limitée pour l'instant au "coeur mangé", conduit à inférer que dans un motif les constantes figurative et actantielle sont contraintes par un contenu thématique invariant. Bref, on peut avancer avec une certaine fermeté maintenant que trois "atomes" définissent solidairement les motifs.

Revenons à notre (micro)récit. Pour résumer les trois "atomes" dans une formulation convenable, nous le nommerons désormais, le "**repas cannibale vengeant une offense sexuelle**"[255]. Ainsi qualifié et nommé, le motif prend une allure tout à fait particulière. Il se distingue de certains motifs présents dans les narrations du Moyen Age et que l'on pressent plus ou moins proches. Jetons un oeil sur cette mosaïque. On ne confondra pas notre séquence avec les fables dans lesquelles la vengeance cannibale n'est pas l'effet d'un adultère ni avec les fictions où le coeur sert de nourriture, mais sans tendre vers un but vengeur. Pensons à la consommation de l'organe d'un animal destiné au repas du maître de maison. Lourde d'évocations érotiques, elle tranche également avec les *topoi* qui évoquent le coeur arraché à l'ennemi puis proposé comme aliment. On trouve ce cas notamment dans *Garin le Lorrain*[256]. Isoré le Gris, le traître, vient d'être vaincu en duel judiciaire par Bégon:

> "Tenez, vassal, le cuer de vostre ami,
> Or le poez et saler et rostir !
> Onques Garin vers le roi mesprit." (v. 6532-6534)

et dans la chanson de geste provençale, *Daurel et Beton*[257]. Le duc Beuve vient d'être assassiné par son compagnon, Guy. Le traître lui réserve le sort

255. Expression qui suppose la mort du coupable.

256. *Garin le Loheren, according to Manuscript A (bibl. Arsenal 2983), avec une introduction et une étude linguistique de* J. E. Vallerie. Ann Arbor, Michigan: Edward Brothers, 1947.

257. *Daurel et Beton*. Ed. et trad. italienne de C. Lee. Parma: Pratiche Editrice, *Bibl. Medievale*, 1991. Voir en notes les commentaires sur *la scena della morte di Bovo* [qui] *ha suscitato non pochi commenti* (p. 187).

cruel qu'évoque le passage de l'*ensenhamen*, *Linaura*: «Del cor del ventre vos farai .ii. meitatz.» (v. 431). La réponse du mourant est surprenante, il prescrit en effet à son meurtrier de manger son coeur :

> «Companh,» fait el [Beuve], «de folia parlatz,
> Del mal que us fis vos seret be vengatz;
> Prendes del cor, senhe, ni ne manjatz !» (v. 432-434)[258]

**III. Exemples de thèmes constants.**

Encore trop générale, l'hypothèse d'une thématique constante a besoin d'être illustrée.

A. De la "séduction grâce à un animal prodigieux" au "don contraint" *via* le "faux confesseur".

Allons d'une simple référence vers des exemples plus étoffés. On commencera par rappeler la conception que Marguerite Rossi se fait des "séquences narratives" dans la Chanson de geste. L'idée paraît conforter notre hypothèse: ces séquences sont «de dimensions parfois considérables», leur «sujet est identique d'un texte à l'autre.»[259]

Afin d'alléger l'enquête, on la conduira dans un ensemble qui ne connaît pas l'aridité, le fabliau. Parodique ou non, ce genre est émaillé de motifs reconnus. Partons de la classification établie par Per Nykrog[260] sur l'opposition "érotique" *vs* "non érotique". Dans le premier groupe, de loin le plus fourni, il distingue «les thèmes à triangle, le type à deux protagonistes et le type à séduction.» (p. 59). Ce dernier va nous retenir, il se présente ainsi:

> Les séductions de jeunes filles sont "menées à bien" par des jeunes nobles ou, exceptionnellement, par un jeune vilain. Il s'agit dans tous ces cas d'un jeune homme non marié, et dans la plupart des cas les deux jeunes gens finissent par se marier: la *Damoiselle qui ne pot oïr parler de foutre* (dans trois versions, dont l'une s'intitule la *Pucelle qui abevra le Polain*), la *Pucelle qui voloit voler*, la *Grue* (avec sa variante, le *Héron)*, et *Esquiriel*.[261]

---

258. Que nous comprenons: «Compagnon, dit-il, quelles folles paroles; vous serez bien vengé du mal que je vous ai fait. Prenez de mon coeur, seigneur, et mangez en !». Nous ne partageons donc pas l'avis de A. A. Perry qui propose au contraire de lier les deux *topoi* que nous venons de séparer. La base commune serait *blood brotherhood*. "More on the image of the eaten heart", *Romance Notes*, XXI, 2, 1980, p. 234-237; ici p. 236.

259. 1979, art. cit., p. 595.

260. *Les Fabliaux, Etude d'histoire littéraire et de stylistique médiévale*. Copenhague: E. Munksgard, 1957.

261. *Ibid.*, p. 64. On exclura d'emblée *la Pucelle qui voloit voler*. On lit ce conte dans le *Nouveau Recueil Complet des Fabliaux* (*NRCF*) publié par W. Noomen, VI, 65, p. 155-170. Aucun animal, en effet, ne séduit la jeune fille. Sa folie consiste à vouloir voler et, en

En ne confondant pas figures et thèmes on peut sans doute voir plus clair dans cet ensemble considérable.

i) Le *topos* que Luciano Rossi intitule le «motif de la séduction grâce à un animal *prodigieux*»[262] met en scène un animal - une grue gracieuse et belle dans le fabliau *Cele qui fu foutue et desfoutue por une Grue*, une chèvre multicolore dans le célèbre *Trubert* de Douin de Lavesne[263], un «grant héron trossé» dans le *Fableau du Héron ou la Fille mal gardée*[264] - qui apparaît comme un spectacle extraordinaire. Cette "merveille" stupéfie la spectatrice qui l'admire:

La pucele ki fu ad estres
Si ad guardé par les fenestres
(...)
" Sire, kar me donez icel oisel
" Ke taunt est piolé e bel.[265]

La curiosité pousse donc l'observatrice à vouloir regarder de plus près puis à acheter la surprenante bête. Le "contrat" ainsi proposé s'achève immanquablement par une acceptation très particulière de la part de l'homme qui guide l'animal convoité:

Amis, la chievre nos vendez,
s'il vos plet, et si en prenez
de nos deniers ce qu'elle vaut.
- Dame, fet-il, se Deus me saut,
je vos la vandrai volentiers:
un foutre et cinc sous de deniers. (*Trubert*, v.151-156)[266]

Luciano Rossi précise que trois contes en moyen haut-allemand offrent un déroulement analogue (seule la nature de l'animal désirable les distingue des

---

conséquence, à subir les curieuses pratiques que lui fait endurer un clerc afin de la métamorphoser en oiseau ...

262. 1992, *op. cit.*, p. 184.

263. *Ibid.*, p. 185-197 pour le premier fabliau et p. 345-529 pour le second. A propos de *Cele qui fu foutue* ... on pourra lire le travail de R. Brusegan: "La naïveté parodique dans les fabliaux à séduction" dans *Comique, satire et parodie dans la tradition renardienne et les fabliaux. Actes du Colloque d'Amiens, 15-16 janvier 1983*. Göppingen: Kümmerle, Göppingener Arbeiten zur Germanistik, 391, 1983, p. 19-30. Pour *Trubert on* dispose des commentaires de P.-Y. Badel (*Le Sauvage et le Sot, op. cit.*, 1979) et de ceux de L. Rossi grâce à *"Trubert, il trionfo della scortesia e dell'ignoranza, considerazioni sui fabliaux e sulla parodia medievale"*, *Romanica Vulgaria*, 1, *Studi francesi e portogesi*, 79, 1979, p. 56-42.

264. Publié par Paul Meyer dans *Romania*, t. 26, 1897, p. 85-91.

265. *Le Héron*, v. 27-28 et v. 33-34.

266. - Amie", feit li chevalirs, / " Je le vos dorai volentirs; / " Por un croistre le vus gr[a]nt; / " Autre rin ne vus [en] demaund. " (*Le Héron*, v. 35-38). On trouve dans le *Altfranzösisches Wörterbuch*, de Tobler et Lommatzsch (1956, p. 1082-1083) une série d'occurrences de *croistre* comme substantif du verbe *croissir* donné au sens de *foutre*. Le terme apparaît dans *Trubert*:«- Amis, du croistre vos taisiez / et gardez que plus n'en pleidiez.» L. Rossi traduit: «- Ami quant à la baise, taisez-vous, / et gardez-vous d'en parler davantage.» (*op. cit.*, p. 358-359).

fables citées): *Das Häselein* ("Le Levraut"), *Dulceflorie*[267] et *Der Sperber* ("L'Epervier")[268]. Ce dernier - particulièrement explicite pour nous - sera notre quatrième illustration. Une nonne igorante s'extasie devant un petit oiseau[269], le chevalier fait son offre:

> Ma très chère demoiselle, répondit-il, puisque vous voulez me l'acheter, j'accepterai avec plaisir votre prix; je vous le donnerai en échange de votre amour si vous n'avez rien à y redire.[270]

La trame de cette quatrième narration est similaire à celle des précédentes (la conclusion érotique du marché, également, sera identique dans les quatre fabliaux), les figures et leur soubassement actantiel[271] sont constants. Quant au thème, il s'agit bien dans les trois cas d'activités subjectives invariables: conduire - ou même forcer - celle qui est séduite à coucher avec le propriétaire de la bête. En groupant ces trois "atomes", on obtient la définition du motif.

Une remarque s'impose avant de passer à l'illustration suivante. Elle permettra de revenir un instant au corpus de Per Nykrog. Ne serait-on pas tenté de confondre le "motif de la séduction grâce à un animal *prodigieux*" avec celui - approximativement baptisé - de l'"animal métaphorisant le sexe" (viril). Ici, également, il s'agit de soumettre sexuellement une jeune naïve à la suite d'une ruse bâtie autour d'un "animal". On pense aux fabliaux *La Pucelle qui abevra le Polain*[272], à *La Damoisele qui ne pooit oïr parler de foutre*[273] ainsi qu'à *L'Esquiriel*[274]. Mais dans ces trois narrations l'"animal", on s'en doute, n'en est pas un. La figuration a changé. L'intérêt de l'histoire vient de ce que la jeune naïve ne sait pas ce qu'elle est invitée à prendre à son tour dans sa main ou dans son corps. Loin, par conséquent, d'être l'effet d'un spectacle tentateur offert à la vue

---

267. Dont il ne reste que quelques fragments. Voir L. Rossi, *Ibid.*, p. 185.

268. A ne pas confondre, car le rôle du volatile y est tout à fait différent, avec *Li lays de l'Esprevier* édité par A. de Montaiglon et G. Raynaud sous le titre "De l'espervier" (*Recueil général et complet des Fabliaux des XIIIe et XIVe siècles*, V. Paris: Libr. des bibliophiles, 1883, p. 43-51).

269. *Le Chevalier nu*, Contes de l'Allemagne médiévale, textes traduits et présentés par D. Buschinger, J.-M. Pastré et W. Spiewok. Paris: Stock/Moyen Age, 1988, p. 193. On lit "Das Häselein" et "Der Sperber" dans les *Gesammtabenteuer, Hundert aldeutsche Erzählungen,* publ. par von der Hagen, Band II; XXI et XXII. Tübingen: Gotta'scher Verlag, 1850.

270. Trad. Buschinger, Pastré et Spiewok, 1988, *op. cit.*, p. 193.

271. Notamment le "transfert des objets de valeurs", que sont l'animal et la relation sexuelle donnée en échange. Soulignons la nature explicite de ce commerce et l'attrait de l'animal spectaculairement "saillant" qui le suscite.

272. Montaiglon et Raynaud, *op. cit.*, IV, p. 199-208.

273. L. Rossi, *op. cit.*, p. 89-105 (également dans *Fabliaux*, textes traduits et présentés par R. Brusegan. Paris: UGE, 10/18, *Bibl. médiévale*, n° 2469, 1994, p. 202-213). Dans ces deux fabliaux, le poulain représente le sexe viril qui vient étancher sa soif dans le sexe de la jeune fille si pudique qu'elle ne peut prononcer certains mots "tabous".

274. *NRCF*, VI, 58, p. 33-49.

et à l'admiration de tous, et l'objet d'un troc aux termes explicites, l'acte sexuel attendu ici est le fruit d'une dissimulation niant l'échange consenti. Les "actants", leur "savoir" et la signification de leurs relations sont donc distincts de ceux de la "séduction grâce à un animal *prodigieux*." Finalement, le thème est différent (la figuration l'était d'emblée), les motifs aussi.

Le fabliau *Guillaume au faucon*[275] présente une variante figurative et thématique de ce dernier motif. Là, en effet, le faucon se dédouble, à la fois métaphore sexuelle et oiseau prédateur:

> «Sire, Guillaumes, que vez ci,
> Si me requist vostre faucon,
> Et ge ne l'en voil faire don;» (v. 591-593)

La plaignante, la femme du Châtelain, travestit la vérité: c'est d'amour qu'elle a été sollicitée par Guillaume. Fidèle, elle a dédaigné l'offre. Le mari réprimande son épouse[276] qui ne se fait pas prier deux fois. Guillaume y gagne, si l'on peut dire, le faucon littéral («Li Sires par les gièz le [le faucon] prent; / Si l'a à Guillaume doné,» v. 633-634) et le faucon métaphorique:

> Et cil si ot ainz l'endemain
> Le faucon dont il ot tel faim,
> Et de la dame son deduit
> Qu'il ama mielz que autre fruit. (v. 640-643)

ii) Le deuxième examen fera défiler un chapelet de motifs proche du *topos* du "faux confesseur"[277] pour ce qui n'est qu'une discussion de la constance de son thème. Le fabliau *Le chevalier qui fit sa femme confesse*[278] orientera les premiers pas. Un chevalier recueille la confession de sa femme sous un habit d'emprunt (celui d'un prêtre). Bien entendu il apprend une impressionnante série d'adultères:

> Mes mout mavese fame estoie,
> Quar a mes garçons me livroie
> Et d'aus fesoie mon talent (v. 128-131)

---

275. Montaiglon et Raynaud, *op. cit.*, II, p. 92-113.

276. «J'amasse mielz tuit li oisel, / Faucon, ostoir et espervier / Fussent mort que .I. jor entier / En eüst Guillaumes geü.» (*Ibid.*, v. 597-600). A propos de la "désacralisation" de l'animal (ici l'oiseau) médiateur entre les amants courtois, lire l'article de R. Eichmann "The failure of Literary Language in *Guillaume au Faucon*", *Reinardus, Annuaire de la Société Internationale Renardienne*, vol. 1, éd. B. Lévy et P. Wackers. Alfa: Grave, 1988, p. 72-78.

277. Voir, de J.-C. Aubailly, "Du narré au joué: le motif du faux confesseur" (*Senefiance*, 7, art. cit., p. 47-61) et "Note sur le fabliau du *Mari-Confesseur*" de R. Guiette (*Questions de Littérature*, 1960, *op. cit.*, p. 78-86). Son édition *Fabliaux et Contes* «adapte de telle façon qu'on pourrait parler de mot à mot» (p. 34) "Le chevalier qui confessa sa femme" (Paris: Stock Plus Moyen Age, 1981, p. 115-125).

278. Selon la graphie contemporaine utilisée par J.-C. Aubailly. On lit cette narration dans *NRCF*, IV, 1988, p. 229-243.

(...)
Que le neveu de mon seignor,
Tant l'amoie en mon corage,
Ce m'estoit vis que c'estoit rage! (v. 166-168)

L'enchaînement [confession de l'épouse par le mari déguisé -> révélations sexuelles] définit figurativement le *topos*. Il semble par ailleurs que la "duplicité féminine" soit son thème. On est apparemment en présence d'un motif complet. Ce constat n'est que provisoire. On peut épurer l'analyse en montrant le rôle différenciateur des thèmes. Regardons un autre texte retenu par J.-C. Aubailly, *La farce du pourpoint retrechy*[279]. Ce fabliau ignore les femmes (dans la scène de confession tout au moins). On y voit deux joyeux drilles - Richard et Gautier - apprenant sous des traits d'emprunt les secrets inattendus de leur compère, Thierry, qui se croit à l'article de la mort. Non seulement ce dernier avoue au faux confesseur qu'il a rossé à mort Richard (le troisième larron) dont il était jaloux mais il révèle sa liaison vieille de cinq ans (et féconde de deux enfants) avec la femme de celui qui reçoit ses derniers mots, Gautier:

Et par ma foy, c'est chose clere
De deux filz qu'il cuyde estre siens
Ne le sont pas, ainçoys sont miens (v. 772-774)

Les figures sont identiques au motif du *Chevalier qui fit*... (on va d'une "dissimulation" à une "confession" qui permet une "extorsion" d'informations), mais le thème n'est plus le même. Il ne peut plus s'agir de la duplicité féminine. Disons que ce second motif a, pour contenu thématique, la "révélation d'une rivalité érotique virile".
Continuons l'analyse en dissociant maintenant deux groupes de contes dans l'ensemble initial qu'illustre *le Chevalier qui fit*... et où le différend oppose bien cette fois un époux et sa femme. Dans le premier, on peut lire les réactions, vives le plus souvent, et parfois tragiques, de celui qui apprend combien il a été trompé. C'est le cas dans le conte de Bandello où, finalement, le mari «donna de sa dague dans le sein» de sa femme adultère[280]. Mais nombreuses sont les fictions qui poursuivent d'une façon particulière au cours d'un second temps qui efface le premier. Ces récits sont d'une tout autre nature que les précédents. Car ils exposent d'une façon ou d'une autre la négation, par le confessé, du contenu de ses propres aveux. *Le Chevalier qui fit sa femme confesse*, la 78ème des *Cent Nouvelles*

---

279. *Recueil de Farces françaises inédites du XVe siècle* de Gustave Cohen (Cambridge, Massachussets: *The Mediaeval Academy of America*, *Publ*. 47, 1949); "Farce nouvelle tresbonne et fort joyeuse a III personnaiges, Le pourpoint retrechy." XLIV, p. 341-355.
280. *Histoires tragiques*, XL, *traduites par François de Belle-Forest*, éd. 1604, III, p. 249. *Cf.* J. Bédier, 1982, *op. cit.*, p. 290-291.

*Nouvelles*[281] et le conte "Le mari confesseur" de La Fontaine (tiré des *Cent Nouvelles Nouvelles*) illustrent ce cas de figure. Voici le moment de la duperie finale dans les *Cent Nouvelles Nouvelles*:

> Pouvre coquard, qui ainsi vous tourmentez, savez vous bien au mains pour quoy ? Or, oyez moy, s'il vous plaist; et pensez vous que je ne sceusse tresbien que c'estiez vous a qui me confessoie ? Si vous ay servy comme le cas le requiert, et sans mentir de mot vous ay confessé tout mon cas.[282]

Deux parcours concernant le savoir se succèdent: au terme du premier, le faux moine trompe sa victime et lui soutire en effet une connaissance qui aurait dû rester secrète. Mais dans le second la situation se retourne, la connaissance révélée est niée et sa négation acceptée (par le confesseur-accusateur). Ce n'est donc pas le confessé qui est berné mais le prétendu confesseur ! Regardons les derniers vers du *Chevalier qui fit sa femme confesse:*

> Tant li a dit et tant conté
> Que li osta tout son espoir,
> Et bien cuida que deïste voir.
> Granz risees et granz gabois
> En firent en Beseïnois! (v. 282-286)

Si les premiers récits - comme celui de Bandello - s'achèvent sur la fureur du mari, offensé par la connaissance de la vérité, les seconds, au contraire, se concluent sur l'approbation involontaire du mensonge.

Le thème proposé initialement pour ces deux sous-ensembles ("la duplicité féminine") est beaucoup trop vaste. Dans le premier il s'agit, plus précisément, de la "punition d'une faute érotique révélée", alors que dans le second l'"*à propos de*" porte sur l'"acceptation d'une connaissance fausse (érotique)". On conclura que le récit du "faux confesseur" permet d'aborder trois motifs distincts. Sans trop de souci de précision nommons-les:

. le "faux confesseur rival",
. le "faux confesseur vengeur",
. le "faux confesseur berné".

iii) Reconsidérons maintenant le thème du "don contraint". Dans la ligne courtésienne, nous nous sommes momentanément satisfaits de la dissociation entre sa figuration (stable) et son thème, soi-disant labile au gré

281. «Racontée par Jehan Martin». *Les Cent Nouvelles Nouvelles*, documents artistiques du XVe siècle, tome V; publ. P. Champion. Paris: Champion, 1928 (réimpr. Genève: Slatkine reprints, 1977). Ces récits sont traduits par R. Dubuis dans *Les Cent Nouvelles Nouvelles*. Presses Universitaires de Lyon, 1991.

282. Et le texte de conclure: «Ainsi qu'avez oy fut le bon chevalier deceu par le subtil et percevant engin de sa desloyalle femme.» *Les Cent Nouvelles Nouvelles*, *op. cit.*, p. 217.

des contextes: enlever la reine (Guenièvre dans *Le Chevalier de la Charrette* et *Lanzelet*, Iseut dans le *Tristan* de Thomas) ou la future femme du Prince (*Mabinogi* de *Pwyll*), voir un dieu en majesté (histoire ovidienne de Sémélé), obtenir l'autorisation de tenter une épreuve périlleuse (comme dans *Le Bel Inconnu*) ou de s'éloigner d'un espace confiné (*Cligès* et *Yvain*), sauver une vie (chez Joinville dans *la Vie de saint Louis*), etc. Cette approbation n'était que temporaire; la plasticité du motif n'est qu'apparente car les diverses significations que l'on se plait à énumérer ne sont, en réalité, que les facettes multiples d'un thème unique. Lequel ? Comme tout à l'heure avec l'interprétation courtoise du "coeur mangé", il semblerait venir d'une culture précisement délimitée, celle de l'âge roman. Erich Köhler l'a assimilé au «concept de *largesce* du système courtois» qui, dit-il, «reste ainsi lié aux catégories d'organisation de la société féodale.»[283] Sa fonction sociale épuiserait-elle la signification de ce motif ? Jean Frappier répond par la négative. En référence à la force singulière du «*potlatch* celtique», selon lui le «fait primitif»[284], il décrit l'effet le plus remarquable du «don en blanc» dans les récits qui l'exploitent, la capture des femmes socialement inaccessibles:

> la femme obligatoirement cédée à un prétendant par un mari ou un parent qui a fait l'imprudente promesse. Cette donnée est bien attestée dans les récits irlandais d'enlèvements, les *aitheds*.[285]

L'auteur lui-même n'ignore pas l'expansion de ce thème au-delà des provinces celtes. Il cite *Le Don et les prestations totales* où Marcel Mauss[286] évoque le *potlatch*, pratique qui peut se rencontrer «dans d'autres sociétés primitives» (p. 26) que le monde celtique. Mauss ne parle-t-il pas essentiellement des Polynésiens, des Tlinkit de la Colombie Britannique et des Haïda d'Alaska ? «Dans ces deux dernières tribus du nord-ouest américain», écrit-il,

> et dans toute cette région apparaît une forme typique certes, mais évoluée et relativement rare, de ces prestations totales. Nous avons proposé de l'appeler *potlatch* (...). "Potlatch" veut dire essentiellement "nourrir", "consommer".[287]

---

283. *L'Aventure chevaleresque. Idéal et réalité dans le roman courtois*. Paris: Gallimard, 1974, p. 39.

284. 1969, *op. cit.*, p. 29. Voir à ce sujet, l'article de H. Hubert "Le système des prestations totales dans les littératures celtiques" dans la *Revue Celtique* (XLII, 1925, p. 330-335). L'auteur conclut en montrant que, «dans le cycle d'Arthur (...) le système du don qui lie, exigé par l'un, accordé par l'autre, revient avec une insistance et une monotonie fort particulières.» (p. 334).

285. 1969, *op. cit.*, p. 28.

286. "Essai sur le don. Forme et raisons de l'échange dans les sociétés archaïques." *Sociologie et anthropologie*. Paris: Quadrige / PUF, 1950, p. 145-279.

287. *Ibid.*, p. 151-153.

Pour Jean Frappier, en définitive, au-delà des particularités locales qui en modulent l'expression, le don contraignant, «une variété ou un aspect du *potlatch*»[288], est riche d'une signification générale. On peut considérer, par conséquent, la thématique invariable du motif du "don contraint" - quelles que soient les cultures qu'il nourrit[289] - comme la transmission des "prestations totales à charge de revanche" ou encore «à forme agonistique»[290].

L'occasion s'offre de peser la validité de notre argument en revenant au motif de la "lettre", soutien à l'idée de la variabilité des thèmes. Voici une séquence qui, dit Joseph Courtés, «manifeste le plus les éléments de la configuration de la lettre»:

> Le prince recommanda au charbonnier d'envoyer son fils à l'école quand il serait en âge d'y aller, et il lui remit *une lettre* que son filleul devait lui *rapporter* lui-même dans son palais, quand il pourrait la *lire*.[291]

Son examen inspire à l'auteur (p. 51) une nette distinction «entre les deux thèmes d'/information/ et de /reconnaissance/, susceptibles d'être pris en charge par la configuration de la lettre.» Mais la fonction "reconnaissance" n'est que l'effet secondaire d'un thème de "premier degré" si l'on peut dire et qui n'est autre que l'"information". Par conséquent, qu'elle permette dans un second temps la reconnaissance du "héros" ou, troisième thématisation envisagée, qu'elle serve à le protéger, ces lettres ont toujours comme investissement conceptuel premier et constant, le thème de l'information (ou "informer"). Contrairement donc à l'idée selon laquelle «le figuratif n'est pas rattachable de manière biunivoque au thématique»[292] dans les motifs en particulier, s'impose une nouvelle fois le constat que la facture figurative est assujetti à un seul thème avec lequel, par conséquent, il est solidaire.

Ces parallèles fortifient l'hypothèse née de l'étude du "coeur mangé": un motif ne s'appuie pas sur un contenu quelconque et changeant, il est bien la figuration d'un thème unique et constant.

---

288. 1969, *op. cit.*, p. 28.

289. Pour un avis négatif, *Cf.* P. Ménard, 1981, art. cit., p. 48.

290. Comme l'écrit J. Frappier (1969, *op. cit*, p. 27) suivant cette proposition de M. Mauss: «Nous proposons de réserver le nom de *potlatch* à ce genre d'institution que l'on pourrait, avec moins de danger et plus de précision, mais aussi plus longuement appeler: *prestations totales de type agonistique*. 1950, *op. cit.*, p. 153.

291. 1986, *op. cit.*, p. 49 pour les deux citations.

292. *Ibid.*, p. 54.

B. Configuration et motif. Propositions définitionnelles.

Nous sommes mieux à même de répondre à la question qui orientait ce cheminement: qu'est ce qu'un motif ? Un micro-récit reconnaissable à travers des contextes divers, disions-nous approximativement en ouvrant ce panorama. L'étude effectuée conduit à préciser ce point de vue. Dans la perspective formelle qui est encore la nôtre pour l'instant, un motif se définit comme un ensemble virtuel composé de trois noyaux ou encore comme une "molécule" formée de trois "atomes": un atome narratif, qui, lui-même, contraint un atome figuratif tous deux solidaires d'un thème unique et permanent. Un motif n'est pas le meilleur "exemplaire" de récits plus ou moins semblables, il n'est pas non plus un résumé protocolaire ("à la Thompson") mais la somme de ses invariants figuratif, actantiel et thématique[293]. En d'autres mots, ces trois propriétés composent les conditions nécessaires et suffisantes (CNS) à la reconnaissance d'un motif.

Cette conclusion appelle les commentaires suivants. Les traits particuliers que chaque culture choisit pour présenter les "atomes" définitionnels ne sauraient être pris en compte dans l'identité du motif. On fera preuve de souplesse pour les retenir ou non comme caractères des entités étudiées. Les différentes expressions du mets tabou dans le "repas cannibale vengeant une offense sexuelle" comme les variables de la figure de l'objet requis dans le motif du "don contraint" illustrent cette évidence. Par ailleurs, le motif apparaît bien comme une unité minimale du récit ("moléculaire") mais il est décomposable en traits élémentaires qui le constituent[294]. Conformément à ce que pensait Propp et contrairement à Vessélovski et à Thompson, le motif n'est pas la forme narrative la plus simple. Ces propositions de définitions mettront un terme à ce développement sous forme synthétique:

**Configuration**: ensemble invariant de figures sans stabilité actantielle ni thématique.

**Motif**: configuration fondée sur un dispositif actantiel et un thème constants.

293. Rappelons que pour le "repas cannibale...", il s'agit de l'enchaînement narratif (A + B + C) organisant les parcours figuratifs propres à l'offense sexuelle, au meurtre et au repas involontaire de chair humaine ainsi que de la contrainte thématique "vengeance cannibale d'une offense sexuelle".

294. C. Segre fait le point sur la question délicate et controversée des "formes narratives minimales." "Du motif à la fonction, et vice versa", *Variations sur le thème*, 1988, art. cit.

## *CHAPITRE IV.*
## *DES MOTIFS AUX STEREOTYPES ANTHROPOLOGIQUES.*

Avons-nous surmonté toutes les difficultés pour comprendre ce qu'est le "matériel roulant" de la littérature médiévale ? Les solutions avancées paraissent formellement recevables mais restent encore insatisfaisantes à plus d'un titre. C'est qu'elles passent sous silence la motivation de ces constructions. Car on peut user à leur propos de l'argument que Claude Lévi-Strauss oppose à l'orientation positiviste des analyses de Stith Thompson:

> On peut dire des récits mythiques la même chose que des règles de parenté. Ni celles-ci ni ceux-là ne se bornent à *être*; ils *servent* à quelque chose.[295]

L'examen est donc encore insuffisant pour peu que l'on s'intéresse à la mission et au sens des séquences-types. Cette carence révèle, une seconde fois, les failles d'une méthode formelle et son incapacité à rendre compte de la vocation propre aux récits mythiques. On dégagerait sans difficulté la triple définition d'un *topos* comme l'"embouteillage quotidien", thématisé par l'"exaspération du citadin". Prétendra-t-on pour autant que la densité sémantique de ce motif vaut celle du "vagin denté" ou du "repas cannibale vengeant une offense sexuelle" ? Bien entendu, nous ne le pensons pas.

### I. Motivation des stéréotypes. Vers l'explication.

Ce truisme introduit à ce que nous voulons dire par stéréotypes "anthropologiques". L'adjectif résume l'hypothèse sur laquelle s'établit cette dernière étape: comme les récits qu'anime la pensée mythique, certains *topoi* ont pour vocation d'exprimer les régulations de l'imaginaire permettant à l'homme de vivre et de comprendre. Ce point de vue, bien insaisissable sans autre précision, s'éclaire si l'on prend en considération les prégnances biologiques et régulatoires. On l'a dit, la vie des hommes et celle des êtres de papier témoigne de leurs vestiges. Les stéréotypes trouvent leur site dans la maîtrise de ce déploiement, aux côtés des fantasmes et des structures mythiques, mais à une place bien particulière.

Suivant les propositions lévi-straussiennes, on a vu dans le mythe une machine à "frénétiquement" associer et traduire les divers codes

---

295. 1968, *op. cit.*, p. 187.

sollicités au gré des histoires. La dissémination des vestiges de prégnances, sources de valeurs anthropologiques éminentes, y est réglée par une discipline «grammaticale» et conceptuelle. Les symboles nés de cet effort de maîtrise servent de matériau aux constructions grâce auxquelles l'esprit tente de résoudre les interrogations nées de l'insignifiance du monde. Dans cette perspective spéculative ou intellectuelle, la régulation de valeurs "prégnantielles" ouvre sur une anthropologie du symbolique. Cette notion reçoit ainsi des bornes précises qui lui évitent de «sombrer dans le verbiage à prétention herméneutique de l'ancienne mythographie»[296].

Bien qu'ils expriment également le contrôle de telles unités, les récits stéréotypés n'entrent pas dans ce cadre. Leur originalité apparaîtra mieux après une incursion dans les replis du "repas cannibale..." et du "don contraigant" qui ont déjà secouru ce travail.

A. Le "repas cannibale".

La signification du "repas cannibale vengeant une offense sexuelle" n'est pas épuisée par les trois "atomes" qui lui donnent forme. Elle naît de la richesse anthropologique de ce triptyque. Reprenons le fil interrompu à la définition du thème. L'éventail des fautes érotiques susceptibles de déclencher la vengeance n'est pas restreint à l'adultère. La rivalité entre conjoints, comme le dit la fable recueillie dans les Iles Marquises, peut être également mise en cause. D'une façon générale, sous les amours illicites émerge par conséquent le problème du rapport de l'homme avec son milieu social *via* le lien entre époux. Ce premier trait figure plus précisément, au sein du code sociologique ainsi sollicité, un dérèglement du bon usage de l'alliance matrimoniale. La contribution de Luc de Heusch "Introduction à une ritologie générale" à l'ouvrage *Pour une Anthropologie fondamentale*[297] donne corps à cette affirmation. S'efforçant de mettre au jour la différence entre l'ethnologie de l'éthologie, l'auteur la trouve «là où s'opère la synthèse de la consanguinité, de la communication et du travail: dans la parenté.»[298] L'échange matrimonial, «source ultime de la parenté», a pour objectif de «canaliser l'agressivité sexuelle», «préculturelle» liée à l'union avec une femme. Il est, poursuit-il,

> une forme hautement adaptative de l'espèce humaine, plus efficace que ne le sont bien des luttes prétendument rituelles chez les animaux.

---

296. *L'Homme nu*, 1971, *op. cit.*, p. 578.
297. III: "L'unité de l'homme". Paris: Seuil Points, 1974, p. 213-247.
298. *Ibid.*, p. 218.

La présentation initiale de notre séquence exprime cette agressivité. Le rival menace et ruine explicitement l'alliance symbolique, fondation de l'ordre culturel. Il en est le perturbateur menaçant. Ainsi se trouve racontée une première transgression.

Conclusion de cette agression, la castration et/ou l'assassinat du rival (ou de l'agresseur). On n'a pas oublié l'analogie figurative entre "coeur" et "sexe", double représentation du "corps partiel érotisé". Conçus comme des moyens métonymiques de la communication amoureuse, ces organes autorisent à assimiler "arrachage" du coeur et castration. Or, comme le soulignent Laplanche et Pontalis dans leur définition des fantasmes originaires, «dans les fantasmes de castration, c'est l'origine de la différence des sexes qui est figurée.»[299] Maximum de l'agressivité entre rivaux, la castration criminelle va jusqu'à nier cette différence primordiale, foyer de toute parenté. Or, dans le stéréotype du "repas cannibale vengeant une offense sexuelle", loin de demeurer une virtualité fantasmatique, la castration-arrachage est narrée comme une réalité. On verra là, bien entendu, une seconde transgression. Non plus, comme l'écrivait de Heusch pour l'alliance, un viol de la source sociologique de la régulation humaine mais de la source biologique de la vie.

Venons-en à la troisième figure du stéréotype, le festin cannibale lui-même, somme de la préparation secrète (transformation culturelle de la nature corporelle) et de l'ingestion involontaire. A eux deux, ces deux temps incarnent sans ambiguïté une troisième transgression, celle qui bafoue (grâce à sa dissimulation) l'interdit de manger de la chair du semblable. Là encore les leçons de l'anthropologie sont précieuses. Il n'est pas douteux que l'homme conçoit sa façon de manger selon sa relation imaginaire aux forces qu'il doit maîtriser pour exister. Pour ne prendre qu'un exemple occidental, en Grèce antique[300],

> Changer de régime alimentaire, c'est mettre en question l'ensemble des relations entre les dieux, les hommes et les bêtes sur lesquelles repose tout le système politico-religieux.

Constat similaire dans le commentaire du mythe de Pandora (dans les *Travaux et les Jours* d'Hésiode) par Pierre Vidal-Naquet:

> "telle est la loi que le Cronide a prescrite aux hommes, que les poissons, les fauves, les oiseaux ailés se dévorent puisqu'il n'est point parmi eux de justice." (...). Est homme celui qui ne dévore pas son semblable.[301]

---

299. *Vocabulaire de la psychanalyse*. Paris: PUF, 1967, p. 159.

300. Détienne, *Dionysos mis à mort*. Paris: Gallimard, *Les essais*, 1977, p. 167.

301. *Le Chasseur noir, formes de pensée et formes de société dans le monde grec*. Paris: Maspéro, 1981, p. 41.

Dans son article "Entre bêtes et dieux", Marcel Détienne observait déjà que le «code alimentaire est un plan de signification privilégié pour définir le système des rapports entre l'homme, la nature et la surnature.»[302]

Il est à peine besoin de souligner l'inversion des contenus des deux étapes extrêmes: la conjonction sexuelle initiale suppose la vie comme son contraire, la conjonction sur le mode alimentaire, réclame la mort. Cette structure en symétrie inversée assoit (au niveau "profond") l'édifice figuratif du stéréotype. Grâce au nouvel éclairage braqué sur notre motif, sa signification serait la suivante: il exprime et synthétise **trois** transgressions **niant** autant de **fondations** de l'ordre humain, **sociologique**, **biologique** et **imaginaire**.

On peut aller plus loin et grouper cette triple violation symbolique autour d'une signification commune. Tentons de remonter aux sources bio-anthropologiques de ces trois infractions. Les contenus formulés (sociologiques, alimentaires et sexuels) invitent à recourir aux travaux de spécialistes de ces expressions de l'imaginaire. On pense en premier lieu à Roger Caillois et à sa "phénoménologie générale de l'imagination"[303]. Elle ancre les postulations les plus virulentes de la psychologie individuelle comme les troubles les plus pressants de la vie sociale dans un substrat de motivations qui, selon l'auteur, relèvent de nos racines biologiques. Si l'on veut appréhender la fonction des mythes - nous dirons également des "stéréotypes"- , il sera opportun de

> chercher des correspondances entre les uns et les autres [les animaux et les hommes] et plus spécialement entre *le comportement des uns et la mythologie des autres*.[304]

On se reportera pour s'en convaincre au long développement consacré à «la connexion de la sexualité et de la nutrition» chez l'homme qui lui paraît «fondamentalement biologique.» (p. 56). Selon Caillois «les mythes et le folklore ne sont pas en reste avec l'imagination individuelle dont ils confirment les données par leurs apports.»[305] Les pages qui suivent cette phrase manifestent la terreur du vagin denté et des fantasmes de castration pour attester la rémanence de ce substrat naturel dans la conscience humaine.

L'oeuvre de Gilbert Durand apporte un soutien massif à cette idée. On sait que son argumentation est fondée «sur une vaste bipartition entre

302. "Destins du cannibalisme", *Nouvelle revue de Psychanalyse*, 6, 1972, p. 231-246; ici, p. 233. On se réfèrera également aux commentaires de Greimas sur «l'importance du code alimentaire comme mode d'expression du sacré» dans la mythologie lithuanienne.

303. *Le Mythe et l'Homme*. Paris: Gallimard *Folio Essais*, 1938, p. 9.

304. *Ibid.*, p. 24.

305. *Ibid.*, p. 61 sv.

deux *Régimes* du symbolisme, l'un *diurne* et l'autre *nocturne*.»[306] Or cette distinction empirique s'édifie précisément sur l'opposition entre «les pulsions digestives et les pulsions sexuelles». Il admet par conséquent, «au moins méthodologiquement» (p. 59), l'existence d'«une parenté, sinon une filiation, entre dominante digestive et dominante sexuelle.» Nous joindrons le "repas cannibale..." aux exemples attestés par Caillois et Durand. Car ce *topos* lie indissolublement trois transgressions, témoins de l'effroi du sexuel, de l'horreur du meurtre et de la frayeur nutritive, trois répulsions qui s'originent dans le terreau des comportements primitifs[307]. En somme notre stéréotype affirme que ce qui est vécu et bien entendu autorisé dans la vie animale, est illicite dans le règne humain, sauf quand les interdits s'affaissent ou que les fictions énoncent tout haut ce que l'humanité ne peut plus s'autoriser. Il exprime ce que l'histoire de l'humanité, pour se forger en culture, a nié et contenu grâce à des mises en fable. Les "stéréotypes anthropologiques" sont une forme de ce processus.

Soulignons l'idée qui nous importe: le "repas cannibale vengeant une offense sexuelle" divulgue des significations qui évoquent à la fois la sauvagerie et les règles de son contrôle, dans toutes les narrations où il se greffe et par conséquent dans - et par - les fictions médiévales qui en usent. On demandera peut-être si de tels résultats favorisent une connaissance générale des *topoi*. Ne seraient-elles pas seulement dépendantes du stéréotype étudié, perdant ainsi toute prétention à l'exemplarité ? Une illustration complémentaire assoiera mieux notre hypothèse bio-anthropologique.

### B. Le "don contraint".

A vrai dire nous n'avons pas étudié le "don contraint" avec la même attention que le précédent *topos* et nous laisserons à Georges Bataille et à Claude Lévi-Strauss le soin d'alimenter en arguments ce paragraphe. L'auteur de *La Part maudite*[308] ne s'est pas penché (à notre connaissance) sur ce stéréotype en tant que tel. Mais il a analysé en détail la théorie du *potlatch* dont nous avons souligné l'importance pour en comprendre le thème (fournir des prestations totales sous une "forme agonistique"). Contrairement à une opinion répandue, le potlatch ne fournirait pas le

---

306. *Les structures anthropologiques de l'imaginaire. Introduction à l'archétypologie générale*. Paris: Bordas, 1969, p. 58.

307. La conjugaison de ces contenus s'adosse sur des appuis solides. Platon, par exemple, affirme dans une synthèse frappante de concordance avec la triple figuration observée, que les désirs de l'homme tyrannique se révèlent quand s'éveille «la partie bestiale» de l'âme: «Elle ne craint point d'essayer, en imagination, de s'unir à sa mère, ou à qui que ce soit, homme, dieu ou bête, de se souiller de n'importe quel meurtre, et de ne s'abstenir d'aucune sorte de nourriture.» *La République*, IX, trad. R. Baccou. Paris: Garnier frères, 1966, p. 333.

308. Paris: Ed. de Minuit, 1967.

"donateur" en «surcroît des dons de revanche». Ce qu'il lui apporterait «c'est le rang» (p. 117). Et qu'est-ce que le "rang" sinon le pouvoir de perdre, la puissance conférée à l'individu qui se distingue par son aptitude au don, à la dépense sans mesure ? A travers la notion de "rang", c'est de nouveau la profonde similitude des caractères de l'éthologie animale et des passions humaines qui est mise en lumière. Car, pour l'auteur, «ni la force ni le droit ne sont *humainement* la *base* de la valeur différenciée des individus»: leur aptitude au don est relative au «facteur animal», c'est-à-dire à la capacité de «vaincre dans un combat» grâce au don de soi, à une «dépense d'énergie sans mesure.» L'aspect «vital» de la soif du rang va donc de pair avec son allure «insensée» pour composer les ressorts de l'être humain:

> On a mal saisi le sens de la guerre et de la gloire s'il n'est rapporté, pour une part, à l'acquisition du *rang* par une dépense inconsidérée des ressources vitales. (*Ibid.*)

L'inadmissible opposition entre "rang" (gagné) et "chose" (dilapidée) conduit alors à évoquer le compromis que tout homme établit entre «la violence du désir», d'une part, et, de l'autre, l'«apparente comédie» (p. 120) qui tente de la canaliser en confondant l'acquisition des biens, la passion du "rang" et les valeurs d'honneur et de fierté qui s'y attachent. Au fond, la signification primordiale du *potlatch* et de ses expressions est donnée dans ce désir de l'homme de «saisir ce qui lui échappe» (p. 115). Désir insensé qui n'ouvre finalement que sur une quête inaccessible, celle d'une «ombre que nous n'appelons que vainement la poésie, la profondeur ou l'intimité de la passion.» (*Ibid.*).

Le "don contraint" sert à rêver littérairement d'une pratique où l'acquisition des valeurs (quelle qu'en soit la nature) peut se faire en dehors ou même à l'inverse des contraintes de la réciprocité: tout se donne et celui qui dépense gagne; tout peut se demander sans que rien ne se rende dans cette acquisition sans échange ni limites. Encore une fois, l'oeuvre artistique - poésie ou séquence narrative récurrente - recevrait le privilège d'exprimer un comportement qui ne doit pas (ou ne peut pas) se pratiquer.

## II. Des cellules de sens.

L'examen du "repas cannibale..." et du "don contraint" éclaire ce que nous entendons par stéréotypes anthropologiques et accentue l'originalité de ces entités par rapport aux "motifs" comme vis-à-vis des armatures mythiques. Pour le préciser davantage, il suffira de rappeler le parallèle établi entre les séquences narratives (en général) et les signes du langage[309]. Le rôle primitif de ces derniers aurait consisté à canaliser chez l'homme les sources de prégnances, à virtualiser les catastrophes bio-zoologiques en affranchissant l'être humain de la «fascination des choses»[310]. Le rapprochement va de soi et les paragraphes précédents en persuadent: aux côtés des opérations de la pensée mythique (et des fantasmes, dont nous parlerons dans un instant), il faut compter les stéréotypes au nombre des instruments narratifs qui contrôlent l'expression des fonctions adaptatives de l'être humain. Plus précisément, un stéréotype anthropologique se présente, non comme un moule complexe d'opérations de la pensée, mais comme un (micro)récit, une véritable cellule[311] narrative, "cristallisant", quasi directement, les vestiges de prégnances, émergeant du corps et de son inscription dans le monde. De même que l'accrochage d'une prégnance sur les figures transforme ces dernières en objets signifiants (pour des sujets), de même la greffe d'un stéréotype sur un récit d'accueil mûrit et le transforme en fable anthropologiquement efficiente et qui ne le serait pas sans lui. A sa manière, notre chemin rejoint les efforts de Ernst R. Curtius, sa volonté d'«esquisser une morphologie de la tradition littéraire»[312] et d'éclairer la façon dont «la substance poétique se cristallise dans un moule». Cette conception régulatrice distingue radicalement deux séquences aux formes identiques: les (simples) "motifs" et les stéréotypes anthropologiques "cellulaires".

Dressons le bilan de ces observations dépliant deux volets de la "mythicité" de l'art littéraire médiéval. Dans les pas de l'anthropologie structurale, on a conçu le mythe comme un moule, un schéma opératoire, relevant d'une construction intellectuelle sophistiquée et insoucieuse des codes sémantiques qu'elle disloque et réorganise selon ses intentions "conceptuelles". Si notre hypothèse est exacte, les "cellules" stéréotypées possèdent la particularité d'évoquer, sans contraintes d'armature[313] ni souci d'élaboration transcendantale du donné empirique, leurs racines bio-anthropologiques (prédation, sexualité, nutrition, accès au rang, triomphe contre la mort, etc.). C'est par des contraintes figuratives, actantielles et thématiques qu'elles contrôlent le surgissement et la dissémination des significations qui les détermine. Dans un autre vocabulaire, celui de Sartre cité par Gilbert Durand, ces entités peuvent être considérées comme des

309. Signalé lors de la présentation des «racines mythiques». partie III; V, A.

310. R. Thom, 1980, art. cit., p. 274. Egalement, dans *Stabilité structurelle et Morphogenèse*: «L'homme s'est débarassé de ces formes aliénantes en leur donnant un nom, il a ainsi neutralisé leur pouvoir hallucinatoire.» (1977, *op. cit.*, p. 310).

311. Au sens d'unité fondamentale constituant les organismes et douée d'un pouvoir d'assimilation.

312. 1956, II, *op. cit.*, p. 143.

313. C'est pourquoi il est inutile de chercher un schéma général comme la "formule canonique des mythes et la topologie qui l'ordonne ajustable à tous les stéréotypes. Chacun régit à sa guise les lois de la narration.

«présentificateurs» des «gestes et des pulsions inconscientes» (1969, p. 61). Le voisinage des fantasmes est sensible.

Avant de considérer cette question, on ouvrira une parenthèse à propos d'une difficulté qui nous laisse toujours hésitant et sans réponse véritablement satisfaisante, celle de la dimension de ces stéréotypes. Peut-être la notion de cellule présentant les contenus anthropologiques sera-t-elle un efficace auxiliaire ? Dans une perspective formelle et minimaliste, on peut considérer un stéréotype comme l'effet de la solidarité d'une figure unique et d'un thème (récurrent). Par exemple, chacune des unités distinctes qui compose le "repas cannibale..." - l'offense sexuelle, l'assassinat du rival et l'horrible repas (suivi de la terrible révélation) - pourrait être considérée comme un *topos* autonome, doté d'un contenu spécifique. Les quatre figures propres au "don contraint" justifieraient une affirmation analogue. Mais, les micro-récits stéréotypés ne se présentent pas ainsi, dans cette simplicité "archétypale", si l'on peut dire. Comme dans un chaînage, ils attachent les divers maillons. Et c'est cette continuité que l'on repère dans les textes et qui soulève toutes les questions que nous nous sommes posées jusqu'ici. Sous cet angle, on dira plutôt que le sens d'un stéréotype naît de l'articulation particulière des unités qu'il soude. Cette seconde hypothèse a notre faveur. La puissance évocatrice du "repas cannibale vengeant une offense sexuelle", par exemple, tient au lien étroit qui noue (par le truchement d'une inversion) les trois dérégulations fondatrices. Comparées à cette suite dramatique, les séquences de l'adultère et de l'assassinat de l'amant manquent, si on les individualise, de cette richesse de significations dans laquelle nous avons vu la raison de la cellule stéréotypée qui les assortit. Méthodologiquement, ce problème de dimension trouverait peut-être sa solution si l'on pouvait distinguer nettement stéréotype "simple" et stéréotype "complexe". Mais, constat irritant, un *topos* (pensons à l'"amant assassiné") peut très bien apparaître à ces deux niveaux hiérarchiques. Le principe de récursivité[314] serait alors d'un grand secours. L'idée n'est pas neuve, mais elle recevrait ainsi confirmation. Greimas et Courtés l'ont envisagée bien avant nous au sein même de leur définition des "motifs":

> la possibilité d'interpréter, dans certains cas, l'existence des motifs par la récursivité: ce n'est évidemment là qu'une simple suggestion dans une problématique particulièrement ardue (et encore inexplorée).[315]

---

314. «Une unité donnée se trouve à des niveaux de dérivation différents (...) Exemple: "la couleur des feuilles des arbres du jardin des voisins") (...), c'est dans ce cadre qu'on pourrait tenter d'interpréter, par exemple, les motifs.» (*Dictionnaire raisonné*, 1979, p. 309)

315. *Ibid.*, p. 239; entrée "motif".

On comprend ainsi qu'une même unité puisse se trouver parfois telle quelle, dans son autonomie et sa simplicité (l'"amant assassiné" par exemple) et, parfois, à un niveau de dérivation plus ample, comme dans la composition du "repas cannibale...". Que l'on pense aux parcours agençant le "don contraint", ils sont inséparables: disjointe de l'acceptation et de la satisfaction du don lui-même, la demande initiale perd son sens. On rappellera encore le stéréotype de la "séduction grâce à un animal prodigieux" qui s'adosse à l'échange consenti et se clôt sur une capture érotique. Désunir ces deux temps déchire la toile signifiante du stéréotype.

Fermons la parenthèse et revenons à la parenté perçue entre les stéréotypes (anthropologiques) et les fantasmes.

## III. Fantasmes et stéréotypes.

Malgré leur apparente proximité, on distinguera les deux unités. En ne les confondant pas, on bornera mieux notre propre domaine. Les fantasmes intéressent cette exploration puisqu'ils occupent ce domaine que Jean-Paul Valabrega qualifie de «anthropo-analytique»[316]. Il a été parcouru, dit-il, par les

> plus grands parmi les analystes de la première génération [qui] ont consacré au mythe d'assez nombreux travaux: G. Roheim, Th. Reik, O. Rank, H. Sachs, K. Abraham, S. Ferenczi, E. Jones, C. G. Jung, H. Silberer.[317]

Un autre travail pourrait être directement retenu, il offre une mine de stéréotypes, celui de Wolfgang Lederer, *La peur des femmes ou Gynophobia*[318]. Le psychiatre américain y fait défiler des séquences nourries de significations anthropologiques comme les dents assassines, les damoiselles vénéneuses et les dames mortifères, l'envie du pénis et le sein glacé. Mais qu'en est-il du fantasme ? Sa découverte a été déterminante pour l'essor de la psychanalyse. Freud l'écrit à Wilhelm Fliess en 1897, «Tous les symptômes d'angoisse (phobies) dérivent des fantasmes»[319]. Jean Laplanche et Jean-Baptiste Pontalis interprètent cette lettre d'une manière qui retient tout notre attention: Freud chercherait dès cette époque à détacher de la multiplicité des scènes fantasmatiques «des «scénarios

---

316. *Phantasme, mythe, corps et sens. Une théorie psychanalytique de la connaissance.* Paris: Payot, 1980. Pour l'auteur, il existe «un problème *anthropologique du phantasme* (...) et un problème *psychanalytique du mythe.*» Lire, du même, "Le phantasme, le mythe et le corps", *Topique*, 9-10, 1972, p. 5-46.

317. 1980, *op. cit.*, p. 11.

318. Trad. de l'américain par M. Manin. Paris: Payot, 1980.

319. *La naissance de la psychanalyse, Lettres à Wilhelm Fliess*, publiés par M. Bonaparte, A. Freud, E. Kris; trad. A. Berman. Paris: PUF, 1956.

typiques et en nombre limité.»[320] Unité élémentaire sur laquelle s'élaborera la théorie, le fantasme originaire supporte la charpente métapsychologique, il est l'«objet psychanalytique par excellence»[321].

Quels traits partage-t-il avec ce que nous appelons stéréotypes anthropologiques ? En premier lieu, une similitude de fonction. Les fantasmes en effet - et non les pulsions, comme on le dit trop souvent - composeraient chez le sujet les traces prégnantielles archaïques:

> Quand Freud se demande s'il existe chez l'homme quelque chose de comparable à "l'instinct des animaux" ce n'est pas dans les pulsions qu'il trouve cet équivalent, c'est précisément dans les fantasmes originaires.[322]

Sous la variété des affabulations, l'analyste retrouve des thématiques, des mises en images prototypiques qui modèlent l'expérience individuelle. C'est dans ce sens que l'on doit reconnaître au fantasme, scénario structuré, un rôle «structurant *a priori*» comme l'écrivent Laplanche et Pontalis[323]. Autre ressemblance, mais la description devrait être affinée, dans la composition des deux entités, un scénario figuratif, un thème récurrent:

> Convergence du thème, de la structure et sans doute de la fonction: dans l'indice que fournit le champ perceptif, dans le scénario construit, dans la recherche modulée des commencements se donne sur la scène du fantasme ce qui « origine » le sujet lui-même.[324]

L'étude freudienne *Ein Kind wird geschlagen* y insiste, les scénarios s'énoncent en véritables parcours stéréotypés[325]. Les étapes du fantasme postulent la construction d'énoncés (de micro-narrations) qui "présentent" les contenus métapsychologiques dans le discours du patient ou dans celui que reconstruit l'analyste. Cette mise en forme phrastique est la seule voie de «représentance» - traduction proposée par D. Guérineau pour l'allemand *Vertretung*[326] - de l'investissement libidinal de l'élément refoulé. Jean-Charles Huchet a éprouvé cette conception sur un épisode curieux du

---

320. *Vocabulaire de la psychanalyse*. Paris: PUF, 1967, p. 157.

321. "Fantasme originaire, fantasme des origines, origine du fantasme", *Les Temps Modernes*, 215, 1964, p. 1833-1868; ici, p. 1846. Dans l'abondante littérature consacrée à ce sujet, on lira également "Les Fantasmes, Colloque de la Société psychanalytique de Paris", *Revue Française de Psychanalyse* (2-3, 1971); *Psychanalyse et Langage, Du corps à la parole*. Paris: Dunod, coll. Inconscient et Culture, 1977 (notamment l'article de B. Gibello "Fantasme, langage, nature, trois ordres de réalité", p. 25-69).

322. Laplanche et Pontalis, 1964, art. cit., p. 1861.

323. 1967, *op. cit.*, p. 159.

324. *Ibid.*, p. 1855.

325. "Un enfant est battu, contribution à la connaissance de la genèse des perversions sexuelles". Traduit par D. Guérineau dans *Névrose, Psychose et Perversion*. Paris: PUF, 1973, p. 219-243. Par exemple: «Cette première phase de fustigation sera donc pleinement rendue par la phrase: *Le père bat l'enfant.*» (p. 225).

326. *Ibid.*, p. 229.

*Fragment de Turin du Roman de Tristan*[327]. Iseut aux Blanches Mains y ressent des émotions mêlées quand, éperonné, son cheval se cabre puis glisse dans une flaque, éclaboussant les cuisses de sa cavalière. «Cadré par la dimension sexuelle induite par le contexte», le scénario simplifié se résume, écrit l'auteur

> à trois ph(r)ases:
> 1) "Iseut frappe un sexe";
> 2) "Un sexe frappe Iseut";
> 3) "Iseut est frappé". (p. 58).

A l'inverse, divers aspects distinguent stéréotype et fantasme. Ce dernier ouvre sur un monde, un "code" très spécifique, celui du traumatisme psychique. Grâce à lui, l'analyse freudienne souhaite résoudre un problème douloureux qui lui est propre, l'étiologie des névroses. La découverte fondatrice de Breuer c'est, précisément, le pouvoir pathogène des fantasmes, l'érotisation de la constitution du sujet. L'"auto-érotisme", premier degré de cette construction, met en évidence la "livraison" aux fantasmes de la sexualité «qui se détache de tout objet naturel»[328]. Comparés à nos séquences stéréotypées, les fantasmes ont la particularité d'exprimer et de réguler des moments essentiels de l'individuation psychologique: ce sont «des facteurs générateurs de personnalité.»[329] D'où une dissemblance essentielle quant aux contenus ou aux thèmes qu'expriment ces deux voies de "représentance": à la différence des stéréotypes, les fantasmes signifient toujours le déjà-là, les origines de la dissociation de la conscience individuelle:

> Dans la "scène originaire", c'est l'origine du sujet qui se voit figurée; dans les fantasmes de séduction, c'est l'origine, le surgissement de la sexualité; dans les fantasmes de castration, c'est l'origine de la différence des sexes.[330]

La thèse lacanienne du fantasme ne fait qu'accentuer cette spécificité. La relecture de "*On bat un enfant*" permet à Lacan de montrer que Freud y cerne le moment où, l'univers du langage lui préexistant, le sujet ne peut advenir qu'en disparaissant sous le signifiant qui le représente. Nouvelle illustration de l'idée bien connue: le fantasme fondamental inscrit l'organisme en le découpant dans la logique de la castration[331]. C'est dans

327. 1990, *op. cit.*, p. 43-63.

328. Laplanche et Pontalis, 1964, art. cit., p. 1866.

329. L'expression est de J. Petitot (conversation privée).

330. Laplanche et Pontalis, art. cit., p. 1854.

331. Voir "Subversion du sujet et dialectique du désir" (*Ecrits* II. Paris: Seuil, 1971, p. 177) et le chapitre "*On bat un enfant* et la jeune homosexuelle", dans *Le Séminaire*, livre IV "La relation d'objet", 1994, *op. cit.*.

ces conditions que «le fantasme fait le plaisir propre au désir»[332]. Bref, contrairement à ce dont témoignent les stéréotypes anthropologiques, les figures et les thèmes fantasmatiques sont inévitablement surdéterminés. Que conclure de ce parallèle ? La forte autonomie du code sexuel privilégié par Freud et ses disciples empêche de poursuivre trop loin l'analogie des deux entités. Laplanche et Pontalis, farouches défenseurs de l'originalité de leur champ d'investigation, tiennent d'ailleurs à se démarquer explicitement de la «solution structurale». Sinon, préviennent-ils,

> le psychanalyste aurait conscience de perdre une dimension fondamentale de son expérience: le sujet est bien inséré dans une structure d'échange mais celle-ci lui est transmise par l'inconscient parental.[333]

En conséquence, si les deux entités partagent la même vocation de "représentance" (sous forme de scénarios typiques), leurs contenus et leur mission les distinguent. Les fantasmes jouent, pour la régulation des prégnances déployées dans les fictions des sujets érotisés, le rôle que les stéréotypes tiennent dans les récits culturels exprimant les fonctions adaptatives de l'homme. Bref, le **fantasme** est à l'**expression du psychisme** ce que le **stéréotype** est à l'**imaginaire des cultures**.

332. "Kant avec Sade", *Ecrits* II, *op. cit.*, p. 119-148; ici p. 129.
333. 1964, art. cit., p. 1853.

## CHAPITRE V.
## IMAGINAIRES DES "GOUTTES DE SANG".

Retournons aux textes dans un souci pratique. Les idées droit venues du "repas cannibale" et du "don contraint" seront mises à l'épreuve sur des séquences généralement rangées sous la rubrique des "gouttes de sang sur la neige"[334]. L'abondance de leurs occurrences, la fascination qu'elles exercent et la richesse de sens qu'elles évoquent justifient l'intérêt que leur porteront ces lignes. Prévenons cependant que nous n'en ferons pas la description exhaustive et que nous ne quitterons qu'un instant les domaines occidentaux. Notre tâche consiste seulement à convaincre que les histoires examinées doivent être considérées comme des ensembles narratifs de dimension anthropologique. En passant on vérifiera une nouvelle fois que, faute d'user de procédures de description un tant soit peu rigoureuses, on peut s'exposer à des comparaisons incertaines qui contrarient la description en propre de la séquence étudiée. Pour éclairer la voie, on empruntera la piste bibliographique indiquée par Joël H. Grisward[335]. Deux textes servent d'appui à sa réflexion: l'*Exil des fils d'Usnech*[336] et le roman gallois *Peredur*. Regardons-les tour à tour et voyons le cortège de *topoi* qu'ils offrent à la description.

### I. Le sang et le rouge éveillant l'espoir de l'alliance.

Selon Henry d'Arbois de Jubainville (p. 218), l'*Exil des fils d'Usnech* date du dixième siècle: il est mentionné «dans un poème de Cinaed hua Artacain, qui mourut en 975.» L'éditeur distingue deux rédactions et, au sein de chacune d'elles, deux parties. Trois manuscrits conservent la première rédaction: le Livre de Leinster (milieu du douzième siècle), le Livre jaune de Lecan (quatorzième siècle), un manuscrit du

---

334. On complètera les études qui serviront de guides des références suivantes: "Un amour extatique: les gouttes de sang sur la neige" de J. Ribard, dans *Le Conte du Graal, Perceval*, Anthologie thématique. Paris: Hatier, 1976, p. 34-36; "Les gouttes de sang sur la neige" de J. Frappier, dans *Chrétien de Troyes et le Mythe du Graal, Etude sur Perceval ou le Conte du Graal*. Paris: SEDES, 1979, p. 130-141; "Le sang sur la neige: analyse d'une image-écran chez Chrétien de Troyes" de H. Rey-Flaud (*Littérature*, 37, 1980, p. 15-24); "*Due studi sul Perceval. I. Les tre gocce di sangue sulla neve. Valore e funzione dell'episodio nella struttura del romanzo.*" de F. Salmeri (*Quaderni di Filologia Medievale*, 1, 1980, p. 7-38).

335. *"Com ces trois goutes de sanc furent..."*, 1973, art. cit.

336. *L'Epopée celtique en Irlande*, I, Chap. IX, "Exil des fils d'Usnech, autrement dit du meurtre des fils d'Usnech et de Derdriu." Paris: E. Thorin éd., 1882, p. 217-286. Dans "Perceval y las gotas de sangre en la nieve" (*Revista de Filologia Espanola*, 39, 1955, p. 186-219) Martin de Riquer discute la relation des textes percevaliens avec l'*Exil des fils d'Usnech*.

*British Museum* écrit également au quatorzième siècle (Egerton, 1782). Le premier volet de la seconde rédaction n'est pas mis en écrit, il a été récueilli «dans la tradition orale des montagnes d'Ecosse, par M. Carmichael.» Quant à la seconde partie de cette deuxième version, elle se trouve dans deux manuscrits de la bibliothèque des avocats d'Edimbourg. Un mot sur le contexte. Le roi d'Ulster, Conchobar, souhaite épouser Derdriu[337] qu'il a élevée dans ce but. Or, pendant l'année de réflexion qu'elle lui a demandée, elle a rencontré et épousé Noïsé, l'un des fils d'Usnech. L'épisode qui nous intéresse peint l'origine du désir de la belle Derdriu pour Noïsé. Elle tient en ces lignes de la première rédaction (première partie):

> Un jour d'hiver, le tuteur de Derdriu écorchait sur la neige, hors de la maison, un veau jeune et tendre qu'il allait faire cuire pour sa pupille; celle-ci vit un corbeau boire le sang sur la neige. Elle dit à Leborcham[338]: "Le seul homme que j'aimerais serait celui qui aurait ces trois couleurs-là: les cheveux noirs comme le corbeau, les joues rouges comme le sang, le corps blanc comme la neige."[339]

La découverte de ce texte irlandais conduit aux deux remarques suivantes. Tout d'abord en poursuivant la lecture de l'*Exil des fils d'Usnech* au-delà de cette partie initiale, on enrichirait cette première apparition d'autres "gouttes de sang" qui sont loin de peindre la même figure. On en relève deux dans la seconde version. L'une apparaît dans son premier volet, lors de la rencontre du roi d'Ulster et de la femme qu'il cherche, Deirdire.[340] L'épisode conduit le traducteur à faire une parenthèse intéressante:

> il pensa qu'il n'avait jamais vu auparavant, soit pendant le jour, soit dans le songe d'une nuit, une créature (littéralement: une goutte de sang) aussi belle que Deirdire.

La seconde se trouve dans une vision de Derdriu à l'approche de Fergus (l'envoyé de Conchobar):

> trois oiseaux venaient d'Emain Macha vers nous; ils avaient dans leurs becs trois gouttes de miel, ils nous laissaient ces trois gouttes de miel et ils emportaient avec eux trois gouttes de notre sang." - "Que penses-tu de cette vision, ma femme," demanda Noïsé. - "Le voici", dit-elle, "c'est que Fergus vient à nous de notre terre natale avec un message de paix, car le miel n'est pas plus doux que le message de paix; mais quant aux gouttes de sang que les oiseaux

---

337. Dans une rédaction différente, elle s'appelle "Derdriu la sage, aux joues rouges." (p. 266). Son portrait, dont les contrastes chromatiques sont remarquables, le laissait supposer: «Une fille à la blonde chevelure, aux boucles blondes, / Au majestueux regard, aux yeux bleus, / Aux joues empourprées comme la digitale. / C'est à la couleur de la neige que nous comparons / L'inestimable blancheur de ses dents sans défauts.» (1882, *op. cit.*, p. 222).

338. Une redoutable magicienne.

339. *Ibid.*, p. 225.

340. Ecriture gaëllique moderne du vieil irlandais *Derdriu*.

nous ont pris, c'est vous trois qui partirez avec Fergus, et qui serez trahis.[341]

A ce stade, ces images ne sont encore ni des "motifs" ni des "stéréotypes anthropologiques". Il leur manque un socle actantiel et thématique. Précisément, la seconde remarque concerne la question du thème de l'épisode, les valeurs qui composent son "contenu conceptuel". Suivons Emmanuel Cosquin, éminent spécialiste des contes "à-gouttes-de-sang"[342]. Sa monographie consacrée au "sang sur la neige" divise le corpus en trois groupes. Soit un chasseur abat du gibier dont le sang colore la neige et lui donne «l'idée d'une femme au teint merveilleux blanc et incarnat»[343]. Soit le sang qui teint la neige et suscite le désir masculin ou féminin s'épanche d'un animal domestique (comme dans l'épisode initial de l'*Exil des fils d'Usnech*), le «thème», écrit l'auteur, va alors «se dépoétisant» (p. 226). Soit, enfin, c'est du sang humain qui macule la neige de rouge et «allume» chez le blessé «le désir ardent de trouver, pour l'épouser, une jeune fille blanche comme la neige et rouge comme le sang.» (p. 229). Ces trois ensembles partagent leur facture figurative et leurs soubassements actantiels: l'épanchement conclut un premier parcours (disons qu'un "sujet" perd les valeurs inscrites dans le sang); le second suscite le désir chez l'observateur du spectacle (acquistion d'une compétence, d'un vouloir-faire, diraient les narratologues). Mais c'est également le thème qu'ils ont en commun. On l'éclairera en explicitant ce que l'observation de Emmanuel Cosquin permet de lire entre les lignes: les figures de la séquence expriment l'avènement du désir, elles dessinent l'apparition du conjoint futur. Ce bref commentaire conduit de nouveau vers une notion-clef qu'avait fait apercevoir le "repas cannibale...": l'échange matrimonial, forme hautement adaptative de l'espèce humaine, «source ultime de la parenté» pour parler comme Luc de Heusch, qui a pour but de «canaliser l'agressivité sexuelle». En conséquence nous sommes bien en présence d'un stéréotype anthropologique, nous l'appellerons les "gouttes de sang éveillant le désir".

On peut alors espérer y voir plus clair dans un domaine que menace la profusion des occurrences. Regardons l'entrée Red du *Motif-Index* de Stith Thompson. Deux motifs intéressent notre discussion: T11.6 *Wish for wife red as blood, white as snow, black as raven* et Z65.1 *Red as blood, white as snow. Blood on snow as a suggestion.* Le *Motif-Index* précise cet énoncé en offrant les variantes possibles:

---

341. Extrait de la «seconde partie d'après la deuxième rédaction.» *Ibid.*, p. 258.

342. *Les Contes indiens et l'Occident, petites monographies folkloriques à propos des contes maures recueillis à Blida par M. Desparmet*. Paris: Champion, 1922, p. 235. Voir également de J. Bolte et G. Polivka *Anmerkungen zu den Kinder- und Hausmärchen der Brüder Grimm*, I. Leipzig: Dieterich, 1913, p. 461-463.

343. 1922, *op. cit.*, p. 219.

> *Often from blood on snow as a suggestion, a wish is made for a child (wife) with skin like snow and cheeks like blood, etc. (Sometimes black as a raven).*[344]

La conclusion du paragraphe précédent retient de classer dans une même rubrique les "gouttes de sang éveillant le désir" et le scénario qui envisage la filiation.

Ces premières observations portent à s'arrêter sur un *topos* apparemment fort proche. Les critères utilisés permettent-ils de les distinguer, ou non ? Ce nouveau venu introduit le désir érotique sans figuration d'une effusion sanglant. C'est le cas lorsqu'une femme séduisante est annoncée par une rose ou un lys ou encore quand la blancheur de son corps est secrètement marquée d'une rose rouge. Jean Renart a fait de ce signe l'argument de son *Roman de la Rose ou de Guillaume de Dole*[345]. Michel Zink observe qu'«il n'y a pas, dans le délicat roman de Jean Renart, de mutilation ni de sang qui coule.» (p. 56) mais tient pour assuré le sens sexuel de la rose, «image de la possession et de la défloration»[346]. Par conséquent, bien qu'elles partagent le même socle thématique (la convoitise sexuelle), les deux séquences témoignent d'une base figurative différente. Le stéréotype de la "trace rouge suscitant le désir" ne saurait donc être confondu avec celui des "gouttes de sang éveillant le désir".

## II. Des étoffes tachées de sang.

La force évocatrice des traces sanglantes pourrait conduire vers une multitude de récits voisins de ceux que l'on vient de lire. Ils seraient conformes à la définition très générale que Pierre Gallais donne de l'«essentiel» du motif des "gouttes de sang": «le spectacle du sang - généralement sous forme de gouttes - répandu sur une surface blanche»[347]. Toujours la même et irritante question, donc, comment séparer des (micro)récits identiques, du moins en apparence. Les instruments de définition utilisés donnent quelques prises sur la foule des occurrences

---

344. 1956, *op. cit.*, V, p. 552. Pour les références dans le corpus médiéval, voir l'*Index des Motifs narratifs* de A. Guérreau-Jalabert, 1992, *op. cit.*, p. 464.

345. Lire, de M. Zink, "Quand l'ombre est rouge sous les roses" (*Roman rose et rose rouge: Le Roman de la Rose ou de Guillaume de Dole de Jean Renart*. Paris: Nizet, 1979, p. 45-68); également "Le Miroir périlleux ou l'alchimie de la Rose" (*Europe*, 654, 1983, p. 72-83). Voir aussi "La jeune fille à la rose: le secret et l'amour" dans *La Névrose courtoise* (H. Rey-Flaud. Paris: Navarin, *Bibl. des Analytica*, 1983, p. 77-104). *Le Roman de la Violette* exprime la même figure et le même propos mais avec une fleur différente, une violette, qui permet de jouer avec l'opposition bleu ("Inde") blanc: «Et voit sor sa destre mamiele / Une vïolete nouviele / Inde paroir sor la car blanke.» (v. 648-650; éd. D. Labaree Buffum. Paris: Champion, *SATF*, 1928).

346. 1979, *op. cit.*, p. 64.

347. "Le sang sur la neige; le conte et le rêve", *Cahiers de Civilisation Médiévale*, XXI, 1978, p. 37-42; ici, p. 38.

illustrant cet énoncé. On les mettra à l'épreuve en se bornant toutefois à regarder un seul ensemble de séquences, elles ont en commun d'exposer un linge taché de sang, image d'un amour interdit[348]. Mais la communauté d'une figure est insuffisante à elle seule pour déclarer identique des séquences disparates. On va le voir, ces draps sanglants ne rentrent pas dans les mêmes mises en scène figuratives (les "parcours"), ils n'impliquent ni le même *"à propos de"* ni la similitude des significations érotiques "profondes".

Lisons en premier le stéréotype de l'"étoffe tâchée de sang accusant l'amant". Il apparaît dans les célèbres épisodes du *Tristan* de Béroul (où le sang de Tristan tache et le lit royal et la farine que le nain Frocin a répandu entre les deux couches[349]) et du *Chevalier de la Charrette*. Pour accéder à la chambre de la reine, Lancelot tord les barreaux dont elle est ferrée. Il se coupe les doigts, son sang teint les draps de Guenièvre. Au réveil, elle est accusée par Méléagant de coucher avec le sénéchal Keu. Le texte recourt alors une nouvelle fois au stéréotype:

> Vers le lit Kex le seneschal
> Esgarde et voit les dras tachiez
> De sanc, que la nuit, ce sachiez,
> Furent ses plaies escrevees.
> Et dit ; " Dame, or ai ge trovees
> Tex anseignes con je voloie." (v. 4752-4757)

On le sait, la même configuration paraît dans le *Lancelot* en prose[350] qui insère l'épisode du *Chevalier de la Charrette*.

Proche de ce stéréotypc par la figure du drap ensanglanté mais distinct aussi bien dans son déroulement que par son thème, celui de l'"étoffe tâchée de sang qui scelle l'amour adultère". Le trouvère wallon Jacques de Baisieux en fait un double usage dans le conte "Des trois chevaliers et del chainse"[351]. La première fois quand un pauvre chevalier

---

348. Cette thématisation minimale évite d'emblée la dispersion la plus confuse. Sans elle, ne conviendrait-il pas de se pencher sur certains épisodes aussi éloignés de notre propos que le mystérieux moment du *Perlesvaus* (*Le Haut livre du Graal*) où Gauvain reste muet devant le cortège du Graal et la fameuse lance qui saigne: «Li mestres des chevaliers semont Monseignor Gavain, et il esgarde devant lui et voit chaoir **.iii. gotes del sanc desus la table**, si fu toz esbahiz de l'esgarder, si ne dist mot.» Ed. ed. W. A. Nitze et T. Atkinson Jenkins. Chicago : The Univ. Press, 1932-1937 (l. 2439-2444; nous soulignons).

349. Ed. E. Muret (revue par L. M. Defourques. Paris: Champion, *CFMA*, 12, 1947; v. 732-734 et v. 748-751).

350. L'amant de Guenièvre s'était déchiré les mains «al trenchant des fers» de la fenêtre; éd. Micha. Paris-Genève: Droz, t. II, *TLF*, 249, 1978, p. 76. Le roman tire parti une nouvelle fois de la "configuration" des doigts gouttant de sang lorsque Lancelot souhaite se libérer de la prison où Morgane le retient et cueillir la rose qui lui rappelle douloureusement le visage de la reine (éd. Micha, t. V, *TLF*, 288, 1980, p. 62). La similitude s'arrête là: ni toile blanche tâchée ni révélation érotique ne complètent ces premiers traits figuratifs.

351. *L'Oeuvre de Jacques de Baisieux*. Ed. Patrick A. Thomas. La Haye: Mouton, *Studies in French Literature*, 3, 1973.

accepte de tournoyer, seulement protéger du «chanse»[352] de la dame; le vêtement sortira de l'épreuve déchiqueté et souillé de sang:

> Tant a le char par lius copee
> Ke tous li chanses en sanc bangne. (v. 246-247)

L'histoire n'en reste pas là. Comme l'observe Romaine Bonvin[353], d'«anti-armement» le chainse «se mue en anti-parure» (p. 68) quand l'exigeante dame sera à son tour priée de porter l'étoffe sanglante à la fête qu'organise son époux. Ce qu'elle fera sans hésitation car elle considère «Le chanse, ki mult ert solhiés» (v. 343) comme une parure royale.

L'"étoffe tâchée de sang qui exprime la mort d'un amour" sera notre dernier support. Deux *lais* de Marie de France, notamment, *Yonec* et *Le Rossignol* (ou *Laüstic*) en font usage. Dans le premier, l'amant-faucon se transperce aux broches de la fenêtre de la chambre de sa maîtresse[vn354]. Dans le second, le cruel mari, après avoir capturé le rossignol que son épouse prétend écouter la nuit:

> Sur la dame le cors geta,
> Si que sun chainse ensanglanta
> Un poi desur le piz devant.[355]

Même si elles tournent autour d'un amour interdit, mieux vaut de ne pas confondre ces trois unités. Les parcours figuratifs sont clairement divergents[356]. Alors que le sang de Lancelot et de Tristan coule à l'insu des amants et qu'il aurait dû ne pas apparaître (ou ne pas couler, comme y insistent les deux *lais*), dans le conte de Jacques de Baisieux il est répandu

---

352. Le "chanse" - "chainse" - ou "cheinsil" - connote la blancheur et peut servir de contraste idéal au vermeil sanglant. Le *Dictionnaire* de Godefroy (II, 1969) précise ainsi le sens de ce terme: «toile blanche et fine, toile de chanvre ou de lin, linge, étoffe dans la composition de laquelle il entrait de la soie.» (entrée "chainsil"). La blancheur de cette étoffe est également attestée par les *Altfranzösische Glossen* (*hsg. von G. Gröber in Strassburger Festschrift zur 46.* citées par Tobler-Lommatzsch, 1956, entrée "**chainsil**"): *bissinum recte dicitur cheinsil, et est vestis tenuissima et albissima*. Chrétien de Troyes a fait de la blancheur et de la pauvreté de ce vêtement l'un des signes de la belle Enide: «Un blanc cheinse ot vestu desus, / N'avoit robe ne mains ne plus, / Mais tant estoit li chainses viez / Que as cotes estoit perciez.» (v. 405-408).

353. "Le sang sur le vêtement. Etude sur le conte Des trois chevaliers et du chainse", *Médiévales*, "A l'école de la lettre", 11, 1986, p. 67-84.

354. Ed. Micha, v. 316-318. Ce stéréotype correspond chez S. Thompson à *Wounding by trapping with sharp knives, glass/ax.* (S181; *Cf.* A. Guérreau-Jalabert, 1992, *op. cit.*, p. 363).

355. Ed. Micha, v. 117-119. Motif bien repéré par L. Rossi: *il motivo del rossinhol, simbolo dell'amor volubile, ma anche autentico presagio di morte (secondo una fortunata tradizione, inaugurata da "Laustic" e rinverdita da Shakespeare, via via fino a Keats, ecc.)* dans "Il cuore, mistico pasto d'amore ...", 1983, art. cit., p. 99.

356. Comme ceux de l'"étoffe tâchée du sang d'un blessé qui en est bandé (et donc guéri)". On le trouve par exemple dans le *lai de Guigemar* de Marie de France. Frappé par la flèche qu'il avait décochée, Guigemar s'embarque sur un navire mystérieux. Arrivé à bon port il est soigné par la maîtresse des lieux et sa suivante: «A un bel drap de cheisil bjanc / Li osterent entur le sanc; / Puis l'unt estreitement bendé;» Ed. Micha, v. 371-373.

volontairement, aux yeux de tous. Dans ce "dit", le vêtement sanglant signe sans ambiguïté la volonté de sceller l'amour adultère. Il en est même la condition. Il ne dénonce pas, il énonce. Cependant, malgré leurs différences, ces trois scénarios sont, chacun de leur côté, de véritables stéréotypes anthropologiques. Car ces micro-récits exhibant divers linges ensanglantés ont en commun de conjuguer l'accès à une sexualité a-sociale (adultère affiché ou réprouvé), la menace de punition infligée (ou non) par les membres du groupe et la mort que recèle le désir.

## III. Gouttes de sang rappelant une séduction passée.

Eloignons-nous de ces étoffes et de ce chapelet de scénarios typiques égrenés depuis l'évocation de l'*Exil des fils d'Usnech* pour venir au second texte cité par J. H. Grisward, le roman gallois *Peredur*. Voici le passage qui nous concerne:

> Un faucon sauvage venait de tuer un canard devant la cellule [d'un ermite]. Le bruit du cheval fit partir le faucon, et un corbeau se posa sur la chair de l'oiseau. Peredur s'arrêta pour considérer la noirceur du corbeau, la blancheur de la neige et la rougeur du sang: il pensa à la chevelure de la femme qu'il aimait le plus au monde, qui était aussi noire que le jais; il comparait sa peau à la blancheur de la neige, et la rougeur du sang sur la neige blanche aux deux pommettes rouges sur les joues de la femme qu'il aimait.[357]

Nul n'ignore que ce spectacle renvoie à la magnifique scène d'une trentaine de vers que peint le *Conte du Graal* (v. 4184-4215). En ce qui concerne les relations entre ces deux romans, nous accepterons sans autre discussion l'avis autorisé de Jean Marx[358], de Roger S. Loomis, de Jean Frappier, que rejoint Glenys Witchard Goetinck. *Peredur* et le *Conte du Graal*, dit-elle, ont une source commune, sans doute écrite en français[359]. L'idée est reprise dans des termes identiques à propos de notre épisode, *the blood-drops adventure*, que G. Goetinck analyse dans quatre récits percevaliens, *Parzival*, *Sir Perceval of Galles*, *Peredur* et le *Conte du Graal:*

---

357. Trad. P.-Y. Lambert, 1993, *op. cit.*, p. 256.

358. Dans *Nouvelles recherches sur la littérature arthurienne* (notamment "La littérature galloise, *Culhwch* et le *Peredur*", p. 27-31) et dans "Le conte d'aventure canevas du *Conte du Graal* de Chrétien de Troyes", p. 168-195 (texte paru initialement dans *Le Moyen Age*, 4, 1961, p. 439-477). Cette conception s'oppose à la théorie de l'influence française des romans gallois - défendue notamment par M. Roques, J. Saunders Lewis et J. Loth (*Les Mabinogion du Livre Rouge de Hergest*, Paris, 1913) - ainsi qu'à l'idée que tel ou tel de ces (trois) romans adapte directement un conte de Chrétien de Troyes, position que soutenait J. D. Bruce (*The Evolution of Arthurian Romance from the beginnigs down to the year 1300*. Göttingen, 1923; repr. Genève: Slatkine, 1974).

359. *Peredur, A study* ..., 1975, *op. cit.*, p. 2. La bibliographie concernant les relations entre la tradition galloise et les romans continentaux a été évoquée dans la partie précédente (chap. IV, III).

> *The most reasonable explanation is still that of the common source. The Welsh legend of Peredur was discovered by a conteur who altered some of the episodes to suit the taste of French audiences. The translated version eventually reached the hands of Chrétien de Troyes who further refined and rationalized the marvels.*[360]

*Peredur* ne présente qu'une différence notable avec l'épisode de Chrétien de Troyes: la couleur noire du corbeau s'y mêle au rouge et au blanc. Le constat est notoire. Roger S. Loomis, parmi d'autres, le rapporte et le justifie en des termes qui marquent l'origine irlandaise du «stéréotype»:

> *no French poet would libel his heroine by comparing her tresses to a crow's plumage. (...) Wether he found in his source two colors or, as in* Peredur, *three, the origin of this stéréotype and of the consequent love trance was surely Irish.*[361]

Le corbeau disparu, la topique figurative apparaît à l'identique dans le *Parzival*, repérable au sein de quelques traits originaux, on va le voir[362]. Que dit le récit de Wolfram von Eschenbach ?

> Le faucon fondit sur elles [un millier d'oies sauvages] et enfonça ses serres dans une des oies qui ne lui échappa qu'à grand-peine, en se réfugiant sous une branche du tronc d'arbre abattu (...). De la blessure qu'elle avait reçue tombèrent sur la neige trois gouttes de sang vermeil, qui devaient causer à Parzival un grand tourment (...). Devant moi je trouve ton image, Condwiramurs. Cette neige blanche qui se détache sur le sang rouge et ce sang qui rougit la neige, voilà Condwiramour, c'est l'image de ton beau corps (...). Parzival se perdit alors dans ses pensées jusqu'à oublier tout ce qui l'entourait.[363]

Trude Ehlert et Gerhard Meissburger ont tenté de montrer que les versions de Chrétien de Troyes et de Wolfram s'écartaient radicalement[364]. Les deux critiques assoient leur thèse sur un fait incontestable: dans le roman de Wolfram, ce n'est pas le soleil qui fait fondre et disparaître les

---

360. 1975, *op. cit.*, p. 79-80.

361. *Arthurian Tradition and Chrétien de Troyes*. New York: Columbia Univ. Press, chap. LXX, "The blood drops on the snow", 1949, p. 414-415; ici, p. 414.

362. On s'accorde sur le fait que l'oeuvre de Wolfram adapte le *Conte du Graal* avec une grande liberté d'invention. *Cf.*, de J Fourquet, "Wolfram d'Eschenbach et le *Conte del Graal*". *Les divergences de la tradition du Conte del Graal de Chrétien et leur importance pour l'explication du Parzival*. Paris: Les Belles Lettres, 1938. Voir, de M. Huby "Réflexions sur Parzival et le Conte del Graal. II. Comment Wolfram a-t-il résolu les problèmes que lui posait le *Conte del Graal* ?", *Etudes Germaniques*, XXXV, 1980, p. 1-17. De C. Lofmark, "Wolfram'Source References in Parzival", *The Modern Language Review*, 67, 1972, p. 820-844.

363. *Parzival*, trad. par D. Buschinger, W. Spiewok et J.-M. Pastré, 1989, *op. cit.*, p. 208. Compte tenu de nos compétences nous avons préféré citer le texte en français.

364. "Perceval et Parzival. Valeur et fonction de l'épisode dit *des trois gouttes de sang sur la neige*, Hommage à Horst Rüdiger", *Cahiers de Civilisation Médiévale*, XVIII, 1975, p. 197-227; ici, page 227.

gouttes de sang, c'est Gauvain qui étend sur les traces sanglantes une «cape de drap de Syrie doublé de soie jaune.»[365] Mais cette originalité n'empêche pas que cette version et celle qu'offre le roman de Chrétien de Troyes présentent une physionomie analogue. Il est même intéressant de remarquer que cette similitude est accentuée par la position des traits semblables: ils sont placés entre deux éléments divergents - l'oiseau royal (qui inflige la blessure introductive) et l'usage final du voile par Gauvain. Dans la composition qui caractérise le spectacle fascinant en lui-même, on ne peut que constater la récurrence des figures déjà repérées dans *Peredur* et le *Conte du Graal*: les oiseaux et la prédation sanglante, la chute du sang sur la neige et l'éblouissement du héros devant ce simulacre érotique. La scène apparaît sous des traits similaires, dans le *Tristan* en prose et la *Tavola ritonda*. Le passage du roman français, tel que l'a publié Alfons Hilka[366] peint la fuite de l'oiseau blessé;

> mes toutes voies avoit il illuecques lessié trois goutes de sanc de ce que il avoit esté feruz. Il fesoit froit si que li sanc estoit gelez et la noif estoit blanche a merveilles, et li sanc estoit vermaux et donnoit une si vive color et si naturel que ce estoit merveilles a veoir (...). Et des deulx natureus colours come cestes estoient ore, li estoit il [Perceval] bien avis que il avoit veü la dame [Helayne sans pair] garnie (...), si se demore illuec tot a cheval come il estoit, et s'entr'oublie au regarder.[367]

Quelles conclusions atteignons-nous ? Comme l'indiquait J. H. Grisward, les spectacles en trichromie qui viennent de défiler rappellent les lignes essentielles de la rencontre de Conchobar et de Derdriu au début de *L'Exil des fils d'Usnech*. Mais l'écart entre ces séquences est finalement plus marqué que leurs conformités. Alors que le premier *topos* échafaudé à partir de *L'Exil des fils d'Usnech* laissait envisager une alliance future, les

365. Trad. Buschinger, Spiewok et Pastré, *op. cit.*, p. 221. Autre différence évidente avec le *Conte du Graal:* l'oiseau prédateur est ici le faucon du roi Arthur.

366. "Jugendgeschichte Percevals im Prosa-Lancelot u. -Tristan", *Zeitschrift für Romanische Philologie*, LII, 1932, p. 531 (ms. bibl. nat. fr. 757). L'analyse de ce roman par Löseth place les gouttes de sang au paragraphe 313. On lira une édition différente - celle du ms. fr. 772 - dans *Le roman de Tristan en prose*; *les deux captivités de Tristan*. de J. Blanchard, Paris: Klincksieck, 1976, p. 203. Voir à propos de l'épisode: *Le Tristan en Prose, Essai d'interprétation d'un roman médiéval*, de E. Baumgartner (Genève: Droz, *Publ. rom. et fr.*, CXXXIII, 1975, p. 136).

367. Bien que la *Tavola ritonda* fasse de Tristan son héros , l'épisode reste fidèle au récit percevalien mis en scène par le *Tristan* en prose: *Tristano mirando in terra, viddevi tre gocciole di sangue, le quali erano cadute a uno uccelo che Andrette avea ferito: e allora Tristano s'affisse, e fortement comincio a mirare questo sangue su questa neve, perchè molto gli dilettava di vedere quello colore, lo petitto vermiglo sullo bianco (...) "questo proprio colore porta in suo viso la bella pulcella Isotta, figliuola dello re Languis d'Irlanda". La Tavola ritonda o l'Istoria di Tristano*, per cura di F. L. Polidori. Bologne: Presso G. Romagnoli, 1864, p. 94. Pour une vue d'ensemble sur cette compilation du XIVe siècle, lire de D. Delcorno Branca "Per la storia del *Roman de Tristan* in Italia" dans *Cultura neolatina* (40, 1980, p. 211-229) et *I Romanzi italiani di Tristano e la Tavola Ritonda* (Firenze: Olschki, Univ. di Padova: Publ. della Facolta di lettere e filosofia, 45, 1968, p. 65-104).

scènes illustrées initialement par *Peredur* porteraient le thème de la réminiscence fascinante d'une séduction passée. Bref, ce rappel troublant est effectué ici par un simulacre figuratif équivalent à celui qui, là, éveillait le désir de l'alliance. Deux thèmes divergents donc pour une imagerie figurative similaire.

Inversement, un contenu thématique identique peut apparaître sous des expressions variées selon ses mises en scène, donnant ainsi naissance à autant de motifs différents. Les médiévistes connaissent bien le "contenu conceptuel" que l'on vient de découvrir. Pour ne pas trop s'écarter de l'imagerie de référence de crainte d'ouvrir un trésor sans fond[368], on mentionnera simplement quelques scènes qui, dans la mémoire qu'elles font resurgir, inversent celles où "du rouge" annonçait une femme désirable. On pense à l'épisode du *Roman de la Violette* où Gérard découvre autour du cou d'une alouette un anneau d'un rouge profond qui lui rappelle son amie, Euriaut[369]. Le début de l'épisode du *Lancelot* en prose citée tout à l'heure illustre parfaitement le *topos*:

> Lanceloz vit (...) la rose qui chascun jor espanissoit fresche et vermeille, se li souvint de sa dame la roine et de sa face clere et vermeille que la rose li amentevoit touz diz;[370]

Ces (micro)récits aux roses, images de sang, dévoilent de nouveau les processus artistiques qui disciplinent, dans une composition littéraire, le pouvoir évocateur de leurs origines imaginaires: la violence des liens entre l'homme et ses images érotiques, captivantes jusqu'à la perte de soi.

## IV. Qu'il est donc nécessaire de distinguer les "motifs" des "stéréotypes anthropologiques".

On aimerait édifier la démonstration sur des témoignages plus nombreux du jeu des régulations anthropologiques. Mais la justification risquerait d'être sans fin et la multiplication quantitative ne changerait rien au regard que nous jetons désormais sur ces stéréotypes. De sorte qu'on ne présentera qu'une liste un peu "rhapsodique" de garants complémentaires. Il n'est pas difficile de découvrir chez les médiévistes contemporains des

---

368. On ne peut pas ne pas penser aux innombrables scènes fétichistes où un objet, une trace provoque autant de souvenirs sensibles que d'émotions douloureuses. Exemple célèbrissime, mais sans trace de "rouge", les réactions du chevalier de la charrette, Lancelot, quand il découvre le peigne de Guenièvre enrichi de quelques-uns de ses cheveux.

369. Ed. D. Labaree Buffum, 1928, *op. cit.*; trad. M. Demaules (Paris: Stock/*Moyen Age*, 1992). Dans le roman qui porte son nom, Blancandin aime Orgueilleuse mais vit loin d'elle, dans le royaume sarrazin d'Athènes. Alors qu'il se délasse dans un magnifique verger, il découvre une rose qui «li remembre de s'amie.» *Blancandin et l'Orgueilleuse d'amour, Roman d'aventure du XIIIe siècle*, éd. F. P. Sweetser. Genève: Droz, *TLF*, 112, 1964 (v. 2607).

370. Ed. Micha, t. V, *op. cit.*, p. 62.

exemples convaincants, même si, bien entendu, ils ne prétendent pas rendre compte de "stéréotypes anthropologiques" en tant que tels. Premier appui, le «motif» que Joël H. Grisward baptise «l'épée jetée au lac». L'étude arpente les différentes versions indo-européennes d'une liturgie somptueuse qui participe de l'apothéose d'un dieu à la fois fulgurant et solaire. Certes la signification de ce motif-mythe adhère aux valeurs d'une culture strictement définie, indo-européenne on le sait, contrairement à la mission anthropologique que nous plaçons au coeur de tous les stéréotypes. Il n'en reste pas moins que les caractères de cette séquence laissent à penser qu'il met en scène les rapports symboliques et imaginaires des hommes et des dieux, et l'identification de ces derniers avec leurs objets comme avec certains éléments naturels aux puissantes motivations archétypales. Il conviendrait de citer ensuite le stéréotype lourd de réminiscences prédatrices qu'il est convenu d'appeler la "demoiselle" ou la "pucelle esforciée". Son importance pour l'histoire et la nature du genre romanesque arthurien a été étudiée par divers auteurs, notamment, on l'a dit, par Antoinette Saly ("La Demoiselle *Esforciée*" dans le roman arthurien") et Dietmar Rieger ("Le stéréotype du viol dans la littérature de la France médiévale; entre norme courtoise et réalité courtoise"). *Ravishing Maidens. Writing Rape in Medieval French Literature and Law*, de Kathrin Gravdal[371], l'examine en s'intéressant, plus largement, à divers aspects de la "violence sexuelle" dans les romans de Chrétien de Troyes. L'article de Donald Maddox "Specular stories, Family romance and the fictions of courtly culture"[372] présente un avantage particulier. Car c'est en médiéviste et en sémioticien frotté de psychanalyse qu'il affermit (indirectement) notre façon de voir. Pour quelles raisons les fictions courtoises ont-elles fréquemment utilisé le moule du "roman familial" dégagé par Freud ? La réponse passe par l'analyse du «motif» de la rencontre spéculaire (*Specular Encounter*) repéré dans les *lais* anonymes ou ceux de Marie de France, et quelques romans comme *Yvain, le Conte du Graal* et *Le Bel Inconnu*. D. Maddox dégage ce qu'il nomme le *basic pattern* de la séquence (c'est-à-dire la topique figurative et l'organisation actantielle correspondante) puis son thème: le héros y apprend que son aventure l'affronte à la reconnaissance de son ascendance. L'auteur arrive alors à ce qui nous importe ici, l'envergure anthropologique du *topos*. Il s'appuie sur des thèses venues de l'analyse freudienne du *Roman familial des Névrosés* et sur la conception lacanienne de la construction subjective en liaison avec le "Nom-du-Père". Sa conclusion retient cependant notre intérêt. C'est bien l'accès au monde de

371. 1991, *op. cit. Cf.*, de D. Buschinger, "Le viol dans la réalité" dans "Le viol dans la littérature allemande au Moyen Age", *Amour, mariage et transgression*, *op. cit.*, p. 369-372.
372. *Exemplaria*, 1991, *op. cit.*, p. 299-326.

l'Imaginaire et sa transition vers le Symbolique, que raconte cette histoire spéculaire:

> *the narratee as subject dramatizes the transition from the Imaginary to the Symbolic through the language of the reflexive account and its consequences.*[373]

Les dernières attestations seront, en quelque sorte, des preuves *a contrario*. On l'a dit à plusieurs reprises les stéréotypes anthropologiques se distinguent de ce qu'ils ne sont pas: de simples motifs. Au sein de la multitude des séquences textuelles aux figures récurrentes et constamment porteuses d'un sens identique, nous séparons celles qui traduisent des régulations imaginaires de celles qui, comme les "configurations" et les "motifs", ne le font pas. Certes la distinction ne va pas toujours de soi (un jour, qui sait, une étude montrera que les "trois pâtés" expriment un archétype fondateur) mais l'effort pour éviter la confusion à partir de critères définis est essentiel. Il garde de confondre la réflexion sur le **sens** des oeuvres et l'élaboration de leurs **formes**. Pour nous en convaincre, et mettre un terme à ce développement, ouvrons de nouveau deux catalogues de "motifs" repérés dans la littérature médiévale. La collecte de Anita Guérreau-Jalabert, par exemple, et ces illustrations minces mais éclairantes: *Color* ou *Feet* ou *Tail of Dragon* (B.11.2.2, B.11.2.4 et B.11.2.8) sera considéré comme un motif (unique, malgré les variations des attributs du monstre); *Kingdom as reward* (Q112.0.1) comme un stéréotype anthropologique. Seconde source, le précieux *Index* final de l'ouvrage de Jean-Pierre Martin, *Les Motifs dans la Chanson de geste*. Nous considérons comme des "motifs" - et non comme des "stéréotypes anthropologiques" - «la visite du champ de bataille» (p. 347), la «rixe» (contre les bourgeois) (p. 352), «la place assiégée» (p. 354). Autant d'entités qui apparaissent à juste titre dans la rubrique "motifs narratifs" de ce livre. En revanche, et sous réserve de vérifications ultérieures, «le cadavre outragé» serait un bon exemple de la classe des stéréotypes anthropologiques. Il relate en effet cette histoire aux retentissements particulièrement évocateurs: «le cadavre de l'ennemi vaincu est dépecé de diverses manières; son crâne peut être monté en coupe.» (p. 355).

---

373. *Ibid.*, p. 321.

## *CHAPITRE VI.*
## *"VENTRILOQUERIE" MEDIEVALE DES STEREOTYPES*

A quels enseignements cette exploration conduit-elle ? En premier lieu, elle a fait oeuvre de clarification, aussi relative soit-elle. L'investigation butait sur la fragilité des notions, la variation des méthodes utilisées, l'imprécision des termes et des outils employés. L'exploration a partiellement surmonté ces obstacles en élaborant les critères nécessaires et suffisants aptes à définir les entités étudiées sous forme de figures solidaires d'une identité narrative et thématique. Ce que nous appelons "stéréotypes" n'est apparu qu'en mettant l'accent sur les propriétés anthropologiques des (micro)récits. Afin d'avoir une vue claire et synthétique des trois types de séquences qu'a croisés notre cheminement, on notera ainsi leur définition :
**Configuration**: ensemble invariant de figures sans stabilité actantielle ni thématique. Exemple: les "trois pâtés".
**Motif**: configuration fondée sur un dispositif actantiel et un thème constants. Exemple: la "visite du champ de bataille".
**Stéréotype anthropologique**: motif permettant l'émergence de thématiques anthropologiques. Exemple: "le repas cannibale vengeant une offense sexuelle."

Ces résultats présentent des intérêts divers que nous aimerions accentuer pour clore cette partie. Le premier regarde certains caractères de l'esthétique narrative médiévale. Décrire et expliquer les *lieux* est indispensable à la compréhension de cet art littéraire. L'intelligence de celui-ci impose de déchiffrer ceux-là. Non pas dans l'intention de les épingler ni les indexer (encore que la tâche ne soit pas superflue), non pas même pour savoir ce qu'ils "sont", quels traits les identifient (ce qui n'est déjà pas mince), mais pour savoir à quoi ils "servent", quels offices ils remplissent, quel est le sens de la floraison de ces stéréotypes dans les romans, les *lais*, les chansons de gestes ou les fabliaux sur lesquels ils bourgeonnent. Aucun médiéviste n'ignore le talent avec lequel les écrivains de l'époque jouent du «matériel roulant» dont parlait Gaston Paris. Ils savent bien que

> la littérature médiévale a souvent recours à cette voix inquiétante de la féerie mythique dont la ventriloquerie à l'intérieur d'un texte crée un effet de merveilleux.[374]

---

374. D. Poirion, 1993, art. cit., p. 25.

Mais c'est, parfois, la signification de cette «ventriloquerie» qui soulève des difficultés. Le développement qui s'achève a tenté d'en lever quelques-unes en s'efforçant d'écouter cette voix partiellement clandestine. Elle exprime, avons-nous dit, les effets des régulations biologiques et imaginaires, permettant à l'homme de vivre, de penser, de structurer son expérience. A leur manière, ces formes «ritualisent», pour reprendre l'expression de Howard Bloch, les «possibilités symboliques dont elle [la culture médiévale] dispose à un moment donné.» Mais c'est dans le sens où s'y trouve «fétichisée»[375] la substance mythique et non les contenus analogiques propres à cette culture particulière. Ces propriétés ne dépendent donc pas des impératifs de la vie sociale, et de la manière dont elle prescrit ses lois propres à l'exercice de la pensée.

Ces quelques conclusions feront peut-être mieux accepter les procédures qui ont permis de les dégager. Définir les "stéréotypes", leur identité immuable, a commandé de s'appuyer - parfois sans légèreté - sur une méthode d'analyse de la signification; comprendre la nature et la permanence de leur message puis mettre en évidence leurs racines anthropologiques a requis une théorie du sens et de sa "représentance". Ces deux impératifs inséparables s'imposent au médiéviste attentif à l'émergence esthétique des vestiges de l'imaginaire mais qui souhaite étendre ses recherches au-delà des travaux d'inspiration formaliste ou historiciste. Le refus de ces thèses, en particulier la suspension de la quête des origines et le souci de construire les propriétés des unités étudiées, conduit généralement vers de telles conclusions. C'est lui qui guidait Joseph Bédier dans sa recherche des modes universelles de pensée et d'émotions émergeant au sein des *Fabliaux*. Il le conduisait jusqu'aux «conditions qui s'imposent partout et en tout temps.»[376] Dans la même veine, le grand médiéviste ajoutait avec la verve qu'on lui connaît:

> Les données morales qu'impliquent ces nouvelles sont éternelles, accessibles à tout homme venant en ce monde, et vivront autant aussi longtemps qu'il y aura, partout où il y aura des maris et des femmes, des amants venant à la traverse, des jaloux, des amis, des brus et des rivales.

375. 1989, *op. cit.*, p. 18-19.

376. 1982, *op. cit.*, p. 258 pour les deux citations.

# *CONCLUSION.*

## *VOIX DE LA CONSCIENCE, REALITE DE LA CONNAISSANCE.*

Au terme de cette étude, il convient de réfléchir au chemin parcouru et de prendre un peu de recul. Dans cette intention, on répondra directement à la question liminaire: pourquoi certaines oeuvres littéraires du Moyen Age sont-elles dotées d'un pouvoir d'émotions captivant ? Nous avions cru déceler un axe directeur, il s'est révélé fécond: l'attrait et le sens de ces fictions singulièrement séduisantes tiennent aux expressions de la pensée des mythes qui les édifient et les animent. Cet enseignement procède de deux faits: les armatures mythiques, certaines séquences stéréotypées. Rappeler leurs caractères sera une façon de lier les étapes franchies. L'imaginaire des êtres de chair et celui des êtres de papier est nourri de vestiges de prégnances nées du corps et de son contrôle biologique. Les récits "mélusiniens", certains épisodes de l'*Eneas* et du *Conte du Graal* dévoilent comment le besoin de sens et de "com-préhension", coulé dans les "moules" mythiques, associe les unités codées, insignes de ces traces dans les événements narratifs. Sous cet empire frénétiquement unificateur, la raison des mythes bâtit des constructions symboliques qui permettent à l'homme de vivre et de penser. Car les oeuvres qu'elle régit tentent de résoudre fictionnellement les questions que suscitent le monde et son mystère en montrant qu'elles sont analogues à d'autres difficultés qui, dans d'autres aspects du réel ne heurtent pas la pensée au même degré: d'où, dans les contes "mélusiniens", le recours aux *realia* les plus banales, comme les pratiques culinaires ou les tâches financières de la Merveille; ainsi, dans l'*Eneas*, le laborieux équilibre entre modestie et vindicte, entre mots de la violence et de l'imploration; ainsi, dans le *Conte du Graal*, les mises en scène des manières de table, de la "pathologie" de la mémoire et des usages du corps. Ces romans prennent acte du fait que l'union avec la Féerie (Mélusine), les relations avec les forces transcendantes (*Eneas*) ou avec la famille et ses souffrances inéluctables (le *Conte du Graal*), impliquent des

---

1. C. Lévi-Strauss, *Anthropologie structurale*. Paris: Plon, 1973, p. 325.

contraintes mentales exigeantes et l'usage de signes équivoques et médiateurs. Dans cette perspective spéculative, ou intellectuelle, la régulation de valeurs "prégnantielles" ouvre sur une **anthropologie du symbolique**.

Bien qu'ils expriment également la domination par la conscience des valeurs régulatrices fondamentales, les récits stéréotypés n'entrent pas dans le même cadre. Indifférentes aux agencements canoniques des mythes, ces cellules de sens évoquent "presque" immédiatement leurs racines bio-psychiques, dont la normalisation a façonné notre imaginaire. Ce "presque" a son importance. Car, pour devenir narration, l'émergence de ces significations doit être canalisée par des procédures qui les ordonnent selon une triple composition contraignante: une organisation de figures reconnaissables, un socle narratif et un thème invariant. Les fictions où elles viennent se greffer portent un double témoignage. Elles trahissent la présence de ces significations rudimentaires, évocatrices des foyers archaïques d'où elles jaillissent; elles attestent par ailleurs la discipline (non symbolique) qui canalise leurs débordements potentiels et préviennent leur pouvoir de fascination. C'est en ce sens que la dernière partie a soutenu que ces séquences structurées et ritualisées échafaudent une **anthropologie de l'imaginaire** narratif du Moyen Age. Ainsi considérés, les stéréotypes seraient peut-être moins des «pierres d'achoppement» que des pierres de touche pour la compréhension des oeuvres littéraires de ce temps.

Résumons ces observations en revenant au défi préjudiciel lancé par Daniel Poirion: «Comment les formes littéraires mettent-elles en rapport des formes du langage avec d'autres structures ?»[2] Trahissant peut-être l'intention de l'auteur, ce travail s'est moins intéressé au "comment" de cette relation qu'à la nature de ces structures, qui est d'un autre ordre que celui du langage. La réponse est, répétons-le, double. L'écrit médiéval exprime, d'une part, des architectures symboliques, au sens "conceptuel" de ce terme; elles sont profilées par les procédures de la pensée mythique. Il convoque, d'autre part, des récits stéréotypés qui cristallisent et structurent des traces de régulations vitales. Si ces conclusions sont justes, il faut bien admettre, qu'à leur niveau et selon leurs caractères particuliers, ce sont bien des matrices structurées et lourdes de sens (non des "formes") qui engendrent la dimension mythique des fables du Moyen Age.

L'invitation de Paul Ricoeur à mettre la méthode structurale à l'épreuve «dans nos aires culturelles» a conduit aux quelques convictions suivantes. La première affirme le besoin d'un certain type d'objectivité. Pour comprendre les oeuvres littéraires médiévales, il faut accepter sincèrement leur étrangeté et se garder de les contraindre à la familiarité.

2. 1993, art. cit., p. 24.

Considérer leur signification comme le fruit de leur inscription dans une totalité culturelle et intertextuelle n'a rien d'une certitude. La filiation des matières comme celle des méthodes dessine des mirages à l'horizon des enquêtes qui leur font une confiance aveugle. En sollicitant tour à tour l'histoire, la linguistique, le structuralisme anthropologique, puis, dans une moindre mesure, la théorie du fantasme, on a souligné l'intérêt de requérir divers modes de connaissances. Quoi qu'il en soit de ces distinctions, la pertinence globale de la conceptualité structurale a pu être défendue et illustrée, c'est la réponse à la question de Paul Ricoeur. De sorte que la conclusion à laquelle nous arrivons s'accorde pleinement avec cette phrase de Jean Petitot qui clôt son explication de la "Formule canonique des mythes":

> Loin de devenir obsolète comme voudrait le faire croire un certain irrationalisme contemporain, le structuralisme garde présentement toute sa pertinence et toute sa force. (...) Il demeure, comme Claude Lévi-Strauss n'a eu de cesse de l'affirmer, la clef théorique des sciences humaines.[3]

Après ces considérations rétrospectives, laissons un peu de champ à la réflexion. La description des oeuvres dites mythologiques et du «matériel» que les fables médiévales roulent avec prédilection donnent lieu à des interprétations diverses (historiques, philosophiques, folkloriques, linguistiques, etc.). Ces narrations, dit-on parfois, revêtiraient des fins morales, elles fourniraient aux hommes du Moyen Age l'occasion de découvrir leurs conceptions de l'art ou encore elles offriraient des assises généalogiques énigmatiques à quelques pouvoirs inquiets. La thèse, bien connue, considère la fiction comme la re-présentation ou le reflet, plus ou moins déformant, des conditions de la réalité. Cette relation est incertaine. Posons alors la question brutalement: qu'est-ce que le réel des récits mythiques ? Commençons par ce qu'il n'est pas. Certes comme toute forme artistique, la création littéraire utilise des signes et des figures qui sont des truchements matériels. Mais la fiction mythique ne "re-présente" pas ces données extérieures, ni directement ni à travers les filtres de la remodélisation. La pensée symbolique et les séquences stéréotypées désorganisent leur évidence empirique et vont même, pour les secondes, jusqu'à nier la fascination extrême que certaines de ces "réalités" pourraient encore exercer sur l'imaginaire des hommes. Sous la maîtrise de la conscience et des modes de structuration sémiotiques que l'on sait, ces «détails matériels» - le samedi, le charbonnier, des pâtés, un corbeau, des draps, une violette - se transforment en «choses de l'esprit»[4]. A ce jeu de

---

3. 1988, art. cit., p. 46.

4. C. Foulon, 1978, art. cit., p. 174.

miroirs et de reflets déformants ne correspond plus rien de réel. L'oeuvre inspirée par la pensée mythique n'a aucune vocation mimétique. Tout cela oblige à renoncer à l'espoir de la lire comme une source documentaire et de chercher dans les structures littéraires la manifestation de formes de la réalité culturelle du Moyen Age.

Mais ce que l'on perd d'un côté est rendu de l'autre. Car, en ne cédant pas à ces illusions, on se donne les moyens d'accéder à l'effort premier de la pensée des mythes, celui qui féconde certains écrits médiévaux. Avec leurs artifices originaux, leur poétique particulière, les réserves d'imaginaire qui leur appartiennent, les romans abordés aussi bien que les stéréotypes anthropologiques décrits expriment, on l'a répété à satiété, des orientations de l'esprit, une manière parmi d'autres pour la conscience de contrôler les vestiges des fonctions adaptatives, d'organiser le monde, de lui donner du sens. La critique de la connaissance subjective et des présupposés humanistes ne conduit donc pas l'analyse de la "mythicité" des oeuvres littéraires médiévales à renoncer à la pensée consciente. Comme l'affirme avec force Claude Lévi-Strauss, «*prendre conscience*», c'est «faire oeuvre de connaissance»[5]. Sans songer à entrer ici dans cette voie, rappelons que cette idée est au coeur de l'objectivité kantienne dont l'anthropologie structurale représente explicitement un rameau contemporain[6]. Loin des thèses empiriques ou matérialistes, la conscience y est conçue comme le support de l'objectivité:

> ce qui est "réel", ce qui est "vrai", ce qui est *objectif*, au sens critique du terme, ce n'est pas l'être sensible, comme un ici-maintenant, *mais c'est ce qui est constant, durable, existant dans notre connaissance*.[7]

Dans cette perspective, il n'est pas paradoxal d'écrire que la véritable réalité de ces narrations penche du côté du mythe, de son effort de "conscientisation".

---

5. 1971, *op. cit.*, p. 562

6. C. Lévi-Strauss a souvent reconnu sa dette à l'égard de Kant: «C'est précisément dans le domaine de la mythologie, là où l'esprit semble le plus libre de s'abandonner à sa spontanéité créatrice, qu'il sera intéressant de vérifier s'il obéit à des lois (...). Aussi suis-je particulièrement reconnaissant à M. Ricoeur d'avoir souligné la parenté qui pouvait exister entre mon entreprise et celle du kantisme. Il s'agit, en somme, d'une transposition de la recherche kantienne au domaine de l'ethnologie (...) en essayant de dégager des propriétés fondamentales et contraignantes pour tout esprit, quelqu'il soit.» (*Esprit*, 1963, *op. cit.*, p. 630-631). Le programme de *Morphogenèse du sens* est la possibilité d'un schématisme de la structure. La syntaxe topologique bâtie par R. Thom, qui en permet l'élaboration, renvoie «à une schématisation au sens kantien de "construction" d'un concept dans une forme de l'intuition des catégories régionales du structuralisme.» (J. Petitot, 1985, *op. cit.*, p. 16). L'intégralité de l'ouvrage justifie et développe ce recours à l'idéalisme critico-phénoménologique de Kant pour "constituer" l'objectivité des faits structuraux. Pour le rapport en entre les catégories kantiennes et la notion de structure, *Cf.* partie II, chap. III.

7. A. Philonenko, *L'oeuvre de Kant*, Paris: Vrin, t. 1, 1983, p. 106.

Elargissant l'enquête, il conviendrait d'interroger l'écho des structures symboliques et des "cellules de sens" dans l'expression religieuse, morale, esthétique, sociologique et psychologique de la culture médiévale. Ce terrain n'est pas le nôtre, il a d'ailleurs été déjà largement et brillamment cultivé par d'autres, notamment avec les outils de l'anthropologie sociale. Nous aimerions toutefois longer ce passage à notre façon, l'itinéraire suivi permet d'apercevoir un caractère propre à la littérature du Moyen Age que ces lignes ont encore insuffisamment mis en lumière. Prié d'éclairer sa définition de la littérature comme système déceptif, Roland Barthes donnait cette réponse:

> Cela veut dire que l'écrivain s'emploie à multiplier les significations sans les remplir ni les fermer et qu'il se sert du langage pour constituer un monde emphatiquement signifiant mais finalement jamais signifié.[8]

Les jeux des deux procédures mythiques qui, selon nous, animent l'écrit médiéval avec une vigueur particulière prouvent le contraire. A l'inverse de ce que dit Barthes, cet art porte des mondes emphatiquement signifiés, à peine dissimulés sous des expressions qui, parfois, paraissent manquer de cette préciosité psychologique ou stylistique que, lecteurs modernes, nous cherchons désormais dans les oeuvres littéraires. Animées d'une volonté de compréhension sans bornes, les créations du Moyen Age ont abordé et relié des préoccupations d'une grande diversité, jonglant avec une multiplicité de répertoires et usant des larges possibilités offertes par cet exercice. Le choix minutieux des termes mis en relief dans les narrations examinées, leur dosage relatif par rapport aux "fonctions" qu'ils remplissent, la disparité des codes sollicités pour les fins recherchées, les combinaisons délicates et parfois incongrues qui les modèlent ne sont pas le fruit du hasard. Les oeuvres de cet âge figurent sans aucun doute l'une des dernières créations, à l'ouest de l'Europe, qui expriment avec une si claire cohérence, une si forte densité et, en même temps, une imagerie si mystérieuse à nos yeux, la confrontation symbolique des humains avec l'insignifiance qui les entoure.

---

8. "Littérature et Signification", *Essais critiques*. Paris: Seuil, *Essais*, p. 258-276; ici, p. 265.

# Bibliographie

I. TEXTES ET TRADUCTIONS.

*Anseÿs de Mes, according to Ms N (bib. Arsenal 3143)*; publié par Herman Joseph Green. Paris: Les Presses modernes, 1939.

APOLLODORE, *La Bibliothèque d'Apollodore*; traduite, annotée et commentée par Jean-Claude Carrière & Bertrand Massonie. Annales littéraires de l'Université de Besançon, 443, diff. Les Belles Lettres, *Centre de Recherches d'Histoire Ancienne*, vol. 104, 1991.

APOLLODORUS, *The Library*; texte et traduction anglaise par James G. Frazer. Londres: W. Heinemann, 1921.

APULEE, *Les Métamorphoses*; texte établi par D. S. Robertson et traduit par Paul Valette. Paris: Les Belles Lettres, 1941.

*Bataille de Caresme et de Charnage*; éd. Grégoire Lozinski. Paris: Champion, *Bibliothèque de l'Ecole des Hautes Etudes*, 262, 1933.

*Bataille Loquifer*; ed. Monica J. Barnett, *Medium Aevum Monographs*, New Series VI. Oxford, 1975.

BERNARD SILVESTRE, *Commentum super sex libros Eneidos Virgilii. The Commentary of the First Six Books of the* Aeneid *of Virgil commonly attributed to Bernardus Silvestris; a new critical ed. by* Julian Ward et Elizabeth Frances Jones. Lincoln: University of Nebraska Press, 1977.

BEROUL, *Le Roman de Tristan*; édité par Ernest Muret, revue par L. M. Defourques. Paris: Champion, *CFMA*, 12, 1947.

BERSUIRE, Pierre, *Reductorium morale. Venetiis, apud Haeredem Hieronymi Scoti*, 1583.

*Blancandin et l'Orgueilleuse d'amour*; éd. Franklin P. Sweetser. Genève: Droz, *TLF*, 112, 1964.

BOCCACCIO, Giovanni, *Decameron*; a cura di Vittore Branca. Turin: Einaudi, 1980 (rééd. 1992).

BOCCACE, *Décaméron*; traduction nouvelle, introduction et notes sous la direction de Christian Bec. Paris: Libraire Générale Française, Le Livre de Poche, *Bibliothèque Classique*, 1994.

BOUTIERE, Jean et SCHUTZ, Alexandre-Herman, *Biographies des Troubadours, textes provençaux des XIIIe et XIVe siècles*, 2e édition. Paris: Nizet, 1973.

BRAET, Herman, *Deux lais fèeriques bretons, Graelent et Tyolet*; trad. Bruxelles: Aureliae Philologica, [1979].

CADIC, François, *Contes de Basse-Bretagne*. Paris: Ed. Erasme, *Contes Merveilleux des Provinces de France*, 6, 1955.

*Cent Nouvelles Nouvelles, documents artistiques du XVe siècle*; publiées par Pierre Champion. Paris: Champion, tome V, 1928 (repr., Genève: Slatkine, 1977).

*Cent Nouvelles Nouvelles*; traduction Roger Dubuis. Presses Universitaires de Lyon, 1991.

*Chanson du chevalier au cygne et de Godeffroy de Bouillon*; éd. Célestin Hippeau. Paris: A. Aubry, *Coll. des Poètes français du Moyen Age*, t. 1, 1874; t. 2, 1877; (repr. Genève: Slatkine, 1969).

CHRETIEN DE TROYES, *Erec et Enide*; publié par Mario Roques d'après la copie de Guiot. Paris: Champion, *CFMA*, 80, 1952.

CHRETIEN DE TROYES, *Erec et Enide*; édition critique d'après le ms. B.N. fr. 1376, traduction, présentation et notes de Jean-Marie Fritz. Paris: Librairie Générale Française, Le Livre de Poche, *Lettres gothiques*, 4526, 1992.

CHRETIEN DE TROYES, *Le Chevalier de la Charrette*; publié par Mario Roques d'après la copie de Guiot. Paris: Champion, *CFMA*, 86, 1958.

CHRETIEN DE TROYES, *Le Chevalier de la Charrette ou le Roman de Lancelot*; édition critique d'après tous les manuscrits existants, traduction, présentation et notes de Charles Méla. Paris: Librairie Générale Française, Le Livre de Poche, *Lettres gothiques*, 1992.

CHRETIEN DE TROYES, *Le roman de Perceval ou Le conte du Graal*; publié par William Roach, d'après le ms B.N 12576. Genève: Droz, *TLF*, 71, 1959.

CHRETIEN DE TROYES, *Le Conte du Graal (Perceval)*; publié par Félix Lecoy d'après la copie de Guiot. Paris: Champion, *CFMA*, 100 et 103, 1975.

CHRETIEN DE TROYES, *Le Conte du Graal*; édition du manuscrit de Berne 354 par Charles Méla. Paris: Le Livre de Poche, Librairie Générale Française, *Lettres Gothiques*, dir. M. Zink, 1990 (repris dans Chrétien de Troyes, *Romans*. Paris: Lib. Gén. Française, *Classiques modernes*, *La Pochothèque*, 1994).

CHRETIEN DE TROYES, *Oeuvres complètes*; édition publiée sous la direction de Daniel Poirion. Paris: Gallimard, *Bibliothèque de La Pléiade*, 1994.

CHRISTINE DE PIZAN, *Livres des fais et bonnes meurs du sage roy Charles V*; éd. S. Solente. Paris, *Société de l'Histoire de France*, 437, 1936 (repr. Slatkine: Genève, 1977).

CICERON, *Tusculanes*; texte établi par Georges Cohen et traduit par Jules Humbert. Paris: Les Belles Lettres, 1931.

CONRAD DE HIRSAU, *Dialogus super Auctores sive Didascalon*; publié par G. Schepps. Würzburg: Kgl. Univ- Druckerei, *Programm des klg. alten Gymnasiums zu Würzburg*, 1889.

COUDRETTE, *Le Roman de Mélusine ou Histoire de Lusignan*; édition avec introduction, notes et glossaire établie par Eleanor Roach. Paris: Klincksieck, *Bibliothèque française et romane, série B: Editions critiques de textes*, 18, 1982.

*Culhwch and Olwen. An edition and study of the oldest Arthurian Tale*; Rachel Bromwich et D. Simon Evans. Cardiff: University of Wales Press, LXXXIII, 1992.

*Daurel et Beton*; ed. et trad. italienne par Charmaine Lee. Parma: Pratiche Editrice, *Biblioteca Medievale*, 1991.

DIOGENE LAERCE, *Vie, Doctrines et sentences des philosophes illustres*; traduction par Robert Genaille. Paris: Garnier frères, 1965.

DIOGENE LAERCE, *Vitae philosophorum, Lives of eminent philosophers. Diogenes Laertius*; texte établi et traduit en anglais par R. D. Hicks. Cambridge (Mass.): Harvard University Press, 1979.

ELIEN, *Histoire variée*; traduit et commenté par Alessandra Lukinovitch et Anne-France Morand. Paris: Les Belles Lettres, 1991.

*Eneas*, roman du XIIe siècle; édité par Jean-Jacques Salverda de Grave. Paris: Champion, *CFMA*, 44 et 62, 1925 et 1929 (*Le roman d'Enéas*; mis en français moderne par Martine Thiry-Stassin. Paris: Champion, 1985).

*Fabliaux Erotiques, Textes de jongleurs des XIIe et XIIIe siècles*; édition critique et traduction par Luciano Rossi avec la collaboration de Richard Straub. Paris: Librairie Générale Française, Le Livre de Poche, *Lettres Gothiques*, 1992.

*Fabliaux*; textes traduits et présentés par Rosanna Brusegan. Paris: UGE, 10/18, *Bibliothèque médiévale*, n° 2469, 1994.

*Femmes et Monstres 2, tradition orale malgache*. Paris: EDICEF, *Fleuve et Flamme*, 1982.

*Florimont, ein altfranzösischer Abenteurroman*; ed. A. Hilka. Göttingen: M. Niemeyer Verlag, *Gesellschaft für romanische Literatur*, 48, 1932.

FULGENCE, *Opera, Mitologiarum Libri Tres*; ed. Rudolph Helm, Leipzig: Teubner, 1898.

*Garin le Loheren, according to* Manuscript *A (bibl. Arsenal 2983)*; avec une introduction et une étude linguistique de Josephine Elvira Vallerie. Ann Arbor, Michigan: Edward Brothers, 1947.

GEOFFROY D'AUXERRE, *Super Apocalypsim*; edizione critica a cura di Ferruccio Gastaldelli. Rome: Edizioni di Storia e Letteratura, *"temi e testi"*, 1970.

GERBERT DE MONTREUIL, *Le Roman de la Violette ou de Gérard de Nevers*; ed. Douglas Labaree Buffum. Paris: Champion, *SATF*, 1928 (trad. M. Demaules. Paris: Stock Plus *Moyen Age*, 1992).

GERVAIS DE TILBURY, *Otia Imperialia ad Ottonem IV Imperatorem ex manuscriptis. Scriptores rerum Brunsvicensium*, t. 1; ed. Gottfried Willem von Leibniz. Hanovre, 1707; *Emmendationes et supplementa*, t. 2, 1710;

édition partielle de Felix Liebrecht: *Des Gervasius von Tilbury Otia Imperialia*. Hanovre: Karl Rümpler, 1856.

GERVAIS DE TILBURY, *Otia Imperialia. Le Livre des Merveilles*; traduction Annie Duchesne (IIIe partie et quelques appendices). Paris: Les Belles Lettres, *La roue à livres*, 1992.

GIRAUD DE BARRI, *Liber de Principis Instructione*, *Giraldi Cambrensis Opera*, vol. VIII; ed. George F. Warner. Londres: Eyre & Spottiswoode, 1891.

*Grandes Chroniques de France*; publiées par Jules Viard. Paris, *Société de l'Histoire de France*, t. 1, 1923.

GRIMM, Jakob et Wilhelm, *Deutsche Sagen*. Berlin: Nicolaische Verlagsbuchandlung, tome II, 1866.

HEIRIC D'AUXERRE, *Vitae s. Germani*, *Monumenta Germaniae Historica, Poetae latini aevi carolini*, III; éd. Ludwig Traube, *Societas Aperiendis Fontibus Rerum Germanicarum Medii Aevi*. Berlin: Weidmann, 1886.

*Homélies Clémentines*; traduction Auguste Siouville. Paris: Les Editions Rieder, *Les textes du Christianisme*, 11, 1933.

HOMERE, *Hymnes*; texte établi et traduit par J. Humbert. Paris: Les Belles Lettres, 1941.

HUGUES DE SAINT-VICTOR, *Didascalicon, De Studio Legendi*; ed. Charles Henry Buttimer. Washington: The Catholic University of America Press, *Studies in Medieval and Renaissance Latin*, vol. X, 1939 (*L'Art de lire. Didascalicon*; traduction et notes Michel Lemoine. Paris: Cerf, *Sagesses chrétiennes*, 1991).

JACQUES DE BAISIEUX. *Oeuvre;* ed. Patrick A. Thomas. La Haye: Mouton, *Studies in French Literature*, 3, 1973.

JEAN D'ARRAS, *Mélusine, Roman du XIVe siècle*; publié pour la première fois d'après le manuscrit de la Bibliothèque de l'Arsenal avec les variantes de la Bibliothèque nationale par Louis Stouff. Dijon: Publications de l'Université de Dijon, fasc. V, 1932; (repr. Genève: Slatkine, 1974; trad. Michèle Perret. Paris: Stock Plus *Moyen Age*, 1979).

JEAN DE SALISBURY, *Metalogicon*; ed. Clemens C. I. Webb. Oxford: Clarendon Press, 1929.

JEHAN BODEL, *La Chanson des Saisnes*; éd. critique par Annette Brasseur. Genève: Droz, *TLF*, 369, 1989.

PHILIPPE DE BEAUMANOIR, *La Manekine, roman du XIIIe siècle*; éd. Hermann Suchier. Paris, *SATF*, 2 vol., 1884-1885; (mis en français par Christiane Marchello-Nizia. Paris: Stock Plus *Moyen Age*, 1980).

*La cour et la ville de Madrid vers la fin du XVIIe siècle. (Deuxième partie) Mémoires de la cour d'Espagne par la Comtesse d'Aulnoy*; éd. nouvelle revue et annotée par B. Carey. Paris: Plon, 1876.

LA SALE, Antoine (de), *Le Paradis de la Reine Sibylle*; édition et commentaire critique par François Desonay. Paris: Droz, 1930; (trad. de Francine Mora-Lebrun. Paris: Stock Plus *Moyen Age*, 1983).

*Lais anonymes des XIIe XIIIe siècles*; édition critique de quelques lais bretons par Prudence Mary O'Hara Tobin. Genève: Droz, *Publications romanes et françaises*, XCLIII, 1976.

*Lais féeriques des XIIe et XIIIe siècles*; présentation, traduction et notes par Alexandre Micha. Paris: GF-Flammarion, 1992.

*Lancelot, roman en prose du XIIIe siècle*; éd. A. Micha. Paris-Genève: Droz, 9 vol., *TLF*, 247, 249, 278, 283, 286, 288, 307, 315, 1978-1983.

*Launfal, Ancient Engleish metrical Romances, select. and publ. by* Jospeh Ritson. Londres: W. Bulmer, vol. 1, 1802.

*Le Chevalier nu*, Contes de l'Allemagne médiévale; textes traduits et présentés par Danielle Buschinger, Jean-Marc Pastré et Wolfgang Spiewok. Paris: Stock *Moyen Age*, 1988.

*Le Coeur mangé, récits érotiques et courtois des XIIe et XIIIe siècles*; mis en français moderne par Danielle Régnier-Bohler, Stock Plus *Moyen Age*, 1979.

*Le Fableau du Héron ou la Fille mal gardée*; publié par Paul Meyer, *Romania*, 26, 1897, p. 85-91.

*Le Lai d'Ignaure ou Le lai du prisonnier de Renaut* [*de Beaujeu*]; édité par Rita Lejeune, Textes anciens, Tome III, Académie Royale de Langue et Littérature françaises de Belgique. Bruxelles, Liège: Imprimeur de l'Académie, 1938.

*Les Mabinogion, Contes bardiques gallois*; traduction de Joseph Loth. Paris: Les Presses d'Aujourd'hui, *L'arbre double*, 1979.

*Les quatre Branches* du Mabinogi *et autres contes gallois du Moyen-Age*; traduit du moyen gallois, présenté et annoté par Pierre-Yves Lambert. Paris: Gallimard, *L'Aube des peuples*, 1993.

LING MONG-tch'ou, *L'Amour de la renarde, Marchands et lettrés de la vieille Chine (Douze Contes du XVIIe siècle)*; traduit du chinois, préfacé et annoté part A. Lévy. Paris: Gallimard/Unesco, *Connaissance de l'Orient*, 1970.

MACROBE, *Commentarii in Somnium Scipionis*; ed. James Willis. Leipzig: B.G. Teubner Verlagsgesellschaft, 1970.

MACROBE, *Les Saturnales*; traduction nouvelle avec introduction et notes par Henri Bornecque. Paris: Garnier frères, 1938.

MACROBE, *Oeuvres*; traduction nouvelle par H. Deschamps, N. A. Dubois, L. d'Aguen et A. Martelli. Paris: C.L.F Pancoucke, 1845-1847.

MAP, Walter, *De Nugis Curialium of Walter Map, Anecdota Oxoniensa*, 14; ed. Montague Rhodes James. Oxford: Clarendon Press, 1914.

MAP, Walter, *De Nugis Curialium, Courtiers' Trifles*; ed. and transl. by Montague Rhodes James, revised by Christopher Nugent L. Brooke and Roger Aubrey B. Mynors. Oxford: Clarendon Press, 1983.

MAP, Gautier, *Contes de Courtisans*; traduction du *De Nugis Curialium* de Gautier Map par Marylène Pérez. Thèse de Doctorat de troisième cycle. Dir. J. Dufournet, publiée sous l'égide du Centre d'Etudes Médiévales de l'Université de Lille, 1988.

MAP, Gautier, *Contes pour les gens de Cour*; traduction Alan Keith Bate. Turnhout: Brepols, 1993.

MARIE DE FRANCE, *Die Lais, herausgegeben von Karl Warnke, mit vergleichenden Anmerkungen von R. Köhler nebst Ergänzugen von J. Bolte und einem Anhang der Lai von* Guingamor *herausgegeben von P. Kusel*. Halle: M. Niemeyer, *Bibliotheca Normannica*, 1925; (traduction Laurence Harf-Lancner, *Lais de Marie de France*. Paris: Librairie Générale française, Le Livre de Poche, *Lettres Gothiques*, 1990).

MARIE DE FRANCE, *Les Lais*; présentés, traduits et annotés par Alexandre Micha. Paris: GF-Flammarion, 1994.

*Monumenta Germaniae Historica, Scriptores Rerum Merovingicarum, Gregorii Tvronensis Opera*; ed. *Societas Aperiendis Fontibus Rerum Germanicarum Medii Aevi*. Hannovre: Hahn, t. I, 1885.

*Monumenta Germaniae Historica, Scriptores rerum Sangallensium*; éd. Georges Henri Pertz, *Societas Aperiendis Fontibus Rerum Germanicarum Medii Aevi*. Hannovre: Hahn, t. II, 1829.

*Mythographi Vaticani I et II;* éd. Peter Kulcsar. Turnhout: Brepols, *Corpus Christinaorum*, Series Latina XCI, 1987.

*Nouveau Recueil Complet des Fabliaux* (*NRCF*); publié par Willem Noomen et Nico van den Boogaard, avec le concours de H. B. Sol. Assen/Maastricht: van Gorcum, 1986-1991.

*Novellino suivi de Contes de Chevaliers du temps jadis*, introduction; traduction et notes de Gérard Genot et Paul Larivaille. Paris: UGE, 10/18, *Bibliothèque médiévale*, n° 1928, 1988.

ORIGENE, *Contre Celse*; introduction, texte critique, traduction et notes par M. Borret. Paris: Les Editions du Cerf, *Sources chrétiennes*, 136, t. II, 1968.

OVIDE, *Amores*; éd. et traduction Henri Bornecque. Paris: Les Belles Lettres, 1966.

*Ovide moralisé*; éd. C. de Boer. Amsterdam; Uitgave van de N. V. Noord-Holl. Uitgevers-Maatt-Schappij, 5 vol., 1915-1938.

*Partonopeu de Blois, a french Romance of the twelfth Century*; ed. Joseph Gildea. Villanova: Villanova University Press, Pennsylvania, volume I, 1967; volume II, part. 1, 1968, part. 2, 1970.

*Parzival. Studienausgabe*. Berlin: Walter de Gruyter, 1965. (repr. de *Wolfram von Eschenbach. Sechste Ausgabe von Karl Lachmann*. Berlin und Leipzig, 1926).

PIERRE D'AILLY. *Ymago Mundi*; texte latin et traduction française des quatre traités cosmographiques par Edmond Buron. Paris: Maisonneuve, 1930.

*Perlesvaus. Le Haut Livre du Graal*; ed. W. A. Nitze et T. Atkinson Jenkins. Chicago: The University Press, 1932-1937.

PLATON, *La République*; traduction R. Baccou. Paris: Garnier frères, 1966.

PLUTARQUE, *Isis et Osiris*; traduction avec avant-propos, prolégomènes et notes par Mario Meunier. Paris: L'Artisan du Livre, 1924.

PLUTARQUE, *Oeuvres morales*; texte établi et traduit par A. Philippon, t. I, Première partie. Paris: Les Belles Lettres, 1987.

*Poèmes et Fableaux du Moyen Age allemand*; traduits par André Moret. Paris: Aubier, 1939.

PRISCIEN, *Institutionum Grammaticarum, libri XVIII. Grammatici Latini*; ed. Martin Hertz. Leipzig: Teubner, vol. II, 1855.

*Prosatori del Duecento. Trattati morali e allegorici*; ed. Cesare Segre. Torino: Einaudi, 1977.

*Récits et Poèmes celtiques. Domaines brittoniques VIe-XVe siècles*; textes traduits et présentés par J.-C. Lozac'hmeur, L. Fleuriot et L. Prat. Paris: Stock Plus *Moyen Age*, 1981.

*Recueil de Farces françaises inédites du XVe siècle*; publié par Gustave Cohen. Cambridge, Massachussets: The mediaeval Academy of America, Publication 47, 1949.

RENAUT DE BAGE, *Le Bel Inconnu* (*Li Biaus Descouneüs; the fair Unknown*); ed. Karen Fresco, transl. by Colleen P. Donagher. New York & Londres: Garland Publishing, *Garland Library of Medieval Literature*, vol. 77, series A, 1992.

*Roman de Tristan en prose, les deux captivités de Tristan;* édité par Joël Blanchard. Paris: Klincksieck, 1976.

*Roman du Castelain de Couci et la Dame de Fayel par Jakemes*; édition établie à l'aide des notes de John E. Matzke par Maurice Delbouille. Paris, *SATF*, 1936.

SAINT AUGUSTIN, *De Civitate Dei*; eds. B. Dombart, A. Kalb. Turnhout: Brepols Editores Pontificii, *Corpus Christianorum*, Series Latina, XLVII et XLVIII, *Aurelii Augustini Opera*, XIV, 1, 1955 (traduction Gustave Combès, revue et corrigée par Goulven Madec. Paris: Inst. d'Etudes augustiniennes, *Nlle Bibl. Augustinienne*, t. I, 1993; t. 2, 1994).

SAINT AUGUSTIN, *De Doctrina Christiana*; ed. Josephi Martin. Turnhout: Brepols Editores Pontificii, *Corpus Christianorum*, Series Latina, XXXII, *Aurelii Augustini Opera*, IV, 1, 1962 (traduction G. Combès et M. l'abbé

Farges dans *Oeuvres de saint Augustin*. Paris: Desclée de Brouwer, *Bibliothèque Augustinienne*, XI. Le Magistère chrétien, 1949).

SAINT BASILE, *Aux jeunes gens sur la manière de tirer profit des lettres helléniques*; texte établi et traduit par l'abbé Fernand Boulenger. Paris: Les Belles Lettres, 1965.

SAINT JEROME, *Epistulae, Lettres*; texte établi et traduit par Jérôme Labourt. Paris: Les Belles Lettres, t. III, 1953.

*Scènes du Graal*; textes traduits et présentés par D. Buschinger, A. Labia et D. Poirion. Paris: Stock *Moyen Age*, 1987.

SERVIUS, *Servianorum in Vergilii Carmina Commentariorum. Editionis Harvardianae*; eds. Arthur F. Stocker et Albert H. Travis, *Special Publication of the American Philological Association*; vol. II, *The Commentaries on Aeneid* I-II; vol. III, *The Commentaries on Aeneid* III-V. Oxford: Oxford University Press, 1956 et 1965.

SEXTUS EMPIRICUS, *Aduersus Mathematicos, Sexti Empirici Opera*; ed. Herman Mutschmann. Leipzig: Teubner, 1914 (traduction Jean Grenier et Geneviève Goron. *Oeuvres choisies, Contre les Physiciens*. Paris: Aubier, Ed. Montaigne, *Bibl. Philosophique*, 1948).

SILIUS ITALICUS, *La Guerre punique*; texte établi et traduit par Josée Volpilhac-Lenthéric et Michel Martin. Paris: Les Belles Lettres, 1984.

*Tavola ritonda o l'Istoria di Tristano*; a cura di Filippo Luigi Polidori. Bologna: Presso Gaetano Romagnoli, 1864.

*The fragments of Sophocles*; ed. Alfred Chilton Pearson with additionnal notes from the papers of Sir R.C. Jebb and Dr. W.G. Headlam. Cambridge: Cambridge University Press, 1917.

*The old French Crusade Cycle, Le Chevalier au Cygne and La Fin d'Elias*; ed. Jane A. Nelson. Tuscaloosa: The University of Alabama Press, vol. II, 1985.

*The Romans of Partenay or Lusignen, otherwise known as the Tale of Melusine: translated from the French of La Coudrette* by the Rev. Walter W. Skeat. *The Early English Text Society*. Londres: N. Trübner, 1866.

*The Vie de saint Alexis in the twelfth and thirteenth centuries*; ed. Alison Goddard Elliot. Chapell Hill: U.N.C. Departent of Romance Languages, 1983.

TITE-LIVE, *Histoire romaine*; éd. et trad. variés. Paris: Les Belles Lettres, 34 vol., 1940-1991.

*Vie de saint Alexis. Texte du manuscrit de Hildesheim*; publié par Christopher Storey. Genève: Droz, *TLF*, 148, 1968.

*Vie de saint Louis, le témoignage de Jehan, seigneur de Joinville. Texte du XIVe siècle*; ed. Noel. L. Corbett. Sherbrooke: Naaman, 1977.

*Vies des Troubadours*; textes réunis et traduits par Margarita Egan. Paris: UGE, 10/18, *Bibliothèque médiévale*, n° 1663, 1985.

VINCENT DE BEAUVAIS, *Speculum quadruplex sive Speculum majus*. Graz: Akademische Druck -u. Verlagsanstalt, 1964.

*Violier des Histoires romaines*; éd. Pierre-Gustave Brunet. Paris: P. Jannet, *Bibliothèque Elzeverienne*, 1878.

VIRGILE, *Enéide*; texte établi et traduit par Jacques Perret. Paris: Les Belles Lettres, 3 vol., 1981.

WACE, *Le Roman de Rou*; ed. Anthony John Holden. Paris: Picard, *SATF*, 3 vol., 1970-73.

## II. ETUDES CRITIQUES.

### A. "MELUSINIENNES".

CHANAUD, Roger, "Le chevalier, la fée et l'hérétique. Une ancêtre valentinoise de Mélusine, la dame du château de l'Epervier", *Le Monde Alpin et Rhodanien*, 13, 2e et 3e trimestre, 1985, p. 31-55.

CLIER-COLOMBANI, Françoise, *La Fée Mélusine au Moyen Age. Images, Mythes et Symboles*. Paris: Le Léopard d'Or, 1991.

DESAIVRE, Léo, *Le Mythe de la Mère Lusine (Meurlusine, Merlusine, Mellusigne, Mellusine, Méleusine)*. Saint-Maixent: Imprimerie Ch. Reversé, 1883.

EYGUN, François, "Ce que l'on peut savoir de Mélusine et de son iconographie", *Sigillographie de Poitou*, 393, *Bulletin de la Société des antiquaires de l'Ouest*. Poitiers, 1951.

FALIGAN, Ernest, "Note sur une Légende attribuant une origine satanique aux Plantagenêts", *Mémoire de la Société nationale d'agriculture, sciences et arts d'Angers*. Angers, 1882.

FROMAGE, Henri, "Encore Mélusine: un texte de Geoffroy d'Auxerre", *Bulletin de la Société de mythologie française*, LXXVIII, 1971, p. 178-180.

FROMAGE, Henri, "Recherches sur Mélusine", *Bulletin de la Société de mythologie française*, LXXXVI, 1972, p. 42-73.

HARF-LANCNER, Laurence, "Une Mélusine galloise: la dame du lac de Brecknock", *Mélanges Jeanne Lods*. Paris: Presses de l'ENSJF, t. 1, 1978, p. 323-338.

HARF-LANCNER, Laurence, *Les Fées au Moyen Age. Morgane et Mélusine, la naissance des fées*. Paris: Champion, *Nouvelle Bibliothèque du Moyen Age*, 8, 1984.

HARF-LANCNER, Laurence, "Littérature et politique: Jean de Berry, Léon de Lusignan et le roman de Mélusine", *Histoire et Littérature au Moyen Age, Actes du Colloque du Centre d'Etudes médiévales de l'Université de

*Picardie (Amiens, 20-24 mars 1985)*. Göppingen: Kümmerle Verlag, 1991, p. 161-171.

HARTLAND, Edwin S., "The Romance of Melusine", *Folklore*, XXIV, 1913, p. 187-201.

HOFFRICHTER, Leo, *Die ältesten französischen Bearbeitungen der Melusinensage*. Halle: Niemeyer, *Romanistischen Arbeiten*, XII, 1928.

HOSINGTON, Brenda M.: "Mélusines de France et d'outre-Manche: portaits of women in Jean d'Arras, Coudrette and their Middle English Translators", *A Wyf ther Was. Essays in Honour of Paule Mertens-Fonck*, ed. J. Dor. Liège[3] Language and Literature, Liège, 1992, p. 199-208.

JARLIT, (Abbé), "Les origines de la légende de Mélusine", *Mémoires de la Société des Antiquaires de l'Ouest*, 2e série, t. VII, 1884, p. 361-410 et t. IX, 1886, p. 51-143.

KOHLER, Josef, *Der Ursprung der Melusinensage, eine ethnologische Untersuchung*. Leipzig: E. Pfeiffer, 1895.

LE GOFF, Jacques, LE ROY LADURIE, Emmanuel, "Mélusine maternelle et défricheuse", *Annales E.S.C.*, 1971, p. 587-603 (repr. *Pour un autre Moyen Age. Temps, travail et culture en Occident: 18 essais*. Paris: Gallimard, *Bibl. des Histoires*, 1977, p. 307-331).

LECOUTEUX, Claude, "La structure des légendes mélusiniennes", *Annales E.S.C.*, 2, 1978, p. 294-306.

LECOUTEUX, Claude, *Mélusine et le Chevalier au Cygne*. Paris: Payot, 1982.

LUHDE, Pauline Esther, *Melusine, Undine, Ondine*: *trois versions d'un mythe*. Cleveland: Case Western Reserve University Press, 1970.

MAC CANA, Proinsias, "Notes sur les analogues insulaires de la légende de Mélusine", *Mélanges François Kerlouégan*. [Besançon: Univer. de Besançon ], Inst. Félix Gaffiot, vol. 11, *Annales littéraires de l'Université de Besançon*, 515, 1994, p. 419-437.

MARKALE, Jean, *Mélusine ou l'androgyne*. Paris: Editions Retz, 1983.

MARTIN-CIVAT, Pierre, *La Mélusine, ses origines et son nom. Comment elle est devenue la mythique aïeule des Lusignan*. Poitiers: Imprimerie P. Oudin, *Mémoires de l'Institut d'histoire et d'archéologie de Cognac et du Cognaçais*, 1969.

MARTIN-CIVAT, Pierre, *Le très simple secret de Mélusine mythique aïeule des Lusignan*. Poitiers: P. Oudin, 1969.

*Mélusine. Recueil de Mythologie, littérature populaire, traditions et usages*; publié par H. Gaidoz & E. Rolland, t. 1. Paris: Viaut, 1878; à partir de 1884: *Revue de mythologie, littérature populaire, traditions et usages*; dirigée par H. Gaidoz & E. Rolland, 11 volumes.

NOLAN, Robert J., "The romance of *Melusine*: evidence for an early missing Version", *Fabula*, 15, 1974, p. 53-58.

NOLAN, Robert J., "The origin of the romance of *Melusine*: a new interpretation", *Fabula*, 15, 1974, p. 192-201.

PILLARD, Guy-Edouard, *Histoire merveilleuse de la fée Mélusine*. Poitiers: D. Brissaud, 1978.

PILLARD, Guy-Edouard, *La déesse Mélusine - mythologie d'une fée -*. Hérault-Editions, 1989.[1]

STOUFF, Louis, *Essai sur Mélusine, roman du XIVe siècle par Jean d'Arras*. Dijon, Paris: Picard, 1930.

B. AUTRES.

*A Blackfoot Source Book. Papers by C. Wissler*; éd. David H. Thomas. Londres, New York: Garland Publ. Co, 1986.

AARNE, Antti, THOMPSON, Stith, *The Types of the Folktale. A classification and bibliography*; *translated and enlarged* by Stith Thompson. Helsinki: Academia Scientiarum Fennica, *FF Communication*, 184, 1961 (repr. 1987).

AGAMBEN, Giorgio, *Stanze, Parole et Fantasme dans la culture occidentale*; traduit de l'italien par Y. Hersant. Paris: Christian Bourgois, 1981.

AHLSTROM, Axel, *Studier i den Fornfranska Lais-Litteraturen*. Upsala: Almqvist & Wirksells Boktryckeri-Aktiebolag, 1892.

ALBERT, Jean-Pierre, "Destins du mythe dans le christianisme médiéval", *L'Homme*, 113, 1990, p. 53-72.

ALBERT, Jean-Pierre, *Odeurs de sainteté. La mythologie chrétienne des aromates*. Paris: éd. de l'EHESS, 1990.

ALLARD, Guy H., "La pensée symbolique au Moyen Age", *Cahiers Internationaux de Symbolisme*, XXI, 1972, p. 3-17.

ALPHANDERY, Paul, "L'Evhémérisme et les débuts de l'Histoire des religions au Moyen-Age", *Revue de l'Histoire des religions*, CIX, 1934, p. 1-27.

ANGELI, Giovanna, *L'"Eneas" e i primi romanzi volgari. Documenti di Filologia*, 15. Milano-Napoli: Riccardo Ricciardi, 1971.

*Artusroman und Intertextualität*; édité par Friedrich Wolfzettel. Giessen: Schmitt, 1990.

AUBAILLY, Jean-Claude, "Du narré au joué: le motif du faux confesseur", *Mélanges de littérature française du Moyen Age offerts à Pierre Jonin*. Aix-en-Provence: Publ. du CUER MA, *Senefiance*, 7, 1979, p. 47-61.

AUBAILLY, Jean-Claude, *La Fée et le Chevalier. Essai de mythanalyse de quelques lais féeriques des XII et XIIIe siècles*. Paris: Champion, *Essais*, 10, 1986.

1. Cet ouvrage propose une bibliographie qui court sur 38 pages (p. 22-59).

AVALLE, d'Arco Silvio, "La sémiologie de la narrativité chez Saussure", *Essais de la théorie du texte*. Paris: Ed. Galilée, 1973, p. 17-49.

BADEL, Pierre-Yves, "Pourquoi une poétique médiévale (Sur l'*Essai de poétique médiévale* de Paul Zumthor)", *Poétique*, 18, 1974, p. 246-264.

BADEL, Pierre-Yves, "Rhétorique et polémique dans les prologues de romans au moyen âge", *Littérature*, 20, 1975, p. 81-94.

BADEL, Pierre-Yves, *Le sauvage et le sot, Le fabliau de Trubert et la tradition orale*. Paris: Champion, *Essais*, 5, 1979.

BADEL, Pierre-Yves, *Le Roman de la Rose au XIVe siècle, Etude de la réception de l'oeuvre*. Genève: Droz, *Publications romanes et françaises*, CLIII, 1980.

BADEL, Pierre-Yves, "Masculin, féminin *dans le lai de Guingamor*", *Cahiers de Civilisation Médiévale*, XXXVIII, 1995, p. 103-114.

BALDWIN, Charles S., *Medieval Rhetoric and Poetic*. Gloucester: P. Smith, 1959.

BALYS, Jonas et THOMPSON, Stith, *The oral Tales of India*. Bloomington: Indiana University Publications, *Folklore series*, 10, 1958.

BANNIARD, Michel, *Genèse culturelle de l'Europe Ve-VIIIe siècle*. Paris: Seuil, *Points Histoire*, 1989.

BARBER, Richard & RICHES, Anne, *A Dictionary of fabulous Beasts*. Ipswich: The Boydell Press, 1971.

BARING-GOULD, Sabine, *Curious Myths in the Middle Ages*. Londres: Rivingtons, 1877 (repr. *Jupiter Books*, 1977).

BARTHES, Roland, "Rhétorique de l'image", *Communications*, 4, 1964, p. 40-51.

BARTHES, Roland, "Littérature et Signification", *Essais critiques*. Paris: Seuil, *Essais*, 1964, p. 258-276.

BARTHES, Roland, "L'Analyse structurale des récits", *L'Aventure sémiologique*. Paris: Seuil, *Essais*, 1985, p. 167-206.

BASANOFF, Vsevolod, *Evocatio*, thèse pour le doctorat ès lettres. Paris: PUF, 1945.

BATAILLE, Georges, *La Part maudite* précédé de *La Notion de dépense*. Paris: Ed. de Minuit, 1967.

BATANY, Jean, "Mythes indo-européens ou Mythes des indo-européens: le témoignage médiéval", *Annales E.S.C*, 2, 1985, p. 415-422.

BATE, Alan K., "La littérature latine d'imagination à la cour d'Henri II", *Cahiers de Civilisation médiévale*, XXIV, 1991, p. 3-21.

BAUMGARTNER, Emmanuèle, *Le Tristan en Prose, Essai d'interprétation d'un roman médiéval*. Genève: Droz, *Publications romanes et françaises*, CXXXIII, 1975.

BAUMGARTNER, Emmanuèle, "Le Graal, le temps: les enjeux d'un motif", *Le Temps, sa mesure et sa perception au Moyen Age. Actes du Colloque d'Orléans, 12-13 avril 1991*. Caen: Paradigme, 1992, p. 9-17.

BECKWITH, Martha, *Hawaian Mythology*. Honolulu: University of Hawaï Press, 1970.

BEDIER, Joseph, *Les Fabliaux. Etudes de littérature populaire et d'histoire littéraire du Moyen Age*. Paris: Bouillon éd., *Bibliothèque de l'Ecole des Hautes-Etudes*, 98, 1893 (repr. Paris: Champion, 1982).

BELMONT, Nicole "Orphée dans le miroir du conte merveilleux", *L'Homme*, 93, 1985, p. 59-82.

BELMONT, Nicole, "Vertu de discrétion et aveu de la faute", *L'Homme*, 106-107, 1988, p. 226-235.

BERDAL, Olaug, "Amour, courtoisie et merveilleux dans quelques lais bretons du XIIe siècle", *Mélanges d'études médiévales offerts à Helge Norhal*. Oslo: Solum, 1988, p. 17-30.

BERRUYER-PICHON, Geneviève, *La mutité, la surdité, la claudication, la cécité et la lèpre. Etude de représentations médiévales*. Thèse de Doctorat d'Etat, sous la direction de Monsieur le Professeur Jean Dufournet, Université de Paris III- Sorbonne Nouvelle, 1992.

BEZZOLA, Reto R., *Les origines et la formation de la littérature courtoise en occident (500-1200)*. Paris: Champion, *Bibliothèque de l'Ecole des Hautes Etudes*, 5 vol., 1944-1963.

BEZZOLA, Reto R., *Le sens de l'aventure et de l'amour (Chrétien de Troyes)*. Paris: Champion, 1968.

BLOCH, Howard R., *Etymologie et Généalogie. Une anthropologie littéraire du Moyen Age français*; traduction Béatrice et Jean-Claude Bonne. Paris: Seuil, *Des Travaux*, 9, 1989.

BLOCH, Howard R., "The Lay and the Law: sexual/textual Transgression in *La chastelaine de Vergi*, the *Lai d'Ignaure*, and the *Lais* of Marie de France", *Stanford French Review*, XIV, 1990, p. 181-210.

BOAS, Franz, "Traditions of the Ts'ets'aut", *The Journal of American Folk-Lore*, vol. IX, 1896.

BOAS, Franz, "Eskimo of Baffin Land and Hudson Bay", *Bulletin of the American Museum of Natural History*, XV, New York, 1901, p. 222-224.

BOAS, Franz, "Tahltan Tales", *The Journal of American Folk-Lore*, vol. XXXIV, 1921.

BOIVIN, Jeanne-Marie, *L'Irlande au Moyen Age. Giraud de Barri et la* Topographia Hibernica (1188). Paris: Champion, *Nouvelle Bibliothèque du Moyen Age*, 18, 1993.

BONVIN, Romaine, "Le sang sur le vêtement. Etude sur le conte Des trois chevaliers et du chainse." *Médiévales*, 11, 1986, p. 67-84.

BORDIER, Sophie, "Somniorum Aenigma", *Bulletin de l'Association Guillaume Budé*, 50, 1991, p. 306-314.

BOURQUIN, Emmanuelle, "Saint Bernard Héritier du Graal, Le silence du *nice* et l'écrit du diable", *Littérature*, 41, 1981, p. 119-128.

BOZOKI, Edina, "L'utilisation de l'analyse structurale du conte dans l'étude du roman médiéval: *Le Bel Inconnu*", *Le Conte ? Pourquoi ? Comment ? Actes des journées en littérature orale. Paris, 23-26 mars 1982*; éds. G. Calame-Griaule *et alii*. Paris: Ed. du CNRS., 1984, p. 99-112.

BRANDT, Per Aage, "Quatre problèmes de sémiotique profonde", *Actes Sémiotiques*, EHESS-CNRS., VIII, 75, 1986.

BRANDT, Per Aage, *La charpente modale du sens, Pour une sémio-linguistique morphogénétique et dynamique*. Thèse pour le doctorat d'Etat, Université de Paris III, 1987.

BRANDT, Per Aage, "Sens et Ontologie: le Temps Elémentaire", *Sémiotiques*, 1992, 2, p. 67-74.

BREMOND, Claude, "Comment concevoir un index de motifs", *Le Bulletin du GRSL*, EHESS-CNRS, VII, 31, 1984, p. 13-21.

BREMOND, Claude, "Concept et thème", *Poétique*, 64, 1985, p. 415-425.

BREMOND, Claude et PAVEL, Thomas, "Variations sur le thème", *Communications* 47, 1988, p. 5-7.

BRUCE, James Douglas, *The Evolution of Arthurian Romance. From the Beginning down to the year 1300*. Baltimore, Göttingen: Vandenhoek und Ruprecht: 1928 (repr. Genève: Slatkine, 1974).

BRUSEGAN, Rosanna: "La naïveté parodique dans les fabliaux à séduction", *Comique, satire et parodie dans la tradition renardienne et les fabliaux. Actes du Colloque d'Amiens, 15-16 janvier 1983*; éd. D. Buschinger. Göppingen: Kümmerle, *Göppingener Arbeiten zur Germanistik*, 391, 1983, p. 19-30.

BURGESS, Glyn S., *Marie de France: An analytic Bibliography*. Londres: Grant & Cutler, *Research bibliographies and Checklists*, 21, 1977; *Supplement 1*, *ibid.*, 1986.

BURGESS, Glyn S., *The 'Lais' of Marie de France: Text and Context*. Athens: University of Georgia Press, 1987.

BUSCHINGER, Danielle, "Le *Herzmaere* de Konrad von Würzburg et la légende du *Coeur mangé*", *Le Récit bref au Moyen-Age, Actes du Colloque d'Amiens, 26-28 mars 1981*, *op. cit.*, p. 263-276.

BUSCHINGER, Danielle, "La nourriture dans les romans arthuriens allemands entre 1170 et 1210", *Manger et Boire au Moyen Age*, t. 1, *Aliments et Société*; *Actes du Colloque de Nice (15-17 novembre 1982)*. Paris: Les Belles Lettres, 1984, p. 377-389.

CADOT, Anne-Marie, "Le motif de l'Aître périlleux: la christianisation du surnaturel dans quelques romans en vers du XIIIe siècle", *Marche Romane, Cahiers de l'A.P.U.Lg*, XXX, 3-4, Liège, 1980, p. 27-35.

CAILLOIS, Roger, *Le Mythe et l'Homme*. Paris: Gallimard, *Folio Essais*, 1938.

CALAME, Claude, "Du figuratif au thématique: aspects narratifs et interprétatifs de la description en anthropologie de la Grèce ancienne", *Le discours anthropologique*, Paris: Méridiens Klincksieck, 1990, p. 111-282.

CASAGRANDE, Carla et VECCHIO, Silvana, *Les péchés de la langue, Discipline et éthique de la parole dans la culture médiévale*; traduit de l'italien par P. Baillet. Paris: Editions du Cerf, 1991.

CASSIRER, Ernst, "Structuralism in modern Linguistics", *Word, Journal of the Linguistic Circle of New York*, vol. 1, 2, 1945, p. 97-120.

CASSIRER, Ernst A., *La philosophie des formes symboliques*. 1. *Le langage*; traduction Ole Hansen-Love et Jean Lacoste. Paris: Ed. de Minuit, 1972a.

CASSIRER, Ernst, *La philosophie des formes symboliques, 2. la pensée mythique*; traduit de l'allemand par Jean Lacoste. Paris: Ed. de Minuit, 1972b.

CERQUIGLINI-TOULET, Jacqueline, *"Le clerc et le louche"*, *Poetics today*, vol. 5, 3, 1984, p. 479-491.

CERQUIGLINI-TOULET, Jacqueline, "*Un engin si soutil*". *Guillaume de Machaut et l'écriture au XIVe siècle*. Paris: Champion, *Bibliothèque du XVe siècle*, XLVII, 1985.

CHARACHIDZE, Georges, "L'Aigle en clé d'eau", *La Fonction symbolique*, dir. Michel Izard et Pierre Smith. Paris: Gallimard, *Bibliothèque des Sciences humaines*, 1979, p. 83-105.

CHENERIE, Marie-Luce, "Le motif de la *merci* dans les romans arthuriens des XIIe et XIIIe siècles", *Le Moyen Age*, LXXXIII, 1977, p. 5-52.

CHENERIE, Marie-Luce, "Le motif de la Fontaine dans les romans arthuriens en vers des XIIe et XIIIe siècles", *Mélanges de langue et littérature françaises du Moyen Age et de la Renaissance offerts à Charles Foulon*. Rennes: Inst. de Français de Hte-Bretagne, 1980, I, p. 99-104.

CHENERIE, Marie-Luce, *Le Chevalier errant dans les romans arthuriens en vers des XIIe et XIIIe siècles*. Genève: Droz, *Publications romanes et françaises*, CLXII, 1986.

CHENU, Marie-Dominqiue, "Involucrum, le mythe selon les théologiens médiévaux", *Archives d'Histoire doctrinale et littéraire du Moyen Age*, XXII, 1955, p. 75-79.

CLEJ, Alina, "La Parole et le Royaume: une variation romanesque sur un thème évangélique dans *Li contes del Graal* de Chrétien de Troyes", *Romanic Review*, LXVIII, 3, 1987, p. 271-290.

COLBY-HALL, Alice, "The Lips of the Serpent in the *Bel Inconnu*", *Studia Gradulatoria: Homenaje a Robert A. Hall Jr.*; dir. D. Feldman. Madrid: Playor, 1977, p. 111-115.

COLISH, Marcia L., *The Mirror of Language. A Study in the medieval Theory of Knowledge*. Lincoln: University of Nebraska Press, 1968.

CORMIER, Raymond J., "The Present State of Studies on the *Roman d'Eneas*", *Cultura Neolatina*, XXXI, 1971, p. 7-39.

CORMIER, Raymond J. "Remarques sur le *Roman d'Eneas* et *Erec et Enide* de Chrétien de Troyes", *Revue des langues romanes*, 82, 1976, p. 85-97.

COSQUIN, Emmanuel, *Les Contes indiens et l'Occident, petites monographies folkloriques à propos des contes maures recueillis à Blida par M. Desparmet*. Paris: Champion, 1922.

COTS, Monserrat, "Notas historicas sobre el trovador *Guillem de Cabestany*", *Boletin de la real Academia de buenas letras de Barcelona*, XXXVII, 1977-1978, p. 23-65.

COTS, Monserrat, *Las poesias del trovador Guillem de Cabestany*, *Boletin de la real Academia de buenas letras de Barcelona*, XL, 1985-1986, p. 227-330.

COURTES, Joseph, *Introduction à la sémiotique narrative et discursive*. Paris: Hachette, 1976.

COURTES Joseph, "L'organisation fondamentale de la séquence *mariage* dans le Conte populaire merveilleux français", *Structures élémentaires de la signification*. Bruxelles: Ed. Complexe, 1976, p. 73-89.

COURTES, Joseph, "La Lettre dans le conte merveilleux français." *Documents du GRSL*, EHESS-CNRS, 9 et 10, 1979; 14, 1980.

COURTES, Joseph, "Le motif, unité narrative et/ou culturelle", *Le Bulletin du GRSL*, EHESS-CNRS, 16, 1980, p. 44-54.

COURTES, Joseph, "Motif et type dans la tradition folklorique: problème de typologie", *Littérature*, 45, 1982, p. 114-127.

COURTES, Jean, *Le conte populaire: poétique et mythologie*. Paris: PUF, *Formes sémiotiques*, 1986.

COURTES, Jean, "Ethnolittérature, rhétorique et sémiotique", *Ethnologie française*, 1995/2, p. 156-172.

CRAMER, Thomas, *Lohengrin*. Munich: W. Fink Verlag, 1971.

CREPIN, André, "Formule, motif et thème: la clarté dans la *Chanson de Roland*", *Charlemagne et l'épopée romane, Actes du VIIe Congrès international de la Société Rencesvals*. Paris: Belles Lettres, 1978, p. 345-358.

CROSS, Tom Peete, *Motif Index of Early Irish Litérature*. Bloomington: Indiana University Publicications, *Folklore Series*, 7, 1952.

CURTIUS, Ernst Robert, "Zur Interpretation des Alexiusliedes", *Zeitschrift für romanische Philologie*, LVI, 1936, p. 113-137.

CURTIUS, Ernst Robert, *La Littérature européenne et le Moyen-Latin*; traduit de l'allemand par Jean Bréjoux, 2 vol. Paris: PUF, *Agora*, 1956.

D'ARBOIS DE JUBAINVILLE, Henry, *L'Epopée celtique en Irlande*. Paris: E. Thorin éd., 1882.

DE HEUSCH, Luc, "Introduction à une ritologie générale", *Pour une Anthropologie fondamentale* III, "L'unité de l'homme". Paris: Seuil *Points*, 1974, p. 213-247.

DECHARME, Paul, *La critique des traditions religieuses chez les Grecs*. Paris: Picard, 1904.

DELARUE, Paul, TENEZE, Marie-Louise, *Le conte populaire français. Catalogue raisonné des versions de France et des pays de langue française d'outre-mer*. Paris: Maisonneuve et Larose, 1957, 1964, 1976.

DELCORNO BRANCA, Daniela, *I Romanzi italiani di Tristano e la Tavola Ritonda*. Firenze: Olschki, Univ. di Padova, *Publ. della Facoltà di lettere e filosofia*, 45, 1968, p. 65-104.

DELCORNO BRANCA, Daniela, "Per la storia del *Roman de Tristan* in Italia", *Cultura neolatina*, 40, 1980, p. 211-229.

DELCORNO BRANCA, Daniela, *Boccaccio e le storie di re Artu*. Bologne: Il Mulino, *Ricerca*, 1991.

DELEUZE, Gilles, "A quoi reconnaît-on le structuralisme ?", *La philosophie au XXe siècle*; dir. François Châtelet. Bruxelles: Marabout, *Histoire*, t. IV, 1979, p. 293-329.

DELRIEU, Alain, *Lévi-Strauss lecteur de Freud, le Droit, l'Inceste, le Père et l'échange des Femmes*. Paris: Point Hors Ligne, 1993.

DELRUELLE, Edouard, *Claude Lévi-Strauss et la Philosophie*. Bruxelles: De Boeck Université, *Essai*, 1989.

DEMATS, Paule, *Fabula, Trois études de mythographie antique et médiévale*. Genève: Droz, *Publications romanes et françaises*, CXXII, 1973.

DETIENNE, Marcel et VERNANT, Jean-Pierre, *Les ruses de l'intelligence. La mètis des Grecs*. Paris: Flammarion, 1974.

DETIENNE, Marcel et VERNANT, Jean-Pierre, *La cuisine du sacrifice en pays grec*. Paris: Gallimard, *Bibliothèque des Histoires*, 1979.

DETIENNE, Marcel, "Destins du cannibalisme", *Nouvelle revue de Psychanalyse*, 6, 1972, p. 231-246.

DETIENNE, Marcel, *Dionysos mis à mort*. Paris: Gallimard, *Les Essais*, 1977.

DEYERMOND, Alan D. et CHAPLIN, Margaret, "Folk-motifs in the Medieval Spanish Epic", *Philological Quarterly*, 51, 1972, p. 36-53.

DI MAIO, Mariella, "Romanzo e Melodrama. Il caso di *Gabriella di Vergy*", *Stendhal tra Letteratura e Musica; Atti del Convegno Internazionale Martina Franca* / 26-29 nov. 1992. Biblioteca della Ricerca, Cultura Straniera 54, 1993, p. 209-219.

DI PASQUALE BARBANTI, Maria, *Macrobio. Etica e Psicologia nei* Commentarii in Somnium Scipionis. Catane: CUECM, 1988.

DILLON, Myles, *Early Irish Litérature*. Chicago: The University of Chicago Press, 1948.

DRAGONETTI, Roger, *Le mirage des sources. L'art du faux dans le roman médiéval*. Paris: Seuil, 1987.

DRONKE, Peter, *Fabula. Explorations into the use of myth in medieval platonism*. Leiden: E. J. Brill, 1974.

DRONKE, Peter, "Integumenta Virgilii", *Lectures médiévales de Virgile*, Actes du colloque organisé par l'Ecole française de Rome (25-28 octobre 1982), *Collection de l'Ecole française de Rome*, 80. Rome, 1985, p. 313-329.

DUBOST, Françis, *Aspects fantastiques de la littérature narrative médiévale (XIIe-XIIIe siècles). L'autre, l'ailleurs, l'autrefois*, 2 vol. Paris: Champion, *Nouvelle Bibliothèque du Moyen Age*, 15, 1991.

DUBOST, Francis, "Le conflit des lumières: lire *tot el* la dramaturgie du Graal chez Chrétien de Troyes." *Le Moyen Age,* XCVIII, 1, 1992, p. 187-212.

DUBUIS, Roger, "Variations sur le Motif du don contraint", *Marche Romane*, XXX, 3-4, 1980, p. 81-91.

DUBUISSON, Daniel, "Matériaux pour une typologie des structures trifonctionnelles", *L'Homme*, 93, 1985, p. 105-121.

DUBY, Georges, *Hommes et Structures du Moye Age*. La Haye-Paris: Mouton, 1973.

DUMEZIL, Georges, *Le problème des centaures*. Paris: Geuthner, 1929.

DUMEZIL, Georges, *Mitra-Varuna, Essai sur deux représentations indo-euroépennes de la souveraineté*. Paris: PUF, 1940.

DUMEZIL, Georges, *Mythe et Epopée. L'idéologie des trois fonctions dans les épopées des peuples indo-européennes*. Paris: Gallimard, *Bibliothèque des sciences humaines*, 1968.

DUMEZIL, Georges, *Du Mythe au Roman*. Paris: PUF, *Collection Hier*, 1970.

DUMEZIL, Georges, *Mythe et épopée II*, *Types épiques indo-européens: un héros, un sorcier, un roi*. Paris: Gallimard, *Bibliothèque des Sciences humaines*, 1971.

DUMEZIL, Georges, *Romans de Scythie et d'alentour*. Paris: Payot, 1978.

DUMEZIL, Georges, *Mariages Indo-européens*. Paris: Payot, 1979.

DUMEZIL, Georges, *Mythe et Epopée II, Types épiques indo-européens: un héros, un sorcier, un roi*. Paris: Gallimard, 1982.

DUMEZIL, Georges, *L'oubli de l'homme et l'honneur des dieux et autres essais, vingt-cinq esquisses de mythologie (51-75)*. Paris: Gallimard, 1985.

DUMEZIL, Georges, *Heur et Malheur du guerrier. Aspects mythiques de la fonction guerrière chez les Indo-Européens*. Paris: Flammarion, *Nouvelle bibliothèque scientifique*, 1985.

DURAND, Gilbert, *Les structures anthropologiques de l'imaginaire. Introduction à l'archétypologie générale*. Paris: Bordas, 1969.

EHLERT, Trude et MEISSBURGER, Gerhard, "Perceval et Parzival. Valeur et fonction de l'épisode dit *des trois gouttes de sang sur la neige*, Hommage à Horst Rüdiger", *Cahiers de Civilisation Médiévale*, XVIII, 1975, p. 197-227.

EICHMANN, Raymond, "The failure of Literary Language", *Reinardus*, vol. 1, 1988, p. 72-78.

*Entretiens sur la Renaissance du XIIe siècle. Décades du Centre culturel de Cerisy-la-Salle, nouvelle série* 9; dir. M. de Gandillac et E. Jeauneau. Paris/La Haye: Mouton, 1968.

ESPOSITO, Paolo, "Riuso e stravolgimento in Apuleio", *Vichiana*, XVIII, 1989, p. 306-322.

EVERETT, Dorothy, "The Relationship of Chester's Launfal and *Ly Beaus Desconus*", *Medium Aevum*, VII, 1938, p. 29-44.

FARAL, Edmond, *Recherches sur les sources latines des contes et romans courtois du Moyen Age*. Paris: Champion, 1913, (nouveau tirage augmenté de *La Littérature latine du moyen âge*, 1983).

FARAL, Edmond, *Les Arts poétiques du XII et XIIIe siècles. Recherches et documents sur la technique littéraire du Moyen Age*. Paris: Champion, *Bibliothèque de l'Ecole des Hautes Etudes*, fasc. 238, 1924.

FARAL, Edmond, *La Légende Arthurienne. Etudes et Documents*. Paris: Champion, *Bibliothèque de l'Ecole des Hautes Etudes*; 3 vol., fasc. 255, 256, 257, 1929.

FAVERTY, Frederic E., "Joseph and Potiphar's wife in medieval literature", *Harvard Studies and Notes in Philology and Literature*, 13, 1931, p. 81-127.

FERLAMPIN, Christine, *Magie et Surnaturel dans les romans de chevalerie en France au XIIIème et au XIVème siècle*. Thèse de doctorat présentée devant l'Université de Paris Sorbonne sous la direction de Monsieur le Professeur Philippe Ménard, 1989.

FLORI, Jean, "Amour et société aristocratique au XIIe siècle, L'exemple des lais de Marie de France", *Le Moyen Age*, XCVIII, 1992, p. 17-34.

*Folk-tales from Hawaii*; coll. and transl. by Laura S. Green, Indiana University, Vassar College, *Publ. of the Folk-Lore Foundation*, 1926.

FORSTER, Idriss Ll., "Gereint, Owein and Peredur", *Arthurian Literature in the Middle Ages*; ed. R.S. Loomis. Oxford: Clarendon Press, 1959, p. 192-205.

FOUCAULT, Michel, *Les mots et les choses. Une archéologie des sciences humaines*. Paris: Gallimard, *Bibliothèque des Sciences humaines*, 1966.

FOUCAULT, Michel, *L'archéologie du savoir*. Paris: Gallimard, *Bibliothèque des Sciences humaines*, 1969.

FOULON, Charles, "Les quatre repas de Perceval", *Mélanges de philologie et de littératures romanes offerts à Jeanne Wathelet-Willem, Marche romane*, Cahiers de l'A.R.U.Lg, 1978, p. 165-174.

FOURQUET, Jean, "Wolfram d'Eschenbach et le *Conte del Graal*", *Les divergences de la tradition du Conte del Graal de Chrétien et leur importance pour l'explication du Parzival*. Paris: Les Belles Lettres, 1938.

FRAPPIER, Jean, "Virgile source de Chrétien de Troyes ?", *Romance Philology*, XIII, 1959, p. 50-58.

FRAPPIER, Jean, "Remarques sur la peinture de la vie et des héros antiques dans la littérature française du XIIe et du XIIIe siècle", *L'Humanisme médiéval dans les littératures romanes du XIIe au XIVe siècle*. Paris: Klincksieck, 1964, p. 13-54.

FRAPPIER, Jean, "Le Motif du don contraignant", *Travaux de Linguistique et de Littérature*, t. VI, 2, 1969, p. 7-46 (repr. dans *Amour courtois et Table ronde*. Genève: Droz, *Publications romanes et françaises*, CXXVI, 1973, p. 225-264).

FRAPPIER, Jean, *Histoire, mythes et symboles, Etudes de littérature française*. Genève: Droz, *Publications romanes et françaises*, CXXXVII, 1976.

FRAPPIER, Jean, *Autour de Graal*. Genève: Droz, *Publications romanes et françaises*, CXLVII, 1977.

FRAPPIER, Jean, *Chrétien de Troyes et le Mythe du Graal. Etude sur Perceval ou le* Conte du Graal. Paris: CDU SEDES, *Bibliothèque du Moyen Age*, 1979.

FRAZER, James George, *Totemism and Exogamy. A Treatise on certain early Forms of Superstition and Society*. Londres: MacMillan and Co., 1910; (repr. de l'éd. d'Edinburgh, 1887).

FREEMAN, Michelle, "The Poetics of *translatio Studii* and *Conjointure*. Chrétien de Troyes's *Cligès*". Lexington: French Forum, *French Forum Monographs*, 12, 1979.

FREEDMAN, Paul, "Sainteté et sauvagerie. Deux images du paysan au Moyen Age", *Annales E.S.*C, 3, 1992, p. 547-561.

FREUD, Sigmund, *Oeuvres complètes, XIII, 1914-1915*; dir. A. Bourguignon, P. Cotet, J. Laplanche. Paris: PUF, 1988.

FREY, Anna Louise, *The Swan-Knight Legend, its Background, early Developpment and Treatment in the german Poems*. Nashville: G. Peabody College for Teachers, 1931.

FRITZ, Jean-Marie, "Du dieu émasculateur au roi émasculé: métamorphoses de Saturne au Moyen Age", *Pour une mythologie du Moyen Age*, 1988, *op. cit.*, p. 43-60.

FRITZ, Jean-Marie, *Le discours du fou au Moyen Age*. Paris: PUF, *Perspectives littéraires*, 1992.

GALLAIS, Pierre, *Perceval ou l'Initiation, essai sur le dernier roman de Chrétien de Troyes, ses correspondances orientales et sa signification anthropologique*. Paris: Editions du Sirac, 1972.

GALLAIS, Pierre, "Le sang sur la neige; le conte et le rêve", *Cahiers de Civilisation Médiévale*, XXI, 1978, p. 37-42.

GALLAIS, Pierre, *La Fée à la Fontaine et à l'Arbre: un archétype du conte merveilleux et du récit courtois*. Amsterdam: Rodopi, CERMEIL, 1992.

GENETTE, Gérard, *Introduction à l'Architexte*. Paris: Seuil, *Poétique*, 1979.

GENETTE, Gérard, *Palimpsestes, La littérature au second degré*, Paris: Seuil, *Poétique*, 1982.

GENOT, Gérard, LARIVAILLE, Pierre, *Etude du Novellino, Répertoires des structures narratives*. C.R.L.L.i, 2, Université de Paris X-Nanterre, 1985.

GILSON, Etienne, "Humanisme médiéval et Renaissance", *Les Idées et les Lettres*. Paris: Vrin, *Essais d'art et de philosophie*, 1955, p. 171-196.

GIRARD, René, *La violence et le sacré*. Paris: Bernard Grasset, *Pluriel*, 1972.

GIRARD, René, *Des choses cachées depuis la fondation du monde*. Paris: Bernard Grasset et Fasquelle, *Le livre de Poche essais*, 1978.

GIRARD, René, *Le bouc émissaire*. Paris: Bernard Grasset et Fasquelle, *Le livre de Poche essais*, 1982.

GOETINK, Glenys, "Chrétien's Welsh inheritance", *Gallica, Essays presented to J. Heywood Thomas*. Cardiff: University of Wales Press, 1969, p. 13-29.

GOETINCK, Glenys, *Peredur, A study of welsh tradition in the Grail Legends*. Cardiff: University of Wales Press, 1975.

GOLTHER, Wolfgang, "Der Schwanritter und der Gralsritter", *Bayreuther Blaetter*, LIX, 1936, p. 123-139.

GOUREVITCH, Aaron, *Les Catégories de la culture médiévale*; *Préface* de Georges Duby. Paris: Gallimard, *Bibliothèque des Histoires*, 1983.

GOUTTEBROZE, Jean-Guy, "L'arrière-plan psychique et mythique de l'itinéraire de Perceval dans le *Conte du Graal* de Chrétien de Troyes". Aix-en-Provence: Publ. du CUER MA, *Senefiance*, 2, 1976, p. 339-352.

GOUTTEBROZE, Jean-Yves, "Henri II Plantagenêt, patron des historiographes anglo-normands de langue d'oïl", *La littérature angevine médiévale. Actes du Colloque du samedi 22 mars 1980*. Paris: Champion, 1981, p. 91-105.

GOUTTEBROZE, Jean-Guy, *Qui perd gagne. Le Perceval de Chrétien de Troyes comme représentation de l'Oedipe inversé*. Nice: Centre d'Etudes médiévales de Nice, 1983.

GRAHAM, David Crockett, "Songs and stories of the Ch'uan Miao", *Smithsonian Miscellaneous Collections*, vol. 123, 1, 1955.

GRAVDAL, Kathrin, *Ravishing Maidens. Writing Rape in Medieval French Literature and Law*. Philadelphie: University of Pennsylvania Press, 1991.

GREEN-PEDERSEN, Niels Jorgen, *The Tradition of the Topics in the Middle Ages. The commentaries on Aristotle's and Boethius'* Topics. Munich: Philosophia Verlag, 1984.

GREIMAS, Algirdas Julien, *Sémantique structurale*. Paris: Larousse, 1966.

GREIMAS, Algirdas Julien, *Du sens, Essais sémiotiques*. Paris: Seuil, *Poétique*, 1970.

GREIMAS, Algirdas Julien, *Sémiotique et Sciences sociales*. Paris: Seuil, 1976.

GREIMAS, Algirdas Julien, *Du sens II*. Paris: Seuil, 1983.

GREIMAS, Algirdas Julien, *Des dieux et des hommes*, *Etudes de mythologie lithuanienne*. Paris: PUF, 1985.

GREIMAS, Algirdas Julien, COURTES, Joseph, *Sémiotique*, *Dictionnaire raisonné de la théorie du langage*, Paris: Hachette, 1979 (t. II, 1986).

GREIMAS, Algirdas Julien, FONTANILLE, Jacques, *Sémiotique des Passions*, *Des états de choses aux états d'âme*. Paris: Seuil, 1991.

GRIMBERT, Joan Tasker, "Misrepresentation and Misconception in Chrétien de Troyes: Verbal and Nonverbal Semiotics in *Erec et Enide* and *Perceval*", *Sign, Sentence, Discourse: Language in Medieval Thought and Literature*; eds. Julian Wasserman and Lois Roney. Syracuse: Syracuse Univ. Press, 1989, p. 50-79.

GRISWARD Joël H., "Le motif de l'épée jetée au lac: la mort d'Arthur et la mort de Batradz", *Romania*, 90, 3 (p. 289-340) 4 (p. 474-514), 1969.

GRISWARD Joël H. , "*Com ces trois goutes de sanc furent, qui sor le blance noif parurent*. Note sur un motif littéraire." *Etudes de langue et de littérature du moyen-âge. Offertes à Félix Lecoy par ses collègues ses élèves et ses amis*. Paris: Champion, 1973, p. 157-164.

GRISWARD, Joël H., *Archéologie de l'épopée médiévale. Structures trifonctionnelles et mythes indo-européens dans le cycle des Narbonnais*. Paris: Payot, 1981.

*Grundriss der romanischen Literaturen des Mittelalters*. "Le roman jusqu'à la fin du XIIIe siècle", IV/1. Heidelberg: C. Winter. Universitãt Verlag, 1978.

GUENEE, Bernard, *Entre l'Eglise et l'Etat: quatre vie de Prélats français à la fin du Moyen Age*. Paris: Gallimard, *Bibliothèque des Histoires*, 1987.

GUERREAU, Alain, "Renaud de Bâgé: *Le Bel Inconnu*, structure symbolique et signification sociale", *Romania*, 103, 1982, p. 28-82.

GUERREAU-JALABERT, Anita, "Romans de Chrétien de Troyes et Contes folkloriques. Rapprochements thématiques et Observations de méthode", *Romania*, 104, 1983, p. 1-48.

GUERREAU-JALABERT, Anita, "Aliments symboliques et symbolique de la table dans les romans arthuriens (XIIe-XIIIe siècles)", *Annales E.S.C*, 3, 1992, p. 561-594.

GUERREAU-JALABERT, Anita, *Index des motifs narratifs dans les romans arthuriens français en vers (XIIe-XIIIe siècles)*. Genève: Droz, *Publications romanes et françaises*, CCII, 1992.

GUIETTE Robert, "Note sur le fabliau du *Mari-Confesseur*", *Questions de Littérature*, VIII. Gand: Romanica Gandensia, 1960, p. 78-86.

HAGEN, Friedrich Heinrich (von der), *Gesammtabenteuer, Hundert altdeutsche Erzählungen*, Band II, XXI et XXII. Stuttgart et Tübingen: Gotta'scher Verlag, 1850.

HAHN, Stacey L., "The motif of the Errant Knight and the royal Maiden in the Prose *Lancelot*", *Arthurian Interpretations*, III, 1, 1988, p. 1-15.

HAIDU, Peter, "Narrativity and Language in some XIIth century Romances," *Approaches to medieval Romances*, *Yale French Studies*, 51, 1975, p. 133-146.

HALM-TISSERANT, Monique, *Cannibalisme et Immortalité, L'enfant dans le chaudron en Grèce ancienne*. Paris: Les Belles Lettres, *Vérité des mythes*, 1993.

HANDY, Edouard Craighill, "Marquesan Legends", *Bernice P. Bishop Museum Bulletin*, 69, Honolulu, 1930.

HANNING, Robert W., *The Individual in Twelfth-Century Romance*. New-Haven and London: Yale University Press, 1977.

HÄRMÄ, Juhani, "La séquence du don contraignant. Essai d'examen dans le cadre de l'analyse du dialogue", *Actes du VIIIe Congrès des Romanistes scandinaves, 1981*. Odensee University Press, 1983, p. 163-173.

HART, Thomas Elwood, "Chrestien, Macrobius and Chartrean Science: The allegorical Robe as Symbol of textual Design in the old french *Erec*", *Mediaeval Studies*, 43, 1981, p. 250-296.

HASKINS, Charles Homer, *The Renaissance of the 12th century*. Cambridge (Mass.): Harvard University Press, 1927.

HAUDRICOURT, André G. et GRANAI, Georges, "Linguistique et sociologie", *Cahiers Internationaux de Sociologie*, XIX, 1955, p. 114-129.

HAUVETTE, Henri, "La 39e Nouvelle du Décaméron et la légende du Coeur mangé", *Romania*, 91, 1912, p. 184-205.

HENAULT, Anne, *Histoire de la Sémiotique*. Paris: PUF, "*Que sais-je ?*", n°2691, 1992.

HENRY, Albert, "Les noms de jours de la semaine en ancien français", *Romania*, 72, 1951, p. 1-30 et p. 224-226.

HILTY, Gerold, "Zum *Erec*-Prolog von Chrétien de Troyes", *Philologica Romanica*, Erhard Lommatzsch gewidmet. Munich: W. Fink Verlag, 1975, p. 245-256.

HJEMSLEV, Louis, *Prolégomènes à une théorie du langage*; traduction Una Canger. Paris: Editions de Minuit, *Arguments*, 1968-1971.

HOFFMAN, Walter James, "The Menomini Indians", *Fourteenth Annual Report of the Bureau of Ethnology*, 1892-93, Part 1. Washington: Government Printing Office, 1896.

HOOGAN, David G., "Le péché de Perceval. Pour l'authenticité de l'épisode de l'ermite dans le *Conte du Graal* de Chrétien de Troyes", *Romania*, 93, 1972, p. 50-76 et p. 244-275.

HUCHET, Jean-Charles, *Le roman médiéval*. Paris: PUF, *Littératures modernes*, 1984.

HUCHET, Jean-Charles, *Littérature médiévale et Psychanalyse. Pour une clinique littéraire*. Paris, PUF, *Ecriture*, 1990.

*Humanisme médiéval dans les littératures romanes du XIIe au XIVe siècle*. Paris: Klincksieck, 1964.

HUTTIG, Albrecht, *Macrobius im Mittelalter. Ein Beitrag zur Rezeptiongeschite der* Commentarii in Somnium Scipionis. Francfort: P. Lang, 1990.

ILLINGWORTH, Ronald N., "Structural parallel in the Lais of *Lanval* and *Graelent*", *Neophilologus*, 71, 1987, p. 167-182.

IZARD Michel, SMITH Pierre, *La Fonction symbolique*, *Essai d'anthropologie*. Paris: Gallimard, *Bibliothèque des sciences humaines*, 1979.

JAKOBSON, Roman, "Le folklore, forme spécifique de création", *Questions de poétique*. Paris: Seuil, *Poétique*, 1973, p. 59-72 (paru dans *Donum Natalicium Schrijnen*. Nimègue-Utrecht, 1929; en collaboration avec P. Bogatyrev).

JAKOBSON, Roman, *Six leçons sur le son et le sens*. Paris: Ed. de Minuit, *Arguments*, 1976.

JACKSON, William T., "Problems of communication in the romances of Chrétien de Troyes", *The challenge of the medieval text: studies in genre and interpretation*, eds. J. M. Ferrante & R. W. Hanning. New York: Columbia Univ. Press, 1985, p. 185-196.

JAMES-RAOUL, Danièle, *La parole empêchée dans la littérature arthurienne*, Thèse de Doctorat, sous la direction de Monsieur le Professeur Claude Thomasset, Université de Paris-Sorbonne, Paris IV, 1992.

JAUSS, Hans Robert, "Allégorie, *remythisation* et nouveau mythe. Réflexion sur la captivité chrétienne de la mythologie au moyen âge", *Mélanges d'histoire littéraire, de linguistique et de philologie romanes offerts à Charles Rostaing*, Association des Romanistes de l'Université de Liège (*Marche Romane*), 1974, p. 469-499.

JAUSS, Hans Robert, "Littérature médiévale et expérience esthétique. Actualité des *Questions de littérature* de Robert Guiette", *Poétique*, 31, 1977, p. 322-336.

JAUSS, Hans Robert, "The Alterity and Modernity of Medieval Literature", *New Literary History*, 10, 2, 1979, p. 181-227.

JEAUNEAU, Edouard, "L'usage de la notion d'*integumentum* à travers les gloses de Guillaume de Conches", *Archives d'Histoire Doctrinale et Littéraire du Moyen Age*, 24, 1958, p. 35-100; (repr. dans *Lectio philosophorum. Recherches sur l'Ecole de Chartres*. Amsterdam: A. M. Hakke, 1973).

JEAUNEAU, Edouard, "Deux rédactions des gloses de Guillaume de Conches sur Priscien", *Recherches de théologie ancienne et médiévale*, 27, 1960, p. 212-247 (repr. dans *Lectio philosophorum*, 1973, *op. cit.*, p. 335-370).

JEAUNEAU, Edouard, "*Nani gigantum humeris insidentes.*" Essai d'interprétation de Bernard de Chartres", *Vivarium*, V, 1967, p. 79-99 (repr. dans *Lectio philosophorum*, 1973, *op. cit.*, p. 53-73).

JEAUNEAU, Edouard, "Nains et Géants", *Entretiens sur la Renaissance du XIIe siècle. Décades du Centre culturel de Cerisy-la-Salle*, *n[lle] série* 9; dir. M. de Gandillac et E. Jeauneau. Paris/La Haye: Mouton, 1968, p. 21-52.

JEFFERSON, Lisa, "Don - don contraint - don contraignant: A Motif and its deployement in the French Prose Lancelot", *Romanische Forschungen*, 104, V, 1992, p. 27-51.

JOCHELSON, Waldemar, "The Koryak, religion and Myths", "The Jesup North Pacific Expedition", *Memoir of American Museum of Natural History*, vol. VI, part I. New York: G. E. Stechert, 1905.

JODOGNE, Omer, "Le caractère des oeuvres antiques dans la littérature française du XIIe au XIVe siècle", *L'Humanisme médiéval*, 1964, *op. cit.*, p. 55-85.

JOLIVET, Jean, "Poésie et Philosophie au XIIe siècle", *Perspectives Médiévales*, XVII, 1991, p. 51-70.

JONES, William, "Fox Texts", *Publications of the american Ethnological Society*, vol. 1, 1907.

JONGKEES, Adrian Gerard, "*Translatio studii*: les avatars d'un thème médiéval", *Miscellanea Mediaevalia in memoriam Jan Frederick Niermeyer*. Groningue: Wolters, 1967, p. 41-51.

JUNG, Marc-René, *Etudes sur le poème allégorique en France au moyen âge*. Berne: Francke, *Romanica Helvetica*, 82, 1971.

KAY, Sarah, "Commemoration, Memory and the Role of the Past in Chrétien de Troyes. Retrospection and Meaning in *Erec et Enide*, *Yvain* and *Perceval*", *Reading Medieval Studies*, XVII, 1991, p. 31-50.

KELLY, Douglas, "The Source and Meaning of *conjointure* in Chrétien's *Erec* 14", *Viator*, I, 1970, p. 179-200.

KELLY, Douglas, "Matiere *and* genera dicendi *in Medieval Romance"*, *Yale French Studies*, 51, 1975, p. 147-159.

KELLY, Douglas, "*Translatio studii*, Translation, Adaptation, and Allegory in Medieval French Literature", *Philological Quaterly*, 57, 1978, p. 287-310.

KELLY, Douglas, "La spécialité dans l'invention des topiques", *Archéologie du signe;* ed. Lucie Brind'Amour et Eugene Vance. Toronto: Pontifical Insitute of Medieval Studies, 1982, p. 101-126.

KELLY, Douglas, "The Logic of Imagination in Chrétien de Troyes", *The Sower and his Seed*; ed. Rupert T. Pickens. Lexington: French Forum, *French Forum Monographs*, 44, 1983, p. 9-30.

KELLY, Douglas, *The Art of Medieval French Romance*. Madison: The University of Wisconsin Press, 1992.

KELLY, Douglas, *Medieval French Romance*. New York: Twayne Publishers, *Twayne's World Authors Series* 838, 1993.

KJAER, Jonna, "Disguise and Communication in the French Verse Tradition of the Tristan Legend", *Tristania*, XI, 1985-1986, p. 50-54.

KLEIBER, Georges, *La sémantique du prototype. Catégories et sens lexical*. Paris: PUF, *Linguistique Nouvelle*, 1990.

KLIBANSKY, Raymond, *The Continuity of the Platonic Tradition during the Middle Ages*. Londres: The Warburg Institute, 1939.

KÖHLER, Erich, *L'Aventure chevaleresque. Idéal et réalité dans le roman courtois*. Paris: Gallimard, 1974 (trad. de *Ideal und Wirklichkeit in der Höfischen Epik*. Tübingen: Max Niemeyer, 1956).

KREN, Claudia, *Medieval Science and Technology. A selected and annotated Bibliography*. New York & Londres: Garland Publishing. 1985.

*L'Ecole carolingienne d'Auxerre. De Muretach à Rémi 830-908. Entretiens d'Auxerre*; éds. D. Iogna-Prat, C. Jeudy, G. Lobrichon. Paris: Beauchesne, 1991.

*La littérature angevine médiévale. Actes du Colloque du samedi 22 mars 1980.* Paris: Champion, 1981.

*La Représentation de l'Antiquité au Moyen Age, Actes du Colloque d'Amiens (26-28 mars 1981).* Université de Picardie, Centre d'Etudes Médiévales, publié par D. Buschinger et A. Crépin. Vienne: K. M. Halosar, *Wiener Arbeiten zur germanischen Altertumskunde und Philologie*, 1992.

LABARBE, Jules, *L'Homère de Platon*. Liège: Faculté de philosophie et lettres, *Bibliothèque de la Faculté de Philosophie et Lettres de l'Université de Liège*, fasc. 117, 1949.

LABRIOLE, Pierre (de), *La réaction païenne. Etude sur la polémique antichrétienne du Ier au VIe siècle*. Paris: L'Artisan du Livre, 1934.

LACAN, Jacques, "Le stade du miroir comme formateur de la fonction du *Je*", *Ecrits I*. Paris: Seuil, 1966, p. 89-97.

LACAN, Jacques, *Ecrits II*. Paris: Seuil, 1971.

LACAN, Jacques, *Le Séminaire, Livre XI, Les quatre concepts fondamentaux de la psychanalyse*. Paris: Seuil, 1973.

LACAN, Jacques, *Le Séminaire, Livre IV, La relation d'objet*. Paris: Seuil, 1994.

LAMBERT, Carole, *Du manuscrit à la table. Essai sur la cuisine au Moyen Age*. Montréal, Paris: Presses de l'Université de Montréal, Champion-Slatkine, 1992.

LAPLANCHE, Jean et PONTALIS, Jean-Baptiste, "Fantasme originaire, fantasme des origines, origine du fantasme", *Les Temps Modernes*, 215, 1964, p. 1833-1868.

LAPLANCHE, Jean et PONTALIS, Jean-Baptiste, *Vocabulaire de la psychanalyse*. Paris: PUF, 1967.

LARGEAULT, Jean, *Principes de philosophie réaliste*. Paris: Klincksieck, *Philosophia* 10, 1985.

LAURIE, Helen C. R., "*Eneas* and the *Lancelot* of Chrétien de Troyes", *Medium aevum*, 37, 1968, p. 142-156.

LAZAR, Moshé, *Amour courtois et "Fin amors" dans la littérature du XIIe siècle*. Paris: Klincksieck, 1964.

LE GOFF, Jacques (en collaboration avec VIDAL-NAQUET, Pierre), "Lévi-Strauss en Brocéliande. Esquisse pour une analyse d'un roman courtois", *Critique,* 325, 1974, p. 543-571 (repr. *L'Imaginaire médiéval. Essais.* Paris: Gallimard, *Bibliothèque des Histoires*, 1985, p. 151-187).

LE GOFF, Jacques, "Culture ecclésiastique et culture folklorique au Moyen Age: saint Marcel de Paris et le dragon", *Pour un autre Moyen Age*. Paris: Gallimard, *Bibliothèque des Histoires*, 1977, p. 236-279 (publié pour la première fois dans *Ricerche storiche ed economiche in memoria di Corrado Barbaglio*; ed. De Rosa. Naples: ESI, 1970, II, p. 51-90).

LE GOFF, Jacques, "Le rire dans les règles monastiques du haut Moyen Age", dans *Haut Moyen Age*, Culture, éducation et société, études offertes à Pierre Riché, coord. M. Sot. La Garenne-Colombes: éd. européennes ERASME, 1990, p. 93-105.

*Le Langage*; direction Bernard Pottier. Paris: CEPL, 1973.

*Le Récit bref au Moyen-Age, Actes du Colloque d'Amiens, 26-28 avril 1979*; dir. D. Buschinger. Univ. de Picardie. Paris, diff. Champion, 1980.

LE RIDER, Paule, *Le Chevalier dans le* Conte du Graal. Paris: CDU SEDES, *Bibliothèque du Moyen Age*, 1978.

LECOY, Felix, "Analyse thématique et critique littéraire. Le cas du *Fabliau*", *Actes du 5e Congrès des romanistes scandinaves*. Turku: Turun Yliopisto, *Annales Universitatis Turkuensis*, 1973, p. 17-31.

LEDERER, Wolfgang, *La peur des femmes ou Gynophobia*; trad. de l'américain par M. Manin. Paris: Payot, 1980.

LEJEUNE, Rita, "La date de l'*Ensenhamen* d'Arnaut Guilhem de Marsan", *Studi Medievali*, 12, 1939, p. 160-171.

LEJEUNE, Rita, "Le personnage d'Ignaure dans la poésie des troubadours." *Académie royale de Langue et de Littérature* françaises, XVIII, 1939, p. 140-172.

LEROUX, Georges, "Du topos au thème", *Poétique*, 64, 1985, p. 445-455.

*Les* Exempla *médiévaux. Introduction à la recherche, suivie des tables critiques de l'*Index exemplorum *de Frederic C. Tubach*; dir. J. Berlioz et M. A. Polo de Beaulieu. Carcassonne: Garae/Hesiode, 1992.

*Les Fantasmes*, Colloque de la Société psychanalytique de Paris, 20 et 21 déc. 1970, *Revue Française de Psychanalyse*, 2-3, 1971.

LEVI-STRAUSS, Claude, "L'analyse structurale en linguistique et en anthropologie", *Word, Journal of the Linguistic Circle of New York,* vol. 1, 2, 1945, p. 1-21 (rep. *Anthropologie structurale*, 1974, *op. cit.*, p. 37-62).

LEVI-STRAUSS, Claude, *Anthropologie structurale*. Paris: Plon, 1958 (1974, 2e éd.).

LEVI-STRAUSS, Claude, *La Pensée sauvage*. Paris: Plon, Agora, 1962.

LEVI-STRAUSS, Claude, *Le cru et le cuit*. Paris: Plon, 1964.

LEVI-STRAUSS, Claude, *L'origine des manières de table*. Paris: Plon, 1968.

LEVI-STRAUSS, Claude, *L'homme nu*. Paris: Plon, 1971.

LEVI-STRAUSS, Claude, *Les structures élémentaires de la parenté*. Paris, La Haye: Mouton et Co, 1973.

LEVI-STRAUSS, Claude, *Anthropologie structurale II*. Paris: Plon, 1973.

LEVI-STRAUSS, Claude, *Le regard éloigné*. Paris: Plon, 1983.

LEVI-STRAUSS, Claude, *Paroles données*. Paris: Plon, 1984.

LEVI-STRAUSS, Claude, *La potière jalouse*. Paris: Plon, 1985.

LEVI-STRAUSS, Claude, *Des symboles et leurs doubles*. Paris: Plon, 1989.

LEVI-STRAUSS, Claude, *Histoire de Lynx*. Paris: Plon, 1991.

LEVI-STRAUSS, Claude, *Regarder Ecouter Lire*. Paris: Plon, 1993.

*Lieux communs, topoï, stéréotypes, clichés*; dir. Christian Plantin. Paris: Ed. Kimé, 1993.

LLOYD, Geoffrey E., *Pour en finir avec les mentalités*; traduit par F. Regnot. Paris: Editions La Découverte, 1993.

LODS, Jeanne, "L'utilisation des thèmes mythiques dans trois versions écrites de la légendes des enfants-cygnes", *Mélanges René Crozet*. Poitiers: Société d'Etudes médiévales, t. 2, 1966, p. 809-820.

LODS, Jeanne, "Le baiser de la reine et le cri de la fée", *Mélanges de langue et littérature françaises du moyen âge offerts à Pierre Jonin*. Aix-en-Provence: Publ. du CUER MA, *Senefiance*, 7, 1979, p. 413-426.

LOFMARK, Carl, "Wolfram'Source References in Parzival", *The Modern Language Review*, 67, 1972, p. 820-844.

LOOMIS, Roger Sherman, "The Legends of Arthur and the Round Table" et "Welsh Literature", *Columbia University Course in Literature*, IV. New York: Columbia University Press, 1929, p. 65-73 et p. 243-252.

LOOMIS, Roger Sherman, "Morgain la Fee and the Celtic Goddesses", *Speculum*, XX, 1945, p. 183-203.

LOOMIS, Roger Sherman, *Arthurian tradition and Chrétien de Troyes*. New York: Columbia University Press, 1949.

LOOMIS, Roger Sherman, *Wales and the Arthurian Legend*. Cardiff: University of Wales Press, 1956.

LOOMIS, Roger Sherman, "Arthurian Tradition and Folklore", *Folklore*, CXX, 1959, p. 1-25.

LOVECY, Ian, "Historia Peredur ab Efrawg", *The Arthur of the Welsh. The Arthurian Legend in Medieval Welsh Literature*, 1991, *op. cit.*, p. 171-182.

LUBAC, Henri (de), *Exégèse Médiévale, Les quatre sens de l'Ecriture*, seconde partie, II. Paris: Aubier, *Théologie*, 59, 1964.

LUSIGNAN, Serge, *Parler vulgairement. Les intellectuels et la langue française aux XIIIe et XIVe siècles*. Montréal: Les Presses de l'Université de Montréal, 1986.

LUSIGNAN, Serge, "La Topique de la *translatio studii* et les traductions françaises de textes savants au XIVe siècle", *Traduction et Traducteurs au Moyen Age. Actes du Colloque international du CNRS, IRHT; 26-28 mai 1986*. Paris: Editions du CNRS, 1989, p. 303-315.

LUTTRELL, Claude, "Folk Legend as a Source for Arthurian Romance: The wild Hunt", *An Arthurian Tapestry; essays in honor of Lewis Thorpe*; ed. K. Varty. Glasgow, publ. British Branch of the IAS, 1981, p. 83-100.

LYONS, John, *Linguistique générale. Introduction à la linguistique théorique*; traduction F. Dubois-Charlier et D. Robinson. Paris: Larousse, *Langue et Langage*, 1970.

LYONS, John, *Sémantique linguistique*; traduction de J. Durand et D. Boulonnais. Paris: Larousse, *Langue et Langage*, 1980.

MADDOX, Donald, *Structure and Sacring, The systematic kingdom in Chrétien's "Erec et Enide"*. Lexington: French Forum, *French Forum Monographs*, 8, 1978.

MADDOX, Donald, "Specular Stories, family Romance, and the fictions of courtly Culture", *Exemplaria, A Journal of Theory in Medieval and Renaissance Studies*. New York, SUNY, 1991, p. 299-326.

MALONE, Kemp, "Rose and Cypress", *Publications of the Modern Language Association*, XLIII, 2, 1918, p. 405-413.

MARCHELLO-NIZIA, Christiane, "De l'Enéide à l'Eneas: les attributs du fondateur", *Lectures médiévales de Virgile, Actes du colloque organisé par l'Ecole française de Rome (25-28 octobre 1982), Collection de l'Ecole française de Rome*, 80. Rome, 1985, p. 251-266.

MARENBON, John, *From the Circle of Alcuin to the School of Auxerre. Logic, theology and Philosophy in the early Middle Ages*. Cambridge: Cambridge University Press, 1981.

MARICHAL, Robert, "Naissance du roman", *Entretiens sur la renaissance du 12e siècle*, 1968, *op. cit.*, p. 449-492.

MARIENSTRAS, Richard, *Le Proche et le Lointain. Sur Shakespeare, le Drame élizabéthain et l'idéologie anglaise aux XVIe et XVIIe siècles*. Paris: Ed. de Minuit, 1981.

MARTIN, Jean-Pierre, *Les motifs dans la Chanson de geste, définition et utilisation (discours de l'épopée médiévale)*. Centre d'Etudes Médiévales et Dialectales, Université de Lille III, 1992.

MARX, Jean, *La Légende arthurienne et le Graal*. Paris: PUF, 1952 (repr. Genève: Slatkine, 1974).

MARX, Jean, "Quelques observations sur la formation du chevalier errant", *Etudes Celtiques*, 11, 2, 1966-1967, p. 344-350.

MATZKE, John, "The Legend of the Eaten Heart", *Modern Languages Notes*, XXVI, 1911, p. 1-8.

MAUSS, Marcel, "Essai sur le don. Forme et raisons de l'échange dans les sociétés archaïques." *Sociologie et anthropologie*, Paris: PUF *Quadrige*, 1950, p. 145-279.

MELA, Charles, "Perceval", *Yale French Studies*, 55/56, 1977, p. 253-279 (repris dans *Le Beau trouvé. Etudes de théorie et de critique littéraires sur l'art des "trouveurs" au Moyen Age*. Caen: Paradigme, 1993).

MELA, Charles, "Pour une esthétique médiévale", *Le Moyen Age*, 84, 1978, p. 113-127; repr. dans *Le Beau Trouvé*, 1993, *op. cit.*

MELA, Charles, *Blanchefleur et le saint homme ou la semblance des reliques*. Paris: Seuil, 1979.

MELA, Charles, *La Reine et le Graal. La conjointure dans les romans du Graal de Chrétien de Troyes au Livre de Lancelot*. Paris: Seuil, 1984.

MENARD, Philippe, "Le chevalier errant dans la littérature arthurienne. Recherches sur les raisons du départ et de l'errance", *Voyage, Quête, Pèlerinage dans la Littérature et la Civilisation médiévales*. Aix-en-Provence: Publ. du CUER MA, *Senefiance*, 2, 1976, p. 289-311.

MENARD, Philippe, "Le don en blanc qui lie le donateur. Réflexions sur un motif de conte", *An Arthurian Tapestry*; *essays in honor of Lewis Thorpe*; ed. K. Varty. Glasgow, publ. BBIAS, 1981, p. 37-53.

MICHA, Alexandre, "*Eneas* et *Cligès*", *Mélanges Ernest Hoeppfner*. Paris: Les Belles Lettres, 1949, p. 237-243.

MICHEL, Alain, *La parole et la beauté*. Paris: Albin Michel, *Bibliothèque de l'Evolution de l'Humanité*, 7, 1994.

MICKEL, Emmanuel J., "The Unity and Signifiance of Marie's *Prologue*", *Romania*, 96, 1975, p. 83-90.

MILIN, Gaël, *Le roi aux oreilles de cheval*. Genève: Droz, *Publications romanes et françaises*, CXCVII, 1991.

MILNER, Jean-Claude, *Les noms indistincts*. Paris : Seuil, 1983.

*Miracles, prodiges et merveilles au Moyen Age*, Actes du XXVème Congrès de la SHMES. Paris: Publications de la Sorbonne, 1995.

MISRAHI, Jean, "Symbolism and Allegory in arthurian romances", *Romance Philology*, XVII, 3, 1964, p. 555-569.

MOLINIE, Georges, *Eléments de stylistique française*. Paris: PUF, *Linguistique nouvelle*, 1986.

MOLINIE, Georges, "Les lieux du discours littéraire", *Lieux communs, topoï, stéréotypes, clichés*; 1993, *op. cit.*, p. 92-100.

MÖLK, Ulrich, "Das Dilemma der literarischen Motivforschung und die europäische Bedeutungsgeschichte von *Motiv*. Überlegungen und Dokumentation", *Romanistisches Jahrbuch*, 42, 1991, p. 91-120.

MONFRIN, Jacques, "Humanisme et traduction au Moyen Age", *Journal des savants*, 1963, p. 161-190.

MONFRIN, Jacques, "Les traducteurs et leur public en France au Moyen Age", *The Late Middle Ages and the Dawn of Humanism outside Italy. Mediaevalia Lovaniensia*, I, 1, 1964, p. 131-170.

MONFRIN, Jacques, "Les *Translationes* vernaculaires de Virgile au Moyen Age", *Lectures médiévales de Virgile, Actes du colloque organisé par l'Ecole française de Rome (25-28 octobre 1982), Collection de l'Ecole française de Rome*, 80, 1985, p. 189-249.

MONSON, Alfred, (Don), *Les "ensenhamens" occitans. Essai de définition et de délimitation du genre*. Paris: Klincksieck, 1981.

MONTAIGLON, Anatole (de) et RAYNAUD, Gaston, *Recueil général et complet des Fabliaux des XIIIe et XIVe siècles*, Paris: Librairie des bibliophiles, 1883.

MORA-LEBRUN, Francine, "Gautier de Châtillon, Bernard Silvestre et le *Roman d'Eneas*: trois tentatives d'appropriation de la mythologie antique au XIIe siècle", *Pour une Mythologie du Moyen Age*, 1988, *op. cit.*, p. 11-26.

MORA-LEBRUN, Francine, *Lire, écouter et récrire l'Enéide; Réception de l'épopée virgilienne du IX° au XII° siècle,* Thèse pour le doctorat d'Etat sous la direction de M. Daniel Poirion, Paris IV, décembre 1991.

MORA-LEBRUN, Francinc, *L'Enéide médiévale et la naissance du roman*. Paris: PUF, *Perspectives littéraires*, 1994.

MORESCHINI, Claudio, "Le Metamorfosi di Apuleio, la *fabula Milesia* e il romanzo", *Materiali e discussioni per l'analisi dei testi classici*, 25, 1990, p. 115-127.

MOSTERT, Marco, "La magie de l'écrit dans le Haut Moyen Age", *Haut Moyen Age, culture éducation et société, études offertes à Pierre Riché*; coord. Michel Sot. La Garenne-Colombes: édition européenne Erasme, 1990, p. 273-281.

MOUZAT, Jean, "Remarques sur *Linhaure* et sa localisation", *Mélanges offerts à Rita Lejeune*, vol. I. Gembloux: Ed. Duculot, 1969, p. 213-218.

MULLER, Max, *Essai de Mythologie comparée*; traduction de l'anglais (sans nom de traducteur). Préface d'E. Renan. Paris: Gros et Donnaud, 1859.

NANCY, Jean-Luc et LACOUE-LABARTHE, Philippe, *L'Absolu littéraire. Théorie de la littérature du romantisme allemand*. Paris: Seuil, *Poétique*, 1978.

NEF, Frédéric, "Entretien avec A. J. Greimas sur les structures élémentaires de la signification", *Structures élémentaires de la signification*. Bruxelles: Ed. Complexe. 1976, p. 18-26.

NELLI, René, *L'Erotique des troubadours*. Paris: UGE, 10/18, 1974.
NELSON, Jan A., "A Jungian interpretation of sexually ambigous imagery in Chretien's *Erec et Enide*", *The Arthurian Tradition. Essays in convergence*; ed. M. Floweers et J. Bugge. Tuscaloosa: University of Alabama Press, 1988, p. 75-89.
NISARD, Désiré, *Collection des Auteurs latins avec la traduction en français*; publiés sous la direction de M. Nisard. Paris: Garnier frères, 1850.
NYKROG, Per, *Les Fabliaux, Etude d'histoire littéraire et de stylistique médiévale*. Copenhague: E. Munksgard, 1957.
OBERHÄNSLI-WIDMER, Gabrielle, *La complainte funèbre du haut moyen âge français et occitan*. Berne: Francke, *Romanica Helvetica*, 106, 1989.
O'HARA, Prudence Mary, "L'élément breton et les lais anonymes", *Mélanges de langue et littérature françaises du Moyen Age et de la Renaissance offerts à Charles Foulon*, t. II, *Marche Romane*, 1980, p. 277-286.
OKADA, Machio, "L'échange des coeurs et le thème du *coeur mangé* dans le *Roman du Castelain de Couci et de la Dame de Fayel*", *Etudes de langue et de littérature française*, 36, 1980, p. 1-15.
OLEF-KRAFT, Félicitas, "Oedipe au Château du Graal", *Moyen Age*, 1995, 2, p. 227-257.
OLLIER, Marie-Louise, "The author in the text: the prologues of Chrétien de Troyes", *Yale French Studies*, 51, 1974, p. 26-41.
PANOFSKY, Erwin, *Essais d'Iconologie. Les thèmes humanistes dans l'art de la Renaissance*. Paris: Gallimard, *Bibliothèque des Sciences humaines*, 1967.
PANOFSKY, Erwin, *L'Oeuvre d'art et ses significations. Essais sur les arts visuels*. Paris: Gallimard, *Bibliothèque des Sciences humaines*, 1969.
PANOFSKY, Erwin, *Idea. Contribution à l'histoire du concept de l'ancienne théorie de l'art*; traduction Henri Joly. Paris: Gallimard, *tel*, 146, 1989.
PARIS, Gaston, "Jakemon Sakesep, auteur du Roman du Châtelain de Couci", *Histoire littéraire de la France*, XXVIII. Paris: Imprimerie Nationale, 1881, p. 352-390.
PARIS, Gaston, "La Légende du *Châtelain de Couci* dans l'Inde", *Romania*, 12, 1883, p. 359-363.
PARSONS, Elsie Clews, "Folk-Lore from the Cape Verde Islands", *Memoirs of the American Folk-Lore Society*, vol. XV (1). New York, 1923.
PARUSSA, Gabriella, "*Remembrance vient hors de queor*: Les transformations d'un motif dans la fable médiévale". Aix-en-Provence: Publ. du CUER MA, *Senefiance*, 30, 1990, p. 245-261.
PASTOUREAU, Michel, *La vie quotidienne en France et en Angleterre au temps des chevaliers de la table ronde*. Paris: Hachette, 1976.
PASTOUREAU, Michel, *Figures et Couleurs, Etudes sur la symbolique et la sensibilité médiévales*. Paris: Le Léopard d'Or, 1986.

PASTRE, Jean-Marc, "Mythe et Légendes: quelques structures trifonctionnelles dans le *Nibelungenlied.*" *Actes du Colloque d'Amiens, 12 et 13 janvier 1991. Wodan, Recherches en littérature médiévale*, 1992, vol. 7, p. 129-136.

PASTRE, Jean-Marc, *Structures littéraires et tripartition fonctionnelle dans le* Parzival de *Wolfram von Eschenbach. La Quête du Graal*. Paris: Klincksieck, *Sapience*, 1993.

PASTRE, Jean-Marc, "*Perceval* et *Parzival*: les données mélusiniennes d'un roman médiéval", *Fées, dieux et déesses au Moyen Age, Actes du Colloque du CEMD de Lille III, 24 et 25 septembre* 1993, *Bien dire et bien aprandre*, 12, CEMD de Lille III, 1994, p. 191-201.

PATTERSON, Lee, *Negotiating the Past, The historical Understanding of Medieval Literature*. Madison: The University of Wisconsin Press, 1987.

PATZIG, Hermann, "Zur Geschichte der Herzmäre", *Wissenschaftliche Beilage zum Programm des Friedrichs Gymnasiums zu Berlin*. Berlin: R. Gaertners Verlagsbuchhandlung, 1891.

PAUPHILET, Albert, *Le legs du Moyen Age, Etudes de littérature Médiévale*. Melun: Librairie d'Argences, *Bibliothèque Elzévirienne*, 1950.

PAVEL, Thomas G., *Le Mirage linguistique. Essai sur la modernisation intellectuelle*. Paris: Ed. de Minuit, *Critique*, 1988.

PAYEN, Jean-Charles, *Le Motif du Repentir dans la littérature française médiévale (des origines à 1230)*. Genève: Droz, *Publications romanes et françaises*, XCVIII, 1967.

PAYEN, Jean-Charles, "Le clos et l'ouvert dans la littérature médiévale et les problèmes de la communication", *Perspectives médiévales*, 2, 1976, p. 61-72.

PEPIN, Jean, *Mythe et Allégorie, Les origines grecques et les contestations judéo-chrétiennes*. Paris: Etudes Augustiennes, nouvelle édition revue et augmentée, 1976 (première éd., 1958).

PERET, Benjamin, *Anthologie des mythes, légendes et contes populaires d'Amérique*. Paris: Albin Michel, 1960.

PERRY, Anne Amary, "More on the image of the Eaten Heart", *Romance Notes*, XXI, 2, 1980, p. 234-237.

PETIT, Aimé, *L'Anachronisme dans les romans antiques du XIIe siècle*, Thèse présentée pour le doctorat de troisième cycle devant l'Université de Lille III, CEMD de l'Université de Lille III, 1985.

PETIT, Aimé, *Naissances du roman. Les techniques littéraires dans les romans antiques du XIIè siècle*. Genève: Champion-Slatkine, 1985.

PETIT, Aimé, "De l'hypotexte à l'hypertexte. L'*Enéide* et le roman d'*Enéas*. Remarques sur la technique de transposition au XIIe siècle", *Bien dire* et *bien aprandre*, 4, CEMD de Lille III, 1986, p. 59-74.

PETIT, Aimé, "Le thème de l'amour dans le *Roman d'Eneas*", *Enée et Didon. Naissance, Fonctionnement et Survie d'un mythe*; éd. R. Martin. Paris: Ed. du CNRS, 1990, p. 55-66.

PETITOT, Jean, "Saint-Georges: Remarques sur l'espace pictural", *Sémiotique de l'Espace*. Paris: Denoël-Gonthier, 1979, p. 95-153.

PETITOT, Jean, "Psychanalyse et logique, plaidoyer pour l'impossible", *Le Lien social*, Cahiers *Confrontation*. Paris: dist. Distique, 1981, p. 171-234.

PETITOT, Jean, "Sur la décidabilité de la véridiction", *Actes sémiotiques*, EHESS-CNRS, IV, 31, 1982, p. 21-40.

PETITOT, Jean, "Théorie des catastrophes et structures sémio-narratives", *Actes sémiotiques*, EHESS-CNRS, V, 47-48, 1983, p. 5-37.

PETITOT, Jean, *Morphogenèse du sens I. Pour un schématisme de la structure*. Paris: PUF, *Formes sémiotiques*, 1985.

PETITOT, Jean, "Approche morphodynamique de la formule canonique du mythe", *L'Homme*, 106-107, 1988, p. 24-50.

PETITOT, Jean, *La philosophie transcendantale et le problème de l'objectivité*. Paris: Editions Osiris, "Les entretiens de Sèvres", 1991.

PETITOT, Jean, *Physique du Sens. De la théorie des singularités aux structures sémio-narratives*. Paris: éditions du CNRS, 1992.

PIAGET, Jean, *Le structuralisme*. Paris: PUF, "*Que sais-je*?", n° 1311, 1968.

PICKFORD, Cedric Edward, *L'Evolution du roman arthurien en prose vers la fin du Moyen Age d'après le manuscrit 112 du fonds français de la Bibliothèque nationale*. Paris: Nizet, 1960.

PIROT, François, *Recherches sur les connaissances littéraires des troubadours occitans et catalans, les "sirventes-ensenhamens" de Guerau de Cabrera, Guiraut de Calanson et Bertrand de Paris*. Barcelone: Memorias de la real Academia de buenas letras de Barcelona, t. XIV, 1972.

POIRION, Daniel, "L'ombre mythique de Perceval dans le *Conte du Graal*", *Cahiers de Civilisation médiévale*, XVI, 1973, p. 191-198.

POIRION, Daniel, "De l'*Enéide* à l'*Enéas*. Mythologie et moralisation", *Cahiers de Civilisation médiévale*, XIX, 1976, p. 213-229.

POIRION, Daniel, "Du sang sur la neige: Nature et Fonction de l'image dans le *Conte du Graal*", *Voices of Conscience*. Philadelphie: Temple University Press, 1977, p. 143-165.

POIRION, Daniel, "Edyppus et l'énigme du roman médiéval". Aix-en-Provence: Publ. du CUER MA, *Senefiance*, 9, 1980, p. 285-298.

POIRION, Daniel, "Ecriture et Ré-écriture au Moyen Age", *Littérature*, 41, 1981, p. 109-118.

POIRION, Daniel, *Le Merveilleux dans la littérature française du Moyen Age*. Paris: PUF, "*Que sais-je*?", n° 1938, 1982.

POIRION, Daniel, "L'écriture épique: du sublime au symbole", *Relire le "roman d'Eneas"*; études recueillies par Jean Dufournet. Paris: Champion, *Unichamp*, 1985, p. I-XIII.

POIRION, Daniel, *Résurgences, Mythe et Littérature à l'âge du symbole (XIIe siècle)*. Paris: PUF, *Ecriture*, 1986.

POIRION, Daniel, "Qu'est-ce que la littérature, France 1100-1600", *The Edward C. Amstrong Monographs on Medieval Literature*; ed. F. Cornilliat, U. Langer and D. Kelly. Lexington: French Forum, 1993, p. 11-29.

*Pour une Mythologie du Moyen Age*; études rassemblées par Laurence Harf-Lancner et Dominique Boutet. Paris: Presses de l'ENSJF, , *Collection de l'Ecole Normale Supérieure de Jeunes Filles*, 41, 1988.

*Précis de littérature française du Moyen Age*; dir. D. Poirion. Paris: PUF, 1983.

PROPP, Vladimir, *Morphologie du Conte suivi de Les transformations des contes merveilleux*; traduction de M. Derrida, T. Todorov et C. Kahn. Paris: Seuil, *Poétique*, 1965.

*Psychanalyse et Langage, Du corps à la parole*; éd. Didier Anzieu. Paris: Dunod, *Collection Inconscient et Culture*, 1977.

PUECH, Aimé, *Recherches sur les* Discours aux Grecs *de Tatien*, suivies d'une traduction française du *Discours*. Paris: Alcan, *Bibliothèque de la Faculté des Lettres*, Université de Paris, XVII, 1903.

RANK, Otto, *Le Mythe de la naissance du héros, suivi de la légende de Lohengrin*; édition critique et traduction Elliot Klein. Paris: Payot, 1983.

RAY, William, *Literary Meaning: From Phenomenology to Deconstruction*. Oxford: Blackwell, 1984.

RAYNAUD DE LAGE, Guy, "Les Romans antiques et la représentation de l'Antiquité", *Le Moyen Age*, 3, 1961, p. 247-291 (repris dans *Les premiers romans français*. Genève: Droz, *Publications romanes et françaises*, CXXXVIII, 1976, p. 127-159).

*Réception et Identification du conte depuis le Moyen Age*; textes réunis par Michel Zink et Xavier Ravier. *Actes du Colloque de Toulouse, Janvier 1986*. Toulouse: Université de Toulouse-Le-Mirail, 1987.

REGNIER-BOHLER, Danielle, "Figures féminines et imaginaire généalogique: étude comparée de quelques récits brefs", *Le Récit bref au Moyen-Age*, 1980, *op. cit.*, p. 73-95.

REGNIER-BOHLER, Danielle, "La largesse du mort et l'éthique chevaleresque: le motif du mort reconnaissant dans les fictions médiévales du XIIIe au XVe siècle", *Réception et Identification du conte depuis le Moyen Age*, Actes du colloque de Toulouse, 1987, *op. cit.*, p. 51-63.

REGNIER-BOHLER, Danielle, "Béances de la terre et du temps: la dette et le pacte dans le motif du *Mort reconnaissant* au Moyen Age." *L'Homme*, 111-112, 1989, p. 161-177.

REGNIER-BOHLER, Danielle, *L'écriture du récit au XVe siècle: un cas de micro-histoire, l'*Histoire d'Olivier de Castille et Artus d'Algarbe. Thèse de Doctorat d'Etat sous la direction du Professeur Daniel Poirion, Université de Paris-Sorbonne, 1994.

REINHARD, John Revell, *The Survival of Geis in mediaeval Romance*. Halle: M. Niemeyer Verlag, 1933.

REJHON, Annalee C., "*The* Mute Knight *and the* Knight of the Lion", *Studia Celtica*, XX-XXI, 1985-6, p. 110-122.

*Relire le "roman d'Eneas"*; études recueillies par Jean Dufournet. Paris: Champion, *Unichamp*, 1985.

REY-FLAUD, Henri, "Le sang sur la neige: analyse d'une image-écran chez Chrétien de Troyes", *Littérature*, 37, 1980, p. 15-24.

REY-FLAUD, Henri, *La Névrose courtoise*. Paris: Navarin, *Bibliothèque des Analytica*, 1983.

REYNIER, Gustave, *Le roman sentimental avant l'Astrée*. Paris: Colin, 1908.

RIBARD, Jacques, *Le Moyen Age, Littérature et symbolisme*. Paris: Champion, *Essais*, 9, 1984.

RIBARD, Jacques, *Du Philtre au Graal. Pour une interprétation théologique de Tristan et du Conte du Graal*. Paris: Champion, *Essais*, 12, 1989.

RIBARD, Jacques, *Du mythique au mystique. La littérature médiévale et ses symboles*. Paris: Champion, *Nouvelle bibliothèque du Moyen Age*, 31, 1995.

RIBEMONT, Bernard, "*Le Cuer del ventre li as trais*: coeur arraché, coeur mangé, coeur envolé: un regard médico-théologique sur quelques thèmes littéraires". Aix-en-Provence: Publ. du CUER MA, *Senefiance*, 30, 1990, p. 345-362.

RIBEMONT, Bernard, "Statut de l'astronomie et évolution des connaissances sur le cosmos chez les vulgarisateurs médiévaux: le cas de quelques encyclopédies en langue vernaculaire", *Observer, lire, écrire le ciel au Moyen Age. Actes du Colloque d'Orléans, 22-23 avril 1989*. Paris: Klincksieck, *Sapience*, 1991, p. 283-300.

RICHE, Pierre, *Education et Culture dans l'Occident barbare. VIe-VIIIe siècles* (2e éd. revue et corrigée). Paris: Editions du Seuil, 1967.

RICHE, Pierre, *Gerbert d'Aurillac. Le pape de l'an mil*. Paris: Fayard, 1987.

RICHE, Pierre, *Ecole et Enseignement dans le Haut Moyen Age. De la fin du Ve siècle au milieu du XIe siècle*. Paris: Picard, 1989.

RICOEUR, Paul, "Structure et Herméneutique", *Esprit*, 322, 1963, p. 596-627.

RIEDER, Hans Rudolf, *Le folklore des Peaux-Rouges*. Paris: Payot, 1976.

RIEGER, Dietmar, "Le motif du viol dans la littérature de la France médiévale; entre norme courtoise et réalité courtoise", *Cahiers de Civilisation Médiévale*, XXXI, 1988, p. 241-267.

RIMMON-KENAN, Shlomith, "Qu'est-ce qu'un thème ?", *Poétique*, 64, 1985, p. 397-407.

RIQUER, Martin (de), "Perceval y las gotas de sangre en la nieve", *Revista de Filologia Espanola*, 39, 1955, p. 186-219.

RÖHRICH, Lutz, *Sage und Märchen, Erzählforschung heute*. Basel, Freiburg, Wien: Herder, 1976.

ROQUE, Georges, "Le peintre et ses motifs", *Communications*, 47, 1988, p. 133-158.

ROSENBERG, Bruce, "Folkloristes et Médiévistes face aux textes littéraires. Problèmes de méthodes." *Annales E.S.C*, 5, 1979, p. 943-954.

ROSSI, Luciano, "Il cuore, mistico pasto d'amore: dal *Lai Guirun* al *Decameron*", *Romanica Vulgaria Quaderni*, 6, 1983, p. 28-128.

ROSSI, Marguerite, "Les séquences narratives stéréotypées: un aspect de la technique épique", *Mélanges de langue et Littérature françaises du Moyen Age offerts à Pierre Jonin*. Aix-en-Provence: Publ. du CUER MA, *Senefiance*, 7, 1979, p. 593-607.

ROTUNDA, Dominic P., *Motif-Index of the italian Novella in Prose*. Bloomington: Indiana University Publications, *Folklore Series*, 2, 1942.

ROUBAUD, Jacques, "Généalogie morale des rois-pêcheurs", *Change*, 16-17, 1973, p. 228-247.

RUBIN, Nancy F. et DEAL, Harriet M., "Many meanings, one formula and the myths of the Aloades", *Semiotica*, vol.29-1/2, 1980, p. 39-52.

RUWET, Nicolas, "Linguistique et sciences de l'homme", *Esprit*, 322, 1963, p. 564-578.

SALY, Antoinette, "La *demosielle esforciée* dans le roman arthurien", *Amour, mariage et transgressions au Moyen Age, Actes du Colloque des 24, 25, 26 et 27 mars 1983*; publiés par les soins de D. Buschinger et A. Crépin. Göppingen: Kümmerle Verlag, 1984, p. 215-223.

SANSONE, Giuseppe E., *Gli insegnamenti di cortesia in lingua d'oc e d'oil*. Bari: Adriatica Editrice, 1953.

SANSONE, Giuseppe E., *Testi didattico-cortesi di Provenza*. Bari: Adriatica Editrice, *Biblioteca Filologica Romanica*, 1977.

SAUSSURE, Ferdinand (de), *Cours de linguistique générale*; publiés par C. Bally et A. Sechehaye. Paris: Payot, *études et documents*, 1968.

SCHMITT, Jean-Claude, "Problèmes du mythe dans l'Occident médiéval", *Razo, Cahiers du Centre d'Etudes Médiévales de Nice*, 8, 1988, p. 3-17.

SCHOFIELD, William Henry, "The lay of *Guingamor*", *Harvard Studies and Notes in Philology and Literature, Child Memorial Volume*, 5, 1896, p. 221-243.

SCHOFIELD, William Henry, "The lays of Graelent and Lanval, and the story of Wayland", *Publications of the Modern Language Association of America*, XV, 2, 1900, p. 121-180.

SEGRE, Cesare, "Du Motif à la fonction et vice-versa", *Communications*, 47, 1988, p. 9-22.

SEZNEC, Jean, *La survivance des dieux antiques. Essai sur le rôle de la tradition mythologique dans l'humanisme et dans l'art de la Renaissance*. Londres: The Warburg Institute, 1939; (dernière éd. Paris: Flammarion, *Champs*, 606, 1993).

SIBLOT, Paul, "De la prototypicalité lexicale à la stéréotypie discursive. La *casbah* des textes français", *Lieux communs, topoï, stéréotypes, clichés, op. cit.*, 1993, p. 342-354.

SILVESTRE, Hubert, "*Quanto iuniores, tanto perspicaciores*. Antécédents à la Querelle des Anciens et des Modernes", *Recueil commémoratif du Xe anniversaire de la Faculté de Philosophie et Lettres*. Louvain: Publications de l'Université Lovanium de Kinshasa, 22, 1968, p. 232-245.

SOUTH, Malcom, *Mythical and fabulous Creatures. A source and research Guide*; ed. by M. South. New York, Londres: Greenwood Press, 1987.

SPIETH, Jakob, *Die Ewe-Stämme. Material zur Kunde des Ewe-Volkes in Deutsch-Togo*. Berlin: D. Reimer, 1906.

STAMP, Harley, "Malecite Tales", *The Journal of American Folk-Lore*, vol. XXVIII, 1925.

STANESCO, Michel, "Le chemin le plus long: de la parole intempestive à l'économie du dire dans le *Conte du Graal*", *An Arthurian Tapestry, essays in memory of Lewis Thorpe*, ed. K. Varty. Glasgow, publication de la British Branch of the IAS, 1981, p. 287-298.

STANESCO, Michel et ZINK, Michel, *Histoire européenne du roman médiéval, Esquisse et perspectives*. Paris: PUF, *Ecriture*, 1992.

STOCK, Brian, *Myth and Science in the 12th Century. A study of Bernard Silvester*. Princeton: Princeton University Press, 1972.

STOKES, Whitley, "The death of Muichertach Mac Erca", *Revue Celtique*, XXIII, 1902, p. 395-437.

STOREY, Christopher, *An annotated bibliography and guide to Alexis Studies* (La vie de saint Alexis). Genève: Droz, 1987.

STRUBEL, Armand, *La Rose, Renart et le Graal, La littérature allégorique en France au XIIIe siècle*. Paris: Champion, *Nouvelle bibliothèque du Moyen Age*, 11, 1989.

STRUBEL, Armand, "Littérature et pensée symbolique au Moyen Age (peut-on échapper au «symbolisme médiéval» ?)", *Ecriture et modes de pensée au Moyen Age VIIIe-XVe siècles*; études rassemblées par Dominique Boutet et Laurence Harf-Lancner. Paris: Presses de l'Ecole Normale Supérieure, 1993, p. 27-45.

SUARD, François, "L'utilisation des éléments folkloriques dans le lai du *Frêne*", *Cahiers de Civilisation Médiévale*, XXI, 1978, p. 43-52.

SUARD, François, "Chanson de Geste et Roman devant le matériau folklorique: le Conte de la *Fille aux mains coupées* dans *La Belle Hélène de Constantinople, Lion de Bourges* et *La Manekine*", *Mittelalterbilder aus neuer Perspektive*, Kolloquium Würzburg. Munich: W. Fink Verlag, 1984, p. 364-379.

SUBRENAT, Jean, "L'aveu du secret d'amour dans le lai de *Désiré*", *Mélanges de langue et littérature françaises du Moyen Age et de la Renaissance offerts à Charles Foulon*, t. I. Rennes, Inst. de Français de Hte-Bretagne, 1980, p. 371-379.

SUOMELA-HÄRMÄ, Elina, "Le coeur, le corps et le cul. Variations lexicales dans les fabliaux". Aix-en-Provence: Publ. du CUER MA, *Senefiance*, 30, 1990, p. 393-409.

SWAHN, Jan-Ojvind, *The Tale of Cupid and Psyche (Aarne-Thompson 425 & 428)*. Lund: CWK Gleerup, 1955.

SWYNNERTON, Charles (Rév.), *Romantic Tales from the Panjâb with illustrations by native hands*. Westminster: Archibald Constable & Co, 1903.

TEIT, James, "The Shuswap", "The Jesup North Pacific Expedition", *Memoir of American Museum of Natural History*, vol. II, part VII. New York: G. E. Stechert, 1909.

*The Arthur of the Welsh. The Arthurian Legend in Medieval Welsh Literature*; eds. Rachel Bromwich, A. O. H. Jarman et Brynley F. Roberts. Cardiff: University of Wales Press, 1991.

*The Relations of Literature and Science, an Annoted Bibliography of Scholarship, 1880-1980*; eds. Walter Schatzberg, Ronald A. Waite, Jonathan K. Johnson. New York, *The Modern Language Association*, 1987.

*Théorie de la Littérature. Textes fondateurs des formalistes russes*; traduction Tzevtan Tododrov. Paris: Seuil, *tel*, 1965.

*Théories et Pratiques de l'écriture au Moyen Age, Actes du Colloque Palais du Luxembourg, 5-6 mars 1987*, présentés par Emmanuèle Baumgartner et Christiane Marchello-Nizia, *Littérales*, 4, 1988.

THOM, René, "Les racines biologiques du symbolique", *Morphogenèse et Imaginaire, Circé*, 8-9, 1978, p. 40-51.

THOM, René, "L'espace et les signes", *Semiotica*, 29, 1/2, 1980, p. 193-208.

THOM, René, *Modèles mathématiques de la morphogenèse*. Paris: Christian Bourgois Editeur, 1980.

THOM, René, *Paraboles et catastrophes, Entretiens sur les mathématiques, la science et la philospohie réalisés par G. Giorello et S. Morini*. Paris: Flammarion, 1983.

THOM, René, "Local et Global dans l'oeuvre d'art", *Le Débat*, 24, 1983, p. 73-89.

THOM, René, *Stabilité structurelle et morphogenèse. Essai d'une théorie générale des modèles*. Paris: InterEditions, 1984 (2e éd.).

THOM, René, *Esquisse d'une sémiophysique, Physique aristotélicienne et théorie des catastrophes*. Paris: InterEditions, 1988.
THOM, René, *Apologie du Logos*. Paris: Hachette, 1990.
THOMPSON, Stith, *Motif-Index of Folk-Literature*, rev. and enlarged by. Copenhague: Rosenkilde and Bagger, 6 vol., 1955-1958.
THORNDIKE, Lynn, *A History of magic and Experimental Science*. New York: University of Columbia Press, 8 vol., 1923-1958.
TRACHSLER, Richard, "Lancelot aux fourneaux: des éléments de parodie dans les *Merveilles de Rigomer ?*", *Vox Romanica*, 52, 1993, p. 180-193.
TUBACH Frederic C., *Index Exemplorum. A handbook of medieval religion tales*. Helsinki: Academia Scientiarum Fennica, *FF Communication*, 204, 1969.
TURK, Egbert, Nugae Curialium. *Le règne d'Henri II Plantagenêt (1154-1189) et l'éthique politique*. Genève: Droz, 1977.
VALABREGA, Jean-Paul, "Le phantasme, le mythe et le corps", *Topique*, 9-10, 1972, p. 5-46.
VALABREGA, Jean-Paul, *Phantasme, mythe, corps et sens. Une théorie psychanalytique de la connaissance*. Paris: Payot, 1980.
VAN GENNEP, Arnold, *Manuel de Folklore français contemporain*. Paris: Picard, 1938-1958.
VANCE, Eugene, *From Topic to Tale. Logic and Narrativity in the Middle Ages*. Minneapolis: University of Minnesota Press, 1987.
VERNANT, Jean-Pierre, *Mythe et pensée chez les Grecs I, Etudes de psychologie historique*. Paris: Maspéro, 1978.
VERNANT, Jean-Pierre, *Figures, Idoles, Masques*. Paris: Julliard, *Conférences, essais et leçons du Collège de France*, 1990.
VERNANT, Jean-Pierre, VIDAL-NAQUET Pierre, *Mythe et Tragédie en Grèce ancienne*, tome II. Paris: Edition La Découverte, *Textes à l'appui*, 1986.
VIDAL-NAQUET, Pierre, *Le Chasseur noir, formes de pensée et formes de société dans le monde grec*. Paris: Maspéro, 1981.
VINAVER, Eugene, *A la recherche d'une poétique médiévale*. Paris: Nizet, 1970.
VINAVER, Eugene, "The questing Knight", *The Binding of Proteus: Perspective on Myth and the Literary Process*. Londres: Lewisburg, 1980, p. 126-140.
VINCENSINI, Jean-Jacques, "L'allure mythique du *Conte du Graal*". Aix-en-Provence: Publ. du CUER MA, *Senefiance*, 26, 1989, p. 303-320.
VINCENSINI, Jean-Jacques, "Figure de l'imaginaire et figure du discours. Le motif du *Coeur mangé* dans la narration médiévale". Aix-en-Provence: Publ. du CUER MA, *Senefiance*, 30, 1990, p. 439-459.
VINCENSINI, Jean-Jacques, "D'une distinction préalable à la définition des stéréotypes anthropologiques", *Ethnologie française*, 1995/2, p. 256-265.

VIRDIS, Maurizio, *Perceval: per un'e(ste)tica del poetico. Fra immaginario, strutture linguistiche e azioni*. Oristano: Ed. S'Alvure, 1988.

VITZ, Evelyn Birge, *Medieval Narratives and Modern Narratology: Subjects and Objects of Desire*. New York, Londres: New York University Press, 1989.

WALTER, Philippe, *Canicule. Essai de mythologie sur* Yvain *de Chrétien de Troyes*. Paris: SEDES, 1988.

WALTER, Philippe, *La mémoire du temps. Fêtes et Calendriers de Chrétien de Troyes à* La Mort Artu. Paris-Genève: Champion-Slatkine, *Nouvelle Bibliothèque du Moyen Age*, 13, 1989.

WALTER, Philippe, *Mythologie chrétienne. Rites et mythes du Moyen Age*. Paris: Editions Entente, 1992.

WERLAND, Peter, "Lohengrin-Sage in der Clevenschen Geschichte", *Der Tuermer*, XXVIII, 1925-1926, p. 104-109.

WERNER, Karl Ferdinand, "Liens de parenté et noms de personne", dans *Famille et parenté dans l'occident médiéval*; éds G. Duby, J. Le Goff. Rome: *Collection de l'Ecole française de Rome*, 30, 1977, p. 13-18 et p. 25-34.

WEST, Geffrey D., "Grail Problems, II: The Grail Family in the Old French Verse Romances", *Romance Philology*, XXV, 1971, p. 53-73.

WETHERBEE, Winthrop, *Platonism and Poetry in the Twelfth Century. The Literary Influence of the School of Chartres*. Princeton: Princeton University Press, 1972.

WOOD, Jean, "Walter Map: the contents and the contexts of *De Nugis Curialium*", *Transactions of the Honourable Society of Cymmrodorion*, 1985, p. 91-103.

YATES, Frances Amelia, *L'art de la mémoire*; traduction Daniel Arasse. Paris: Gallimard, *Bibliothèque des Histoires*, 1975.

ZINK, Michel, *La Pastourelle, Poésie et Folklore*. Paris: Bordas, 1972.

ZINK, Michel, *Roman rose et rose rouge: Le Roman de la Rose ou de Guillaume de Dole de Jean Renart*. Paris: Nizet, 1979.

ZINK, Michel, "Une mutation de la conscience littéraire: le langage romanesque à travers des exemples français du XIIe siècle", *Cahiers de Civilisation Médiévale*, XXIV, 1981, p. 3-27.

ZINK, Michel, "Héritage rhétorique et nouveauté littéraire dans le *Roman antique* en France au Moyen Age. Remarques sur l'expression de l'amour dans le roman d'Enéas", *Romania*, 105, 1984, p. 248-269 (repr. dans *Les Voix de la conscience. Parole du poète et parole de Dieu dans la littérature médiévale*. Caen: Paradigme, 1992, p. 225-246).

ZINK, Michel, *La subjectivité littéraire. Autour du siècle de saint Louis*. Paris: PUF, *Ecriture*, 1985.

ZINK, Michel, "La littérature médiévale et l'invitation au conte", *Réception et Identification du conte depuis le Moyen Age*, 1987, *op. cit.*, p. 1-9.

ZINK, Michel, "Révélations de la mémoire et masques du sens dans la poétique médiévale", *Masques et déguisements dans la littérature*; études publiées par Marie-Louise Ollier. Montréal-Paris: Presses de l'Université de Montréal, Vrin, 1988, p. 251-260 (repr. dans *Les Voix de la conscience, op. cit.*, p. 309-318).

ZINK, Michel, "Vieillesse de Perceval: l'ombre du temps", *Le Nombre du temps. En hommage à Paul Zumthor*. Paris: Champion-Slatkine, 1988, p. 285-294; repr. dans *Les Voix de la conscience, op. cit.*, p. 145-154.

ZINK, Michel, *Introduction à la littérature française du Moyen Age*. Paris: Librairie Générale Française, Le Livre de poche, *Références*, 1993.

ZUMTHOR, Paul, "Etude typologique des *planctus* contenus dans la *Chanson de Roland*", *La technique littéraire des chansons de geste*. Paris: Les Belles Lettres, 1959, p. 219-236.

ZUMTHOR, Paul, *Essai de poétique médiévale*. Paris: Seuil, *Poétique*, 1972.

ZUMTHOR, Paul, "Médiéviste ou pas ?", *Poétique*, 31, 1977, p. 306-321.

ZUMTHOR, Paul, *Parler du Moyen Age*. Paris: Ed. de Minuit, *Critique*, 1980.

ZUMTHOR, Paul, "L'oubli et la tradition", *Le Genre Humain*, 18, 1988, p. 105-117.

ZUMTHOR, Paul, *Espace et Représentation*. Paris: Seuil, *Poétique*, 1993.

## *Index des auteurs, des oeuvres et des notions*

# *Table des matières*

## *DEUXIEME PARTIE*
## ***L'IDEE STRUCTURALE ET LA MEDIEVISTIQUE.***



## *TROISIEME PARTIE*
## ***LE RECIT "MELUSINIEN", UNE NARRATION MYTHIQUE ?***

*QUATRIEME PARTIE*

***VOCATION MYTHIQUE DES NARRATIONS MEDIEVALES (RECITS "MELUSINIENS", L'*ENEAS *ET LE* CONTE DU GRAAL).**

*CINQUIEME PARTIE*

## *IMAGINAIRE MYTHIQUE MEDIEVAL ET STEREOTYPES ANTHROPOLOGIQUES.*

**Dans la même collection (suite):**

17. LABORDERIE, Noëlle – *Florent et Octavien.* Chanson de geste du XIVe siècle.

18. BOIVIN, Jeanne-Marie. L'Irlande au Moyen Âge. Giraud de Barri et la *Topographia Hibernica* (1188).

19. LACHET, Claude – *Sone de Nansay* et le roman d'aventures en vers au XIIIe siècle.

20. BOUTET, Dominique – Charlemagne et Arthur ou le roi imaginaire.

21. MOISAN, André – Le Livre de Saint Jacques ou *Codex Calixtinus* de Compostelle.

22. BLONDEL DE NESLE. *L'œuvre lyrique.* Textes. Edition critique, introduction, notes et glossaire par Yvan C. Lepage.

23. MORA-LEBRUN, Francine – *L'Enéide médiévale et la chanson de geste.*

24. BLONDEL DE NESLE. *L'œuvre lyrique.* Mélodies. Editions des Mélodies et étude des variantes par Avner Bahat et Gérard Le Vot.

25. *Et c'est la fin pour quoy sommes ensembles.* Hommage à Jean Dufournet.

26. MÜHLETHALER, Jean.Claude – *Fauvel au pouvoir; lire la satire médiévale.*

27. FOEHR-JANSSENS, Yasmina – *Le temps des fables. Le Roman des Sept Sages, ou l'autre voie du roman.*

28. GUÉRET-LAFERTÉ, Michèle – *Sur les routes de l'Empire Mongol.* Ordre rhétorique des relations de voyage au XIIIe et XIVe siècles.

29. GAUCHER, Elisabeth – *La biographie chevaleresque.* Typologie d'un genre (XIIIe-XVe siècle).

30. CROIZY-NAQUET, Catherine – *Thèbes, Troie et Carthage.* Poétique de la ville dans le roman antique au XIIe siècle.

31. RIBARD Jacques. *Du mythique au mystique. La littérature médiévale et ses symboles.* Recueil d'articles offert par ses amis, collègues et disciples.

32. BRETEL Paul. Les ermites et les moines dans la littéreture française du Moyen Age. (1150-1250)

33. BÜLHER, Pierre. *Présence, sentiment et rhétorique de la nature dans la littérature latine de la France médiévale.*

**Dans la même collection (suite):**

34. VINCENSINI, Jean-Jacques. *Pensée mythique et narrations médiévales.*
35. JONIN, Pierre. *L'Europe en vers au Moyen Age.*

*Achevé d'imprimer en 1996*
*à Genève – Suisse*